U0588025

山右叢書·三編

山右歷史文化研究院　編

上海古籍出版社

三

目　録

紫岩文集

〔明〕劉　龍　撰

白　平　點校

紫岩文集卷之七 ……………………………………………… 六三

七言律詩 ……………………………………………………… 六三

紫岩文集卷之十二 ……………………………………一二〇

七言律詩 ………………………………………………一二〇

紫岩文集卷之十三 ………………………………… 一三一

紫岩文集卷之二十 ················· 一九五

歌行 ····························· 一九五

慎修堂集

〔明〕亢思謙　撰

張志江　點校

紫巖文集

〔明〕劉　龍　撰

白　平　點校

點校説明

《紫岩文集》四十八卷，明劉龍撰。

劉龍（1476—1553），字舜卿，號紫岩，明山西襄垣人。明弘治十二年（1499）探花及第，授翰林院編修，充經筵講官，修《孝宗實録》。改授兵部職方主事，升吏部考功員外郎。又升左春坊左中允兼翰林院修撰、侍講學士。嘉靖元年（1522），參修《武宗實録》，升禮部右侍郎，嘉靖七年，升南京禮部尚書，八年，改南京吏部尚書，十二年，改南京兵部尚書。在南京任尚書六年，上疏乞休。卒，贈太子太保，謚文安。著有《紫岩文集》四十八卷、《尚書講章》八卷、《奏議》四卷。

《紫岩文集》現存明嘉靖十一年韓山精舍刻本，本次點校即以此本爲底本。該書收劉龍詩作千餘首以及序、記、説、啓、贊、策問、奏疏、祭文、行狀、墓表、墓志銘等各類作品三百餘篇，約二十五萬餘字。據明李廷相嘉靖十年所作《紫岩文集叙》，是集所收乃劉龍“自入翰林及今所著”，爲劉龍任南京吏部尚書時“繕寫成帙”。其以前及以後的詩文著作，未見編集。其實，即便是這段時間的文字，也并非全部收入。例如詩歌中没有五言絶句，如果説當時作者未作過五言絶句，這顯然不太可能。

《紫岩文集》叙

　　《紫岩文集》總之凡若干卷，今南太宰襄垣劉先生自入翰林及今所著。先生將獻績北上，繕寫成帙，乃出視廷相，俾叙而藏之。廷相授而讀之，卒業，乃掩卷嘆曰：嗟乎！文之用大矣哉！維天有文，日月星辰是已；維地有文，山岳河海是已；維人有文，在昔聖哲達而經綸之迹、窮而刪述之蘊均之是也。逮至嬴、漢以來，藻卿麗士率自彙其所著，若序、記、箴、銘、詩、賦之類，標題卷目，謂之文集。雖時代弗同，體裁各異，要之，其人乃亦略頗可睹矣。蓋大人君子之文，造意鑄辭豐縟麗則，叙事述懷周悉詳盡，乃若羈鬱弗得于志之文，上之搜冥抉幽，揮霍閃恍，至不可知以爲奇；次則剿剽蔓延，險澀突兀，至不可解以爲能。於乎！文之作，豈端使然哉？今觀先生之詩，四、五、七言凡千餘篇，調高興逸，格正而音平，滌濯滓窳，驅駕氣勢，若昆閬群仙奏雲璈而諧律呂，戛如鏗如，聽者莫不忘倦。先生之序、記、啓、贊若説凡百餘篇，潔簡而不見其不足，舂容而不見其有餘，經緯悉原于情實，體質靡流于骩骳，若王公貴人整冠裳而坐廟堂，鏘如煌如，見者莫不起敬。先生之祭文、碑銘、表志亦凡百篇，造事而不迂，纂緒而不詭，遠而不僻，邇而不浮，蓋蔚爲一家之言，抑亦修史之餘力云。其它策問、奏疏又凡十餘篇，雖未究竟先生平生之蘊，然亦獵古軼今，旁紹曲摭，皆可誦讀，垂之罔極。於乎！先生之文，其傳于代必矣，奚俟廷相不腆之辭也哉？雖然，先生爲今上講讀舊臣，望重海內，今兹獻績，必將簡置密勿，操制作之柄，綴黼黻之章，宣揚元化，發揮人文，計其所著，奚啻如今之若干卷而已！廷相不佞，尚當爲先生執筆以俟。

　　嘉靖辛卯冬十月望日，賜進士及第、嘉議大夫、南京吏部右侍郎、前翰林侍講學士、經筵講官兼修國史濮陽李廷相拜叙

四言古詩

明　雅_{叶古韵}

　　帝眷其龐，式殿我邦。乃生碩輔，以翊我皇。構彼大厦，爰有巨棟。山川雲興，時雨乃降。

　　碩輔肅肅，左右帷幄。文綏武夷，靖我王國。革漓以淳，芟華以朴。福此蒼生，日禪聖學。

　　昔在西夏，有臣不軌。奉命徂征，誓莫我顧。仗我皇威，賊先授首。輯寧夏人，宛其父母。

　　自夏還師，獻俘孔儀。金螭右縣，瓜鋼左佩。天子寵嘉，勞以玉卮。對揚稽首，兹惟聖猷。

　　臣身萬里，臣心孔邇。臣聞内變，旦夕且起。乾斷自天，不殄胡俟？維鉶之羹，維俎之醢。

　　彼凶構禍，危我宗社。變鼠爲虎，指鹿爲馬。人臣無將，此何爲者？自天降威，曾是可假。

　　哀我生人，載溺載焚。乃植逆黨，乃包禍心。不有碩輔，孰信國憲？以殲群凶，以謝萬民。

　　碩輔維何？展哉子房。功在社稷，有銘太常。丹書鐵券，不顯其光。世篤忠貞，用佐我皇。

　　明雅八章，章八句。

五言古詩

《於止亭》爲同年楊瑞虹少司馬賦

相府有喬木，凌霄千尺起。清陰滿庭除，日入萬鴉止。對面居者誰？司馬乃仲氏。誅茅構一亭，去木僅百趾。花卉衆且奇，四時俱錦綺。屏帷互掩映，圖籍紛填委。客至或忘去，芳尊竭浮蟻。哦詩興轉豪，珠玉動盈紙。地偏知遠心，而不溷塵滓。鼎鼎百年内，自適更何企？瞻彼木上鴉，安栖巧相似。兩字摘聖言，題扁有深旨。我願亭中人，當爲天下士。經濟攄大猷，堂堂紹前軌。難兄與難弟，競爽照青史。拂衣賦歸來，優游樂桑梓。杖屨登斯亭，乾坤吾老矣。

《薰風亭》爲瑞虹賦

吾友瑞虹子，構亭名薰風。亭前何所有？清池種芙蓉。長夏苦炎熱，花開自殷紅。徙倚闌干曲，瞰此錦綉叢。黄鳥亦多情，綿蠻奏絲桐。群鷗狎不驚，意與相識同。薰風自南來，微波蕩溶溶。香氣襲巾屨，涼意生簾櫳。長歌復深酌，幽興浩難窮。悠然發深省，何以濟疲癃？芒芒禹迹大，事皆吾分中。願假此風力，披拂無西東。愠懷悉爲解，生機詡相通。重華期致君，用答千載逢。古來西蜀亭，不朽獨揚雄。草《玄》徒白首，尚慚輔理功。懸知百世下，且復稱瑞虹。淵源易學邃，踐履尤能充。在人不在亭，有始□有終。

送雲南太守田世英

我家本太行，南來典邦禮。足迹但兩京，九州無半履。乾坤有奇觀，傳聞空滿耳。佳宦兼勝游，每爲他人喜。使君起閩粵，博學擅才美。對策登高科，分符筮初仕。武城聞弦歌，河陽種桃李。我昔官翰林，京闈屬大比。濫竽典文衡，任賢欲忘己。經房偶缺官，易卷紛填委。爰自供事中，拔君入簾裏。披沙揀精金，辨石得良玌。網羅多俊英，唯君才足倚。事竣仍領邑，赫赫聲益起。無何擢留都，民曹典儲峙。艱難恤轉輸，敏捷興廢弛。祛弊摧權鋒，監權便商市。夙夜殫厥心，遠近膾人齒。褒崇下九重，紫誥鸞回紙。邦人共揄揚，有子乃如此。滇本西南夷，經營從漢始。于今號名藩，雄建在萬里。化行《禹貢》外，貢出職方氏。重地須擇官，遠人冀寧粊。暫屈秉郡麾，榮光炫金紫。文翁興學校，蜀人誦書史。龔遂治渤海，賣刀事耘耔。宰邑既匪難，作郡殊易耳。懸知與古人，流響共千祀。前驅擁旌旄，便道過桑梓。斑衣慰倚門，捧檄安足擬？張筵壽慈闈，炮鱉復膾鯉。樂奏有塤篪，怡怡伯仲氏。王命難久稽，嚴程馳且駛。行色付琴鶴，品題足山水。循良政早成，還朝報天子。後會知何時，把酒餞江涘。片帆鼓天風，不異弦上矢。何以寫我憂？岸蘭與汀芷。采采薄暮歸，餘芳如嗅爾。

《射隼吟》爲都督馬恒齊賦

蒼隼來何所？咆哮凌紫烟。朝饑太驅迫，鼓翮恣盤旋。金眸耀雙炬，利爪張老拳。百鳥不敢飛，竄匿叢林間。猛氣逞無敵，貪心求未厭。將軍仰天宇，爾胡侵我前？彤弓挾羽箭，一發輒應弦。形骸付螻蟻，毛血灑平原。近聞居庸北，胡馬常犯邊。民畜被虜掠，動至百與千。豈無守邊者，得不償所捐。將軍解東鎮，江皋久投閑。射隼高墉上，小試勇智全。藏器待時動，獲利自有占。佇觀元戎印，復向君肘懸。統領貔貅士，威聲沙漠宣。一矢斃單于，三軍唱凱還。登封埋玉檢，銘功勒燕然。

壽劉内翰德夫母太宜人七襄分韵
得“凫”字

蜀造自魚凫，英雄幾壯圖。山川降靈氣，今古元不殊。内江有吾宗，接武登仕途。侃侃素庵老，持憲懸冰壺。承家得太史，落筆流瓊珠。自渠父子生，草木多不腴。地靈理誠爾，人事還相符。實有太宜人，功與論錙銖。案胡爲齊眉？所相真賢夫。機胡爲斷織？所教展名儒。回思四十載，行路多艱虞。按察早捐世，遺此十歲孤。携歸萬餘里，簪珥營田區。蕭然壁立中，獨有書滿厨。琢成玉堂器，垂老供色愉。甘旨出大官，開顏弄瑶瑜。龍章侈褒命，雨露重沾濡。遐齡古已稀，步履安用扶？高堂肆華宴，賀客叢金朱。翠冠珠鳳翔，仙帔青霞紆。不知世間樂，孰與榮壽俱？我隨諸館職，再拜獻醇醹。作詩祝眉壽，願言比麻姑。

送王蓮幕督運還臨朐

涼飆振林木，槭槭來秋聲。晨興載脂牽，之子將遠征。倉皇問所適，迢迢古齊城。東風魚上冰，述職朝神京。受知金使君，督運數縣并。逾時久未返，呱矣泣孺嬰。跂望勤村氓，獄訟何當平？客懷豈不怒？王事靡所成。炎蒸迸流汗，淫雨凄含情。民窮既逋負，脱驂而取盈。憂公古亦罕，靖位今所旌。邈哉青齊間，得此良吏名。樽爼餞河湄，天高秋氣清。客子驚袂薄，僕夫嘆零丁。瞻彼稛載徒，厚顏能不赬？他時被殊擢，尚爾輸丹誠。

挽高侍御大父抱直翁

西方有美人，含章事耕稼。徽音時所欽，逸行俗爲化。有客遺番劍，龍淵比高價。欣然出壁間，不受分金謝。官租輸未足，完報偶誤下。返報完我租，抱直恥行詐。長風浪江海，高義岑泰華。杳杳辭世氛，悠悠即長夜。豐碑有銘文，千載人膾炙。

送同年羅明府惟升考績還新會

西江有佳士，弱冠應賢招。遂階青雲路，躋此明聖朝。牛刀試之雞，銅墨領外寮。隨車沛甘雨，膏我春田苗。來牟有歧穎，柔桑無附條。載酒時眺遠，賦詩亦登喬。庾興飛月夕，潘懷暢花朝。琴彈紹徽音，瘴癘爲潛消。素節迥不塵，逸氣何飄飄。心誠勞撫字，政乃拙征徭。淵客返明珠，鮫人獻冰綃。南海浩渺茫，厓山鬱岑嶤。眷子豈不思？其如道里遼？子實負令名，前賢耿相劭。永言膠漆好，而不忘久要。飲餞出河滸，前旌獵商飆。行行勿滯留，慰彼來暮謠。他時被殊擢，繡服青驄驕。上書裨袞職，期變風俗恌。

溫太史民懷宅餞毋侍御寵之分韵得 “之”字

春江漲鴨綠，楊柳垂烟絲。畫船坐天上，游子將何之？南臺有新擢，風帆恨猶遲。我昔忝同袍，臨別前致詞。聖皇御宸極，宵旰方孜孜。君官在耳目，報稱宜何其？不見朝陽鳳，離離鳴獨奇？亦有臺上烏，無聲噤常饑。烈士徇鴻名，茂才存遠期。皋夔亦人耳，努力復何疑？

書劉生甫學追慕卷_{同年光禄卿毅齋子也}

劉生青雲器，家學有淵源。生來甫七月，霜殞北堂萱。不識
母氏面，猶聞祖母言。母系出華族，賦資惠且溫。宜家埒《桃
夭》，奉祀齊《采蘩》。書窗足膏火，賓筵飫炮燔。纖紃相夫子，
辛苦非所論。名成不同享，空餘褒贈恩。兒長已如父，母逝難招
魂。杯棬不能飲，爲有口澤存。何以報春暉？下帷莫窺園。拾芥
取青紫，顯揚慰九原。

送王元甫還姚江_{業師方伯公子}

有客自浙東，長江信所適。片帆鼓天風，千里還瞬息。泊舟
石頭城，勝覽入京邑。城中多貴官，冠蓋填紫陌。懷刺不肯投，
折腰向誰揖？謂予典春曹，二十年舊識。一顧輒盡歡，張燈話深
夕。高風凌古人，逸氣脫凡格。照乘安用珠？連城未爲璧。當此
彙征際，在野無遺逸。如何抱奇才，乃獨事幽寂？難兄復難弟，
師友自相益。祇解着萊衣，不聞捧毛檄。明時苦難逢，流景還易
擲。宇宙事無限，何者非我責？人皆慕巢由，孰與希稷契？客子
感我言，歸向大人白。誰能讀父書，終身守糟粕？扶搖九萬程，
翹首看羽翮。携酒餞江干，戀戀不忍釋。相望久延佇，暮山倚
天碧。

邊司徒周司寇各以桂花見贈賄以
古詩次韵答之

桂花落吾手，移時香未輟。氣味自可人，而不論瑣屑。摘此
黃金花，貢之丹鳳闕。意本效芹誠，人言恐差別。願憑萬里風，
揚芬向寥泬。

五言律詩

聞駕發金陵旋京有日志喜六首

去歲秋闈裏，驚聞報御征。雷霆驅號令，雲霧卷旄旌。建業山增重，鄱陽浪自平。翠華旋北極，滿路凱歌聲。

海宇天威震，長江已斷蛟。賞功盟帶礪，追祀薦陶匏。章疏龍舟載，干戈虎革包。還聞恩詔下，浩蕩及菰茅。

彩闕凌空起，風塵净六街。樓船來澤國，干羽舞天階。詩發少陵興，憂寬杞國懷。禮行郊廟畢，勸講到吾儕。

秋風卷甲戈，木脱洞庭波。南國妖氛净，中原喜氣多。英雄歸駕馭，神武播謳歌。會睹臨軒問，麟凰入網羅。

成周昭大義，管蔡服常刑。虎帳紆籌策，鯨波净血腥。萬方均雨露，九廟有神靈。史氏書鴻烈，千年照汗青。

江南班虎旅，塞北息狼烟。處處都無事，元元尚有緣。稻粱新稔歲，簪笏早朝天。況復《斯干》秩，熊羆夢正牽。

舍弟夔奉迎老母將至京師志喜六首

千里關山隔，三年定省違。侵尋華髮變，惆悵白雲飛。池草夢初覺，原鴒影欲依。菊花新釀酒，次第壽慈闈。

已聞發漳水，佇見到燕臺。鵲喜侵晨報，燈花徹夜開。老萊衣早試，姜氏被初裁。離合浮生事，歡娛定幾回？

如何淹故里，使我望猶頻？墳墓青山古，親知白髮新。□興籬徑月，茶竈野亭塵。仿佛清宵夢，相携話苦辛。

吾弟親扶母，秋深至自家。別懷驚歲月，時事問京華。累日惟厄酒，重陽且菊花。從知塵世上，亦有樂無涯。

去日瀟瀟雨，來時淅淅風。野橋流正碧，山路葉初紅。少待留殘照，相逢問過鴻。如何臨到日，傾憶轉匆匆？

有妹并吾女，分離在各家。王郎多曠達，栗子富才華。遠道來非易，流年去不賒。老親相見日，應悉汝生涯。

丁亥除夕四首

三冬離故國，守歲在京都。意氣猶前輩，頭顱非故吾。有時揮涕淚，無處着工夫。卓矣陶朱子，扁舟在五湖。

吾年過半百，明日又加三。腰瘦頻移帶，頭童不受簪。身隨天斗北，夢與弟江南。聖世那能補？端居祇色慚。

明朝賀元旦，萬國拜宸旒。玉露仙人掌，祥雲紫殿頭。未能酬大造，何以慰先憂？天下元無事，分更苦未休。

何處可忘憂？長安有酒樓。衣冠難獨往，笑語不相投。縱飲拼人棄，歸來與婦謀。不知塵世事，暫向醉鄉游。

病中偶述四首

客愁全未減，寒夜故難晨。松桂岩前夢，風波艇上身。藥方常在手，蓬鬢已盈巾。殘臘何時盡？東風送早春。

未能生羽翼，猶復世人群。不雪已冬至，多風常夜分。憂心空愛國，病體自工文。悔不驅黃犢，躬耕隴上雲。

所願此身安，那期更轉官？謀生翻是拙，行路本來難。玄草猶慚白，青綾不耐寒。百年才瞬息，強放病懷寬。

時事獨關情，愁堅擁鐵城。無方醫白髮，有淚痛蒼生。野鶴身偏健，山僧夢不驚。一官端自累，功業幾時成？

病臥苦寒喜劉朝重金吾贈炭

我病因寒濕，吾宗送炭來。欲眠先暴被，將飲且烘杯。不減玄圭錫，能摧白雪堆。玉堂清苦地，頓覺早春回。

和周貞庵中丞留別"簪"字韵時自南都入賀

相逢俱老態，髮短不勝簪。鳳曆春頒六，龍顏晝接三。蒹葭憐玉倚，魚目愧珠參。指日需梁棟，銓曹定擬堪。

次胡二守侍《過韓山》韵

仙曹謫吾土，此會豈無緣？祇益韓山重，兼逢太守賢。飲低青嶂月，吟斷碧雲天。不到仙堂寺，真成興盡旋。

應制戒諭武臣

天下雖無事，兵謨未可忘。盟期垂帶礪，志戒溺膏粱。戎狄組三尺，乾坤劍一囊。試看青史上，名將遠流芳。

識每窮居達，謀多貴胄疏。六韜屠作市，八陣草為廬，霸上真兒戲，長平豈父書？莫教忘武略，容易過居諸。

挽同年呂克中憲副季父節判

宦興薄秋光，拂衣歸故鄉。長才應注水，勁氣欲凌霜。謝屐烟霞舊，陶巾麯糵香。乘鸞向何處？天遠問茫茫。

書楊侍御廷儀《四咏》卷

花縣鳴琴

四境都無事，絲桐鎮日聞。武城風可挹，單父價平分。流水清涵澗，高山迥出雲。願承虞舜召，前席奏南薰。

清淮迎養

傾日情雖切，看雲意更深。一身總臣子，百歲幾光陰？喜將三釜養，榮及二毛侵。當年人捧檄，心正似于今。

柏臺司諫

落膽驚諛佞，彈冠起俊英。誰言烏鳥噤？我聽鳳凰鳴。玉輦希游幸，珠崖罷戰爭。御屏列忠諫，知定有君名。

聽馬觀風

豸聳霜飛簡，烏栖月滿臺。令搖山岳動，名播禁城來。雨逐乘驄過，春從判筆回。無端民隱事，封奏九重裁。

送都玄敬工部改官南京兵部

同榜人三百，嗟君迥出流。耽詩忘歲老，去國爲親謀。瘦骨相如病，霜鬚杜甫愁。不堪分手處，隔岸葉聲秋。

幾年交莫逆，此别感懷深。病體思生翼，空言比贈金。長風帆力健，落日雁聲沉。郎署多清暇，相思早寄音。

孝宗皇帝挽詩五首次儲柴墟太僕韵

重光方照耀，一病竟彌留。白日風霾變，蒼生考妣憂。旅熬深納誨，豐芑遠貽謀。疑是華胥夢，陶然暫一游。

湯憂元爲旱，禹惜却於陰。聖學傳來遠，皇仁被處深。肯驅滄海石，還省露臺金。浩蕩乾坤内，生成總帝心。

鼎湖龍已去，無路可攀緣。至味思玄酒，希聲説大淵。睿謨垂萬葉，隆準見何年？金匱抽新史，微臣灑淚編。

便殿乘清燕，開顔訪大臣。髮窮皆玉帛，星在已絲綸。郊藪聞鳴鳥，邊疆净虜塵。何如秦漢主，西祀與東巡？

易月聊從制，終天不盡哀。有箴留斧扆，無詔下輪臺。未展涓埃報，空慚侍從陪。幾時天北極，重睹翠華來？

大雨後觀水

老天亦何意？暴雨入新秋。稚子歡方劇，山人憒獨幽。不禁掀地震，誰障拍天流？着屐登山望，還應最上頭。

禾黍多淹没，田家敢望秋？浪驚龍鬥怒，山静鳥鳴幽。有楫爭成渡，無鞭可斷流。問天天不語，延佇獨搔頭。

山家苦

債了粟亦罄，一年徒爾勤。矮床支片石，單被絮層雲。茹菜直冬盡，編荆常夜分。艱難誰可訴？天遠總無聞。

差科死未已，何日罷辛勤？澗遠難供水，墻低易度雲。厨烟柴半濕，山雀黍平分。歷聽談生事，傷心不忍聞。

病中聞盜逼京師都人恐甚近郊居民皆遷于城中志變

海内風塵起，犁鋤變作兵。居民渾落膽，逃難輒空城。幽薊連烽火，青齊厭哭聲。病懷愁不寐，搔首憶升平。

狂賊潛京邑，都人洶洶危。風雷移市井，日月蔽旌旗。桂玉關心切，池塘入夢遲。將軍有南仲，獫狁自于夷。

將帥勞推轂，蒙恩亦最深。帶皆遷白玉，印已挂黄金。貔虎空多擁，豺狼未就禽。幾時聞獻馘，歸馬華山陰？

聖祖開王業，神靈赫在天。一人終有慶，群盜且俄延。授鉞能忘死？彈冠不愛錢。乾坤有何事？立見太平年。

盜賊本吾民，縱横亦有因。厲階誰作梗？生路爾迷津。優詔知明主，嘉謨有大臣。倘能返耕種，亦免困風塵。

書鄭氏《風木詩》卷

露裛新生桂，霜凋未老椿。黃粱猶是米，滄海已成塵。弓冶家聲舊，詩書手澤新。哀哀《風木》卷，孝子淚沾巾。

書鄭氏《節壽詩》卷

花甲六經旬，貞心孰可倫？兩髦何去早？三徙不嫌頻。歲月供華髮，綱常繫此身。正須萱與竹，圖壽北堂人。

有以檀骨金面扇求題者書以歸之

細削檀爲骨，輕裁繭作衣。香隨風共散，色與日爭輝。掌握中開闔，雲霄上指揮。祝融方賈勇，談笑解重圍。

重九日大雪崔都尉岱屏自城南鄭氏園來訪出詩二首次之

佳節人人喜，深秋事事幽。重陽能有雪，一醉更何求？把菊風吹帽，揮毫敵在舟。定將詩捷報，壯志擬封侯。

九日黃花節，翻憐宦作家。吟肩燈下聳，醉眼雪中賒。葭倚深慚玉，蓬生久賴麻。忘歸天欲曙，清興轉無涯。

鄒秋官雙挽

德爲刑家著，名因内助聞。江湖憂肉食，筐莒挹蘋芬。鋤下金揮礫，機頭錦落雲。恩光沾宰木，泉路定欣欣。

送固安田訓導

風壤接神京，人才教易成。雲看芹泮影，雨聽杏壇聲。載酒時來問，敲門夜不驚。欲知經濟事，陶鑄有公卿。

送閻道鳴僉憲兵備榆林次呂仲木修撰韵

長安十日雪，瘦馬力西行。烽火眼前净，陽春脚底生。何人念關塞？有日到公卿。青史看前輩，紛然袞綉榮。

五言律詩

書陳憲長文鳴《孝感》卷次韵

文鳴自湖臬奔喪，襄事有日，經旬阻雨，至日獨晴，人以爲孝感云。

積雨妨襄事，如何一日晴？滂沱自涕泪，優渥已恩榮。不洗終天恨，猶彰愛日情。《春秋》譏内葬，書雨甚分明。

送寧波衛莫揮使柔兼柬豐宫諭原學同年

久别豐宫諭，憑君寄遠思。乾坤此知己，稷契是深期。彩鷁江南路，青山畫裏詩。海邦新節制，時見款東夷。

用送莫揮使韵奉寄豐宫諭原學四首

易别徒增恨，難逢祗費思。鹽梅他日望，鷄黍隔年期。病起新開酒，愁來輒賦詩。鳳池早歸到，頓使我心夷。

志大憐官小，常爲出位思。若無天下計，安有太平期？肯用王通策，徒勞杜甫詩。何當起南仲？獫狁自于夷。時關西被寇甚急，故及之。

滿目傷時事，終朝惱夢思。敢爲麟閣望？應有鹿門期。細讀幽懷賦，長吟感興詩。廟堂諸老在，何日見清夷？

不見麒麟子，悠悠十載思。忘年呼小友，指日愜吾期。學究三家傳，才高七步詩。臚傳還跨竈，聲望動華夷。

除日偶書

四十今宵過，一番春又來。祇爲塵世役，難得笑顏開。薄宦真慚祿，明時豈借才？吾生應有定，且盡掌中杯。

送郜明府希周之汶上

平生講吾汶，今日雨隨車。政美嚴更鼓，心勞放早衙。有田皆種秫，無地不栽花。會見循良傳，榮增袞綉華。

和李序庵宮諭《五檜》韵

種檜城西圃，地偏知遠心。鳳凰枝有待，螻蟻穴難尋。雨過軒應豁，凉生葛未禁。午風亭上客，莫惜酒杯深。

送主客劉郎中德徵得告還定州

春光太奇絶，二月雪初晴。楊柳亭前路，桃花塢外城。憂時翻作病，去國若爲情。珍重東山臥，蒼生望正傾。

送李惟一司廳奉使過長沙

客路青春伴，長沙是故鄉。江山新使節，風月舊奚囊。舞燕凌斑袖，飛花點壽觴。五雲天北極，應夢綴鵷行。

送太平守傅希準

才高堪領郡，官大且親民。青瑣名猶重，黃堂政一新。遼陽還間出，渤海是何人？琴鶴仙舟共，秋江畫裏身。

聞山東王師奏捷志喜次郭吉士介夫韵

謀野勞元帥，拘原籍卒徒。盜方竄蛇豕，民已返樵蘇。白骨多齊鬼，黃巾亦漢俘。況聞哀痛詔，不道萬方辜。

狂賊游魂褫，王師正氣舒。雲臺終有畫，史筆不勝書。亂極天將治，功成帝不居。太平今在眼，已幸免爲魚。

盜奔民稍集，夜秉燭相看。我輩遭離亂，何人啓禍端？兵戈猶未息，骨肉已多殘。昔在升平日，公然不道安。

將士能酣戰，揮戈挽日昏。妖氛清海岱，喜氣滿乾坤。猛虎皮終寢，長鯨餌自吞。轉移應有術，知不在多言。

壬申年生日

人日吾生日，風光空自佳。愁殷爲病黨，身懶與時乖。歲月方多事，涓埃未有階。濁醪通妙理，呼取暫開懷。

立　春

今日春風至，人間物物新。晴光薰草木，病起攬衣巾。已近農桑月，猶飛戰伐塵。顛狂尋酒伴，出飲已經旬。

駕出郊天

大駕駐南郊，精誠與帝交。一牛纔繭栗，三代此陶匏。星月輝龍袞，旌麾拂鳥巢。侍臣瞻盛典，珠玉在揮毫。

慶成晏

大禮成郊祀，彤庭宴俊髦。爐烟浮袞冕，宮漏隔旌旄。縹緲花欹帽，淋漓酒滿袍。君恩違伏枕，病眼五雲高。

送蕭侍御子雝南畿提學

臺端掄敕使，席上失詩流。不愧斯文寄，還如故里游。江湖今日事，廊廟古人憂。故舊情難別，蟬聲又早秋。

最考三年後，新凉七月頭。斗山歸憲節，江漢此仙舟。吾道乾坤在，平生稷契謀。棟梁與榱桷，應見一時收。

夜過李家道口

黃昏過道口，小憩拂塵沙。麥隴連天遠，溪流繞樹斜。舟車通列郡，燈火集千家。帶月行忘倦，風光夕更嘉。

早過館陶

世事催人老，長河百丈牽。青山隔家遠，明月傍舟圓。風葉深秋木，霜帆欲曙天。館陶經舊路，辛苦欲誰憐？

泊臨清

元城發雙舸，三日到臨清。南北通京國，舟車繞郡城。世方射奇利，吾亦誤虛名。故舊還迎送，炎凉不易情。

清河縣守淺吊故司空童健齋先生

初夏出神京，公卿總餞行。通家惟此老，把酒見深情。病起身還健，花開眼倍明。豈期淮浦上，揮淚讀銘旌。

庚戌登黃甲，年光四十垂。高才官易稱，多病老難支。德量真前輩，風流啓後思。蜀鵑啼血處，應是恨歸遲。

清河口守淺夜泊

月色明如晝，鐘聲水上過。雙舟依古岸，四日阻清河。北闕夢魂遠，南都書信多。夜深眠不得，無計遣詩魔。

壽費閣老鵝湖

元老承恩久，還家尚黑頭。文章開後學，事業繼前修。心遠關廊廟，身閑訪釣游。錦堂張壽宴，海屋又添籌。

舟中有五言句一聯足之成詩

長安三十載，不覺老來侵。有夢生池草，無枝借上林。功名
舟楫用，湖海廟堂心。許國身何似？渾忘抵萬金。五、六舟中句。

書杭州李都閫《節竹坡》卷

問訊前坡竹，將軍有報書。清風一溪上，直節萬竿餘。載酒
客常至，題詩日不虛。祇應高臥處，人號孔明廬。

送海鹽丞鄭寅 其人善談命，重於縉紳

紫髯新贊府，拜命出彤闈。每下公卿榻，能探造化機。松風
哦句坐，桑雨勸耕歸。銅墨何時轉？先知定不違。

次黃久庵少宗伯《郊齋》韵

南郊崇大祀，想像翠華臨。好雨蘇民瘼，澄江净客心。笙歌
春浩浩，官闕夜沉沉。總爲償詩債，通宵秉燭吟。

和黃久庵少宗伯《游牛首山》韵

宗伯吾僚友，幽芳喜共尋。捫蘿方得寺，采藥輒躋岑。魚鳥
情俱適，烟霞趣轉深。百回來未厭，亦願百回吟。

牛峰聞已久，今日見還真。仕宦逢明主，登臨憶古人。青山
祇依舊，白髮不勝新。老衲勤烹茗，旋芟竹作薪。

次孟有涯中丞《冬夜聞雨》韵

暮冬頻作雨，檐溜枕邊鳴。易感浮生事，難勝故國情。春知
催物早，江喜助詩清。誤矣莊周論，鵬搏九萬程。

雨聲催老至，陡向鬢毛侵。種種蒼生念，遥遥魏闕心。問梅香已歇，題竹色逾深。寂寞寒江上，時聞龍一吟。

佛手柑

浮屠聞善幻，千手散柑林。肉寒凝白玉，膚老皺黄金。雨露時來濯，風霜亦自禁。垂垂知有意，救苦是觀音。

林小泉司馬饋紅柚二枚

禹時曾入貢，不道轉輸難。似橘形殊大，如柑味却酸。遠自閩中至，新從白下看。倘堪供玉食，不惜路漫漫。

五言排律

送彭幸庵總制南征次陳葦川宫贊韵

功名兼將相，科目得英雄。閫寄專諸葛，宫銜寵鬻熊。銜枚新破蔡，因壘故降崇。降輦重推轂，分臺慣詰戎。斡旋回造化，呼吸動雷風。白晝經天宿，滄江貫日虹。陰符搜鬼秘，寶劍指妖空。籌筆鬚生白，投醪頰醉紅。五原巾幗外，八陣草廬中。正氣元鍾華，餘波及洗嵩。壯游敲石笋，高興壓江楓。日月旌旗影，山河劍戟叢。狼山猶易蹙，鼠穴豈難攻？虜遁祁連北，夷航渤澥東。朝陽鳴瑞鳳，中澤集飛鴻。赫赫周宣世，中興吉甫功。

集杜句

秋日有懷梁蔣二閣老扈從南征

清秋望不極，天遠暮江遲。戎馬交馳際，川原欲夜時。寬心應是酒，排悶强裁詩。扈聖登黄閣，梳頭滿面絲。

野　興

人生不再好，何處出塵氛？野外堂依竹，階前樹拂雲。江山如有待，水竹會平分。黄綺終辭漢，寥寥久不聞。

晚登山閣懷友

上方重閣晚，不與衆峰群。落日邀雙鳥，低空有斷雲。汀烟輕冉冉，凉月白紛紛。客睡何曾着？聽鷄更憶君。

送　客

緑尊須盡日，檣燕語留人。風物悲游子，江皋已仲春。早花隨處發，官柳着行新。二月頻送客，詩成覺有神。

野　老

窮老真無事，將詩待物華。寒花隱亂草，宿鷺起圓沙。歸客村非遠，清尊日復斜。此生隨萬物，得醉即爲家。

送友人還鄉

扶病送君發，秋深復遠行。艱難歸故里，寂寞養殘生。江漢故人少，關河霜雪清。幾時杯重把，長嘯一含情。

懷　舊

計拙無衣食，明霞高可餐。斯人獨憔悴，吾道屬艱難。鴻雁幾時到，關山空自寒。猶殘數行泪，暗滿菊花團。

春日與二三知舊郊行

相逢難滾滾，春日鬢俱蒼。紅入桃花嫩，青懸薜荔長。維舟倚前浦，駐屐近微香。何處鶯啼切？應耽野趣長。

擬老杜《咏懷》

行路難如此，他鄉亦鼓鼙。地偏初衣袷，橋斷却尋溪。十月清霜重，三年落日低。如何關塞阻？還與舊烏啼。

二

竄身來蜀地，一別五秋螢。風色蕭簫暮，春流泯泯青。窮愁應有作，醉舞爲誰醒？生理何顏面？乾坤一草亭。

三

蟻浮仍蠟味，一酌散千憂。納納乾坤大，瀟瀟荆楚秋。雲隨白水落，月涌大江流。天下兵戈滿，因人作遠游。

四

無家問消息，東盡白雲求。猿鳥千厓窄，陂塘五月秋。時危思報主，身老不禁愁。五載客蜀郡，真成浪出游。

五

舊國見何日？春風入鼓鼙。愁窺高鳥過，還與舊烏啼。漂泊猶杯酒，飄零愧老妻。哀歌時自短，隨意葛巾低。

六

滿目悲生事，低頭愧野人。渚蒲隨處有，塞雁一行新。澗水空山道，柴門老病身。無錢從滯客，久望惜芳辰。

七

晚起家何事？江邊獨立時。風鴛藏近渚，行蟻上枯梨。落日心猶壯，酣歌泪欲垂。兵戈與關塞，鬢髮白成絲。

八

花飛有底急，似欲慰窮途。身世雙蓬鬢，乾坤一腐儒。捲簾惟白水，整履步青蕪。戰哭多新鬼，人烟時有無。

紫岩文集卷之四

七言律詩

除夕八首

薄雲疏靄釀春天，伏枕偏愁病隔年。白雪一莖新入鏡，青藜三月未開編。歲時交代還終始，身世相逢不後先。正坐向平婚嫁累，幾回歸夢繞瓜田。

繫偶明朝又履端，呼盧今夕且成歡。風雲有態隨時變，花柳無私取次看。謀身翻悔屠龍拙，行路真虞蹈虎難。久病逢春應脫體，呼童先爲整朝冠。

京國崢嶸改歲華，病懷岑寂憶田家。忘形痛飲瓢相勸，信口高歌鼓自撾。縱轉官階清似玉，却逢戈甲亂如麻。夜闌猶對寒燈坐，鄰曲公然笑語嘩。

憶昔升平大有年，每逢新節共熙然。香風十里聞羅綺，華月三更沸管弦。一自狗偷言誤國，便看龍戰血成川。時危處處經離亂，野哭家家化紙錢。

我生三十六回春，又見春風吹病身。藥裹有方教謝客，桃符無句解驚人。天隨鳳曆開黃道，日繞龍旂麗紫宸。記取歐陽進宮帖，一聯清拂屬車塵。

城外春風換柳枝，年華暗與物華期。不知今夕是何夕，頓覺此時非彼時。病自染來嚴禁酒，悶難排去強裁詩。休文瘦損相如渴，造化從來是小兒。

兩歲光陰一夕分，四方消息幾番聞。長安米價高於玉，汴水軍麾密似雲。侍從有名身未老，聖明無補志空勤。《祈招》詩好渾忘却，左史應慚讀典墳。

病骨崚嶒坐不禁，韶華荏苒去難尋。枝枝生意無知木，句句春愁對語禽。雙足忍教將白璧，五湖猶得鑄黃金。浮生得失何須問，到竟誰窮造物心？

和西涯翁《春興》八首

兀坐空齋轉日陰，芳時多事賞違心。泥融燕壘花香細，雨染龍池柳色深。杜甫苦吟愁未了，賈生多哭痛難禁。不堪病起頻搔首，短髮氄氄欲脫簪。

虛名真忝步瀛洲，日與群仙作伴游。藥裹身軀渾太瘦，杏花時節轉多愁。百年事業頻開鏡，四海風塵獨倚樓。回首天涯春欲暮，黃鸝飛上樹梢頭。

匡時空有皂囊封，誰爲吹噓到九重？寒食已都飛燕子，東風元不管芙蓉。岡梧日杲無鳴鳳，廬草雲深有臥龍。欲擬《上林》慚賦筆，病懷偏感物華濃。

歸夢迢迢睡思濃，我生身世適相逢。兵戈未息黃塵久，輦路遙開綠樹重。淮水捷音棋一局，君山行役杖雙筇。無情歲月東流注，漸覺青銅改舊容。

詩句元因撥悶裁，却尋春色上高臺。山禽似共游人語，野藥多從亂處開。裴度竟收平蔡績，姚崇殊有濟時才。相逢且盡杯中物，領取朱顏入面來。

碧草烟綿向暖坡，樂游園上幾經過。天開罨畫紅塵遠，山擁皇州秀氣多。春水仙舟依岸柳，午風僧磬出烟蘿。韶光不療蒼生病，悵望湖山奈爾何？

莫上西湖載酒船，尋思離亂轉凄然。長安桂玉難過日，杜曲桑麻休問天。聖主臨朝常旰食，小臣憂國願豐年。何當挽取華胥樂？萬里春風送管弦。

飛花狼藉點園池，日滿東窗睡起遲。欲附遠書無使至，偶調新律有兒知。高枝好鳥聲相喚，細雨幽篁手自移。酒量易盈詩力減，搔頭空憶少年時。

送王希文歸青城兼致謝意王善醫嘗療予疾

讀書元爲活蒼生，儒術醫科合兩精。方按古人多變化，藥純王道自和平。講幄半年違伏枕，談鋒三寸保連城。東歸草草何能別？馬上逢人早寄聲。

代人送王希文

旅食京華歲月深，東歸紅杏已成林。金針小試穿楊手，玉札先知療菜心。扁鵲有靈還見妒，伯牛無命亦難尋。相逢若問行裝事，滿橐新詩是藥金。

送方時中都事赴南臺

昔年同聽鹿鳴歌，晉水吳山別思多。何日夢魂忘舊事？幾人顏面愧高科？琴書歲久貂裘敝，桑梓風生豸角峨。始信兩京非遠別，江東雲影望中過。

送李從舜上舍歸潞州

太行人物自多奇，論秀成均肯讓誰？一擲便驚金石響，九成終睹鳳凰儀。青雲未展須藏器，白髮當娛且捧卮。別後有懷明月下，一輪千里各天涯。

李凝道尚寶卿得恩封歸省乃翁

二十餘年宦兩京，南康遺愛頌廉平。壺觴夜月詩懷壯，花柳春風步屧輕。恩出兩朝沾異數，花開三徑保完名。賢郎使節過桑梓，看取斑斕醉壽觥。

送劉衡仲憲副督廣西學政

家學兼聞阿轍奇，科名還與宋郊齊。五雲宮闕憂魂夢，八桂文章入品題。雲影天光歸活水，雨傾雷震起蟠泥。上林自有昂霄木，雙鳳他年看并栖。

送曹時範侍御赴南臺

玉鞭驄馬漢衣冠，多少行人避道看。九轉已成丹換骨，三年剛鑄鐵爲肝。浮生寵辱元身外，天下安危在筆端。見説鍾山多勝概，振衣千仞望長安。

壽董太守七袠編修文玉之父嘗宰黟縣有聲遷御史抗疏論列遷雲南守致仕

會稽山下碧桃開，北斗仙翁捧壽杯。有項不因公主屈，無名還爲漢皇來。經傳汾水知家學，筆到桃源見史才。嬴[一]得滿懷春拍拍，肯容雙鬢雪皚皚？

送孫直卿太史遷憲副督山西學政

七步才華逸品流，暫分仙侶下瀛洲。豐城劍氣知難遏，滄海珠光忌暗投。望聳斗山開後學，坐收梫楠比前修。太行絕頂時登眺，千里幽并接素秋。

送吳學士白樓令郎子孝歸娶吳門兼赴鄉試

錦帆南去意何如？黃色侵眉喜有餘。月下紫簫鸞背後，池邊丹詔鳳毛初。幾年種玉元非偶，一釣收璜定不虛。便與而翁成宿約，慶筵供具自今儲。

送同年楊正夫太常歸省

一入長安幾歲華，光生乘傳建高牙。斑衣簫鼓人間樂，錦水樓臺畫裏家。別後有懷頻問月，夢中相見尚看花。分明萬里橋前路，爭睹文園駟馬車。

送易太史欽之歸省

不是詞臣厭直廬，雞鳴問寢久應疏。堂開書錦迎封誥，橋比升仙擁使車。膝下可無三釜樂，篋中猶有萬金書。懸知明月峰頭夢，幾向長楊賦《子虛》。

王虎谷司成上章辭巡撫之命且致書邃庵冢宰殊有諷切之意使回寄之以詩

惆悵無因問起居，忽逢雙鯉意何如？鳳翔千仞辭官疏，字直三緘執政書。杳泛菊霜秋釀熟，影搖松月夜窗虛。何時虎谷雲深處，一榻清風共草廬？

寄王虎谷尊翁司徒

深山猿鶴稱幽居，縱有仙家恐未如。萬里長城新撫制，幾人高枕老尚書。榮枯世事還春夢，來往浮雲自太虛。無地樓臺君莫笑，乾坤如此是吾廬。

陳葦川編修宅上會宴吳寧庵侍郎衍聖公次靳介軒閣老韵二首

侍從年來祇素餐，緬懷芳躅步應難。筆精妙入鍾王室，詩法平登李杜壇。一見斯文真骨肉，十年人事幾悲歡。尊前又道南歸近，滿耳蕭蕭葉正乾。

十載參商此共餐，別何容易見何難！幾家高會傾蓬島，一榻清風屬杏壇。地隔石渠常入夢，天開金鑒自成歡。<small>時吳公表賀萬壽。</small>相逢且盡杯中物，愁報更樓漏滴乾。

送同年童賓陽守兗州

忍見周封作盜區？瘡痍今待使君蘇。何人文德來邦域？有客風流過舞雩。春入潁川多賣劍，月明滄海盡還珠。千年治魯名猶在，便是人間烈丈夫。

送彭幸庵總制南征二首

誰爲中州起陸沉？關西豪杰古還今。龍樓寵重勞三接，虎帳機玄試七禽。萬里銜枚行獨整，兩番推轂寄尤深。先聲已落蠻荆膽，管取封侯肘後金。

投筆長驅萬里風，文星元與將星同。指揮已雪河嵩恥，談笑還收隴蜀功。羽扇影圓營月白，錦袍光閃陣雲紅。磨厓舊有《中興頌》，定爲君鐫第二通。

書楊廷獻員外《具慶重封》卷<small>楊南户，朔州人</small>

古來塵世笑難逢，今日君家喜易重。偕老椿萱登上壽，兩番綸綍拜殊封。飛雲朔外時高望，珍味江南歲遠供。百里有人曾負米，楚游應恨禄千鍾。

朝房齋居即事<small>癸亥歲</small>

新年塵事日奔忙，誓戒俄傳出建章。正苦典衣償酒債，合教烹雪洗詩腸。高寒陡覺來金殿，清夢還勞到玉堂。欲賦升平三百韵，慶成歌侑紫霞觴。

大駕出南郊

風雲辟易鬼神忙，仙仗遥開見袞章。萬隊鐵衣真鳥陣，六飛黃道是羊腸。忠懸白日惟宗社，志在蒼生有廟堂。造物茫茫難自料，眼前聊對酒盈觴。

大駕入自南郊稱賀次孫太史汝宗韵

大祀回鑾問起居，休徵從此定紛如。九成樂奏來儀鳳，四海塵清省詔書。雪後春風偏浩蕩，雲收天宇自清虛。何當一掃向隅泣，受凍吾甘守敝廬？

送王太僕伯安_{嘗歷刑、吏二部}

文章常擬并三豪，政事猶能擅二曹。把燭夜來探《冏命》，上書曾去續《離騷》。驪黃一顧金珠賤，雲錦千群杼柚勞。早寄詩筒慰知己，清淮聞道不容舠。

送許子簡僉憲提學貴州_{自考功員外郎升出}

手持黃紙下天曹，陡覺聲名北斗高。人物幾年歸藻鑒，文章萬里仰甄陶。風號梁棟摩霄漢，雷起魚龍撼海濤。水暖春江浮鴨綠，仙舟天上坐忘勞。

題《平翁傳》爲同年石仲殷尊翁作

平翁如水復如衡，恥見人間有鬥爭。百斛買舟通野渡，千尋甃石利山行。唐虞不屈巢生志，梁楚猶傳季布聲。地下若逢新鬼至，也應搔首問升平。

送徵江劉太守朝用

汾水才名絶品流，却從樽俎輟前籌。一麾要作千年傳，萬里真成兩度游。_{劉先爲徵江通判。}江向晚晴浮作練，劍逢春雨化爲牛。楊花未歇黃鸝語，消得紅亭幾許愁。

和都憲南澗林公《春日感懷》

聞道江邊春水生，岸蘭汀芷盡勾萌。陽春有脚應先到，造物無私不用争。南畝歡聲新雨足，前川詩興午風輕。浮生祇合供行樂，却把閑身絆利名。

書李司空《完名全節》卷

萬里雲帆海上收，司空今是幾宜休。陶潛有徑惟黃菊，江總還家尚黑頭。眷注兩朝人共仰，褒封三代我何求？平生許國心如鐵，廊廟江湖總是憂。

壽賈南塢太史乃翁九袠

七十人生古已難，百年能九幾回看？簪紳薇省開華胄，尊俎詞垣出大官。紫誥尚期黃閣命，白頭時見彩衣歡。一竿潁水經編手，人道嚴陵七里灘。

書同年計惟中乃翁《林下承恩》卷次韵

老眼乾坤七十霜，新恩遥拜漢明光。一塵不染三山客，百里曾歌列宿郎。桂嶺嵐烟行處畫，羅池雲影浴時裳。君家父子才華盛，文比三蘇字二王。

壽致仕西涯李閣老

紫微天遠解臺衡，綠野風清鎖甲兵。海外夷蠻曾問狀，掌中童孺解知名。文章自合歸三楚，禮樂何須召兩生？歲月正閑身尚健，著書應是錄升平。

和吳石樓學士《秋闈即事》

主司文柄許同任，巾上青天鑒此心。得意在渠如芥拾，匪躬於我若淵臨。羅衣欲換驚秋半，蠟炬頻添信夜深。又見英雄同入彀，扶搖九萬起從今。

壽族祖母八袠

紫管新腔翻《葛藟》[二]，朱弦高調按《螽斯》。勤如女手縫裳日，儉比兒身負米時。海上紅塵知幾變，天西青鳥本無期。夢蛇八十年前事，天與人間作母儀。

送同年孫大參文瑞之東藩

曲江華宴忝同年，獻納俄看上九天。國是一言常取定，官階三品得殊遷。鹽梅遠業頻開鏡，海岱長風早着鞭。戰後瘡痍知未起，太平光景待回旋。

壽鄭錦衣廷杰乃翁八袠

家居韋曲冠城南，尺五天高手可探。金罌酒開文字飲，玉枰棋在畫圖談。少陵久與何家熟，山簡偏於習氏酣。欲爲箋天增二紀，百年車馬擾能堪。

送吳白樓祭酒之南雍

秋風羅網盡時髦，一笑天顏賜紫袍。豐水岐山勞指顧，商彝周鼎出鎔陶。詩成七步詞鋒捷，賦得《三都》紙價高。莫道天涯渺南北，鳳池回首接夔皋。

早秋夜坐

一葉西風火已流，坐闌將臥轉夷猶。月華如晝惜良夜，蟲語似人驚早秋。有淚欲爲天下哭，無權空抱古人憂。銀河如可乘槎到，定把人間問斗牛。

奉問大司徒韓公質齋

千仞岡頭獨振衣，高風四海共瞻依。時艱自古多难濟，國是于今竟有歸。白髮并看三鳳起，青天剛着一鵬飛。九重他日思元老，珍重蒲輪莫峻違。

送唐仁夫光禄少卿考績還南京

相逢共醉長安酒，醉裏猶疑夢故人。六代江山淹日月，兩京書札隔風塵。移燈細認青衫舊，岸幘偏驚白髮新。去未能留來未卜，寂寥冬盡又逢春。

楊廷獻正郎自南京寄新刻《唐音》托韓駕部秀夫附至詩以謝之

群英科目一生心，萬斛明珠百煉金。蕭統選時猶古體，仲尼删後有遺音。天涯遠意來金部，海内虚名愧翰林。始信文皇有長策，雄才多少此銷沉。

又謝廷獻寄白菜畫

　　數叢秋色碧蕭森，幾許經營意匠深。茅氏豆中那有肉？管寧鋤下不知金。淒涼莫上蒼生色，澹簿無忘素日心。珍重故人千里思，壁間時復見官箴。

送同年劉少參汝信之廣東

　　禁柳蕭蕭萬葉秋，飄然去作海南游。風生寶劍蛟龍吼，月映冰壺鬼魅愁。已見鳳毛池上舞，暫教鴻指雪中留。此心許國還相似，記取臚傳紫殿頭。

校勘記

　　〔一〕“贏”，據文意，當作“贏”，以下徑改。
　　〔二〕“纍”，據文意疑當作“蕭”。

紫岩文集卷之五

七言律詩

送閻道鳴僉憲兵備延綏次張西磐韵

黃金勒馬紫絲鞭，要歷高山與大川。晉水文章元有用，秦關風月自無邊。旌旗净掃長城雪，烽火全消斥堠烟。此別相逢知未遠，臨歧尊酒便茫然。

君向榆林我贈鞭，功名應早建秦川。天開魏闕頻來遠，春到穿廬敢犯邊？墅有圍棋動星斗，驛名籌筆護雲烟。黃河岸上投醪處，雷動三軍一粲然。

癸酉歲除夕二首

三百六旬駒過隙，迎新送故亦堪憐。世間萬事有成算，眼底幾人長少年？身懶久疏投謁刺，家貧全賴買詩錢〔一〕。春風有意還相訪，何處吹來送管弦？

殘歲欲除空自守，明時無補爲誰憐？風雲變態三千首，侍從虛名十五年。阮籍深情非是酒，魯褒高論定無錢。援琴欲鼓升平調，幾爲幽懷懶按弦。

簡黃弼甫提舉黃善作賦

才過屈宋豈無人？岸芷汀蘭意自頻。紅燭清尊元是偶，白头知己却如新。豐城寶劍時干斗，冀野龍媒久絶塵。恨殺春風催去棹，早吹冰泮潞河濱。

齋　居

春坊冰冷不堪齋，太僕朝房素號佳。予嘗假太僕朝房。連日閉門
肩獨聳，同年分炭氣方諧。同年孫太僕遣吏致炭。暮雲凝碧空愁思，
春雪飛花亦暢懷。碌碌此生成底事，敢云經濟屬吾儕？

絳臺銀燭伴虛齋，詩句全無一字佳。星斗芒寒空在望，咸韶
聲古苦難諧。風櫺夜靜時聞雪，病體春來始放懷。握手論心者誰
子？楮生毛穎舊同儕。

君王親御法宮齋，鳳閣龍樓紫氣佳。天地有情人事順，雨暘
無咎歲功諧。九成仙樂開春宴，萬種閑愁豁壯懷。欲賦南郊鋪帝
業，玉堂鴻筆有朋儕。

元宵偶述三首再柬黃弼甫次前韻

坐看華月上書齋，月漸高時境漸佳。往事已隨流水去，良辰
還與賞心諧。萬家燈火元宵節，千古英雄後樂懷。稷契許身翻是
拙，不知誰可與為儕。

暖逐春風入敝齋，故園花竹信音佳。不辭對月三人飲，所願
逢春萬事諧。情似杜陵歌有客，夢隨彭澤到無懷。自慚淺薄酬知
己，魚目明珠非等儕。

華胄遙遙出勉齋，淵源家學自能佳。胸襟武庫戈矛盛，風韻
孔庭金石諧。萬里波流堪濯足，百年塵世且開懷。君看麟閣圖形
像，莫道斯人非我儕。

書樊舉人《貞教詩》卷

《柏舟》詩可繼《周南》，獨掩深閨次第看。曉鏡飛蓬悲鳳
影，夜燈和泪作熊丸。梁鴻曾得齊眉助，毛義應成捧檄歡。莫道
旌閭華扁在，史編千古炳如丹。

送謝同年邦用僉憲之湖廣

曲江花底記同游，十五年來鬢欲秋。楚國旌旄新寵渥，謝家人物舊風流。君山雨霽簪螺髻，漢水春深漲鴨頭。尊酒已空山已夕，微茫烟樹隔仙舟。

送陸仲寶宰建陽

銅章新綰屬時髦，壯志能忘撫字勞？彭澤有田皆種秫，河陽無地不栽桃。甘霖正喜隨車至，列宿還驚入望高。看取漢家《循吏傳》，大書三異是榮褒。

送王宗海之亳州太守<small>初任高密尹，尋判開封，轉此</small>

十載停雲望故人，相逢驚見二毛新。夷安米賤隨車雨，汴水花繁有脚春。五馬爭看人似畫，專城還許治稱神。歸裝定有《循良傳》，肯道無人步後塵？

送汪閑齋司業之南雍

詞苑馳聲二十年，南雍新命喜殊還。弟兄陸氏難高下，父子蘇家不後先。珠玉每從風外落，斗山真在望中懸。鑾坡出入渾閑事，好向沙堤早着鞭。

送平山尹李宗乾朝覲回任

高才何事綰銅章？見説鳴琴不下堂。繞郭稻香蝗去遠，一簾花影燕飛忙。人家盡釀陶彭澤，鬼社潛移李洛陽。<small>宗乾名果，與李洛陽同名，故引之。</small>此去應知席未暖，早持霜簡入鵷行。

送余漢卿節推順德_{湖廣人}

抱玉岩前葉已秋，翻然來向石門游。旌旄影至兒童喜，冰蘗聲馳鬼魅愁。二戴傳經應有托，三閭作賦豈無儔？懸知吏事皆儒術，聽取官評第一流。

送熊世芳太守考績還新安

三年冰蘗守新安，人道于今睹漢官。儒有文翁興却易，盜逢龔遂弭何難？來時惜暮歌猶在，去後追思石定刊。我忝同年操史筆，爲君編入汗青看。

送劉潤之侍御按遼陽

一鞭驄馬向營州，遙指三韓賦《遠游》。名到重時收趙璧，事當難處看吳鉤。風清月白臺前夜，水膩山丹塞上秋。正是四方多事日，憑君東面爲分憂。

書劉鐵柯《尚書》卷

楊家厓上挺孤標，劉氏樓前鳴遠潮。瀉出洪爐入深地，鑄成長幹干層霄。冰霜難動丈人色，桃李祇爲兒女嬌。黃金殿高作梁棟，應見鳳凰來九韶。

送同年楊廉夫少參之浙省

乘風彩鷁欲何之？正是青冥振翼時。江入錢塘關重地，官分方面受深知。春回菜色欣欣變，日永棠陰款款移。見説西湖好風景，公餘時復一尋詩。

壽寶諫議惟遠母太孺人

秋風送喜到慈闈，六載于今邁古稀。綠酒影中浮素髮，黃花香裏舞斑衣。鸞回錦字新封誥，鳳逐金梭舊斷機。猶向佳兒促封事，莫因衰朽避天威。

送張世馨二守之池州

君家兄弟本難當，袍笏堆來自滿床。字走龍蛇真逼晉，詩愁花鳥欲追唐。何人渤海還牛佩？此日河東又鳳翔。把袂紅亭猶有贈，百年鳳節重吾鄉。

送謝庭秀明府之黃陂

燕山風物已高秋，楊柳何堪縮別愁？華髮早因憂國變，黃陂端不爲身謀。仙舟天上洞庭水，佳句人間鸚鵡洲。誰似君家好兄弟，一門簪組盡名流？

次喬白岩宗伯韵 <small>時白岩自南都考績至京，賦以贈別</small>

屈指參商幾度秋，相逢草草去難留。九重閶闔應前席，六代江山獨倚樓。斗酒不須辭夜醉，筒詩還許寄春愁。太行山下旌旗影，爭睹尚書晝錦游。

宗伯官曹別樣清，興來呼酒辦江行。八分書得千年訣，五字詩爲萬里城。鏡裏忽驚鸞影獨，掌中新見蚌珠明。<small>白岩於途中得子，抵家而失偶，故云。</small>鳳凰臺上題詩處，人道簫韶曲九成。

衍聖公宅上餞白岩時院坊諸公皆與用涯翁限韵各以詩贈

驚人元是大家鳴，又得江山助此行。紅燭清尊疑是夢，暮雲春樹若爲情。衣冠四座星輝壁，砧杵千家月滿城。三載尚書頭轉黑，天教常佐泰階平。

酸嘶不作孟郊鳴，勝覽還爲司馬行。風月四時常作主，江山隨處輒關情。箋麻累月來求字，冠蓋如雲餞出城。爲送故人歸故里，不知懷抱幾時平。

送衍聖公歸兗次前韵

玉笋班頭玉佩鳴，聖公朝位居文班之首。朝天今是幾番行？年年盛事衣冠會，世世斯文骨肉情。酒似鯨吞空北海，詩如龍戰解平城。角聲亦解知人別，樓外梅花怨未平。

送陳葦川學士之南京掌院

學士新遷掌玉堂，南來衣錦過江鄉。龍蛇走處真追晉，珠玉揮時欲逼唐。詔自鳳池裁五色，史於金匱識三長。九重他日徵台鼎，莫憚頻繁又束裝。

送孫宿山檢討歸省

幾年不戲老萊衣，新自經筵輟講歸。遥指白雲瞻故里，滿斟春酒壽慈闈。山川勝覽人如昨，兄弟同寮事亦稀。雲樹微茫應悵望，筒詩來往莫相違。

送張甬川檢討升湖藩提學憲副

鳳池何事鳳南飛？白髮門前久望歸。毛義敢論龍作敕，老萊爭得豸爲衣。四明人物推山斗，三楚文章入杼機。送別紅亭重回首，暮雲春樹兩依稀。

送同年韓相夫判府督運至京便道歸省司徒季子

司馬才名絕品流，黃堂談笑試吳鈎。春泉繞郭金千頃，職掌水利。夜月連檣玉萬舟。南郡久勞華髮夢，故鄉今是錦衣游。由來家學惟忠孝，看取芳聲播九州。

送張醫官還新安

捧檄榮歸雨露深，門前紅杏鬱成林。人如扁鵲寧憂病？藥比靈丹豈愛金？鳳閣龍樓觀國眼，春花秋月故鄉心。無端詩癖憑誰療？別後多應夢裏尋。

挽陳封君復清居士二子，察爲御史，寰爲翰林檢討。

鹿門踪迹托烟霞，謝却人間幾歲華？詩比陶韋堪作派，字如顏柳信名家。牙籤插架餘千軸，錦誥開函炫五花。萬里雲霄雙鳳壽，綿綿家慶正無涯。

送王節推仲衡之常州

黃堂秋曉鵲爭鳴，郭外遥連竹馬迎。畫裏江山壯行色，眼中人物重科名。不妨世事如鈎曲，但取官評似水清。相許還須兩相信，百年公論是文衡。仲衡，予京闈所舉士。

壽李司空夫人七衮

別却瑤池幾歲華，碧桃七十度開花。龍軒禮重師班氏，熊膽功深課柳家。明月綴冠搖翠羽，天吳裝陂叠青霞。由來天作司空合，偕老恩光未有涯。

觀陳憲長文鳴孝感卷次韵文鳴自湖臬奔喪途間盜賊充斥竟不相遇抵家襄事有日經旬阻雨至日獨晴人以爲孝感云

雙鶴翛然下遠岑，九原松柏望中深。經旬靈雨還能霽，滿路妖氛竟不侵。萬里行碑剟豕口，千年真印閲曾心。無因致我生剟意，祇有空言比贈金。

寄陳憲長靜齋次前韵

才華元不數韋岑，名比山高學海深。筆下每驚風雨至，鬢邊爭遣雪霜侵？晉山楚水陽春脚，憲府刑曹造化心。常憶爭雄江練句，秋花新買擔頭金。末用靜齋詩句押之。

送衢州太守劉彦明

秋風楊柳別愁新，立馬紅亭送故人。較藝傳看三試卷，卜居容接萬金鄰。黄堂簾捲家家月，紫馬鞭敲步步春。聽取衢人作歌頌，使君真是潁川倫。

送王進士暘尹昆山

縵縚銅章下五雲，吳門春色已欣欣。星辰每向清宵望，禮樂寧忘舊日聞？梟鳥江南應獨步，龍媒冀北久空群。百年公論還歸我，得士無慚此校文。暘，予京闈所舉士。

送友人夏文淵尹束鹿

眼底功名屬俊才，銅章親縚兩番來。弦歌月下千家沸，桃李春深萬樹開。盡日孤舟橫野渡，有時雙舄入霜臺。臨歧無物堪持贈，百里蒼生此一杯。

送汪春齡故人還餘姚_{次留別韻}

泥蟠無奈此人豪，幾許星霜改鬒毛。風力獨於詩律勁，月輪偏傍釣臺高。榮枯世事何須問？穗褗年光定有遭。季子貂裘知久敝，相逢聊爲贈綈袍。

一尊相對老詩豪，猶自談風落塵毛。夢裹十年江路遠，天涯雙眼暮雲高。珠生老蚌還能耀，瑟扣齊門竟不遭。惆悵紅亭惜分手，朔風吹雪點征袍。

送漕運郭都閫公玉事峻還浙

汾陽公後世多賢，武略文才在眼前。巨浪風生班氏筆，長江虹射米家船。一分民賜非無地，萬事人生自有天。國計多艱應努力，讀詩聊廢《北山》篇。

趙類庵李序庵二太史出示謁陵并立春唱和喜而有述因寓所懷

誰言白首尚如新？意氣相投祇在真。連璧久應專二妙，斷金元未許三人。朱弦飽聽彈清廟，玉署空慚步後塵。太白重來松雪在，肯令千古重雷陳？

答侍讀李序庵見和兼柬趙類庵侍讀二首

百首詩成百意新，詩人才料本來真。槐陰白晝來仙侶，_{類庵有兩槐堂。}薇影黃昏對主人。_{序庵有薇花園。}冰作階衘寧有價？玉爲肝腎絕無塵。知音我愧鍾期子，流水高山辱指陳。

白衣蒼狗日更新，縱有離朱亦眩真。一賦祇應悲復志，三書何用苦于人？金絲堂上尋遺響，干羽階前認絕塵。誤矣夜分虛席問，賈生心事不堪陳。

賀趙類庵侍讀

　　紫絲綵綰象牌新，醉後頻將認假真。六品玉堂綸閣地，一生金殿講筵人。憑君筆下三江水，洗我胸中萬斛塵。鳴盛有聲驚絕代，風花誰暇點梁陳？

賀李序庵侍讀

　　鳳池仙籍列銜新，制出爭誇侍讀真。指下鹽梅當有子，眼中緋玉是何人？春風騕裏初開路，秋水芙蓉不受塵。今日責難吾黨事，道非堯舜敢前陳？

王存約給事過李序庵侍讀作賀夜坐聯句
予以臥病不與乃得序庵詩賦此奉答

　　蒲葡缸滿潑醅新[二]，痛飲忘形樂趣真。半夜未歸青瑣客，十年剛轉玉堂人。敲門忽被詩驚夢，推枕還將硯拂塵。後會尚繁君莫厭，蘭亭觴咏迹俱陳。

送呂進士仲立宰餘姚_{呂有世好}

　　宮花纔見壓巾紗，又向江城放早衙。二宋弟兄同甲第，_{呂兄弟同科進士。}三蘇父子總才華。春風暖逐弦歌地，列宿光臨世講家。廊廟江湖男子志，肯言門外是天涯？

和李序庵太史轉殿讀詩韵

　　翰苑馳聲十五年，黃金光炯玉鏗然。同年接踵聯雙讀，_{時與趙類庵同升侍讀。}異日明眸看九遷。校藝兩番精藻鑒，窮經三度絕韋編。莫言君寵深難報，堯舜丁寧勸講筵。

寄工部郎中徐仁伯董遵化鐵冶嘗守予潞

春明分手兩春風，樽酒相逢每夢中。五馬昔曾淹上黨，萬金今復佐司空。非忘漢室賢良議，要識洪爐鼓鑄功。惆悵無因見元白，暮雲春樹有詩筒。

立春日飲崔子鍾太史宅和杜韵

風吹彩樹從天落，又是春光到眼時。四旬已過顏空汗，一事無成鬢欲絲。蘆笋猶傳東晉俗，梅花翻惹少陵悲。黄柑臘酒發新興，丙子編中第一詩。

校勘記

〔一〕"買"，據文意疑當作"賣"。

〔二〕"葡"，據文意疑當作"萄"。

七言律詩

同汪石潭趙頰庵李序庵翟石門齋居壽上人房

齋居蕭寺幾經年，茗碗爐薰信夙緣。心净六塵非鏡照，詩工三昧是燈傳。風回蟻穴松聲急，月到鴻溝塔影圓。堪笑一官兼吏隱，偷閑還傍老僧邊。

同僚分榻自今年，清話連宵似有緣。詩思忽從天外落，梵聲偏向月中傳。六龍拱處陶匏古，一犢將時繭栗圓。昨夜夢中當載筆，也隨仙仗紫檀邊。

翻次前韻二首

問柳尋花到水邊，游魚驚去暈波圓。軒開四面春風入，閣迥層霄晝漏傳。三宿僧房唯足夢，百年棋局獨無緣。<small>時諸公皆着棋，余素眛此，故云。</small>明朝匹馬各分去，此景盤桓又一年。

春來多事酒無邊，喜把龍團試小圓。何日閭閻回菜色，兩年京國罷柑傳。揮毫對客乘春興，過竹逢僧謝俗緣。志在先憂成底事？可憐容易度流年。<small>時連年京師無橘。</small>

次石熊峰少宗伯《慶成宴》韵

侍臣叨宴傍金輿，正屬升平罷詔書。花出尚方愁鬢改，露來仙掌笑顏舒。珹裘總許聯班近，麟鳳何曾結網疏？樂奏九成三獻壽，彩雲扶日麗天衢。

和崔洹野《人日賀壽》之作

鬢底春風四十回，煩君爲我送詩來。閉門正苦吟肩聳，對客聊將笑口開。柯郡久知元是夢，漢江安得變成醅？相留竟夕非私款，豫爲蒼生壽一杯。

送同年黄太守鵬舉考最還臨安

曲江携手共看花，回首春風幾歲華。治比潁[一]川真世胄，經傳毛氏本名家。北扉視草顔空厚，南詔停雲眼欲賒。上考已書應有召，載驅無疾使君車。

送魯府長史宋惟勤

博士文章重學宫，忽驅旌節向龜蒙。門迎鄒氏裾長曳，律應軒轅瑟自工。子建才華真有助，河間儒術易爲功。千尋手障天潢碧，萬樹花看闕里紅。

和熊峰石亞卿《移竹》《移松》二首

移篁親向雨中栽，密築多澆慣育才。晉代衣冠成一夢，東橋書札許頻來。珠璣每爲風前落，環佩常疑月下回。會見兒孫滿林出，嶄然頭角破蒼苔。

肯將紅杏倚雲栽，特向南宫拔異才。遠勢似嫌淹竹裏，清陰分取傍花來。相傳有法蒔同予，却忌多情去復回。我自多忙君且退，苦吟隨意步莓苔。

送彭千兵冲還蘭州幸庵都憲公弟

四海經年不解兵，二難揮劍報清平。材兼文武真男子，名滿華夷好弟兄。詩律尚疑魚鳥陣，醉魂猶怒犬羊營。西歸合念西堂夢，風雨池塘草自生。

送酈瑞州廷瑞考績回任次院中諸寮聯句送行韵

侍臣西第列華筵，月色燈光共皎然。五夜臭蘭知己地，三陽連茹得朋天。何名可署陽城考？有政堪同渤海傳。莫損春心傷去住，江湖廊廟總才賢。

兒童解識使君名，竹馬朝朝望玉京。斸劍定無橫斗氣，鳴皋應有徹天聲。塤篪并奏三年政，風雨還牽萬里情。指日西江迎召使，登仙那復羨班生？

書盛德章御醫《友菊詩》卷

莫嘆功名晚謬悠，黃花香裏獨宜秋。夭桃艷杏真兒女，翠竹蒼松是匹儔。老圃種來元按譜，重陽歸去自盈頭。藥囊剩有詩千首，醉作吳儂拍手謳。

送葉戶部良器督儲淮安次少宗伯石熊
峰韵良器，予京闈所舉士

幾年蓬藋躡塵踪，俄頃風雷起卧龍。崔氏一莊慚陸贄，黃生千頃服林宗。魯麟周鳳交前眼，渭樹江雲別後胸。見說衡陽有歸雁，故人翹首待書封。

淮陽高處轉頭望，五色雲中是帝鄉。功利久知卑管晏，文章還自比班楊。江山次第歸題品，鍾釜分明屬主張。指日錦衣過故里，紫荊花下醉元方。

王甌濱司成未舉時讀書永嘉開元寺寺有芙蓉一株五月盛開是秋司成高薦明年及第人以爲瑞徵云

秋花五月爲誰開？幻出寒江舊景來。造物有情難自秘，韶光無約忽相催。玄都觀裏爭妍態，金谷園中賈禍胎。爭似開元讀書處，花神先報發奇才。

鄭錦衣約賞牡丹及期杳無消息詩以問之

牡丹消息近如何？笑殺東風負約多。看竹人言休問主，探花吾自慣登科。最難塵世頻開口，容易年光一擲梭。我欲携尊約朋輩，西園爭許暫相過。

壽李斗室九袠中府經歷拱元乃翁

更閱十年稱百年，人間應有地行仙。鶴書問訊來三島，鸞誥貤封自九天。八百里游非浪迹，五千言著是真傳。流霞引滿憑誰侑？聽取新詩當管弦。

送張正之二守赴汝寧

瀛海誰當破浪風？黃堂談笑簿書空。新除見説歸人望，舊郡還爭是我公。千里故人明月共，一尊清話幾時同？輞川詩畫工無比，相憶還能寄一通。張素工畫。

壽李西涯閣老七袠

長庚重作地行仙，黃閣清風二十年。字學肯輪東晉後？詩名直在盛唐前。棋聲綠野調羹手，酒暈朱顏潤筆錢。天爲斯文壽元老，七旬須百更能千。

賀楊判府受封 <small>户部主事秉節乃翁</small>

嫣汭灘頭閱歲華，首陽山下作人家。韋賢遺子惟經笥，陶令辭官有菊花。鸞逐五雲回紫誥，鶴從雙頰認丹砂。恩波浩渺知何限？壽域茫洋未有涯。

送西賓翁惟遠出館應試京闈 <small>用送餘姚故人汪鐵山韵</small>

經傳三世擅英豪，無那江邊老鳳毛。蠹簡夜深芸臭遠，蟾宮秋早桂枝高。靈丹九轉功初就，璞玉三來數合遭。膏馥久叨沾子婿，西歸爭許奪宮袍？

送南京大理寺丞周貞庵同年

露下銀床一葉秋，水邊冠蓋送仙舟。埋輪舊價留山右，借劍高風到石頭。總爲江淮疏法網，暫從燕許輟詩籌。十年桑梓勞歸夢，今日真成畫錦游。

寄九江黃太守弼甫

古寺秋深訪客槎，別來今是幾年華？潁川治行漢良吏，山谷詩名宋大家。江比使君清見底，山如公府靜無嘩。故人若問官何許，二十年餘帶始花。

賀劉國威錦衣族弟

太行山下卯金族，移向清都幾歲華。武略未忘文德世，金吾元衛玉皇家。風生寶劍時開匣，雲閃朱旗欲建牙。銅柱玉關男子事，天恩如海正無涯。

書束鹿縣尹夏文淵節勞亭詩卷

莫嫌車馬駐郊坰，撫字心勞此暫停。山水久招靈運屐，文章
應刻醉翁亭。春風鬢底難消雪，美酒花前不用醒。民隱滿懷誰會
得？祇將踪迹付丹青。

壽錦衣指揮白崇之六袠

一家仙眷在清都，海上蓬瀛事有無？謝氏階應多玉樹，漢庭
宮獨重金吾[二]。二難競爽聯霄漢，偕老承恩入畫圖。見説華筵
皆上客，長安車馬盛傳呼。

賀潞州衛孔揮使襲職

年少承恩繼乃翁，轅門回首氣如虹。篇章信是雕蟲技，帶礪
元歸汗馬功。上黨山川雙節外，古人韜略兩楹中。丹書鐵券緣何
事？報國唯應一念忠。

壽祠部張郎中子醇乃翁八袠時子醇新升少參

封君八十似童兒，面有朱顏髮未絲。竹裏板輿穿曲徑，花前
金盞洗清池。閑調不老三山藥，静看長安一局棋。見説綺筵稱壽
處，帶圍新屬換金時。

壽蕭母孺人八袠侍御子離之母蕭翁嘗宰
高密先君繼之遂爲通家云

先君宰邑繼尊翁，閫助還應二母同。裙布着來梁比德，機絲
斷取禹齊功。鸞回紫誥恩光近，豸舞斑衣喜氣融。八袠正當八月
八，更期八座被褒崇。杜詩有“起居八座太夫人”之句。

送易州太守李汝章

專城重寄試才猷，甘雨應隨五馬游。弦管萬家喧酒市，羅紈千頃膩桑疇。丈人獨許劉東海，童子爭迎郭細侯。吊古有時過易水，燕秦回首總東流。

丁丑五月初八日閣老毛礪庵學士陳葦川履任是日午有一鶴飛集翰林院亦異事也詩以紀之

次汪石潭翰長韵

道骨仙風自有媒，蓬萊何許不須猜。金莖露湛應多警，寶鼎丹成定幾回？學士手栽鳴處檜。院後圃中有柯翰長手植檜二株。相公廳列夢邊槐。雲龍山下草堂客，却訝中朝有是哉！

次陳葦川翰長韵

雪羽砂巔下閬風，逍遥偏傍日華東。傳聲直徹青天外，托迹還來紫閣中。好爵爾縻元有象，神仙吾屬信非空。一番撩惹詩人興，醉裏豪吟筆吐虹。

次同年周經府仲鳴留別韵

故山千里浣花村，日日思歸奈國恩？十載江雲懸望眼，一宵銀燭對芳尊。詩毫滾滾明珠落，談塵霏霏玉露繁。見説仙舟催解纜，玉堂風雨黯銷魂。

賜鮮枇杷

玉皇朝罷散仙班，侍從親沾翠籠頒。不信江南來冀北，祇疑天上落人間。寒香凍色能冰齒，露葉風枝自破顔。二十年來無寸補，空慚恩賜重如山。

賜鮮鰣魚

何物嘉魚入饌來？滿堂賓客笑顏開。冰艘逐电三千里，鐵網橫江幾百回。熊掌漫勞分水陸，鸞刀猶恐動風雷。貫穿盡折池頭柳，早給還勞敕使催。

和熊峰石翰長《朝房待漏》二首 時熊峰以禮侍兼學士教庶吉士時事適有所感和而慰之

青藜燃照已多年，又見舟來一葉蓮。清廟鼎彝新受範，玉堂風月舊隨緣。片言啓沃龍顏喜，千仞翱翔鳳影翩。煉就大還猶未信，定誰堪作紫虛仙？

蓬山風景隔塵沙，池上年來樂事嘉。紫詔重裁推手筆，冰銜兼縮識恩華。鹽梅日近三台地，桃李春深幾树花？莫指東山憶高臥，蒼生懸望正無涯。

送李尚書師孟致仕還曲沃

尚書曳履下星辰，異數頻繁送老臣。萬里雲霄收倦翼，幾人林壑見閑身？堂開綠野時斟酒，纓濯滄浪不受塵。應訪舊時游釣處，秋風佳興是鱸蓴。

壽顧未齋諭德兄七襃侍御孔昭之父有孫夢圭年十六中舉

秋半吳門海月圓，狀元坊裏照華筵。年逢七十還增健，眼見兒孫不乏賢。鸞誥喜擎毛義手，豸袍榮挂老萊肩。新詩見説多池草，風雨西堂夢惠連。

送張理之推官赴平陽

太行南去是堯都，淑問如皋佐郡符。風俗古來元不改，溪山隨處盡堪娛。衝霄紫氣開神劍，出塹清冰映玉壺。郡縣勞人君莫嘆，龔黃名與日星俱。

壽同年劉尚寶克柔乃尊友桂翁八裘

鶴髮童顏八十翁，近傳仙術自喬松。開尊夜月頻呼斗，步屧春風不用筇。一葦屢從斑袖舞，五花重受紫泥封。何當逐子朝天闕，願祝岡陵進玉鍾。

壽鄺瑞州廷瑞

解郡歸來髮未秋，祇將琴鶴到林丘。峴山有石題羊祜，錦里新宮薦武侯。雨後紫荊花正茂，風前玉樹種還稠。故人千里共明月，月下稱觴祝瑞州。

壽泉山林司馬

翰苑文章第一流，春風桃李滿皇州。星辰影動曾移履，烟霧叢深幾掉頭。鳳老碧梧枝更發，鶴成丹鼎藥初收。三山自是神仙地，定有人添海屋籌。

送張編修崇象歸省

仙舸遙從闕下歸，恩光喜色動庭闈。新傳內法爲春酒，旋取宮袍當彩衣。白髮林泉無限樂，朱輪桑梓倍生輝。還朝莫遣瓜期後，恐有傳宣到北扉。

送曹時範侍御之金陵

故人復向南臺去，落木蕭蕭惜別觴。千里暮雲愁未歇，十年江路夢偏長。玉花行處鞭催雨，鐵筆揮時面帶霜。天下事多言路在，高岡鳴鳳自朝陽。

和許函谷太史《雨中書懷》

秋來多雨未曾休，已放輕寒襲敝裘。酒價轉高沽欲斷，詩愁偏冗遣還留。傾瓢處處天難補，懸磬家家日不謀。況説沙場猶戰鬥，如山枯骨幾時收？

和許函谷霧中有感

非雨非烟黯不收，似將巾子罩山丘。看花忽訝年將邁，拂硯先驚水欲流。天地不交翻自蔽，華夷難辨使人愁。何當捧取朝陽出，萬境澄清恣意游。

和許函谷僧房對竹

鳳影鸞音鐵石根，十年相對老僧軒。歲寒得友偏宜久，春暖生孫不厭繁。酒客飲酣常寄迹，詩人吟苦却招魂。無方可療胸中俗，到此曾無一點存。

題許函谷香雪亭

見説崤函有故家，滿園春色屬梨花。移來大庾山頭雪，厭看武陵溪上霞。綠醑儘教催彩筆，紅塵爭許上烏紗？秦關燕壁真多事，寂寂虛亭自歲華。

明時何事早還家？祇爲亭前幾樹花。青史有名光日月，蒼生無福起烟霞。從教漉酒濡巾葛，不用題詩獲碧紗。二十年來春夢裏，軟紅香土翳東華。

誅茅閑學野人家，香雪春深解放花。院落溶溶流素魄，笙歌隱隱隔重霞。蕊邊香染囊琴錦，葉底涼生岸幘紗。十載妙窺河洛秘，著書應不數《南華》。

聚訟當年議禮家，長安陌上共看花。驚心往事隨流水，遣興新篇炫彩霞。雨後苔痕深步屧，日高蕉影亂窗紗。年年亭上飛香雪，肯道人間鬢易華？

送倫彥式編修還鄉畢姻

仙舟風送省元郎，宮錦新裁過故鄉。春滿御花探上苑，香生胡餅啖東床。青冥字影聯鴻雁，紫館蕭聲引鳳凰。會見佳兒共佳婦，玉缸春酒壽萱堂。

壽徐黃門瑞卿令堂六袠

狐南星彩照蓬萊，遙見天西絳節來。紫錦裁雲犀軸貫，玉盤行酒鳳笙催。北堂愛日聊伸草，東閣迎春已放梅。怪底天香隨舞袖，仙郎剛自掖垣回。

壽溫托齋尊翁少參公七袠

十五年來別此翁，傳聞筋力舊時同。玉山健踏千峰雪，錦水輕移一棹風。召伯棠陰歌咏後，陶公蓮社畫圖中。新篘春酒介眉壽，應送桃花上臉紅。

送車咏賢起復尹鷄澤都憲公廷震之子，御史茂卿之弟

製錦才高出大家，向來聲價遍天涯。車前好雨常催種，檐角疏星已放衙。彭澤秋登多釀酒，河陽春早盡栽花。豸冠舊是君家物，不到西臺幾歲華。

送曾世亨憲副兵備曹州

使君當日寄專城，憲節重臨此詰兵。老手慣持霜筆勁，新謠爭播玉壺清。平沙曉月分魚鳥，細柳春風捲旆旌。二十年來知己地，朔雲寒日倍離情。

丙子年九月二十四日聖節時駕幸宣大二鎮遥祝三首次曾世亨憲副韵

六飛親帥六師出，萬國齊稱萬壽時。西旅解將葵作貢，虞廷爭睹鳳來儀。香飄輦路神靈護，喜入天顏侍從知。却憶岐陽鐫石鼓，至今磨洗認銘詩。

天威震蕩伊吾北，赫赫周宜薄伐時。虎旅不眠嚴禁衛，昭容猶待引朝儀。薇垣夜迴星辰動，沙磧春回草木知。自古觀風爲民瘼，太師隨處好陳詩。

黃雲白草沾恩澤，正是天驕遠遁時。徹土肯忘公旦訓？索茅聊試叔孫儀。九霄日月重關外，萬里霜風一劍知。解道君王自神武，令人常憶少陵詩。

校勘記

〔一〕“潁”，底本多訛作“穎”，以下徑改，不再一一出校。

〔二〕“宫”，據文意疑當作“官”。

七言律詩

送許函谷符臺乃弟廷章自太學歸省

鼓篋橋門幾歲華，彩衣歸舞樂無涯。人龍矯矯追荀氏，玉樹森森逼謝家。插架有書香奕葉，揮毫無種爛生花。重游蕭寺應延佇，雁入寒雲月在沙。

送李明府宗乾赴樂陵

鴻指曾留齊海路，吟詩今日送君過。伏生祠下蘋堪薦，方朔碑前蘚自磨。雉影交飛隨步屧，麥歧雙秀付謳歌。故人史筆仍豪健，未憚循良政迹多。

送萬以虛參政之廣西

暖風吹柳綠絲柔，幾向河梁送客舟。雨露恩深歸重望，江湖奇絕有茲游。錦城春惹鄉關夢，桂嶺雲生魏闕憂。見說衡陽峰下過，雁書知爲故人修。

徐知州瑲南峰書院

城南峰下是誰家？別有壺天度歲華。一派笙簧幽鳥送，四圍屏障好山遮。戰酣棋局常隨竹，讀罷書燈尚帶花。滾滾衣冠輝奕葉，徐卿餘慶正無涯。

書朱應周諫議《秉節趨庭》卷

南來持節過江鄉，宮錦新裁白晝光。宗社計深多諫草，江山行樂有詩囊。鳳笙催酒千齡祝，鶯誥生花五色裝。欲問歸期定何日？春風青瑣綴鵷行。

送劉元隆編修歸省

風送仙舟過越鄉，庭帷垂白正相望。青藜夜校收天禄，玉食朝分出尚方。鶯誥已裁雲五色，彩衣應上酒千觴。遥知風雨蘭亭夕，清夢還飛到玉堂。

送張以寬節推之廬州

少年科第識奇才，新佐黄堂亦壯哉！一榻清風幽鳥弄，滿簾晴日好花開。官評似水應難染，世事如鈎定可回。莫道天涯在門外，幾人從此入霜臺。

游趙類庵宮諭西莊次韵 莊在西郊古城下，有水一泓

漠漠輕雲閣午陰，溪亭隨處步來深。柳絲細拂烏纱帽，花片濃沾白苧襟。吏隱不論盤谷墅，宴游如在曲江潯。歸途更恐奚囊澀，立馬橋邊倚醉吟。

踏遍西莊十畝陰，多情那惜酒杯深？久知蝸角名爲累，却笑牛山淚滿襟。幾度衣冠登古堞，千金亭榭俯溪潯。好花莫遣風吹盡，明日猶堪一賞吟。

紅塵盡處是清陰，曲徑回溪入望深。似有幽香隨步屧，了無塵事到胸襟。銀瓶送酒穿花塢，錦纜移舟過水潯。獨鳥向人啼未歇，似曾相識共謳吟。

又速類庵游西湖

峰如紫閣浸陂陰，繽蔓沉竿幾許深。樂事難逢思秉燭，佳期易過欲開襟。惟應茂樹消長日，合取塵纓付碧潯。況有宮寮爲地主，不妨長作紀行吟。

送董諭德文玉歸省

彩鸂凌風傳吏迎，宮寮異數百寮驚。還鄉正與青春伴，衣錦真成白晝行。季路有官翻是恨，老萊雖樂未爲榮。越王臺上題詩處，回首紅雲是玉京。

和户部頓主政《游西湖》二首

玉泉亭

山下幽亭亭下橋，游人遥指説先朝。雲林啼鳥猶仙吹，□〔一〕路飛花自赭綃。小市柴門揚酒旆，野僧泉竇洗詩瓢。分明笑隔荷花語，不見中流有畫橈。

望湖亭

山腰亭子何年構？半日偷閑樂事多。匹馬雙童穿古木，浴鳧飛鷺傍新荷。忘形酒量寬於海，信手詩毫健似戈。日暮欲歸猶徙倚，鄉關何處隔烟波？

丙子年長至和汪石潭學士《謁陵》二首

昌平道中喜晴

陽回燕谷氣初晴，烽息狼烟路不驚。林杪夕陽鴉勢急，草根春信馬蹄輕。身知出郭偏增健，眼爲看山倍覺明。多少舊游惟我在，不堪聞笛重含情。

溪山隨處總堪憐，點綴浮雲似裹綿。慣向六陵瞻王氣，暫教三日遠塵緣。烏號舊迹從誰問？玉牒新枝付我編。便與山人徵會約，禁烟時節是明年。

丁丑年清明謁陵七首

望昌平

奚囊隨馬暫偷閑，三月風光百里山。古戍白雲開望眼，芳郊紅雨洗愁顏。笙簧韵叠松風外，餅餌香生麥壟間。來往幾回人易老，野橋依舊水潺潺。

入山

春來多事逐塵埃，路入橋山罨畫開。無酒賞花應被惱，有詩逢雨似教催。青憐肺腑重重出，綠愛羅紈樹樹來。歸見九重如有問，侍臣新自泰陵回。

齋房夜候行禮次楊用修乃弟中舍《送兄謁陵》韵

清明時節無風雨，匹馬來供太祝祠。夜静石泉鳴自遠，雲深山月上偏遲。童童樹影疑張蓋，嫋嫋爐烟欲駐絲。金粟堆前慚倚玉，敢於元白共論詩？

昌平館中懷唐賢狄梁公劉諫議次壁間黃學士原續韵

炳炳名賢重此州，瓣香卮醑幾人游？禍知甘露將傾李，志取虞淵不爲周。附驥曾聞説姚宋，雕蟲猶自屈曹劉。繁華一代東流逝，雙廟巍然萬古留。

歸途即事次前韵

昌平回首是神州，掌樣平原古樂游。節入清明三月半，山如京洛四圍周。堂前燕子悲王謝，洞口桃花笑阮劉。他日共誰尋舊迹？學宮塵壁有詩留。

村莊小憩

短墻茅屋兩三家，遠映垂楊近帶花。黃犢引犁翁種豆，石泉燒葉婦供茶。朝陵有感空詩句，報國無能老歲華。晴日暖風三畫景，玉堂佳話舊傳誇。

游玄福宮

玉虛真境許重過，往事驚心感慨多。龍爪豆盤絲作障，鳳仙花簇錦爲窠。空傳勾漏丹砂訣，欲和全椒白石歌。安得晚風吹水變，侍臣行渴望金波？

戊寅年中元同孫遠宗編修王舜卿檢討謁陵十二首

過清河

西風吹雨作新涼，百里衝泥不厭長。雲氣晚晴分黑白，野田秋熟半青黃。山靈定訝經年別，詞客平添兩日忙。試問清河橋下水，濯纓爭得比滄浪？

沙河道中與王孫二太史叙話因憶昔年與楊用修余子華同事有感

去歲朝陵滿路花，同行人已各天涯。浮雲世事真難料，流水年光未可遮。孫綽賦成金擲地，王維詩作畫名家。自憐倚玉來供事，馬上閑吟到日斜。

官亭暫憩

回首長安一片雲，綠槐陰密喜平分。囊中禾黍自秋色，畫裏峰巒又夕曛。問俗却傷非往事，逢人翻懼有新聞。國恩似海深難報，敢謂山陵展謁勤？

宿劉諫議祠

諫議祠前碧草秋，停驂今是幾番游？千年家國餘光在，一策乾坤正氣收。坐久爐薰消俗慮，夢回城角動邊愁。明朝淚灑橋山路，不逐無情野水流。

謁狄梁公廟

梁公祠宇古城西，禾黍秋風信馬蹄。雨剥斷碑苔半合，雲埋老樹鳥空啼。天傾杞國容難展，日墜虞淵手自携。二十年來一登眺，感時無計且留題。

望居庸關次王韵

鐵壁巉岩太古前，中原萬里隔風烟。胡雛漫說行如鬼，蜀道休誇上比天。五代既捐難混一，幾人能守自當千？封侯事業何須問？門外黃沙總涕漣。

諫議祠次王韵

從游不愧逢干後，伯仲何慚賈董間？一介布衣天下計，滿梁華月古人顔。深恩可報猶宗杜，遺恨難消自斗山。總爲廣寒雲蔽却，桂枝何路許高攀？

狄梁公廟次王韵

遺容儼雅廟深幽，血食陵山路畔州。墙外野雲依樹度，橋西溪水抱村流。前朝事業無坏土，異代衣冠有勝游。欲下石欄還徙倚，青山斜日共悠悠。

望居庸關次孫韵_{時車駕出關幸太原}

天爲華夷設奇險，南來咫尺是王畿。龍蟠突兀千尋迥，鳥道
縈紆一綫微。無計阻留黃屋過，有心登望白雲飛。太原此去無多
地，佇見周宣薄伐歸。

諫議祠次孫韵

學宮西畔祠文節，草屋三間石徑蕪。生氣猶存千載後，精忠
直至萬言餘。何曾得借尚方劍？不是暗投明月珠。假使當時登上
第，故園今日事何如？

狄梁公廟次孫韵

斗南人去幾百載，猶有甘棠存此州。伏臘村翁自奔走，晨昏
山鬼常含愁。詞臣發興遠相訪，羽客多情如舊游。古樹陰森坐忘
暑，六陵北望難淹留。

有感次孫韵

居庸西望拱皇陵，山勢遙分兩闕青。萬世太平關社稷，四方
根本在朝廷。雷霆令出驅群怪，風雨程兼走百靈。昨夢翠華旋北
極，侍臣瞻拜講遺經。

壽滕子冲洗馬令堂六袠

海上仙桃瑞蕚開，天西青鳥好音來。厨分玉食三牲養，誥出
琅函五色裁。法向綉床傳補袞，功期羹鼎得調梅。同寮亦有同庚
母，共舞斑衣上壽杯。

鄉約會集

長安車馬曉紛紜，共拂爐烟下五雲。一省衣冠占地望，百年

樽俎繫人文。萍踪宦海暫相遇，蘭臭賓筵常飽聞。風俗久知傳
《蟋蟀》，太行山色接河汾。

送陸東濱之南京鴻臚卿

才高翻博轉官遲，三十年來四品時。復古肯忘周典禮？至今
猶恨漢廷儀。身從玉笋班中隱，家自秋江岸上移。他日九重思舊
望，鍾山留別又催詩。

《東濱書屋》爲陸鴻臚賦

大江東畔接天涯，水色山光絶世奇。茅屋書聲幽竹裏，石床
觴令半花時。神仙地近家如畫，廊廟憂深鬢欲絲。出處自關天下
計，北山文檄漫教移。

李蒲汀學士爲其郡守李某求《濮陽春滿》詩蓋有治行民爲立生祠云

濮陽春滿百花開，竹馬歡迎紫馬來。渤海肯將牛作佩，弘農
争遣虎爲災。生時有廟先留像，異代無階可借才。安得百身分郡
邑，蒼生元氣頓教回？

洪洞韓司徒見寄《山莊漫興》三首次韵答之

林壑逍遥短鬢稀，白雲閑卧鳳高飛。韋賢不識黄金貴，裴度
惟甘緑野歸。午夜星辰曾聽履，早秋風露忽沾衣。山莊見説堪投
老，應自王維畫裏移。

故舊追歡不隔旬，童兒顏面鶴風神。揮毫珠玉今猶昨，落紙
龍蛇草更真。稷契當時應自許，巢由今日與爲鄰。青門瓜[二]好
堪收價，謝却東陵未算貧。

草廬投筆且耕田，藥圃澆花自汲泉。養士深恩歸社稷，立朝

清節重山川。笑看玉樹生階下，爭遣紅塵到酒邊？却恨無因陪杖屨，太行南望轉悠然。

代人壽李錦衣天相令堂

賢郎官拜執金吾，閫幄口[三]參得便途。堂北老萱春正好，天西青鳥事堪圖。夜深姜被應同卧，雨後潘輿亦共扶。觴引九霞花滿座，人間何處是蓬壺？

陳邦瑞都憲自榆林來索《雙壽》詩
二親皆在太原壽八袠

榆塞風清報虜稀，太行山遠望雲飛。韋賢老有傳經笥，孟媪猶存斷織機。鸞誥五花娱白髮，豸袍三品笑斑衣。畫圖不盡岡陵意，午夜應從夢裏歸。

壽廉州王太守應爵六袠

何事明時早乞身？姑蘇臺下幾回春。祇將琴鶴爲行李，老向江湖作散人。詩逐鉢成驚侶輩，酒從巾漉聚比鄰。神仙祇在人間世，弱水蓬萊未必真。

熊峰石翰長移居孝順里與乃兄司徒公相
對實敝居西數家詩以賀之

宣武門西第一坊，通衢如砥井泉香。移來伯仲門相向，看取比鄰舍有光。夜擁金蓮來禁闥，春生瑶草滿池塘。茅齋咫尺堪趨教，百遍相過未厭忙。

誰爲先生締構忙？前開高閣後方塘。熊羆合入斯干夢，奎壁應聯奕葉光。行路總驚書乘富，鄰家先識鼎羹香。侍郎南第尚書北，此地真成石氏坊。

和張敬亭都憲詣顯靈宮訪陳虛白真人韵

玄都觀裏暫尋幽，羽客高情似舊游。丹藥臼前黃鶴舞，紫烟衣上彩雲浮。松窗竹檻風光別，茗碗爐薰氣味投。到此盡應抛俗慮，盤桓非爲主人留。

送大河王揮使世禄進表事竣還淮上

西風黃葉送仙舟，來往長安幾度秋。習氏池亭當勝地，采[四]家書畫渡中流。楊州咫尺真騎鶴，淮水尋常有列侯。青史好追前輩迹，紅塵易老少年頭。

元宵顧諭德九和宅上宴次趙諭德爾錫韵

玉堂車馬集連朝，有客高眠不可招 爾錫以病，累會不與。兔穎生花吟興劇，龍團烹雪宿醒消。樓臺霽月神仙府，羅綺春風螮蝀橋。侍宴龜山思往事，升平一曲紫雲簫。

送水部主事陳子文提舉清江浦

司空官署傍江隈，又見元方擁節來。尊酒未因王事廢，筒詩還爲故人裁。江湖不改先憂志，舟楫真憑利涉才。最喜長途春作伴，柳絲新染杏花開。

奉答司徒質齋韓公三首有序

久疏裁問，正切企仰，忽辱高作，捧讀如領面誨。聯篇珠玉，光采射人，而書法遒勁，直逼東晉，真成二絕。元臣上壽，留神翰墨如此，其培養之厚，福履之隆，有以關休明之運者，皆可考而知也，顧何幸足以得之？珍感！珍感！輒不自揣，再叠嚴韵，僅得三首，録呈求教，兼致起居之意，所謂鳴瓦缶於黃鍾、大呂間也。

堯都南望信音稀，千里何當羽翼飛？憂國漸從頭上變，思家常向夢中歸。先朝宿望憑青史，故里榮光付錦衣。肯起臥龍同戮力，舊時風景尚堪移？

綠野堂中已八旬，寄來詩句總通神。青山花鳥身增健，秋水蒓鱸味轉真。豈有簡書通貴近？祇將卮酒聚比鄰。韓休不在鈞衡地，奈爾蒼生到骨貧？

負郭何須二頃田？浣花纔有一溪泉。飲酣長夜悲金谷，茶挹先春比玉川。吏部文章元絕代，相州功業早安邊。十年前事遙相憶，漫道如今是偶然。

送白進士子仁出宰寧陽

喜承新命縮銅章，百里春回列宿光。民瘼久應思藥餌，人才元拔自科場。山童總解歌彭澤，社鬼還聞避洛陽。門外天涯君信否，入登臺省是尋常。

送張司寇元瑞奉詔歸省

官高北斗是尚書，況復庭闈八袠俱。溫語褒封來紫誥，異珍存問出天廚。潘輿更許花前導，萊彩重看膝下娛。今日史臣書盛事，古來曾有幾人無？

壽陸太孺人七袠溫州大守鎮卿母

花甲周來又十霜，《柏舟》詩蚤矢共姜。供姑不憚分江遠，教子常思截肉方。繞膝芝蘭饒樂事，當筵冠帔足恩光。仙郎剛自朝天至，笑舞斑衣上壽觴。

送大理少卿李孔教奉韶遷戎出塞次李宫諭序庵韵

千載徙戎收晉策，一函飛詔入秦關。威聲陡覺騰張掖，勝覽還應飽華山。接武鳳毛應發解，倚門慈髮未成斑。腥羶一洗中原净，聖主遥聞定霽顏。

人日書懷

年來人日多陰翳，獨喜今朝暖更晴。便以風光占歲事，從知天意在蒼生。四旬加五閱塵世，二十又雙官玉京。此去茫茫渾未定，舉觴惟祝泰階平。

送孫舉人易宗下第歸雁門

何事明時暫放歸？都門烟柳思依依。謝家池上還春草，萊氏庭前又彩衣。紫氣未收豐獄劍，玉顏翻累漢宫妃。它年三月重相見，正是鵬程萬里飛。

庚辰年三月二十一日同石翰長熊峰金亞卿蓉溪過張都憲敬亭城西别墅同游西湖聯句四首次而柬之

曉出西郊按轡行，柳塘花嶼興偏情。不因塵世難開口，那得詩翁作主盟？十里湖山皆綺綉，諸公家世盡簪纓。春流不管興亡事，猶自潺湲過古城。

何事貪山忘却歸？一春魂夢繞岩扉。詩慳馬上思生草，酒盡沙頭欲典衣。紅雨送花春浩浩，綠烟繞柳曉依依。清泉遍野皆畦稻，有械低昂漫用機。

踏遍西城十里紅，村居不與市廛同。笙簧韵叠柴門水，餅餌香生麥壟風。浸酒自將紅蕊摘，題詩誰許碧紗籠？觀湖便是觀西子，却笑陶朱計未工。

春色三分二已過，相逢不飲欲如何？烟綿碧草嘶金勒，風約浮萍跳玉梭。一代衣冠歸畫史，十年鄉國隔滄波。紛紛車馬長安客，試問清游有幾多？

少師王晉溪席上得"初"字

芳筵剛及雨晴初，美盡東南玉不如。潋灩酒光浮盞斝，氤氲花氣襲襟裾。烝彝勒命應無愧，史筆題詩定不虛。主聖臣賢多樂事，太平千載一車書。

校勘記

〔一〕"□"，底本字形漫漶，疑當作"輦"。

〔二〕"爪"，據文意疑當作"瓜"。

〔三〕"□"，字形漫漶，疑當作"新"。

〔四〕"采"，據文意疑當作"米"。

七言律詩

代人賀雙壽

狐南星彩燭天明，鶴髮酡顏閱太平。蚌老已生珠照乘，冰清兼得玉連城。百年偕老傳家慶，一日同歡捧壽觥。況復春光當此際，滿城花柳盡爭榮。

張敬亭都憲約游西園賞芍藥是日少司寇金公中丞顏公李公皆在予以事不果行因賦一律謝之

西園紅藥盛開時，天宇澄清賞更宜。冠蓋一時皆宿望，乾坤何處是襟期？漫勞國色歌《金縷》，自有天香送玉卮。我負花神應被惱，明年如約定追隨。

少司寇胡大聲乃祖振卿元末時死于王事大母方幼守節撫遺孤以存宗祀作大雅堂潛溪爲記

高堂千載重江西，大雅何人爲品題？取義肯居熊掌後，垂名應與《柏舟》齊。雲仍奕葉看麟鳳，詞翰連篇煥壁奎。遐想當年元社屋，幾人回首愧夫妻？

雪坡篆筆潛溪記，二絕分明在一堂。興廢事都歸夢幻，死生身獨繫綱常。如聞神鬼迎驂御，似有風雲護棟梁。地下相逢堪作侶，常山太守衞共姜。

壽厚齋梁閣老七衰次李序庵宮諭韵

嶺南人物解爭輝，一代文章冠省闈。門下春風桃李盛，閣中長日詔書稀。鹽梅手慣調羹鼎，衣被功多出杼機。南極有星隨帝座，遙從江表照幽微。_{時厚齋扈從南京，故云。}

壽樂忘劉尚書七衰次李序庵宮諭韵

解組歸來幾歲年，幽貞應不愧雙全。玉堂舊有文章價，綠野那知黜陟權？獨樂園成山在屋，大還丹就海爲田。仙翁家住東華外，常引簫韶入玳筵。

壽致仕韓司徒質庵八衰二首

別來風采十餘年，精力頻聞健似前。洊水姓歸童孺誦，相州功付史臣編。神仙家合山林住，社稷心應日月懸。欲識此身常不老，乾坤千載有凌烟。

四裔來朝問歲年，籃輿無計舉公前。雨餘藥圃時雙展，日永芸窗定一編。白首江湖憂更遠，蒼生霖雨望猶懸。堂開畫錦人如玉，簾幕風清裊篆烟。

送王虎谷都憲次韵_{時尊翁尚書公猶在堂}

千年篆隸此源流，程李高風與匹休。雲樹忽生尊酒思，瓊瑶深愧木瓜投。青鞋穩踏沙頭月，白氎閑親水上鷗。歸見丈人如有問，爲言還是舊編修。

送魯太守鉞述職還沁州_{時給事弟夔在上黨}

太行西畔寄專城，述職歸應竹馬迎。梧葉已從金井下，羽林猶奉翠華征。桑麻不斷長安夢，桂玉偏增久客情。若見惠連煩爲語，北門池草待渠生。

重陽遇疾適得家信有述二首

月建酉來仍作閏，重陽今日是冬初。十年京國看籬菊，千里家鄉對雁書。身病有懷塵鬢改，時危無補宦情疏。何人今日還高興？把酒登臺樂有餘。

聰明自信不如舊，道德還憂漸負初。學士年深慚竊禄，經帷天遠罷開書。時逢多事從身老，病遇重陽與菊疏。萬慮關心不能寐，一燈常對二更餘。

重陽後二日得報老母并弟夔起程赴京二首

黃門重九先三日，手捧魚軒就驛程。半月風塵期會面，一家談笑釋離情。兒非故態從知母，弟是原官莫問兄。安得思如摩詰手，爲圖仙眷在蓬瀛？

木落天高秋氣清，北征何以慰修程？黃花尚是重陽節，白髮應多故國情。萊氏彩衣娛孺子，惠連池草夢難兄。無愁自是神仙事，況有虛名忝步瀛。

送門生吳舉人麟病後還孝豐

久客新降造化兒，囊琴今日出京師。天涯望眼雲橫處，江上歸帆雁過時。腰裏未須愁骨立，芙蓉元不怨花遲。好將藥餌扶筋力，戲彩高堂上壽卮。

病中見老母太宜人二首

屝軀正苦病魔侵，一見慈闈泪滿襟。痛定欲從床上舞，愁多翻恐夢中臨。燈烟尚指先人帳，衣綫難紉舊日針。二十年來猶薄禄，空慚恩與海同深。

慈顏忽地老相侵，多少悲歡集病襟。熊膽幾丸留舊裹，魚軒千里仰重臨。傳家自有調羹鼎，報國還藏補袞針。無限別懷談未了，不知更漏坐來深。

病中見舍弟黃門二首

弟兄三載惜分携，奈此人間事不齊。接武雲霄千仞鳳，對床風雨五更雞。詩囊競逐來花塢，棋局欣隨向竹溪。他日故山期共老，利名場裏肯沉迷？

病軀多藉手扶携，更出團參五葉齊。過隙光陰驚野馬，拾遺封事趁朝雞。韓山雪後開青嶂，漳水春深瀉碧溪。夢裏向來常去覓，不堪中路轉淒迷。

病中冬至二首庚辰年

律應黃鍾動一陽，百官朝賀日舒長。病魔已逐群陰退，詩祟潛於半夜忙。堂北老萱侵雪色，池邊初草泄春光。化機從此還更始，萬事人間盡兆祥。

乾坤生子判陰陽，便覺韶光一綫長。冬至尚憂慳大雪，病居翻喜謝多忙。不韋令啓千年曆，子美詩成萬丈光。聖政佇看隨日轉，群賢連茹是禎祥。

嘆　息庚辰年十一月六日

絕倫才望掌衡樞，嘆息人間偉丈夫。風雨一翻龍戰野，雲霄千仞鳳蹲梧。十年聚鐵才成錯，幾許藏珠不愛軀。白髮倚門應血淚，江湖何日是歸途？

官高一品逼辰樞，悔不江村作野夫。筆落珠璣誇俊逸，斑聯鵷鷺仰魁梧。虛傳麟閣開生面，豈謂鴻毛擲此軀？倚伏有機君識否？亨衢回首即危途。

病中述懷八首

韶華如擲已殘年，獨擁青綾宿病纏。按脉祇緣痰作濕，看星多說字當權。烹餘雪水難消渴，數盡寒更不放眠。何必人生思羽化？尋常無恙是神仙。

愁思無端塞滿腔，感時能忍淚眸雙？屠肌不受風吹幕，凍耳偏驚雪打窗。貧鬼半生驅未去，病魔三度戰難降。艱危須仗匡時略，努力諸公奠萬邦。

墮指嚴寒一夜風，天人行令陡然同。一番世事真棋局，百歲人生祇酒筒。堅壁不償詩友債，築壇聊策藥師功。朝朝瓮牖來相訪，誰似多情日影紅？

初六曾聞戒履霜，千金元說忌垂堂。久忘陰雨拋桑土，却向呻吟問藥方。襪綫自知慚補袞，綸竿常是夢還鄉。時危身病愁如海，伏枕悠悠聽彼蒼。

寥寥欹枕度寒宵，蒿目空餘燭影搖。愁尚未消時復至，病當新瘥轉難調。豈無菽水供慈母？未有涓埃答聖朝。何日粗酬身事了，一簑風雨老漁樵？

咫尺龍旂望不來，都城冬半忽驚雷。長江已縛鯨鯢至，白晝還看鬼蜮摧。虎帳捷音何日奏？鳳池恩詔及時裁。微臣枕上還稱賀，力疾猶將笑口開。

浮生何事病頻繁？笑口難逢豈妄言？未老已能生白髮，多愁偏是向黃昏。燥于情性先平怒，濕在筋骸不厭溫。從此平安期百歲，眼中明戒有詩存。

暗九多艱試已三，數奇身病每相參。欲眠晝夜何曾着？如刺筋骸豈易堪？璧到秦廷誰復望？珠從龍頷偶能探。先君憂我曾調藥，細檢遺方淚滿函。

嘗柑

幾年京國罷傳柑，今日嘗新嚼轉甘。風味祇應超物外，夢魂何事到江南？著書定療文園渴，捉月無憂采石䤈。我病欲痊須此藥，發生先有鬼神諳。

頒曆_{正德辛巳}

鳳曆俄頒十六年，乾坤萬事盡回旋。虎皮重叠包戈甲，龍衮頻繁御講筵。群盜買刀春種野〔一〕，百官鳴玉早朝天。誰知一卷新書出，却是吾皇聖政編。

得劉僉憲潤之書_{名成德，蒲州人，四川僉事}

病中喜得故人書，書上頻頻問起居。地遠更愁逢日遠，音疏翻悔聚時疏。錦城春滿名方重，紫閣天高望久虛。已把微軀憑藥物，杜門調變更無餘。

儒書抛却檢醫書，盥櫛俱忘嘆索居。別後幾看時事變，病來偏覺宦情疏。蓬門信至珠絲集，紙帳寒多蝶夢虛。千里故人如對面，沉疴還减笑談餘。

久病有懷禁直

鐃歌聲動耳春雷，知是南征大駕回。日暖北門催視草，雪晴東閣許觀梅。愁如宿酒醒還醉，病似親知去復來。不用青袍空涕泪，艱危自有濟時才。

得石泉王方伯先生書志感二首

雁書飛墮自江天，病裏開緘泪泫然。林下一筇時曝背，階前雙玉已齊肩。衣冠世講方升日，几杖親操未卜年。誰謂子雲玄尚白？侯巴應愧得真傳。

垂髫曾忝侍門墻，學海多年嘆望洋。棠樹光陰分陝右，柏臺風采守維揚。色殊更不工圖畫，材大誰能送棟梁？正是乾坤多事日，一絲江上釣斜陽。

新科進士劉生諫等二十人來問疾盛載酒穀予不能出聊謝以詩 諸君蓋予己卯京闈所舉士，庚辰遂登甲榜云

憂時多疾未遑寧，屢枉諸賢過草亭。載酒豈關來問字？籠鵝不是博書經。鍾英濟濟生王國，競爽熙熙挽大庭。老我自慚無寸補，祇從丹宸獻青萍。

王國多才世自寧，不妨吾病臥虛亭。芹誠欲效《長楊賦》，藥力還憑《本草》經。快睹鳳麟歸網罟，敢云桃李在門庭？浮名何用家千里？笑殺悠悠水上萍。

壽致仕大參吳公愈八袠 顧諭德未齋之舅

解組歸來鬢未蒼，尊鱸風味故難忘。扁舟自是江湖散，綠野原無案牘忙。行處肯教詩有債？老來真以醉爲鄉。八旬飽閱升平世，不信壺中日月長。

顧封君可閑公嘗欲爲父遺善翁作堂材具而未果至東江學士始成考志涯翁爲記

堂高數仞俯斯干，學士承家聳大觀。花卉四時皆綺綉，笑談終日有衣冠。未聞蕭氏常師儉，漫說龐家獨守安。廣廈萬間應肯構，世間寒士盡顏歡。

書同年陳文表方伯榮感詩卷

一子成名沾異數，九原含笑被恩褒。傳經不識黃金貴，斷織能忘白髮勞？曾屈鳳鸞栖野棘，每勤筐莒薦溪毛。寵光從此知何限？長使賢郎淚滿袍。

術士張宗岳者嘗游泰山憩大夫松下去而有慕歸栗山見松焉爲亭以擬之遂作《擬松亭》卷因以術干諸縉紳得詩甚富同年豐白庵學士爲致之賦此

乾坤隨處有奇踪，景物憑人無定容。雲裏山橫皆岱岳，岩前松古即秦封。少陵詩侈玄都障，蘇老文雄朽木峰。珠玉滿函知妙術，栗亭今亦是遭逢。

撥悶

萬里霜風耀甲兵，十年土木起乾清。暫餐還輟常彌日，欲寐翻醒輒四更。難見古人空往迹，易逢多事是浮生。病從愁得愁因病，身世何時得兩平？

有攜東海翁草書五幅至者承爵購以獻予病中展玩不忍釋手蓋翁之得意者喜而志之

東海當年擅草書，世間論價比璠璵。千金買扇資貧嫗[二]，萬里來庭重使車。懷素鉢衣真有托，張顛孫子定非虛。朝來偶得偏增喜，頓覺身輕病欲除。

臘八日二首

今晨臘月已八日，忽忽庚辰歲欲除[三]。凍柳昒春回暖色，寒雲將雪掩朝晴。瓷罌暫寫鄰家粥，玉碗頻違尚膳羹。時事眼前難着力，病懷聊復有詩成。

病眠無那夢魂驚，城上烏啼欲五更。朔漠風威猶自勁，季冬天氣不多晴。花枝處處迎仙仗，菜色家家望鼎羹。但願聖皇郊祀罷，九重垂拱仰平成。

相戶部惟善贈齒仗斡耳極爲精妙病中甚切用喜而賦此

誰將微物建奇功？獨羨河東有巧工。縒縮細絲抽自藕，紐歧雙股拔於蚃。齒因常痛挑應泰，耳爲多聾斡轉聰。珍重故人知我病，令渠相伴到成翁。

聞大駕入城病不能迎私賀以詩二首

龍馭東來入鳳城，先春花柳盡爭榮。五雲瑞應中天色，萬姓歡呼匝地聲。功在河山垂帶礪，禮行郊廟奏咸英。懸知太史占天象，今夜薇垣帝座明。

昧爽千官競出城，道傍迎拜沐恩榮。龍蛇蔽日旌旗影，貔虎連雲劍戟聲。繭栗首陳歆上帝，絲綸還降策群英。新宮况協《斯干》夢，四海謳歌仰聖明。

庚辰年十二月十三日郊祀以在告不與供事枕上有述二首

分獻曾登中鎮壇，月華星彩共高寒。紫檀烟外鈞天樂，寶炬光中大路鸞。香案設當天北極，袞龍升自殿南端。禮成昭格晨光動，鹵簿還宮許縱觀。

今年臘日祀郊壇，古柏陰中拂歲寒。瑤爵駿奔違伏枕，金根至止隱鳴鸞。氤氳香憶侵眸子，珠玉詩慚在筆端。戎祀古來稱大事，一時兼舉是奇觀。

立春二首 庚辰年十二月十八日

春意潛回五夜天，青綾被暖似添綿。東風已遍三千界，化日今交十六年。杯寫紫霞《金縷》勸，盤擎白玉菜絲傳。朝來病體新增健，欲舞斑衣鶴髮前。

幾年春酒獨傷春，今日頻斟壽老親。喜氣氤氳還共弟，晴光瀲灧欲薰人。恩來禁藥花枝早，立春前一日賞功，蒙賜宮花二枝。夢覺池塘草色新。爲語春風容易至，漫教吹老百年身。

書柴上舍慕萱歸省卷

本因毛檄謁明光，又着萊衣向故鄉。堂北老萱春正好，瓮頭新釀日初長。紅塵暫逐雕鞍落，紫氣終收寶劍藏。正是道亨連茹進，莫因魚鳥滯滄浪。

桂生元忠送新茶烹之甚妙

有客敲門曉送茶，細烹風味實堪誇。不知前代龍團品，解識先春雀舌芽。汲水自應臨釣石，乘風直欲到仙家。病中飽啜全勝藥，爲謝東風管歲華。

庚辰年除夕八首

歲紀庚辰此夕過，天機飛擲化工梭。身知許國心元赤，學愧名家鬢欲皤。已見履霜終解凍，祇拼深酌與高歌。病中又念蒼生病，縱有參苓奈爾何？

留連今夕守庚辰，喜得東風療病身。宿麥已抽青帶雪，垂楊初放綠繰春。官階土著遷期杳，世事雲生變態頻。此去四年過半百，不知何以報君親。

歲云徂矣迴難攀，那有丹砂爲駐顏？雪後禁山青蠱蠱，春回宮溜綠潺潺。衣冠盛比唐虞際，事業光期稷契間。多病侍臣無寸補，不如猿鶴共清閑。

翠華遙至自南征，萬事人間靜不驚。瑞應五雲浮閬苑，化通重譯貢層城。惟將藥物供多病，豈有文章號善鳴？坐待履端天易曙，三陽連茹泰階平。

隔年春至已旬餘，便覺庭前日影徐。返斾玄冥倦勤後，下車青帝勵精初。虛名敢覬登黃閣？多病唯應憶草廬。兄獻弟斟同壽母，當筵不醉欲何如？

聖主南來母自西，人間好事故應齊。能輕病體非關藥，解放愁眉似有題。往日獨思勞夢蝶，今宵相守聽鳴雞。春光取次催花柳，不惜芳時醉似泥。

送故迎新樂少年，年來除夕倍愀然。形容老醜憎明鏡，甲子頻繁厭曆編。造物漸催今作古，塵埃難免聖和顛。少陵有句真先達，自斷此生休問天。

紫岩非是愛吟詩，歲事更端憶往時。十載相違曾此病，兩番高臥有清思。人言九暗多逢厄，我自憂深不用醫。韵語幾篇垂戒在，呼兒歌取侑春卮。

校勘記

〔一〕“買”，據文意疑當作“賣”。

〔二〕“買”，據文意疑當作“賣”。

〔三〕“除”，此詩押上平八庚韵，“除”出韵，當爲訛字，疑刻工受上一行“欲除”二字影響而致誤，據語境，此處當爲“更”字。

紫岩文集卷之九

七言律詩

送岢嵐李拱元僉事奉敕督理陝西屯田

折柳都門認早春，送君千里赴咸秦。豸袍新着辭金部，龍敕高擎出紫宸。湖上烟光期竟杳，水頭風景夢還頻。山河百二功名地，好爲前修步後塵。余嘗與拱元游蕭氏水頭莊，殊爲勝覽。又相與約游西湖，而彼此多事，不果。故於別猶耿耿然，詩以見之。

賀王晉溪轉太宰辛巳元旦命下

冢宰殊遷屬少師，太平功業聖明時。春隨日色開黃道，喜溢天顏動赤墀。人物一新歸藻鑒，朝廷惟舊得蓍龜。拔茅自是三陽象，千載風雲有定期。

贈畫士潘南溪名雲程，太倉州人

滾滾源頭總未知，洞庭山下瀉來奇。能調彩筆開生面，解作清流慰渴思。瀑布自天無色畫，笙簧沿澗有聲詩。相逢不盡徘徊意，細濯塵纓欲去遲。

送盧師邵憲副提學赴蜀二首

東吳文學動朝簪，陶冶人材稱玉音。柱下霜毫推手筆，馬頭春色映腰金。雪山駐節偏增重，錦水移舟更覺深。日暮西南天極目，臨歧莫惜酒重斟。

幾年京國盡朋簪？春早遷喬聽好音。梁棟明堂栽後木，鼎彝清廟煉來金。杜陵飄泊愁仍在，諸葛經營恨轉深。憲節巡游應吊古，新詩頻咏酒頻斟。

南京吏部尚書劉東川改禮部尚書入東閣專掌誥敕

海中蓬島事何如？親見乘雲上紫虛。花裹漏聲聞閤報，鼎中珍味出天厨。春生彩筆新裁詔，夜迴青藜獨校書。會挽東川雨天下，蒼生憔悴頓教除。

石熊峰翰長自禮部侍郎轉尚書掌詹事府印

留滯詞林幾歲年，尚書今日被新遷。官高北斗才何忝？地密東宮寵自偏。時雨會看沾率土，前星應爲耀中天。朝回聆得都人語，此是蓬萊第一仙。

侍讀學士汪石潭掌院印

三十年來翰墨場，紫絲新綰院中章。鹽梅有待調金鼎，風月先教領玉堂。累葉衣冠推閥閱，兩京桃李屬門墻。春風不惜吹嘘力，次第青冥看鳳翔。

壽盧憲副師邵乃翁七袠狀開稀年始得，蓋其高曾以來皆年三十餘，或止四十，至封君始臻此云

七旬甲子兼榮養，四世春秋始見斯。上壽定徵莊叟論，古稀端信杜陵詩。兒孫況復森瓊樹，鬢髮還應被素絲。春酒春花歡似海，仙郎金紫過家時。

送中丞王東皋致仕還沂州

青天紅日景方新，却向都門送老臣。冰貯玉壺元見底，匣收金鑒久空塵。輞川畫裏撫聲句，綠野堂中不老身。他日九重思舊德，還將儀象寫麒麟。

送同年兵侍楊瑞虹引疾還成都二首

萬宇澄清旭日新，薰風歸棹夢邪真？禁中頗牧推司馬，劍外江山待主人。未老還家非綠野，最難行路是紅塵。東山定爲蒼生起，珍重麒麟閣上身。

明時翻與壯心違，卷却經綸謝病歸。漠北久聞胡馬遁，川西聊賦杜鵑飛。九天珠玉曾揮唾，千仞烟霞獨振衣。無限友于傷別思，早傳書札慰黃扉。

送鴻臚夏元德歸江陰

紫薇垣裏夢岩扉，鱸膾蓴絲抵一歸。長路正逢秋色好，明時翻與壯心違。飛鴻落雪還留指，獨鶴橫江自振衣。後會有期猶未卜，離亭揮袂思依依。

南京太常卿吳白樓考績南還以詩留別因次韵送之

文衡同典憶當年，往事分明在眼前。三品官階三載最，萬金詩價萬人傳。玉堂茗碗曾烹雪，紫殿爐薰尚帶烟。底事難逢容易別？莫辭深酌共陶然。

嘉靖龍飛第一年，清卿獻績玉皇前。囊詩剩得群公和，觸令頻於半夜傳。禮樂有成看獸舞，干戈無用熄狼烟。定知舊學思當宁，黃閣清風已躍然。

送張敬亭都憲致仕還宣城

何事明時蚤挂冠？獨留風采重朝端。簪紳雲集張華餞，牙纛風生聳壯觀。白髮江湖天蕩蕩，紅塵車馬路漫漫。身閑更有無窮樂，三鳳雲霄振羽翰。

送鄭儒士還閩中應試_{吉士一鵬乃尊}

北來小試觀光利，正值春風改歲華。四海衣冠文會地，五雲樓閣玉皇家。靈椿欲聳凌霄幹，丹桂先開種月花。解發又看隨計上，聲名回首遍天涯。

送熊峰石閣老祭告泰山并闕里

絲綸閣下調元老，禮告親承詔旨溫。正學久增吾黨重，高名元并泰山尊。百年禮樂逢昌運，一代文章有定論。多少東方凋敝事，歸來應爲九重言。

送西橋劉尚寶汝忠祭告東海并沂山

曉拂爐烟出建章，近臣禮告許還鄉。風恬滄海波濤静，日暖沂山草木香。館閣地嚴名素重，鼎鍾家舊澤偏長。_{汝忠，文和公之子，以詞學有時名。自尚寶少卿選置東房，管誥敕事。青之壽光人也。}歸來定有東征賦，共仰凌雲萬丈光。

送同年劉尚寶毅齋克柔祭告之荆州

使臣銜命向荆州，春色多情伴遠游。隨處憂民頻問俗，到時懷古定登樓。江山久入還家夢，花鳥新添覓句愁。聖主勵精勤化理，錦衣桑梓漫淹留。

壽敬所蔣閣老六袤

四朝清望遍寰區，共仰鈞衡得巨儒。赤手南都扶日轂，丹心北極定天樞。文章華國真臺閣，儀像凌烟有畫圖。花甲已周周又起，人間何處是蓬壺？

送館陶令酈廷重編修灝乃尊

五夜遥瞻列宿明，銅章新綰出都城。憑將冰蘗醫民瘼，聽取弦歌播頌聲。玉署奇才真有子，黄堂遺愛是難兄。瑞州守璠、平凉首珩，皆其兄也，故及之。平生飽讀《循良傳》，肯許前修獨擅名？

送劉憲副養和督學之晉陽

清時殊擢志方伸，十載欣逢此故人。前輩衣冠還世講，重陽尊俎暫相親。文名直欲齊山斗，郡治猶聞泣鬼神。正是君餘波晉國，人才回首一番新。

送嚴介溪侍讀赴南京掌院

使旌初返隨黄鳥，去櫓輕搖指菊花。金櫃抽編同史局，玉堂視篆各京華。江山六代供奇賞，制作千篇擅大家。若遇舊知相問訊，爲言詩興尚無涯。

和西圃賞花送劉毅齋鴻臚南歸

未知春到已殘春，況送人歸又故人。顔面總隨時事老，花枝仍逐歲華新。四難偶得兼情景，二美猶能具主賓。莫道江湖身獨遠，仙舟回首是楓宸。

襄垣八景

市橋懷古戰國時，豫讓爲知伯報仇，伏於橋下，候趙襄子過，欲刺而殺之，即此

六卿分晉歲華遥，古迹猶存國士橋。流水落花愁尚在，夕陽衰草恨難消。伯夷耻食周王粟，仲父還登小白朝。萬古人心此忠義，汗青留取姓名標。

漳江春渡水在邑城東，環抱而流，春時清淺可渡，河東村落往來城市，渡者甚衆

漳水南來抱邑城，春風淡蕩雨初晴。樹藏茅屋諸村近，橋接苔磯獨木成。舉網有時逢巨口，烹茶隨處汲深清。詩人不盡尋芳興，幾度滄浪咏濯纓。

寒山獨秀寒山在邑城北，有峰秀出諸山之表，鬱然陰森，暑中望之，輒有寒色

高山城北聳奇觀，五月游人怯曉寒。古木陰森迷歲月，浮雲重叠擁峰巒。半空仙梵藏幽寺，百丈泉紳瀉碧湍。焉得思如摩詰手，細將形勝寫毫端？

仙堂舊隱仙堂山在邑城東北，舊傳有修真之士隱居于此，後以仙去。今古寺猶存

高士當年不可求，白雲無恙水長流。桃源路杳應難問，蓬島春深是勝游。已分烟霞成痼疾，肯將霖雨慰深憂？蒼松翠柏遮天日，獨傲人間萬户侯。

凉樓勝觀<small>元將戍兵於此，嘗起樓避暑，後人因爲廟祀之，每三月勝會，遠近咸集</small>

聞道前朝避暑樓，林塘五月已驚秋。千村樹色高低出，四面嵐光遠近浮。世代暗催人老去，繁華都逐水東流。空餘廟古丹青在，簫鼓春風擁道周。

獅山晚照<small>邑西有九流山，有峰聳出，如獅子狀，夕陽返照，宛有生態，真偉觀也</small>

百獸威雄未有獅，山形相似更爲奇。來從異域行應倦，卧向中原去却遲。萬古風雲常守護，千林虎豹盡驚疑。夕陽返照渾如畫，此景真成造物私。

寶峰晴雪<small>紫巖山有古寺曰寶峰，與晉虒祁宮址相近，雪霽，紫氣輝映，景尤明麗</small>

招提西望鬱崔嵬，雪後俄逢霽景開。杖月老僧歸玉宇，隨風清梵下瑤臺。氤氳瑞氣催詩句，瀲瀲晴光入酒杯。咫尺虒祁遺址在，幾番登眺重徘徊。

甘泉漱玉<small>城西有甘泉村，甘泉涌出，玎玎然若玉佩之聲，最爲甘美可愛</small>

滾滾源頭漱玉泉，烟村西畔石橋邊。應隨碧澗浮鷗鷺，不與紅塵競管弦。長夜園林添秀潤，暮春童冠鬥清便。爲霖會待風雷起，直與蒼生解倒懸。

二月二十五日游仙堂山見桃杏盛開馬上口占

十首<small>時同游者，庠士馮秉鈞、郝廷卿、李司直也</small>

春深無處不看花，白白紅紅斷復遮。詩客擁驢成畫障，野人調鶴學仙家。十年京國空塵土，此日溪山自歲華。我已忘歸君去否？少陵高興正無涯。

城中不省已開花，幾欲尋芳被阻遮。山色似迎前度客，予正德初年丁外艱，還鄉守制，嘗游此。春光先到老僧家。聊將藥物扶身健，敢謂文章壯國華？我欲題詩紀名勝，仙堂從此播天涯。

不是桃花即杏花，無端綠映與紅遮。深山東去有僧寺，流水西來是我家。許國久輸方寸赤，憂時新得數莖華。塵纓却被山靈笑，二十年來天一涯。

不是閑游浪賞花，欲磨碑上蘚苔遮。雄深通議真文伯，溜亮端溪是賦家。竹塢洗盤供野蕨，石欄隨筆點才華。先人何處故人在，此恨綿綿未有涯。弘治間，僧重修寺，先通議府君嘗爲之記。正德間，今參議王德徵自戶部主事謫倅沁州，嘗與舍弟夔同游，特賦其事，今載之石，故云。

空中纔見雨天花，瓶雀還將兩手遮。紅樹久逃秦氏客，青山偏護梵王家。偷閑暫得參僧印，寧靜何勞誦法華？他日重來留玉帶，振衣千仞白雲涯。

滕六顛狂舞雪花，亂飄僧舍手難遮。裁冰碎落天孫剪，搗玉紛飛月姊家。柏嶺翠深添景色，桃源紅爛妒韶華。停驂且向岩廊宿，夢繞山巔與水涯。

是日午至寺稍頃雲氣陡合雪大作無何復晴而雪消草木增妍矣

老僧高座擁蓮花，右袒袈裟一半遮。持咒定身龍在鉢，戴經行腳虎留家。西岩霽雪鳴天籟，東閣遙空炯日華。塵世風濤真苦海，慈航何處望津涯。寺之北，山高千仞許，西有岩，岩中有洞，列觀音、羅漢像。深入十餘丈，東有閣，相傳有石欄，已毀，惟斧鑿痕存，蓋昔之藏經處也，故識之。

縈紆山路繞山花，漏泄春光不可遮。鐵佛堂中泉漱玉，金龍洞口樹成家。衣巾濃染烟霞氣，語笑香薰草木華。欲寫少陵詩裏畫，此生還愧李西涯。寺殿三佛，其左爲鐵佛。座前有井二統，泉極甘美。寺前南厓有龍洞，中有五色雲氣，若繪畫然。石柱中立，有鱗甲，若龍盤繞之狀。其下有九折石渠，渠內有水。

桃李東風夾岸花，青山都被彩雲遮。似經紫殿春官手，不數玄都道士家。馬引羊腸思管仲，雉鳴蛇蜕憶張華。臨流更與山人約，投老來分瀉碧涯。入山十里許有水岩，泉瀉有聲。

歸來行李一挑花，淺白深紅馬首遮。真是天生摩詰畫，恍如身入武陵家。誅茅欲占三峰秀，補袞還慚五色華。美可茹兼鮮可食，故鄉何處不生涯？

再疊前韵柬王端溪憲副

開罷桃花又菊花，韶光如箭去難遮。故人一別幾番夢，客子老來方到家。三載攙搶憂塞徼，五更風雨憶京華。丹厓翠壁仙堂寺，詩景依然未有涯。端溪嘗游此，故云。

登强記嶺二首

十五年來別故鄉，舊時風景已都忘。初聞野鳥驚鈞奏，乍見山花訝國香。趁馬峰巒雲外落，逐村簫鼓社中忙。聊將題品消春事，明日陰晴付彼蒼。

二載于今別帝鄉，江湖廊廟總難忘。日臨仙掌旌旗影，風動龍袍錦綉香。萬事祇應詩事苦，千官惟有講官忙。母恩君寵那能報？贏得春風兩鬢蒼。

故人有寄襄陵酒者飲而有述因疊韵六首

西涯曾作麴生評，絶品襄陵不出名。春色暖融金盞麗，秋光寒浸玉壺清。麻姑縱好顏猶濁，莖露雖澄氣未平。更笑燕京稱琥珀，何殊嫫母號傾城。都城市酒用灰釀之，作深赤色，號燕京琥珀。張東海與西涯嘗云。

天官閣老兩仙評，從此襄陵酒擅名。春盎一瓢顔氏粹，風生孤竹伯夷清。祇應壤沃泉偏美，獨恨山遥路不平。忽報白衣雲外至，便教談笑破愁城。襄陵酒美，人皆知之。第以山路險阻，難以達於京師。故搢紳非宦游晉中者，鮮得嘗其風味。正德初，西涯當國，邃老、柄銓二公嘗評此酒爲天下第一，可謂遇知己者。從此遂至京師，而名愈著矣。

浙優淮劣漫譏評，蛇釀蠻荒却有名。霞彩春浮江左膩，露華秋湛濟南清。吳中近日風斯下，河內由來價亦平。底事襄陵少知己，百年纔得到都城？

内苑長春有定評，松江短水頗聞名。從教橘子香中沁，難比黎花分外清。身入醉鄉拼共棄，手將詩鉞與持平。却憶往年燈火夕，中丞曾爲出宣城。敬亭張都憲，宣城人，嘗於元夕會客，適故鄉酒至，遂出而飲之，亦佳。

才定詩評又酒評，晉中人物自成名。南華漫作南溟誕，北斗聊斟北海清。眼底幾人能不朽？世間何事更難平？奚囊匹馬將焉往？三百青銅五字城。

鄉曲從渠月旦評，此心如水久逃名。杜陵詩不問今古，彭澤酒寧論濁清？藥裹尋常扶老病，爐香朝夕祝升平。春光何處堪消遣？半在溪山半在城。

過西川栖霞觀 本道院，今無黄冠，惟數僧居之

步出城西四里餘，栖霞仙境自清虚。孤松白雲有僧住，殘碣綠苔猶道書。魚網那知得鴻罹？鵲巢何事爲鳩居？夕陽在山好歸去，東望還如親倚閭。

登桃林寺望村中新置王氏小莊

春日登臨興有餘，況逢晴塔欲凌虚。病軀帶藥強僧飯，老眼

生花愁佛書。歷歷雲山輞川畫，村村花柳杜陵居。遠看王氏堂前燕，今日飛來是我閭。

登鹿臺山謁周文王廟[一]

桃源新莊[二]

國初連贊讀故居[三]

山居有饋櫻桃者[四]

送　春[五]

登靈禪寺[六]

一村纔過一村來，水繞山縈不計回。寺古尚存金氏號，祠荒猶紀衛公才。寺左有李衛公廟。驚濤滾滾松千丈，凉雨蕭蕭葉幾堆。咫尺故人空悵望，水邊尋問且徘徊。

蒜　胎

老圃愁逢紫辣翁，新胎抽出綠衣童。絲絲細拂疑垂柳，寸寸橫裁比斷葱。酒到半酣調海味，飯當初進點山熊。鹽梅正是酸鹹濟，鼎食無忘有此風。

嘗　筍

蚤歲頻參玉板師，晚年尤愛錦綳兒。琅玕新自水邊截，鸑鳳還期雨後移。千畝胸中饞可療，數莖窗下俗能醫。何人爲母林中哭？此日思親席上悲。

薦新黃瓜

麥未成苞豆未花，山城今日見黃瓜。肴多惟許雛鷄和，酒少須教稚子賒。海外忽分犀犢角，交南新解象兒牙。不知玉食先嘗否，二月中旬恐是誇。

浴蠶種

縈縈新自浴川歸，發迹農桑本賤微。不數魚胎浮水面，生憎蟻子戀人衣。兩儀經緯化工手，五色文章織女機。投老功名半張紙，子孫相繼世應稀。

聞彭幸庵司馬致仕有懷次汪鐵山韵

挂冠非是爲蒓鱸，朝著如公可日無？一代鼎彝收國手，幾人車馬出皇都？肩輿花底馴飛蝶，步屧沙頭狎浴鳧。惆悵無因見諸葛，蜀江魚鳥漢規模。

勛名萬里徹扶餘，使至頻繁問起居。華髮憂民容易老，丹心許國尚如初。甲兵洗雨無煩用，儀像凌烟定不虛。見説歸途無長物，一挑行李有圖書。

送郭甥良貴還京師時予守制家居，甥偕小女至襄省問

別來一日似三秋，紫氣終宵望斗牛。弄玉遠隨簫史至，衛生今逐樂翁游。青雲有路終飛到，白日無繩可挽留。匹馬雙童還北上，九重宮闕倍離憂。

校勘記

〔一〕此下脱一頁。

〔二〕據底本目録補。

〔三〕據底本目録補。

〔四〕據底本目録補。

〔五〕據底本目録補。

〔六〕據底本目録補。

紫岩文集卷之十

七言律詩

送段大行良臣使竣還京師良臣予癸酉京闈所舉士其先本太原人時以公事過襄枉顧次韵奉別

忽漫相逢是麥秋，敝居應笑似蝸牛。五雲宮闕皇華夢，三晉山河畫錦游。封事定因明主上，星軺聊爲故人留。親知若問年來態，冉冉霜痕兩鬢憂。

和汪鐵山留別韵時予憂居鐵山自浙來訪

蕭寺同游憶昔年，淵源學問自家傳。別來雲影三江外，老去霜華兩鬢邊。正愧生芻人似玉，莫傷浮梗泪如泉。四方本是男兒事，老壯貧堅肯受憐？

與汪鐵山登舍後高山飲酒縱觀懷古有感且以贈別次韵三首

壯游來覽晉山川，不憚崎嶇路五千。國士橋空波渺渺，虒祁宮廢草芊芊。村醪自煮頻燒葉，野菜旋薅不用錢。別後相思應有夢，也隨君到越江邊。

共説山莊似輞川，卜居何啻歲華千？雲低薄暮峰巒秀，雨過佳城草樹芊。老大相逢憐白髮，兒曹世講中青錢。山靈似爲供詩料，時送松簧到酒邊。

歸去還勞吊鏡川，渠家兄弟一當千。名齊浙水衣冠右，秀奪明山草木芊。九制暫教人倚馬，三都曾爲紙增錢。詞林我亦叨連理，河伯應嘆海若邊。

夏六月避暑壁底村昭澤龍王廟遇雨

龍祠高聳絕纖埃，百冗業中猛一來。歲月無情身老大，乾坤多事首低回。寒山叠嶂遥開畫，漳水晴波近潑醅。雨過長廊學龍臥，漫教人道孔明才。

九月四日山行見菊僕夫采而獻之
有感因占二律

如何愁與病交加？三載無情問菊花。老母向曾簪白髮，諸兒同爲插烏紗。浮生不改真難事，至樂常全有幾家？今日折來堪濺淚，碧山秋色漫無涯。

五十春光老漸加，衰顏無補愧黃花。泉聲到耳訝鳴鼓，山色侵眸疑隔紗。送酒不來陶氏徑，餐英聊學楚人家。高情誰似南華老？卻道吾生也有涯。

登高醉後叠前韵三首

怪底朝來爽氣加，一番風雨送黃花。衰年陡覺侵衣袂，短髮空慚落帽紗。何處五雲瞻魏闕？故山千仞俯吾家。長吟不假推敲力，碧澗潺潺瀉兩涯。

誰將一矢暫相加，獨壘西風戰菊花。綺閣桂漿思法釀，沙堤蓮炬憶宮紗。難招洞裏神仙客，聊學山中宰相家。遍插茱萸少兄弟，數峰渾似隔天涯。

一步登高一步加，多情元是爲看花。蟲鳴在野今坯戶，衣授新綿已換紗。月九況兼逢日九，山家翻覺勝朝家。不須更放吟魂苦，已有詩名遍海涯。

重陽後三日登族人所居東峰絶頂俯視吾村中舍後高山不啻培塿爲一律以識歲月蓋其路險絶此生惟可一至云

重陽已過復登高，萬叠千層不憚勞。斗酒美於官署釀，隻雞珍似尚方庖。風吹松子尊前落，霜染楓林座外飄。高興百年惟一度，北山移檄漫相嘲。

壽致仕質庵韓司徒八裘

已將名望播華夷，却向柯山看奕棋。綠野堂高開晉國，黃金帶重舞萊兒。烏紗紫菊還堪落，白髮清尊不受欺。惆悵無因能縮地，南山遙祝有新詩。

一春以俗事牽絆遂謝游賞故人招飲見瓶中插花俱已狼藉感而賦此

桃花零落杏花摧，未放青鞋出郭來。世事驅人成俗客，春光嗤我負詩才。杜陵有泪還堪濺，宋玉多愁未易推。見説背岩枝尚好，明朝携酒許誰陪？

終制邵太守經自潞至荒莊來賀欲去甚速因其素有登覽仙堂之約詩以留之

何事深山五馬游？使君才是永嘉流。遙瞻冠蓋從天下，已辦笙歌累日留。少飲滁州還易醉，苦吟工部本難酬。仙堂咫尺烟霞裏，乘興應須到上頭。

從吉後謁先聖廟行釋菜禮有感舊游因賦二律

三十年前此地游，夜深燈火自藏修。杏壇日暖紅侵幕，芹泮風清緑滿洲。金石向來聲在耳，功名今已老臨頭。溪毛一掬鳶魚境，江漢湯湯萬古流。

弦誦空懷闕里游，低回難去憶前修。鵷斑已愧聯三品，蓬海曾登第一洲。燭影帶烟瞻廟貌，佩聲和月到池頭。賢侯愛客張華宴，四座觥籌似水流。

潞郡諸賓相來賀從吉告歸甚速留之以詩

夜宴真成秉燭游，燭花頻剪爵頻修。簫聲來自鳳凰館，賦手過於鸚鵡洲。一別便如千里外，相思盡是五更頭。漳江似欲留賓住，十月潺潺繞郭流。

聞端溪王憲副將至敝邑迓之以詩

故人十月許東游，劍戟衝寒道阻修。暫假霜威臨上黨，便承溫旨赴瀛洲。一封還寄先黃絹，十載相逢尚黑頭。若問仙堂舊風景，白雲無恙水長流。

王端溪憲副將至山莊疊前韵迓之

驅節東山訪舊游，鳳樓今日看添修。雲開遠嶂爭排闥，水擁新沙幾換洲。世講情深探海底，分巡名迴出峰頭。君家人物多才俊，看取三王共品流。

端溪別後悵然有懷

兩度蕭村建節游，都緣檢討與編修。山高韓嶂妨天月，水落漳江見石洲。萬態風雲歸彩筆，一挑琴鶴付蒼頭。萱堂若問通家

事，爲道思親兩泪流。<small>予始任編修，舍弟方任檢討，故次句及之。</small>

謝柴太守良器偕諸士友來賀

昔年京國縱歡游，此日家山舊好修。世事蟻封柯上郡，浮生鴻爪雪中洲。憂深萱草摧堂北，信斷梅花寄隴頭。勝會蘭亭今再見，幽情觴咏晉風流。

從吉後趙明府德厚招宴邑中諸士友皆
與席口占二首

華筵何事集同游？鄉曲深情此日修。漫道五星聚東井，虛傳多士登瀛州。非關舊識開青眼，不信新知是白頭。莫向今宵惜泥醉，使君才調豈凡流？

十年剛得故鄉游，明府華筵特地修。法釀近傳來內苑，吳歌新按自長洲。江波似取添杯面，花朵翻疑落筆頭。美具東南人盡醉，瞿瞿心事敢教流？

宴之次日奉謝趙明府德厚

分明秉燭夜深游，華宴于今幾度修。紅滿河陽如畫障，綠遮彭澤似汀洲。吟聲別後猶存口，花朵歸來尚插頭。莫問東君吾醉否，斬新詩話定傳流。

贈趙明府德厚

不是尋常作宦游，韓城新志待删修。<small>時趙明府方修邑志。</small>春風楊柳門前岸，秋水芙蓉江上洲。彩服輕娛公事後，烏紗行上老親頭。漳江冬暮冰難合，總是汪汪德澤流。

贈張少府珽

何事親操畚鍤游？韓城北面獨當修。<small>時邑城北面傾圮，張少府督修。</small>翩翩筆涉天邊雁，活活水鳴階下洲。事業最難光汗簡，韶華容易老人頭。分明聽得兒童語，少府才高剖似流。

趙明府饋秋白梨奉謝

嚼雪含冰水恣流，滿籯新寄自任丘。香如玉井蓮初放，清比金盤露始收。詩苑漫勞誇大谷，尚方惟解進宣州。杜陵醉倒文園渴，可得招來與唱酬？

故人杜通府自潁上寄雲鶴繡補詩以謝之

高情期我作尚書，鶴繡函緘到草廬。雲裏雙翔高復下，風前頻看卷還舒。緋袍細綴知難稱，玉案遙將愧不如。他日官階定何許？故人珍賜恐成虛。

山居即事

兩度山頭讀禮書，數椽山下是吾廬。峰巒有態互吞吐，雲物無情時卷舒。千頃獨推黃叔度，一車嘗笑馬相如。君恩未報身多病，半部升平事恐虛。

半是耕田半讀書，也登臺閣也茅廬。一冬三白豐年兆，正月元宵麗景舒。萱雪侵眸情獨苦，柳風吹面意何如？細旃廣廈巍冠講，肯羨凌雲賦《子虛》？

寄喬白岩太宰前韵有序

佳作妙書，世稱二絕，今不奉教一載且半矣，兼之憂居鬱鬱，無所發明，胸中茅塞，何可勝言？悵然有懷，遂成一律，雷門布鼓，誠不自揆，必爾爲者冀有以見教也，肯不哂否？

千里飛鴻尺素書，公方衡鑒我居廬。才兼文武推山甫，學貫天人識仲舒。涯老篆精難獨步，邃翁詩古却相如。汗青姓字麒麟影，萬古爭看總不虛。

寄致仕李司徒石樓

勛業都歸大[一]史書，還鄉高卧孔明廬。開樽北海延知舊，植杖東皋任嘯舒。弓冶有傳真自樂，樓臺無地迥難如。何當再爲蒼生起？四海甘霖望不虛。

送李承恩舉人還沁水<small>石樓公子</small>

牙籤萬軸鄭侯書，終日藏修閉一廬。滄海蚌珠雖暫失，天池鵬翼會看舒。芙蓉秋水清難比，珊樹春雲麗不如。此別重論定何日？沙頭休惜玉瓶虛。

寄盧堯文侍御<small>時在河東巡鹽</small>

翰苑當年忝教書，罷朝來自奉天廬。珠璣夜爛盈襟掇，桃李春華滿眼舒。襄酒擅名誰共酌？潞鹽持法我難如。何當縮地通仙術，促席平生日不虛？

寄邵太守經

專城佳政不勝書，常送春風到草廬。柘影午袍雲氣淡，葭灰寅律日華舒。一亭上黨詩何許？五馬清朝佛不如。見説兒童歌道路，使君來暮語非虛。<small>潞郡有德風亭。</small>

寄孔二守蔭_{時謫倅潞州}

相思遥寄一封書，何日重來枉敝廬？窮谷尚聞交口頌，畏途常見兩眉舒。斗間紫氣誰能識？江上青峰我不如。見説撫臣騰薦剡，御屏題姓事非虚。

寄辛二守東山_{時謫倅潞州}

一宵清話十年書，兩度高軒過我廬。水鑒無私風力定，陽春有脚物華舒。南都舊事休相問，上黨新聲總莫如。更羨長卿能作賦，飄飄才氣欲凌虚。

賀黎城楊明府良臣

聞説都臺有薦書，雙旌時出省窮廬。河陽連夜花須發，彭澤先春柳盡舒。舄外風烟身不老，琴中山水興何如？名聞當宁天顔喜，定有徵書下紫虚。

寄劉潤之少參_{先任四川僉憲}

玉京多枉蜀中書，此日選鄉各倚廬。山隔太行天更逈，雲遮元旦日難舒。風高李郭仙無愧，義到雷陳漆不如。兩地相望共明月，月中詩席爲誰虚？

答盧堯文柱史

薄午山中卧枕書，夢回軍將扣茅廬。頭顱蚤爲椿萱白，眉宇還因杞梓舒。_{堯文，予所教庶吉士。}身在家鄉粗自遣，事關廊廟近何如？河東柱史匡時客，幾度封章上紫虚。

寄李石樓尚書

兩托春鴻送帛書，幾時親扣我公廬？階前野鶴時來往，嶺上閑雲自卷舒。白鹿廬山風尚在，青牛函谷事何如？尚書老有歸田樂，平地神仙信不虛。

再柬邵太守

一月真煩一束書，璠璵光彩照茅廬。醉翁直比歐陽子，經學還推董仲舒。渤海佩刀風已變，永嘉游屐興何如？于今再訂仙堂約，五馬南來望莫虛。

賀高平劉明府儒被巡撫旌異

見説中丞有薦書，倏然聲價到茅廬。弦歌四鏡春風送[二]，桃李千家化日舒。柏府乘驄行且止，梧岡鳴鳳聽何如？關中自古多豪杰，青史流芳事不虛。

賀壺關張明府友直復任

自古壺關好上書，至今風氣遍茅廬。羊腸萬折隨山轉，雀角千端傍屋舒。桃李滿城春不改，桑麻盈野樂何如？清朝公論終難泯，旦夕徵書下紫虛。

雨後有懷崔村小莊

問訊崔村有報書，夜來靈雨過園廬。稻畦已覺珠璣綴，桑陌爭看綺縠舒。燕侶歸來巢尚在，杏花開罷子纍如。不堪塵鞅堅難脱，悵望西郊樂事虛。

柬王士英侍御_{時巡按晉藩}

青冥綉斧付斯人，何必鸞輿五岳巡？晉省兩年真大造，咸陽
當日已通神。蛟龍祇解行時雨，烽火何曾報虜塵？見説兒童歌道
路，蒼生司命是臺臣。

送王巡按士英還朝

蓬海洲前一俊人，獨乘驄馬向西巡。霓旌過處搖山岳，霜筆
揮時泣鬼神。地僻正逢春有脚，民痍争睹鑒無塵。瓜期已及應難
挽，更願重來作撫臣。

校勘記

〔一〕“大”，據文意疑當作“太”。

〔二〕“鏡”，據文意疑當作“境”。

紫岩文集卷之十一

七言律詩

久旱遇雨會得清戎儲侍御書志喜

纔逢甘澍灑荒村，又枉華緘到蓽門。禾黍連阡生意茂，魚龍憑水鬥聲喧。筆回造化蘇民瘼，履上星辰沐主恩。晚霽登高頻悵望，論文何日共清尊？

綠陰長夏野人村，午枕涼生獨掩門。觀槿山中修靜業，烹茶林下遠塵喧。祇應藥物扶身病，豈有涓埃報國恩？珍重故人吾景仰，致君堯舜道方尊。

已約漁樵老碧村，久無清夢到金門。祇將檢束酬知己，還爲推敲避市喧。一曲鏡湖終拜賜，十年宣室誤承恩。蒼生病痼憑君療，細作封章達至尊。

柏臺星使到孤村，不減高軒訪鹿門。書得荆州醒老眼，醖携和璧洗煩喧。盤中笋蕨皆山品，榻上烟霞亦聖恩。豸角還朝定何日？頓看風采九重尊。

登貢院明遠樓有作時簾外事畢與監試 二侍御同登

三十年前挾卷游，鬢毛垂白此登樓。梗楠不惜千金購[一]，鱗鳳真成一網收。高躡星辰排帝闥，遠開幽薊布神州。才難見説唐虞盛，願我皇朝與匹休。

公餘携酒約同游，帝里春光已滿樓。南省似籠飛不出，西山如畫坐來收。雲開瑞色浮雙闕，雷作天聲動九州。爲問省元誰定是，好將勳業答鴻休。

題王通府道東野草堂王先任邑宰

草堂東野欲何如？三十年前此讀書。雨潤好花春院静，月移修竹夜窗虚。飛來梟影神仙舃，至止鸞聲別駕車。他日拂衣尋舊迹，短檠猶爲識三餘。

題王通府世德堂

肯構誰能復肯堂？思君遺澤正難量。麥舟不爲開恩市，塵甑多憑發義倉。春野犁鋤無德色，夜窗燈火有餘光。棣華香歇文章在，里閈猶傳郝伯常。元儒郝文忠公經，陵川人，故居有棣華堂遺址，通府同邑人，故詩及之。

送俞尚書西湖致仕歸杭州

鶯聲柳色滿皇都，疏傳榮歸入畫圖。輿皂每將綏問駕，廥人時有粟供厨。青春作伴真奇遇，綠酒相親豈細娛？莫道尚書無個事，一身詩債欠西湖。

送太宰廖龍灣致仕歸東光

歸途乘傳捧綸音，故里供輿有俸金。老圃花香看晚節，東山雲卧稱閑心。官高一品聲名重，身歷三朝眷注深。遥想著書多暇日，碧灣風雨聽龍吟。

病中送張西磐都憲按事關中

故人西去入咸京，久病難醫況別情。人到老成先白髮，事當盤錯有青萍。愁從夢裏追行迹，想待歸時覓笑聲。仙掌峰頭煩寄問，希夷高臥許誰并？

送夏元德殿篆歸江陰上賜輔臣以繩愆糾違諸銀記，皆
元德篆上。其歸也，又以頒浙忠靜冠圖附之，故云

夢覺趨庭不顧官，幾回車馬駐江干。匡扶早上元臣印，忠靜仍頒御製冠。毛義豈緣公檄動？老萊惟解彩衣歡。歸來定有南征賦，好備文華乙夜觀。

山居柬喬白岩大宰兼赴留都告別

冢宰留都舊秩宗，我今南去躡仙踪。柴門忽迕過雙節，塵夢還驚到九重。獨酌欲分新熟酒，相望時上最高峰。白岩山下人如玉，有日尋詩杖屨從。

贈藩府韓長史希道二律希道先任後府參軍時予升南禮尚書過家希道來訪

幕府春殘飛柳花，銀潢天遠泛仙槎。龍韜舊展將軍帳，鳳管新酣帝子家。董相漢廷推學術，枚生梁苑擅才華。河間禮樂東平善，百世流芳未有涯。

長裾曳翠帶橫花，八月烟村枉使槎。綠水青山高客興，竹籬茅舍野人家。二千里外一官遠，五十年餘雙鬢華。指日扁舟又南去，太行回首各天涯。

答孔德貽太守次其《留別》韵時孔升荊門州守

雷雨山城起謫龍，朱旛何處楚江峰？詩來留別還盈紙，酒到臨歧不惜鍾。荊璞有時和氏售，漢廷無地賈生容。衡陽自有回春雁，莫道關山隔萬重。

立秋日蚤發家山凉甚口占二首

四山凉氣陡然侵，六月方殘秋已臨。穿徑葛衣花露重，浣溪羅襪藻波深。燕知霜信思歸路，蟬向風枝作怨琴。玉宇瓊樓頻悵望，曉來高處恐難任。

新秋無那二毛侵，冉冉年華半百臨。世事每隨雲共變，閑愁常與海同深。床頭星斗時看劍，座上江山一鼓琴。老態已成先臂膝，肩輿層嶂力難任。

偶　書

早游東海晚西涯，二十年來作一家。上苑夭桃春日麗，寒江飛雪朔風斜。驍騰萬里驚神馬，點綴千山喜暮鴉。老向詞林成底事？祇憑毛楮度年華。

宿桃林村佛堂

誰向孤村造佛堂？偶來成宿定僧床。都將萬法歸空相，暫向諸天聞妙香。四面雲山開畫障，一川禾黍辦壺觴。徘徊不信今朝事，恐是紅塵夢一場。

約郁二守文淵游衙西小園

敝齋橫轉縣衙西，曲徑芳叢望眼迷。小構數椽惟草舍，平分一畝作蔬畦。繞籬瓜嫩削青玉，滿樹桃酣落紫泥。細釀新篘還可意，一尊專爲故人携。

次日大雨不果游再叠前韵柬文淵

同雲渾不辨東西，去馬來牛路總迷。舟楫無人橫野渡，桔橰何處灌秋畦？千門欲渡滔滔水，寸步難移活活泥。不見君顏將十日，雨晴那惜酒頻携？

再約文淵游衙西小園

秋來三度賞西園，爲愛西園遠市喧。剪韭過於春雨嫩，摘瓜翻勝暑天繁。芸香細細來陶鼎，黍釀泠泠出瓦盆。聞道雲中有兵變，宵衣西顧共誰論？

聞大同兵變張都憲文錦賈參將鑒遇害吊而傷之先是甘肅軍叛殺巡撫許德新皆同年云

連年兵變賊都堂，一榜英豪失許張。須用紀綱扶社稷，莫將姑息靖邊疆。金湯急守三關固，貔虎遥分四鎮强。看取漢家誅七國，廟堂籌策此爲長。

龍旂整整陣堂堂，一弛還須有一張。藩鎮遞觀猶未已，帝王旁燭本無疆。清時更化方爲善，逆黨干誅不是强。直取《春秋》成斷案，皇圖千億自靈長。

豐白庵學士謫戍漳州懷之以詩次老杜《送鄭虔》韻二首

相思萬里雨絲絲，同榜人豪我所師。紫殿宮花春燕日，玉堂蓮燭夜歸時。雲横浙水家應遠，葉落寒山雁獨遲。何日論文共尊酒？一燈相對了襟期。

學士文章號色絲，傳抄紙價涌京師。今逢彩鳳儀韶日，會有金鷄放赦時。一代史編書事直，十年花帶轉官遲。投荒萬死知無恨，忠孝平生是夙期。

阻雨宿郝村主人出酒饌雞談及時事懷白庵學士又賦二首

西風吹雨作輕泥，掃却紅塵信馬蹄。平地亂雲山入暝，遠村疏靄樹來低。青燈話舊空尊酒，野館充庖有隻雞。何事謫仙仍謫戍？相望萬里意含凄。

人龍何日起蟠泥？驥子亨衢新鑿蹄。元禮門高登不易，陳生樓下卧皆低。一身去國真如葉，老命匡時欲似雞。㙜壁留題有佳句，定廣霜氣夜凄凄。

和喬白岩太宰《致仕還鄉》韵

歸來閑卧水雲鄉，肯作書空字一行？事業凌烟留畫像，才華垂露寫詩章。暮雲春樹遥相憶，後樂先憂總不忘。若問故山生計事，松花新釀有奇方。

塵世難期是帝鄉，獨留風采動班行。衣冠自古多新論，朝著于今有舊章。花鳥深愁渾未歇，鼎鍾奇字定難忘。年來故里人多病，時爲開書檢藥方。

青山四面繞吾鄉，雲樹參差不計行。地向蚤春添雪景，天從中夜耀奎章。漁樵老去渾相戀，寵辱年來已盡忘。爲問留都舊司馬，可無長策靖邊方？

嘉靖乙酉先妣淑人誕日拜墓下哀感有述

不睹慈顔已四年，又逢初度轉凄然。夢回午夜空驚蝶，血灑深山欲化鵑。手綫密縫今日恨，斑衣重舞再生緣。萬鍾鼎食成何用？一粒那能到九泉？

送周彥通提學遷廣東按察使

喜承新命過閩鄉，却伴青春下太行。麟趾定行周法度，馬遷應擅漢文章。芒寒北斗人爭仰，凍解東風物未忘。建節重來知有日，撫巡重展越人方。

和喬白巖《咏林見素見寄山巾》韻

山巾製自仙翁手，挂却朝冠始換來。折角向因曾被雨，濯纓今已不沾埃。兒童簪柏還相笑，鷗鷺眠沙不用猜。醉後落時從露頂，不妨隨意坐蒿萊。

送趙明府德厚被召赴京

徵書遥下九重城，三載循良政已成。掩映桑麻猶帶雨，分明鐘鼓自嚴更。春風花縣看鳬去，曉日梧岡聽鳳鳴。宣室召時如有問，老臣持筆著升平。

喜新尹孫進士自永年調至襄垣次前韻

兩賢相繼宰襄城，慣見人間好事成。新尹政聞傳舊尹，五更衙放至初更。風清境外無蝗入，日暖桑間有雉鳴。暫假龍泉解盤錯，會驚雷雨起延平。

寄同年酈廷用次前韻有序

平涼太守酈君廷用，予同年之厚者也。別且十年，而君之同學趙進士德厚實宰斂邑，以此常得通問，備聞起居嘉勝，殊有林泉之樂。今年夏初，德厚被召之京。斂邑去任丘數百里，路非通衢，雙鯉之遺蓋自此疏矣。君之兄阿陵先生嘗守瑞，有治行，亦猶君之守涼，人謂二難。君之二子復以家學競爽，會見飛達，與阿陵三子既錄者俱稱鳳毛，衣冠之盛於任有光。阿陵因年家亦與予善，其仲、季二子又予京闈所舉士，通家之誼不止同年。阿陵謝世已久，君之後會亦未可卜。德厚之行，當過家與君會，其能不悵然于懷邪？既作詩送德厚，遂次韵托之轉致，以見交情云。

看花同醉鳳凰城，滿耳簫韶樂九成。目斷雲山千里隔，別來歲月幾番更。同胞作郡稱雙妙，有子驚人待一鳴。尺素遠將何所祝？白頭常見泰階平。

壺關郭修以例授指揮使詩以賀之修舉人份之弟

轅門新挂錦征袍，要建長城萬里勞。終氏請纓年正少，班生投筆氣方豪。金戈指處回西日，羽扇揮時渡不毛。武略文謨男子事，風雲千載是奇遭。

賀同年閻汝思憲副生曾孫

別來歲月疾如奔，喜報君侯孫復孫。蘇氏鳳麟元有種，謝家蘭玉豈無根？螢光累葉書香遠，鶴髮含飴樂事繁。我亦有孫常在抱，同年風義世教論。

閻憲副遣其妹婿許公瑤上舍來訪盤桓累日別去詩以送之次前韵

才思驚人決水奔，揮毫應不數丁孫。天邊未信栽桃樹，月裏還期拔桂根。痛飲愈增風力勁，高談殊覺露華繁。明朝又唱《陽關》唱，一段離情孰與論？

塋中親書恩典碑二首

滴露研朱寫爲誰？日行南陸汗淋漓。龍蛇細縮中山筆，琬琰深鎸幼婦辭。慶澤人間來最遠，恩光天上遇應奇。他年報國成功後，更刻磨厓萬丈碑。

千載寧知我是誰？石門苔蘚雨淋漓。虛名正笑書生事，實錄難消太史辭。近世祇宗顏氏楷，古文誰問子雲奇？嚴君地下曾知否？腸斷癡兒爲寫碑。

王晉溪太宰卜築於晉祠水邊甚爲佳勝乃自綏德謫所以書來乞詩自謂兒輩近爲我營一佚老之所池館之間剩植花竹稻畦蒲汭烟汀雪瀨瀰漫極目頗得秀潤閑雅之趣搢紳多爲咏題在通家不宜獨闕乃叠韵以四律復之

晉水溪頭冢宰家，獨將風物占年華。舟航利涉空橫渡，霖雨功成不受誇。千頃雪翻彭澤稻，一川霞散洛陽花。何當起作天河水，再爲蒼生洗怨嗟。

幾時投刺晉公家，遥望龍門髮已華。表裏山河空入夢，神仙池館漫多誇。門前鷗鷺尋常客，鏡裏菱荷次第花。見説白頭猶紫塞，中原懸望四夷嗟。

故鄉門第是通家，京國交游有歲華。宴罷更留常至醉，詩成頻讀誤蒙誇。秦關夜月三年笛，渭水春風幾度花。何日與公更 平聲 秉燭，側身西望轉長嗟。

晉溪元是大方家，潤色皇猷國有華。十策河汾從古重，一篇滕閣至今誇。地靈慣産庭前玉，天巧能開筆上花。爲報故園歌舞地，便看旋斾莫興嗟。

再叠前韵柬王晉溪冢宰

六飛巡處即爲家，日日皇州望翠華。鬼蜮潛踪有公在，鯨鯢授首欲誰誇？茂陵松柏空啼鳥，金谷衣冠總落花。賈傅九原如可起，幾番流涕幾番嗟。

老眼升平四海家，塞垣風景似東華。久間溫國將端揆，遠逐英公是獎誇。太守欲分千頃竹，平章今鎖一欄花。從來足迹此奇絕，却笑書空作咄嗟。

三晉衣冠第一家，四朝人物動中華。塵埃暫遣神仙謫，勛業終歸太史誇。雲裏任渠栽杏子，雪中誰解問梅花？北門鎖鑰還相托，不用相看白髮嗟。

綠野堂成便到家，正逢明主是重華。著書不學莊生誕，讀史猶嫌左氏誇。陰籍大夫岩畔樹，香來君子水中花。雲飛鳥逝知何在？萬事人間付一嗟。

謝晉溪作《儲恩亭記》

儲恩亭建自吾家，輪奐翬飛迥日華。一代宰臣光制作，四朝天子叠褒誇。朱弦錦瑟歸三嘆，紫誥琅亟炫五花〔二〕。傳與兒童須努力，古人多少使人嗟。

懷晉溪二公子再叠前韵奉寄長君久屈場屋終當高第次君以蔭補錦衣千兵

萍水相逢世講家，向來游賞憶京華。鳳麟羅網應雙得，文武衣冠已并誇。春色忽生池上草，秋香還折月中花。佇看聯璧騰光彩，肯作遺珠抱嘆嗟？

校勘記

〔一〕"梗"，據文意疑當作"梗"。

〔二〕"亟"，據文意疑當作"函"。

紫岩文集卷之十二

七言律詩

送同年鄭信卿赴河東運使鄭初以南京刑部郎中守南昌遇宸濠之變抗節不屈被執竟以計脱且有戰功尋爲言者誤論左遷一級上疏力辯，得復原職遂有兹擢云

長安曾與共看花，幾度相逢鬢已華。左祖爲劉真有力，連城歸趙本無瑕。潁川自合稱循吏，定國由來是法家。莫向春明惜分手，河東元不是天涯。

送張生偉尹襄陵

京闈當日典文衡，榜下爭誇得俊英。滄海尚遺珠有泪，荆山難辯玉連城。春風四境弦歌沸，半夜中天列宿明。見説爲官勞撫字，中牟千載播芳聲。

送張君錫同年還戍貴州

老向都門拂鬢塵，不知冠佩幾回新。重離海内逢明主，習坎天涯有故人。漢法守官名尚在，唐詩開社派來真。行囊點檢還羞澀，猶有當年進士巾。

送南京光禄卿安汝礪赴任安本太原人，寄籍維揚

玉食天庖自遠來，留都供御簡銀臺。并州自古多豪杰，淮海

于今有俊才。江水定隨佳句涌，鐘山時對上尊開。會看宣室虛前席，又逐星槎到上台。

送趙清溪司寇致仕陛辭蒙賜璽書且錫以詩時甚榮之

七十人生古已稀，官高北斗更知幾。紅塵驛吏先黃紙，綠野尚書有白衣。萬事法持三尺在，九重詩送二疏歸。鑒湖落莫憑誰問？爭似春風咏浴沂？

和邃翁《賜免朝參有作》二首

鳳皇韶下優元老，不受朝天五夜寒。出處本來關最重，明良今日遇應難。回天漫費千人力，醫國徐投九轉丹。從此蒼生皆帖席，受恩身果佩危安。

常參賜免君恩重，元老心猶念十寒。鼎味重調商典則，囊封頻上漢艱難。時揮老筆如長劍，共仰童顏似渥丹。見説四夷驚異數，定煩來使問平安。

壽敬亭張夫人六十[一]

魚軒霞帔地行仙，謫自瑤池六十年。誥炫紫泥封二品，坊聯丹桂教三遷。香生堂北花如錦，色映狐南酒似泉。聞道賢郎修舊第，彩衣迎養五雲邊。

齋居即事舊例，郊齋，禮、刑二部同幕。去年，席元山、趙清溪、劉質齋、王柏山、翟石門并不肖爲六人全在。今年則清溪致仕去，而梅田顏公代之，元山、石門俱以疾在告，質齋奉使未回，僅有三人同宿，梅田又非前度之客，人生聚散不常如此，故詩以識之。

世事無端似轉車，南郊回首又齋居。三人共坐一非舊，六榻平分半已虛。茶上月團烹石鼎，饌頒麟脯出天除。懸知後會仍難料，且話寒宵數刻餘。

導駕回有述

五色雲祥護寶車，翠華遥下自宸居。禮嚴配位開鴻業，誠重燔柴告太虚。身導衮衣分劍戟，面承天語拜階除。吾皇功德乾坤并，玉帛圓丘萬載餘。

駕至大祀殿并神庖觀籩豆及牲牢

御路塵香染屬車，百靈隨檄赴壇居。巢盤老鶴蒼松古，拱入寒禽玉殿虚。已降綸音嚴誓戒，還勞玉趾到神除。聖人享帝元元福，看取豐穰樂有餘。

駕至大祀殿行禮

春夜南郊節氣柔，月華星彩坐來收。營屯鐵甲千群猛，路擁金蓮萬炬稠。清響入雲鈞樂動，異香盈野燎檀浮。禮成大祀天人喜，共仰回鑾拜冕旒。

賜鸞帶

錦帶新頒出紫微，開函惟恐彩雲飛。漫勞鶴背錢多貫，不數羊脂玉一圍。鬼魅藏時懸寶劍，杏桃開處束羅衣。侍臣那有文華國？愧取君王五色絲。

賜甜食

細簇雕盤出尚方，高擎御札到齋堂。羅巾净覆龍紋炫，丹篆新添鶴頂光。白雪結成酥作劑，黄金鎔就蜜生香。尋常一飯猶難報，況忝君王玉食嘗？

中丞姚東泉破岑猛正月十有九日早朝鴻臚寺奏捷志喜

萬里星軺報捷音，古人風烈見于今。晉公眼裏無淮蔡，諸葛胸中有縱擒。鵲觀雪晴恩蕩蕩，龍樓春曉喜駿駿。尋常漫道毛錐子，看取封侯肘後金。

挽張中丞敬亭

不見中丞已六年，祇聞墳上草芊芊。湖山尚入追隨夢，珠玉猶藏倡和篇。花縣循良名不改，柏臺風采事多傳。長安故宅堪羅雀，一度相過一愴然。

送張生一清自太學歸

橋門鼓篋幾經年，匹馬凌秋著去鞭。寶劍暫收龍在匣，彩衣新試鳳當筵。青春歲月還駒隙，白屋公卿自蠹編。南郡故人如有問，一官依舊鬢皤然。

送鳳山秦尚書致仕

□帆遙向大江南，異數新承詔一函。青嶂躡來雲滿□[二]，紅塵拋却雪盈簪。朝紳總惜才難得，疏草堅辭老不□[三]。無計可攀千仞鳳，高風留與後人談。

送西峰趙尚書致仕

璽書飛下大江西，尊酒紅亭半日稽。鄉夢久驚猿鶴怨，才名應與斗山齊。一官報國多長策，百疏憂民有舊題。莫道山中無宰相，丹陽遺迹本巖栖。

送陳原習侍御謫海陽教諭

嚴譴翻令作壯游，行藏隨處倚高樓。倉皇未得驪黃報，次第還將棟楠收。一葉身如離汴水，六經文欲布潮州。行人莫嘆絲成鬢，看取丹心老不休。

送張濮州起復除開州

曾看濮水挽行舟，又見澶淵解佩牛。童子喜迎新太守，野人爭説故吾侯。澄江練解尋常道，滄海珠還次第收。尊酒郵亭牽別思，井梧翻葉若爲秋。

諸王館選附馬得人宗伯吳白樓有詩用邃庵《閣老免朝》韵志喜因次之

仙凡迴隔知何處？玉作陽春犀辟寒。帝館主賓成不易，銀河牛女會應難。青山陡覺生雲霧，白屋俄看變臁丹。盛事一朝諧鳳卜，主車離肅出東安。

和周貞庵中丞《留別》"簪"字韵二首

禮嚴廟賀逢新歲，使節南來喜盍簪。虎拜赤墀天壽萬，蠅書文表帝超三。尚方已縱金莖飲，別宴應愁玉板參。欲倩垂楊牽去棹，短枝春淺若爲堪？

曾聯舊日黄金榜，又盍新春白雪簪。家路一千還得二，年華半百欲加三。清班正忝鵷鷺接，吏案空勞雁鶩參。尊酒重論知未卜，江雲遥望定難堪。

書魏司禮永貞堂詩册

飛蓬膏屏幾銷魂，慈竹斑成尚泪痕。風化有妻還有母，家聲賢子更賢孫。未亡飽歷冰霜節，垂老偏承雨露恩。多少詩篇珠玉在，千年應共《柏舟》論。

冬至前二日送戶侍王輿浦兵侍周貞庵刑侍許松皋謁陵

今年冬半暖如春，路入橋山發興新。此日此行誰爲卜？同年同事轉加親。重經舊館驚華髮，却憶仙班拜紫宸。風景盡收歸古錦，還家分送不來人。

答周貞庵

不到昌平今幾春，才華依舊物華新。重來却被溪山妒，垂老偏於筆硯親。帷幄算應紆絕漠，江湖心久注中宸。他年看取功名事，麟閣圖形第一人。

答王輿浦

司徒高調是陽春，長路多逢景物新。拱立雲峰如偶語，回翔沙鳥似相親。溪毛欲共羞筵几，山月平分照禁宸。今日維揚還一俊，餘光沾我榜中人。

答許松皋

黃鍾律應已回春，喜見人間氣象新。消長天心元不改，往來風俗自相親。五紋弱綫添華袞，萬壽齊聲祝紫宸。詩律謹嚴知法筆，續貂無計正愁人。

看牲次許松皋韵

紫禁鐘聲報曉晴，親勞玉趾視郊牲。鸞輿色映雲霞麗，龍袞光搖日月明。大祀古來祈穀禮，聖人今日格天誠。康衢聽取歌何力，來歲寧憂水旱仍？

前題再疊答周貞庵

翠華搖映曙光晴，爲閲南郊大祀牲。王道無私參化育，天顔有喜兆文明。陶匏未展登壇敬，繭栗先修在滌誠。來歲與君如再睹，新詩那惜唱酬仍？

臘日賜宴次周貞庵韵

宴分文武自西東，惠及崇卑豈異同？漸瀲蟻波斚共滿，葳蕤麟脯製尤工。龍旗曉拂霜華白，仙掌晴開日影紅。醉飽獨漸無寸補[四]，肯將吾道委衰慵？

前題次許松皋韵

錫宴叨承三十霜，每逢臘日思偏長。恩波浩蕩來尊俎，和氣氤氳滿廟廊。河運未通寧有策？邊儲多缺久無方。願揮餘瀝成甘澍，遍灑窮荒荷聖皇。

和周貞庵《看牲》韵

芻積如山穀萬鍾，朱衣催秣禮雍容。出郊小隊元戎給，步月虛聲羽客從。星斗輝輝更幾點，宮牆隱隱樹千重。歸來坐聽開金鑰，復命天階拜袞龍。

再疊前韵

衰年步履欲龍鍾，深夜郊行尚歛容。制度漢家空自有，儀文周典是吾從。異香浮月來三島，清漏隨風出九重。詩力本綿叨屬和，幾回搔首愧元龍。

得黄岩舍弟書問

南北相望欲斷魂，止憑書札問寒温。關心夜夜家山夢，在耳時時母氏言。垂老別離真苦事，左遷閑散是殊恩。近來喜弟文章進，尊酒何時與細論？

和徐崦西《喜雪》“春”字韵

一冬無雪兆來春，入夜俄驚眼界新。久望白三慳不至，偶逢滕六足相親。燮調事業歸黄閣，露禱精誠在紫宸。欲頌來牟慶明賜，未論删後有詩人。

元日試筆

幾見皇都改歲華，一番春色遍天涯。冰魚欲上三陽泰，越雉重來四海家。雪少尚難膏土脉，風多偏易鼓塵沙。兒孫次第稱觴壽，爲喜尊翁一歲加。

戊子年生日

年年人日吾生日，風日晴和遇亦難。賜假恩深無案牘，及門情重有衣冠。月明似爲東家設，酒美堪供上客歡。半百加三空老大，明時無補愧高官。

鍾石山房詩爲南京尚寶卿費子和作子和自春坊中允有此遷云

何處飛來石似鍾，有齋高卧客如龍。澄光瀲灩長溪水，秀色巃嵸碧落峰。事業欲令垂百世，工夫奚翅用三冬？南來未便淹鵬翼，合搏[五]扶搖上九重。

送靈谷寺住持滿親歸金陵

志公遺迹已成塵，衣鉢今傳親上人。勝地久知飛錫卓，高堂曾見雨花頻。詩篇潦倒徵何用？命局崎嶇講亦神。歸向惠連煩爲説，年來雙鬢欲如銀。

張家灣早發

秣陵延眺已多年，今日分符下九天。足迹總成司馬記，《方言》還助子雲玄。尚書履愧星辰近，講幄恩叨雨露偏。莫道江湖身獨遠，五雲隨處望中懸。

河西塢與户部詹主事同舟話久乃別

緑陰繫纜河西塢，有客揚帆載酒過。貫日圖書慚野衲，沸天簫鼓謝漁簑。長途歲月身偏老，午夜江湖夢轉多。北向來迎南向送，送迎還别奈君何？

晚泊天津

萬雉崇墉俯碧湍，陰森長夏水雲寒。地當喉舌多兵衞，事屬澄清有法官。海口東奔烟漠漠，霸川西指路漫漫。畫船忽報龍衣過，手捲朱簾仔細看。

舟中懸扁有七言句一聯詩以足之

中流簫鼓放吳船，一棹薰風百丈牽。南北有官俱重地，行藏無事不高天。寇公未信真橫渡，傅相應知必濟川。此聯係舟中懸扁。老向江湖成底事？鍾山游賞是良緣。

静海縣生三孫凌烟志喜

吾生半百有三年，喜事重重自我天。二品轉官還重地，三郎生子在樓船。明珠静海方呈瑞，老鳳長江信有緣。種德前人知未艾，會將衰朽見曾玄。

流河驛聞李蒲汀侍郎舟北上已過有懷

獨枕瀟瀟聽雨聲，夢回聞報五更晴。殘雲尚拂湘簾潤，旭日遥分浦樹明。北棹順風應自快，南舟新漲若爲平。無因一見空相憶，欲採汀蒲寄此情。

滄洲會辛太守魯望留宴次韵魯望嘗倅予潞，爲洛陽人，而滄州即古渤海云

萬樹新蟬斷續聲，芳園登眺雨初晴。桑麻蔽野無刀佩，鬼蜮潛形有鏡明。再見史官書政績，還聞田叟頌升平。洛陽人物多才俊，渤海風流萬古情。

張尚書園亭別辛魯望

彩鷁凌空發櫂聲，鴨頭綠漲曉堤晴。苔茵濁酒林中静，蓮舫新妝水底明。三策漫教推董子，六奇何用説陳平？相逢且共溪橋醉，溪水争如故舊情？

晚泊磚河驛有懷辛魯望

紅亭芳樹寂無聲，知是隨車雨乍晴。長夏不妨風色好，晚凉兼得月華明。三年上黨青山舊，一舍滄流畫舫平。獨恨未能攀五馬，引杯吟望轉關情。

校勘記

〔一〕“十”，據底本目録當作“袠”。

〔二〕“□”，底本漶漫，疑爲“屐”。

〔三〕“□”，底本漶漫，疑爲“堪”。

〔四〕“漸”，據文意疑當作“慚”。

〔五〕“搏”，據文意疑當作“摶”。

七言律詩

早發磚河驛值夜雨曉晴志喜

兩部鳴蛙鼓吹聲，一番涼雨一番晴。炎蒸頓解乾坤净，障翳全消日月明。北望漸違雙闕遠，南來應喜大江平。年過半百尚書履，肯謂看雲不稱情？

又足舟中懸扁七言句

星履南飛下講筵，夢回猶問早朝天。平生不解脂韋事，未死還當策勵年。夙夜有懷惟報國，謨謀無計不安邊。此聯係舟中懸扁。正逢四海同文日，且作江南陸地仙。

舟次故城訪同年孫太僕沙溪不遇因占一律付其從者

年過半百笑浮生，況復攜家水上行。緑樹似迎來未了，白雲如送去還輕。晨鐘欲動離名郡，午枕方欹泊故城。隻鶴清溪天上下，夕陽蟬咽有餘情。

早發故城

杜子多愁過一生，多愁元是爲多行。文章不必論高下，去就寧知有重輕？一畝未能忘罄室，五雲何處望層城？夢回展轉還疑夢，不信滄波惱客情。

晚泊夾馬營

擾擾兵戈五季年，胡兒猶解祝蒼天。袖中詔出陶生草，匱裏盟藏趙相編。汴水烟塵難定鼎，錢塘風浪亦投鞭。今朝夾馬營中宿，猶有餘香襲畫船。

屈指陳橋五百年，太平基業日中天。兵權易解真雄略，卧榻難容誤史編。遺恨彌留惟戳斧，壯游登覽有吟鞭。無情最是村前水，只解到滔滔送客船。

題張公藝《九世同居圖》

鸞輿何事柱蓬門，韋布翻能屈至尊。九世烟光同釜甑，一家風化重乾坤。香生蘋藻多筐筥，瑞協芝蘭盛子孫。心法傳來惟"忍"字，千年猶有畫圖存。

星軺驛和于少保韵

太行不與衆山齊，萬壑千岩入望迷。未暇日邊論遠近，祇從天下定高低。旌旗影拂閒雲度，鼓吹聲兼好鳥啼。少保經行今幾載，細磨碑蘚認留題。

狼車村謁孔廟

孔轍曾聞返太行，周流原未到吾鄉。犢誅早已聞河上，鼠立空傳在道傍。賴有山河雄表裏，更憑風俗擅虞唐。今逢四海同文日，古廟丹青自夕陽。

宿萬善驛

山脚秋原掌樣平，肩輿東下眼偏明。人家自合中州住，果蓏多因沃壤生。肺腑乍離山掩映，帶襟還見水從橫。南游勝概堪乘興，莫道尚書送履聲。

過清化鎮

太行東畔經清化，風景江南未許齊。柿實帶霜紅可摘，竹林當路綠堪題。傾銀滾滾泉分澗，種玉纍纍芋滿畦。他日上章歸老後，移家欲向此中栖。

修武道中

上黨風寒早逼人，覃懷猶自暖如春。豆花籬落飛黄蝶，楊柳池塘帶白蘋。老去宦情渾淡薄，愁來詩句尚清新。獨憐歲歉民懸罄，欲草封章達紫宸。

過獲嘉

薄午停驂憩獲嘉，清霜亭下老蒹葭。山川不改古封邑，世代又逢今歲華。北斗官高難報國，南都路遠未忘家。夜深忽夢蓬萊事，講罷從容坐賜茶。

宿新鄉是日途中逢易憲副瓚之任關中，晚會同年潘
方伯伯振，留宴，故詩及之

十月新鄉天氣温，周咨隨處敢辭繁？山光隱約高低樹，雲影參差遠近村。傾蓋立談新憲節，張燈留宴老薇垣。鴻飛南北渾無定，雪上分明見指痕。

衛源懷古

落木瀟瀟衛水流，封疆猶是古諸侯。詩存《大雅》威儀戒，誥載《周書》社稷謀。晚政惟應魯相似，溺音還與鄭為儔。停驂暫向河橋立，一洗乾坤萬古愁。

又和壁間毛東塘都憲韵

二千里外金陵路，暫解塵纓傍水涯。客至正逢尊貯酒，詩成還喜筆生花。高軒有寵空乘鶴，古堞無情自落鴉。獨向清宵步明月，鄉關何處使人嗟。

過新鄉會潘伯振方伯衛輝會張孝伯阮惟一二大參俱以同年叙餞有述

纔過新鄉又衛輝，兩逢年好久相違。二千里外天還各，三十年前事已非。祖帳盛陳那忍別？簡書深畏敢懷歸？蒲輪倘爲蒼生起，共補山龍上衮衣。

晚過新鎮

新鎮停驂已夕陽，一茶山館路還長。柴門草樹輕烟外，野艇蘆花淺水旁。景放畫圖迎客舸，詩成珠玉付奚囊。紅塵漸入天雄境，猶自回頭望太行。

偶　憶

二女京師一子家，我今南去各天涯。別於貧賤未爲苦，老逐功名殊是差。蘋藻豈由人作合？文章常與國增華。何時對月團圓坐？免被青山萬叠遮。

宿内黄二首

百里馳驅抵内黄，平原如掌樹如墻。年來青鏡形容改，老去紅塵道路長。民隱久諳空自愧，君恩難報秖多忙。涓埃少遂平生志，便合扶犁耕太行。

三十餘年住玉京，尚書新履向南行。山頭明月邀題品，陌上垂楊管送迎。一信江湖添白髮，虛勞霖雨望蒼生。樗材獨幸逢堯舜，老筆猶能著太平。

駐大名府

繫纜新秋過故園，重來十月氣全溫。情非晝錦誇身貴，禮有焚黃荷主恩。早忝侍臣依日月，老當爲客信乾坤。北門自古嚴扃鑰，南國于今重本根。

聞官軍破青楊山賊志喜二首

狂賊憑陵起潞城，直勞宵旰遣天兵。健兒淇上元難敵，猛士偏頭舊擅名。三路夾攻師已捷，兩藩休息恨初平。南行老我還高枕，桑梓春風草木生。

捷音馳報九重城，一日河山 河南、山西。頓解兵。地險始知攻有策，王師誰道出無名？廟堂憂可寬西顧，閭里歡應頌太平。聞報正逢開盛宴，衰顏帶酒欲春生。

東昌府會沈僉憲圻話舊

一別先秋過太行，重來欲冷會東昌。英雄吾榜知何在？道義通家故不忘。水落長河頻閉閘，月明荒店暫停航。匆匆數語仍分袂，恍惚還疑夢一場。

南望湖

濟北帆檣初放閘，江南圖畫已侵眸。斜陽不限鳥飛去，獨榻已忘人坐游。浩蕩乾坤雙老眼，瀰漫今古一浮漚。南來却被漁翁笑，始免紅塵不上頭。

晚泊沙河驛

漁歌何處雜清笳？十月扁舟日易斜。遠渚蘆花頻下雁，孤村楊柳欲藏鴉。羹傳山藥新烹玉，饌入河魴細咀華。莫笑浮生太多事，乾坤隨地是吾家。

沛縣懷古

漢祖開基四百年，泗亭遺址水連天。風雲千載尚飛越，陵谷幾番曾變遷。逐鹿有時成鳥喙，斷蛇無處問龍泉。寒鴉不管興亡事，猶帶殘陽送客船。

彭城懷古

斷堤衰柳過彭城，曾畫鴻溝作帝京。渭水炬烟空自滅，碭山雲氣爲誰生？波流亞父難消恨，草舞虞姬不盡情。千載英雄等抔土，一場爭闹是虚名。

漂母墓

英雄未遇亦堪悲，老嫗如何獨早知？執戟趨時應自恨，築壇追後尚多疑。吕嬃詈倲豈爲達？陵母戒兒非是奇。不用千金償一飽，漢家青史有名垂。

下邳懷古

圯上曾聞授一編，帝王籌略此中傳。低昂楚漢還憑舌，奔走韓彭漫比肩。黄鵠竟能成羽翼，赤松元是托神仙。留城故址依然在，常使行人說往年。

韓淮陰侯廟

斯高夷族子嬰降，逐鹿風塵暗萬邦。運屬真人應混一，才收國士故無雙。漢恩深處壇高築，楚力窮時鼎不扛。獨有越王思范蠡，黃金空鑄水淙淙。

戊子年長至日渡江見舍弟夔

南游喜見大江平，曉渡兼逢至日晴。展取石頭千頃净，坐來天上一舟輕。黃鍾律應初陽動，白鷺洲分二水明。靈運暮年詩興索，池塘今日草還生。

地當佳麗屬升平，人乍登臨雨乍晴。青嶂不嫌蓬鬢短，滄波偏愛白鷗輕。千官簪紱無南北，一統車書有聖明。喜向長江祝長至，真成奇絶冠平生。

送刑侍王南渠終養還鄉

一棹寒江疾似飛，聖恩新許侍慈闈。官高愛日情偏篤，家遠瞻雲志不違。誥捧紫泥毛義檄，袍裁宮錦老萊衣。絶裾有客何爲者？自古人間此樂稀。

送高司寇肅政北上

澄江春漲放仙舟，幾度登朝尚黑頭。喜動天顔開雉扇，春隨日色上龍樓。冰壺照處塵氛净，霜筆揮時鬼魅愁。輦轂親知如有問，爲言風景足遨游。

送太常少卿王叔賢還京

南來纔下渡江船，又見徵書自九天。郊廟事嚴觀禮樂，官曹清絶屬袖仙。心關五夜宮壺漏，身染三朝御鼎烟。莫道馮唐容易老，雲霄從此看喬遷。

南京禮部履任日讀屏間所書《梓人傳》

三十年來歷仕途，尚書新轉向留都。已拼歲月供觴咏，更喜江山作畫圖。兒女路遙多夢寐，弟兄身近且歡娛。《梓人傳》是何人寫？此地曾經宰相無？

江南除夕

尋常都下説留都，豈料留都亦到吾。三國英雄空簡册，六朝宮殿已菰蒲。虚名海內惟高枕，衰鬢天涯合滿壺。節令不殊風土異，聊將詩句寫桃符。

郊齋和吳白樓太宰韵二首

郊齋南北禮還同，往事留題尚滿筒。錦帶賜沾行殿外，珍盤擎出大庖中。長江雪漲瞻銀漢，鍾嶂雲深見閬風。但願康衢歌帝力，不妨衰鬢欲成翁。

踪迹平生幾許同，唱酬今復走笻筒。我來作隱簪紳內，人道移家罨畫中。花報信音連夜雨，竹敲詩句五更風。從前屈指郊齋事，弱冠年華倏已翁。

送吳白樓太宰赴京考績

澄江如練送仙舟，奏最明光拜冕旒。東閣絲綸稱巨筆，南都衡鑒得名流。席虛鼎鼐應專待，履上星辰定被留。聞向虎丘山下過，莫教花鳥作春愁。

有客贈梅花二株

簾外春風玉二株，故人移贈自西湖。蝶蜂不省寒香暗，桃李應嫌老幹癯。雪裏精神還自得，水邊風韵故應殊。縱然結子堪調鼎，誰爲吹嘘到御厨？

胡紫山司空約游靈谷寺時吳白樓太宰考績，王平川司徒進表，此會爲二公餞，故云

步屧春風十里隨，村村桃李怪來遲。地當勝概山藏寺，天作濃陰雨促詩。嶺樹密如遮遠去，江雲橫欲繫相思。朝朝送別情難盡，强摘花枝浸酒卮。

送光禄少卿柴黼庵赴京進册立中宫箋文

京華一別已多年，盛事躬逢上表箋。祖帳曉山堪入畫，樓船春水似登仙。龍顔有喜還三接，虎拜承恩定九遷。宣室若虚前席問，爲言千里罄空懸。

同年上海王少參時賜致仕家居以書來問會其誕日已近詩以壽之時年七旬有二，三月二十八日爲初度云

燕子來巢柳放花，瓮頭春酒不須賒。芝蘭繞膝多歡事，珠玉揮毫管物華。入眼又逢三月至，從心仍是二年加。當時對策身猶健，記得丹墀日未斜。

又次韵

長安騎馬共看花，回首空驚歲月賒。書信萬金來上海，夢魂連璧過東華。前朝舊事青山在，遠客新遷白髮加。尊酒相逢定何日？暮江雲影自橫斜。

送儀制郎中陳子文擢廣西參議

不爲春光載酒尋，別懷聊放酒卮深。三山有客今薇省，五嶺宜人獨桂林。錢穀正觀天下計，江湖方識古人心。衡陽地近多歸雁，莫惜金陵寄好音。

徐東園錦衣宅邀賞牡丹

富貴江南第一家，東風偏爲放名花。壺觴賞處多才俊，池館裁來幾歲華[一]？畫裏丹青空有色，吟邊風景正無涯。年年花似人難似，徙倚欄干到日斜。

招來詩社大方家，賞此春風第一花。四海交游幾兄弟，六朝遺迹尚繁華。懸知世事皆如夢，見説人生各有涯。乘興未須辭酩酊，烏紗還摘一枝斜。

送司空胡紫山致仕還永年

大鵬搏海始南飛，彩鷁凌風又北歸。絶域威名懸傳□，慈闈喜色舞萊衣。一尊此日江山共，幾點晨星故舊稀。會見九重徵宿望，未應高卧老岩扉。

早出鳳臺門

星疏月淡帶殘鷄，石徑縈紆草樹齊。喜際車書歸一統，叨陪陶謝得分題。山花漫道無情發，野鳥懸知有意啼。行盡烟村三十里，更憑飛屐躡丹梯。

登牛首山兜率岩次倪青溪太宰韵

古來登覽幾英豪？岩壑招人也自勞。仿佛漸聞鈞樂近，尋常誰信履綦高？僧佳忽訝逢無本，寺古渾疑自有巢。何處長安還上黨？石欄延佇首頻搔。

藤蘿千尺信躋攀，六代江山指顧間。欲倩長繩牽日住，暫開塵鞅伴雲閑。夢魂似覺曾來慣，筋力方知老去艱。不是職思拋不得，便隨僧定坐忘還。

憩中臺銀杏樹下

古木傳聞種李唐，摩挲無處問年光。祇應神鬼常訶護，恐是蛟龍互激昂。老幹尚能撐宇宙，堅心元自飽風霜。坐來長夏不知暑，欲借清陰散四方。

獻花岩憩小星槎次李蒲汀少宰韵

浮生踪迹已天涯，一榻飄飄不用賒。欲載芳樽招北海，共乘秋水訪南華。非才敢和凌雲筆？多病難隨入斗槎。總爲簡書歸未得，羞將蓬鬢理丹霞。

登獻花岩絶頂

一登牛首惜來遲，再上花岩賞更奇。謝傅局前初夏景，王維圖裏晚晴時。諸天問答空殘偈，六代興亡有斷碑。正好推敲山欲暝，老僧休笑不留詩。

歸途即事

登臨無奈夕陽西，歸路迢迢望欲迷。兩部笙歌蛙遠近，四圍屏障樹高低。帆檣隱約江橫練，樓閣參差石作梯。珍重主人情未倦，牛峰秋早酒重携。

茲游在雨後二日天甚晴美歸後夜即大雨連日喜而志之

雨後來游先雨歸，山靈應恐濕仙衣。竹溪總有飄飄思，<small>時賓主共六人。</small>草閣曾無赫赫威。<small>時五月，雨後甚凉。</small>況得徐卿爲地主，兼逢支遁話禪機。一場樂事真奇絶，天意人情兩不違。

和光禄卿劉毅齋同年韵

洛陽城外山如畫，移向金陵景絶奇。岩壑似招官作隱，豆觴元以俸爲資。五雲遥指是何處？千載難逢還此時。他日北歸思勝概，錦囊聊出舊題詩。

端陽即事

留都今日遇端陽，往事驚心夢一場。五色自天傳彩索，百壺和露瀉瓊漿。雲隨鳳輦歸華蓋，風引簫韶出建章。老向江湖觀勝概，江流争似客愁長？

送陳天游京兆致仕歸嶺南

投老明時屢上章，喜承恩旨得還鄉。才華滚滚追陶謝，事業堂堂比趙張。松菊荒蕪應有待，蒓鱸風味自難忘。九重他日思耆德，再爲蒼生一促裝。

楊鷗溪雨中送游山詩

竹床愁聽雨傾盆，何處投詩客扣門？採得驪珠滿襟袖，坐令牛首重乾坤。英雄多少登臨後，岩壑尋常肺腑存。更喜官曹清似洗，從容觴咏是殊恩。

雨中遣懷

洗却炎蒸謝雨師，傾盆竟日似忘疲。長江浪急蛟龍怒，叠嶂雲深虎豹疑。兒女長安多涕泪，親知故里有逃移。傳聞赤地連諸省，願挽天河普一犁。

校勘記

〔一〕"栽"，據文意疑當作"栽"。

七言律詩

陪諸公餞飲靈谷寺

春半尋芳此地游，重來非復舊朋儔。千峰過雨雲猶濕，萬木昂霄鳥更幽。歲月忽驚塵世夢，江湖空繫古人憂。靈源欲起神僧問，碧草無言水自流。

公餘携酒作郊游，車蓋翩翩得好儔。宦轍秣陵翻是適，禪林靈谷最爲幽。塵容已逐萍踪改，短髮難勝菜色憂。莫道老僧忙半日，虎溪增重本名流。

靈谷寺齋堂壁間次喬白岩留題韵

送客城東訪道林，高松十里綠陰深。傳觴共解星辰履，覓句爭披錦綉襟。吳帝紀年猶有識，寶公遺迹尚堪尋。僧房掩映藤蘿內，時下天風引梵音。

皇州第一此禪林，竹徑通幽花木深。赤日何勞擁高蓋？清風偏爲滌煩襟。虛堂説法龍曾聽，別嶼哦詩鶴解尋。分手他年應悵望，願無金玉寄來音。

題清凉寺壁

清凉寺裏兩番游，遇雨難登最上頭。春草自回天地色，暮雲猶帶古今愁。虛勞遠嶂層層起，不見長江滾滾流。安得四難兼二美，掃開寥廓放吟眸？

又清凉寺次韵

古寺尋芳冒雨游，錦囊還背小蒼頭。六朝隱隱笙歌恨，萬井瀟瀟桂玉愁。尊酒細論聊白下，爐薰相伴且緇流。憑欄漸覺羅衣濕，何必牛山泪滿眸？

和萬治齋游牛首山韵

長江一帶繞青山，山上游人幾度攀。正好烟霞開口笑，奈何風化與身關？家居上黨憐兒遠，官轉留都愛我閑。强半年華綿薄力，君恩圖報轉愁難。

游東山訪謝太傅別墅

東山游衍幾年華，挈檻來尋謝傅家。僧舍暗巢堂上燕，石泉曾沸鼎中茶。笙歌韵歇空啼鳥，羅綺香銷自野花。擾擾乾坤棋一局，功名兒輩我何加？

偶因登覽嘆繁華，謝氏家爲釋氏家。樹外鳴禽催種穀，松間巢鶴避烹茶。雲開處處山藏寺，雨過村村樹帶花。多病近來詩興減，今朝應爲四并加。

送葛兩溪轉北大理卿 時與林石厓少卿同
行，其子木守淮陽

朝朝送客向江頭，江水難勝洗客愁。官轉兩京同大理，法持三尺本名流。郎君作郡應攀纜，僚寀登仙得并舟。我忝春曹方倚玉，尊前無計挽衣留。

送林石厓寺丞轉北大理少卿

徵書遥下九重天，廷尉新膺不次遷。一路法星山欲動，兩京冤獄鏡空懸。班聯玉笋重華近，衣染爐烟五色鮮。尊酒江干凝眺處，中流簫鼓似登仙。

送太常卿牛道徵少卿黄子任致仕還鄉

每日相携送客行，今朝别酒爲君傾。鎬京禮樂才難得，彭澤田園賦易成。鴻指雪殘留白下，燕毛霜早念蒼生。他年使者求顔閭，莫遣空回問姓名。

送劉光禄毅齋同年致仕還江陰次前韵

南來專爲送君行，懷抱何曾得盡傾？三十紀年容易過，百千留計竟難成。桓桓許國丹心在，種種憂民白髮生。緑野堂高清晝永，夢回應笑我虚名。

送無錫鄒山人壁東歸山人嘗著《通史補遺》，論斷史事，贊之以詩

錫山飛下一仙翁，羽扇綸巾稱道風。史自漢來通有補，詩從唐後豈無工？夢回冉冉橫江鶴，望斷冥冥踏雪鴻。不是太平無以報，也應長嘯訪崆峒。

送吴學士仁夫赴召續修《會典》

學士多才受主知，佩聲重到鳳皇池。百年禮樂當興日，一代文章極盛時。漢制未純空近古，周官經聖是吾師。遥遥華冑貞觀筆，莫讓芳名宇宙垂。

有客饋鮮楊梅

江南鮮品孰爲珍？六月楊梅已獻新。粟起纍纍堆鶴頂，膏流滴滴剖猩唇。未容橄欖收高價，却放枇杷步後塵。欲賦南都追古

作，吹噓誰爲達楓宸？

贈劉明府體乾宰江陰劉之前張侯集，予京闈所舉士，故及之

舊尹登朝數月餘，又逢新尹下車初。桑麻綠膩春霖足，桃李紅酣化日舒。撫字有官懸列宿，催科無吏到村居。他年梟烏應難脫，會見雙飛入紫虛。

送崔都督帥長江

長江萬里亘西東，帥府新開節制通。已見太平興禮樂，還看神武駕英雄。魚龍寂寞應無警，樽俎從容自有功。會虜名王清瀚海，捷書馳報九成宮。

竹瑞堂詩張侍御存良之祖庭前種竹，茇去殆三十年，偶爾復生，是年存良膺鄉薦，因以"竹瑞"扁其堂云

高堂孕秀比斯干，舊竹重生映畫欄。苔蘚穿來纔幾個，雲霄突上欲千竿。堪諧金石調鈞樂，直與松梅傲歲寒。瑞應于今歸柱史，勛名留取汗青看。

三十年來逸此君，故家和氣自氤氲。蟄龍久待春雷出，鳴鳳常於曉日聞。柏府似頻添秀色，蘭階偏稱發幽芬。天休不是無因至，堂上高懸太史文。豐雪士作《瑞竹堂記》。

全懿堂詩刑部郎中陳良謨之母以貞節被旌，因以名堂

此身渾是未亡年，新構堂成懿德全。熊膽香生唐史傳，《柏舟》光照《衛風》篇。非關雨露恩偏渥，爲表冰霜節獨堅。見說西曹推宦績，賢郎端不負三遷。

己丑年至日有述

至日常年號苦寒，今年至日欲衣單。味逢玄酒方知淡，氣應黃鍾漸覺寬。任取江山圖裏坐，莫將勛業鏡中看。一觴不爲賓筵設，弟勸兄酬且盡歡。

送張惕庵中丞致仕

早向明時乞此身，高情非是爲鱸蓴。江山故國開詩社，雨露新恩被老臣。剩有琴書娛綠野，更無車馬入紅塵。太行未遂躬耕計，搔首江邊北望頻。

送荆山王司馬改都憲北上掌院荆山先大夫，同年進士。正德末年，六飛南幸，扈從金陵，凡八閱月云

通家科第憶傳臚，分職卿曹并剖符。建業城中曾扈聖，賀蘭山下慣平胡。本兵才略兼持憲，御史風棱直至都。會見九重資化理，定教千祀固皇圖。

送樸庵張司空北上初，張以工侍修顯陵，轉南工。未幾改北

秣陵從古不宜秋，況復登高送客舟。此會幾時來鄴上？相思他日到江頭。年拋赤地科仍在，力憊蒼生役未休。正屬太平懸渴望，好將勛業繼前修。

柬周貞庵司寇

高軒新自日邊來，叙闊匆匆得幾回？唱和久逋詩社債，登臨難撥簿書堆。江城正苦寒陰積，魏闕俄驚曉日開。便約同游顧文學，公餘清賞暫銜杯。予與户侍顧新山同訪，皆貞庵同年也，故云然。

次貞庵《見速》韵

肩輿遥向禁城隈，乘興山陰訪戴來。雪後園亭多映竹，水邊籬落忽開梅。時艱願得高材濟，民瘼愁煩聖主裁。薄暮欲歸詩未就，林鴉何事苦相催。坐中談滇南兵變，故次聯及之。

會後明日復以前韵柬貞庵

喜逐晴光載酒來，却從烟夕覓詩回。寒空過雁猶成陣，宮樹栖鴉欲作堆。鬢髮盡隨浮世變，襟懷聊向故人開。相逢恐被江山笑，此景誰能惜此杯？

邊華泉司徒見和前韵復以答之

遠寺鐘初月上來，疏檐松暝鶴飛回。百年禮樂車同軌，六代繁華土一堆。詩酒尚多朋輩在，江山依舊畫圖開。相如病渴憑誰問？爲覓金莖湛露杯。

次周貞庵《雪裏珊瑚》韵小草結紅實，如豆，冬月不落

風飄殘葉滿空飛，雪擁孤芳入望稀。宋玉墙墟猶炫紫，吳王宮沼尚抛緋。繁於枸杞枝偏勁，瑩似櫻桃顆較微。何幸品題經巨筆？詩家從此有憑依。

邊華泉遷居官舍初，華泉以刑侍轉司徒，假司馬官舍。至是，其舍修完，始遷居云

司徒假館始遷居，星履剛移數武餘。梅影橫斜詩榻静，竹聲瀟灑畫堂虛。百壺莫厭墙頭酒，萬軸何憂架上書？我亦欲柬親麗澤，荒齋春暖待修除。

登雞鳴山寺次喬白巖留題韻

石磴崚嶒步步高，漸開佳景頓忘勞。雲霄迥出凰千仞，風日清聞鶴九皋。一統江山煩指顧，兩間人物荷甄陶。白巖已去詩篇在，筆力猶能挽海濤。

臘日有述

臘日南都兩度逢，弟兄杯酒喜相從。江澄素練拖千丈，山擁青螺并兩峰。學似江都還易老，才如隴右亦難封。蒼生菜色蝗千里，惆悵無因對九重。

送門生趙郎中文卿北上考績 文卿初以南京户部郎中改兵部職方司，最有聲望。已而復調南京，吏部屢擬遷方面，皆不及與

纔見南來又北歸，離筵春霽倍光輝。江流泯泯初浮練，柳色青青欲染衣。績上租庸多國計，功論帷幄有兵機。鵬程此日猶嫌晚，好奮扶搖九萬飛。

元日試筆與舍弟虁共酌命恩兒限韻

喜看雲物入新年，對景頻揮兔穎圓。半霽半晴初曉日，不寒不暖早春天。歡惟手足忘華髮，宴有笙歌笑綺筵。一氣洪鈞沾萬物，乾坤誰道有奇偏？

康衢隨處播堯年，納諫吾皇似轉圓。荏苒韶華催景物，氤氳佳氣滿江天。冰衡自愧居銓部，星履曾叨在講筵。正值車書歸一統，六朝王業本來偏。時寓金陵，故末句及之。

久客相逢莫問年，對床風雨喜團圓。江山六代還今日，簫鼓千家共此天。家遠未能忘上黨，酒酣猶解誦初筵。鬢毛總爲耽吟

白，却笑平生性苦偏。

嘉靖庚寅新年三日郊齋有述

入春連日雨絲絲，大駕南郊享帝時。特犢九霄將繭栗，交龍千隊擁旌旗。拔茅已慶三陽泰，祈穀還憂百姓飢。欲頌太平張聖德，遍詢朝野未能知。

南來兩度閱郊齋，往事依然在客懷。冉冉彩雲扶日轂，煌煌蓮炬耀天街。禮成配位重瞳悦，樂奏《蕭韶》庶尹諧〔一〕。今日留都叨厚禄，江聲岳色共清佳。

次周貞庵司寇郊齋韵二首

夜霽俄看萬象森，聖皇郊祀格天心。河清再見靈符久，雪瑞新傳 去冬無雪，上卜日禱于南郊，次日即大雪，京師以爲瑞應。眷顧深。道與《詩》、《書》稱處合，功於三五作時尋。珍盤錦帶曾沾賜，病耳猶存有玉音。

宦途南北知何補？握筆仍慚賦《兩都》。齋日唱酬前輩有，同年膠漆近來無。春光似酒吟魂醉，雨澤如膏土脉蘇。修省未除郊祀至，履端三日便開符。時新正三日開印。

次林小泉司馬郊齋韵

杏園開宴是何年？白下新裁唱和篇。襪綫久叨明主録，鬢毛猶有故人憐。勝游似約來江左，往事還思在日邊。郊祀已成元夕近，莫辭燈火共留連。

次柴黼庵京兆郊齋韵

典禮由來觀會通，寅恭今復見和衷。翠華想像臨齋殿，仙樂猶聞出法宫。王道無私春色早，天顔有喜日光融。微臣憂國滄江上，祇願人間五穀豐。

爲邊華泉悼亡用孟有涯中丞韵

造物無情也不公，年來多忌與人同。翠籠鸚鵡言猶在，錦帳芙蓉夢已空。江水清憐歌扇底，花枝紅憶酒杯中。欲從世外多方覓，知在蓬山第幾宮？

前題次王浚川司馬韵

性資聰慧已稀聞，標格風流且出群。妝鏡曉寒顰黛色，詩箋春暖拂羅紋。遺音似鼓湘靈瑟，冷艷猶侵越女裙。見説司徒高閣上，捲簾終日看行雲。

午日東園水閣觀龍舟和邊華泉韵

夾岸笙歌擁貴游，緑陰隨處看龍舟。天開午節增多事，江入都城作漲流。佳句每從吟侶得，病軀聊爲賞心留。家山路共長安遠，不信蒲觴洗客愁。

送户部郎中舍弟舜弼考績赴京

留都宦轍已三年，考績重看上九天。鵷列舊隨青瑣客，龍顔猶識玉堂仙。先來此地還先去，有謫從天定有遷。久病不堪逢遠別，夜深姜被共誰眠？

聞舍弟舜弼轉贛州兵備副使志喜

玉音飛下自長安，憲府新遷執法官。千里提封嚴號令，十年奔走歷艱難。龍泉出匣纖塵净，豸角峨冠六月寒。共沐天恩何以報？此心惟有此心丹。

觀漲次黃久庵少宗伯韵

病軀無計堪逃暑，何處清風送晚涼？應是甘霖來傅野，頓令平地作鄱陽。群峰矗矗青螺净，一塹悠悠白練長。總爲恩波深未報，江湖搔首老難忘。

哭鄭大理鹿門次華泉韵鄭初以文選郎中久謫於外，始有是遷，抵任未久，人皆傷之

才名齊斗氣橫秋，豈料修文地下游？塵世星霜真蟻穴，故園松柏是狐丘。官曾掌選貧仍在，獄爲求生老不休。海内舊知零落盡，幾回清淚灑江樓。

送陳舉人山甫東歸山甫，恩子經師

精舍文光燭上臺，定因賓席得奇才。天教李白臺前過，風送滕王閣上來。寶劍豐城龍暫蟄，明珠滄海蚌難開。憑誰別後傳消息？聽取轟天二月雷。

寄姑蘇錢御醫同仁

三十年來直禁林，菰鱸還憶碧江潯。丹溪一代神仙手，《素問》諸篇造化心。屏上姓名曾御筆，門前車馬有朝簪。登臨莫道無供給，滿橐君王舊賜金。

庚寅春爲積濕所侵舊疾舉發服蔣醫士彬藥久而始愈詩以謝之

北人南土病偏多，一臥滄江兩月過。寸步筋骸難動履，滿身肌肉易消磨[二]。醫逢博古宗岐伯，藥進通神比華佗。已幸平安愁未減，年來民瘼欲如何？

陳魯南內翰轉江西參議無何轉山東參政過金陵以詩求和因次韵賀之

天涯誰道是都門？一出都門兩拜恩。晉史才高留琬琰，梓州詩古重乾坤。胸襟久得江山助，鬢髮翻驚歲月奔。多少英賢垂不朽，令人千載仰功言。

送同寅張甬川侍郎署南監印甬川自祭酒轉吏部甫半月云

重臨太學應交代，舊任司成拜侍郎。暫與諸生觀俎豆，未曾一月別宮牆。談經久聽江河注，校史能回日月光。贊善北來應受代，早旋仙旆共升堂。

謁晉卞忠貞公祠墓并吊其二子

朝天宫裏暫尋幽，古木長藤鎖一丘。生爲君親元易舍，死於忠孝更何求？江流不盡英雄泪，山色猶含社稷憂。請看晉家青史上，幾人遺臭幾芳流。

依舊江山繞故都，登臨今日又逢吾。高墳神鬼常訶護，遺像風雷共吸呼。何事苟全甘片瓦？此身雖碎本明珠。世間成敗應難論，烈烈轟轟是丈夫。

部院諸公各具觴豆招游朝天宫東麓晚歸得一律柬以謝之

節序驚心疾鳥飛，冶城登覽向來稀。爐薰活火分丹竈，茗碗新泉汲釣磯。雨後江光秋蕩漾，烟中山色晚霏微。高情愛我雲天薄，翠竹清樽盡日歸。

重陽日與部院諸公登弘濟寺閣次喬白巖韵

抱寺清江幾許深，倚山禪閣百餘尋。佳辰得共良朋醉，勝地能無藻句吟？今古靜觀皆逆旅，乾坤行樂是知音。夕陽不盡登高興，欲待中天月色臨。

登燕子磯

燕子磯頭拂曙來，秋光催客上高臺。百年風日重陽節，六代江山濁酒杯。病體欲扶驚老態，清時無補愧樗材。不須細把茱萸看，且共諸公笑口開。

壽張天方太守刑部員外郎允清尊翁

天方池上竹成林，竹下清泉可丈深。《淇奧》一篇君子頌，渭川千畝大夫箴。祗應綠野江峰入，未放紅塵雪鬢侵。遙想賓筵稱壽處，七賢今日再登臨。

庚寅年冬至郊齋

一函丹詔下龍樓，南北分郊肇有周。千載再逢修古典，萬金新爲起圓丘。精誠定與天心合，制作元因聖學優。遐想講筵諸彥友，競將歌頌獻宸旒。

去年冬至被重裘，獨喜今年節氣柔。雁陣度雲長未斷，草茵遮徑密難收。江流靜聽魚龍戲，山色遙看紫翠浮。禮定郊禋諸福至，蒼生應免廟堂憂。

憶昔曾叨侍從官，屢隨仙仗入郊壇。天香滿眼來金殿，綺饌充庖出玉盤。霽月似爭蓮炬耀，春風猶恐翠華寒。江城此夜難成寐，枕上簫韶竹萬竿。

江南三度逢郊事，鳳曆新頒屬履長。禮樂百年稱大洽，明良一代喜重光。前星朗照真靈覘，稔歲頻遭是國祥。却愧樗材無寸補，袛從《天保》賦詩章。

和周貞庵司寇《郊齋》韵

案牘連朝喜暫捐，爐薰茗碗共周旋。江山絶妙六朝地，星月交輝五夜天。禮判二儀初定後，陽回萬物未生前。廟堂自是調元手，竊禄南銓幾汗顔。

和柴黼庵少京兆《郊齋》韵

黄鍾律應陽初動，音是希聲酒是玄。四海于今底嘉靖，兩儀從古誓齋蠲。罼裘見説來重譯，禮樂元因積百年。共喜聖人能饗帝，風光渾似早春天。

和林小泉少司馬《郊齋》韵

陽回和氣已充周，瑞覘潜孚不是求。南北兩郊禋再定，明良千古道相侔。鸞翔獸舞聞《韶濩》，月彩星光照衮旒。未有涓埃裨大造，空將毛髮帶先憂。

校勘記

〔一〕"蕭"，據文意疑當作"簫"。

〔二〕"飢"，據文意疑當作"肌"。

紫岩文集卷之十五

七言律詩

雨後偶興二首

雨過園亭絕點埃，偷閑聊放葛襟開。臨流對奕枰依竹，就石留題筆掃苔。新霽正撩花影亂，晚涼偏逐水風來。蕭然興味憑誰會？滿耳蟬聲沸綠槐。

馬頭終日冒黃埃，喜見園花雨後開。我輩行藏纔砥礪，古人踪迹已莓苔。操觚忽自尋詩出，載酒誰能問字來？睡起日長渾漫興，閑看行蟻上枯槐。

送張應奎舅氏歸太原省試

文會群英數月餘，飄飄才氣欲凌虛。宮寮并美期長孺，宅相成祥擬魏舒。山擁秋光雙騎外，露涼征袖五更初。臨分不用增惆悵，鶚薦行看入帝都。

挽白司寇

明時乞得此身歸，華表俄驚見鶴飛。天地無窮陵谷變，典刑雖在老成非。新銘價重青瑤刻，舊帶光韜白玉圍。他日石麟苔蘚合，路人遙指思依依。

至　日

堂堂節序去無踪，長至今朝候又逢。萬國會同朝紫禁，一陽來復自黃鍾。刺紋有綫添宮女，宜麥無徵慰老農。侍從幾年那寸補？厚顔官酒瀉醇醲。

送同年左載道明府考績回任

見説鳴琴不下堂，果然書最沐恩光。衣工製錦知宗匠，烏得飛鳬識尚方。三異有名登史傳，九重虛席待封章。班生會有登仙舉，好趁春風蚤束裝。

壽匡御史敬夫母太孺人 匡，東萊人，時以御史遷少參

埋輪風采出霜臺，正值萱堂壽宴開。白髮人真似王母，綉衣家本近蓬萊。承顔喜見橫金帶，祝壽寧辭醉玉杯？猶有恩光賁他日，五花封誥錦重裁。

書太常丞周仲禮追贈詩卷

永感中承寵命臨，音容無計可相尋。紫泥封處恩雖厚，黃紙焚時恨已深。杳杳九原千古夢，悠悠三釜一生心。西江雲影天邊見，長使容臺泪滿襟。

壽王思獻内翰母夫人七裘

《桃夭》當日咏宜家，熊膽功成見國華。七十身榮真至樂，尋常人壽謾教誇。瓊筵舞鶴來三島，錦誥回鸞炫五花。疑是瑤池謫王母，人間猶自壽無涯。

送鄉同年張掌教之棗强

鹿鳴十載記賓興，仕路清塵喜再承。君座訝深三尺雪，我銜慚帶一條冰。南山未許藏文豹，北海還期起大鵬。明日燕臺又分手，碧雲千里思難勝。

送同年馬汝載乃弟胄監生汝亨歸南都

少年鼓篋入賢關，四海英才共往還。一代父風應不泯，二難兄駕許齊攀。雲霄有路翻嫌逼，歲月無情莫放閑。會見舉家通禁籍，滿床袍笏佩珊珊。

送李衞之宰固安

聖主恩波遍八垠，先從近邑起陽春。分符欲得中牟令，奉詔無如上黨人。十載棘闈迷五色，一朝花縣重千鈞。鳳城咫尺來還易，白簡他年對紫宸。

送同年朱文表户部算舟臨清

先皇神政惜彌留，嗣聖仁恩欲遍流。民部可徒錢穀計？江湖合有廟堂憂。一年詩滿分司壁，千里名隨過客舟。咫尺鳳城非遠別，莫教離思上眉頭。

馮御史執之野雉坪

買求名勝不論錢，中有書齋外有田。遠近屏帷迷叠嶂，高低環佩瀉幽泉。應無黜陟聞盤谷，却有圖詩似輞川。正爲蒼生起安石，山靈未許問歸年。

壽同年朱御史克諧乃翁七褰

壽堂華宴值中秋，月色江聲落酒甌。纔見仙籌添海屋，又逢恩詔下龍樓。集來庭柏烏難噪，栖老岡梧鳳有儔。白髮巾紗歌聖代，人間何事上眉頭？

挽劉咸卓兵部母太宜人

三十餘年稱未亡，此身贏得繫綱常。重陽有物真霜杰，九畹無人亦國香。一引并刀悲斷縷，兩裁宮錦作封章。梁鴻去後無遺憾，地下相逢揖孟光。

雙挽張御史廣漢父母

曲江華胄令南安，馴雉桑間與稚歡。山谷雲孫司內助，和熊燈下為兒丸。高風早謝飛鳧舄，殊寵曾簪舞鳳冠。鬱鬱佳城掩雙璧，豐碑留取後人看。

和李雪汀歸興雜咏五首因以送別

年來衰病費支吾，贏得巾中雪滿顱。二絕筆端慚寫柿，五車胸次陋編蒲。明刑豈效毛疵細？較藝能忘牝牡粗？霖雨莫孤天下望，他時應有傅岩圖。

執手都門別正難，公才公望可投閑？音聲毋惜來金玉，人物都爭仰斗山。心與白雲凝遠岫，興隨流水過前灣。數椽茅屋堪容膝，却念蒼生廈萬間。

老病不禁秋氣薄，歸期無那雁聲催。清朝敢惜宵衣助？故里非圖晝錦回。幽澗竹陰棋數局，晴園花底醼千杯。有司已奉溫言詔，會見平安人奏來。

古語由來不我欺，人從多病自知醫。消磨詩酒平生債，點染江山一段奇。身老尚多憂國念，病除須早報君知。漢家獄事憑經術，去後應思雋不疑。

幾年不見故園春，歸到猶疑夢與真。載酒有人來問字，近花無吏可生嗔。沙頭草露渾沾屐，葉底山風任落巾。一斗百篇須記取，君家舊有謫仙人。

送刑部主事杭東卿決囚南畿兼便道歸省

澄江秋水放仙舟，半爲親歡半主憂。膝下壽觴春酒進，筆端生路夜燈求。衣沾雨露來天上，劍吼蛟龍過石頭。詩料東南知更富，此行都被錦囊收。

送同年倫伯疇太史使安南

使節遥遥下九天，一封丹詔玉堂仙。蠻箋字落千金重，萊袖風飄五色鮮。南裔山川游獨壯，中原麟鳳睹爭先。周咨好擬歸來獻，聖主虛心待講筵。

送楊朝瑞明府考績回三河

三河地重拱京師，縣令尤傳政績奇。紅逐午風花萬樹，綠抽春雨麥雙歧。河干事許詩人頌，殿柱名留聖主知。莫訝鳳鸞栖枳棘，飛騰還占上林枝。

壽沈良德母夫人八袠 二子，長太守杰，次太史燾

《桃夭》已賦三章後，花甲今過八袠來。藥妙熊丸親製出，味珍魚鮓故封回。書成章武知良史，治到零陵識異才。繞膝芝蘭身更健，白頭贏得笑顏開。

送賈伯顯判晉州馬政

二十年前五色迷，人龍今喜起蟠泥。上襄價擬千金貴，別駕名應五馬齊。一顧可教空冀北，貳師何用到宛西？荆州尚有韓夫子，人物還期入品題。

送張賓相鐸歸絳

蚤攀仙眷入青霄，一笑天顔動百寮。雁足暗塵青玉案，鳳聲清引紫雲簫。名聯玉牒留鸞掖，影逐金梭渡鵲橋。洞府雲深春晝永，忍隨花鳥事游遨？

正德丙寅郊祀予與僚友魯蓮北趙類庵李序庵温托齋居興隆寺之僧室時長垣令白實之來考績適館寺中聞而造焉實之同予鄉舉同諸公舉進士相接甚歡坐竟夕忘寐且告歸有日遂限韵賦詩以餞別云

雪窗清話不知寒，蘭臭連床會正難。人自《尚書》知樸學，馬因高骨識清官。雲霓已慰三年渴，天日應回一笑歡。堯舜君民吾分事，汗青留取後人看。

陽春有脚破祁寒，循吏芳塵步豈難？懸磬一區猶舊宅，鳴琴三載是閑官。夜闌秉燭還疑夢，坐久烹茶亦足歡。歸去畫簾公退後，相思應自展詩看。

舊會友毋寵之自臨海令入拜南臺諸同會持酒往賀夜坐盡歡詩以記之

瓣香樽酒共清寒，海內人英會最難。五省文章同座主，兩京冠蓋總朝官。因過豸史愁仍別，旋築雞壇續舊歡。坐久忘形疑是夢，夜闌持燭遞相看。

送沈太史良德使交南

燕未歸巢柳未花，遠將龍節到天涯。北扉詔草停江筆，南斗文星指漢槎。人物玉堂觀禮樂，蠻夷金表謝官家。明珠萬斛君胸次，薏苡何妨載滿車？

送許給事啓中使交南

使星光照古交州，萬里蠻荒入訪諏。銅柱勛名猶識漢，越裳文物尚從周。龍頭節重山靈護，鷄舌香濃瘴霧收。若問中朝新治化，爲言郊藪鳳麟游。

送胡良弼太守還雲中

屈指玄州十五春，曾於公署挹清塵。一燈深夜花頻落，兩屐新晴草未勻。此日潁川堪入傳，當時工部已驚人。莫辭更踏關山月，會有徵書下紫宸。

送憲副周公儀兵備建昌

攬轡休歌《蜀道難》，益州今倚使君安。禁中可是無顔牧？閫外由來有范韓。瀘水澄清千里碧，雪山增重四時寒。重瞳會免西南顧，萬古應留姓字看。

送魯太史振之使交州

聖主龍飛四海家，詞臣遠使咏皇華。身隨鳳詔辭丹極，寵錫麟袍炫彩霞。路取漢江傾壽盞，風生南海送仙槎。玉堂新史今停筆，珍重歸期蚤及瓜。

壽石齋楊閣老六袠

甲子周來鬢未霜，相公天啓翊吾皇。唐虞有道惟恭己，屈賈多才亦望洋。桃李門牆春浩蕩，鳳麟郊藪日舒長。今朝不爲吾私祝，四海蒼生此壽觴。

丙寅年壽諒師

半年不至遠公臺，一笑相逢宿抱開。刀冷入顱驚落雪，履閑辭足訝生苔。年多衲破裁雲補，定後香銷撥火煨。荷净竹深留客處，願師長在我長來。

挽同鄉張文卿學士父母

曲江雲裔重河東，人物依然有古風。治郡名高曾渡虎，課兒辛苦爲丸熊。尚餘筐莒供蘋藻，剩得箕裘繼冶弓。葬祀有嚴天子詔，九原松柏雨濛濛。

挽武學陳掌教刑部主事宗禹乃翁

演武堂空月自明，廣文氊在欲塵生。泮芹春雨涵濡久，闈棘秋風藻鑒精。蚌老已生珠照乘，冰清兼得玉連城。桃源路渺應難問，千載人空説武陵。

壽諸進士絢乃翁

林下高風二十年，白頭猶擁舊青氊。無官贏得老來樂，有子更兼多且賢。澗草岩花乘興展，筆床茶竈載詩船。桑榆合有承恩地，紫誥行看自九天。

張廷式亞卿規復舊業作光復堂廷式，元宣慰使良弼之後

歲寒溪上世臣家，遺澤綿綿未有涯。寸土盡歸堂構址，一朝重見奐輪華。侵檐翠色新栽竹，繞檻紅香舊種花。宣慰有孫爲不死，平泉何處使人嗟？

紫岩文集卷之十六

七言律詩

送盧安仁司訓

一官新拔出橋門，脱却蓝袍謝主恩。千里壯心騰伏驥，九霄明目送搏鯤。莫因臺省嫌官冷，須自蘇湖識道尊。別後玉堂思不寐，夜深尊酒共誰論？

壽同年高主事曾唯母太安人七裹

舊是瑤池會裏人，七旬纔見髮華新。曾因客至紓陶侃，不爲家貧厭買臣。甘旨尋常三子倖，恩榮次第百年身。碧桃花滿春光好，正值神仙祝壽辰。

送王汝潔太守之常德

曉拂爐烟出紫宸，扁舟南向楚江濱。才高却笑吳鈎利，望重翻羞趙璧珍。到處陽春真有脚，古來循吏是何人？河橋別後遥相憶，雲樹蒼茫入夢頻。

送同年錢水部士弘致政歸吳中二首

走馬看花十載前，拂衣今日便歸田。甘從野老相招隱，遠謝朝鷄自在眠。膾炙久傳彭澤賦，風流不數鑒湖船。蒲輪他日徵巖穴，莫道重來不直錢。

何事明時丐乞身？江湖高興在鱸蓴。才如杜甫詩成癖，巧似王維畫有神。把鏡獨看餘白髮，歸途相伴是青春。同年後會知何日？且盡尊前酒幾巡。

送署邑張節判還澤州

花封暫攝喜才優，刀筆誰云有此流？律己直教清到骨，勤官寧覺老臨頭？春深遍野桑麻茂，夜靜空堂鬼魅愁。寄語觀風當道客，可無旌疏達宸旒？

賀徐太守仁伯生子

夢覺熊羆散百憂，杜陵先爲使君謳。一株玉樹瑶英發，千里家駒赤汗流。孔釋向來親抱送，姓名他日肯卑休？通家有子年差長，會見天衢得并游。

題《梅竹圖》

紅紫紛紛總鬥奇，歲寒惟此共襟期。移栽正恐人成俗，取嗅却疑天有私。太守清貧饞可療，胡雛風味曲能吹。開圖細玩無邊興，如在西湖渭水涯。

喜雨二首

同雲忽送晚來陰，一瀉天瓢慰已深。欲死衆拼輸瑬骨，好生吾獨諒天心。青山倏注千條玉，赤地俄成萬頃金。曉起試過南圃望，桔槹閑卧綠苔侵。

抱瓮區區病漢陰，滂沱新得一犁深。糟床已注知天賜，菜色全消是我心。農父尚憂輸債粟，縣官猶自急租金。五陵衣馬聯翩子，不信人間有歲侵。

後三日又雨再續前韵

好雨連朝釀積陰，水流平地尺餘深。盈疇禾黍渾生意，駭浪魚龍總鬥心。負郭無憂忘佩印，鋤園有望故揮金。小軒乘興看山坐，便覺乾坤爽氣侵。

野雲依树半晴陰，山溜衝泥自淺深。數口生涯堪鼓腹，十年塵事忽關心。臺端有手真調鼎，市上何顏更攫金？前日誤將《雲漢》讀，爭教雙鬢不霜侵？

又雨再續

苦熱常思就樹陰，今朝凉氣似秋深。偶因徑軟留行迹，不爲溪奔起競心。新家有劔慚比玉，好山無賦愧聲金。日長睡起渾閑思，看取疏簾草色侵。

十日晴無一日陰，忽逢優渥感懷深。遠山似染青隨意，嘉穀如抽緑稱心。處處樵歌聞考石，村村社飲得鳴金。農家辛苦纔蘇息，却恐差科又蠹侵。

中元謁先大夫冢有感次前韵

杳杳雲旗返太陰，搖搖風木恨偏深。相看祇有丹青影，不想惟應鐵石心。報主不辭三獻玉，律身曾却四知金。功名半百穿碑在，苔蘚斑斑帶雨侵。

奕世都憑積德陰，栽培吾考力尤深。幾多種種憂民髮，一片桓桓許國心。教子義方期步玉，傳家清白愧囊金。蹉跎未究平生志，却被膏肓二竪侵。

和唐人書秋

何處砧聲送朔鴻，閑愁狼藉點秋空。坐闌得伴出林月，吟苦來廎弄葉風。近侍衹今身敢浪，詩家自古恨難窮。敝廬取足先人賜，碧水灣西翠巘東。

故人書久滯鱗鴻，千里相思睇碧空。容易動情蕉葉雨，最難成夢竹林風。玄談多事憂天墜，白眼何知哭路窮？所願太平垂萬祀，車書漸被亘西東。

踪迹人生踏雪鴻，交游何處眼中空？梧桐井畔看明月，松桂岩前挹好風。沿澗笙簧聊自樂，揮毫珠玉比誰窮？分明一覺朝天夢，接踵夔龍紫閣東。

偶　興

不數陳生六出奇，莫吟平子《四愁詩》。心頭丹藥非新煉，巾上青天是舊知。掃石正便雲裏臥，栽花還向雨中移。山居獨得逃塵事，一簹松聲客到時。

賢上人至自禪上爲强記寺寫水陸遺文一部閱三月而歸詩以送之

遺文書罷墨花新，爲了冥途水陸因。捲衲歸逢楓葉晚，杖藜來屬柳花春。已取一空齊夢幻，定教諸障脫沉淪。自憐不識輪回事，衹解匡君活兆民。

和賢上人《中秋賞月》

百度相看笑此生，難逢今夕最分明。峰寒突兀先天柱，府冷清虛盡水精。謝賦迄今猶絕妙，庾樓何處尚餘清？夜深觴咏渾忘倦，睡思那曾有半星？

山居即事

坐看青山起白雲，幽居聊足避囂紛。山茶野菊隨時採，牧笛樵歌到處聞。堪嘆年光同逝水，賴知天意在斯文。十年侍從渾無補，慚把虛名誤聖君。

夢先君用前韵

深於滄海亂於雲，萬恨千愁孰解紛？蝶夢暫逢驚已失，鯉庭猶在過無聞。丹砂盍負生前諾，彩筆還修地下文。禮樂未興天不管，卧龍空擬望諸君。

解州彭同知以公事過敝邑賦以爲別用前韵

荆州初識喜披雲，不覺移時笑語紛。氣杳秋天占遠翥，談霏玉露訝多聞。明良喜起思虞舜，表裏山河壯晉文。此别相逢定何日？臨歧尊酒暫留君。

玉階才獻賦凌雲，王事馳驅敢厭紛？五郡山川歸勝覽，十年燈火愧新聞。匡時莫道王無策，華國應知柳有文。半刺翱翔年未艾，好將忠藎答吾君。舜、文、王、柳皆河東事，故及之。

簡解守李承裕前兵部郎中用前韵

相思南望賦停雲，利器何妨遇糾紛？破浪風曾吹海立，驚人鳴已徹天聞。名高渤海堪成傳，迹比愚溪并有文。天與經綸終不負，便教前席對明君。

憶昔分携下五雲，惱人情思日紛紛。謫仙鵬賦猶傳誦，元禮龍門舊飽聞。萬事于今皆轉轂，一尊何日共論文？愁來縮地應無計，夜夜深山祇夢君。

和趙隱士復蒙《貞女吟》

離離鳴雁少年時，傾國顏華世共知。别後飛蓬何暇沐？愁來伐肆正如飢。乾坤自古元交泰，黄緑于今却倒施。但得終成偕老願，不妨紉補袞衣遲。

改職方主事以閱武事宿署中書懷改官時號擴充

秋聲無賴戰高枝，客子通宵攪夢思。千里慈闈常在目，一官
郎署欲何爲？向來於我都休說，此去付天安敢知？猶有青綾舊時
被，夜寒欹枕獨相宜。

霜風凋盡上林枝，徙倚停雲有所思。正爲轉喉干世諱，祇應
抄手看人爲。莊生好夢誰能解？蘧瑗前非我亦知。三十乘書都束
起，將壇高處講兵宜。

聊向兵曹借一枝，無說令我起遐思。相逢盡是新相識，有幸
躬遭大有爲。十載祇緣文字誤，寸心還許鬼神知。昂藏不受傍人
惜，一日懸弧萬事宜。

池邊猶有鳳凰枝，何日重游慰我思？《左氏春秋》還索□，
季方兄弟本難爲。諸公尚謬詞臣待，一策曾叨聖主知。今日擴充
真有得，向來端是處非宜。

憩琉璃寺廘壁間韻

太行回首在西南，遙望飛雲此駐驂。鄉夢無端醒又得，世情
如許歷方諳。十年事業顏何厚？千里風塵鬢欲毿。天地不窮吾道
在，此身隨處總俱安。

襄事後憂居有感

杖竹倉皇入故鄉，感時無計謝悲凉。一丘突兀傷心土，滿眼
氤氳灑涕香。聚鐵當時真鑄錯，撤薪何日罷揚湯？清漳日夜東流
去，不信人生九轉腸。

送王風水歸釣陽二首

五十嚴君跨鶴游，間關歸葬泪長流。天開吉日魂深慰，地拱佳城骨易收。德有顏回還短命，才如李廣不封侯。一丘突兀傷心土，暗結雲山萬古愁。

畚挾青囊事遠游，相逢驚見景純流。山川靈秀應難秘，天地精華亦解收。黃口盡能延甲子，白衣端可作公侯。今朝解袂漳河岸，旋取清波洗別愁。

漫　興

密於羅網碎於塵，萬事人間最愴神。書久不拈成俗物，酒能全却是醒人。本來世態秋雲薄，怪底人情白髮新。記取堯夫有佳句，祇將懷抱貯陽春。

挽江陰方蘭田

生能無累死能安，六十年來此最難。月白風清兼有酒，水鮮山美不須官。世間泡影登時了，壺裏乾坤別樣寬。見說鳳毛千仞瑞，佇看光彩照門闌。

大祀齋居兼憶慶成

屈指天齋第九遭，八於翰苑一兵曹。親爲侍從揮丹筆，眼見先皇宴碧桃。自領簿書身漸俗，偶逢詩律興猶豪。分明夢見傳分胙，似說詞臣屬望勞。

壽施秀才聲遠乃尊七袠

何處仙翁雪滿冠，尋常行步尚桓桓。雕籠日暖調鸚鵡，錦帳春寒護牡丹。鶴信遠通三島路，鳳雛時染九霄翰。天教坐享升平福，不許人間冷眼看。

送劉野亭學士歸展

曉拂爐烟出禁城，松楸千里正關情。金繒射日臨軒賜，劍戟凝霜夾路迎。畫錦有堂頭尚黑，秋山如畫眼偏明。皋夔事業專相待，莫向漁樵寄此生。

聞舍弟夔生子喜而有作

天人成數杳難干，否泰相乘似有端。叔姪兩殤千古恨，辛未春間亡季弟元并次男承禄。弟兄三子一家歡。金環合遣歸羊祜，玉樹偏生傍謝安。白髮慈親更無事，含飴終日掌中看。

亡弟元樞歸葬先隴病不能送哭之以詩

獵獵丹旌指太行，痛渠真斷九回腸。堅冰在地應嫌冷，舊路還家莫厭長。何日塤篪同唱和？世人生死是尋常。業緣倘許來生再，骨肉如初願始償。

連夜夢亡兒承禄蓋亦有首丘之意慰之以詩

泪灑荒郊欲萬行，相思何日解愁腸？偶嬰二竪無人療，若假三年共我長。亦有丈夫憐少息，從來造化忌非常。相如容易歸完璧，爭使秦城不見償？

送李明府升之考績還遵化

花封三載報循良，見説鳴琴不下堂。小邑牛刀真暫試，尚方鳧舃且回翔。家居上黨鄉評重，治到中牟史筆光。指日臺端有殊擢，豸冠白簡曉飛霜。

壽費宗伯伯母駱宜人八衰

青鳥遙銜閬苑花，錦襦新染赤城霞。三千界裏春無限，八十年來樂未涯。蘋澗風清羞美菜，蘭階日暖看芳芽。斯文慶澤傳應遠，合是西江第一家。

送湛太史甘泉使安南

詞臣持節使炎方，喜送慈闈過故鄉。草木風光迎劍佩，山川勝覽入文章。兵戈舊迹看銅柱，禮樂新儀仰玉堂。萬里周詢應有得，九重虛席待敷揚。

送友人陳堯卿赴晉陽省親

相逢草草便離群，愁見河橋柳色新。明月未收滄海淚，青雲還起曲江塵。暫携寶劍辭明主，且舞斑衣戲老親。把袂勸君須盡醉，尊前猶對故人身。

和吳白樓學士《苦雨》韵

十家屋有九家水，百日陰無一日暉。畦鬧夜池爭作吹，鵲蹲高樹不勝衣。無情桂玉關心切，有約芝蘭會面稀。突兀萬間何日見？忍令漂泊恨無歸。

送李守模通府之太原

乾坤多事擾如雲，且向并州暫解紛。尹鐸聲名今尚在，唐侯風化不虛聞。隨車雨定回春色，拂劍天應動斗文。誰道太行千里隔？夜來鄉井夢迎君。

送李守敬太守之乾州用前韵

載酒當時訪子雲，不辭奇字語紛紛。雙魚東下書頻問，五馬西來頌遠聞。渤海桑麻龔氏傳，永嘉山水謝公文。干戈滿眼何時戢？保障專城屬使君。

西平尹王佐潞人棗强尹段豸澤人俱城守死於賊吊之以詩

太行形勢倚天雄，正氣還收二子忠。倉卒昆岡焚玉石，從容□鼎認魚熊。張巡不爲綱常計，郭相難成社稷功。血碧九原回造化，汗青千古挹高風。

莫將成敗論英雄，臣子由來死孝忠。身寄一官輕似蟻，氣吞群盜勇於熊。豈無閫幄堪援急？那有金湯可立功？富貴百年敲火石，五陵禾黍自西風。

七言律詩

和倫伯疇《同年會》韻

蓬瀛深處群仙會，天閣輕雲庇綺筵。四海英雄歸轂裏，百年風月付吟邊。才堪經濟時方重，節秉忠清晚貴堅。賴有狀元詩紀盛，遺音三嘆是朱弦。

送劉簡庵内翰南歸

萱堂垂老雪盈頭，中饋那堪失鳳儔？十載兩番停史筆，一身萬里駕歸舟。夢回明月江天曉，吟苦西風草樹秋。爲説君親恩共大，早應回首上神州。

送同年海豐令許伯基二首

昔年金殿聽臚傳，環佩珊珊共列仙。莫惜紅塵侵墨綬，且將流水入瑤弦。桑麻正待隨車雨，薪米重噓廢社烟。莫道孤舟橫野渡，功名從此看喬遷。

折柳都門餞遠行，爭看耀日錦袍明。綠浮草色風還軟，紅爛桃花雨正晴。單父釣魴知美政，中牟馴雉擅奇名。殷勤樽酒臨歧別，雲樹蒼茫入望平。

寄同年李行之進士

昔年一醉舊登樓，使節匆匆去莫留。自信謫仙誰與敵？敢思元禮我同舟。天涯望眼雲空暮，井上詩聲葉已秋。讀罷故人書一紙，不堪拈筆寫離愁。

和王敬夫内翰《暮春即事》

暖風無力篆烟微，坐覺苔痕碧上衣。花雨碎時簾半捲，柳烟低處燕交飛。盆池緑叠荷錢小，瓮圃青抽菜甲肥。天氣困人渾似醉，欲偕童冠浴清沂。

送同年喬汝修歸省

三月都門柳絮飛，少年雄奪錦袍歸。一鞭行色供詩料，兩袖天香出禁扉。黄甲功名聲藉藉，白雲親舍望依依。到家重把宫花插，醉舞班衣獻壽杯。

哭同年孟汝珍二首次倫伯疇韵

文采翩翩動縉紳，看花同醉曲江春。明時未展經綸手，大造先收夢幻身。華髮不堪垂老父，紅顏應作未亡人。吁嗟良友今何在？掩泣西風讀吊文。

寂寞襌宫嘆獨居，賜歸剛荷聖恩俞。雲邊黄鶴音何耗？鏡裏青鸞影正孤。仙骨已埋千古璧，遺文猶鎖滿函珠。遥知故里人驚悼，泪灑遼山草木枯。

壽同年李用和乃堂六袠

承恩新自日邊回，喜見萱堂捧壽杯。高第已登黄甲選，慈顏端爲彩衣開。笑看鶴髮千莖變，行被龍章五色裁。忠孝人生須兩盡，早旋仙舸鳳城來。

送袁州太守朱素卿

京華十載侍彤墀，新出鵷班擁郡麾。華秩已膺金紫貴，丹忠期答聖明知。蒲鞭遺愛應難泯，竹帛芳名定永垂。匹馬西風留莫住，天涯琴鶴自相隨。

送安陽簿馮彥章

銓曹掄選屬豪英，新捧除書下玉京。莫訝鹽車淹驥足，停看花縣著蜚聲。不辭案牘勞形苦，要使瘡痍泪眼晴。樽酒郵亭惜分手，秦川西望嶺雲平。

送倫月林封君歸南海

平生奇絶有茲游，老入京華夙願酬。纔向彩雲看瑞鳳，便乘烟浪覓盟鷗。風生蘭谷孤香晚，霜落榕溪萬葉秋。鄉舊若詢行李事，玉堂詩翰滿歸舟。

題陳葦川乃翁竹居

叢碧軒窩積萬書，人龍愛與此君居。湘江雨氣常侵袂，渭水秋風直薄廬。翡翠陰中眠却穩，琳瑯聲裏步來虛。玉堂尚膳仍分嚼，敢謂揚州鶴不如？

送同年束鹿令劉宗哲

東海當年始識荆，<small>向於萊州始識宗哲。</small>南宫此日共登瀛。經綸在子才初試，郡縣勞人説未平。緑蔭桑麻回稿野，紅飛桃李上高城。臨歧把酒無他祝，洗耳芳聲動玉京。

壽田秀才乃翁處士七褰

抱藝雲林七十秋，紫芝丹蕨外何求？遺安厚裕追龐老，平訟高風逼太丘。已有明珠生蚌殼，更無塵夢到蠅頭。兒孫滿眼稱觴壽，共喜重添海屋籌。

挽同年王汝温乃翁

子貴初承膝下歡，《蓼莪》忽訝泪漫漫。張燈夜塾書聲遠，杖策轅門劍氣寒。株守生平甘抱拙，本號守株。鐵耕身後獨遺安。由來積德多膚報，萬里雲霄翥鳳鸞。

送同年余邦臣奉使江南

年來國賦厪宸憂，又辦江淮使客舟。秀奪岷峨無草木，家傳文武有箕裘。邦臣，余司馬子。霜寒過雁秋聲遠，葉净空山曉黛浮。聞道東南民力敝，瘡痍眼泪待君收。

郊祀齋居

寂寂孤燈暗復明，夜深蕭寺坐來清。興闌塵榻衣同臥，夢覺風檐鐸自鳴。香盡旋呼童子續，詩成還許老僧評。洗心祇爲南郊祀，歆格還憑一念誠。

送同年莫善誠工部分司蕪湖

聖世功名付我曹，肯緣王事嘆賢勞？江湖地隔憂還切，水檗聲馳價獨高〔一〕。千里客帆來曉月，五更詩夢破春濤。東風樽酒郵亭別，楊柳烟絲翠拂袍。

挽同年熊世芳乃翁

纔見仙郎戲彩衣，忽驚長夢掩泉扉。白頭老去心何憾？紫誥
生封願較違。池草已空詩句在，谷雲無恙主人非。平生高行應難
泯，千載豐碑對落暉。

送濮和仲編修乃尊任南監丞

北省才華著舊稱，南雍恩命喜新承。司成有教先煩助，國子
無愆可待繩。漸覺橋門春似海，謾言氈坐冷如冰。金陵山好多詩
景，雙屐常應雨後登。

挽王銀臺漢英父母

老却靈椿幾歷年，又驚萱謝北堂前。青山長夜埋雙璧，紫誥
殊恩自九天。遺訓尚懷庭獨立，清風堪擬舍三遷。《蓼莪》詩廢
門人讀，見說王家孝有傳。

送王文卿任趙州管馬節判

名州南北總喉襟，馬政常勞聖慮深。利器十年知有待，好官
今日許誰任？瘡痍此去應收淚，雲錦由來在秉心。天育會看多駿
足，西陲須省市宛金。

送朱明府敷威考績回任

三載弦歌化武城，雙飛鳧舄入神京。紅酣桃李春風暖，綠漾
桑麻夜雨晴。史筆可無循史傳？御屏何獨古人名？重來借寇人爭
喜，爲慰兒童竹馬迎。

校勘記

〔一〕"水"，據文意疑當作"冰"。

七言律詩

送郭上舍淵之回高平

功名牽引客京華，三載萍踪始到家。准擬蛟龍得雲雨？不應麒驥困泥沙。春光欲動柳先色，殘雪未消梅已花。畫紙攤書人共喜，更無魂夢繞天涯。

書龍致仁《緋桃玉兔圖》慶乃翁壽

足迹平生遍九垓，匡時三策見奇才。誥裁宮錦驚鸞舞，彩戲華筵喜鳳來。靈兔效祥從月窟，仙桃呈瑞自瑤臺。他年緋玉賢郎事，寫向生綃侑壽杯。

代人題《金門待漏圖》

千里承恩入帝都，五更鳴佩望辰樞。羽林已見森霜戟，玉漏猶聞滴曉壺。清警未傳天上蹕，異香先爇殿前爐。佇看仙仗來丹極，彩鳳雙飛夾輦扶。

恭睹駕出南郊有感

百官纔賀聖躬安，共捧鑾輿展太壇。黃道雨晴餘細潤，赭袍風暖却輕寒。雙開雉影重瞳露，一識龍顏萬姓歡。改卜廟堂真至計，太平君相古來難。

送寧府教授豐西園謝職就封還家原學太史之父

龍勺曾分鶴髮親，彩衣今舞玉堂人。塵埃十載青氈舊，雨露三春紫誥新。謝楚豈因忘設醴？歸吳寧是憶烹蒓？鏡湖舊屬鄉前輩，總爲相招到水濱。

代人贈劉東山司馬

出處如公迥絕倫，重來知爲詔書頻。位高北斗司喉舌，興在東山整角巾。南徼已勞宣德意，中原還仗靖邊塵。悠悠十載關山夢，握手相看白髮新。

李行之宅上會飲喬中舍本大因柬之

樽俎年來會較希，一攀清宴便忘歸。書追晉步心還正，詩逼唐人思欲飛。深夜幾回添絳蠟，輕寒二月薄羅衣。君家兄弟才華盛，不數雲間有陸機。本大，冢宰白岩兄。

同年豐原學與予鄰舍因其遷居詩以留之

卜居元爲杜華謀，不惜當時價貴酬。烏几東來方倚玉，金蓮西送忽分籌。豈緣鵝鴨多生惱？將謂麒麟要遠求。安得六丁神將力，挽君三十乘書留。

挽顧内翰士廉母夫人

十載班衣夢裏嬉，五花對誥日邊馳。江天望眼雲移久，講幄關心疏上遲。香散熊丸餘手澤，涕零鵑血灑機絲。生兒華國名方重，便是泉臺瞑目時。

送陳職方明之赴南都太僕少卿

弱柳藏鴉翠已深，離觴浮蟻綠平斟。珪璋舊辨連城璞，_{曾校春}驥驥新增一顧金。千里承顏應動色，五雲回首更關心。清時_{闈。}父子俱華要，太僕同寮有二陳。

挽倪清溪冢宰

直向塵埃識俊髦，何曾冰鑒爽纖毫？方知天地須梁棟，遽見雲霄失羽毛。一代文章江漢遠，百年人物斗山高。鄧攸身後雖多恨，留得清風重吏曹。

送姚提學憲僉之廣右

絲綸恩渥被殊遷，桃李陰多勝往年。天入瘴鄉雲似墨，地連膏壤酒如泉。老成人物瞻依上，典雅文章鼓鑄前。江浙桂林同氣候，錦衣桑梓謾留連。

壽長沙唐大參八裘

渭濱壽考釣連玉，蜀省功名帶鏤金。白髮久應忘寵辱，紅塵元自隔山林。沙頭紫蟹供秋味，竹底青鞋趁晚陰。八十年間詩萬首，放翁吟興老彌深。

送牛賓相廷瑞歸潞州

北斗佳人未有儔，玉皇詔嫁與牽牛。銀河底事失雙足？塵世謫來今幾秋。名并乘龍羞晉嬪，瑞招鳴鳳到秦樓。都城別後遥相憶，雲霧綃分一段不？

送同年錢用章考績回任

禮樂當年共我陳，雷封嘉政已三春。青回彭澤田中秋，紅滿
萊蕪甑底塵。上考有名書撫字，長才先此識經綸。臺端指日移徵
檄，匹馬征途莫厭頻。

壽唐揮使八裘

麟閣功名夢已無，帝鄉風景足歡娛。胸中渭水鷹揚略，壁上
南陽龍臥圖。湖海縱觀雙老眼，兒孫含弄幾明珠。清淮願變作醇
酒，長醉人間不用沽。

追挽張司封母夫人

瑤池阿母謫來仙，三十餘年了俗緣。雲斷天機聞剪尺，露凝
仙掌憶杯棬。天恩豈惜夫人誥？女德何慚太史編？幾載銓曹悲孝
子，松楸遙指著歸鞭。

壽王龍山侍郎乃兄六裘 與乃堂同誕日，德輝兄也

慈闈南極兆長生，難弟東曹進列卿。司馬敬同嚴父禮，老萊
啼作小兒聲。書香自衍傳家慶，雲錦曾輸報國誠。安得姚江變春
酒，人間長醉不知醒。

送明府閻汝思考績歸任

官親民事緒難尋，地切京畿慮更深。勞比漢陰春抱甕，名慚
昌邑夜懷金。有苗不療飛蝗餓，無藥能醫臥犬瘊。上考方書旌典
至，柏臺霜筆會教簪。

送衍聖公襲封歸闕里

宗主斯文萬世功，褒崇華胄百王同。老成人物尼山秀，儒雅衣冠闕里風。堯舜生榮寧有後？乾坤垂久共無窮。遭逢聖代恩猶渥，報稱還思盡匪躬。

送張賓相鏞歸絳州

委禽仙府托良媒，回首衣冠落上臺。烏鵲橋通雲外渡，鳳凰簫奏月中臺。春生桑梓迎行仗，機息風塵任酒杯。知有寒梅滿歸路，逢人應寄一來[一]。

送王敬夫檢討歸省

青藜烟歇驛書傳，紫閣峰高望眼懸。芳草正驕金勒馬，彩衣今舞玉堂仙。百壺定送西陂酒，十丈還移太華蓮。祝罷南山心事愜，又勞飛夢五雲邊。

挽華處士聽竹翁

少微天上埋光夕，處士人間屬纊時。天目草迷行屐迹，吳江楓冒釣磯絲。玉瓶已盡沙頭酒，銅鉢猶傳竹底詩。施德平生多不報，綿綿長起里人思。

壽黃孺人

羅綺重重壓華樓，香風吹入壽筵浮。幾人白髮榮花誥？何恨紅顏愧《柏舟》？王母蟠桃東海上，杜陵慈竹假山頭。更看繞膝芝蘭秀，老境含飴樂未休。

送郝立夫太守考績回涿鹿

咫尺山川接帝州，老成人物壓時流。朱轓影落三更月，紫馬聲嘶萬頃秋。渡虎政能膏史筆，剖麟恩合下宸旒。銓衡擬古書君最，不放龔黃出上頭。

送同年李明府元敬之嵊縣

留犢松滋詠去思，栽花剜水嘆來遲。要知宓子緣何瘦，豈啻西門不敢欺？馬爲無芻身聳骨，犬因常臥足生氂。三年報政應書最，豸角峨冠欲讓誰？

壽毛三江庶子母夫人范氏

榮封此日宜人秩，系出前朝宰相門。冠簪珠光明鶴髮，帔飄霞彩落魚軒。竇家桂總移爲子，荀氏龍俱許作孫。館閣仙郎遙祝壽，黃封馳獻內家尊。

翁儀部應乾榮壽堂乃翁大參公、母恭人具慶

薇垣新謝恩猶渥，花詰重封樂更深[二]。四聖微言開草昧，兩藩遺愛在棠陰。鵲巢化美知家政，熊膽功成有國琛。曰首畫堂張綺宴[三]，金罍莫惜酒頻斟。

謝朱醫師療冬兒痘疹

誰將豆疹苦吾雛？一粒靈丹解剝膚。秦氏手中完趙璧，驪龍頷下得明珠。從教堂上含飴弄，頓見門東索飯呼。我欲效顰司馬筆，爲君成傳繼盧俞。

送李太守宗仁考績歸潞州

太行西畔典名州，入報循良政績優。象郡文章唐制作，永嘉登覽晉風流。村無夜吠書傳犬，野有春耕劍作牛。我願使君歸去速，兒童竹馬久凌秋。

送蔣敬所宫允歸省

白髮慈闈萬里餘，錦衣歸省樂何如！雨晴花塢潘輿穩，香冷金爐漢席虚。故國榮光沾草木，中朝才望仰璠璵。秋風江上仙舟夢，夜夜文華講《尚書》。

賀同年劉大理汝信具慶

綸音新賜五花鮮，初度重逢六十年。曆已無權司甲子，孫應有分見曾玄。身非魏闕榮於宦，宴不瑶池樂亦仙。子轉崇階親具慶，未知天下幾家全。

同年周仲鳴郎中喪偶

纔見周郎宦業成，忍抛鸞誥謝生榮。齊眉事豈慚梁孟？白首吟空悟馬卿。草有合歡非舊植，枝爲連理卜他生。祇應幾望中天月，不惜清光照夜城。

次邊華泉司徒郊齋十韵

巍巍烈祖掃胡元，首建郊壇玉帛燔。德配兩儀垂統緒，道傳千聖溯淵源。乾坤合祭非從簡，海岳稱神自不煩。麟出近郊頭角異，鳳巢阿閣羽儀翻。周家俎豆兼嚴父，漢氏衣寇列遠番。日射彩幢紛炫耀，天開黄幄絶囂喧。蓬萊路近通靈鶴，太液波清集瑞鴛。恩洽臣鄰均賜饌，禮同賓主各歸膰。侍臣藻筆凌工部，羽客清詞駕漆園。兩度秣陵逢盛事，直從南斗望微垣。

校勘記

〔一〕“一”後，據文意疑當有一“枝”字。

〔二〕“詰”，據文意疑當作“誥”。

〔三〕“曰”，據文意疑當作“白”。

七言絕句

爲李宮諭序庵所親題陶成小菊圖_{次韻}

春郊紅紫漫多端，猶向東風怯曉寒。底事獨從搖落後，霜葩纔放數枝看？

曲徑疏籬着幾叢，清標別是一家風。可憐金谷饒春色，不入淵明道眼中。

送王汝操尹萬泉

由來民以水爲天，此地無泉號萬泉。但得有官清似水，家家都在大江邊。

雪案螢窗二十年，分符新宰晉山川。割雞莫訝牛刀屈，白簡飛霜自此遷。

送丁大本尹臨晉

何處高山是首陽？蒲都城外色蒼蒼。宦游定過夷齊廟，好爲停驂炷瓣香。

已向青雲致此身，還將開劑療斯民。停看晉邑來臨者，始信秦中自有人。

和李宮諭序庵《吊趙司成西園失芍藥》韻

誰剪西園一片霞？攫來光景若爲誇。司成却有亡弓量，笑説渠家是我家。

興來揮筆散天葩，祭酒文章擅國華。何物粗豪亦風味？餘劳偷取大方家。

宸濠之敗收逆黨諸大家内眷送浣衣局是日過銀臺司夾道督者甚嚴各以所抱幼兒委諸渠中而去行者争拾育諸其家客爲予言感而志之

非關疾病難逃死，豈爲飢寒未卜生？誰遣當時爲子母？不如行路却多情。

宗覆豈知猶有後？兒存那識是誰生？祇應相憶不相信，天地悠悠無限情。

誰向溝中拾棄兒？應憐渠母斷腸時。寒鴉不省人間事，子母相呼哺一枝。

忍割恩慈不顧兒，此生豈有再逢時？業緣倘得他人力，便是冬青着樹枝。

夢中與喬前峰光禄游賞

偷得餘閑事遠游，滿山黃菊不勝秋。莫嫌醉後發狂興，少壯幾時還白頭。

城東姚錦衣莊上同翟石門侍郎崔岱屏都尉餞同年張君錫口占限韵

匣劍囊琴客思清，獨將雛鳳出都城。臨歧莫惜芳尊倒，歌徹《陽關》第四聲。

何氏山林事事清，遥通御氣九重城。忽驚堂上鳴金石，道是詩人擲地聲。

春曹不似玉堂清，爲愛西湖水繞城。珍重主人留客意，秦生雲裏有新聲。時有歌童。

題吴白樓宗伯《乳猫圖》次秦鳳山司徒韵

莫憑青鏡看流年，顔渥如丹髮更玄。會見抱孫孫又子，含飴行過乳猫前。

贈張西磐都憲致仕還臨汾

肩輿曾爲我相圖，今日還能許借無？我欲時時勤拂拭，待君重召至京都。

玉立亭亭在廟堂，奇才人説漢張良。如何未老身先退？却與人家寫藥方。

此别先時豈預知？相逢他日亦應期。世間萬事渾無定，不遣閑愁上兩眉。

昔年被召辱郊迎，曾共遲齋一字行。今日挂冠俱早去，後先郊餞不勝情。遲齋，吏部孟侍郎，先以事去任。

平陽風土古堯都，酒出襄陵不用沽。高興發時應北望，故人何日共携壺？

莫把衰齡苦著書，至今封禪笑相如。閑來祇與漁樵話，一段天真樂有餘。

送王太守惟賢之廣德

太守青年思有餘，才華人比馬相如。揮毫化作隨車雨，傳入《循良》定不虚。

文星端向此州臨，兩見朱幡出翰林。先是，庶吉士汪應軫謫守廣德，惟賢實代之。山曲水涯行樂遍，盡收風景入豪吟。

過强記村有感

花時輿入趙家村，邀我嘗春老瓦盆。南望故廬剛二里，夕陽誰爲倚柴門？

爲白司廳表之題《四美人圖》

梅花仙子

一杯自醉羅浮春，不道梅花解有神。夜半東風醒酒後，參橫月落正愁人。

桂花仙子

霓裳縹緲珮珊珊，獨挹秋香步廣寒。碧海青天多少夢，人生何用有靈丹？

杏花仙子

宋玉牆頭探蚤春，不容增减一分身。飛來蛺蝶渾相戲，祇見花顏不見人。

蓮花仙子

欲挽舟從道阻長，回看如在水中央。天風款掠凌波步，傳得荷花笑語香。

送王虎谷都憲次韵

淺水蘆花不繫舟，夜深明月釣溪頭。君王自有非熊兆，笑殺商歌寧飲牛。

足迹齊秦總壯游，回看歲月莽悠悠。東山還爲蒼生起，莫放夔龍出上頭。

夢到鈞天玉帝家，覺來紅日滿窗紗。春風猶解供詩料，是處紅花間白花。

字學詩名不計年，連篇贈我作家傳。書齋半夜依稀見，滿眼雲霓五色鮮。

除夕五首

旋撥爐薰引篆烟，話來今昔轉凄然。一家骨肉團圓在，不見慈顏已二年。

把燭銜杯守歲華，醉謀良夜興無涯。阿咸爲讀《椒花頌》，却被人呼老杜家。

不得椿萱一面看，萬鍾何用説高官？他生未卜今生斷，塵世真成笑口難。

五十年來似夢中，罕逢年儉慣年豐。尋常樂事翻奇絶，老在車書四海同。

今夕相看夕謂何？一年光景已無多。明朝又識春風面，送往迎來幾度歌。

張秋偶書

長安生女嫁爲親，彩鷁南來放閘頻。欲托清波將老泪，奔流早入玉河津。

南望湖

二分湖水一分洲，洲上人家水上舟。烟樹風帆相掩映，恍然身在畫中游。

舟中偶興

竹床茶竈夜眠遲，光景渾如故里時。曉起偶登堤上望，始知身已在天涯。

下邳挂劍臺二首 即徐若葬處[一]

星斗光寒碧水流，挂來高樹鬼神愁。早知無復相逢日，一念
興時肯慭留[二]？

人言挂劍是虛文，泉下悠悠那復聞？不賴延陵有高義，荒墳
誰識是徐君？

宿遷馬陵山

一炬方燃萬弩開，齊人鼓掌魏人摧。終成鷸蚌漁翁利，松柏
歌時亦可哀。

宿遷虞姬廟

兵氣多因妾不揚，便從今夕別君王。揮戈再定乾坤日，垓下
招魂酹一觴。

良店驛偶書所見三絕

岸上茅齋僅數椽，活魚新酒自年年。掀髯飽看人間事，一曲
笙簫引畫船。

昏嫁由來不出村，歲時迎送此柴門。杜家兒女長安第，一日
樓船幾斷魂。

渡口風輕小艇移，錦帆何處是天涯？扶搖九萬猶含怒，首信
田家斥鷃籬。

題呂紀《春景畫》[三]

群鳥熙熙趁暖風，桃花仍傍水邊紅。畫工筆底春無限，直以
丹青奪化工。

觀陳揮使家刻絲虎圖

刻絲畫奇傳自古，今日高堂真快睹。可惜良工費苦心，不繪麒麟繪彪虎。

醉書陳揮使《謝安東山圖》

東山高臥爲傾城，一曲琵琶幾許情。王室陸沉夷猾夏，經綸何以慰蒼生？

校勘記

〔一〕"若"，據文意疑當作"君"。

〔二〕"慼"，據文意疑當作"暫"。

〔三〕"晝"，據文意疑當作"畫"。

歌　行

《石淙歌》爲邃庵太宰賦

石淙石淙來何方？循聲溯源深且長。聞有乘楂犯牛渚，引來一派分銀潢。六丁失守追莫及，夜扣天閽啓玉皇。玉皇至仁憐下土，畀與蒼生謀稻粱。落自滇南萬餘里，峰回谷轉皆宮商。霜後驚風撼林木，陣前突騎鳴刀槍。逝者如斯無晝夜，天機自動非韶章。北來直瀉洞庭裏，鼉吼鯨吞勢益張。東趨京口連江海，雷霆赫赫行穹蒼。帝聞此聲奇此水，疏爲巨塹防西羌。西羌聞之亦驚遁，幾年不見塵飛揚。向遭壅塞撤邊備，魚龍寂寞馮夷傷。北風吹沙天雨雪，清冰一段聊收藏。忽然淑氣回寅律，砰鍧依舊經咸陽。帝曰大旱須霖雨，不應委棄同陂塘。玉河一夜東風惡，神輸鬼運何匆忙！願灑餘波作豐稔，居不閉戶行不糧。自古聲宏由實大，傅岩事業非荒唐。卜築有名聊識舊，食魚豈必皆河魴？昆明月低漢宮曉，新豐酒熟沛市香。大觀至理渾無迹，此身天地俱亡羊。山有雲兮江有水，卓錐何處非吾鄉？用舍行藏此其在，可憐廢事韓家莊。君不見谷居子午橋丁卯，地因人勝傳無疆？吁嗟石淙時所望，風塵潚洞何當攘！

《秋露白酒歌》謝同年王中丞汝溫見寄

君不見濟南酒清似秋露，年年不斷長安路？長安城中多酒家，亦冒虛名何足顧！玉液溶溶漾月光，麻姑氣奪金莖妒。蓬萊地近傳仙方，精製一年剛一度。八月秋高天氣清，草上明珠收匹素。麯生美質露華成，風味超然有天趣。山東藩臬多故人，使者往來纔浹旬。寒暄祇辱素書問，誰向沉酣分一巡？卓哉中丞撫齊魯，官高愈見交情真。兩尊貺我至千里，冷官席上生陽春。摩挲泥封未遑發，頓令齒頰流涎津。雪花門外大於手，伏枕悠悠病殊久。寒透青綾欲似冰，粟起肌膚蓬在首。醫言且斷懷中物，三月于今未沾口。藥石翻攻元氣虛，兒童解笑形容醜。開緘宛見中丞面，對酒猶疑京邸宴。味醇意遠飲復斟，不覺腮邊早霞炫。須臾體健病魔降，猛氣橫飛呼筆硯。倚醉還揮秋露歌，歌成秋露已無多。何由得與閭閻共，舉盞聊將灑大河。遠近奔流任斟酌，愁顏盡變春風和。君不見楚王行師寒裂地，鐵甲無聲潛墮淚？川上投醪能幾何，三軍鼓舞皆心醉。我領芳尊不敢私，同年自信仍同志。餘波倘許遍蒼生，謳咏中丞謝多賜。

《蓉溪書屋》爲少司寇金舜舉賦

成都自古稱錦城，爲種芙蓉花得名。地因花著花彌重，餘葩瑣屑羞爭榮。綿州城東二三里，烟村掩映蓉溪水。溶溶一帶剪并刀，南入涪江清且駛。畫圖風景是誰家？竹樹陰森逐岸斜。柴門反關無俗客，沿溪盡是芙容花〔一〕。仙居合有仙爲主，持斧當年老烏府。歸來無物可投閑，萬軸牙籤貯溪滸。秋高門外多霜風，十里花開錦繡叢。江山有約斯文在，草木無情晚節同。一朝再起登臺省，威鳳高翔神驥騁。劍門西望路迢迢，冷艷寒香夢中景。自別家山經幾秋，溪花常開溪水流。主人祇爲蒼生計，前日朱顏今白頭。明時展畢經綸手，麟閣巍然傳不朽。却令觀者識儀刑，云是蓉溪讀書叟。

嘲飲篇弟愷携酒邀至塋中新堂，無何雨至，似有悔色，諷
令速歸，乃爲韵語嘲之。愷幡然慷慨呼酒，愈作款留意，
因用其意，爲若辭云

山雲絪緼不先走，祇待雨來多費酒。如今祇應行小杯，何必
發顛呼大斗？去家尚有百步餘，跟蹡人扶態偏醜。雨師暫停我輩
還，任汝江翻幷雷吼。兄多在城少在山，小弟積誠今已久。山靈
似爲我相留，細雨清風送來陡。興豪若肯放滄溟，吸盡百川當更
有。祇須痛飲與高歌，莫問青山吾醉否。

嘲鷄篇伸之族祖家畜美鷄，甚珍重，不肯輕烹。一日，邀
予太守叔幷予兄弟，以四翼充盤，衆皆駭異相嘲，以爲
客散靜思，不能無悔。族祖大笑。遂準前例，次韵嘲之

五采翩翻滿墻走，那忍遭烹送春酒？辛勤啄飲似鸞皇，白黍
黃粱幾升斗？須臾下箸玉盤空，熊掌德齊魚地醜。芸窗寂寞五更
天，却恐悲啼作鯨吼。侍郎會少別時多，不共銜觴十霜久。山居
無物可充庖，日鼓牛刀遽爲陡。歸來試與老妻謀，待子不時需輒
有。即須大嚼比尸鄉，莫問鷄翁今在否。

訟風伯詞

道傍婦人啼孔悲，手携一笙一子隨。浪浪涕泗橫交頤，拊膺
頓足行且頹。我問婦人此何爲，吞聲躑躅前致詞：“縣官徵租星
火追，夫亡産毀無置錐，三十年來姑婦孏[二]。我從二月已賣絲，
養未成繭還與伊。昨宵雨過桑葉滋，淡黃濃綠光睦離。朝來風伯
妒雨師，狂威播蕩天地欺。紛然吹折桑樹枝，桑摧葉乾蠶忍飢。
未眠僵死割我肌，厲階誰生灾我貽？人道天高聽還卑，世間苦者
更有誰？天實不聞空泪垂，債家走來須剝皮。我皮無用奪我兒，

我兒一去無還期。我死寧有瞑目時？此身如柴何足訾？但傷姑老誰扶持？願魂化作戴勝雌，飛上天門啓帝知。帝聆震怒應赫斯，敕令六丁揮鐵椎。須臾椎碎風伯尸，披磔八荒快我私。"偶聞此語心痛之，自恨卑微非國醫。作詩聊比精衛辭，欲獻九重煩聖慈。倏然下詔戒有司，丁寧撫字憐瘡痍。租稅特蠲消怨咨，蒼生鼓腹咸熙熙。

守制登舍後高山佛殿見壁間書李太白詩俯瞰先塋愴然有感遂次其韵

憂懷浩渺無時畢，欲見嚴君更何日？先王制禮不可逾，倏爾歷月二十七。登山悵望憶往年，一見松楸涕泫然。有耳不能聞謦欬，有目不復睹容顔。一重一掩山如故，吾父今朝在何處？祗期奉養過百齡，豈謂飄然棄吾去。滔滔山下奔長河，悲聲爲我興洪波。雲鎖墳丘愁突兀，雨淋碑石泣嵯峨。樵童牧竪不解事，披榛來往相嘲歌。豈知人生塵世上，樂時常少悲時多。吁嗟嚴君不可見，天長地久終如何！

爲同年劉主信題《天池獨躍圖》

今年西北旱無雨，秋夏禾苗死乾土。萬姓呼天天不聞，室如懸磬徒辛苦。翩翩有鯉躍天河，欲爲蒼生揚素波。養未成龍力猶弱，雲雷不興知奈何！爾且藏形戒輕動，浮沉莫與群魚共。崢嶸頭角會有時，帝使行天妙神用。須臾變化騰百川，滂沱一夜回豐年。行不齎糧臥不閉，人間斗米三四錢。

《安期棗歌》壽羅栗齋

仙翁謫自玉皇家，七十年來鬢未華。芳辰初度群仙集，獻奇貢瑞何紛挐！個中有號安期生，探懷出棗大如瓜。一千歲始熟，

一千歲乃花。大食不足美，番禺非所誇。一噉肌理澤，鮐膚藹藹
回春色。再噉毛髮密，霜華倏變鬒如漆。三噉齒落輒復生，四噉
眼昏還更明。五噉六噉身益輕，七噉飛入蓬萊宮。蓬萊宮，幾萬
里，群仙舉足纔如咫。仙翁受棗謝安期，願將遺核種堂址。殷勤
培養成高林，開花結子還如此。上以奉吾君，下以分吾民。普天
共躋仁壽域，不妨老子在埃塵。

《蓬山曲》壽西涯李閣老六衮

我聞蓬山隔滄海，瑤草琪花春不改。洞裏仙人一局棋，塵寰
已閱三千載。龍伯當年釣六鼇，北山漂泊知安在？更有蓬山君未
知，玉堂金闕轉逶迤。漣漪綠水重重繞，縹緲彤雲步步隨。珠簾
不下紅塵遠，玉漏稀聞白晝遲。此中神仙三四老，坐與玉皇同論
道。絲綸灑翰作春霖，鼎鼐調元裨大造。西涯老翁云姓李，疑是
周家柱下史。微言祇欲見天心，妙用尤能包大始。又疑翁是李長
庚，落筆縱橫風雨驚。詩雅刪來稱獨步，世間作者俱蛙鳴。又疑
翁是李太初，風範端凝貴莫如。水旱格君猷慮遠，太平聖相語非
虛。六十年光履康泰，面是童顏髮非艾。撻市心同莘野聘，濟川
功比商岩賚。星輝南極應初辰，雨過天街增瑞藹。霓旌絳節走群
仙，鳳吹鸞笙侈嘉會。願言醉此九霞觴，五福駢臻愈昌大。歲歲
年年秉國鈞，華夷一統咸無外。

題　畫

青山雨後足苔蘚，亂樹參差翠如剪。艤岸扁舟何處來？一絲
坐釣江清淺。峰回谷轉路益深，樓閣微茫在遠林。此中疑是桃源
景，底事漁郎不解尋？

題畫四首

有鳥有鳥名鴛鴦，翠翹紅頸文繡裳。春氣融和水清淺，多情雙浴還雙翔。群鳥飛鳴亦同樂，桃花遠近蒸霞光。君不見康王好色不好德，韓憑哀怨何時忘？

有鳥有鳥名鸂鶒，文采翩翩宛如織。晴莎便卧摘羽毛，淺水徐行上磯石。江畔海棠開滿枝，枝間啼鳥渾相識[三]。君不見河南府外金沙灘，驀地飛來報遷陟？

有鳥有鳥名鵁鶄，金冠彩服常自奇。花間石上時一舞，飛飛衆鳥皆驚疑。金粟花開風露迴，清香萬斛來天涯。君不見漢官威儀亦甚偉，侍中頭上光陸離？

有鳥有鳥名華蟲，錦襜繡襦來遠空。時哉渴飲復飢啄，日暮天寒栖竹叢。凍雀無聲俱辭易，梅花狼藉飄西東。君不見五色離披隨箭落，紅顔一笑回春風？

和錢水部士弘《留別詩》韵

先生自謂義皇人，懶騎羸馬奔紅塵[四]。開徑擬爲松菊主，結廬期與巢由鄰。冬官六載甫奏績，乞骸草疏當天陳。我忝同年交莫逆，往來歡會不隔旬。君今解組歸田里，惆悵如違昆弟親。作詩留別意繾綣，風韵直逼唐人真。幾回屬和輒停筆，羞將瓦礫酬瓊珍。春光自好情自惡，欲盡不盡杯中醇。黄鸝無聲燕不語，愁絶河橋楊柳新。東吳舊業知無恙，青山投老寧憂貧？人生出處貴自適，功名何必圖麒麟？士節從來重恬退，君恩此日憐衰臣。點檢筆床與茶竈，留連月夕并花辰。畏途巉岩已削迹，湖山嘉勝堪藏身。回頭却望長安客，車馬紛紛何苦辛！爭如醉醒醒復醉，陶然鼓腹歌堯仁。桑麻話外別無事，安樂窩中自有春。青鞋布襪穩稱足，更着逍遥烏角巾。笑我迂疏不自量，許身稷契康吾民。

心知既誰與共〔五〕？悵望姑蘇太息頻。

《并州行》送王錦夫大參

君不見青齊千里如雲擾，春燕飛來宿林杪？君不見欃槍妖氣纏嵩洛，白骨堆原泪堪落？西望并州阻太行，農桑在在年豐穰。宦游怕涉并州道，如今却説并州好。憂深思遠右唐風，峻嶺崇岡作城堡。男兒唾手取功名，紫綬金章致身早。天將多事試斯文，肯向艱危惜襟抱？勸君飲，爲君歌，尹生保障君云何？二省前時盜未起，亦似并州今可喜。

《姑蘇行》送友人李判府應和

姑蘇城外人如蟻，財賦東南多莫比。輦下今年漕未回，江頭來歲運先起。姑蘇城外水如天，盡泊江湖萬里船。但見來人足歸貨，不聞去者留餘錢。兒童聽説姑蘇樂，欣然便發屠門嚼。分明諺語比清都，無人解道姑蘇惡。姑蘇之惡不難知，越王曾使吳王縛。素衣一入即爲緇，却有風塵似京洛。寒門一到便成市，豈有臣心如水薄？天設繁華改士操，地因膏沃成民瘵。李侯早發中州解，星鳳人人睹爭快。誰將匠斫小工求？肯使家修作廷壞？清風甘忍隱之貧，貪泉不易夷齊介。甘雨隨車破旱荒，陽春有脚回凋瘵。他年青史仰芳名，指日黄堂膺大拜。人生會面古稱難，冉冉江雲來眼界。

張將軍《雙壽詩圖》韓錦衣岳翁也

朝回偶得題詩趣，百轉流鶯在花樹。有客披圖索我詩，揮毫且爲丹青賦。春雲淡淡春風和，汪洋千頃橫滄波。飛嵐杳靄不知處，芙蓉削出青嵯峨。長松古柏森相向，黛色參天豈尋丈？蟠根岩壑自何年？虎攫龍拏逞奇狀。鄭虔老去稱畫師，畫中盡是無聲詩。締觀此圖亦好手，經營意匠非難知。總爲人生如過客，天地無情飛日月。自古詩人祝難老，直是川陵與松柏。張翁侍衞丹陛旁，舉頭咫尺是清光。風翩棱棱在霄漢，霜蹄矯矯騰康莊。況復宜家得賢偶，八十年來共眉壽。生女早嫁執金吾，門第增華世希有。華堂張宴集群賢，擊鼓傳觴酒似泉。酒酣興發出珠玉，清歌妙舞争娟妍。詩情畫景元相契，南極星輝天宇霽。不須物外訪丹砂，神仙祗在人間世。

校勘記

〔一〕"容"，據文意疑當作"蓉"。

〔二〕"婪"，據文意疑當作"嫠"。

〔三〕"問"，據文意疑當作"間"。

〔四〕"贏"，據文意疑當作"羸"。

〔五〕"誰"前，據文意當脱一字。

紫岩文集卷之二十一^{〔一〕}

序^{〔二〕}

壽少師致仕西涯李公七袠詩序^{〔三〕}

隻字得之^{〔四〕}，如獲拱璧，其大者可知已。比登相，凡朝廷制詔、册議皆出其手，卓然一代之宗。其贊機務，觀諸孝皇承平之治，比隆成康，曁我皇上芟夷叛逆，肅清宇内，綏爱蒼生，有足徵焉。乃是年六月九日壽登七袠，賢而貴者之壽，舍先生其誰哉？益以見天人之際，厚鍾而豐受者，決出於理之必然而不可易也，是固非衆人所敢望者。至其享斯壽也，又往往特異。禮，大夫七十而致仕。先生解重己久，履盛特滿，完名全節，始終一致，有得於不俟終日之義。大臣家居，鮮有儔侣，香山耆英，亦僅於其鄉之數人而止耳。今自公卿而下，造問無虛日，延接之勤，與當軸不異。大臣得謝，禮有常典，特詔有司，時加存問，繼廩給役，悉爲加隆。朝有大慶會，遣主者致宴席，分鮮賜篋，無不與焉，皆異數也。大臣歸老，或不免於問舍求田之累。先生田廬如故，家事一無所問，日以翰墨爲娛。求者填委，挾册懷卷，輒滿而去，都下箋練爲之騰價。大臣當是時，逮事其親者蓋寡。先生日侍太夫人起居，躬致饋養，榮封華服，極一品之貴，融融泄泄，不知天壤間何樂可以易此。以見國家元氣固完，禎祥滋至，眷兹一老，爲世儀刑，傾朝致賀，乃斯文之慶、邦家之光也。弘治己未，龍董舉進士，先生實典試事。迄今垂二十年，宦途多故，京師纔十有三人，時被接引，質疑請難以來，厥修不淺，受知未遇之先，承教既用之後，恒惴惴焉，惟貽玷大賢之門下是懼，而求免於終身，皆先生賜也。其私爲先生壽，蓋有山不足爲高而海不足爲深者矣。於是相率賦歌詩以侑觴，繪《老子著經圖》爲獻，義取同姓，冀與同壽，且以道德益人爲著述又同垂於不朽，其術業不同勿論也。龍於諸生中忝史職，承事館閣下，爲專且久，故得序而祝之。

壽致仕大司徒質庵韓公八衺序

大司徒質庵韓公致仕之十有五年，爲正德庚辰秋九月二十六日，實惟初度，壽登八十二。子仲曰士奇，同知鳳陽，季曰士賢，同知開封，俱以王事入覲，事竣，將過庭爲壽，請于少師晉溪王公，爲言其事諸公卿間。諸公卿皆公知舊，時遇吾鄉人問起居，聞之喜，咸壽以歌詩，爰作二軸，少師公爲序其一，一以屬龍。龍非知言者，何足以當此哉？

竊聞大臣以道事君，社稷臣以安社稷爲悅，雖言各有出，而異詞同旨，未始有二，人亦非有二事也。何者？大臣位高責重，與國同休戚，社稷非其職乎？事君以道，所以計安社稷，欲社稷之安而舍夫道，未有不失其計者。鑒私知，挾小數，規近功，昧乎遠且大焉，甚則患得與失，徇國之義輕而有己之私勝，依違顧瞻，無益成敗，其如社稷何哉？大臣事君，無往非道，至於國勢危疑，群情洶涌，時大有可憂者，尤汲汲焉不能須臾寧處，扶顛持危，不遺餘力，知有吾君，知有吾道，其身之禍福弗知也。雖奸雄在旁，怒目切齒，亦陰爲駭愕，莫敢染指，卒之魄褫技窮，納諸菹醢之地，社稷屹然山立，不爲動搖，斯其爲大臣矣乎！蓋其才足以任重，若明堂梁棟，選之鄧林之巨而負荷無不勝也。謀而能斷，以趨事機，若河出昆侖，奔騰東下，其勢萬折而不回也。其志趣復出，若鳳凰翔于千仞之上，爭先快睹，不可得而攀也。勛著當時，芳流來世，不愧古所謂大臣者，有由然矣。是可以易得哉？生其地，有以鍾山川之秀，不曰"維岳降神"乎？出其時，有以占燕翼之謀，不曰"豐水有芑"乎？實邦家之元氣，生民之藥石，不可一日無者，其公之謂與！公揚歷中外餘四十年，風采溢于諫垣，句宣洽于藩省，綱紀振于憲臺，藻鑒精于銓部，戎機飭于司馬，財計理于司徒，所至聲籍甚，爲時屬望。當逆瑾擅權，流毒海內，包藏禍心，其勢蓋岌岌矣。毅然以社稷爲計，忠肝義膽，照耀天日。大義既建，幾陷不測，而事君以道，遑恤其他？於是縉紳之士有所依據，正氣不磨，國是攸定，日月之明不遠而復殲厥罪人，釐革弊政，中外乂安，隆億萬年社稷之福，公實爲之。身退而功乃成，事定而言益信，所學于孔孟一一見諸踐履，大臣所宜有者又畢備其躬，品題人物，豈直吾晉產之光哉！優游林下，日以圖籍自娛。花晨月夕，輒賦詩寄興，俾諸孫歌以侑觴。時作楷書細字，亹亹忘倦，遒勁逼晉人，見者不知爲老筆迹。其精力逾八望九，進之期頤，有未艾者。清心寡欲，保合太和，以爲迓續之基，固已有素，而忠愛一念孚于神明，眷佑耇老，爲世儀刑，用彰我斯文之慶，又決然不可易。群玉彙集，緘馳千里，所以爲天下賀也。龍既辱公通家，重以少師公之約，於是乎書。

壽大中丞菊莊陶公七袠序

菊莊陶先生以右都御史巡視兩浙，事平，再督漕運，於是身負重望，天下期以柄用而睹其功業之盛。先生遽以老乞歸，溫詔慰留，章七上，乃允。聞者愕然，謂天下多事，若先生者當與諸賢戮力共濟時艱，不宜勇退而自爲計。知先生者則曰："功成身退，天之道也。履盛滿而不知戒，人臣之大忌也，先生其賢矣乎。"既歸，天下之人猶不能忘，而願聞其起居，以冀萬一起。

先生方與斯民相忘於太平，不知歲月之更也。越三年爲戊寅，壽躋七袠，其子大行君滋奉使懷慶，將過家爲壽，請予言以相之。

惟傳以位、禄、名、壽歸於有德，四者爲福雖同，而壽爲之主，又若有大焉，何哉？福爲人設也，久閲于世則諸福咸集，得以身享之而老有所終，否則奚貴於福？故福不與壽期而壽自至，又安有舍壽而可以爲福者乎？鍾而受之，存乎其人，蓋有求之而不可得、推之而弗能去者矣。自人臣之德言之，忠以匡主，仁以庇民，建事立功以維持斯世，天之鑒之，福履綏之。欲其貴而有權也，於是崇之以位；欲其富而有養也，於是豐之以禄；欲其著而有聞也，於是顯之以名；富且貴焉，貴且顯焉，則又欲其享而有終也，於是假之以壽。天之錫福者如此而非私也，人之獲福者如此而非幸也，吾於先生有徵焉。

先生歷官中外三十餘年，以位則掌風紀，肅百寮，不爲不崇矣；以禄則特恩給一品俸，與師保同例，不爲不豐矣；以名則宣力江淮，皆有成績聞於天下，不爲不顯矣。人猶謂其有未盡者，顧承之以謙，止之以足，退處林下以俟於天。而天既錫之福矣，復何所庸其力耶？亦惟享之以壽而已。將逾七望八，進於期頤，猶有未艾者。葛藟之纍，黃流之注，豈不各以其所哉？今之晉地莫善於平陽，唐虞之墟，遺澤未泯，名公巨卿多産其地，出處以道，爲世儀刑，若司徒韓公之在洪洞，宗伯李公之在曲沃，皆享有位、禄、名、壽之福者也。先生在絳，相去且百里，葛巾野服，從容杖屨相從於山巓水涯，一觴一咏，暢叙幽情，不知理亂黜陟爲何物，香山之社、耆英之會殆不得以專美，天下仰之，如鳳凰翔於千仞之上，可望而不可攀，非斯人之儔與？

龍自垂髫即知慕先生，欲親炙之。比入仕途，竟以人事相違，迄今猶未識顔面，固平生一大闕事也。然往來大行君，聞其健康狀，輒深以爲慰，況聞其壽躋於古所稀者，安得不欣然祝之？

壽翟母黃太孺人八衰序

予觀自古有道之世，其爲治化，自一家達之天下，自一身推之萬物，常求諸性分之內，行於日用，上下以之，爲道之不可易者。蓋天實相成，特厚其所從出，使得自盡以啓爲治之端，然後放之而準，太平之業有不難冀者矣。堯舜之道止於率性，其以是與？

黃太孺人者，禮部右侍郎石門翟先生母也，今年壽登八衰，六月二日實衣褵之辰。諸公卿謂人母、人子至榮且樂，衣冠家盛事不多見者，相率稱慶，贈以詩篇。軸成，命予爲群玉引。予，先生寮友也，竊惟此舉非獨以先生一家福爲太孺人賀，其殆關天地之運，參治化之機，驗諸人事，有不容已者乎！何以言之？皇上龍飛九五，崇儒重道，堯舜之資也。諸公卿陳力就列，夙夜匪懈，惟堯舜之治是望。先生選自翰學，日侍講筵，非堯舜之道不陳，故受知遇爲最深，明良相逢，千載之會，所謂求諸性分之內以達於治，將不在茲乎？天眷慈聖，光昭母儀，尊養備至，正以德配乾元，篤生聖神，功同覆載，介景福而壽萬年，有必然者。波及士族，於太孺人見之，無亦厚其所從出，啓以治化之端之類者耶？

太孺人秀鍾閨闥，淑質天成，相夫子，事尊章，執禮曲盡，孀居誨孤餘三十載以至于今，食報之豐宜莫如壽。壽將成其子之賢，以佐太平之業，謂非天意不可也。皇上孝事兩宮，惟德教加百姓，刑四海，以仰承慈訓爲至，則先生啓沃不徒托之空言，而裨于化理，孰非日用間所事乎其親者耶？古人有重三釜而輕萬鍾者，有暫以郡檄喜而屈者，有以方寸之亂辭所事者，往往以親爲去就而卒於無成，不能無憾焉。先生晉卿佐，爲直講親臣，望隆朝野，行將柄用。太孺人彌老而康，彌榮而光，逾八望九，以至期頤未艾。其子之顯，得旦夕承歡，圖忠於孝，視君猶親，精思粹養，無所撓其衷曲。事業之建，將勒鼎彝，被金石，使天下後世嘖嘖稱嘆曰"有是君則有是臣"，又曰"非是母不生是子"，雖元愷諸臣，有不得專美於前矣，然則其賀奚翅以一家之福爲哉？

詩自太宰龍灣廖公而下凡若干首，皆温純典雅，有古賡歌之遺風云。

壽黃母鮑太淑人八袠序

予嘗觀夫自古國之將興，必有賢哲出而輔佐。逮其匡社稷，澤生民，茂建勛業，垂名不朽，則天下至榮歸之，福履綏之，享諸其身，若有以稱其所施，蓋天實生之，爲其國計，功成得報，理固然爾。有家者猶有國，家之興也，嗜欲將至，有開必先，夫豈異道哉？彼其衣冠之盛，文物之華，奮庸熙載，奕世輝映，若適然而會，殊不知正位乎内以相厥成，其爲夫若子不能無賴焉，則惟女德乎是見。至於被榮名，膺壽考，享諸其身，不可勝計，庸非其家之將興，天實生之？稱其所施，錫以繁祉，亦理之不可易者哉？黃太淑人鮑，南京禮部右侍郎久庵先生之母也。幼穎慧，閑姆訓，爲其父郡守簡庵公鍾愛。少司空文毅公聞其賢，聘爲冢婦。其既歸也，則曰："吾有舅姑如此，婦不可以愧之。"於是嚴以律身，動遵禮度，家人未曾見惰容，勤儉之風聞于遠近，卒之家政井井，台之望族無出其右矣。當方麓公爲諸生時，則謂之曰："君有父如此，子不可以愧之。"於是攻苦力艱，以爲供億，俾專志于學，無復内顧，卒之仕途趾美，世典銓衡，家聞爲益彰矣。諸子稍長，則謂之曰："若輩有祖與父如此，子孫不可以愧之。"於是督之肄業，夙夜毋輟，有過必述遺訓，令跽而聽之，平居糲食布衣，不忘儒素，卒之克肖，稱其家。兒宗伯則尤以才望受上知，薦登華要，將來樹立有不可量者矣。

夫女之有家，爲人婦，爲人妻，爲人母，皆綱常所繫，風化是關，未易盡舉，得其一亦足以爲賢，况兼有之，成效卓卓如太淑人者，非其禀受特出于天，曷以臻是？始太淑人在室，鄉人議婚者非一，至有行賄用壯，百計圖之不能得，而卒歸於黄，殆非人力所能與！益以知黄氏之興必有所待，天作之合，爲其家計，蓋一定而不可易也。功成食報，夐邁常倫，其孰曰不宜哉？故宸章奎翰，申錫自天，侈其褒也；象服魚軒，行道辟易，昭其貴也。重茵列鼎，珍異雜陳，隆其養也；芝蘭玉樹，森列庭階，廣其胤也。備是數者，可謂多福，非永以年，將焉享之？則錫之壽考，躋于八袠，逾八望九，且至期頤，猶未泰也。

夫壽以享福，福以徵德，德以弘業，業以協祥，祥以稽命，命以原始。人未嘗不造於天，天亦未嘗不驗於人，吾是以知太淑人所以壽者斷乎其不爽哉！《詩》云“南有樛木，葛藟纍之”，又云“瑟彼玉瓚，黄流在中”，此之謂也。名臣岳降，兆國之祥，禮又有賀其母儀婦道兆家之祥，又岳降所由以鍾者，獨可以無賀乎？維時太淑人家居，以十月八日爲衣裼之辰。南都諸公自部院而下咸曰盛事，人子之至願，未易得也。爰製巨軸，賦以詩篇，遥祝難老。予與宗伯嘗同寮，得以乘韋之義序而先之。

賀孟母太恭人榮壽序

自古稱女德者必重於宜家，自尊及幼，罔不須以成，有不宜焉，奚可哉？故嘗驗之世家望族，其爲盛美似非女德之所能與，徐察其端必有陰爲之地，匡所不逮以增益其未能而後可。有姑焉，秉節執義，以綱常爲己任，撫遺孤，存宗祀，殆《柏舟》無以過者。雖其志不可奪，而左右饋養，使從容順適以免於累，不能不俯賴於婦氏。有夫焉，樹立行誼，取重鄉曲，生既厚享，且得其承于子，寖昌寖盛，襃然爲郡之良。雖其才足有爲，而方舟游泳，相成德美，不能不求助於內人。有子焉，以文學用世，致身顯融，宏敷德政，籍甚其聲，進則服采卿士，使夫人望而慕之，以爲弗及。雖其天資、學力度越衆人，而篤生訓敕，造於有成，不能不仰資于母氏。故大昏謹盥饋之儀，《周南》首《關雎》之什，大《易》則拳拳於嚴君之贊，豈不以女之爲主于內，一家皆須以成，而責其無所不宜哉？

孟太恭人者，太僕少卿春之母也。始以淑德來嬪，值舅氏蚤世，姑戚然孀居，母子更命。太恭人周旋其間，曲盡孝敬，躬執爨紉，朝夕不怠，姑甚安之，憂是以忘，無所撓其貞，則太恭人爲婦之爲也。以勤儉相封君，能隨事規諫，不爽其宜。督家人治生業，必躬先之。處戚黨，問遺慶吊，秩秩有儀，故封君得裕於家，無復內顧之憂，修身治行，爲鄉長者，則太恭人爲配之爲也。封君嘗游汴、宋間，太僕君方幼，遣之就學，以紡績督其夜讀，至漏下二十刻乃已。太僕學既有成，取科第，躋膴仕，則又勉其盡心職業，以圖報稱。太僕嚴州治行甲於天下，士論偉之，則太恭人爲母之爲也。夫其有功於孟氏如此，宜何如其食報哉？

孟氏自高、曾妣以來，三世相繼，以婦節著。太恭人伉儷雖未底于偕老，琴瑟静好，優游順境者餘五十年，其斯之謂乎？曰：未也。凡子之以其貴逮親，至且再三者，則爲異數。始太僕爲南都刑部，既錫命太安人矣。嚴州之旌，銓曹特舉，即得進今封，其斯之謂乎？曰：未也。人壽以百歲爲期，而從心古已謂罕。太恭人逾七望八，矍鑠如少壯，諸孫玉立，奉旨甘、佐歡娛者無慮數指，其食報不亦既腆矣乎？同鄉大夫士咸曰榮壽宜賀，賀宜以文，謂龍辱姻家，宜遂文之。

竊惟人之享有其身，莫大乎福，福莫先乎榮壽。人所甚欲，天則靳之。有垂白在堂，曾無三釜之養，則壽而不榮者也。龍光烜赫，每被於宰木之間，則榮而不壽者也。壽矣僅沾於末秩，榮矣第得夫下壽，則榮壽亦未爲極也。是皆不足以言福。福之所鍾，有鑒在天，有時弗靳，非無因而至者。若太恭人集於不期，辭之不得，庸非天下之至難哉？《詩》云"愷悌君子，福祿攸降"，太恭人之謂也。太恭人有此爲人母之難，太僕君有此爲人子之難。何則？子之欲孝其親之心豈有涯耶？顧不得不可以不爲悦[五]，不及不可以爲悦，自古孝子之心慊常少而憾常多者，職此故也。太僕君及母之壽得侈其榮，而承歡於清都紫薇之所，殆其少慊于心矣。況其名位之陟如川方至，天之福太恭人亦且未艾，是共爲子職以盡維則之孝者，猶復無既，抑豈人之所易得乎？《詩》云："孝子不匱，永錫爾類"，太僕君之謂也。龍有母，且少太恭人，爲養雖同，顧今榮之者視太僕君尚有愧焉。知年之懼，愛日之誠，以圖效於將來，願相與勉之。

校勘記

〔一〕據底本目録補。

〔二〕據底本目録補。

〔三〕據底本目録補。

〔四〕底本此句前有缺頁。

〔五〕"顧不得不可以不爲悦"，據文意疑當作"顧不得不可以爲悦"，"可以"後衍一"不"。

序

賀少參王東溪七裘序

予同年進士三百人，自弘治己未迄今且三十年，大率存亡相半，仕途僅十數人，林下則不啻倍蓰。緬惟當時，對大廷，宴南宮，釋褐題名，出入朝著，無不俱者。已而內外殊轍，聚散無常，少而壯，壯而老，忽不覺其歲月之逼一至此也，豈不重可慨哉？既老而無復會期，則恒不能已于思。思則欲有所聞，聞則冀其健康無恙，裕於自奉而多賢子孫，以爲老壽之樂。如是則爲之喜且不勝，反是則爲之弗懌亦且不勝，固人情之不能已也。

東溪王少參先生，在同年中最爲杰出，美髯長身，動止罔愆，儀可度也；從容論議，辯而有章，辭可則也；事有定見，而成敗利鈍不暇計，識可仰也；盤根錯節，迎刃而解，才可稱也。凡見者輒奇之，君亦自負，務伸其志，若將持券責償，無或爽者。吾榜得人如此，顧以勇退未究其蘊，不亦尤爲可思者哉？今則聞其壽登七裘，六子之賢足承其業，朝夕供養，豐于旨甘。其動履無異疇昔，方角巾芒屨，徜徉湖山之間，觴咏暢叙，蓋不知市朝之有貴賤黜陟也。所謂喜且不勝者不在兹乎？

説者謂壽雖出於天，養之實繫乎人，其法在静而不擾，佚而能安，則神完氣固，疾疢不作，至于難老。東溪以勇退得事調攝而免於世累，其臻迓續之休固也，殊不知養壽有道不係於官之謝否。如其道，静可養也，動亦可養也；佚可養也，勞亦可養也；

在家可養也，在官亦可養也。如其非道，則無一可者。東溪之養于家，予不及知，其在官則爲已悉，而信其壽有必然矣。理漕獄，明允有聞，江淮安堵，而奸慝不敢以逞；典主客，宣布德威，貢不愆期，賞不溢格，四夷咸慴以服；丞奉常，寅恭夙夜以奉祀事，郊則格，廟則享，百神爲之受職；參藩省，巨盗方張，督餉給兵，久而益力，卒之士嬉馬騰，克成底定之功。要其平生，寬而不縱，嚴而不苛，奉公守職，以康濟斯民爲己任，則才以克官，官以成政，政以表德，德以召福，福以延壽，亦自集于不期而辭有弗獲矣。《詩》云"靖共爾位，正直是與。神之聽之，式穀以汝"，此東溪所以壽也。

夫壽冠五福而齒居達尊之列者，正以其爲物不可幸致，得之必有所自。在吾輩則尤爲難，而可賀不惟其壽，并其所以壽者見之，乃益重而有徵焉。世或其身通顯，無益成敗之數，雖復投老泉石，偃蹇無聞，猶爲非理之常，鄉人有弗齒者，則亦奚足尚哉？此東溪之壽光於縉紳，雖在都下，咸樂爲歌詩以將遙祝，出於翕然而不可遏。予以年家得伸其思且慰者爲之説，僭爲群玉引云。

賀碧洲陸先生七袠序

人生所甚欲、不可必得者，壽爲大。於壽之中，又有所甚欲、不可得者焉。壽雖出于天，亦未始不繫之人。其未得也，致之難。其既得也，享之難。盡其在我，知其必至而無他，若持券責償，集于素定，確乎其不可易，夫然後可以言福，無少歉於其心，豈非尤人之所甚欲而不可得者乎？

碧洲陸先生以《易》學鳴四明，後學多宗之。自庠序而臺憲，自章紱而林泉，爲言論，爲事功，無非取于《易》者，故見幾不俟終日，完名全節，迄今日燁如也。諸子高科美仕，稱其家。兒鉝守安慶，以治行聞；銓爲夏官良屬；鈙載筆史局，亦裒然出色；鑌則以克家侍養左右。先生方杖履逍遙，謳咏於月湖之上，舉平生無一事足以嬰懷，不知天壤間何樂可以易此，而縉紳家有此亦自不多見也。歲十二月二日爲先生初度，壽躋七袠，諸子皆阻官守，謂鈙可暫輟史筆，援歸省例以請。比者皇上勵精圖理，戒百官恪共厥職，凡故事若省親、調疾諸可告者悉寢。鈙文學從臣，特賜允，朝臣皆榮之，目爲異數，遂請以壽文行。始鈙及第時，奉詔與諸吉士讀中秘書，予實爲學士，竽教席也，不得以不文辭。

惟壽，人所甚欲也。先生境八從心[一]，起居若少壯人，將逾七望八，以至期頤，古所謂人生稀有者若固有之。貴而有子，子多而且賢，人所甚欲也。先生以臬司重臣歸老于家，黃金橫帶，輝映桑梓，三子競爽，皆目擊之，世濟其美，足徵於此，賢有令名，人所甚欲也。先生出處以道，遺愛在人，于今不忘，經學之傳，多所陶鑄，亦可謂名實加于上下而足以不朽者矣。夫天雖命人以壽，不能不繫乎人之所養。老而困窮，無以自資，猶弗壽也。無子與有子弗賢，無以自適，猶弗壽也。惟資與適，壽是以得養，益大而昌，益熾而光，優游造物，不必登閬風玄圃而後爲仙也。以是萃于一人，則人所甚欲、不可必得者得之，若適爲偶然者。大福所鍾，難以幸徼。葛藟施於樛木，黃流貯於玉瓚，夫豈無因至哉？德以召福，福以臻壽，壽以考德。福之備者，壽之盛也；壽之盛者，德之崇也。予非能知言，姑即其德著之爲先生壽。

賀同年錢水部士弘七袠詩序

予同年進士三百人，常熟錢君士弘齒最長，蓋古所謂艾服官政之年。序坐則首席，序錄則首書，同事又率以爲進止，君舉措、議論又老成可法，與其年稱，同年士咸推尊之，曰：“是惟吾榜之望。”已而授冬官主事，著冰蘗聲，盤根錯節，迎刃而解，爲大司空所重，凡建白悉與聞，若左右手之不可失。然雅志丘壑，宦邸索如傳舍，惟圖籍、衣被、蒼头三四人，若有行役而待發者。甫階員外郎，即上疏請老而去。都門祖餞，冠蓋雲集，行者嘆而賢之。至是，壽躋七袠，同年吳大理子升言其事於諸同年，咸謂宜賀，賀宜以詩，屬龍爲之序。龍別君十餘年，德可仰而形不可親，未嘗不旦暮往來於懷，有至自吳中者，未嘗不問其起居。聞其健康無恙，未嘗不欣然而慰。徐察其所以優游而老者，則又大喜，以爲君所獨得而人有不及知焉，其壽也不有自哉？

夫人操有爲之具而托於無窮之間，忽焉若騏驥之馳過隙，未有孑然而獨存者。況夫世累之纏綿糾結，厚人之毒，奪人之魄，牢不可破者，又紛然雜出於前，奈何營營汲汲，就之如飴？迷焉而不知惡，陷焉而不能出，又往往而是。如是而壽也，庸可冀乎？嗜欲深者，其天機淺。機心存於胸中，則純白不備而神生不定，皆非壽道也。君子之於壽也，豈能續天之工以自造物其身哉？能無撓而促之耳。君殆有得於是乎？觀其薄取於世而重愛其身，急流勇退，不俟終日，非真有見者不能也。而或疑其衰年倦勤，吳中樂事之盛，所享於官者不足與易。又或疑其明於導引之術，呼吸吐納，煉精養形，必解官而後可。是皆不足以知君，而君豈爲是哉？予近得《水部詩曆》與《歸閑文纂》二書，嘗遍閱之，實君林下所著者，見其屛紛華之習，黜謬悠之説，發揮性命之理，爲精且備，其所學於平生與今之優游而老者，皆是物也。萬巾野服[二]，杖屨東湖之上，節量一身，不肯少爲物役，蓋自有適其適者，區區世俗之見，舉不足以涯涘之。天機深焉，純白備焉，神生定焉，其寢也無夢，其覺也無憂，向所謂纏綿糾結，毒我而奪之者皆渙然退遁。吾方與造物爲徒，萬物同樂，以順承乎正命，其壽之躋于七褒也，又將逾七望八，而九而百也，豈不誠有據哉？

君之子璠能世其學，風度酷類其父。予不得見君，見似君者固已喜甚，況君之令子也哉？璠來游太學，未幾，得告歸省，予因述諸同年壽君之意與君所以壽者，緘而附之，以爲壽觴侑。

壽院判徐東濠六褒序

士之用世，將自己及人，以成其志，固欲豐于才以爲之具；然其發之也必以正，持之也必以誠，則功可立而譽有聞也。自古有志之士鮮不由此。然有命焉，或志與時違，理與數制，而遇可乘之會，視其才具，若爲少貶，顧亦吾所能事，夫人之急以須者，又非所宜辭，不得已就之，將若之何？世雖不吾知，吾所自許既素有定，則姑以此自見，其確乎不可易者固自若耳。有識將謂之曰：“以若就觀若爲，是大有圖，鬱不伸者也，將假借以自明也。而卒以功名顯，抑豈與初志殊哉？”

大醫院判東濠徐君[三]，幼業儒，慨然有志用世，豐其才具以待時者有年。方韜晦，人未及知，謂其家世以醫鳴吳中，爲君之能也，遂以薦得召用，累官通政司右通政，左遷今職。自予筮仕，即與君交，殆三十年，而多病之賴以療。及觀其所療人者不啻審矣，體脉無遁情，隨證構方，雖百有不同，君臣佐使，一以王道爲主，斡旋轉移之機不離於藥物，而自有超乎藥物之外者。若庖丁解牛，輪扁斫輪，得於手，應於心，其妙難以言喻。視彼好奇作聰，僥倖於一試，其得失可同日語哉？官既達，蒙上眷最深，若不可近，而敦致日益，衆不擇施，不憚行遠，不阻於祁寒暑雨，雖昏夜叩門。無弗應也。蓋自供御外無頃刻暇，忘其爲勞，汲汲焉若病之在身，唯去之弗亟是懼。向所謂發以正而持以誠者，不於是乎見耶？予方訝夫惟禽之獲，舍其馳驅而卒以詭遇也，怠於其事，越之心而秦之目也。君之才具不獲大展，乃能以志所素定驗于一藝不爽，使大遇，執此以往，其培國家之元氣，起斯民之膏肓，事業所建，蓋古之所謂上醫，匪直今之名醫已也。雖然，君以此受上知，出入禁闥，寵賚優渥，而道契農軒，仰裨康豫於億萬載者有攸賴焉，亦未爲不遇矣。

君壽登六裘，以十月十三日爲初度。朝紳諸與君交者咸樂爲歌詩以壽，屬予爲引其端。予嘉君之志不失其初，故能以活人之功食報於天而錫之福，將自六而七而八，以至期頤，有足多者，不可以無贈也，於是乎書。

《菊天怡壽詩》序

菊天怡壽者何？侍御盧君煥以詩壽其大人山南逸人而題其簡也。詩以簡受而壽之者何？侍御按河東，不得稱觴膝下，假善詩者遙祝之，寓歸其家以伸意也。繫之菊天者何？逸人以九月二十有九日爲縣弧之辰，紀其時也。壽繫之怡者何？逸人年垂耳順，樂於其壽，壽足以樂焉，有熙熙自得之趣也。逸人曷樂爾？逃其所不能逃者，有托焉。以其所逃逃而有托，則其事終未嘗去，可以自盡無憾而獲免於其累。逃而未逃，解之其躬而非脫也，何憾？不逃而逃，嬰之其情而非役也，何累？無憾與累，用能自得，樂是以生焉，其壽不亦怡矣乎？逸人曷爲能托其逃而無憾與累？侍御爲之子也，其夙志用世，謂君臣之義無所逃於兩間，固以康濟斯民爲己任，行其所學，與夫人共之可也。若是，雖吾席不暖，吾突不黔，奔走無須臾寧，猶將爲之不恤，是惟無所逃者。是知是迪，是崇是信，則累之囿而憾之媒也，其得而怡哉？其進以大比，進輒北，北而益奮，八進八北，乃游太學。

或曰：「用舍命也，行藏道也，莫我知矣，奚以入爲？」或曰：“古人仕有至於三，就有至於五，如有用我者，十庸何傷？”逸人皆笑而不答。會侍御舉進士，選入翰林爲庶吉士，即飄然引歸，廬于南山之南，曰“吾將老焉”，蓋至是無復用世志矣，其壽之所以怡乎？在《易·蠱》之上九“不事王侯，高尚其事”，《蹇》之六二“王臣蹇蹇，匪躬之故”，皆君子之義未易盡也。若事惟高尚而忘其匪躬，則無所逃者。有以逃之，亦晨門、荷蕢之徒耳。以是爲怡，天下國家將焉賴之？甚矣！吾有味於逸人之怡，兩盡而無歉也。方其無所逃也，人雖不知，終日乾乾，蓋《蹇》之六二之義，欲致匪躬之節。及其可以逃也，人既不知，不俟終日，蓋《蠱》之上九之義，欲高不事之心。義盡而理得，理得而心安，惡乎弗怡？夫難於怡者，非累則憾。憾生於逃，退而不知進者也。累生於無所逃，進而不知退者也。是皆未達於君子之義，又惡知所謂怡哉？若逸人者，侍御未逮而仕焉，無憾固也。即已逮而猶仕，則無事於逃，累猶夫人也。侍御既逮而退焉，無累固也。即未逮而先退，則無以爲逃，憾猶夫人也，安得怡？惟其以無所逃者托之侍御而得以逃之，曰：“女其成我志哉！”然後無憾與累，逸於南山，徜徉巾舄，委蛇去來，花朝月夕，觴咏悠然。向之勞吾形、發吾機者，一切退聽，不啻雲飛鳥逝，烟消霧滅也。林巒焉與居，猿鶴焉與游，鳧鷗焉與狎。問之陟黜，弗知也。問之理亂，弗聞也。聽即良于聲，不必絲竹乃怡吾耳。見即良于色，不必妍華乃怡吾目。食即良于味，不必肥甘乃怡吾口。聞即良于臭，不必芬苾乃怡吾鼻。未也，他日拜封，恩被命服，光生桑梓，載閲百齡，境以老而愈佳，途以遠而彌坦，怡又有不勝既者，號之逸人，稱之怡壽，孰曰不可哉？

予曩在翰林，奉命教庶吉士，與侍御君忝有一日之長。其清才博學，德器渾成，試内閣屢在上列，予蓋以爲畏友。今其蒞政大舉，宿蠹以清，遠近服其風采，異時樹立殆未可量，咸謂逸人有子。故曰：逃其所不能逃，有托焉。以其所逃而無憾與累，壽是以怡也。於是諸縉紳與侍御交游者皆贈以歌詩，爲逸人壽，予則著其義以弁群玉云。

賀文封君八裘序

予友御史文君孔暘奉命將有事于遼陽，過予告行，頮乎其容，若有所慕而弗能忘也；杳乎其色，若有所疑而弗能釋也；吃乎其言，若有所嚅而弗能通也。予見而唁之曰："有是哉！遼陽之役，其必有牽制搖曳而不易以處分者乎？其病之也？君嘗兩宰劇邑，俱以治行稱最。今爲耳目之臣，乘資據地，去有司不啻什百，摧堅陷敵，宜無足當其锋者，乃獨易於前而難於後耶？君必不然。"既扣之，知君以尊翁封衡水令怡庵先生年老家居，久違膝下。兹十二月三日壽躋八裘，謂人生之不多見，人子之不易逢，而桑榆景迫，喜懼并集，取道歸壽，斯千載一時之會也。顧聖天子踐祚之初，嚴核庶政，凡百承委，戒期取辦，不爽毫髮，而言東其路，於法爲左，故眩於適從而不能自克。

因爲之解曰："君殆所謂篤於爲孝，忘其求之於忠；敬以事君，忘其資之於父者也。其在《詩》曰'王事靡鹽，不遑將父'，非不欲將也，以王事有不遑爾。君子不以私害公，其籌於臣子之義亦已審矣夫，因謂事君猶事親也。至其以王事爲父母之憂，則欲及其膂力方剛，經營四方而已，何其達哉？子之往莅斯事，無寧曰'是固父之教我也，是固父之憂我也，將不違其教、不貽其憂是務，而不於王事圖焉可乎？'故不宿于家，不已于行，諏謀度詢，必咨于周，以無忝王命，無曠厥官，使夫人之稱願者咸曰：'允哉！是爲文氏之子。'翁聞而樂之，亦曰：'允哉！是爲吾子。'其於親不既榮矣乎？而爲孝不既多矣乎？定策之勛實啓于倚門之望，瞻雲之感卒奏夫取日之功，君之聞也。"文子惕然曰："有是哉！其命我也。"逡巡請退，不覺其色之和、容之舒而言之暢矣。乃繪《榮壽圖》，寓歸爲慶筵獻。鄉大夫士各爲詩歌，凡若干篇，類述翁之積德累善，見重鄉評，教子以儒，榮膺封錫，福履自天，如黃流之貯於玉瓚，是宜多壽多男，以有今日，且有非今日之所足既者。予爲之序，則本御史君至情，而勖之以義，以廣其爲孝。

君拜而受之，付其子武卿，而致詞以遣曰："大人教皓事君曰：'敬爾在公，無恤爾私。予老健無恙，尚須汝以遠，其毋貽爾親憂。'皓奉以周旋，不敢失墜。王事孔棘，嚴程在躬，不得歸爲大人壽南山之祝，具此函封，大人其益保合太和，調攝于飲食起居以介景福，無懷《陟岵》以念季子。今當遠涉遼海，臨書涕泣，不勝戀戀。"既而爲之歌曰："西山之高兮，曾不陣[四]吾之目。西土之逖兮，曾不繭吾之足。征夫有懷兮，周爰是勖。作歌來諗兮，監臣衷曲。"

校勘記

〔一〕"八"，據文意疑當作"入"。

〔二〕"萬"，據文意疑當作"葛"。

〔三〕"大"，據文意疑當作"太"。

〔四〕"陣"，據文意疑當作"障"。

紫岩文集卷之二十三

序

賀遺安張封君榮壽序

上之施於下也常過于厚，則其得報也必厚；下之報乎上也常期于厚，則其受施也益厚。上非厚則無以爲勸，而不可厚責其報；下非厚則無以自效，而不可厚望其施。上與下常相須以成，而施與報則相因以厚也。上之以禄爵待下可矣，猶曰未足以示榮，必俟其功能之著，使得以其貴及親；下之受禄爵于上可矣，猶曰未足以爲榮，必勉于功能之修，冀得及親以其貴。上以厚施而報不敢以不厚，下以厚報而施不能以不厚，則其舉天職而治天事以共臻化理之隆者不有自來耶？

曩予調官兵部職方，僚友張允敬氏者相與最善。見君勤勞於官，不遑寧處，顔未嘗少釋，因私問之。君曰：“吾幸以嚴君之澤通籍朝著，而嚴君俱高年在堂，徒以江湖之險，不能迎致京邸，於心闕然。朝夕之覬，庶幾以恩封及親，少答劬勞之萬一。而桑榆景迫，惴惴焉唯職之弗供，不克以遂吾圖是懼，而敢慢吾官乎？”予益賢之，知張氏有子如此也。至是以三載書稱，蒙恩命封父遺安翁承德郎、武庫司主事，母沈爲安人。同鄉大夫士合曰榮壽宜賀以文，而屬之予。

惟張氏江陰望族，世以詩禮相承。迨遺安，益爲恢拓，雅好靜逸，不喜仕進，花晨月夕有興致，輒與親友觴咏盡歡。年七十有九，猶精力未衰，手一卷，終日不釋。安人自幼精于女工，歸而善事舅姑，相封君，以勤儉治家，教諸子讀書，至脱簪珥爲供億。年與遺安埒，猶持内政，中外井井。夫以伉儷偕老，壽如此其高；綸綍同封，榮如此其最；非其積累之深，鍾受之腆，其曷以臻兹諸？於親爲多福，於子爲至幸，信人生之難，其不可以無賀也。何則？親之爲恩罔極，子之爲孝無窮，不得不可以爲悦，不及不可以爲悦。有壽而不榮者矣，有榮而不壽者矣，亦有榮壽而不爲具慶者矣。有一於此，皆不足以爲樂。此自古人子之心慊者常少而憾者常多也，而職方獨備焉，其爲樂可勝既哉？

予嘗謂事之出於天者，人無所庸其力而末如之何。若其有係諸人，則凡分之固有，職之當爲，鮮不有以自盡，況子之於親，其思所以自盡，尤不待勉强而後能也。兹其爲子而獲具慶之壽，是出于天之不可必者亦既集矣。爲臣而膺錫命之榮，則係諸人而可盡者又無不驗焉。君子非弗盡於人之患，而不得于天是慮；非不有其初之難，而弗克于終是病。然則職方之圖惟終始，修諸人以應夫天者，亦何所不至耶？上之施下以厚，固將厚責其報，匪徒崇虚文以爲臣子榮親之具；下之報上以厚，猶將原[一]望其施，匪徒援故事以爲臣子榮身之私。欲得其忠，必使先致其孝；欲盡其孝，必思先竭其忠。忠以孝著，孝以忠顯，以是知職方勉于忠孝以榮二親之壽者當常常見之。諸君子以鄉曲而爲其榮壽之賀也，將不源源而來乎？愚尚得而嗣言之。

慶封君李斗室壽九裒詩序

斗室李先生至大，今中府經歷君朝宗之父也。年八十時被恩例，榮服冠帶。經府頃判京兆府，會朝廷以兩宫推恩，受封如其官，隱德爲鄉里重，咸曰“李封君，李封君”。歲乙亥壽躋九十，鄉縉紳將賀之，先生以疾告，弗果。今年加歲一，三月一日，其懸弧之辰，起居益健康，見者不問不知其爲九十人也。鄉縉紳又相率謂曰："先生年若是高，精神未憊，童顏鶴髮，輕捷，殆神仙中人。教子成名，載膺封典，就養清都紫微之所，可謂壽而且榮矣。有一於此，已爲不易，先生實兼有之，所得於天，何其厚也！是惡可以無賀耶？賀則宜腆，又惡可以無言邪？"於是大司馬宮保晉溪王公首爲賦詩，賦者相繼，珠聯璧合，遂成巨軸，謂予宜序其端。

惟年之貴于天下也久矣，三代治各有尚，惟尚齒則相因不易。非襲故常而莫之易也，以天地好生，無人爲大，壽固諸福之會、萬善之原，圖理者講焉，則有序不亂，雖欲易之，不可得而易也。人之德業，必老而後成，一則曰耆，二則曰老，豈不以歷閱久，涵養深，人情世故必是焉而後熟，一言一行皆可訓當時，法後世？理則然矣。世之恒情，强脅弱，衆暴寡，鬥智角力，紛紜萬狀，不知紀極，惟裁之齒，則帖然底定，于以見長幼之節出於民彝，固有不可廢者，其爲風化之原，較然而貴於天下也，有由然哉！故古之老老自五十始，於衣則衣帛，於食則異糧，於杖則家，不從力征而服官政，則率以爲期。方始衰時，優禮已加，汲汲若恐後，而況於九十乎？至於九十，年幾加倍，優禮之隆又不啻倍焉者，蓋上壽古已間有故耳，而況於今乎？斗室翁之賀于鄉，固其所也。

翁世家岢嵐，天性孝友，其中易直，不爲溪徑。嗜山水，登玩忘倦，暇則讀書教子。平生不作皺眉事，所遭輒順受不疑。悲喜憂畏，蓋久矣度外，庶所謂無勞爾形、無搖爾精者，其壽固自有道，過此以往，雖百歲可也，予尚得而續言之。

壽車母楊宜人八袠序

石爲吾省文獻之邦，多故族大家，而車氏尤著。都憲公嘗歷西曹郎中，執法不阿，無敢干以私者。巡撫宣鎮，值逆瑾用事，持憲愈力，一切宿弊剗削殆盡，邊境爲之肅清，竟忤其意，媒蘖罷去。二子自幼穎悟絶人，能世其學。進賢十歲能文，總角發解于鄉，遂舉進士，名動京師，爲造物者忌而奪之。咏賢宰伏羌，清介有父風，民歌其政，往往以廉能見勞而遠大有可期者。父子相繼，輝映仕途，不獨爲一鄉望，人皆知之。至於綜理内政，相成德美，以速其家之興，實有資於楊宜人者，或未之知也。蓋内非有主，則外不足以盡其顯揚；前非有啓，則後不足以光其繼嗣。自古家國之興，雖天生賢哲應世有爲，若非人力所能與；然氣運之鍾，兆祥衍慶，必有爲之贊者，謂非天授亦不可也。

宜人端慎明淑，閨門肅然有法。方都憲公家食時，每夜讀則共對膏火，織紝達旦。及宦游四方，宜人以姑老留養於家，曲盡孝愛。公之殫力職業，無復内顧，所在赫赫有聲者，則其内助之良也。教子不爲煦煦之慈，小有過輒加訶叱。裁抑服用，不得縱奢以惰其志，旦夕齋塾占畢外，一無所與。故能英敏夙成，爲器不訾，則其慈訓之懿也。夫以宜人之賢，車氏之興賴之，功亦不淺矣。席豐履泰，榮被其躬，宜有大過人者，顧以養姑，未嘗一登宦輒〔二〕。雖公官歷九階，年餘三紀，而晏然鄉井，蔬食裙布，下同齊民之室。平生辛苦萬狀，略無少償，而爲善者幾怠矣。自今觀之，宜人不邇榮貴，殆有所據，天之報之者固自不昧，世俗之見恐不足以涯涘之也。兹其年逾八望九，起居健康，無異少壯人，其福有未艾者，此豈可以易得哉？

《洪範》五福以壽爲先，壽則可以享諸福也。福之在人，各有分限，積之欲固，發之欲徐，常約於前而豐於後，壽實主之。老氏以嗇爲道，謂能久視長生。至以聲色臭味養人之物，皆目爲聾瞽狂疾，拒而不受，含虚抱真，從容順化，不使乾没易盡，以節量其所謂福者，故其用不窮而造物者不能病。宜人撙其所享，裕而爲壽，其有得於是乎！惟天不可以僞取，即是以考德而其賢益章。視沉涵富貴以窮其欲，斃而後已，曾無一善之可聞，直烟雲之經目、鳥音之過耳爾，則亦奚足尚哉？

宜人以去年丙子爲八袠，而公之制服未闋，不得稱賀。咏賢起復，改知鷄澤，愛日之情不能自已，將迎養於官以修闕典，言其事於同鄉諸縉紳，得詩若干首，用歌以侑觴。予忝通家，得以乘韋之義引而先之。

壽岳翁王敬齋先生七袠序

壽可益乎？壽出於天，非人所能益，顧受而養之則存乎其人，使天之所命順承而無害，斯可矣。養壽有道乎？天下之物，惟靜可以久存，而勞形任役者每易于速化。欲壽之昌，但守靜而不失，斯可矣。人之養壽，必寂然無爲而後可以爲靜乎？亦先立其大者，使心有主而不役于物，斯可矣。夫人以眇然之躬處於兩間，環萬物而攻之，雖順逆異情，夷險殊致，其爲吾敵則一也。於是無以主之，順則喜，逆則戚，夷則揚，險則沮，規規焉惟物之輕重是役，其何以保合太和，培養元氣，而祈天永命哉？人之有生，莫大乎心。心爲天君，宰制群動，是諸福之會而性命之源也。欲壽而不於是求，其得爲知務乎？自夫道家者流呼吸吐納以爲奇，熊經鳥伸以爲異，直欲絕俗離群，與喬松伍，其誕否，吾不可知，要之，逆造化而賊生理，非吾儒順受之正也。惟能有以養心，使其中常靜而不爲物役，撼之不爲搖，突之不爲辟，欣之不爲悅，激之不爲怒，以寧吾神，以固吾宇，以全吾真，所謂心和則氣和，氣和則形和，形和則聲和，聲和而天地之和應矣。天地之和應，而人有不壽者乎？

岳翁王敬齋先生壽登七袠，矍鑠如少壯，人皆疑翁之延引調攝宜有異術，不知翁之生平履歷惟以靜自守，不役其心于物，而養其壽者固有道也。翁幼聰敏勤學，爲儕輩推重。屢屈場屋，以胄監授渭南丞。持廉秉公，義命自處，冰檗之聲播於遠邇。有貴勢者欲以私撓翁，翁不可，曰：“吾官可奪，服可褫，法不可屈也。”遂飄然引歸，於邑城西構別墅，辟田數頃，以耕讀課其子孫。約耆舊數輩爲會集，更迭觴咏，暢叙情好。其視順逆夷險了不識爲何物，區區世故，豈復有干其静者哉？是以和順積中，英華發外，觀其顔色，則頮然而童也；聽其談論，則鏗然有倫而亹亹不倦也；視其動履，則秩然有儀而進退周旋之不忒也。是之謂不以心捐道，不以形徇物，順承乎天而無所害，不自知其入於壽域也。況其子孫既多且賢，衣冠文物爲邑觀望，慶澤所及有足徵已。自兹以往，彌老而康，彌壽而昌，享有多福以進于期頤者殆未可量也。

翁林下會友常二尹、時泰輩以八月十一日爲翁誕辰，偕同會欲賀以文，走書見屬。龍遠在京師，不得稱觴爲慶，執筆而頌，分也，敢述翁之所以養其壽者爲説而且致祝云。

壽岳翁王敬齋先生八袠序

事有若出於天所爲，其實未始不以人者。人皆知聽命于天，一定不易，不知天之在我，動静與俱，無毫髮間，順事之，其應自至，泯於無形，謂非天不可也。所以爲之者，謂非人乎哉？天之禍福人，未嘗有物督察，屑屑然較計，不爽理而已矣。理者，事物所自爲道也。撲事宰物惟其人，順則善，逆則淫，善則福，淫則禍，猶影響然。明於此義，壽之爲理思過半矣。夫人以眇然一身托無窮之間，物交情熾，裂吾真、斫吾樸、褫吾魄、汩吾神、耗吾氣者紛如也。乃不求所謂理者順之，欲歸然獨存烈焰中，其可得乎？惟辨之於蚤，養之以恒，一動一静，至於酬酢萬變，各有其理，而毋或少違焉。其真常定，其樸常完，其魄常聚，其神常安，其氣常充，就其所以生者，去其所以戕者，壽固其宜也。是謂出於天而不可易，豈世之謬悠無據，肆爲邪説以欺人者比邪？

岳翁敬齋壽躋八袤，今年壬午仲秋十有一日，實維誕辰，其孫國子生澤至自敝邑，奉其季父鉦命，請文爲翁壽。壬申之歲，嘗壽翁七袤矣，自今觀之，耳目聰明猶昔也，步履輕捷猶昔也，善飯猶昔也，齒不搖、髮不脱猶昔也，議論聳人、亹亹忘倦猶昔也，是可以僞爲哉？閭里忿争者往質于翁，即帖服而退。士類宗之，或有過舉，輒相戒曰："幸無聞于王叟。"賓於邑大夫，時造廬咨以政務，復其家，未嘗有私謁，又奚得此於人哉？是翁之所以壽也。壽以德臻，德以壽懋，其來久矣。古之壽者，顔貌之澤，筋力之强，固已迥異于人，其言行皆可師法，自朝廷達委巷，靡不敦尚昭其德也。非順理以事天，其孰能與于是？即翁之精力不減壯齡，感人動物，老而彌重，識者知其將逾八望九，以至於期頤，未可量也，殆亦古之所謂壽者與？

龍遠在千里，十載間再逢盛事，不得一稱觴焉，負歉多矣。昔者緘辭寓上，翁欣然讀之，謂猶見吾面。兹踵爲故事，則翁之喜色又宛在吾目，蓋不必登堂獻酬而後爲見翁也。望而祝，拜而後遣，有言不能悉者，澤尚爲致諸左右。

壽沈太安人序

余嘗觀士大夫家，衣冠文物世濟其美，名聞朝著，輝映里閭。夫人所歆羨而指以爲望族，雖其開拓、承繼後先有人，至其所以爲主乎内，致助於所不及，默相其成而不撓其所欲爲，往往出於女德之良。循公忘私，以濟艱難之業；秉貞持潔，以正閨閫之本；遠識定立，以啓嗣續之基；然後足以易否爲泰，化塞爲亨，而一家無不須以成者。《關雎》咏《詩》，"嚴君"贊《易》，《内則》著於《禮》，聖人以爲萬世訓，其繫於人倫世故豈淺淺哉？

　　沈氏爲嘉興望族，其始自樗軒發之。樗軒好禮讀書，未及仕進。其弟元節舉進士，官至貴州參政，有聲稱於時。其子煉又舉進士，官西曹，累遷廣西參議，爲士論所重。其孫圻又舉進士，任監察御史，風采有足觀者。夫其奕世相承，登高科，躋膴仕，增光耀，以爲門弟之盛，豈特浙水之奇而已邪？天下亦殊不多見也。識者謂有所自，則以樗軒之配太安人□有力焉。先是，樗軒撫育諸弟，力有未及，太安人即出其裝賄植公産。參政公得從事於學者，皆於是乎取給，嘗語人曰“微吾嫂，吾不及此”，濟其業也。樗軒早世，欲以身殉，已而守節自誓，始終不渝，而攻苦力艱，以撫遺孤，有《柏舟》之風，正其本也。教參議公就學，嚴程督責，卒底於成。令參議公以其所受教者教子，故諸孫皆有可觀，侍御君尤爲早發，啓其基也。是其拮據締構，發樗軒之所未，以昌大其後，亦已勤且力矣。沈氏之盛，豈偶然幸致也哉？

　　夫其勞之劇者享必豐，施之艱者報必厚，福履綏之，固其所也。以榮耀，則絲綸錫封，珠翟銜采矣；以奉養，則世禄相承，旨甘必備矣；以胤嗣，則有子及孫，既多且賢矣。抑猶未也。人生以百歲爲期，而七十古已謂罕。太安人壽八十有五，健康若少壯人，諸所謂福者皆得目擊而身享之，是其賢固不易得，而所獲於天者尤爲人之所難，豈非天下之至樂哉？《詩》云“瑟彼玉瓚，黃流在中”，太安人有焉。八月廿七日，實維設帨之辰，侍御君奉命按兩廣，過家爲壽。參議公適急流勇退，歸侍起居。廣筵集賓，張樂高會，而父子承歡，錦衣晝耀，稱觴於壽堂，豈非天下之至慶哉？《詩》云“孝子不匱，永錫爾類”，參議公之父子有焉。

　　參議公之同年仕於朝者欲遙賀以文，托之侍御君，爲達于浙。予忝年愛，故得述太安人之德而著沈氏之盛，且以爲壽徵云。

壽演範真人陳虛白七裘序

　　有治老子之學者陳虛白先生，年七十，顏頰而髮華，背不
台，行不以筇，與談玄終日，亹亹不倦，咸目爲神仙中人。或謂
予曰："先生歷事三朝，含真養素，大振宗風，作道事輒感應，
稱上旨，賜賚優厚，同道者罕能儷，授演範真人。今壽且健，猶
有不可量者，非仙術，其能然乎？"應之曰："仙，吾不能知，
老子之學則嘗聞之矣。道家者流，類以老子爲宗，老子不言仙，
非其所貴也。世之學仙者，類以吐內修煉、解化飛升爲説。老子
之書開闔造化，出入鬼神，亦可謂玄之又玄矣，乃獨不及此，豈
其知有弗逮邪？其不以貴可知已。虛白爲之徒，宜有以道其道
者，顧以其所不貴者貴之，非善學老子者也。今其處宮觀，與世
往來，服官秩，奉朝賀，修君臣之禮，未嘗絕人離世以詭其迹，
其不以貴可知已。"

　　"然則仙何從出？老子之不以貴何居？"曰："人之生也，有
命在天，養而無撓，以順大化，斯善矣，而世莫之能養也。老子
謂治人事天莫如嗇，推而極之，可以深根固本，久視長生。蓋大
塊假我以形，勞我以生，吾惡能逃？而節量精力，保合太和，不
使之乾沒易盡，是則在我。譬之積資能摶，可以久裕而不匱，理
固然也。世之爲老氏者，失其爲嗇而徒慕乎其高，乃欲垢濁斯
世，妄意六合之表，攘竊造物以私其身，荒忽誕怪，不可究竟。
以老子之道律之，乃其所深黜者也，奚其貴？老與儒不同道，虛
白樂與吾儒游，室有詩書，門外多搢紳車轍迹，其胸次若不能無
疑於其學而求正焉，況於其所賤者慕而學之，可謂不倫之甚，而
知其決不然矣。其於壽也，得無嗇之云乎？或曰老子西之流沙，
不知所終，蓋以仙去。而書不盡言，有未易言者，誠嗇之也。不

貴云者，所以深貴之而人不察耳。虛白如精其術，則又闇然自晦，諱其所貴，不以示人，而流沙且有待矣，吾安能知之？"

壽李母張氏六袠序

錦衣百戶李君天相方布衣時游京師，以鄉曲之愛數過予，過輒爲予言，久違母養，欲歸省之。歲戊寅，母年六十，春正月十有一日爲衣褯之辰，願一言持歸爲母壽。予稔知李氏澤故巨族，兄弟五人皆郡良，家益以昌大，待之舉火者若干人，待之饘含者若干人。問遺交際，咸曲盡其禮，内外無間言。在鄉評，往往歸重母張之賢，有以綜理内政，教子各底于成，福履綏之，而耆而耋，而耄而期，固其所也，予復何言？天相方懇懇言，不吾置也，乃從而問之曰："子之壽母，亦有其具乎？"曰："時卿越在江淮，不得侍甘旨。水陸之珍，難得之品，可遠致于家者，輒爲備之，以爲壽筵供，若是者何如？"曰："可矣，而未也。""文綃奇錦，可以爲衣者，必購以重價，櫝而獻之，惟吾母之欲被，若是者何如？"曰："可矣，而未也。""時卿以晚息從諸兄商，母恒以孱弱弗鹽之幹無以承吾家爲懼。兹閱歷既久，事窺肯綮，操其奇贏，不啻吾初什百，歸而庭陳，母其謂我爲克家乎？若是者何如？"曰："可矣，而未也。""時卿幼不及學，雅志用世，覬以一官自效，獲從衣冠後，歸而拜於堂下，母之悅之不愈于彼數者乎？若是者何如？"曰："可矣，而未也。""時卿聞事君不忠，莅官不敬，君子以爲不孝。苟濫名仕版，將忝吾身，忝吾職，圖稱以爲吾母光，若是者何如？"曰："兹固予所望於子也。子才質之美足以及之，顧力行何如耳。子必勉之。"

天相乃不果歸，盡棄賈事，留意書史，親賢士大夫，以求其所未至。藻德砥行，不以一日僥焉，若不終日。久之，行成而名著，雖貴顯者皆知有天相，遂以薦剡授錦衣衛百戶。而奉使江南，祇承德意，比歸，舟中惟圖籍而已。人益賢之，謂其可以大任，向之歸重□母氏者愈較然矣。於是天相始議歸，蓋母年已六十有二，補而賀之，有其具也。

六十爲壽之始，百户爲武階之始，錦衣故里爲榮親之始，歸而爲壽，固其時乎！古人有言："非是母不生是子。"子之賢，足徵其母。母以子賢，孝之大者，而以子貴者次之。茲其歸也，張宴召賓，稱觴膝下，寧馨之稱溢於閭里，蓋有絲竹不足以爲娛，膾炙不足以爲旨，金繒不足以爲珍，天壤間不知何樂可以易此。予辱愛雅深，顧可無一言以相之乎？遂述其相與講於平日與能踐言以成其志者，作壽六袞序。

校勘記

〔一〕"原"，據文意疑當作"厚"。

〔二〕"輒"，據文意疑當作"轍"。

序

賀周母王氏七褒序

　　鄉貢進士周生紳以其母王是年壽七褒，八月十一日，其誕辰也，愛日之誠不能自已，言其事於諸同舉者，得歌詩若干首，將以爲壽筵獻，請予序之。正德癸酉，予奉命典京闈鄉試，紳蓋予所舉士也。比放榜後見紳，彬彬然有禮度，與崛起草茅者不同，意其爲衣冠家子弟，心雅重之。已而聞其父純庵公嘗爲秋官員外郎，及其母王之賢，知紳之成有自，竊爲得人喜。於其壽母也，可無一言以相之乎？

　　母幼寡言笑，勤於女紅。既歸，事舅姑盡禮，處娣姒雍雍無間言。純庵以清慎莅官，有聲西曹。比其捐館，孀居食貧，不渝其志。授二子以書，曰：“此爾父之遺也，兒勉之。”聞者爲嘖嘖稱嘆。惟婦德不出閨閫，相夫教子，其職也。由王觀之，皆有成績，德可知矣。

　　德不與福期而福自集，福不與壽期而壽自延。葛藟之纍，黃流之注，各以其所，天之錫善人者類如此，宜王之多壽也。紳與其兄縉圖所以壽之者，豈有他道哉？於己取之而已矣。今夫母以慈爲道，要必有慈之大者。煦煦撫摩，觀其婉變突弁，不爲之所，則末也。子以孝爲道，要必有孝之大者。亨熟饘蔌，嘗而薦之，區區於口體間，則末也。方紳兄弟之幼孤也，門祚衰薄，囊無遺資，微母則周氏未可知。縉兹從事武階，志期用世。紳之學業精進，爲一時流輩推重，將來有可占者。母氏之慈，有大於此乎？然非孝之大，則亦不足以成之也。尚思拮據之艱，繼承之重，不以所至自滿，砥礪操修，朝夕惕若，以赴功名之會，志其遠且大者，使文足以經邦，武足以敵愾，榮膺錫命，寵及其親，而澤流來葉，純庵之緒有以復振，雖拓而大之可也。人將稱之曰"非是母不生是子"，則平生劬勞，望於其子，以成慈教者，亦庶乎無歉矣。壽母不當如是耶？

予忝有一日之雅，義不得無厚望，故嘉其請而爲之辭。

壽良醫正温庭美六袠序^{〔一〕}

邢恭人榮壽詩序

平陽爲晉中望郡，襄陵爲平陽望邑，邑有邢氏者，又襄陵望族。龍垂髫即聞邢先生名，比入仕，得識先生之二子經府君與都運君，爲之斂袵嘆曰："衣冠家有如先生者可謂有父，如君兄弟者可謂有子矣。"既而都運君遷去，經府君同朝甚久，往來爲最厚，則又稔知其母梁恭人之賢，復爲之斂袵嘆曰："衣冠家有如恭人者，於先生可謂有婦，於二君可謂有母矣。"是豈特襄陵之望哉？雖平陽可也，雖晉省可也。乃知世家之興非突然無自，必^{〔二〕}。君府經歷。霖舉進士，仕至長蘆鹽運使。需游太學，爲儕輩推重。以職則舉，以業則精，各底成立者，恭人有以教之也。然則恭人於邢氏功亦大矣，其爲德也，奚以加於此哉？

夫德之盛者食報必厚，葛藟纍於樛木，玉瓚注以黃流，理之必然也。故恭人之壽逾八望九，起居飲食無異壯年。歲時家宴，子孫詵詵，分列羅拜，稱觴勸飲，歡笑滿堂，恭人嘻嘻然爲首肯。鄉閭咸嘉而嘆曰："遐哉！恭人之壽可以觀德矣。"嗣是而進於期頤，彌老而康，彌敦而固，其福祉殆有未艾者。天之報恭人，何其厚且著耶？於是經府君乞假歸省，以十月十二日爲衣裼之辰，欲及期爲壽。朝紳與君兄弟知厚者咸賦歌詩以寓祝頌之意，珠聯璧映，遂成巨卷。予則自比乘韋，得序而先之。

王太安人《榮壽詩》序

《榮壽詩》者，爲太安人王母作也。太安人就其子戶部主事邦器養于京師，未幾受封。兹三月二十有八日爲設帨之辰，壽躋八袠，邦器大宴賀客，太安人冠服坐堂上受賀。趙司諫鳴教偕諸同鄉士稱觴爲壽，既又賦詩以寓祝頌，咸謂予曰："盛事也，宜序之。"

惟福之在人莫大乎壽，而榮壽其尤也。壽而不榮，則雖生無以爲華且樂，非備福也。故子之大願，不惟其親多壽，必欲以所得乎己者榮之。親所望其子，亦惟以才賢效用于國，荷寵光而榮乎己。然有命焉，不可得而兼也。垂白在堂，或困於甘旨之不繼。功名蓋世，炫耀妻子，不逮其親者，往往而是。古人捧郡檄而喜色，思負米而嘆興者，不以是哉？太安人壽如此其高，封如此其貴，養如此其豐，彌老而昌，彌壽而康。邦器進不失公家之務，退能盡其孝私，朝夕侍養，求所以娛其意者，無不至焉，於榮壽可謂能兼有之，其爲福亦既備矣，是豈無所自乎？《易》曰"家人有嚴君"，父母之謂也。所以正家而定天下者，于此乎始，嗃則吉，嘻則吝，故嚴君者，人倫之本，諸福之歸也。

太安人治家嚴而有法，其誨子不少假借，一言一動必稽于禮。遣之就學，日有程課，稍不逮，則盛怒而督責之，固《易》之所謂"嚴君"也。邦器以是能大其所養，取科第如拾芥，服官戶部，聲績赫然。人皆羨太安人之教其子爲能母，邦器奉其母之教爲克子，所以享榮壽于今日者，非幸也，宜也。

禮既成，諸君賦詩而退，遂書此以弁群玉。

李太孺人榮壽序

人子用畎畝之力共養其親，思慈愛忘勞，雖菽水猶足盡歡，謂其有以自效，無外慕焉，則仕而禄養者可知也。禄以代耕，旨甘有所取給，於是捧檄動色，三釜非腆，猶怡然爲樂，謂能以君賜逮親，養斯榮焉，則都顯融、據華要者可知也。夫仕美禄豐，養備珍異，問所欲敬進，於心爲已慊，謂生則敬養盡之謂敬焉。況當垂白在堂，榮被封錫，逾七望八，健康若少壯人，天綏之福殆未可量，足慰人子無涯之心者，又可知也。

刑科都給事中李君孔教迎其母太孺人京邸，問安朝夕，膳飲躬饋，士大夫家獲有此樂亦罕矣。先是，太孺人相封君丞濬，克成宦績之懿。以家學教二子，俱掇科第，能其官，蔚有時名。太孺人年七十有七，就養清都紫微之所，帔霞簪玉，日分大官，爲樂豈不百倍尋常者邪？予以爲此在都諫君不啻慊矣，於太孺人猶未也。齒登八袠，幾於上壽，爲壽之難，太孺人樂矣。修短，數也，自天降之，吾得其修者爾。秩總諫垣，司存獻納，爲官之難，太孺人樂矣。功名、富貴亦有定分，吾適其會爾。謂非樂，不可謂樂之，真極人心所欲，不可有加焉者，則否也。聞有聞過而投杼者，有以廢學而斷織者，有責子與李杜齊名者，有自擬滂母而許其子以滂者，不可一二數。大之爲聖賢，次則爲杰人碩士，期於不朽而已，豈直榮遇進取爲奉養計耶？用是知太孺人猶有厚望于子，都諫君樂其親者且有説也。

古者求忠臣於孝子之門，傳以事君不忠爲非孝，人子事親之道，固當於事君得之，都諫君於此亦何所庸其力矣乎？昔人謂天下事唯宰相得行之，諫官得言之。知無不言，諫官責也。言無不行，宰相職也。宰相坐廟堂之上，固有不盡知，必假諫官之言，諫官爲職亦重矣。士君子有志于世，患不得言與行耳。得言於己而行於宰相，是日中必昃，操刀必割時也，尚奚俟而弗汲汲爲哉？今自社稷而蒼生而天下後世皆其責也，皆其所得言也，皆其與宰相共者也。從容數言，不動聲色，定國是，發幾微，基治平之原而開萬世利，將不在兹乎？進躋不次，隨寓建立，不負天子，不負所學，流聲華於天地之垠，使夫聞者起敬，莫不曰“何生子寧馨”，曰“生子當如某某”，曰“若某者可謂不忝所生，某其幸哉”。有子如此，是養親以志，所謂顯揚而用勞者，與彼直取辦於口體之奉，昧其遠且大焉，其爲樂何如也？

太孺人以五月十二日爲衣褦之辰，都諫君適奉詔使東藩，將介壽而後行。諸寮友咸榮而樂之，謂不可無賀，賀宜以言。予辱都諫君知，亦求所以樂母氏者，將質於都諫君，以定其志而未能也，作《榮壽序》。

壽許母張太孺人八衮序

平陽於吾省爲望郡，其屬洪洞又邑之望，以文獻稱□矣。御史許君國楨，其邑人也。蚤失怙，奉母太孺人張教，力學不怠，自爲諸生時，識者知其當爲遠器。及舉進士，出宰上蔡，即欣然迎太孺人之任以就禄養，有古人捧檄動色之意，且欲承其志而不敢貽之憂，思所以自勵者，猶諸生時也。於是百度興，冰檗著，而邑事無不舉矣。召入爲御史，以風力巡兩淮鹺政，送太孺人歸里閈，豫約予以文爲今日壽，毅然奉命而往，思所以自盡者，猶上蔡也。於是江淮肅然，奸蠹盡剔，而鹺政無不清矣。比還，益爲臺端重。適甘肅諸鎮按者當代，類以西陲密邇羌虜，時方孔棘，去京師數千里，多不欲往者；君以太孺人在堂，得便道歸省，又怡然無幾微見於顏面，思所以自效者，猶江淮也。會君三載秩滿，以例許暫留考績。於是太孺人壽登八衮，以子貴受今封，而諸福駢集矣。搢紳士多榮之，咸賀以歌詩。軸成，君請序，以申前約。

惟君之禮于臣以勸忠也，臣之勤于職以章孝也。不惟爵及其身，而因以顯親勸忠以禮也；不惟身享其禄，而且以逮親章孝以勤也。忠以孝成，孝以忠著，二者相須而不可闕，君其有哉！君之言曰："始吾以母教職親民，即民有弗獲，所教其墮矣，吾懼焉，是用免於戻。"則上蔡之績，太孺人教也。"繼以母教理釐政，即釐政有弗清，教其弛矣，吾懼焉，是用遠於尤。"則江淮之聲，太孺人教也。"茲又以母教領按治，即按治有弗稱，教其夷矣，吾益懼焉，敢不圖逌于咎？"則甘肅之行將大有聞焉，太孺人教也。夫試於屢者不疑于一，驗於前者必徵於後。自茲以往，太孺人所望其子及君自建立以無忘慈訓皆可知也。古所謂養志者，非邪？其過家爲壽，侈上之恩，綸音既宣，命服既具，盛筵既張，嘉樂既合，兄弟、子姓羅拜後先，稱彼兕觥以祝難老，俾鄉人、姻戚旁觀而嘆曰"幸哉！有子如此"，又曰"非是母不生是子"，斯其榮矣乎！斯其樂矣乎！榮以奉之，樂以將之，彌老而康，彌熾而昌，逾八望九，以至期頤，福履之綏蓋未艾也。君之壽母者如是其尚，知所省而不渝也哉！遂以爲群玉引。

賀少傅大司馬晉溪王公璽書獎勞序

少傅晉溪王公曰自司徒拜司馬，於時四方多事，警報日聞，朝廷務以神武戡定，征戍、轉輸之勞未息也。命下，朝野胥慶曰："休哉！其見邊境寧謐，生民息肩，相與優游於太平域乎！"公自歷郎署即有盛名，回翔中外餘三十年，天下延頸，思朝夕柄用，立見功業之成，其愜於輿論固有自哉！既被簡用，即毅然以天下爲己任，凡事關機要，決策發謀，不遺餘力。山川險易、戎狄出没之情，諸鎮强弱虛實狀，一一如指諸掌。文臣自總制至兵備，武臣自節鉞至偏裨，率因材受寄，度地處人，悉惟其當。移符調度，遙授方略，動中肯綮。又以賞罰鼓舞之，功罪毋或僭差。故夫發踪指示及爪牙宣力之臣奔走效用無敢後先，雖蠻獠爲寇，自遠時發，旋就撲滅，捷報旁午。皇上深用寵嘉，晉官錄蔭，加以優賚爲未已，璽書獎勵兩至其第，若曰："朕惟本兵之地，奉行天討，掃除亂略，以正邦國，厥任匪輕，惟其人乃克有濟。國家承平日久，武備寖弛，寇盜竊發，顧以姑息，養患滋深。頃者閩、廣諸省用兵屢捷，罪人既得，邊境晏然，惟卿幹運樞機，算無遺策，申嚴戒令，一掃近時玩愒之弊，用能成功，以康四海，允副眷懷。卿其益篤忠貞，式弘邦政，升斯世于大猷，予一人永有攸賴。"於是士大夫榮之，賀者相踵。公瞿然謝曰："是惟宗社之靈，皇上戀昭聖武，暨諸臣圖報之力，吾庸乎哉？"

龍以爲天之眷人國家，必生卓偉不群之才遣之用。人君必峻禮殊遇，特示優崇，非私之也，正以其世不易得，所賴股肱王室，翊鴻業於無彊，有足重耳。自古稱治者，未有不由乎此。紀傳所載，鏗鈞震蕩，至於今不泯，其可一二數哉？公遭際聖明，職司九伐，精神折衝，風驅雷動，妖孽蕩平，易於振落。古之名臣，殆無以專美，待之異數，固其所也。自今觀之，公年方耳順，筋力之強，福履之厚，復出常格，天實生之，天實相之，爲我宗社計，尤爲較然，是知公之事業建於將來者，其可以涯涘窺耶？將編之乎史冊，勒之乎鼎彝，播之乎管弦，流芳振響，永永無極，與天下後世共之，不止一時獎諭而已。是乃關氣運之隆，係禎祥之應，生民慶幸，實在於此，豈直吾晉陽人物光哉？

鄉人稱賀觴公，乃仿古作者爲詩，俾歌而侑之，詩曰：

皇帝受命，撫有方夏。帷幄運機，仰成司馬。太行降神，是生偉人。典邦之政，式綏兆民。遐方逆徒，蠢爾爲孽。自絕於天，在在草竊。搖我邊陲，攻我城邑。釀患有年，惟事姑息。帝怒赫然，詢爰宿儒。曾是弗問，吾民何辜？公曰天討，職茲梗化。厥罪既盈，法不可赦。督彼諸臣，允文允武。謀深如淵，勇勁於虎。師徒所指，烝烝皇皇。太山之卵，車轍之螳。殲厥渠魁，脅從罔治。蔡人吾人，曾是忍棄？男歸而耕，女歸而織。謳歌載塗，再見天曰[三]。捷書屢至，帝欣曰都。疇哉尸此，司馬之謨。公拜稽首，天子神聖。武功告成，邊臣用命。既懋其賞，亦懋其官。璽書示獎，兩至彌難。公佐我皇，維德與威。內則《天保》，外則《采薇》。四方既同，維民之福。戢我干戈，武不可黷。嗟嗟我鄉，唐虞之墟。不有皋夔，紀於《詩》、《書》？公生其後，千載一轍。願保終始，追我前哲。

賀侍御賀廷器考績序

天下之物之賾，理之各得其序之謂治。治之成，必集群策，鳩衆力，宏規而密節，廣附而曲裁，而後庶幾也。非有綱紀維其中，又汗漫不可收拾，縱則怠，怠則緩，緩則廢，如天下之賾何？諸司分任朝政者亦夥矣，兼總條貫而督察之以趨于理，則獨付臺臣，謂之風憲。風猶樹之風聲之風，作之自我，以鼓舞群動也。憲猶監于成憲之憲，以法度裁人，遵乎舊，弗敢墜也。風憲職舉，朝不信道，工不信度，天下之賾壞亂弗修者，豈其理邪？今夫中外臣僚因人銓授，御史則集衆掄選，非素有才望，儀貌魁梧，齒陟三旬者不與，端其本也。文臣鮮有試職，御史中選，必使習於臺政，日鍛月礪，逾年乃得實授，稔其才也。諸司官承委使四方，竣事復命而已。御史至自按治，必考其勤，稱有功乃踐舊職，謹其用也。夫固謂紀綱之司，群策衆力所須以奏功者，其慎且重，不當如是哉？昔人有言，天下事惟宰相得行之，諫官得言之，雖事權相垺而勢分，則莫能以兼也。言宰相所不能言，行諫官所不能行，舍臺臣，其孰尸此？居則朝政得失皆得論列，而從違之事在諸司，往往參伍其間，俾有顧忌而不敢以逞。出則當一方寄，利害以之，諸司事下郡省，取辦一聽其處分。雖數千里外朝政有聞，未嘗不抗疏焉。當宁爲改容，權門要津斂迹相避，天下之狐妖鼠孼、鬼蜮罔兩皆駭愕竄伏而不敢動。縱者收，怠者奮，緩者急，弛者張，天下之蹟可坐而理也。然非遠識定力，何以尸此乎？

平陽賀君廷器殆其人也。初，君宰高陽，累以治行被旌，召爲御史。首巡山海、古北諸關，兼任閱視，至則凡城堡、墩砦倏然葺新，劍弓、甲仗之屬皆鑿鑿精利異常時，邊人虔奉約束，不敢缺伍弛備，咸以北門鎖鑰目之。寧夏爲西陲重鎮，舊未設按治，安化之變，始命按其地，鉏奸櫛蠹，威德并用，反側輩帖然底定，夏人賴焉。比歸，屬兩河盜起，延及甸服，王師出剿，又以老成風力紀軍功。承平既久，將士驕惰不能鬥，君督戰矢石間，諸路并力用命，迄以捷奏，功多寡簡核惟公，罔有贗濫，爲朝廷所嘉，宴賚優渥，搢紳榮之。會三載報績，中丞則曰："是能持風裁，光我臺端，考當上上。"冢宰亦曰："是克修憲度，所謂真御史者，厥惟稱哉！"績上，制曰："可。兹乃允爲朕耳目臣，其暫歸舊職，益懋爾功，用需不次。"於是諸僚友咸曰："休哉！不可無賀。"以贈言屬予。

惟御史階不越七，爲職顧有尊官峻秩所不逮，至山谷中老嫗童孺之愚，亦知有所賴而安之，責重望尊也，其求稱不亦難哉？必隨所趾賜及。夫人言一發，事一舉措，皆足以益時裨世，綱紀庶寮，理天下之蹟而不愧，若吾廷器，其可也。乃有平居自負其才志，謂宜憲職，以及于民，則功博而效速，已而不盡厥用，又甘蹈夫不逮者，視吾廷器何如哉？雖然，宦成易怠，名盛難居，昔賢所爲深戒，講于吾黨舊矣，尚其勖之，用保終如始。予忝載筆，當備書以志風憲。

校勘記

〔一〕據底本目録補，此處有此篇，今全文脱之。

〔二〕此下底本脱一頁，計二十行四百二十字。

〔三〕"曰"，據文意疑當作"日"。

序

賀鄭西岡榮膺封誥序

　　治國者欲得其忠於臣，必使之事其親以孝；治家者欲得其孝於子，必使之事其君以忠。孝以忠著，非忠則無所取以事父；忠以孝移，非孝則無所資以事君。君、父之倫同條共貫，忠臣、孝子相須而爲用者也。古者求忠臣於孝子之門，傳以事君不忠、莅官不敬爲非孝，厥有旨哉！國家以孝治天下，凡文武之臣皆得以其貴及親，而錫之誥敕，因其品秩爲之制，存有封，逝有贈，琅函錦軸，宸翰昭回，使夫孝子慈孫世守珍藏，以爲不刊之典，恩至渥也。中外臣工所以感激奮發，建立事功，文期以致理，武思以戡亂，同翊鴻業於無疆者，豈無自哉？

　　吾鄉有鄭翁興祖者，世居都城之南，太谷其籍也。翁自少頗涉書史，文雅、行誼爲縉紳重，雖僻在郭外，貴人車轍不絕於門。其詣貴人，則必延之上榻，閱世故，談古今，周旋揖遜，有老宿風度。第後闢一園，可數頃。園之中四面構軒，各三楹。軒之前累石爲山，引井爲池，茂林修竹，奇花異卉，雜然而前陳。扁其軒曰"挹清"，日與親舊爲笑傲賞適，曰："是足以老矣，吾又奚求？"至子俊以軍功授錦衣百户，繼進千户，封翁如其官，同鄉大夫士咸以爲榮，載肉崇酒，卜日往賀。

　　翁瞿然不自安，揖而謝之曰："吾家不可以言富且貴，然身始布衣，起于儋石，諺所謂較之上不足，視下則有餘矣。居常念吾疇昔交游凡若干輩，其資産之盛，甲第之雄，車服之華，氣焰逼人，不啻吾數什百陪[一]，今皆衰謝零落，有不終其身者，有子孫弗能守者，亦有蕩然無復噍類者。而吾業以朴拙獨存，猶若有加於昔，吾且歷升平之世者餘七十祀，而子孫蟄蟄，含飴弄之，庸非大幸哉？繆承寵錫，每惴惴内懼，無以克當，日戒吾兒盡心職業，毋或敢怠。督僮僕服勤農圃，朝夕不暇。吾且廣施與，濟乏絶，不責其報，用以謝造物者，猶慮不任，敢侈然受賀乎？”僉曰：“是翁之所以當賀也。人之恒情，得志則滿，滿則招損，而不終繼之。古之有道，所以常守其貴富者無他，不驕以溢耳。翁茲家累千金，官階五品，而將之警畏，承以謙抑，大盈若冲，其用不窮，則造物不能忌而鬼神歆之。況夫朝廷推恩臣下者，匪直賞其勞績爲觀美具，正將勸之感恩圖報以爲無窮之休。人臣之得被寵榮者，亦匪徒襲取于家以爲故事，將服膺求稱，不敢曠職，以忝休命。是則忠臣孝子得保其令名，而家國之所以永賴者，翁之父子已得若處矣，而可以無賀乎？”翁不能答，憮然曰：“敢不拜賜？”於是樂作觴舉，主賓獻酬，相與傾倒盡歡。予乃摭其事序之。

賀郭武驤序

武臣以世爵，五載一考軍政。正德庚辰實維其期，諸衛在京師者，兵部遵故事，按其官賢否更置之，雖無所黜陟，而事權予奪一出于大司馬，疏具以聞，獨所謂四衛者不與。四衛創在宣德間，摘諸衛牧馬卒及神武前衛析而四之，爲騰驤、武驤，各以左右，隸御馬監，供芻牧事，備乘輿也，故號親軍，最爲近幸。凡大興作、大征伐諸供億取自他衛者，皆弗之及。有司之法，鈐制稽核諸武臣者甚密，亦不得以輒加。非卓然自立、不變于俗者，往往驕亢自賢，無所顧忌，故雖爲人所慕，而亦多病之者，勢使然也。至是，朝廷汰其不職，自指揮而下若干人，特詔兵部拔諸衛之良補之，所爲厚遇而精選諸衛曾莫與班者，蓋亦有説矣。虎賁趣馬與三宅并列，慎簡乃寮，其惟吉士，實丁寧於大正之命。驂御近臣，君德所繫，車轍馬迹，古人愸焉。四衛之設雖匪其舊，所司則同，顧可以非其人邪？遇之弗厚，無以稱其任，故略于有司不爲過；選之弗精，無以責其成，故拔于諸衛不爲私。誠欲其重自愛惜，且夕承事，輸藎誠，答寵遇，潛消默化，爲朽馭之助，豈小補云哉？夫自公卿、臺諫、百執事之官，崇者要者，忠者直者，非不衆也，其思自效以求益于上，非不汲汲也，究其成功難易，視此且百其力，遠近疏數之辨，其理固如是耳。

潘陽右衛指揮僉事郭君世杰，予姻家也，以才行推於武弁，局常格，爵不得伸餘二十年，志操益堅，不爲少沮，有識謂其必且大用。君之自處，若將終身焉。大司馬薦而拔之，得武驤右衛，時論以爲允。夫武臣職司兵事，其功至於摧陷廓清極矣，乃有於樞機之地，不動聲色，從容調護，基太平之業而天下賴焉，有公卿、臺諫、百執事所不易者，比于摧陷廓清，其大小何如也？或曰“四衛自爲一營，以時校閱，帥之者禮秩與元戎埒，蓋自其衛拔之，尤被眷注，苟得人焉，其效又有不勝既者，亦君所必至也”，敢并以爲勖。

賀石州王太守考績序

仕京師者遇其鄉人，必問其土之守令，人情也。由其土而及郡邑之鄉者，亦人情也。石鄰於潞，而潞爲余鄉，嘗以是而得石守之賢矣。然鄉人聞諸道路之傳，知其賢而不能道其所以賢，余以爲莫徵也。由是而詢之石人，石之細人能道其賢而亦未能詳其實，余以爲莫深也。由是而質于石之士夫，其士夫曰：“子欲聞吾守之賢乎？吾守常不欲人聞其賢，亦不欲人言之，其心惟懼夫名之不稱其情，俯焉日修而未暇也。請私述其所修者而道之。其親民事，出以晨，退必以午；出以午，退必以夕。事稍積弗理，則蹙然不自安，必決遣之而后快，可不謂勤乎？有一行也，其利民與否，合義與否，圖惟之必熟，務得其所當行者行之，固未嘗率意乘快，罔恤于物議而私便其身，圖不可不謂之慎也。乃若其所自持，則砥礪廉隅，人不敢干以私，居常食粟茹蔬，一敝袍三年不易，非廉而能如是乎？"余是以知石守之賢果不誣也，方將識焉采之，以傳循吏。適守入覲考三載績，石之宦于朝者豸史車君茂賢偕其弟鴻臚咏賢帥鄉人將賀之，而文徵于余。

惟天下之事莫不起于銳而仆于怠，天下之情莫不銳于始而怠于終。若守之治石也，吾固稔聞之，心不爲不盡矣，政不爲不嘉矣；苟其上者旌且獎焉，爲之下者畏且懷焉，不爲不光矣。第不知其所以慎終如始，收完名，全晚節，以爲遠大之期者何如耳，此宜守之優爲諸君之所以祝守也。況夫守之于石，善用人言而措之政，卒以是得上考，其不樂人之徒侈美而忘規告者明矣，故敢繫以言，期共勉于將來也。守者誰？王君貴中，舉成化庚子鄉薦，世爲山東曹州人云。

賀指揮使周廷儀襲職序

國家縣祿爵以待天下，固唯文臣是優。其於武臣，一册盟府，子孫世其官，與國同其悠久，尤爲盛典。何邪？夫人非有所厚誘，罔克得其力；非有所深慕，罔與盡其力。兵，凶器。戰，危事。生者人之甚欲，子孫則其所至愛也。將奪其所甚欲而置于凶危之域，不博之以至愛，固未有能濟也。所謂天下砥石而厲世磨鈍者，其以此乎？子孫得世其爵，吁！亦云艱矣。然寒微發豪傑之士，而富貴啓庸懦之徒，禍亂成廓清之功，而承平養怠玩之習。作於前未必能繼于後，能讀父書尚不免於長平之坑，而甘辱穿廬者亦素號有祖風，餘復何望哉？故力排風雷，功正天地，舉世莫與敵，子孫至不能跨馬挽弓者有之，甚則自委於武弁，破削方員，略不知自檢，顧使元勛宿將之裔爲時鄙譏，何世爵之典弊至於是哉！

太原指揮使周君廷儀，因其父參將公老而謝職受代，將歸開封，太守陳君天澤偕其鄉士夫以贈言屬予。惟世爵之典，匪直賞其既往，且將來是冀也，若曰"爾祖爾父實著社稷功，是以有兹爵，用及于爾身，其思懋舊功，纂乃祖考服，庶幾不忝爾所生，而克稱其官"乎！今之武臣，徒世其爵而不知艱，享其功而不思繼，其爲盛典弊而弗重于時者無足怪也。君自曾大父以來，累官都指揮使，比參將公節鎮松潘，赫有聲稱，已過人遠甚。君又雄于武略，克紹其家學，由此而光大之，蓋恢乎有餘地矣。然則知世爵之艱而起今時之弊，將不在兹乎？況夫基有所席者易爲力，地無所資者難爲功，亡奴、賈豎奮爲公侯，古人以之憑成業而有爲，固宜事半而功倍也。富貴無常形，而興衰有其機；功名無定分，而高下隨其志。周君材可與有爲，而勢又甚易，故兹適官之初，敢書以致勖。

賀錦衣戶侯李天相序

予潞之南百餘里，有鎮曰丘頭。鎮有李氏，爲澤巨族，以資雄於郡，而秉禮尚義，世有令聞，亦殊爲鄉評重。予聞之故而未履其地與識其人也，以爲深山大澤實生龍蛇，澤、潞當太行之脊，蜿蜒掩抑，與天爲黨，秀氣鬱結，類於人物焉發之，若道德、勛業、文章、技藝之士自古不可勝紀，李氏之盛固其所也。歲甲戌進士登第者，澤有三人，鄉曲以故事迎之歸第，於稠人中見昂然而出者，聽其言也，觀其儀度，知其中有物。問其姓，則丘頭李氏時卿，天相其字也。問其業，則挾重貨而賈於江淮也。

問其所以來，則慕國之光而欲睹之爲快也。予因奇其才可用而志足以成之，非久屈市廛者，益信李氏有人，向所聞爲不謬也。其言曰：「仕宦當作執金吾，豈欺我哉？」越二年復至，果以薦剡被恩命，爲錦衣百戶，又以知天相發軔於此，將有遠且大者，而李氏之興爲未艾也。

予嘗觀天地間物之珍怪不常與人之抱才特出者，其生也有自，其出也有爲，非無意而偶然，寓形大塊，不適於用也。其始常韜晦，不易發泄，而以其有自與有爲焉，則必欲發泄而不能自秘。豐城之劍，紫氣干斗；恒山之璧，大樹自拔。若有鬼神啓之，以授於世，使得效其珍異，不泯焉與瓦礫同棄。況夫人之才美，用之以理天下之務，無施而不可者，豈特劍與璧哉？方其未遇，則亦碌碌之庸耳。一旦舉於魚鹽，興於屠釣，奮於版築，身都將相之位，建功當時，流芳後世，又孰得而禦之哉？予是以知天之生才必有以用之，才之在人必不湮鬱而自廢也。若天相者，出名郡大家，得父兄教養之素，值世聖明，所與交又多時之賢士大夫，乃藏鋒斂鍔，自托於江淮之間，不以一割自見，不待知者而知其決不然矣。況錦衣爲武階最要，以督獲詰治爲職，凡有詔獄，必首下之以窮其情，而後付理。大奸巨慝所未發者，得以物色其黨而致之法，俾不獲逞。諸路有難蔽之獄、不雪之冤至登聞者，又往往偕法曹諫職出勘之，非雄杰之才不足以稱，吾天相固其人也。然以乘輿侍衛之臣日御左右，不受鈐於諸司，故鮮忌而易亢，忽於自點而不知，又必老成謹厚乃克有濟。吾天相其亦聞之熟矣，顧肯蹈於此哉？澤有侯虞卿氏，爲錦衣指揮僉事，往年當事，衛人以御史目之，其必有以取之者。已而進階，乃閉門束手，寂然若無能爲，又必有以自見者。天相之同郡人也，衛之先進人也，天相如不自滿，圖終於始，光昭令德，以答遭際之榮，試相與講之。

賀宿遷令張公玉考績詩序

君子能成其名者，必自固其志始。曷固爾？滿而溢者志也，抑之而後可以固也。曷抑爾？處于所不足，其中常惴惴焉無可安者，於是一有所向，則確乎不可拔，天下無復難處事矣。古今之能成其名者，其率用此與？夫功名，固切切於世者之心，其利鈍則非人之所能爲。世常執此以論人物，然未知利不可恃而鈍不可忽也。其有易天下之事，輕用其心，小其所受者，往往坐一時之利自誤爾，何名之能成？若其實有可利者，乃弗利於得，拂其情，折其氣，勞其心，思所試而嘗者，殆無不至，夫然後知天下之事不可以易爲也。將謀用益深猶以爲淺，慮用益精猶以爲疏，凡役其心力，弗底于極弗置也，操志之固蓋有奪三軍之勇而金石失其堅者矣，謂名有不成者，天下寧有是邪？

宿遷令張君公玉入考六載績，鄉士夫宦於朝者以君之政績嘗爲民留，取其履，乃繪圖賦詩以爲賀，用先韋之義屬序于予。惟君爲東牟之杰，性聰悟，博洽墳籍，以能文聲於時，取青紫宜若拾芥。然自其歌《鹿鳴》而來，春官弗偶者蓋屢矣，所謂其實有可利而弗利於得者也。乃嘆曰：“豈功名必以是爲哉？要有補于時，不負其所學，斯可矣。”遂補懷遠令。其自勵以清苦，若冰飲而蘖食也。汲汲于衣食其民，若救焚拯溺，不少暇也。圖政勤而不替，若行望家而食冀飽也。無何而邑大治。茳其上者察其才優於繁劇，邑小不足以究其用也，乃疏徙於宿遷。其去之日，民皆卧轍遮留，車不得進。宿之來迓者争牽車以行，至相尤曰：“此我公也，爾奪之。”乃抱取其履，若古之崔華州然。至於宿，自勵之清苦猶昔也，汲汲于民之衣食猶昔也，圖政勤而弗替猶昔也，無何而邑治亦猶昔也。茳其上者皆益信君賢而喜，更置之不僭也，於其報績以稱上之冢宰。冢宰從而考之，自勵果爾其清苦也，衣食乎民果爾其汲汲也，圖政果爾其勤弗替也，治成而感民果爾其速且深也，益信監司者不憳于獎借而署之最，爲他日大用階。君遂著時名，凡爲邑者皆願取式焉。是何以得此哉？豈非嘗處其所不足而能固志以成名者乎？向使君卒然得志，意肆氣盈，則亦未必能刻勵有爲以取時名，赫赫如今日也。屈於始者伸於終，進之銳者退之速，君終不以此易彼，所得不既多矣乎？況夫令有異政者，例於考績後召入，待之不次，則君茲往，吾恐車未及下而檄已至矣。以令之職繁且劇，而值遷要衝，官莫難焉者，君以固志而成名，則進此豈復有不可者哉？雖然，一簣之虧于爲山九仞之猶爲棄井，君子不徒以成名爲難，而又以全名爲貴也。敢以是爲從者規。

賀香河令王春卿考績序

予潞王君春卿宰香河之三年，政成而民阜，聲籍籍稱於時，百姓樂而歌之。入考，其績書最，諸同鄉欲覘言以爲賀。予謂令以能官書最，固有司分也，奚賀爲？然在王君則不可廢，何也？其爲邑用力勞而成功難，有可言者爾。夫民生於世，猶木之植于地，其有豐嗇，猶其有茂與衰也，非造物者之私，其所托之地則然爾。深山大谷中，長材巨幹森聳交倚，鬱不見天日。至於大國之郊濯濯然，其爲山豈殊性哉？附而近者，斧斤衆而失其美，牛羊牧而喪其萌，固不若偏而遠者，其天全而不傷也。遐陬僻壤之民，男而粟有餘，女而帛有餘，工商而貨器有餘，甚者其資之厚累萬億，或父子相繼，至數世不衰。而在畿甸者常苦于生理之索，年登啼飢、冬暖號寒者往往有之，夫豈異于木之托於地哉？

香河去京師僅百里許，民之供億不惟其田稅，凡諸司事涉京府者輒下之所隸，文移誅求，旁午於路無虛日，是旦旦而斧斤也。加之地有膏腴則兼并於貴要，軍民參伍則侵牟於強梁，水旱頻仍則剽掠于盜賊，是萌蘗而牛羊也。故其民窮而治弛，視他邑獨難。君始下車，務休息民力，與之更始，凡蠹政而病民者，必力爲禦之，雖艱險有所不避。於是逋逃者來，呻吟者起，而民爲少蘇，猶捍牛羊而木得以萌也。逾年，民安于生業，績而衣，耨而食，得免于飢凍之虞，猶萌之不牧而生意盛也。三年，民用豐裕，化行俗美，禮義以興，猶木之根本固而枝葉暢茂，森然有條理可觀也。其扶持培植之難，豈彼處豐亨者可同日語哉？昔潘岳宰河陽，命民遍植桃李，至于今猶賢之者，不過曰能以公餘留意于草木游賞之適，不拘拘簿領間耳。若君之所植不于其物，于其民，殆家家而桃李，人人而華實也，闔境之內藹然春風和氣中，當時河陽之民又不知若此否也，其爲賢也不既多乎？是宜監司者察其才，獎而褒之；士大夫聞其風，樂而道之；天官卿考其績，嘉而最之。可謂不負其學而克究其用矣，惡可以無賀？抑君之用不止於此，行將守一郡則植一郡之民，典一藩則植一藩之民，政之所及，足以噓枯而吹生，古之所謂“有脚陽春”也。予尚得而終言之，姑書此以俟。

賀兵馬邵天經考績序

吾鄉士大夫行履、節素爲公論所重，一登仕籍，爭自洗磨，追踪前輩，隨所任輒有效可稱。其賦質方毅，不爲依阿委靡之態，義氣所激，挺然利害中，不爲撓屈事。所遇期在必集，不忝其官，使夫人稱曰晉産則然，習尚之厚，其來久矣。説者以爲晉之封域，太行雄峙千里，大河奔瀉東下，峻拔猛逸，天下之所謂山川者弗與焉，則其發之于人也得無象之然乎？使誠有之，則其人之揚休振奇，後先相望，使山川爲之增重，亦可謂無愧於其地矣。京師自公卿以至百司，佐朝廷以治天下者既周且備，顧四方都會，居人淆雜，不易就約束，於是有兵馬之職分城董治。盜賊捕之，奸僞詰之，工役趨之。諸司事屬勘核者領之，一切喧呶糾紛瑣屑而不可收拾者咸責之，奔走馳逐，赴期會，日不暇給。非甚精力而有爲、剛介而有執者，往往債事招侮，不足以勝其任。士之筮仕，每憚於是除。而磊落自負，欲試其所有以取知遇，芒穎脱囊，適與兹會者，必授焉。授之若人，亦非徒姑濟是官而不爲之所也。知其才之可用而先之以甚難，此而能濟，則亦無弗濟者，其將來峻陟以大其所受，又孰能舍之哉？

高平邵君天經，自幼聰敏好學，有聲庠校。凡五試棘闈皆不偶，已而就選，考中第一。會有例外任選不得上及五品，而西城以闕告，兵馬内任宜先，諸有司遂以君補。君知上之試我以才而有所待也，我之期致乎遠且大者必此乎發軔也。吾鄉之士見重公論有素，不可弗求其稱而示弱自我也。不曰弗屑，惟既厥心；不曰弗克，惟慎厥事。未幾，百務俱興，聲聞大著，境無廢事，獄無滯囚，每以暇日偕鄉搢紳遨游湖山，從容賞適，興盡而返，怡然自得，以爲吏隱。於是三截考績，所司皆以最書。不曰善捕不遺，則曰政勤事舉；不曰操履無疵，則曰繁勞足任。臺臣之巡城者又疏薦其賢，謂宜殊擢以勸能者，下之吏部，備甄用也。聞者則又相與嘆曰：“允哉！晉産之良。無崇卑，無難易，無不能於其官也。”吾鄉搢紳尤爲慰藉，知其由此進躋不次，得盡其才以究其用，使山川增重，公論不誣，而同鄉者亦與有光焉，相率而賀之，庸書以俟。

校勘記

〔一〕“陪”，據文意疑當作“倍”。

紫岩文集卷之二十六

序

送東閣大宗伯白樓吳公焚黃還吳中詩序

　　大宗伯白樓吳先生，比自翰林學士遷南京太常卿，三載考績，得給誥命，贈及其祖，累遷至今，實入掌誥敕，陞東閣兼翰學，爲特選也。乃疏乞南歸，修焚黃展墓之儀，詔特允之。陛辭，天子臨軒目送，賜寶鏹，給傳以行。公卿榮之，咸祖餞都門外，且贈之詩，盈巨軸，授龍，俾先以乘韋。龍曩在史館，從先生後有年，又嘗副先生典試事京闈，辱愛爲深，可以不文辭哉？

　　惟明王以孝治天下，故得萬國之歡心。君子移孝於忠，是以行成而名立。孝之爲道，其關係豈淺淺哉？先是，皇上龍飛郢邸，入繼大統，既上尊號而養極天下矣，乃推恩群臣，令各得以官階及其所生，故有朝拜官而夕受恩命者。海宇驩歡，悉願以身報國，所謂不肅而成、不嚴而治者於此見之，誠初政第一義也。嗚呼！至哉。顧焚黃之典以義起禮，士大夫雖遵用之，往往拘官守，不得專舉，必假諸使節，或以故過邑里，甚者積數年乃遂，斯亦難矣。若大臣體貌尊，使事不得輒及，責任重，私事不得輒干，則尤難者。至於禁近之地，絲綸之臣，尤非諸大臣比，乃獨聽其內顧而遠違之，何居？聖政日新，根于至孝，孝思維則，實自密勿，觀其會通以行典禮，是惟秩宗之責，而化機默運有不容已，要非常情所能識也。矧夫人情所榮，莫大於富貴而歸故鄉，貧賤不可以爲悦，不得不可以爲悦，富貴而得之，吾何爲獨異於古人？顧所以處之者何如耳。吾寒微所自發迹，一旦以赫赫臨之，驂御若從天降，使閭里奔走，父老嘆嘖，謂丈夫之生世不當如是邪？榮矣！予以爲此衆人之所榮君子者，非君子所自榮也。異數常仍於柄登，大展必臻於殊遇。由君子處之，則惟夙夜汲汲思其所以得此者，求其所以稱此者，先憂後樂，以天下爲己任，恒若撻于市，內之溝中之弗須臾寧。必蒼生被其福而社稷賴之，使所遭乎吾身弗爲幸，受上之錫弗爲忝，稱於天下後世弗爲泰。山川增重，桑梓生光，閱千載如一日，斯不亦榮之至乎？否則會稽印綬之華，成都車馬之美，當時固以爲榮，吾不知其所建立於天下後世何如也。

先生文學重翰林，才德推縉紳，朝廷眷注、海內屬望久矣。今日之榮非偶然者，異數殊遇雖莫已於一日之行，而柄登、大展方致懇於刻期之至，蓋虛揆席、封相麻以待朝夕有必然者。禮成之後，孝思已伸，顧瞻魏闕，天顏咫尺，不當迂迂其居，徐徐其來也？其圖惟己所自榮爲榮之至，不徒爲人之所榮己者，予尚得而終言之。

送大司馬蓉溪金公致仕還鄉序

上踐祚之三年，聲教四暨，蠻夷率服，咸梯航至自重譯，俯伏闕庭，貢厥方物，慶中國之有聖人，海內晏然稱治平。乃玉關外蠢爾小醜，若有苗弗率于虞，干我天紀，寇我甘肅。我師嬰城固守，餉阻援絕，累月不釋。諸鎮戒嚴，羽書告急。天子赫然震怒，敕六師討之，若有虞之徂征。於時大司馬蓉溪金先生本兵甫數月，即奉命以往。初，幸庵彭公既謝歸，朝廷欲得可繼者，先生以僉舉即稱旨，蓋簡在已久，非諸臣比，故特遣之。輓運幄之籌，隆推轂之寄，近時所未有者，誠欲以先聲奪之，俾有征無戰，帝王問罪之師固如此。先生既將重兵，即署部伍，嚴律令，移檄調度，遥授方略，有汛掃流沙之志。比至關中，賊聞已怖愕破膽，謂中國將司馬胸中甲兵爲不可欺，相率引去。諸將邀擊，又累以捷報。甘肅解嚴，西陲以寧，蓋將如有苗之來格矣，乃班師。上嘉其功，賞特從厚，蔭及其子。先生謂是役宗社之靈，天威神算，折衝萬里，不敢言功。辭弗獲，尋以老病乞歸，章三上，乃允。諸公以贈言屬予。

惟先生之去，其時義大矣哉！蓋自筮仕，官階凡十餘轉，中外揚歷四十年，所在輒有聲，然皆吏事，於世未足多。有司之職無以盡其才，雖欲去之，平生自負謂何？使鬱不得竟，未免遺憾。若大司馬分職六卿，祗掌邦政，既以《天保》治内矣，授鉞專征，宣威異域，又以《采薇》治外矣。出將入相，方叔、召虎所以佐中興之業者也，乃今集於其身，天下之能事畢矣，其去不亦宜乎？或者猶謂其遽，不知君子難進而易退，辨之不可以不蚤。《書》曰："臣罔以寵利居成功。"成功人所難居，雖伊尹之聖，尚以寵利自嫌，奉身以退，況其他乎？又曰："謙受益，滿招損。"觀於日之中，月之望，四時之代謝，雖天道且弗違，而況于人乎？履盛滿而不知戒，悔斯至矣。故漢鼎既建，有赤松之游；唐綱已振，爲緑野之擧。扁舟五湖，角巾東路，亦皆于沼吴宫、定晉邊之後圖之。儒者治兵，兼資文武，達于盈虚消息，非功名所溺，故能明哲保身，不泯于後世。其武人才勇能成大功而多及焉者，此義昧也。兹當畫接之頃而見不俟之幾，匪躬之餘而高不事之節，豈不賢遠於人哉？況夫温詔慰勞，給傳以行，月有常廩，歲有常役，不一而足。都門祖餞，冠蓋雲集，行道之人嘆息泣下。信乎！其榮歸也。公爲綿人，其郡山水佳麗甲蜀中，居臨江岸，地善産芙蓉，秋時盛開，錦綺彌望，杖藜巾葛往來其間，殆不知身之在畫圖也，故號蓉溪。溪之上嘗作書屋，爲佚老所，朝紳多爲咏題，蓋志已素定，故其去甚決，其武功又爲之速云。

送南京工部尚書胡紫山先生序

　　紫山胡先生以戶部侍郎拜南京工部尚書，於其行，諸公卿張都城南大慈仁寺，修餞事也。冠蓋雲集，觀者稱嘆，咸曰："榮哉！公之行也。"初筵既陳，揖遜在庭，有觴而進者，公揖謝曰："是欲觴我也乎？日者上以風霾之變詔群臣以交修上所不便于民者。夫天之示戒，民所召也。民生弗寧，失官職也。將民生與圖而天意是回，觴其可以安乎？予方有事南都，是惟根本重地，實忝司空，惴惴焉惟弗稱是懼，當交修之時而違教以遠，宜何如其爲懷邪？百官所職，何往非民？其民事最切惟賦與役，賦奪之財，役困之力，乃其所以爲命典之者，司徒、司空也。是天之戒群臣，於是官爲甚；是官之爲循省，於群臣尤汲汲也。向吾理民財，其嘗有以撙之否乎？弗撙則吾咎。茲將用民力，其能有以節之否乎？弗節則吾咎。咎於不暇，而暇觴乎哉？夫賦今既非吾之所得與聞，役則其當講也。有興于弗得已，勞費且不訾，續用弗成者；有所當必興，雖知其勞且費，不敢忘所有事者；有似乎得已而業已興之，竟不能已者；有勢若當興，圖所以興之，終疑于落落難合者。有一於此，皆足以病民，爲治之累，今蓋兼而有之，如吾民何？吾將奠民生，應明詔，彌天變，以無忝群公，未知所以爲之者也。佐人之政猶畏弗稱，將率人而欲其行，於何其謏？力役非財用不興，貧且弗堪，而并欲勞之，然則予於交修不尤難矣乎？奈何觴之？"諸公卿亦揖謝曰："昔公爲御史，按大藩，風采震盪。爲都御史，撫重鎮，胡馬不敢南窺。佐廷尉及司寇，囹圄無冤獄。其副臺端，克持憲體而贊司徒，惟正之供，惟經之用。所至輒有聲稱，夷考成績，受茲簡命，光輔中興，而民將被其休澤也，其在茲行乎！爲別以觴，朋友之私情也。交修弗觴，君臣之公義也。君子不以私情廢公義，敢不從命？”於是揮觴以退，相與講條上封事可否者，久之乃別。

某辱公知愛，得備述其説，作送行序。

送南京光禄卿劉毅齋致仕還鄉序

南京光禄卿毅齋劉公以灾異乞休，上以其疏陳懇切，志爲可尚，允之。將東歸江陰，過予告行，且曰：“吾叨宦三十年餘，未嘗一日樂于懷，乃今得所樂矣。顧有一二公事甚不便於民者，方圖議於下吏，乃兹弗果，中耿耿不能釋，無亦或撓吾之樂乎？倘假手得竟吾愚，爲賜多矣。”予典南禮光禄事，即吾職所司也，詰之，而益重公賢遠乎人。何則？食而敬其事者有矣，直而怠若事者亦有矣，其得謝猶不忘所有事者乃古大臣之用心，於公見之，豈易得哉？

夫欲樂，人之恒情，而未能必遂也。自世俗觀之，廮好爵，享豐禄，托于民上，惟所欲爲，仕亦樂矣。不知君子之心，幼學壯行，視宇宙事皆其分内無一不當爲者。一夫不獲，時予之辜，將寝弗暇安，食弗暇飽，戚戚然若不能終日，樂可冀乎？必脱屣功名，超然物外，起居言笑，咸有以自適。理亂不知，黜陟不聞，天壤間無足爲嬰念，返朴還淳，優游造物，而後樂可知也。之二者雖得失殊境，出處異情，未始不相須焉，故能憂在官之憂者方能樂去官之樂。仕而歸也，緬懷疇昔，夙夜匪懈，以奉官守，澤被生民，追踪往哲，而聲聞足以垂遠，則俯仰無愧，樂惡可已？使素餐浮沉，無益成敗之數，遽以解官爲自得，雖復山川之勝，田廬之美，適足以獻嘲騰誚，歎于不暇，吾未見其能樂也。

公博學高才，夙抱經濟之志，歷官砥礪，隨試輒有奇績可稱。忤權宦，屢遭中傷，竟不能害。通籍兩京，縉紳增重，予同年其杰然者與！即其光禄，節費裕民，爲利已博，茲猶拳拳焉惟民病是恤，蓋計其事業無歉于懷，毫髮之遺，必欲自盡，乃可以樂而無撓也，又豈小丈夫倖倖顔面者所可比哉？若其顯揚之孝，封錫累至，恩光赫弈，所得於士大夫文章題咏無慮數百篇，皆平生歷履之徵、將來論世之考也，是亦足以樂矣。南都諸公卿以贈言見屬，予方以職思爲憂，圖惟他日之樂者而未得焉，嘉公之行而重以自勖。

送都憲王汝温巡撫晉藩序

國家經理天下，設公卿百司以治京師，諸省則治以藩臬、守令。其制既周悉矣，猶患夫尾大不掉，内外扞格，澤之壅於下流也，省設巡按、巡撫各一人，以憲職奉特命往。省内臣寮事巨細咸稟受，弗敢專，其材與否得以賞罰黜陟之，蓋假權耳目之官，專制一方面，問休戚，庶民隱無不上聞，而宵旰之惠綏四海者亦罔或不達。凡其所莅，敢不仰稱德意，祗奉厥職哉？然巡撫以都御史，巡按以御史，而崇卑不同；巡按則期年代還，巡撫則多歷年所乃遷，而久暫不同；璽書以命巡撫，符札以遣御史，而輕重不同。此其故何邪？巡按之職主於法，繩違糾慢，不得少假。巡撫則兼以情，欲其安輯而撫循之也。燠其寒，哺其饑，扶其困踣。灾欲與禦，患欲與捍，侵牟掊克皆欲與除。雖有時用法，要之輔其所不逮而因以致其情耳，非夫察察焉操尺寸以裁下者比也。得其人則一省咸被其福，而其人之選每不易得，非才望素著，爲時推重者不與，則其簡命之榮而待之異數者，不亦宜乎？

永平王君汝温以順天府丞拜僉都御史，巡撫山西，制下，士論翕然稱允，吾鄉人欣慰尤甚，豈非所謂撫得其人者哉？吾鄉太行之西，崇山峻嶺層岇迭出，平地無幾而土性燥瘠，稼穡之力艱，一不熟則大飢。舟車不通，不得與四方懋易，顧與醜虜爲鄰，當西北一面，邊儲供億不遺餘力。加以郡國藩封視他省獨多，而蕃衍日盛，悉仰給縣官。民淳實易取，貪夫漁獵無忌，又往往而是。夫其生意鮮薄而支不貲之費，時方多事而戕已憊之民，其何以堪？而望於撫之者，不啻倒懸思解、大旱之望雲霓、嬰兒求哺於其母也，迫切有甚於此者乎？君先任諫垣，論天下利害，多剴切見納。已而簡核江南財賦，當逆瑾竊柄，迎合方殷，獨以寬厚從事，一掃苛刻之風。迨佐京兆，又務為節省誅求，諸不在制者，一切廢格，畿輔賴以不擾。其志在生民舊矣，況當巡撫之寄，權足以用材，材足以濟志，則體國恤民，求盡其職以上副眷倚之重宜何如哉？

都諫李君孔教以贈言屬予。予辱君同年，素有厚望，於今又甚焉者，慶鄉人將蒙其休澤，而亦有以自幸也，於是乎書。

送太常少卿喬希大先生奉使祭告序

粵稽古帝舜既陟元后，首崇祀典，是類是禋，是望是遍。匪曰淫黷，徼于鬼神，惟元后實典神天，受終更始，厥非細故，群祀奈何弗嚴？帝王之禮，咸帥時哉！其享不于物，惟德其享；黍稷非馨，明德惟馨。故至誠感神，捷于影響，民物阜寧，時用以乂。乃有夷居昏棄，弗惟德馨香祀，人怨神怒，叢庪于厥身。福孽之來，胥惟我召，有明徵哉。肆我皇上嗣大歷服，監于成憲，改元之初，祇見上帝于南郊，宗廟、杜稷亦既肅將明享，乃及岳鎮、海瀆越古帝王陵寝、諸宗藩墳園之祀，式簡大臣，越厥侍從，分往將事。

太常少卿喬君希大實領我冀州，皇上乃以二月丁丑袞冕御正殿遣行，有制若曰：“於惟祖宗，紹天明命，綏爰華夷，馨香之德感于神明，厥肆祀罔有弗答。海內康乂，惟神之休。予一人嗣有令緒，敢弗寅念于祀，協我祖宗成德？是用有事于群祀。在冀州域曰西海，曰河瀆。有廟于蒲，曰中鎮。有廟于霍，曰媧皇。有陵于趙城，曰成湯。有陵于滎河，曰晉，曰代，曰潘，三先王咸我周親，載諸祀典，厥惟舊哉！惟爾宇，乃祖乃父世篤忠貞，爾惟克肖前人之賢，敬共乃職，故以爾徂攝予祭，惟鬼神享于克誠。勖哉！精乃心，一乃慮，欽彼有靈，俾克相予，以寧億兆，無作神羞。”於是君受命□□□我西土，士咸餞于郊，以龍錫君言。

　　嗚呼！龍何言哉？惟帝舜命伯夷曰：“汝作秩崇，夙夜惟寅，直哉惟清。”太常之職，厥惟秩宗。君舊舉亦惟曰典謨，其服官既越有三載，寅清典祀，誕其有稔，茲固罔弗堪于厥役。君且晉產，厥世有聞。自昔在英宗時，則有若厥祖領冬官卿；在憲宗時，則有若厥考領夏官郎中；在孝宗時，有若厥兄弟同朝，以迄于今。人非地罔以杰生，地非人罔以靈顯。茲惟名山大川之靈越古帝王餘澤是鍾是致，厥祖考越厥兄弟亦世著勞績，載收令望，于神有光。今其躬執豆籩，神固罔有不食，予曷敢復及祀事？抑《詩》有云：“駪駪征夫，每懷靡及。”諏謀度詢，必咨于周。匪徒務終厥役，亦惟獻納是冀。怦君知于四方，茲乃允爲王使。君將遍歷我境，我民薦飢，久弗寧于居。厥長吏有良于官，亦或誕有弗良。深山大澤之間，厥有遺逸，民謠興誦亦多嘉言攸伏。時政有弗若我民，風俗有弗淳于舊，咸所宜聞。皇上始政，圖治若渴，求賢若不及，從諫若轉圜。君有服在大僚，圖報惟稱，無寧周咨以俾迓衡，用率乃祖考之攸行，罔失茲會。若金飾于帶，五采彰施于服，賁乃閭里，式興後人，豐牢腆醴，肆厥先墓祀，侈上恩于考妣，致乃孝思，予固榮君。登覽名勝，爲子長之游，取諸俯仰，昌厥氣，懋厥才，發于制作，成一家言，予亦壯君。顧我士錫言之意實在彼，罔其在此，庸書以識。

送南京太常少卿劉師惠序

予嘗觀夫人之有爲於天下者必自定其志，始志定則所遇不失其常而脱其身物累。才足以克而不撓，知足以全而不掩，然後能懋其所爲無慊，何者？天下之事不常，吾身之所遇不能常也。彼方不常，吾且以不能常者遇焉，于是無以主之，易則喜，難則戚，得則揚，失則沮，規規焉惟物之輕重是役，雖有過人之才皆抑而不競，絶倫之知皆遏而不伸，以自處夫身且不知其可，望之有爲於天下以成不朽之事業，顧不難哉？唯夫志立有定，撼之不爲搖，突之不爲退，歆之不爲悦，激之不爲怒，凡可亂吾真、攻吾堅者，一切不識，若屹底柱、歸靈光而挺歲寒之松柏也。由是充其才而竟其施，全其知而究其用，有不爲，爲則非人所及矣。古之有爲於天下者，其率用此與？聘帛不勤而莘穫不輟，形求不至而岩築自如，於貧賤何有？從者病矣，弦誦之音不衰，流言昌矣，赤舄之行几几，於禍福何有？巍巍得志，弗爲嚚嚚，達不離道，於富貴何有？此其志皆能素定，故所遇不失其常，一有樹立，即光明俊偉，冠百世而不泯，豈偶然哉？其才則充而其知則全也。

南京太常少卿劉君師惠，前考功員外郎也，同寮之舊屬予言以贈其行。予昔承乏史館，辱君知舊，知君亦甚悉。君殊有雅志，薄於取世，落落無所附著，蒞官行己，輒以意念之及自遂，他不遑恤，故所遇不皆甚得，君亦每每安之。始君自秋官遷于銓部，人皆趨之，君則不自趨也；自銓部移之郡守，人皆惜之，君則未嘗惜也；自郡守擢之太常少卿，人又翕然以爲榮，君亦不自榮也。蓋人自其變者觀君，君直以其常者自處爾。且君昔以親老自太常引疾爲歸養計，若將終身然。起而效用，則嚴於制限而不敢稽。今其捧檄而南焉，亦實出其所欲得。夫以太常之職，自古目爲清卿，重之以南都，尤爲簡静散逸，固有得之以爲殊擢者，而挾是資望以往，則常情所不能無概。君皆怡然安之，謂非其志幾於有定乎哉？予嘗怪夫世俗貴耳賤目，動謂古今人不相及，殊不知天之生人實不相遠，特所見異故所養異，所養異故所造異，於是始相遠爾。故君子非卓世有爲之難，不能養其才知而用之之患；非才之不及古人之憂，無力以定其志之病。志定而天下之事理矣，師惠亦庶乎能定者，將充厥才，全厥知，懋厥有爲，與古人爭爲雄長。予且有以徵之，姑此識別。

序

送南京尚寶司卿劉克柔序

同年劉君克柔自武選郎中遷南京尚寶卿，予造而賀之。君欣然謂予曰：“子亦爲吾喜乎？”曰：“所爲賀君者，固爲君喜也。”曰：“子何以爲吾喜乎？”曰：“所爲喜君者，固爲君官也。”曰：“子爲吾官喜者，謂是官之榮足喜，將因是官獲遂所圖爲足喜乎？”予未有以對也，則爲予言之，乃知君以遷官爲喜，喜不在于官，猶夫捧檄動色，色不在檄，三釜爲樂，樂亦殊不在三釜也。君其賢遠乎人哉。

夫尚寶卿，五品官爾，界之他官有足榮焉，自武選郎中得之不爲榮；界之他人有足榮焉，自君得之不爲榮。何則？武選本兵，君尤良武選也。非其榮而以爲喜者何邪？其職司璽瑞，爲清切禁近之臣；分任南都，又簡静優崇之地。君遷自武選，則以逸而代勞；往自京師，則易遠而爲近。獲遂所圖，爲足喜者其在於是乎？乃若所圖亦非爲身家計也。君世家常之江陰，生鮮兄弟，自通籍以來，嘗迎其父友桂翁養于京邸。未幾南歸，年益老，弗可以遠，則遣妻子往侍供養，獨處于官，愛日之誠弗能釋也。往歲盛夏奉使藩封，冀取便過家一省起居，已而爲制限所拘，不果歸，鬱鬱者久之。今年春，聞翁舊疾發，益不自安，具疏欲乞終養。會武舉開科，謂必得君爲提調，又弗果上。事竣而出，即拜是命。君曰：“兹吾願也，復何求哉？”蓋其地近，迎養爲便，非若京師道里之邈，難於就也；官閑，侍養得專，非若部署案牘之勞，分其誠也。夫其求歸一見且未能焉，乃今得日侍於左右；欲釋官終養且未能焉，乃今得迎養於其官：宜何如其爲快與樂哉？或者有謂君以己未進士，歷户、兵二曹，年資最深，所司又皆劇難，茂著勞績，才望在人表表，南遷非其處，尚寶非其任，受知若有未深者，而不知此其所爲深知也。親老而愛慕之情切，年壯而盡節之日長，夫人皆知其然，君之自處亦已審矣。古人不以一日之養易三公，假令循資與望内陟華要，君必暫謝以爲親計，寵祿固弗逮焉，是驟之適以爲緩，侈之祇以爲靳，其於事上之義又若偏而不舉，孰與兹行忠以致孝，私不廢公，而臣子之心爲兩盡也哉？拜恩感激，圖報將來，揚休樹奇，進躋不次，益大其所受而懋於有爲，其孰得而涯涘之？然則謂非深知不可也。

君之鄉搢紳謂君遷獲遂所圖爲足慶也，以贈言屬予。予非能言者，辱在君厚，得以君之喜爲喜，以君同鄉之慶君者爲君慶，弗可以無辭也，因述其所嘗聞於君之說而叙以歸之。

送太常寺少卿萬士鳴歸省序

太常寺少卿萬君士鳴，以其具慶在堂，違膝下十有餘載，疏乞歸省，得報而行。爲其過庭之有問也，圖所以復者，因別予而及之。士鳴，予禮部所舉士也。比得其試卷校之，見其文典則，若有所受，與崛起草茅者不類，則曰：“其故家世族，得於父兄之所濡染者乎？議論之表，英氣溢發，析理剖事，略無滯迂，其有用世之才而可以大受者乎？所講于君親者亹亹不倦，非篤於倫理不能，其爲學有本而以忠孝自許者乎？”遂入格。自今觀之，其家自若翁中憲公而下，以科甲顯者後先相望，輝映仕途，爲江右望族，家學可知也。士鳴筮仕刑部，未幾拔之吏部，歷考功、文選郎中；未幾擢太常少卿，提督譯館：蓋無官而不可者，大受可知也。兹以歷官有年，其職既舉，愛日之誠乃形，謁告南歸定省，其忠孝不誣也，乃知向所較文不謬，竊以士鳴爲得人。喜於其歸而見其大人，可無一言以相之乎？

夫父母之於子，本不欲離以遠，有不得不離者，正以始生之時未遑就哺，桑弧蓬矢先射天地四方，固已期其子以遠大矣。比其既長，則又有無所逃於兩間者，在故士大夫家，常不能自私其所生，人子常以養志爲上而資以事君，求如田舍郎戀戀於翁媼之手，不可得也。於是京官歸省著爲令，士大夫所爲榮且幸者莫大焉。夫其不欲離者，恩也。離而思，思而欲見者，情也。不得不離者，義也。使之相見以慰其離思者，禮也。情生於恩，禮起於義，而父子、君臣之道全矣。士鳴位列清卿，親則具慶，錦衣故里，稱觴爲壽，其榮幸又他人所鮮有者，猶謂無以復其親，豈以古人西京省觀必有義方之訓，荆南歸謁不免異政之詢乎？《易》曰“家人有嚴君焉”，父母之謂也。嚴君教其子，宜有所欲聞。禮以事君不忠、莅官不敬爲非孝，則孝子之道宜有以養志。養志，雖嚴君可也。士鳴歷官華要，夙有令聞。以刑部則惟明克允，獄以不冤；以吏部則陟黜不忒，仕路以清；以太常則通志達欲，重譯來王。仕以養志，何其忠且敬也？過庭之際即有問焉，其無辭以復乎？予猶有所欲言者。志怠於宦成，功隳於意得，士大夫之通患也。親之所望於子者，豈有窮哉？天地四方，無一非男子之所有事，無一非君之所責于其臣，則亦無一非親之所望於其子也。士鳴位日趨於崇，責日增之重，修於前者不隳於後，圖於終者有加其始，於予之所校者不惟小驗，必思有以充之。究其家學焉，竟其大用焉，畢其忠孝焉，則親之所望無不愜，子之養其志者，蔑以尚矣。其爲榮也，豈特今日之行哉？予於君辱爲知己，非燕游朝夕之好也，故不能忘規於贈言。

送南京鴻臚寺卿陸東濱序

國家求賢圖理，拔之科目，布之內外，諸司職業不同，而序遷資授有一定不可易者。雖才望特出，夫人皆知之，亦必恬焉退聽，未嘗躐等直上、遽爾不倫之甚。往往大用在三四十年後，何哉？太平之世人才衆多，不可勝用，盈虛消息與化推移，大約如此，理也，亦勢也。弘治庚戌諸公，迄今垂三十年，仕途蓋亦無幾，類皆致位通顯，履端揆，登臺省，掌藩臬，爲時屬望，視前後諸科亦云盛矣。東濱陸先生方以光祿少卿起復，轉南京鴻臚卿，何其獨後歟？鴻臚典朝儀，已爲清秩，越在南京，又無所事事，畀之庚戌如先生者，宜以淹惜，亦可以爲榮乎？

竊惟京官階四品而通顯自至，舉足即大臣地，而望不復爲資掩矣。鴻臚之遷，假之階耳，榮之可也。先生弱冠發解於浙，隨計上春官，策大廷，赫然有時名。觀吏部政，爲太宰王文恪公所知，可謂遇矣。兩值諫垣之選，皆以故不預。累官禮部，自宗伯徐公後率見推重，遂擢光祿，可謂遇矣。尋擬太常及南太僕少卿，又俱以變例不獲。信乎！命途之舛，非人力所能爲也，然有説焉。水之出於源也，地忌峻，流忌駛，必紆徐回遠，盈科後行，乃可深瀦厚匯，以至稽天，鍾靈異，産百物，而利世不訾。湛盧、豪曹之劍，亦必常匣而韜以養其威，則神完氣固，有時用之，水斷蛟龍，陸剚犀兕，天下莫與爭其鋒。先生高才秀發，謂宜立登津要，着鞭無復先者，屢爲造物靳，是劍欲匣、水欲科也，豈常情所能識哉？過此以往，名位、事業蓋有不可以涯涘窺者矣。歷官以來，雖所任或未足展率，清謹自持，怡然義命，略無芥蔕於懷，得之自是，不得自是，其視嘆老嗟卑，汲汲於求遷，旁蹊曲徑，乾没而不已者，其爲人何如哉？

諸公以同年之義，喜其遷而難其去也，又冀其遷而速其來也，謬以贈言屬。龍忝年家後進，不得以淺薄辭，於是乎書。

送南都京兆少尹趙時憲序

歲甲戌爲天下述職之期，自兩京府下至諸郡邑有民責者咸以臧否聞，詔所司大加甄別，而特黜其不職，恤民隱也。於是應天府闕丞，朝廷又以根本之地，關係甚重，其民隱尤爲當恤，務簡拔老成才望之士往莅其任。御史趙君時憲實受命以行，時論僉然稱允，予聞之益爲君喜甚。非以君被峻陟爲搢紳榮也，以縉紳所同有事者，君獨易爲力焉，爲足攄其蘊爾。何也？其職兼内外，去民爲近，事半而功倍也。凡吾黨窮居之時，攻苦力艱以爲學者，非爲斯民乎？其既達也，雖官有内外，職有崇卑，而夙夜匪懈者，孰非有事於斯民乎？顧事同而勢不同，見於施爲，不能自慊于己，而相尤以爲病又往往而是。上焉者操有爲之權，若足以鼓舞群動而易及也；然尊而弗親，猶有待於奉行之者，未可必也。下焉者居可爲之地，若足以洞察群情而易及也；然親而弗尊，猶有張主之者，未敢專也。故上常病於壅而下常病於制，吾黨所以不能自慊而民多弗獲，其所以免於二者之病，惟其所欲爲無弗可者，庸非斯民之幸，吾黨所樂從者乎？今夫内而宰執至於諸司，有其權者也，而或有以壅之；外而藩臬至於守令，有其地者也，而或有以制之。必内與外相須，權與地相合，而後可以有爲，是皆有待于人而弗由乎己，其難可知也。乃若京兆之職，上近於君，得與大臣周旋，下近於民，得與有司同事。有内之尊而無所壅，有外之親而無所制，一念之及，一政之施，朝發於庭而夕遍境内可也。君往丞應天，其亦樂而從之否乎？府有尹有丞，尹縮印綬，主簡牒，坐持大綱，於閭閻猶若有間。丞以副貳，得以時行部，爲天子面問民之疾苦而撫綏之。故尹常委重于丞，以輔己之不逮；丞以體尹，開誠以輔之：寮宷之間協恭盡瘁。凡爲斯民計者，又皆由己而無待於人，其蘊有弗獲擄而民不被其澤者，吾未之信也。

君家世承武階，君則當蔭者，乃讓之弟，奮然以儒業取科第，其志可謂迥出尋常者矣。而久持臺憲，建白爲多。出按大藩，有望風解印之聲。其才望在人又有不易得者，殆所謂關西之杰也。夫官足以有爲，志欲以有爲，非才可以有爲，則亦官與志之累耳。君以若才任若官而求若志，其有及於民，不啻決積水於千仞之堤，沛然其莫之能禦也，夫復何患哉？或者猶以京兆所及爲有限，若未足盡君用者，而京師四方之表，誠率而先之，則凡有民責者將效慕而勸於其職，是亦君賜之及也。況君之受大任重，將來有未可量者，其及且無涯也。然則搢紳所榮，諸君子用以爲鄉里之賀，而不肖於同年有不得已於言者，將不在是行乎？敢相與勉之。

送俞大參國昌序

君子之仕有二，曰官守，曰言責，爲職不同，而其實則相成焉。何哉？官以治事，必專其守，言之論議，無所不該，發于一人而達諸朝廷之上，則天下之公言也，故凡有官守者率以爲警而職無不舉。其言既行，其中之所有足以用世者亦於是乎取徵。古人事君，先資其言拜，自獻其身，以成其信。是君子所以自見，不可無也，況受以爲職乎？窮居著述，闡道德之微，談當世之務，若可以信矣，要之，獨見或不能無異同也。以文章試有司，取上第，收榮名，若可以信矣，要之，雖偶合於人，見諸行事則未也。惟有言責者，封事一陳，得報而下之諸司，奉行捷于影響，其效可立而致，言之信也有切於是者乎？

戸科都給事中俞君國昌擢山東左參政，將行，諸寮友以贈言屬予。惟藩省重臣以財賦爲職，東藩素號富庶，財賦甲江北諸省。頃自大盜重師旅之役，凶年洊饑饉之臻，民皆自救不暇，賦必取盈焉。民，吾知當憂而難爲其上也；賦，吾知當急而難爲其下也。於此求全，非天下之通才，其何以濟乎？所貴於通才者，遺大投艱，衆人束手錯愕，莫知所措，有以談笑揮之，調停損益，曲盡其善而無所妨，亦非東撐西仆，瑣瑣圖目前者比也。世不能無事，常患不得其人；世未嘗無人，常患不得其用。苟非取其已試而可信者，亦何效之敢冀也哉？君久在言路，其建白未易悉數，往往被上嘉納，天下陰受其惠。若今歲畿輔大侵，餓莩盈野，即上疏議所以處者。於是禁民爲□，糜費於酒市者不得恣矣；賑恤以大臣，内帑之給且不訾矣；太倉發糶，米價爲頓減矣。時賴以安，所謂其中之有足以用世者尤爲較著，東藩之行，其以是哉？夫財在天地間止有此數，古人譬諸旱潦，取之欲節。民惟邦本，而治忽係焉。冉求之藝，夫子以爲非吾徒。有若似聖人，其言曰："百姓足，君孰與不足？"是知君子忠於人國，必自恤其民。始君既以民賦爲言責，而又以爲官守，二者雖異，其事猶足以相成也，矧一事乎哉？雖異其人，猶足以相成也，矧一身乎哉？其爲國恤民，當不替其初矣。

故事，藩臣歲一人總督京稅，會來者以憂去，留君代之，吏民即敏於趨事，不閱月告完，人人自喜，以爲得所，此特受成同寮，終事而已，非嘗親歷郡邑面問其疾苦也，非有所經營先爲之地也，職以仁言、仁聲素入其心故耳。君之先資其言，發于事業，致其遠且大者，以成其信，蓋不待異日而後見也。言責之繫也，得無重乎？古人之别，其去者曰："何以贈我？"居者則曰："何以處我？"諸君子以言爲責，同寮之義均有厚望者也，故説官，兩致其意云。

送高憲副文明兵備固原序

比者北虜以逋誅之寇敢肆猖獗，犯我西北邊，糾集烏合，抗我薄伐之師，環數千里地皆罹其毒。皇上勤於宵旰，公卿勞於圖議，秦晉河洛之間疲於飛輓。幸賴皇上威德之被，不旋踵虜自悔禍遠遁，迄今用以爲安。當時有竊議者，謂犬羊犯順乃其常性，直使、邊寄皆得其人，自足禦之，師不出可也。方有事中，鮮不斥爲迂者。及虜之退，不以薄伐，然後知其言之未可忽而師果不必出也。何則？西北之邊，要害厄塞之處，總制、兵備守禦之設，烽相望而堠相屬也，其兵之勇悍孰與官軍？習於戰鬥，無怖心，孰與官軍？知虜之情狀，山川形勢險易，孰與官軍？乃以爲不足禦侮，至取出其下者當之，坐邊寄非人而爲是不得已之計爾。故救患於已然，不若弭之未然之易；用人於有事，不若求之無事之工。誠得謀略之臣，盡經畫之宜，擁精銳之卒，據形便之地，掃清沙漠，猶且決流抑墜也，尚俟其闞吾門戶而莫與敵耶？夫兵之爲道，有戰之者，有所以戰之者。戰之者，武臣之技。所以戰者，非儒臣弗能也。故朝廷深致意焉，總制必儒臣是委，兵備必儒臣是推，至遣將出師，又必儒臣是副。兵，武事也，而參之儒臣，庸非以膏粱將種不皆衛霍之流，而科第儒生亦有韓范之輩乎？況夫折衝樽俎，制勝兩楹，顧方略何如，殊不在馳馬試劍，角一旦之命也。然則其人豈易得而求之可不豫哉？

固原爲西邊要地，舊置兵備以遏寇衝，秦人賴以安者有年矣。會其官闕，廷議以御史高君文明應詔。命下，士大夫相慶而喜曰："庶幾哉！無西顧之憂乎！"高君，儒生也。詩書素習，禮樂素聞，軍旅蓋未之學，所以爲人賀者，豈以其真能援桴鼓與黠虜馳逐哉？此不惟其不能，能亦非所貴也。其服人心，以屢按大藩，行事皆中機宜，而風采足敬，得所以戰者之道云爾。山川無常勝之險，恃吾有不可攻之勢；士卒無必勝之勇，恃吾有不可犯之謀。古人以聽獄用情爲戰之具，禮樂慈愛爲戰之畜，皆是道也。茲其君所長而足當一面之寄歟？嗚呼！武夫目儒生爲章句，不通於兵，常幸邊事，瞋目語難，鷗張作氣勢。不知止戈之義有不金湯而固，不矛戟而利，不弓弩而勁，不戰而屈人者，儒之兵也。君其力所以戰者，而不事乎戰，使黠虜聞之，破膽遠逝，王師無復西指之勢，武夫將箝其口而喪其氣，咸知儒生之果能爲國立大功，而所謂山西將者，其諸異乎人之將也，不其爲吾鄉人物光哉？敢書以贈其行。

送文憲副孔暘序

河南按察司副使缺，聞吏部疏御史文君孔暘請于上，制出，時論以爲允。有疑之者則曰：“有是哉？其擢之也。”初，君舉進士，歷宰平原、衡水二邑，以治行卓異，召爲御史。其在臺端，又以才識老練掄置本憲之地。本憲者，謂國憲胥此出也。臺臣持憲，各分其職，又有總其機要者二人。天下事凡涉憲臬理，皆入臺評，必先付之可否，而後堂白，而後上聞。朝廷有大建白、大除拜，或會議槐棘，必往參于間，與之上下其論而從違之。都憲雖苣其上，亦有不得而易者。臺臣入此，厥惟艱哉！既入，則以委任崇重，體貌巉岩，遷秩不以外補，往往擢居九卿之列，諸臺臣不得例之。間有轉方面者，則爲破格，其中必有大不得已者焉。先是，兩河大盜雲擾，王師剿除之後，朝廷以赤子橫罹兵燹，呻吟者，瘡痍者，罄室枵腹者十人而九也，思所以生養休息之，詔戶部特蠲其租徭，大發帑藏，遣重臣面問疾苦而人賜之食。兵部檄諸路申嚴武備，一划玩愒之習，至命大將統銳師留戍其地以戒非常。其吏部則妙選譽髦，往苣汴土，若方面領袖。諸道尤欲以體國憂民爲任，而臬司之職以法繩人，又惟明允平恕者是貴，爲民壽階，一切衒露、鴟張、狼顧之徒，咸擯不與，廟堂之遠猷、生民之再造蔑以加矣。當其曹者，固宜將順汲汲也。

比吏部擬補是缺，于臺得君。以資，則一時寮友皆後進者也；以望，則由撫字至激揚，其聲方籍甚也；以科第，則丙辰於今十有八載，爲最久也，而可躐乎哉？躐之則重違詔旨，不躐則慮于本憲久之。君聞而喜曰：“顧吾非其人，苟以爲可，我其行哉！”遂及君。或者疑之，直以由本憲出也，君相之深意而爲地計、爲官計者，彼固未之思也。豈惟計地與官，其爲孔暘計者，彼亦莫之省也。何則？按察之階，于僉事諸曹雜補副使，則多自臺遷。臺臣雖若固有，得之亦復不易，往時需之九載，外者可數也。其或有邀異數，亦不下七八載。君入臺雖有年，實歷甫三載餘，此惟本憲地，不得已權之，其他固否焉也。人所不有，君有之，則固處本憲者法也，尚何疑爲哉？

君之釋本憲也，臺端老臣皆重於去君，如失左右手，且訪君以其代者。君舉陽城原公載氏，謂其有三同於己，其鄉同，其志同，其道同也。咸曰：“允哉！繼之。”君子曰：“孔暘補外臺也，有以補之。其去內臺也，又有以去之。其真憲使也哉！視彼就而不懌，去則如遺，以所遇爲重輕者，何淺之爲丈夫也？”予聞而著之，若其將來大受遠到不可以涯涘窺者，夫人能言之，予可略云。

序

送憲副原公載兵備臨清序

比者東藩弗靖，生民重罹荼毒，天討赫臨，風驅霆擊，妖氛遂清。於是朝廷以海内承平之久，民不知兵，卒然變起犁鋤，猖獗莫制，武備弛也，乃詔天下關厄重地設有兵備者，咸愓厥職，以戒不虞。而兵備官例以文臣往任，則欲慎選老成才望之士，非其人弗與。臨清爲郡，南引江淮，東控齊魯，西連河洛，北拱幽薊，京師屹然尊居萬國上者，以是爲襟喉，其重可知也。又其地水陸交通，舟車雜集，四方之人挾資行貨，山蘊海停，富庶天下莫與伍，而奸宄之藪、盜賊之囮亦未有甚於此者，其劇可知也。軍衛不能制，有司不能詰，撫巡、藩臬之臣又遠且弗專，必得老成才望者爲之兵備，始足以當其重且劇者。故關厄之地非一，在臨清爲最急；兵備之設非一，在臨清爲獨難；帝心所簡命者非一，在臨清爲尤切。其人豈易得哉？

陽城原君公載以御史實拜斯命，蓋選諸内臺，爲足當其任者。賜之璽書，常格外特假之權以示異數，若曰：“惟兹臨清，爲東藩巨鎮，密邇京師，係天下重輕。比年以來盜賊蜂起，攻劫城邑，屠戮百姓，東藩爲甚，皆久安玩愒，武備不修，用有兹患。雖已致勦夷，防微杜漸，尤不可一日怠緩。惟爾歷官中外，厥有聲稱，兹特擢爲按察副使，兵備臨清。爾尚詰戎兵，别淑慝，固封守，以綏爰有衆。一切利弊興革便宜之事，惟爾處分。

往哉！欽予時命。"公載稽首拜受以行，與其同鄉大夫士別於東門之外，揚觶揖曰："菲薄受茲重寄，何以教我？"僉曰："始制下，有爲君惜者，謂君資則深，望則著，宜內陟顯融，而外補似爲屈重，受知殆未深也。殊不知用人爲天下計，常千萬人是急而緩於一人。得一人以寄重鎮，則千萬人安。徐爲一人計，豈無可以償其所不足而歆艷其心者耶？古之名臣受知君上號最深者，顧常靳於爵賞，又若不知其人，然所以爲深知也。何則？當多事時，非斯人不可辦此者，駕馭之術，要其心常有不慊，愈自奮庸，以赴功名之會。若遽而志盈意得，將易天下事而怠於用力矣。故其人卒被大用而樹立有不可及者，非偶然也。始君宰邑，以治行召爲御史，出按江南，有望風解印之聲。歸掌內臺章疏，凡大建議、大除拜得以一言輕重之，其老成才望在人舊矣。臨清之行，豈非所謂深知而遂用者乎？不然，以是時而重是地，以是地而重是官，以是官而重是人，卒有疑於靳者，其意固可知也。君不欲爲古之名臣，則已若曰：'吾何爲獨不然？'則愈自奮庸，以立□名，取榮遇，舍是其奚以哉？傳曰：'惟事事，乃有其備，有備無患。'天下事無不成於備者，而兵所以戢亂禁暴，獨可以弗備乎？君以兵備爲職，其必恪遵詔旨，安不忘危。冰未至也，戒於履霜；城方固也，虞於復隍。諸可爲足食足兵計者，罔不究心，使萑苻無警，境內晏然，倉卒之變無自而起。若古人爲保障，民心攸屬；爲長城，國家倚賴；爲鎖鑰，戎狄知名；爲胸中甲兵，賊人破膽。茲乃文事、武備克共厥職，允爲方面之臣，異時受大任，重償其所不足而歆艷之者，庸有既哉？"公載又揖而謝曰："敬聞命矣。"遂書以贈之。

送湖廣參議林世堅序

余家食時，嘗稔聞官府政，藩司之莅所屬恒急于其賦，促之以文移。日且至，其猶未登也，則督以人。府之吏行乎州，州之吏行乎縣，相屬於路。其猶未登也，則出而躬臨之，譴其官長而繫其吏胥，刻日以登而後去。於是賦登而民敝，甚者莫有其子女而安其室廬。藩司之職豈固然哉？夫士也，時其未遇，學術修於己，議論發于尋常，文章試于有司而獻之天子，莫不曰澤夫民者。推其爲志，若將朝拜官而民夕受賜也。及處以藩司之職，環數千里地隸之，位尊而任專，宜足以行其志而有爲於民矣。顧苛刻以爲能，催科以爲政，使夫民相率而斃於賦，豈不負其志以蹈於俗吏之爲也耶？

閩中林君世堅以户部郎中出議湖藩政，諸爲寮者將張都門外餞其行。鄭君希大因過余，謂君爲户部十有四年，閱任爲最深，國計多所經畫，而賢勞大著于其職。通才潔操，又赫然有聞譽。是行，衆皆爲之惜，宜贈以言而慰其心。余以爲天下之民困於賦歛久矣，聖天子欲撫而安之，務得人以任藩職，而湖廣爲西南大藩，尤其注意焉者。君之是行實自簡命，欲平其政以爲民惠，匪徒爲賦歛計也。爲民以慎官，爲官以擇人，尚遑恤其他耶？況夫閱任之深，則練於政務，必能體民情而不忍傷；賢勞之著，則已試而效者，固可占其罔弗能於官；聞譽之赫，則自愛爲重，必思圖保於厥終。是皆人之所難而君兼有之，其肯急賦歛以苟功名而自蹈俗吏之爲乎？他日湖藩間聞有能宣布德意，以安民爲己任，而起其瘝痍，盡所職以不負厥志，稱賢遠于人者，非君其誰哉？由是朝廷旌勞之舉、遷擢之榮將不勝其爲賀，未可遽以是惜也，姑書此以俟。

送僉憲閻道鳴兵備延綏序

皇上以神武將將，既平劇盜，欲與天下休息，凡赤子弄兵潢地[一]，悔悟去逆者，咸許其自新；諸路賦稅歷年不舉者，悉賜蠲免；一切無名征役爲民害者，寢格殆盡。天下熙然，相忘於太和之域。乃宵旰惓惓，猶以生民未獲其所，夷夏之防不可一日不謹是懼。顧王化不加，正朔不及，可以病吾民者，獨茲醜虜，故於邊備尤務之急而特講之詳也。有總制焉，則以卿佐攝都御史主之；有巡撫焉，則以副都御史、僉都御史任之；有兵備焉，則以副使、僉事領之。總制雖尊，然遥制數千里，有不能遍歷之虞，所倚辦者巡撫爾；巡撫雖要，然亦舉其大綱，有不及致詳之患，所責成者兵備爾。夫其相與事事者，非兵與財乎？總制於諸鎮之兵、財有所節制，得以互應通融，聯屬而不異；巡撫於一鎮之兵、財有所約束，得以調遣督發，奔走而不違：如是而已。若兵備，則於一鎮之兵、財有所料理。儲有或乏，我其足之；伍有或缺，我其充之；法有或弛，我其振之；弊有或生，我其釐之。其要使總制所以取辦、巡撫所以責成者，罔不須我以出，非甚有風力、材略者，其孰能與於此哉？得其人則上下相成，彼此交濟，邊務修飭，戎狄向風，而中國高枕矣。朝廷所以安邇來遠，加重兵備之選者，不以是乎？

陝爲藩，地里曠邈，視他省不啻三四，其鄰醜虜，爲要害重鎮者，不啻三四，故巡撫、兵備之設與將士戮力者亦不啻三四。若延、綏二路，南接環慶，北控雁門，獨當西北一面，其地尤爲要害，而備禦宜莫急焉者。巡撫非人，總制之憂也；兵備非人，巡撫之憂也。兵備是鎮，不亦難其任矣哉？先是，有司以缺聞，久之未得所宜往者。會太原閻君道鳴以疾愈還京，君嘗爲吏部主事，爲冢宰公所材，適無缺補，君於部遂疏以入。制下，人或謂君以天曹之彥，宜內遷華秩，而延、綏以爲屈重。予以爲此正君之所取重者，不易得也。夫手湛盧者，必欲得犀兕剚之，而奇功遠略，不於時之多事與劇難之地，亦何以自見哉？當宋氏之盛，夏人弗靖，韓魏公駐節延安，謀取横山以撓其國，賊爲奪氣。范文正公出知延州，訓練兵卒，析爲六將，賊不敢以延爲意，於是軍中破膽之謠出而元昊臣矣。向使二公老於中朝，不有西事，抑孰知其文事、武備若是其烈乎？韓、范固儒生也，今之延、綏即其建立地也。君儒其業、履其地而當其寄，不欲爲其人？則已若曰："彼丈夫也，我丈夫也，則罔俾二公專美有宋者，必於是乎圖之。"或又曰："有總制焉，有巡撫焉，君雖志于韓、范，如弗能自盡何？"是未知韓、范舉措無往而不可。在總制則總制之韓、范也，在巡撫則巡撫之韓、范也，在兵備則兵備之韓、范也，未聞有韓、范兵備而總制、巡撫之不能用者也，亦未聞兵備有韓、范止於兵備而不爲巡撫、總制以入登樞要者也。君行矣，吾見西陲晏然，犬羊遠遁，奠我中國之民，稱我皇上德意，而免於西顧之憂，使天下後世知吾晉產之良不擇官與地，隨其所遇而各致重焉者，其在茲行乎！其在茲行乎！

送僉憲楊秉節兵備大名序

丁丑之夏，積雨彌月，畿內大水，原田化爲澤國，秋禾盡没，歲大飢。事聞，皇上及群臣既大修省，詔有司厚加賑恤，蠲一切徭役。又以民不聊生，必起爲盜，肆作不靖，先事之慮尤當急焉者；顧列郡環廣千里，不相維繫，雖有撫按之臣，勢難遍及，事難遙制，弭盜安民，宜有專職。先是，正德辛未，潢池之弄，特於大名設憲臣一人爲兵備，未幾事定而革，乃議復之。户部員外郎楊君秉節，素以才望重縉紳，大臣有薦之者，遂以應詔，於是擢河南按察司僉事，奉璽書以行，咸以得人爲允。

惟傳曰："惟事事，乃其有備，有備無患。"天下之事，未有不以備成、弗備廢者，況治民之政，理亂攸關，防微杜漸，不見是圖，非泛然諸事比。其在兵備，以剿戮之權，制人命，利器械，練卒徒，儲糧峙，設巡邏，嚴號令，尤欲辦之於早，遇其將萌，消其未動，使人望而畏之。若虎豹在山，藜藿不採，爲惡之心化于無迹。即有事焉，則規模前定，以逸待勞，以主待客，隨機應變，要不出於吾算，撲滅之舉未及燎原，特易易耳。其屬之憲臣者，用武以文，止戈爲義，吾黨亦講之熟矣。平居之際，恤其灾，有以拯之；憂其病，有以藥之。郡邑之吏良于官者，得獎而勞之；不才而虐民者，得按而黜之。兵雖不可忘備，實未嘗專以爲恃也。及不得已用之，先德後威，先謀後勇，不利其得，不邀其功，止於排難解紛而無所取，非區區文墨間者，憲臣不當如是邪？

君敏決有爲，遇事不留，好謀而能懼，罔不克諧以成，兹行固中的也。昔人謂不遇盤根錯節，無以別利器，其君之謂與？吾見畿輔晏然，無枹鼓之警，雖灾不爲害，居民保其室家，歌聲載塗，旌能而薦賢者，疏且旁午，異時以身佩天下安危，爲國家萬里長城，此其權輿乎！同鄉諸君子宦於朝者咸曰：“休哉！鄉曲之光也。”相率以贈言，義不得無厚望，庸書而俟之。

送僉憲郭孟威兵備潁州序

蒲爲郡，以文獻稱吾省舊矣，舉進士者科四三人，間五六人，通朝藉者亦如之。若大理寺正郭君孟威、御史劉君潤之、戶部員外郎楊君秉節，皆卓卓者也。歲丙子，潤之擢四川僉事。明年，畿南北大水，民飢甚，慮盜且起，以秉節爲河南僉事，兵備大名諸郡。無何，孟威亦以秉節官爲潁州兵備，諸同鄉以贈言屬予。

惟冀北多良馬，伯樂一過其野，群無留良焉。蒲固士夫夫之冀北也，才如三君，足以經營四方，懷利器而待盤錯者，顧可得留哉？天下若人之一身，常使血氣和平，無少凝滯，乃可以安。即一郡一邑之民，有弗獲所，變故或乘以起，天下不可以爲治。

潁當南北要衝，諸郡聯絡，皆以灾告，於人殆腹心之病，尤當急爲者。不可醫非其人，孟威固醫師之良也；不可用非其藥，兵備固瞑眩之劑也。如是，則庶其有瘳，不至危且亂乎！夫人於病未作防其作，未劇防其劇，要之，常備于早則力省而功易，雖扁鵲無以易此。民生無聊，朝不謀夕，潢池之弄，萑苻之警，特呼吸間耳，蓋病已作而欲劇時也，劇則不可爲矣。傳曰："惟事事，乃其有備，有備無患。"天下之事，鮮不備以成而責於弗備者，況有兵備之責者乎？規數郡地付之掌握，璽書以假之權，憲職以將之法，殫智畢力，圖不負其上下者，兹惟時矣。以撫綏責有司，以訓練責武衛，屬器仗，儲糧峙，修城郭，謹巡邏，信賞必罰，以號令境內，使邪慝者潛消默化，倉卒之變無自而起，固今日簡命之深意，孟威所優爲以愜輿論者，尚何須予言哉？顧蒲之三君皆予素友善，麗澤是資焉者，二君既去，恃有孟威，乃復爲潁所奪，予之菲薄將何依據？得無介然於懷耶？雖然，予方憂民，職在論思，有未遑及焉，睹吾友之出，擁節專制，爲民造福，則誠一大快也。平居相與議論，多天下事，兹其施爲萬一及吾言，而民受之賜，又若假手吾友者因以紓吾憂焉。回視戀戀然求爲一己之助，其公私大小何如哉？於是欣然舉觴，爲之説，以速其行。

送江西僉憲何邦彥序

粤古帝王圖惟化理，既衆建官，服厥采采，惟民罔中，法懲靡及，復設糾督之任，以佐刑獄，乃庶政允釐，用絶萌于奸宄。其在經星曰左右執法，爲刑職，爲憲職，厥象惟明明，天討有罪，兹固允哉。周有天官小宰，掌建邦之宮刑，越王宮之政令糾禁，猶爲內任。漢直指諸使出討奸猾，治大獄，亦罔常置。唐諸道使曰巡察，曰按察，曰觀察，厥爲定職。歷代相承，雖名以時命，厥任惟均，以迄于今，專制境內生殺黜陟，罔不惟己。嗚呼！服厥官惟厥才望，亦惟艱哉！

何君邦彥自刑部員外郎擢江西按察僉事，制下，咸以爲允。諸同寮將屬予言，錫厥行。惟按察之職實典刑獄，江西爲文物都會，諷誦若齊魯，惟士則然。厥壤在吳楚之交，民俗勤生嗇施，狃于鬥爭，餘風未殄，獄訟繁興，爲厥官病。君以能官聞于司寇，明啓刑書胥占，若虞機張，省括于度；簡孚貌稽，若庖丁之刃新發于硎；訖于威富，若底柱立于中流。茲固罔有弗堪，顧職惟按察，厥察易深，惟民手足罔攸措。在《易》之旅，山上有火，君子以明慎用刑而不留獄。火明麗于止，君子知明不可恃，式戒以慎，旅之時義，其善用察哉。矧惟國家以仁厚宅師，慜時祥刑，惟舜欽恤，禹泣罪，以康乂，民作求肆。皇上登極，欽若成憲，休于前政，亦惟民罔或干正是欲，好生之德，茲惟懋哉！乃外內執法臣在將順德美，俾從欲以治，式臻風動之休，罔事察察，用傷太和。君其陳時臬，以常舊服，正法度。后惟德威，臣無敢作威；后惟德明，臣無敢作明。惟厥從亦惟非從，惟厥終亦惟非終。俾我一日之用，成麗于中，民將敉懋以和，畢棄厥咎。茲乃克有遜事，允爲王按察之臣，何難乎大邦？何憂乎健訟？何畏乎憸民？異時進陟卿佐，執天下之法，持天下之平，刑期無刑，升斯世于大猷，惟時其基，允迪茲皋陶淑問，罔其專美《雅》《頌》，長我王國，紀之太史，亦允附于蘇公。予言將徵，庸書以俟。

送湖廣僉憲張孝伯序

定天下之動者，法也；持天下之法者，人也。不難於定天下之動而難於定天下之定，不難於定天下之定而難於定一己之定。非善於持法者，其孰能辦此乎？法之畫一，具在天下之動，而觸者胥此焉取裁，懸筆而署，生者死者，顛者植者，喜而笑者，流涕而痛哭者，一成而不可變，若造化之於物，榮悴修短有萬不齊而莫或能違，是則所謂定天下之動者也。以是而定天下之動，使夫而生而死、而顛而植、而笑而哭者，一或不以其情，吾未見其能定也。今之定天下之動者，非刑曹與憲臺歟？猶以爲未足也，且定之於大理，據案而評，允其可，駁其否。死可使生，顛可使植，笑可使哭，若榮悴修短，其付於物而有點檢，於冥冥之中以柄其成者，是則所謂定天下之定者也。以是而定天下之定，使夫死而生者、植而顛者、笑而哭者一或出於有意，吾亦未見其有定也。

吾友張君孝伯歷大理評事、寺副者有年，凡獄之受評者，死而生不以爲恩，顛而植不以爲德，笑而哭不以爲仇，若物之自榮自悴，自修自短，而不知誰爲之者，是則所謂定一己之定者也。茲以起復，天官卿嘉其能，擢湖廣按察僉事。諸同寮榮之，將以言贈其行，而謬屬之余。余惟孝伯之能其官，非獨其天資有異於衆，而得於學力之助亦不可誣。作於前者，若先御史公之累有建白，皆關治體，爲時所嘉，其得於淵源有自矣；述于後者，若清豐尹以弱齡舉進士，而治行有聞，榮被旌擢，其出諸緒餘有徵矣。茲其往治按治之獄，利則芒刃新發于硎而庖丁爲之解牛也，敏則虛舟順流鼓健風而東之也，精則賦屈賈、篆頡籀而將頗牧也，予復何言哉？顧内外殊勢，今昔異時，而一念之轉移，一事之遷就，則吾所謂定者又未可知也。必設以所評乎人者反觀于己，曰："向吾以是爲然乎？"又設以所斷於己者取質于人，曰："人將以是爲然乎？"《詩》曰"伐柯伐柯，其則不遠"，於己取之而已矣。執是以往，非訖于威，惟訖于富，凡可撓而奪者一切不識，其爲定不既遠且大矣乎？抑此所謂善持其法，猶非論於法之外而於刑罰之精華也。天地以好生爲德，雖有榮悴修短之不齊，而生生之意常行乎其間，欽恤訓於《舜典》，服念誥于武王，固未嘗取必於法，亦未始不合於法也。死不可以復生，斷不可以復續，求其生不得，則死者與我無憾。世之不求而死與夫常求其死者，往往以是爲能法，其亦異乎吾儒之所謂法矣。張子之先爲澤人，與予爲同鄉，予且同榜，宜有以告。若夫程能課最，躋崇顯於將來，其餘事也，不敢贅。

校勘記

〔一〕“地”，據文意疑當作“池”。

紫岩文集卷之二十九

序

送新安太守熊世芳序

士君子之學自己及人，以體用爲全，而不敢私其有，天之生才，其道固如此哉！推是心也，苟可以行其術，有益於生人，雖勞且難，將汲汲焉赴之。若有所不及，惟時之不吾賴也，愧然有負於天是懼，其他殆不遑恤矣。顧其間有謬不然者，處之非據則用有不宜，任之不專則成無所責，未可也。得其據且專焉，宜可汲汲矣，而其間又有謬不然者。時非道偶，雖知無所施；事與心違，雖勤無所補：亦未可也。見其可而不見其所不可，其不至於軒輊而不行者幾希。今夫駕萬斛之舟於江海之上，以任則重，以技則精，以志非不遠且疾也。有時而膠，不能前以寸；得風力之便而乘之，則開帆鼓楫，一瞬千里，而所向無不至。此自古以際遇爲難，聖賢終其身不遇，不苟有就者，其以是乎？然則據有其位，逢機遘會，又足有爲而無所病，固士人之汲汲而不可失焉者也。自夫賊臣竊弄威福以禍天下，舊章成憲變亂殆盡，毒手衣冠，浸淫羅織，不啻仇讎。一時内外之臣危于累卵，此惟救過扶傷之不暇，尚胡民之遑及哉？朝廷以日月之明洞鑒其弊，卒誅罪人，委任耆舊，求所謂畫一者遵用之，所謂紛更者劃去之，務爲寬大，與天下休息，蓋甲之先後，終則有始，亨而正，革而當者也。於是不職之臣論劾而罷者甚衆，妙簡才彦老成之士以充任用。至於親民之職，生民休戚所關，而名都巨郡則國之藩宣是

寄，培元氣於既索，植邦本於永寧，豈不尤貴于得人哉？新安之
在甸服，地雜甌駱，襟帶百城，民俗豪健而善鬥爭，古稱難理，
界之匪人，爲害非細。舍舊圖新，乃得大理寺正熊君世芳，制
下，咸曰："允哉！"其鄉大夫士相率稱慶，徵予言以贈其行。

　　惟君在大理，以精練明恕雅重官評，雖法網嚴密之時，能爲
人委曲求生，凡經議讞，多所平反，而彼人亦不能有以中之。嗚
呼！此正新安之選而今日之求也，詎非百千年難遇之機會歟？何
則？爲地以慎官，爲官以擇人，猶夫治盤錯，必資於利器而後克
濟，爲上所任若此其甚也。比年以來，誅求烈于旱暵，供億困于
倒縣，思所以澤而解之者，爲下所須如此其急也。于茲奚患焉？
患無所與爲以盡厥職爾。一有爲焉，朝吾行而夕遍于境內可也。
且大理所司，律例之事，罪戾之人耳，以若時典若官，救十一於
千百，興薪之火投杯水焉，其及幾何？君猶志乎斯人，不忘所有
事，況據其地，乘其時，無所謂謬不然者，抑執得而禦之耶？在
《剝》之上九，果不食而得輿，今則生意不息而有載矣，《復》
之初九，不遠復，無祇悔，天下之事失未幾而復于善矣。及其無
悔而乘之以興，斯吾黨所幸而不忍負焉者。予是以知君之果於有
爲，徽人之將蒙其休澤也。君與予同舉進士，且相與厚，故敢丁
寧於機會之說而贊成其行道濟時之美。由此程能課最，進躋不
次，爰究大用，流聲光於不朽，則尤所深望而有俟焉，尚得而終
言之。

送趙名教守大名序

　　自古人君圖惟治理，未嘗不以安民爲務。迹其安民，未嘗不
以郡國爲重。郡國，古諸侯之任，所以專主一方而父母斯民者，
其職與否，民之休戚、天下之治忽係焉。故曰百姓安其田里而無
愁嘆之苦者，政平訟理也，與我共此者，其惟良二千石乎！其爲

職任之重可知矣。唯漢以久任責成，吏得安于其官，雖有治行，則璽書示褒，賜金增秩，不爲遷轉，得人致理之盛，後世莫及焉。國朝遠鑒前古，固多久任，吏治亦往往有可稱者。比年以來寖出常格，或未經一考而内陟顯融，或甫及數月而外遷方面，送故迎新，疲勞道路，非徒無益於民，而適以病之。此其故何哉？久其任者，豈惟有以使之其心乎是職若將終身然，陳力就列，惟弗稱任用是懼？所謂上下相望，莫敢苟且，欲郡之無理，不可得也。數變易者，豈惟有以使之其身乎是職如不終日，嘆老嗟卑，直欲晝三接、歲九遷而後爲快？所謂以亟去之官臨苟且之民，欲郡之理，亦不可得也。古今吏治得失之分，不以是哉？

　　予同年友趙君鳴教自兵科都諫出守東魯，會前守以事留，未得受代，乃改大名，凡交游知厚莫不冀其政之速成、官之亟轉也。予惟鳴教自爲諸生時即有時名，其器宇凝重，趨向端方，固可占其遠且大者。而諫垣通籍已逾十載，資不爲不久矣；累官都諫而主兵科，權不爲不重矣；直言劘論多見嘉納，天下想聞其風采，望不爲不隆矣。當是時挾是三鬷，在他人鮮不坐收華要者，君乃以一麾出守，非了於義命，其能然乎？睹如雲之盛而有縞綦之思，恥桔槔之機而甘抱瓮之拙，以是之郡而職有不舉、民有不安者，吾未之信也。且古人役志不苟而作事貴於有成，固有以一藝之精取知當時，貽後世令名者，況居官而至郡守之重乎？誠舉其職而不愧於古人，雖以是終，其可也，況功成受賞，寵嘉必至，而不止於是乎？或者直欲視名位如傳舍，以百姓爲芻狗，而徒求逞其欲，亦獨何心哉？甚矣！吾深有取於君而厚望於君也。凡事之善也，流而之弊，必有以開其端；其既弊也，復而之善，亦必有以作其始。自今以往，聞有郡守者以恬静之風著循良之績，民歌其德而進躋不次，流聲光於無窮者，必君也。又聞凡守郡者，相帥務舉其職于民不于己，一洗世俗之陋而駸駸於古人之爲，必以君之倡而興起焉者也。予職忝載筆，不得有所建白以匡時弊，爲説以贈君，因君以風動之，亦或吏治之一助云。

送張廷紀守毗陵序

弘治壬子之秋，予始應省試，往來多士間，聞其品藻人物，多盛稱蔚州張廷紀氏者，曰其人相貌魁梧，捷于談論，學業所臻，自六籍達於百氏，靡不通究，作爲文章，則閎深豪宕，刊落陳言，有古作者風度，殆奇才也，異時樹立，其得而涯涘乎？予聞而畏之，然未識其人也。既撤棘，君果發解，予落第放歸，恨不得相從其後，以叨附驥之榮。歲己未，予偕計上春官，録與錫宴，數席内聞晉語而雄談者，容修偉，若鷺鵠停峙，望者快焉，疑必君也。已而果然，遂相與定莫逆交，論議上下，麗澤爲多，然未得其用也。既君授南都民部，出其緒餘，稍及簿領，雍容笑談，無不就理，聲籍甚。屬有西警，言者以兼資文武薦君於朝，謂邊郡之吏必得若輦爲民守禦，於是有慶陽之命。時君仕格未逾再考，榜内士亦殊未有階四品者，階自君始，榮可知也。至則敷文教，講武事，内綏外攘，郡以大治，賊不敢入其境。久而勞績既聞，疆場無事[一]，則欲處以内地繁劇，使坐鎮雅俗，於是有開封之移。未行，以憂去。兹起復入，會朝廷甫誅罪人，修復舊政，妙選碩彦，布列中外，而名都巨郡尤欲得老成才練之士以紓民急，於是有毗陵之補。同鄉諸公咸樂以言贈，俾予文之。

惟君自登仕版十有餘年，用君凡幾變，每變而愈重，選擇之公不得不重也。君之自用亦凡幾試，每試而輒奇，英華之發不能不奇也。雖其重且奇者，若未盡究其素，爲人望已不爲不驗，予固得之深矣，尚須言哉？顧締交之義，鄉曲之情，自有不容已也。何則？國家於甸服，其倚重而取辦者，不盛於東南乎？東南沃饒，可以應緩急、强楨幹者非蘇、常諸郡乎？頃年以來困于誅求，厄于災變，縱橫騷擾于崔苻之警，民不堪命，有識寒心，而毗陵號稱腴表，北控江淮，東連湖海，尤爲重鎮，庸可易乎？其爲理，必破常調，更弊端，出警策，大有所振作而後可。譬之將罷憊之卒而遇勁敵，倉卒顛沛，不爲囊沙背水之奇，而區區於重傷、二毛之講，不亦難濟矣夫？君被用於此，誠爲緊切而進躋不次，追踪往哲，流光於不朽，以大副吾人期望，茲亦其機括也，又惡可易乎？予忝載筆，將大書特書，不一書以續古《循吏傳》，使天下後世知吾晉産之良果足以用世，不徒爲言語文字之迂，顧不韙與此，則諸君子之意，予掇而序之。

送河間太守常守德序

天下之事不難於處而難於熟，君子之用世也，不憂其無成而無本是懼。熟則諳練之精，所遇不爲之眩，有本則左右逢原而難無不克，此其務於深造而不辭涉歷之勞者所以待用而應夫事也，豈有窮哉？榆社常君守德以御史出守河間，其熟而有本者與？河間爲畿輔巨郡，九河之會，五壘之居，水陸要衝，素稱繁劇。密邇京師，誅求百出，頃年以來，盜賊戕於前，乾溢困於後，民之憔悴，不能爲朝夕計，蓋十室而九也，非熟而有本者，其何以濟之邪？先是，朝廷以三載黜陟之典核天下庶官，郡守以不職擯者幾三之一，而河間與焉。當改弦易轍之時，百度宜新，萬姓屬目，其難又不啻尋常數倍，必得夫熟而有本者，舍吾守德，抑奚以哉？

守德之舉進士也，筮仕山陽令。山陽當南北襟喉，政繁而民敝，令則秩卑而職勞。守德不三載，百姓歌之，赫然以治行稱。其入而爲御史也，實授之初即東按遼海，歸不浹旬，復西按關中，皆有邊寄多事之時，務在安攘，所與共事者皆肘掣而背馳，其所受代又皆以無妄不終。守德至輒風采凜然，奸消蠹剔，兵民受福而竟亦無他。河間之擢，豈非簡命之不可逭者哉？何則？令之爲職，統於守者也，其奔走而奉行者，固守之政也，而守德以令著；御史之爲職，苻乎守者也，其督率而責成者，固守之政也，而守德以御史顯。數載間相與周旋而有爲者，一則曰守，二則曰守，閱歷不爲不多，非熟者與？令與御史皆今之號難稱者，所經地復不易治，皆裕然有餘力，非有本者與？由令而守，守與令同事，是謂以令治令；由御史而守，守與御史同事，是謂以御史遇御史。如是而政之不洽，民之不安，吾不信也。故爲民擇官，宜必及守德；爲人擇郡，宜必得河間。而或者以外補爲守德屈，不亦惑乎？守德之先世以《春秋》取高科，躋膴仕，方伯公令祖爲時名臣，尊翁治單爲良令尹，家學傳授，遠有淵源，其熟而有本，尤爲有自。於是乎益殫心力，仰答休命，增光祖考，爲遠大圖，其孰能禦之？守德予同鄉，壤地相接，且同歌《鹿鳴》，偕計而上，相知爲深，故於臺端諸君子之屬不敢辭，輒述此以贈其行。

送何德章守福州序

官之在外省，有持大綱而督責於上者，藩臬是也；有親民事而奔走於下者，州縣是也。藩臬雖尊，於民爲遠，情分間隔，澤有所不通。州縣之職親民，然制於人而不敢專，往往齟齬。其所欲爲，二者不能兼，勢也。唯府之守，百姓疾苦可以面問，雖有苻焉者，體貌相埒，亦率見倚重而不爲其抑。有方面之尊而柄撫字之任，涉有司之事而免畏縮之嫌，兼上下而處其中，亦勢也。府之守信足以有爲矣，然有難而可虞者，附於省下，與方伯、觀察之屬并居，其淑與慝，毫末必先知之，又地爲重要而利害所關者大，處置得宜，則事妥而民受其惠，否則將不能已於其患。士大夫外補，未嘗不以是爲病而惴惴焉。

南海何君德章以户部郎中出守福州，福之宦于朝者皆相慶色喜，欲以言贈其行。惟君於户部爲能官，嘗兩奉敕督屯田及糧儲稱旨，赫然有時譽，故是行衆爲之愕。夫福州爲東南都會，連山距海，實邊徼之重地，且附于省而益其繁，與他郡遠於上官，簡而可以卧治者不同。朝廷以非君莫可守者，選擇而使之，庸有他哉？君自舉進士及今餘二十年，閱歷不爲不熟矣。其入地曹也，實自贛縣，治民既有成效矣。閩、廣之相違不遠，其土俗、人情宜亦知矣，而通敏之才，清白之操，又君所素有，持是以往，何難於重地而上官之虞？然則稱有爲之職而無其所病者，顧不在于何君乎？予聞昔之守福者，若訟牒日千，未午而裁決皆畢，罷園蔬之饟，惡與民爭利，皆號善政，而美談于今不衰。予忝史官，將書君之政繼其後，又重同年謝君邦用及地官鄭君希大之請也，於是乎言。

送桂林太守童賓暘序

兖州太守童君賓暘以直忤藩國，被逮京師，無何事白，詔特釋之，移守桂林。於是兖人若失怙恃，挽之而不可得；桂人則舉手相賀，謂將蒙其休澤也。諸與賓暘交者咸嘉其直道之伸而餞之郊，曰：“是非賓暘不及此，非此亦何以直賓暘哉？”賓暘奚爲去兖？其去宜有以得罪者，竟無他焉。畀之桂林，直之也。而奪之兖者，勢不相能，曲爲全之，非以相病也。若是，則舍兖無所不可。天下之巨郡亦多矣，必桂林之遠者何？比其被逮之初，夫人皆危之，雖賓暘亦不能無惑，豈曰桂林云哉？遠以桂林，明非此不得去兖，薄示之罰而自不爲損，事之所從來者定矣。桂林暫屈，不待知者知之，而權以濟事，不亦可乎？然則不幾於私賓暘哉？施之匪人則私矣，於賓暘，所以昭天下之公也。

始賓暘以進士出宰上高，攝豪右，毁淫祠，撫綏疲瘵，不違寝食〔二〕，期年而民歌之。召入爲户部主事，累遷郎中，會計經畫，動中肯綮，大爲司徒倚重。兩河盜起，中原震蕩，王師出剿，以精幹風力簡督軍餉。時數十萬衆分路并進，奔突馳逐，若雷霆不及掩耳。至輒芻糧充給，兵不留行，易於取捷者，賓暘與有力焉。遂擢兗州，給從三品俸。兗爲南北要衝，魯藩建國，又當兵燹之餘，亦難矣。賓暘惠以牧民，正以持己，境内翕然稱治，宗屬爲之斂迹。於是五被論薦，朝野之間皆知有賓暘也。久而群小不得志者陰爲中傷，假手藩國，撫按之臣力爲疏白，是豈可以襲取乎？夫有司與藩國處，能不失其職者鮮矣，其相構能自直而不爲中傷者尤鮮，豈徒勢之不敵哉？亦其自強以植，公論者無其具耳。以賓暘之才，揚歷中外幾二十年，直身而行，無所顧忌，巍然若砥柱之立中流，其自強如此，宜公論不旋踵而即明也。以是爲私賓暘，可乎？不然使其以無妄見及，其心固且無悔，祇益之重，如國是何？故曰於賓暘昭天下之公也。

命下，欣然就途，無幾微見於顔面，其言曰：“朝廷命旭爲守，臣不能奉揚光訓以匡王國，又不能曲爲承順，使無惡於有司，旭罪多矣。誤蒙恩宥，不失舊物，雖更桂林，實與吾壤相接，亦望外也。顧淺薄無以報稱萬一，諸君幸卒教我。”衆乃知賓暘之志始終一節，不負知遇，其樹立將有不可涯涘窺者，而允爲其鄉之重也，屬予序以贈之。

送延安太守宋文明序

關中稱大藩，當西北一面，爲夷夏之交，故多邊郡。延安尤近塞垣，與榆林相接，雖恃以爲援，而供億不勝其勞。民之耕牧常撓於虜，加以地力之薄，物産之艱，無所取給，稅額積歲弗能完，催科窘迫，無須臾寧。守郡者欲安民以稱其職，亦難矣哉，故常選擇以往，得者必以爲才，才者亦輒以爲病。吾友趙郡宋君文明自南京宗人府經歷起復，特被簡命，欣然告行，無幾微見於顏面，人皆壯之。君自舉進士餘二十年，始階四品，視同年顯者淹已甚矣，顧以郡爲足喜耶？

君初宰遂安、汜水二邑，冰蘗自勵，盤根錯節迎刃而解，薦剡旁午，赫然有聲。既而遭時不偶，沮抑累至，處之散地，鬱不得施者垂十年，益韜晦自重，粥粥若無能，示與世違，雖終其身不悔。鄉里小兒有誚之者，君第曰：“彼何知耳！”蓋其才堪用世，志不爲屈，隨寓而安，無弗可者。有以用之，難易固不暇計矣。何也？士之處世，患無以自有，非有而弗售之患；患無所資以成其志，非齟齬於難者之患。延安之擢，爲地擇人，知深委重加於久屈之才，豈不一快其志耶？是宜勇往直前以赴功名之會，俾向焉鬱不得施者若干將出匣，蛟龍起雲雨，利其用、神其功者無施不可。鄉里小兒關其口而奪之氣，士大夫所素許與，亦皆以爲愜而彈冠相慶矣，邊郡其足爲病也乎！昔韓、范二公經營西事，垂名不朽，實在於此，履其地，思其人，有不容自已者。予益信君果於有爲，延人必蒙其休澤也，於是乎言。

送太史倫伯疇使安南詩後序

夷蠻非我族類，先王肇建五服，爰及要荒，匪曰庸斥土宇而遠略是勤，惟厥治罔攸擇，柔遠安邇，俾莫毒我華夏。其御不以力，惟德其御，曰：“無怠無荒，四夷來王。”曰：“天子有道，守在四夷。”內治克修，遠人底服，不惟莫虞，且亦獲乃用。自後世罔德之務，好大喜功，疆場多事[三]，不惟莫服，且自貽若患。夷蠻服叛，厥由我召，亦惟允哉！肆皇上既御天下，禮部請如故事，布告安南諸國，制可，且諭曰：“於惟我祖宗奄有天下，德綏四夷，海內晏然，夷于隆古。惟安南往入郡縣，厥君長嘗服采卿士，迪化尤深。茲雖越在南鄙，夙夜祗承貢朔，罔敢携貳。

皇考亦丕用嘉，曰：'惟世享我後人，朕其敢忘先德，替乃懷徠？'其選從臣有學術者往，奉詔書告之朕意。"於是以翰林修撰倫君伯疇應詔。

竊惟皇上嗣大歷服，改革萬物，茲惟其期。夷人狃我舊恩，亦罔不虞我新政，若昔隤涕真廟，懼嗣君間于臣下，渝考翼平者。朝廷方祗若成憲，聿敦信義，以敉遠裔，不啻貽書尉佗，誕示至誠，俾安享乃土惟舊，茲其往責不亦重乎？夫事固有鞠天下智力罔克濟者，亦有雍容笑言啓無疆之休者，顧處置何如爾。君名甲天下士，世家南海，密邇于交，厥聞亦舊，實仰弗可即。乃今使臨，式布我皇上德意，彼其篤信，用丕感于厥心，折衝樽俎，于時其觀，俾國家永無南顧之憂，茲乃允爲王使。矧以文字職太史，文之有益人國，其惟曰辭命，假令專對有訾，雖制作稱善，班馬畢下風，亦曷其益？君尚敬哉！

時同舉進士仕在朝者咸賦詩錫厥行，謂予當識其末。予且同寮，義固得厚望，是敢勖。用使事，若取便歸壽乃大人，越賞適名勝，履子長所未迹，有諸君珠玉在。

送大理寺副郭孟威歸省序

蒲州郭孟威舉進士，歷官大理，欲迎養其母太孺人王於京邸，以年老弗果。數遣其子起居，時致俸給爲供養，弗能釋其思也，鬱鬱者久之，以書白太孺人曰："兒將引疾以歸，一見大人爲慰。"太孺人報曰："吾幸老且健，見且有日，姑勤爾官，毋吾念也。"久之，乃以書白曰："兒欲假公使，取便一見大人爲慰。"復報曰："吾幸老且健，見且有日，姑勤爾官，毋吾念也。"至是益久，情益弗堪，則以書白曰："京官六載，例得歸省，兒必援例一見大人爲慰。"乃得報曰："爾能勤爾官，又重爲吾念，吾雖老且健，固願爾見。"孟威具疏上請，詔許之。大理寮友咸榮君行，以贈言屬予。

惟子之職，侍左右，問安否，不敢以須臾離。親之於子，亦固欲其供養膝下，無間别之憂。有不盡然者，往往舍其近小而遠大是圖，於是出爲世用，策名委質，建功業，流聲光，以寵賁于親，使夫人稱曰“幸哉！有子如此”，而後爲慊。故古人養志爲上，而資以事君，必勤於職，懼辱親也。傳以事君不忠爲非孝，其信矣乎。蒲去京師餘二千里，亦云遠矣；别逾五六載，亦云久矣。推孟威之心，弗得迎養其母，且弗能見焉，殆無一日而忘蒲也；推太孺人之心，弗得就養其子，且弗能見焉，殆無一日而忘京師也。顧其請益勤，辭益力，思逾切，見逾難，至是乃得歸，豈故遠於人情而自齟齬其所欲爲邪？觀孟威莅官，究心獄牘，多所平反，擬有未當，雖十返之不易。凡獄將取質，其主者必戒曰：“無尚爲郭大理所難乎！”有聲西曹，咸以吾鄉人物目之，此固太孺人義方教子，期于顯揚之意。孟威夙夜匪懈，修職養志，持以見其大人者乎，錦衣晝耀，弩節前驅，不足爲君榮；廣筵集賓，張樂高會，不足爲君樂。太孺人以逾八望九之年，聞于當宁，特許其子委務寮宷，乘傳而歸，稱觴祝壽，輝映桑梓，以酬至願，固上之賜也，其爲榮樂何如哉？然非孟威克遵慈訓，圖孝於忠，無以得此。其尚益思懋勵，以求報稱，不替其初志，異時受大任，重光寵薦，臻於顯揚之孝，又有不可勝既者，予尚得而嗣言之。

校勘記

〔一〕“塲”，據文意疑當作“場”。

〔二〕“寢”，據文意疑當作“寢”。

〔三〕“塲”，據文意疑當作“場”。

紫岩文集卷之三十

序

送同年周進之按獄南畿序

聖天子以仁育兆民，謂獄者天下之大命，不可弗慎也。既曰以諭司寇矣，其大辟之罪在諸省者，雖已成獄，猶須其三覆五奏而後可之。至於兩畿諸郡，雖經覆奏而得可者，猶歲遣司寇之屬往決之，使得有所平反。其與舜之欽恤、禹之泣罪，合萬載而一轍也。茲者草刈之期，刑部主事周君進之實以簡命往決淮、揚、廬、鳳諸郡之獄，時論以爲得人。

余惟自古有道之世，雖不免於用刑，而君以寬厚爲德，臣以平恕爲心，秋殺之義，春生之仁，常并行而不悖。夫法制立而犯之，賊吾治者也，執而誅之可也，而丁寧審核，若恐其不生，豈故惠奸哉？以世道多弊而情僞難明也。誅而當其罪，胡不可之有？萬一無辜者及焉，則其傷和氣而召灾異，非細故也，是惡可以弗慎耶？進之服秋官政，案牘旁午，剖決如流，其擬坐者輒甘心而不稱屈，遂以公能書上考，籍籍有時稱，可謂得古人之意，而茲往固其宜矣。顧內外之勢不同，而不可以不察也。內而聽獄，其成在己，苟盡心焉，宜無不得其情。茲決於外，則有司成獄爾，奏當之成，雖咎繇聽之，猶以爲死有餘罪。何則？鍛煉衆而文致明也，豈不尤爲難辯而當慎者哉？夫獄之冤者，陷於刻吏之文致，憤憤羈繫中，無亦曰"庶幾有詔使來察我冤狀，反我成獄，出我於死地"乎？而朝廷命官，亦固曰"吏有倚法而爲奸，民有無辜而陷戮者，往而按之，庶幾有所平反"乎！則夫被命而出，獨不曰"吾將夙夜匪懈，每懷靡及，庶幾無負于欽恤之意"乎？苟徒據成案，無所可否，執簿呼名，群驅於斧鑕之下，則所在獄吏自足矣，又何以簡命爲也？矧進之事竣，將取便道歸常熟，謁先人壠次而壽其母夫人於堂，以遂其至願，是因王事之行而得及於親，當奉親之教以敬王事也。

昔歐陽永叔之父謂治獄求其生不得，則死者與我皆無恨，屬其夫人，欲俟永叔長而告之。雋不疑每行縣録囚，母聞其多所平反，爲之飲食笑語，否則怒而不食。予以爲凡父母之賢，其愛子必同。子之賢，其事親必同。則進之先人遺訓固宜及此，而母夫人之喜怒亦可知矣，孰謂進之不以永叔、不疑處其身而或違之也耶？夫盡心以供職，俾下無冤獄以仰稱德意，謂之忠。莅官以敬，貽其親以令名而不違其教，謂之孝。忠孝，吾徒所以幼學而壯行者也，日中必熭，操刀必割，茲其有爲之時，而可以弗勉乎？予與進之有同年誼，故不敢忘規告。若夫錦衣桑梓之榮，登覽賞適之樂，則有群公之珠玉在，予可略也。

送平涼劉判府監儲朔方序

關西有巨鎮曰朔方，實當虜衝，分三路，各擁重兵爲備，城堡環峙殆七十餘所，兵餉最爲不訾，出納繁劇，宜有專職。其中、東二路各設府佐一人以董之，而西路獨闕。雖憲臣總督于上，地里廣邈，相距動數百里，而區畫有未易以遍及者，往往軍士苦於支給，居民困于轉輸，弊端百出，不可究極，邊儲之蠹蔑以加矣。於是巡撫都御史具疏請特設官，如中、東二路例，詔允之。芮城劉君堯卿以通判起復，遂被是擢。同鄉諸縉紳相率爲餞，以贈言屬予。

惟天下之事在正其始，其始之正，末流猶不能以無失，而況於不正乎？君子之任事也，必慎于始，或踵人之弊，猶當革其故常，自我作始，況其事始於我乎？自事言之，創始者易；自人言之，創始者難。夫事非相因，造端於此，則前無所梏，後無所妨，惟意之欲，顧處置何如耳，此其易也。其始之善，終無不善。始之不善，終罔或善，此又其難也。於事若易，非其人則難；於人若難，得其人則易。古所謂建官惟賢、位事惟能者，厥有旨哉！堯卿初判維揚，地當襟要，政爲盤錯，以談笑揮之，聲稱籍甚，才可知也。巡撫以才請，吏部以才遴，而朝廷以才遣，則是行可謂至榮，職宜無不舉矣，復何言哉？邊患莫甚於西北，而邊備亦莫嚴於西北。今邊患猶昔，而備之者非昔，以兵則弱，以食則虛，欲壯中國之威而遏犬羊之寇，其何所恃哉？傳曰：“千里饋糧，士有饑色。樵蘇後爨，師不宿飽。”養兵以衛民，而驅民以供軍，其來久矣。食足而兵不強者，未之有也；不足於食，未有能強其兵者也。餉之爲職，顧不尤急哉？夫以一路之事付於一人，誠不得不任其責者。寧有超乘之驕，不可有脫巾之請；寧有飛輓之勞，不可有量沙之舉。非素有其具者，亦莫之能與也。士以才見用，且當設官之始，流芳振響，兹維其時。不以爲難而諉之弗能，不以爲易而將之弗恪。事作必慮其所終，法立必思其可繼。欲通而不欲滯，欲密而不欲疏，欲厚而不欲苛，欲嚴而不欲縱。如是則利可以興，弊可以革，出納之相因，有無之相濟，而軍餉無不充矣。士飽而歌，馬騰於槽，可計日待耳。兵強圉固，威奮德孚，戎狄聞風，遁於不暇，又何邊患之足虞哉？是固同鄉之義所厚望於君者。若夫旌能課最，進之不次，有國家之令典在，予可略云。

送郭純夫判鞏昌序

士之抱才挈奇，欲以功名自效而有裨於世，恒苦于不遇其時。上之圖惟化理，旁求俊乂，使自效其才猷以共成鴻大之業，恒苦於不遇其人。不遇其時則無與用之，士斯病矣；不遇其人則無以爲用，上斯病矣。遇其時，將不暇擇其官職，雖勞且難者，固汲汲焉赴之而不辭；遇其人，將不吝其爵賞，而常委之以其勞且難者，責其成功而厚望焉：斯固相須而不可相無者也。我國家任賢圖治，追踪隆古，平居之暇，作育培植，靡所不至，以養成一代之才。取而用之，又必嚴考較，慎甄拔，隨其器能而授之任，故內外臣工各得以自盡，其爲太平治理之助不可誣也。比者法久而弊生，治極而弛繼。朝廷以日月之明誅竄罪人，釐革弊政，一切紛更皆刬除，以復于舊。起散逸，登俊良，布列內外，以供職業，不啻如渴。故士之際斯時者皆欣然喜色，彈冠相慶，如錐處囊，脫穎而出，豈非百千年難遇之幾會哉？

　　襄垣郭君純夫，弱冠即有才名，抱藝與天下士角南宮者屢矣，既不偶，遂領除書，判鞏昌府。將行，同鄉士夫以予忝眷屬，宜贈之言。惟鞏昌郡于西鄙爲要害重地，故設立屯戍以備寇。其衛爲靖虜，君以府倅，實董其糧儲，而磊落之才，明敏之識，又君所素有，茲其行也，所謂選擇而使，予復何言哉？顧備邊莫大於屬兵，屬兵莫先於足食。以一衛之戍仰給于數郡，以數郡之租監臨于一人，其責任亦匪輕矣。軍衛之弊，有司之事，百孔千瘡，不可勝指。其在民也，道里之邈，轉輸之艱，有數鍾不能致一鍾者；其在軍也，期會之留難，狡獪之刻剝，有一石不能得半石者。是民有實禍而軍無實惠也。出納惟允，豈非監臨者之責哉？濟時行道，固士君子之本心而有國之所賴，上以是求，下以是應，非徒縻利祿而叨寵榮，夫固謂其有所爲也。況以府倅之尊，專邊儲之寄，能致意於軍民之間，使負粟者有所恃以爲安，執戈者有所資而不乏，各得其利而不相病，斯爲能舉其職而不負其所期待，豈惟被其澤者悅而誦之，感而懷之？彼莅其上者將委而重之，薦而舉之，躋崇進顯，流聲光於不朽，此其基也。苟徒從事於簿書概量之末而無所建明，則唱籌呼名，一吏足矣，又惡以府倅爲哉？予與君非泛然交游者比，故敢繫以規。

送黃州別駕毛鳳來序

士君子以天下事皆其分內，常急于有爲。其食於家也，睥睨當世，一事之弗得其所，輒憤激中熱，形諸聲嗟蹈厲，若疾痛癢痾之切於身，唯恐去之不亟，且將擬其所爲，謂必不出於是者，夫豈私其好惡以自取異而釣名哉？固其分內者，有不得而恝然也。否則天下之大，生民之廣，非一人所能周悉者，卒然之頃，署之官即使任若事，畀之地即使治若民，略不爲之顧慮，不幾于賊之乎？而不擇其官，不計其地，直任於己，亦殊不爲之少却，又不幾於自賊乎？於此見己之自處及人所期待皆歸諸分內，有必能之而無可疑者矣。然則平居問學，恥一事之不知，慚一能之未備，兼收并蓄，垂老而不已，寧獨善其身以自有餘而已耶？誠欲須世之用，補其所不足者也。抑而未伸，固宜有汲汲焉，而乘時得志，又孰能禦其所欲爲哉？

太平毛君鳳來，自幼博學，能文章，以戴經領鄉薦，屢詘禮部，拜黃州府通判。或有疑其所職未足以稱其志與才者。予惟郡之有倅，所以貳守，與之參校政事短長利病，而任居其半，謂之半刺，又曰上佐，任匪輕也。古之公卿左遷者多就之，亦往往有自是而起爲公卿者，豈負於人哉？筮仕之初，幾何能得？而君之見重於銓衡可知矣。展布厥蘊，紓素所憤激，而盡分內之當爲者，不在於此乎？頃自逆臣竊柄，天下困於誅求，而湖藩爲甚。加以饑饉之臻，潢池之弄，民之凋敝迄今猶未蘇息，而望於字之者不啻饑渴。士之用世，不避其難，扶衰起懣，以復平康之舊，尤足以見其才美，而聞譽之著，莫此爲速。君承簪組之業，砥礪振拔，用臻遠大，增光前人，亦惟是發軔焉。圖之昔人，謂一命之士存心利物，必有所濟，而寬之一分，民受一分之賜。要之，仕不苟禄，君子所貴，不必其華且要也。況別駕之榮，於一郡無不當問者，誠思有以舉其職，不負乎素所期待，其爲利益不亦甚博也哉？予辱君鄉曲，知其果於有爲，慶黄人將蒙其休澤也，於是書之，以爲他日徵。

送永嘉節推留克全序

爲政之道二，愛與威而已矣。無愛則惠不行，無威則事不立，雖聖人弗能治也。聖人豈不欲黜威而任愛哉？惟其不可，不得已而兼用之爾。立天之道，曰陰與陽；立地之道，曰柔與剛；立人之道，曰仁與義。陰陽、剛柔、仁義者，固威愛所本也。天、地、人皆不能違，而聖人能違之乎？故明于五刑，以弼五教，雖其所不得已，欽哉！欽哉！惟刑之恤，則欲愛克于威、刑期無刑也，斯其所以爲聖人乎？國家稽古建官，圖惟化理，慾于祥刑。天下之獄典以刑部，一省之獄司以按察，一郡之獄蔽以推官，嚴覆奏之條，重平反之令，又間推赦宥之恩，其欲愛克于威、刑期無刑之意蔑以加矣。凡以刑爲官者，罔不祗承德意，哀敬折獄，不敢及于無辜。顧刑部、按察之職，惟法是執，不得以毫髮僭差，非訖于威，惟訖于富。天子曰辟，彼固曰勿辟；天子曰宥，彼固曰勿宥。其威常克于愛。若推官，則佐守以牧民者也。守之職靡不當知，民之事靡不當問，而獨刑乎哉？田野未闢，守曰闢之，彼亦曰當闢；倉廩未發，守曰發之，彼亦曰當發；賦役未均，守曰均之，彼亦曰當均。守于民，如其父母，彼則猶其叔季，然而獨威乎哉？非法不貸者，貸之可也；非情不容者，容之可也。其愛常克于威。今夫子弟得罪于父兄，雖甚譴怒，猶必委曲體悉，不忍遽傷之，而人不譏其寬；敵者相犯，則力爲較計，不少假借，至于極乃已，而人不謂其刻。何則？其分固當爾也。刑部、按察之不類于推官，豈異是哉？夫君子學道以愛人也，不得已而用刑，與其威克，寧爲愛克，則推官者，固君子所欲從也。

進士留君克全將以推官出佐永嘉，鄭工部志尹屬予言以贈其行。予嘗聞永嘉山水之奇，慨慕王、謝諸公惠政既成，乃能以暇極登覽賞適之盛，風流文雅，美談于今，未嘗不爲今之爲郡僚者望也，於君得無言乎？君世家晉江，實宋宰執魏公之裔，衣冠門第爲閩中望。往佐斯郡，固當敬共乃職，以愛克威，俾境内咸被其澤，以仰稱朝廷綏妥[一]之意，則王、謝之風可繼，家問之美愈彰，將來事業亦與有基馬[二]，而世方以能刑爲推官之良也。予懼君有惑于是，遂書以歸之。

送宋文濟宰中牟序

予友宋君文濟筮仕，得中牟令，鄉搢紳士張都門外，揖而觴君，曰："古之宰邑者率稱卓魯，聞魯恭嘗宰中牟，豈即君之邑邪？敢以告諸從者，恭致位台鼎，榮顯已至，又大有建白，益於時，至其流芳百世，獨以一令，何哉？以是知公論所予，不于其位，顧立乎其位者何如耳。恭以令治得名於天下後世，非三公可易，令之爲職，其容少哉？故官有崇卑，卑不足患，苟稱焉，吾惡知夫崇？地有勞逸，勞不足患，苟稱焉，吾惡知夫逸？君予[三]之仕，卑不辭令，勞不辭邑，於此有術，亦法乎恭而以矣。恭之治中牟也，蝗不入境，化及鳥獸，童子有仁心，謂之三異，皆不可以聲音、笑貌僞爲於外者。恭何以得此哉？觀其爲政，務以德化民，不任刑罰。一牛未還，即引咎欲解其官，餘固可推也。循良之政洽於境内，和氣薰蒸，其致祥有必然者。此中牟爲烈，而凡令者不可以莫之師也，況以令中牟乎？官其官，邑其邑，而不政其政，非吾之所敢知。或者以爲時異勢殊，由漢及今千有餘載，而世變猶江河，有難以執一論者，豈其然乎？時可變，道不可變。令以愛爲道，君子學道則愛人，雖恭之賢，謂有得焉則可，曰有加則未也。苟以道爲主，不必事事求合，而其政已同，恭不得專美於漢矣。柳下惠嫗不建門之女，魯男子不納婺婦[四]，曰‘吾將以吾之不可學柳下惠之可’，夫子以爲善學。然則欲學恭者，其亦知所從事也哉！”君揖而謝曰：“敬聞命矣。”

君家衣冠相望，輝映仕途。其兄文卿，倅潁有聲；文美典學闅鄉，嘗校文於蜀。其家學相傳，非謏謏者。臨民行政，講之有素，中牟之政，不患其不恭也。古之善令者不止於恭，而中牟則未有善於恭者，故鄉人以是望君，予特述而贈之。

送高平令劉正夫序

始予有故人令寶坻者，語其邑多才，知劉生正夫篤學多文，爲流輩推重。歲癸酉，謬典試京闈，於《易》房得卷，春容典則，自肺腑流出，所對策匪直該博，處置時務悉可行，於真西山所論四事十害尤拳拳焉致意，爲歛袵嘆曰：“是學之有得而不忘斯民者乎！”比發卷登名，知爲正夫，喜與所聞合。已而投謁，修髯而癯，粥粥若無能。徐察其言動，從容順適，非中有物者不能，益知向所校文不謬。尋舉進士，逾二年授官，以高平尹來見，因予鄰壤，詢其邑之故。予應之曰：“茲所謂文獻之邦也，志稱民淳而好義，士多嗜文學，至於今不變。”正夫默然久之，蓋疑於士風先有聞也。予自忝朝籍垂二十年，去其鄉千有餘里，而世變猶江河之趨，安知今所謂士風不異吾向所聞者乎？

爲政以人才爲先，武城以得人爲問，宜正夫汲汲於此，然非其所患也。蜀郡未嘗知學，文翁立教，禮義始興，彼創者乃爾。高平自古以文獻稱，未暇悉數。若王仲宣博學能文，名儕七子；

郤道徽躬耕隴畝，儒雅著稱。宋守原幼有志節，李仲略剛介不阿。剛忠如王晦，清苦如陳載，忠信如張罿。宋翼之舉茂才，賈魯之負氣節，王本又以賢人君子舉於國初：皆其尤者。士風之厚，厥惟舊哉！吾尤及見之。今縱不能無少變焉，而二三前輩尚有典刑，復而之舊，特主者轉移間耳。且士之處世，盡其在我而已，雖變故紛紛，然吾之中常定，蓋自有不可變者，物之變不變非所計也。以吾之不變變彼之變，則彼之變受變於吾所不變，亦理勢有必然者，故不患變者之難變，而患吾不變者之或變。君子務本，其是之謂乎？以予向所校正夫之文，與其名實素乎，於人也，以見則真，以志則定，以養則堅，斷斷乎其不變者，所疑於變，獨其士耳。士猶夫民也，自吾之不變者推之，變士之變，不變民之不變，士民各止其所，治行亦殊有可觀矣。異時當大任而不動心，不於此始乎？

正夫以一日之雅，相知為悉。高平密邇敝邑，亦難以不知。委其變與不變，俱不能忘吾情。因其同年士葉戶部良器輩之請，聊以贈正夫行，且告吾黨之士。

送長垣令白實之考績歸任序

惟元祀一月望，長垣令白君實之既考三載績，歸復乃職，厥鄉友咸餞于郊，君再拜咨教言，僉曰：“龍哉！”嗚呼！君予何言？君實克邑，予言將贅。抑古人有言曰：“民德罔常多變，善始斯無難，惟善終如厥始，是惟艱哉！”我聞之，君載受命徂兹邑，齊戒就位，登進厥僚屬群吏，越邑之耇老人，肆播言于庭曰：“爾民求令，惟曰俾出厥命。命或不從，將安用令？天子置令牧爾民，亦惟治是求，弗治罔以令為。予不佞辱君子教，越稽古有年，乃甲第，為天子識拔，尹時甸邑。將報稱是圖，其何敢不令？顧兹群吏作令手足耳目，吏責修，厥令用休；吏事弊，厥令用咎。令職惟吏，不職惟吏，吏其戒哉！予欲平獄，刑訟以衰息，爾無獄貨府辜功。予欲民自輸厥稅，惟良惟度，庭委而去，爾無敢與，用浚民以肥。予欲清理戎籍，俾充于伍，馬政修，厥貢上襄，爾無或隱蔽，售乃私。予欲府藏、庠校、城郭之敝時葺，百工服上役，惟精惟核，汝其飭罔侵。予欲祇厥祀典，宏敷于學政，越朝賀飲射之儀惟肅，汝其秩罔墜。予欲黜陟群吏惟允，汝其辨罔淆。惟茲六事克舉，實小民無疆之福，令其無覥，惟予汝嘉。爾不恪乃事，恣爲奸慝，用戕毒我民，爾惟大不克承厥令，惟予汝辜罔貸。予所不臧，亦自有鑒在上。勖哉！其胥匡民以生。」

君不惟以言訓，且訓以身。若良玉發于昆岡，厥質罔疵惟潔；若春冰是涉，厥足罔躓惟慎；若農服田力穡，厥勞罔恤惟勤。故百度聿興，靡仆不起。吏敬奔職務，遠庣厥躬。歲大熟，民裕有加在昔，式歌且舞，夜則鳴犬不聞。厥初言罔不允有成效，是用賁于旌典，厥聞丕著，咸曰「休哉」。茲惟三載考績，冢宰曰最，以聞皇上，亦丕用嘉，曰「時允良吏，其暫歸撫朕師，行且入」。嗚呼！君惟乃克知邑，亦罔不能厥初，惟其終，茲徂何求？君思日孜孜服厥官惟舊，民心已得，厥若未得；令譽已孚，厥若未孚。惟始攸訓，越其所自律乃身，是崇是念，是迪是知。若爲山，罔以一簣虧乃功，時謂始終惟一，允其有，究厥用，不遺舉者羞。進陟崇秩，罔匪咸宜，將永建乃烈于後，吾黨其承君之光無斁。君再拜曰：「師汝言！」遂書以遺之。

校勘記

〔一〕"妥"，據文意疑當作"爰"。

〔二〕"馬"，據文意疑當作"焉"。

〔三〕"予"，據文意疑當作"子"。

〔四〕"斄"，據文意疑當作"嫠"。

序

送進士陳德階宰東筦序

粵黎獻獲，惟帝臣攄厥才猷惟艱。暨遘平世，飛龍在天，圖治若渴，求賢若不及。伻有服庶寮惟志，其尤難者時，乃天地氣運之大會，百千祀不一合，古聖賢罕攸遇，茲惟身值，厥亦幸哉！聖賢無若時，且不暇突黔席暖，汲汲于行，罹困厄，負尤謗，猶民病匪忘。矧策名委質，屬不世之主，道厥有言，靡或予病；聽厥有爲，靡或予遏。雖殫智畢力，用就乃列，猶惴于後時。乃或壞其家修，罔以厥后恥市撻，便其身圖，罔以厥民辜予，方負且乘，自速若寇，亦獨何心哉？肆皇上嗣大歷服，誕惟先帝付托之重，綏爰億兆，式臻迓衡，大詔天下，眚災肆赦，百爾徵索，悉報蠲罷，其民利叵建，蠱靡或剔，且欲盡言於夫人，茲固幸厥遇，其孰忍自棄？顧百司各采采，勢違民遠，厥施不易。究其撫有四境，舉手投足，不崇朝戶及，惟守令則然。故皇上毖飭臣下，于時其尤。乃乙丑冬，諸進士歷官政且半載，以例外補閩之陳君德階實尹東筦，行且乞予言。

惟聖作物，睹窮鄉裔邑，率延跂下流，知惠將必至，內自臺揆越諸御事，外自連率達厥長吏，罔不靖共乃職，祗承德意，用協贊于大猷。陳君董甫爲先帝識拔，不果一試，遽遺之今上，圖惟報稱，宜莫殿于諸公。其必內顧乃學，越其所期待，以毋忘厥初。思乃讜言，越耳目弗屑，毋或中變。若搏負嵎，攘臂罔嫌；若救忿鬥，纓冠罔惑；若濟沉溺，輿載罔恤。政不欲飾，惟厥誠允孚；名不欲速，惟厥實允懋。罔俾密中牟之政專美在昔，茲乃允爲民牧，於是謳歌載塗，惟民爾懷。疏札薦入，惟監司爾薦；崇要日陟，惟國典爾榮。百千祀難遇之會，所其無負，將永有辭于後，君其勖哉！

君舉進士，予實辱同考列，用是相識，且聞其家代有聞人，迹其波及，宜克家者亦罔不能國，庸書此爲他日徵。

送進士閻道鳴宰祁門序

國家設進士科，求才圖乂，乃既舉後，分隸九卿，閱半載始叙厥用，惟曰突起圭蓽，靡閑于政，俾觀且肄，將罔不能厥官，意惟美哉！顧九卿各率其屬，欽乃攸司罔侵，其進士入官，亦惟甲第先後是畀。在內則類非厥肄，若外領民牧，又誕罔相涉，肄而獲用，乃惟司寇之政。司寇爲天下訟獄萃淵藪，元惡大憝是詰，紛錯糾結是解，曖昧疑似是昭，冤抑枉撓是直，越萬狀沓來，靡不按厥情，惟律郵罰，麗事若虞機張，省括度乃釋，厥鵠罔失。故仕歷諸茲，丕用熟于世故，厥鑒惟精，罔有難處在世，官是以才顯，其益于仕用，亦曰懋哉。

太原閻君道鳴以進士領祁門令，鄉大夫士以贈言屬予。惟君實觀政司寇，始至即分聽獄訟，而憂而色。講厥律例，求乃擬；稽厥簡牘，習乃辭。有成獄，必就寮長質乃當否。久既有得，遇事若決大防，厥水罔禦；若破菌籚，厥刃罔留；若下峻坂，厥足罔駐。乃出尹茲邑，肄而獲用，于時其觀。夫美錦不使學製，田獵必慣，乃可獲禽，矧大邑庇身，匪田禽比，其爲美錦實多。君信慣且能者，厥製惟工，厥田惟獲，豈決裂、壓覆是懼？何者？撫有一邑，其民若衆難禦，其事若劇難理。彼元惡大憝，越厥紛錯糾結，厥曖眜疑似，厥冤抑枉撓，罔其有若司寇，厥若司寇，卬其是詰是解，是昭是直，猶甚易易，其他亦曷足虞？抑官各有體，守厥官惟稱，由司寇而邑可，以司寇邑乃亦不可。司寇禁奸，惟藥石已疾；邑宰字民，惟粱肉養生。反是其敗惟均。以厥不可用厥可，兹允爲善，獲乃肄，且罔適不可，邑其足云。往昔民牧咸愛克厥威，寬克厥猛，乃心百姓，有受上譴不辭，署下考惟甘者，守厥官體罔渝爾，是用譽諸後世，于今有光。君博學好古，能自得師，陳力就列，固惟撫字是事，俾民歌舞若戴父母，旌勞薦加，丕有重於科第，陟于大用，永建乃烈，與古人作求，惟時其基，庸書以俟。

送同年初選縣尹之任序

三代之時，吏未嘗有以“循”名者，漢以來始有之，豈後世人物顧優於古耶？良以古之治化渾厚，上下咸職，如元氣之運，妙用無迹，不得而名且稱焉。世道既降，士習不純，茍乎官者，其政多可疵議。間有以忠厚爲心、惠愛爲務而民賴以安者，則翕然稱之曰“循吏”，史册書之以爲美談。此雖不古之若，亦爲政者之所當勉也。國朝以守令之職最爲親民，任用之法視前代爲獨。審人材必隨所任，而求以稱之爾，固無所擇於官也。矧以名進士而爲之令，責望尤有不易副者。必使政通民和，咸得其所，閭閻之下謳頌藹然，而人皆以循吏稱之，夫然後可以無愧。茍徒從事於催科、應辦之間，而不恤其民之利病，以自陷於冗官俗吏，則亦奚足尚哉？君兹往也，固將大展厥蘊，以循吏自許，以不負所自期待，以仰副朝廷委任之意，則芳譽日隆，旌舉交至，由此大拜而躋華要，建功立業，直與古人同垂名於竹帛，而不止於一邑之用，斯則吾榜之光而同年之所厚望也，彼區區離合聚散之迹亦奚足云哉？謹書此以贈。

送同年郭克諧令安東序

　　霍州郭克諧以名進士出宰淮之安東，諸同年者皆張于都城外，酒既行且別，有酌而祝者曰："願吾子丕厥政聲，惟遠近之稱無間，爲他日榮進階。"又有酌而祝者曰："願吾子慎以從事，惟上官之心是悅，則功日起而名有聞。"予從而畢之曰："諸君之言善矣，然猶未盡焉。夫官各有體，得之爲稱，不徒欲取人之悅心也。郡縣之職所以不修者，非其人之罔才而官之難稱，乃習俗之弊，依阿於毀譽，失其政之體爾。國家之建守令者以爲民也，故其官曰牧民，民稱之曰父母，其體在撫而字之，憫其顛連，恤其勞苦，俾不失所也。奈何今之爲政者曾不是慮，類於其末者圖焉？將以衒其才能也，則傳署侈華美之飾，租稅急科歛之期；將以賈其名稱也，則奉監轄盛供帳之設，延賓旅豐館穀之饋；將以植其恩威也，則喜一人焉福之無涯，怒一人焉禍之不測。名曰牧民，實則屬之。然世方以爲能官而不見其非，往往稱于遠近，悅于上官，且藉之而取榮遇，因之而冒遷擢。乃若忠厚之實、循良之績，匪獨爲政者不之知，觀政者亦不之問也。名實謬亂，積弊成風，守令之職不修久矣，惡在其爲民牧哉？起時弊而進之古人，修曠職而復其政體，吾將有望于郭君。嘗聞君之學不專事章句文爲間，一理則欲究其微，一事則欲窮其故，沉潛涵泳，務得于己而不腐於用。今往蒞是官，以所得者施之，固宜必副予所望，不徒徇外而爲人也。民期於安生，德意期于仰稱，吾心期於不愧，以不失乎令之體而已。上官之悅與否，遠近之稱與否，皆將不暇顧焉。此君子學道愛人之事，世俗乃不知取，故才有爲者皆忽而不加諸意也。郭君其懋之。"衆曰："然。請以爲送行序。"於是乎書。

送李文叢令中部序

宰百里與列宿應，喜有賞，怒有刑，丞以下咸奔走而奉承之
恐後，令之爲官亦既尊而專矣。然發于一念而加諸四境，善則皆
被其福，不善則受其殃，將民生是繫，不亦難其人矣乎？謂用之
不可以弗慎也，乃有委之科目之外者，何歟？人才爲天下重務，
用人尤天下之至難。可以用而弗用，失人；不可用而用之，失
官。失官與人，非銓衡也，惡可不精選而廣求哉？夫求才莫先於
科目，其得人固也。然試有定期，取有定制，群天下之人於一
日，拘拘焉操尺寸以臨之，拔什一於千百，而謂才盡于是，可
乎？故次之者，貢也。其在前輩，有貢而師保者，其輔弼與科目
同；有貢而侍從者，其論思與科目同；有貢而臺諫者，其獻納激
揚與科目同。餘可知也，貢豈負于人哉？積習之久，不能與科目
并者，非法之罪也，顧其人焉爾。至于今，雖鮮及華要，任專而
難稱者，若令之職，率選而畀之，誠慮其有遺才如前輩故也。如
是而用人，庶幾其無失乎！

和順李君文叢，挾藝較場屋者有年，既而不果，以貢入胄
監，人皆惜之。茲爲銓曹所拔，授中部令，諸鄉彥請余言以餞其
行。惟士以才俊被抑者，往往以不吾知爲病。至其將仕，尚冀有
爲之職以圖後效。既握符而宰一邑，雖夫之科目亦未爲不遇也。
由是而陳力就列，必敬厥施爲，不敢以怠荒居。砥礪名節，惟瑕
垢其身是懼。動思利于民，去其荼毒之政，則職無不舉，名譽著
聞。進而上之，將有如前輩之盛，不止一邑之任而已。俾夫人稱
之曰"貢之得人如此哉"，斯則榮矣。若徒期待于平居之時，惰
棄于宦成之後，隨波頹靡，自負其志，而重貽累於貢塗，其視前
輩之胥此出也，不甚可惡乎？余於文叢爲鄉曲誼，有厚望，故因
言別而繫之以規。

送同年謝德温令東陽序

國家以人才爲重，而人才之重莫進士。若士志于功名，必是
焉擬，世指以爲華而欣崇之，於是焉至舍是士弗屑，人弗尚，故
真才率是焉出。乃筮士之初，官以令用，其不輕矣乎？令爲官疑
于輕，而需以進士之重，不略爲屈惜，使非是官有須於重，柄用
者固不得昧其衡而置之倒也。何也？天下之士養于學校而録於銓
曹者多塗，進士不當其十之一，人非不足於官使也，而令必以進
士需，不其深有意哉？牧民之職，古以爲難。我國家尤重爲邦
本，恤以非其人，民受其殃，謂進士人才之重者，必能休于政而
裕于民也，故用之不以屈嫌。病其不足，乃擇於他塗而取其尤者
參用之，使進士可多得焉，則州麾縣符將不假于他人之手而委之
獨矣。民隸州若縣者，於其守令之缺而望以補之，莫不進士焉是
祈，得則欣然動色，喜其主之得人。其若是，則界之守令者豈非
適重其用也耶？唯重而用之，故自用要必以重，苵是官也，竭力
從事務實，惠被諸民，礪名節行履，圖不負其職。利誘之，泊如
也；撓之以勢力，挺如也；遇夫事變不測，則又截如也。規旋矩
折，唯失所重而來人之輕是懼，肯一累其身不善乎？由是民咸安
于其政，愛而順之，弗忍欺以梗，而譽日益聞。監司者臨，亦禮
而優之，上其狀于朝，曰旌異。至其考績焉，方三四年如五六
年，則收而召之，未嘗終一官淹，由此而用之不次，其顯不并以
他塗，惡得以令之爲輕其用也哉？余同年謝君德温新受命令浙之
東陽，諸同進者相率餞其行且贈之言，謂同[一]

送潁州二守宋文卿序[二]

之與我有以取也[三]。使綏其生而養以力焉，是下之與我有
以取也。服若官，食若力，是因其與而吾亦有所取也；治若事，

綏若生，是因其取而吾亦有所與也。故士之明於取與之分者，然後可以言仕，否則取於我者爲其有也，受其與者亦自以其有足以取也，而卒無所有焉，不其可愧矣乎？

予友宋君文卿以鰲山衛經歷秩滿就銓，進潁州同知，同鄉士以贈言屬予。文卿博聞強識，夐出流輩，而砥礪行檢，爲鄉評所重。其外粥粥若無能，實則充然而有於中者。鰲山瀕海之鄉，從事與武人伍，無足施其有者。潁隸鳳陽，爲江北望郡，守與其佐共治民事，脫穎而出，固其時也。夫天之生才，非徒私厚其身；士之抱才積學，亦非獨使其身之有餘而已，將推之人以資世用焉耳。不幸道與時違，雖窮居環堵，猶不忘百姓之病，藏器俟時，若不能終日。況運屬亨嘉，機逢連茹，上焉者有與取吾之有以爲助，下焉者有與取吾之有以自安，吾既取其與以相濟，而不與之以其有，則亦何貴於有，自托於上下之間也邪？天下多事，生民困敝，擁尊柄重者勢不相及，郡邑之職獨爲親民，朝發于庭而夕遍境內，其澤易達而效爲易收，謂郡縣勞人，不足展其所有，吾不信也。吾上黨素以人物爲列郡望，士習敦厚，鮮與爲儷，居則以治身爲高，出則以勤官爲趨，領郡邑者後先相望，皆赫赫有聲。夫人固曰上黨之産，匪直人以地杰，而地因人勝，亦可知已。文卿往倅是郡，上下責取其有，有不得而辭者，尚悉以與之，使彼我兩不相負，治成名著，進躋不次，而不止於一郡之用，豈不益爲上黨重哉？予與文卿同郡而交厚，故不能忘規於贈言。

送趙州節判王文卿序

鄉友王君文卿以節判督趙之馬政，同鄉諸士類張都城外餞其行，酒既舉，咸謂宜贈之言。予曰：“凡以言贈行，非徒溢美爲行色華，將必有規告以求益也。諸君於文卿乎云何？”有進而言者曰："國家以武備爲重，而武備莫先於馬，故其政特講之詳。其賦於民，歲有常制。主之以太僕，參之以臺臣，時出而巡視於外。及其入，又精簡之，必皆中度，然後下於内地之近者，牧以需用，其爲急務亦明矣。有司一失其職，則無以上供，非所以爲武備計也。且民雖出馬，而爲之計者未嘗不深，在府若州若縣特領之以官，而他事不以干，正欲其平居暇日出入郊坰之間，躬親教飭，使謹其秣飼，時其孕育，優游而生長之，則馬易舉而不傷。計不出此，徒以殘苛取辦於倉卒，不顧其民之何如，於是有毀産業、質子女以償官者，非所以爲百姓計也。士之效而爲用，固將謂裨於國，益於民，以展其才云爾。一馬政之司，虧上用而擾民生，匪直自負其志，亦何以稱職守而有於禄秩之榮？非所以爲一己計也。"吾徒欲爲文卿告者以此，而不得其説，幸有以竟之。

夫欲免於諸君之慮以舉文卿之職，豈道遠而術多哉？亦求諸其心耳。曩文卿家嘗畜馬十數，皆肥大而騰躍，厮役不告病，家用不告乏，是必有所以爲之心也。今以官典國馬，舉斯心以加之而已。在《魯頌》之《駉》曰："思無疆，思馬斯臧。"《鄘風》之《方中》曰："秉心塞淵，騋牝三千。"古人所以致畜馬之盛，未嘗不由於心思者，故詩人以是美之爲知本也。文卿心乎其官如其家焉，不以淺近局遠大之思，不以矯飾廢深誠之秉，則馬之蕃育不失其天，驊騮、騏驥森然并出而雲錦成群矣。趙之地，古稱多慷慨謳歌之士，其有不以僖文之頌美文卿者哉！若是則蒙褒受賞，薦陟華顯，榮將有不勝量者，諸君之所欲言皆不足爲文卿慮矣。衆皆曰："然。請書以爲送行序。"

送高郵節判楊居儉序

予觀古人以藝事名當世，傳之不朽者，未有不極其精率焉而冒取也。其始必中心好之，忘寢食，外形骸，終其身不倦，舉天下無以尚之，夫然後得肯綮，升堂奧，通鬼神，奪造化，天下莫與爭其工。迄于今日，其人已化爲清風，蕩爲埃塵，杳不知何許，手迹所存，千百載寶之如一日，非精何以及此？其爲精也，顧可以易致邪？予平生於世物澹無所好，惟古名賢遺墨、畫圖之佳者是耽。苦力不能集，則借觀於人，或就其家覽之，恒數數不憚煩。一遇能者，便欣然有合，不啻故舊。彼既知予好，亦輒以所能見遺而不予靳，故雖貧而無資，積書與畫幾與貴富者埒。若餘姚楊君居儉，其精於此而與予合者與？

君初習舉子業，爲儕輩推重，又出緒餘爲多能。屢場屋不偶，習字翰林院，授鴻臚序班，遂以善書選入制敕房，供事有年。比予承乏史館，始與定交，得觀其所謂多能者。其書法出顏、柳，遒勁莊則，殆逼其真，足以貢若絲綸，布之天下，爲朝廷重。模寫山水，意匠經營，輒有奇趣。菊花之貌，天機流動，千態萬狀，與化工爭錙銖。其爲人可想見也。宦途多故，去住不相值者十有余載。丙子春，以檢校督稅至自袁州。往年逆瑾遷怒，出官於外，君亦恬退自守，而不調者久之。士大大喜聞君至，爭持縑素索字與畫，積几案常數十百幅。公退輒援筆揮灑，得者無不稱快而去。會吏部檢君勞資之深，以無妄見擯，擢[四]

校勘記

〔一〕底本下脱一頁。

〔二〕據底本目錄補。

〔三〕此句前文字，底本脱去。

〔四〕底本下脱一頁。

序

送長垣丞高文昭序

石州高文昭將赴長垣丞，其鄉友游京師者以言贈其行而屬之予。予嘗於所厚者出爲令輒貺以言，謂令主一邑，欲淑其政以稱其職，莫大乎取助於同官，使才能者得有所效，則爲吾益將無既也。所厚者皆然予言，用之果有效，且以書復予，乃益知令賴乎其僚如此而爲僚者宜有以自盡也。僚有丞、主簿、尉，位高而近，得以問令之所問者，莫如丞。使徒涉筆占位，不效其才能以裨於令，寧不愧若官哉？故於高君之行道令、丞所以相須者贈。

凡爲令者恒私其柄，不以政同乎僚；爲丞者恒私其能，不以誠輔乎令。於是謀有所不協，情有所不通，猜疑生而釁端構，其不相病而妨乎政者幾希。如使令者曰“吾之事，彼之事也，任不可以獨專”，丞者曰“彼之事，吾之事也，官不可以獨曠”，豈不協恭於職而相與有爲也耶？長垣爲甸服巨邑，主之宜賢令，貳之宜賢丞，同力圖治，宜在他邑先。其令之能以其僚與否，予不得而知也，在君爲之丞，則當盡所以貳人者職，不必問其令之以不以也。古之人若萬泉之請縱囚，海鹽之抗和糴，雖令以爲疑，直以身任之，卒濟其事，況得夫令之能以其謀者乎？君質美而明，才通而敏，遇事可迎刃而解。父嘗尹觀城，有愛政，民頌之，于今不衰。兄爲御史，又凜然有風裁。其莅官之法，且有所受矣。持是以輔乎令，布其誠心而罔有遺力，豈惟令得其資？君之名與位亦日以俱崇，殆不止一秩之榮而已也。予前爲令告者，彼皆信而行之，今之所言，君獨不信矣乎？幸毋曰"予不負丞而丞負予，梏去牙角，破削崖岸，而莫之恤也"。因與君有同鄉誼，故不敢忘規於贈言。

送上海丞李公載序

澤州李公載將赴上海丞，錦衣侯君虞卿乞予言以贈。予不敢泛爲溢美，負鄉曲誼，請以所嘗見而切於丞者爲公載言之。曩家食時，有宰吾邑者，事大小皆決於己，若不知其旁有佐者也。丞以下署銜而退，漫不省其狀，若不知己爲令佐也。於是擅政之譏著，曠官之刺興，令與佐皆可疑矣。會有新丞至，吏進曰："邑之成規，有主者在，佐毋得干。"丞弗答。居無何，令數就丞謀，令曰可，丞曰不可，輒罷之；令曰不然，丞曰然，竟行之：任丞不啻左右手。簿弗能平，令告曰："吾將與子論之。飯粟茹蔬，出入無異衣，而苞苴不敢近其室，子孰與丞？委之事，惴惴然若不勝，圖惟必得其至當，然後決遣之，子孰與丞？察民寒饑，煦煦若兒女之失所，以衣食爲己任，子孰與丞？此皆丞之所長而子之所短。吾求益已矣，於吾乎何尤？"夫令一爾，前以隘而後以寬；寮一爾，彼見疏而此見禮：豈非人之所自取哉？故佐縣者不患令之不我用，而患其所以用。可以用，弗用於令，無可用，幸令之用，皆未有也。若其可用而令弗能用，則才不才固涇渭也。愚而神者不可以欺，吾其誰舍哉？

上海，松之巨邑也。戶口之衆，獄訟之繁，賦役之廣，非一手一足所能辦，其令之有須於佐必矣。公載才敏而通，識周而遠，素爲儕輩觀望，藏器而待者亦有年矣，官之拜，是手湛盧而逢犀兕也，第不知其所以用於令者何如爾。使其同德共濟，比義相規，若吾令得吾丞然，則可以究其用世之才，免於素餐之恥，功成受賞，秩且不止於是，夫豈以涉筆署成案爲患哉？不然，將視他人而爲之不平，徒諉曰"予不負丞而丞負予"，非吾所敢知也。庸書以爲勖。

送通渭丞韓廷美序

國以賦爲重，民以食爲天，二者皆爲政之當務也。然斂之于民而供之於國，足乎此則虧乎彼，勢若難以兩全者。古之良吏，其處此恒裕如焉，賦未嘗不供也，民自以不饑；民固無不足也，賦亦罔或闕。是豈能神運而鬼輸、家賜而人益哉？其牧養斯民以爲國賦計者，必有道矣夫！何後之爲政徒從事于催科應辦之間，而牧養之説漫不加意？監司之蒞其所屬，唯賦斂是督，以之而定能否，以之而考殿最，餘不暇問也；郡邑之奉其所司，亦惟賦斂是供，以之而希獎借，以之而免抑辱，餘不及務也。上下同情，急於科索，不顧其民之何如。雖一時之賦可辦，然民隨以病，賦亦孰與復供？將無以善其後矣。君子之爲國爲民，其道固如是乎？

吾潞韓君廷美，英敏速成，素有遠志，屢場屋不偶，遂以冑監生謁銓選，得陝之通渭丞，其鄉友李文玉輩請予文以贈其行。惟通渭小邑也，事簡而民寡，設官視他邑爲獨省，顧以糧税重務，不可無專職，特設丞一員以董之，廷美所任實是官也。其才之有爲，宜若不難於此矣。然比年以來胡虜爲患，西事方殷，陝之屬邑供給軍費殆無遺力。廷美適當疲憊之餘，不知何所處而爲可。將民生是恤歟？則無以供賦而修職，上之督責莫支焉；將職務是修歟？則瘡痍未起，復剥而削之，民之生計莫堪焉。事勢之難處無甚於此。苟或狃于一偏，徒欲賦之取辦，名之速成，求媚于所司而私便其身圖，是以千百人之戚而博一二人之悦，此深刻吏之爲，非廷美所宜也。往蒞是官，必協心於令而贊助之，以牧養邑民爲先務，課農桑，戒游惰，俾各勉於生業。無名之費去之以摶其財，不急之役蠲之以紓其力，凡可以爲民計者皆力爲之所，則一邑之內安生樂業，家有餘積，從而征之，將欣然以供，朝發令而夕告完矣，尚何鞭朴之待用哉？職修而政舉，上悅而下懷，豈但可以取時譽而膺世用？其於君子學道愛人之意亦庶乎無負焉。廷美其勖之。予辱同鄉誼，不容於無告，因書此以爲送行序。

送成安主簿原文耀序

始予齠年時，即聞陽城有衣冠之族曰原氏，世以科第相承，躋膴仕、蜚英聲者後先相望。其最著，若大司馬公撫治荆襄流民，郡縣其地，帖然底定，爲時名臣，則爲之嘆曰：“茲固吾澤產也。”既予歷官以來，始識今爲御史曰公載者交之。公載嘗兩宰劇邑，以治行稱最，擢居憲職，能持風裁，若吳中按治，鉏奸剔蠹，馳聲冰蘗，有大司馬之風，又爲之嘆曰：“茲固原氏人物也。”及是乃得拜今簿侯文耀於公載邸。公載爲侯家嗣，而大司馬則其從祖也，侯之家學源流可知已。屢場屋不偶，而志益不衰，竟游太學。或勸其以子貴受封，則峻拒之曰：“吾祖與司馬公同舉，治邑稱最，時謂二難。吾父又以道相秦藩見重，爲科目光。至吾探討垂老，不獲一試，其平生乃坐受封錫，若田舍翁偶遇於子，晏然以爲榮幸，他日何以見先人地下乎？”則又爲之嘆曰：“茲固吾鄉前輩風度也。”及侯拜是官，予從諸鄉友造賀，竊以侯屈於用人浮於食意，其有不釋然者。至則從容謂客曰：“吾今而後庶幾哉不愧前人，免於世俗之累也夫！所謂世俗之累有三：崇階峻秩，人皆欲之，有義命存焉。或者乃不思己之宜得與否、能稱與否，逐逐然求之，昏夜乞哀，驕人白日，其奔競，吾實恥之。仕非爲貧也，學非謀利也。或者直欲以名器爲筌蹄，視百姓猶魚鳥，曾不念向之學謂何、今之仕謂何，一切棄置而莫之顧，其貪墨，吾實耻之。戚戚於未得，恐恐於將失，聚斂以爲能，奉承以爲功，窮晝夜，極纖毫，以彌縫其過闕而圖僥倖於萬一，其猥鄙，吾實耻之。吾於是官，欲儉而祿不誣，能薄而職易稱，吾知免於戻也。”客咸曰：“唯唯。”

有從而發其意者曰：“侯之自許豈欺我哉！侯席先世之遺烈，公載又總憲政於臺爲津要，比侯之筮仕，固有謂必得美除者。今乃知侯以義自處而不苟于謁，其耻人之奔兢則宜。凡人之厚爲身圖者，匪直昧於趨向，往往窘於無資地以陷之失己。侯家世宦，守成先業亦既腆矣，加以公載祿養時給而歲致，在侯之雅儉自持，內顧其有，不啻足矣，又奚暇外慕？其耻人之貪墨則宜。凡門第高，可畏不可恃，謂責任重而衆望屬也。今侯由前言之則爲述，述所以光人之作；由後言之則爲作，作所以啓人之述。作述之間展其才猷，舉厥職而慰群顒者宜無不至，其耻人之猥鄙則宜。”侯揖而謝曰：“有是哉，其知我矣！抑吾官雖佐邑，實專馬政，其圖惟蓄育以充國用，諒必有道，而客莫之及，其亦有所待乎？”客曰：“侯據夫三者以從大政，猶綽綽也，而馬政云哉？無已，則一焉。《詩》曰‘秉心塞淵，騋牝三千’，謂其致馬之盛存乎心也。然必以‘星言夙駕，説于桑田’先之，則知其所用心者不于其馬，于其民，民之裕，馬之豐也。況夫一命之士存心利物，必有所濟，而寬之一分，民受一分之賜，又有不容諉者，而馬政在其中矣。”侯曰：“諾。”遂書以贈別。

送王典史序

縣官之職，丞、主簿下有典史，其爲官末，不入品秩，非丞、主簿比。然丞、主簿各有分職，典史則於一邑無不當問，勢反出其上，何耶？令爲一邑主，居民父母之位，體勢尊重，政固難以自達于民，必有所須以奉行者也。丞、主簿以貳於令，嫌于偪，例不可否事。令又待以寮，而冗瑣細碎不忍輒勞之。文書行，吏抱成案詣前，署名而已，雖有分職，能幾何哉？若典史，則其幕屬也，進不嫌于偪，退不疑于勞。事無巨細可否，於令而下之典史，則奉行惟謹，分屈而易使，位卑而易親；則上官之所委責，下民之所取信，亦勢之必至也。故一邑之間，上情究乎下，下情達乎上，政務修舉，民無失所者，往往皆典史能行其令之政者所爲也，是惡可以易視乎？

蒲州王良弼，宦族胄也。夙有大志，弗果遂，以承差補白溝驛丞，著能聲。至是以任滿謁選，擢儀真典史。儀真，揚之巨邑，爲往來襟喉之地，其事繁民擾，視他邑爲最。自令而下，固皆宜得人。典史之職則又奉行令政，與丞、主簿異，失其職，爲害非輕，豈不尤貴於得人哉？良弼之領是官，蓋亦選擇而使之，其求稱之者，殆未可不究諸心也。分易使，所奉于上者，敢辭其勞乎？位易親，所信于民者，敢無其實乎？發諸心，見諸事，必勤敏以從之，惴惴焉惟不稱其所職是懼，庶乎政底績而令樂成，名譽彰而民咸服，榮將有不勝言者。否則百責所督，皆無以取辦，人人得而侮之，辱亦有不勝言者。良弼其慎之哉！

其同郡鄉進士馮一中輩將以言贈其行，而屬都臺景君請予文，遂書此以勉之。

送司訓劉本清序

天下事有可恃者，有不可恃者。可恃者恃在己，不可恃者恃在人。其在人也，君子曰：“彼有命也，吾惡可必？”其在己，則曰：“是吾分也，吾惡可逃？”雖於人有合，若可爲終身賴，猶以爲適然而不足恃，此而恃之，未有不失其恃者矣；雖於己不合，若可爲終身患，猶以爲當然而恃之，此而不恃，未有能得其恃者矣。

五臺劉君本清，始司訓京學，受業於門而舉於鄉者十有七人，用茲績進淶水諭。至是歷九載，無舉者，坐失職左遷單縣，如初官。京學，此官也，此人也，而舉者若是其多也；淶，此官也，亦此人也，而舉者乃爾其微也。前以之遷，後以之謫，唯其人之進退而輕重焉，豈非吾所謂不可恃者耶？人皆爲君惜，君怡然治行李之任，不少介於懷，吾有以知君之恃者不在此也。君之言曰：“始吾訓京學，教生徒，如吾子弟，有弗自給者，吾且食之，唯弗向于成而忝吾官是懼。其進諭於淶，蓋不敢與京學異。茲退而訓單，又曷敢異於淶乎？”淶，遷官也，順境也，君不以驕，如其司訓時；單，左遷也，逆境也，君不以戚，又欲如其柄教之時。隨吾寓以守吾志，而不人奪焉，譬之農夫，不以旱干廢其耒耜，要之，必有值豐年者，豈非吾所謂可恃者耶？夫恃人而忘己之可恃者，今之師人者大抵然也。君其有古人之風而免於習俗之弊哉！

抑余有感焉，豈惟師人者？今之師於人者亦然也。吾嘗驗之鄉學之中，其特立有成者，多制於嚴師而不得肆焉者也，不然則豪杰無待而興也；其放逸而不成者，類畔其師訓而不能帥焉者也，不然則下愚之不移也。豪杰蓋百之一二，下愚者常十之八九，而中材之多又皆不能自力於學，乃俟乎人之成之如此。欲使夫人取之以爲功，因之以遷秩，嗚呼！難矣哉。誠師人者不恃人之成，恃吾成之者不可失，師於人者不恃乎人之成之，而恃己之成不可後，庶幾哉！其功名可相藉而成歟！

送太學生陳國用歸五臺序

太學生陳君國用既卒業而歸，余同年王刑部淵之以君戚好屬予贈言。予且雅善君，固不得辭。惟昔家食時，聞五臺有陳氏者以資雄吾鄉，而五臺之山實爲名勝，高人逸士多慕游之，至則必造其室，藩省、憲臣之行部者亦未嘗不稅駕焉。予始疑之曰：“有是哉？”久乃聞陳氏積雖厚，能不靳于施，環五臺而邑者咸賴之，其報與負弗較也。予又疑之曰：“有是哉？”久乃知陳氏多才子弟，能以義輔其父兄，國用其最良也，故人有求輒應，急則未嘗不周。成化壬寅歲大饑，莩蔽于野，有司弗能救，助之粟千石，國用復請周其邑里又千五百斛，所活殆數千人，事聞，旌其閭。故遠近義之無間言，而人之樂從之者以是也。國用幼有遠志，顧其家恒歉然不自有，以爲人當有足恃者，而不在于資富也。乃盡黜世俗之情，屏紛華之習以求之。之里塾，見諸業于師者時有習，月有程，威儀進退，翼翼可觀，則喜曰：“我固知有是也。”既有以爲未足[一]，從而入鄉校，觀俎豆于孔庭，詩書弦誦之聲洋洋乎盈耳，諸生起泥塗，致身霄漢之上，惟是稽古之力，則又喜曰：“我固知且有是也。”既又以爲未足，從而游太學，睹師道之尊屹乎泰山之具瞻，英才雲集，相與肆聖學而闡帝猷，以昭文明之盛而翊鴻業于無疆，則又大喜曰：“我固知尤有是也，斯其至矣。”藏焉修焉，息焉游焉，勤其業，無朝夕間者，三年于茲。夫難得之貨令人行妨，富之誤人也久矣。君乃能不有其家而置力于學，非見之定者，其能如此乎？予故善之，益信陳氏之興有自，向所聞者爲不謬也。雖然，猶有說焉。

君之不有其家，自昔已然，茲歸自京師，其熟于耳，飫于目，渾而化之于胸次以成瑰偉奇特之蘊者，不啻什百于昔，將益薄其家利而务廣于義之施矣。吾恐其志有餘而力不逮，一邑可也，一郡可也，以遍諸夫人則難矣。必欲盡吾分之事，衣食我同胞，蓋亦求其所足恃者，而不在于分之家也。大成若缺，其用弗敝；大盈若冲，其用弗窮。君其無自多其已得，懋乃未至，圖乃未能，真若幹家之蠱，純其藝黍稷以冀有秋，肇牽車牛，遠服賈，以躬奇贏，使乃身不資而富，不獲而豐，受大任重之地，綽綽乎有餘裕，則異時入用，轉移之間捷于風草，惠政所及，有不可得而涯涘者矣。吾儒所恃以利物，其道固如此哉！用書以廣君志。

校勘記

〔一〕"有"，據文意疑當作"又"。

紫岩文集卷之三十三

序

《晉中鄉約》序

天下之理，合則聚，離則散，聚則胡、越可以爲家，散則一膜之外便爲胡、越，豈親疏遠邇若是其無定分而不可據依也哉？存乎其人焉耳。夫人之相與本有差等，有不然者，非其常也。自其常觀之，親親疏疏，遠遠邇邇，無可訾者；自其變觀之，親疏遠邇之間固有倒行而逆施者矣。若疏而爲親，遠而爲邇，賢者之過，猶之可也。其有疏而親而親者以疏，遠而邇而邇者以遠，是不能三年之喪而緦、小功之察，尚得爲知務也乎？而謂賢者爲之，將焉用此？京師固天下之聚也，於聚之中又各有其類焉。方以類聚，物以群分，亦理也。合天下而爲大聚，合一鄉而爲小聚。聚大者，其分爲疏爲遠，尚欲比而友之，憧憧往來，有不厭焉。聚小者，其分爲親爲邇，顧可以自離自散，若不相識之邪？士大夫方居鄉時，異郡邑，殊疆界，相去動數十百里，而爲力不齊，會集良艱；然聲應氣求，固有願得見而怏怏焉不能是恨。今遭遇明時，通籍於朝，一鄉之士聚之輦轂，收什一於千百，亦甚難而且少矣。有俸給，有居第，有章服，有輿馬，有僕從，坊巷密邇，於會聚乎何有？乃復凉凉然自詒伊阻，謂之何哉？

予晉士大夫内任恒三四十人，在前輩時相與最篤，有未易以言悉者。邇來不無少弛，非今昔異情也，存乎其人焉爾。莊子曰："去國數日，見相知者而喜；去國旬月，見所嘗見於國中者而喜。"日愈久而思愈深，地愈遠而愛愈博，羈旅懷鄉，情則然矣。況萍梗相逢於千里之外，積以歲年，又非特數日旬月而已。雖旦暮相接，猶以爲疏且遠，至有去者之不知，來者之不問，欣戚不相聞，慶吊不相及，曾四海九州之人之不若，吾不知其說也，蓋亦求其故矣。凡事之舉，必有主之者，會一鄉之人而主之一人，求若地，治若具，奔走供億之勞，其難可知也。墮前輩之好，間鄉曲之情，謂非職此之由哉？故嘗以是講之諸公，僉謂圖所以爲合而聚者，蓋未始無法也，其必遞爲東乎！或一人獨任，或二人同舉，各視力爲差，且復立之條格，俾相諒以心，相待以誠，易於就緒而不苦於爲力，其便可知也。大約以次相遞，得二十餘主，周而復始，雖事之所遇疏數不同，要之一二年乃一周，以一二年間而人乃一勞焉，其便又何知也〔一〕。兹豈非衆人之所樂從者哉？

又惟名教之中顧瞻所係，不可無事而漫游，無謂而崇飲，以得罪於清議。若晉時竹林之徒，蘭亭之會，以沉酣爲樂，以清談爲高，至於廢職業，棄禮法，壞風化，卒之天下受其弊，則烏乎敢輕相與定其交際？往來皆涉鄉事之大者，必出於衆情所不容已。不爲一人之私，而外事從豐，內事從儉。儉不以菲廢禮，豐不以美没禮。一會集之頃，禮儀卒度，笑語卒獲，善於此而聞，過亦於此而聞，退而遷善改過，各修其職，不忘其所有事，又士大夫之雅節也。在《詩》之《唐風》，始之以"今我不樂，日月其除"，繼之以"無以大康，職思其居"，卒之以"好樂無荒，良士瞿瞿"，方樂而遽戒，忧深而思遠，所謂有堯之遺風者。吾儕晉人也，固宜世守之，其庶乎公私兩盡，情禮不違，以是號于天下，曰："是固所以爲晉人也，顧不偉歟？"約成，用識於首簡，以爲後日徵。

《清都侍慶圖詩》序

清都者何？紫微之天帝所居也。侍慶者何？父母俱存，能以禄養，侍左右也。言侍慶必曰清都者何？仕而近君，迎其親於京邸，榮之若在天府然，故斯以取名也。子之愛親，其心豈有涯哉？鮮不欲其偕壽與康，以其富貴孝養之。顧天錫福靳於備，恒彼此乎得失。垂白在堂，或家食，不爲禄仕；躋華要，列鍾鼎，得志於時，而親或不逮養；幸而逮焉者，又多僅一，不俱存，罔盡愜於人也。然則親具慶而子以禄養，不亦難得而可樂歟？户部主事江陰劉君克柔舉進士，明年即治裝南歸。時方議補臺諫，所厚者固留君。君曰："吾非惡此而逃之，直以親老，鮮兄弟養，故亟欲歸耳。"未幾，奉其父友桂翁及母孺人至京師，遂拜地官，以其禄養之。衆以爲榮，謂可以圖寫而言識也，君乃繪《清都侍慶圖》爲親獻。於是朝紳交游於君者咸爲歌詩，侈言其美。予以同年之厚，辱爲群玉引。

夫壽莫難於偕老，仕莫貴於近君，養莫隆於有禄。以若仕迎若親而就若養，則於人所甚願不可必得者兼有之矣，其爲慶不既大乎？承顔朝夕，足以娱親之心；旨甘備味，足以適親之口；嗣是而章服薦加，又足以華親之身。樂天倫而榮遭際，不已愜於人子之心耶？雖然，親之善教其子者，固欲效才猷，輸忠藎，建功業於時以垂無窮之譽，匪直爲榮養計也。子之善事其親者，亦惟顯揚光裕以重其國家乃爲至耳。若徒取其禄爲親養，而或曠厥職，不幾于辱君寵以累其親哉？予固知君之孝必且圖進於是也。古者求忠臣於孝子之門，而傳以事君弗忠爲非孝，其爲訓亦既明且切矣。予與君同侍慶於清都，將以是與君同勉，遂書以歸之。

《金門待漏圖詩》序

《待漏圖》者，瀋陽衛鎮撫趙君世瞻所作也。君武弁，隸於外者爾，曷爲乎是？志其實也。曷爲乎志實？君以才略重藩國，表署是職，既得命，詣闕謝上恩，用是爲之圖。夫人得志於功名，既身被其榮而見知于衆矣，其道宜謙以爲光也，文繪何爲？君素稱重厚，顧以一刻之漏侈上之賜，張己之華，爲鄉里夸耀，豈人情乎？昔之記待漏者，謂東方未明，九門未闢，當是時，假寐而坐，待旦而入，其必有所思也。宰相思其調燮，侍從思其論思，臺諫思其獻納，省部、百司之官崇卑不倫，無不各思勤乃職者。雖君身隸外衛，而待漏之頃，其獨無所思乎？內外之官異，咸王之臣；文武之職分，皆王之事。思所以報稱者，固一心也。其不同者，漏因朝而待，思以漏而生。朝臣待漏，日以爲常，思亦如之也。君則一謝輒歸，抑何待而生其思？雖乃心王室者，無所待而然，若古人銘盤盂，誡几杖，箴戶牖，隨在而致規，亦欲接目警心，不忘所有事也。君獨不是見耶？泰行之麓，郡曰上黨，去國千里，僻在一隅，金門弗可見，玉漏弗可聞，得一圖焉，日展而玩之，即天威不違顏咫尺，而漏聲常在於耳也，庶幾日勤其思，而不廢乃職乎！君深意實寓於是。

歲壬戌，遣其子瑩學於京師，屬以茲圖，俾多索能言者爲之歌咏，丹青後聯以珠玉，爛然輝映人目，信奇玩也。既成，謁予序之端。予既爲表其意，又惟君之是舉不於來朝時，乃已歸後，因其子之來學而委命焉，謂無謂不可也，將不徒寄其思，且以啓其子之思乎！瑩能思父思，大肆學力，銳志於功名，又將弗假于圖而進諸朝臣之思乎！則茲圖裨於趙氏父子而不可少也明矣。因其卒業歸，并以告之。

《恩榮永感詩》序

天下之可樂者莫如富貴，其可恨者亦莫如富貴。富貴之可樂，固也，奚爲其可恨？非富貴之可恨也，所以處之者有時而不爲樂，則其恨繼之，若可恨焉爾。子之事親，其欲有以自致而盡其心者豈有涯哉？不得不可以爲悅，無財不可以爲悅。得之爲有財，其誰不欲悅者？韋布化而絺綉，菽水易而鍾鼎，凡可以自致者無不有以致之，如是則身、親并榮，富貴爲可樂矣。造物常忌人之全，奪人之願，畀之富貴而不及其親者往往而是，絺綉無補於韋布，鍾鼎不救於菽水，凡可以自致者而無得以致之，如是則身雖榮而心則未盡，富貴爲可恨矣。仲由痛百里之負米，毛義捧檄而喜動色，不以是乎？

垣曲趙君文載以户部主事考最，受恩命，贈其父泊齋先生如其官，母普、繼母衛爲安人，有造賀者，則捧函而泣曰：“先府君有志用世，學成，以疾不及仕，而屬之不肖，曰：‘兒當卒成我志。’普母生不肖方二歲，見背，乃鞠於衛母，若其所生。後雖稍有長立，顧寒微，無可以致養者。幸有今日，而父母皆不逮矣。殊恩自天，榮耀薦至。樂極悲來，不知涕泗之橫集也。緬思古人《蓼莪》廢讀，風木愴情，其歔欷而不可禁者殆百世而相感乎。”予聞而慰之曰：“富貴一也，有可樂者，有可恨者，正以親之存亡異其情耳。然有命在天，非人所能爲也。不幸而值夫可恨，其如天何哉？亦求諸可盡者而已矣。親雖逝矣，志則可知，養而順之可也。祀以仁者之粟，奉以終身之敬，使功崇業廣，名譽著聞，有顯揚之光，無毁訾之累，亦庶乎古之所謂弗辱而用勞者而能養顧其下矣。君其將來是圖，勿戚戚於往之不可及者哉！”於是諸縉紳咸賦歌與詩以發其永感之情，予則欲紓其所以感者以廣其志，故特序而引之。

新刻《陵川文集》序

斯文在天地，未嘗一日磨滅，雖否剝之極，亦必陰有禪續以需復而開泰。蓋天地之命脉，吾人所恃以生者，其得而喪乎？自古夷狄之禍，未有如勝國者。溷我神器，腥我皇極，天常、人紀宜若壞爛而無餘。然豪杰之士奮起北方，文章、行義炳炳相望，足以用夏變夷，推而使繼唐宋之後，有六朝五季所不及者，豈非天意之有在哉？吾鄉陵川郝先生，自少力學，博極群書，其爲文豐蔚豪宕，詩奇崛俊逸，而卒澤于道德、仁義，誠一代宗匠，非區區篆刻者比也。顧兵燹之餘，其集失傳。龍垂髫時即慕先生名，僅聞其詩一二，求全集不得者數年而未置也。迨承乏史職，憲副沁水李公叔淵篤學好古，凡先達制作有未顯者，輒爲表章，亦以是屬龍，始獲抄諸閣本。及公轉湖廣憲使，遂付諸梓，龍得校而序之。

惟陵川學有淵源，不徒文而已，蓋自明道令晉城，澤人遂知程氏之學。郝氏世以儒顯，至先生益務恢拓，故其學邃于理而精于《易》，自伊洛以溯鄒魯而上窺羲文，期于有用，不爲俗儒。聘起使宋，慨然以弭兵安民爲任，不幸拘留十有六年，囚辱備至，方舍命不渝，從容著述，爲書凡數百卷，皆闡精示微，窮高極遠，擴前賢所未發，此吾儒之澤所以不斬而生民卒免于左衽也。嗚呼！自有元得罪萬世，後之議者往往以仕元病諸公，不知天生賢才爲斯道計，賢才處世亦惟以道自任，不敢有負于天。天下雖亂，于是存吾道而生吾人，亦庶乎其可也。叛如公山，僭如楚子，而夫子皆欲往焉，況生其地，爲之民，將奚所逃哉？以夷狄之暴而君諸夏，非諸賢維持而救正之，則人道之滅久矣，豈能復待聖明之出乎？因序先生集而并及之。

《高密縣新志》序

弘治年間，先君宰高密，以邑舊志多闕略，非全書，不足以傳，既政洽民安，乃稽諸史傳，采邑之故實以足之，視舊不啻倍蓰。將梓，被召命，不果，付僚友，俾終其事。僚友尋亦罷去，旋復失之，迄今餘二十年。固始吳君宗道來令，遂慨然爲己任。會巡撫都憲黃公檄諸道纂輯圖志，於是邑志再成。吳君入覲，示予爲序。嗚呼！此先君嘗所爲書而未及行者，又其間多載先君事，展而玩之，悲喜交集，序固不得辭也。

粵自《禹貢》著於唐虞，以爲張本。至《周官》職方所掌，小史、外史所領，制度尤備。後世遞相沿襲，以志郡邑。自今觀之，其時相去雖數千載之久，猶可想見其故。雖四方萬國道路之遠，不出戶庭，其地之所有一一如指諸掌，則志焉耳。否則前無以示訓，後無以取徵，將貿貿焉莫知所據，爲善者怠矣，郡邑惡可以無志哉？志而弗精且備，猶無志也。高密，萊之屬邑，其地平衍，多沃壤，風俗淳厚，漢以來代有名賢，故士勤于學，登高科、躋膴仕者往往而是。物產之饒通於遠方，其可志者多矣。顧闕而弗完，完而復失，有待於今日者豈亦有數耶？夫志之作，不徒紀述，爲文具也。世變猶江河日趨於下，志在郡邑，亦維持世故之一助也。民有以稽其俗，士有以考其學，官於此者有以驗其政，曰是地也，是人也，在昔則然。反薄爲淳，黜浮爲雅，去其不善以就其善，期不愧於志之者，必自茲始。故曰建事在求多聞，師古乃克永世，此之謂也，志之義大矣哉！

吳君下車，適大盜劫掠之後，民物凋敝，非故高密矣。乃力爲惠政，近悅遠來，獎勞薦至，可謂能舉其職者。斯志因舊爲新，芟蕪補漏，殆爲精備。迹其用志之勤，欲挈其邑復而之舊，有如此志，非區區冗俗役於簿書者比也。同修則儒學教諭高君岳邑、致仕知縣鄧君瀛及諸生儀格輩，吳君實總其事云。

《劉簡庵先生文集》序

君子之處世，有以自見，不負其平生，唯文章與事業耳，二者恒不得而兼。勒鼎彝，盟帶礪，身佩天下安危，昭昭乎與日月爭光，而言或不能文，文或不足以傳。鏘鳴金石，馳聲翰墨之場，而局於時之不偶、位之不崇，迄無所施焉。自古及今，殆未易以悉數。人之所得，各有分限，而造物多忌，亦罕以全畀，君子不能無恨，世俗之見亦往往以潤身及物輒疑有輕重，何其淺哉？太上立德，其次立功，其次立言，均謂之不朽。邃古之世立於德化，不可尚已。時異勢殊，有不能盡然者，則以功以言，有諸内必形於外，亦何莫而非德之所爲耶？如是則均謂之不朽可也。況遭際必假之人乃得以行其志，與夫劌目鉥心，精專自力，非他人所能與者已相背馳，而修短利鈍又儳焉錯出，欲兼而有之，不亦難乎？夫言，其聲也，行，其實也，動静云爾，非有二物。行道濟時，效速而近；修辭垂世，澤緩而長。事無常形，理無定在，未可以輕重較也。有一於此，皆足以不朽，又何必其兼得乃爲慊哉？

廣南劉簡庵先生，幼即能文，有奇語，識者驚異，謂必以文顯。既而博極群書，名稱益盛，遂舉進士及第，官翰林編修。有得其手筆者，不啻拱璧。蓋惟本深末茂，追踪古人以裨世教，鳴國家之盛，非徒工於辭而已。時方屬望，當致公輔以究其施，中道而殂，豈非命耶？至是幾二十年，嗣子謨哀其詩文若干卷將梓以傳，篋至京師，謂龍宜有序。龍非知言者，昔爲舉子時，嘗得侍講席，學古文法，顧方事場屋，未能一意領悉。乃今遍讀遺稿而飽玩之，信乎多幸，且不能不重爲之感也，敢已於言哉？嗚呼！先生事業雖未及展，其文章卓偉如此，亦可以概見，而垂諸不朽者固有餘地矣，夫何憾？敬序而刻之。

新修《遵化縣志》序

志在郡邑，猶史之於國，譜諜之於家也。無史何以國爲？無譜諜何以家爲？無志則亦奚以郡邑爲哉？前乎千百年所恃以不朽，後乎千百年所恃以取徵，有典籍在爾而可忽乎？成周盛時，疆理萬國，經制大備。天下之圖掌以職方，邦國四方之志領以小史、外史，又土訓得以詔地求，誦訓得以詔觀事，治化卓不可及，有自來者，故曰"郁郁乎！文哉"。逮其衰也，知有所畏而不敢犯，則去籍以杜害己之嫌；知有所遵而不忍違，猶援制以答越國之問。世道日降，訖不可復，其關於治忽豈淺淺哉？漢以來，志地理、紀方輿者代有其人，雖得失不能無議，要皆周之遺意，猶可想見當時爲治之大端，而後世之稽古作事者尚有所據焉。

遵化爲畿輔近邑，接壤北虜，重關要塞，倚以爲華夏之防者，此其總會也。有令以司牧，有衛所以守禦，有將領以提督，有都憲以撫巡，其爲重鎮亦明矣。憂思之深遠，經理之周密，作於前而述於後者不尤有賴于志與？不尤爲有官守者之所當講與？舊志缺而弗完，觀者病之。邑宰李君升之職務既舉，境內稱治，乃謀所以輯新之。會守備李君士杰優于講武，雅好文事，相與協力，招集儒彥，旁加搜閱，而升之實總其事，久乃脕藁[二]。於是山川、人物、風俗、戶口、田賦，百凡制度，畫一具在，視舊不啻什百。請序，用托諸梓。

惟人求多聞，時惟建事，監于成憲，其永無愆。言無稽而弗聽，善無徵而弗從。信乎！爲政者事必師古而聰明不可作也。遵化爲邑凡幾何年，有事兹土者凡幾何人，其涉於舉措者凡幾何事，今載於志，則皆傳而不朽者也，則多善而可徵者也。雖時異勢殊，而事理之不可易者則千載猶一日也。能自得師，察古令之變，相風土之宜，驗好惡之情，究沿革之制，潤澤損益因乎時而不失其舊，夫豈有不善者哉？不然，人將指而議曰"彼無稽而弗可聽也，此無徵而弗可從也"，其爲政不亦難矣乎？此遵化新志所由以作也。

升之，予潞人，篤學好古，政尚簡要，迹其修志，餘固可概矣，宜序而刻之。

校勘記

〔一〕"何"，據文意疑當作"可"。

〔二〕"脘"，據文意疑當作"脫"。

序

《趙静庵先生詩集》序

學以體用爲貴，有諸内必形諸外。無體不立，而體常病於腐；無用不行，而用常患於俗。是蓋判而二之，所就既偏，不能無弊，其爲體用可知也，君子之學固如是乎哉？故文章足以潤身，政事足以及物，謂之全才，自古以爲難者，學求如是而已。弘治間，先大夫仕秋官員外郎，一時僚友結爲詩社。元氏趙静庵先生爲同年進士，相與尤厚，其倡和甚多，龍以是得飫觀之，沾被膏馥亦有年矣。先生博學多聞，才力復出，事至剖決如流，情法兼盡，人無冤者。歷長沙、太平二郡，悉有惠政，郡人懷之，有如怙恃。雖當煩劇，談笑揮之，優游翰墨，吟咏性情，佳句傳誦，膾炙人口，不爲吏事所掩。謝政歸，編其舊藁凡若干卷，以龍辱通家，特緘示焉。

竊惟今之仕者，内則刑曹，外則守郡，最爲難稱，非有過人之才不能濟也。先生所在增重，盛名著人耳目，是可以聲音、笑貌爲哉？至於詩，雖未足以盡見底蘊，大篇短章，諸體咸備，温然其和，淵然其邃，湛然其清，蒼然其古，可喜可愕，皆自肺腑中流出。不煩繩削，自合榘度，素號能鳴者亦皆爲縮手，其所養固可例推也。本深者末茂，膏沃者光燁，體用之學足徵於此。潤身及物，追踪古人以傳不朽，綽乎有餘地矣，豈世之所謂腐與俗者可同日語哉？乃序而歸之。

《張彥明詩集》序

詩以言志，志動而形於聲，聲變而成方，於是乎爲詩，發乎性情，止乎義理，非徒以文詞爲也。三代之詩多出於閨門、里巷之間，其爲言温厚和平，天真呈露，不待學而能，先王之化可想見已。後世鍛煉雕琢不遺餘力，務爲奇譎，至不可讀，而正意或晦脱去，凡近則肆爲誕幻以駭世俗，顧於理何居焉？詩之設豈端使然哉？唐人以來獨以杜少陵爲宗者，其愛君憂國發於至誠，雖體裁不同，而詞旨粹然一出於正，略無駁雜可訾，宜其爲千古詩人之冠冕也。

吾沁張彥明先生，幼聰敏，涉獵群書，受學司業曾公之門，得作詩法。少保于公之撫敝省，嘗過沁，授簡面試，深爲賞嘉，延至省下，俾業諸子。侍御李公廷用，郡之先達人也，相與倡和，爲忘年交。有得其篇翰者，輒珍藏之，曰："張先生所作，不可無也。"其見重當時如此。竟爲有司所擯，家無儋石之儲，豈詩固能窮人耶？聞其好學，窮且益堅，諷咏忘寢食。要之，古人與期，以大其所至。又不幸而蚤世，使假之年，猶將有不可量者。而詩名在人，已自不泯，是其身雖窮，亦未爲不遇也。竊嘗怪夫士之汲汲事進取，工場屋文字，求合有司之尺寸，束縛拘泥，不敢少縱，視詩學邈若無與於己。間有及焉者，人必以爲狂且迂，相與譏笑之不置，獨歸其柄於宦途諸君子及山林隱逸之流，甚矣！詩之衰也。先生奮庠校間，不以所業自困而好之，窮且終身無悔焉，是可以多得耶！其子廣任遼陽苑馬主簿，以遺藁一册，謀欲壽梓。交城李公凝道實總馬政於此，見而佳之，且以鄉曲之義，欲有以成其美也，屬余序而刻之。

《貞烈倡和詩》後序

貞烈倡和者何？咏潞女之賢也。何賢乎潞女？女之德莫大於貞且烈焉，否則雖容華之麗，製紉之工，不可以爲女。潞女貞烈，故爲時所賢，賢之斯咏之也。潞女之貞烈者何？遇大盜之逼，伏節死義，不使辱及其身，所謂寧爲玉碎不爲瓦全也，非貞且烈者能如是乎？潞女死於大盜者爲誰？辛未之歲，盜起齊魯，鼓行而西，無慮數千，直抵潞境西火鎮，劫掠財物，搜獵婦女，莫敢誰何。四女杰然出乎其間，投馬大罵，剔目斷臂而死者，趙氏女也；仆地被拽，膚裂血流，道路朱殷，罵而被殺者，焦相妻程氏也；不受甘言之誘，怒目大罵，與程同殺者，袁氏女也；被驅遇井，自謂得死所，抱幼女投死者，王川妻平氏也。死爲人所甚惡，四女就戮如飴，所惡有甚於死者，以見則定，以守則堅，其貞烈誠可嘉已。潞女所以有是德者何？關乎地也。太行雄亘千里，與天爲黨，峻拔奇偉，有俯瞰海宇之勢。人生其間者，尚氣節，重名檢，不爲依阿委靡態，而帷簿之嚴無間貴賤[一]，其風俗之厚舊矣。四女之貞烈，不亦宜乎？

嗚呼！爲臣死忠，爲女死烈，古今之大閑也。當是時，潞之士有王佐者尹西平，抗賊守城，力盡被執，憤罵不屈，甘受分裂，天下聞而狀之。有士爲忠臣，有女爲烈女，潞産之良一至此哉！西平爲王臣，事易上達，贈官録胤，恤典亦既腆矣。四女民家之微，其得與西平并著者何？潞多良也。若致仕吏目仇君時濟，儀賓丘君時茂、牛君廷瑞、栗君廷佩、郗君宗魯皆郡之良，質美好學，行義相尚，一掃戚畹富貴之習，謂四女之節卓卓，與史傳所紀者無愧，不可使遂泯也，白於撫按、憲臣而上其事，於是有貞烈之旌，而四女爲不死矣。五君雅能詩，復詩以咏之，和者彙至，帙成付梓，示節義當獎，出於秉彝之同者有不能已也，其爲風化之助豈淺淺哉？益以見潞之士習之美，而山川秀氣鍾於人者果不誣也。予固郡人，於諸君之舉有契焉者，以是書於末簡。

《樂閑詩集》序

詩自三百篇後，道裂氣漓，作者多士類，於是以工爲貴，役意造語必欲離塵絶俗、追踪往哲以垂名不朽，不止言志而已。如是而後工，其可以襲取也哉？必窮且專乃有得耳。唐人最號工詩，考其名家，多沉抑愁苦之士。雖在朝紳，亦往往遷逐不得志者，豈詩固能窮人邪？窮而抱才，鬱不得施，無所事事，則不憚劌目鉥心，求逞於詩以自見，其有鳴其不平，故思致精，風力勁，升堂食藏，愈窮而愈工也。杜詩自夔以後尤佳，且有“語不驚人死不休”之句，非窮其能然乎？以是知貴顯者必先功業，固不暇他及，而居養之殊，意氣之適，亦自有不相入者，工於詩也不亦難乎？況夫帝室之胄，生長深官，紛華波蕩，足以娛心目，移習尚，從容順境，不以一毫嬰念，嗜欲深者天機淺，理固然也，其工詩不尤爲難哉？

蒲藩鎮國將軍仕环梓其先考襄垣恭簡王所爲《樂閑詩集》四卷，屬龍爲序以傳。嗚呼！若王者，其賢矣哉！是不可以易得也。嘗求其故，王能甘淡薄，忍嗜欲，悉屏富貴之習，聰敏好學，手不釋卷，與韋布士相去無幾，既無所奪其志矣。孝以事親，問安視膳，不愆於禮，侍疾嘗湯藥，居喪廬於寢園。事聞當宁，褒之璽書。純德懿行，實又得於爲學之本，故其爲詩溫厚和平，流出肺腑，不煩繩墨，自合矩度，成一家言，觀者當自得之，而想見其爲人，非謏謏衒露於一字一句間者比也。夫以士大夫所難，而斯集顧出宗室，豈不誠可重矣乎？

郡人憲副秦君民望雅善鎮國，於龍有姻好，實屢速之，於是乎書。

《貞節録》序

予潞有宿節婦者，黃氏女，太學生昭之妻，沁源王府儀賓政之母也。昭卒，黃二十有六歲，即欲以身徇，姻戚曉以《柏舟》之詩，謂共姜以靡他自矢，未嘗至死，聖人列於經，爲萬世訓。今舅姑老，無以養政，子生三年，猶未釋襁褓，爲宿氏計，所係有重於死者。遂屏膏沐，稱未亡人，治生業，攻苦服艱，不遺餘力。朝夕奉養，曲盡其禮。舅姑安之，忘其子亡，至于令終。宿氏業益振不衰，政子成立，能讀父書，以克家稱，皆節婦之力也。郡人咸嘖嘖稱嘆，有司以其事聞，爲旌其閭。南塢賈司成爲著傳，一時能詩者侈爲歌咏，積成巨帙，將梓以行，請序于予。

惟婦人從夫，一與之齊，終身不改，禮也。世俗罔閑節義，往往夫死肉未及寒，已議更適，其有垂白在堂，孤兒啼饑，輒去而不顧者，舉世不以爲非，改事者亦即安之無疑。甚矣！世道之偷也。黃氏出民家，未嘗聞姆傅之訓、習詩書之旨，其節卓卓如此，于以見吾鄉風俗之美其來已久。傳謂唐虞之墟風土深厚，人尚氣節，信其然矣。厥後大盜起齊魯間，西入潞境，而西火鎮一村落耳，婦女就死，義不受污者凡數人，尋被褒録，蓋聞黃之風而興起者，其關於世教豈淺淺哉？政聯姻宗室，不爲氣習所移，雅好文事，有足多者。斯録之作，彰其母氏之賢，尤可嘉也，故序以傳之。

《静軒詩》序

國家奄有天下，封同姓爲藩屏。王子生，載錫禄爵，建傅相，以左右啓迪，惟曰寵綏天族，俾克修令德，永享無疆之休。皇祖有訓，昭于日星，亦惟本支百世是詔是戒，光我王國，罔或敗度，肆宗室咸祗若彝訓，式圖象賢。其在蒲曰襄垣王，有聞惟舊。厥孫鎮國，遜志務學，克纘乃祖服，賓遇儒雅，罔有勢分在己。朝臣有事於蒲，款洽若舊，議論更僕，乃弗知倦。構一室，扁曰"靜軒"，問安視膳有攸暇，藏修厥中，宮府事咸罔念聞，曰："吾幸以屬籍備藩職，厥食鼎鍾，厥服衮綉，罔克報稱，惟禮賢修德，乃不忝我皇祖貽謀，不負我皇上敦睦。惟是軒，我靜作所，將終名我身。邇貨非靜，珍怪瑰玩，我其屏之，惟圖籍是娛；邇色非靜，嬪嬙媵御，我其遠之，惟才俊是接；邇聲非靜，絲竹妖艷，我其放之，惟道德是談。曷敢妄動匪彝，以速戾於我躬？"於是縉紳士咸嘉乃志，肆爲歌詩。侍御秦君民望以蒲人尤悉厥賢，謂龍宜序。

惟君子靜以修身，才非學弗廣，學非靜弗成。在《易》之《艮》："艮其背，不獲其身。行其庭，不見其人。"行止皆靜，厥道光明。故君子思不出位，以寧靜致遠。顧在人理微欲危，罔其有定，紛華波蕩，移人惟易。矧王子肇生深宮，席寵怙侈，居移厥氣，養移厥體，求稱所欲，若野火燎于原，不可撲滅，厥靜惟艱。鎮國乃黜奢以儉，芟華以朴，研精去厥惛慢，理性夷厥險躁，遠識定力，于時其觀。茲用德日積罔覺，諸載籍丕克究通，厥辭翰亦誕有思致，惟靜則然。大音希聲，厥有遺音；玄酒味淡，厥有遺味。鎮國曷其得此！在昔帝堯，克明俊德，九族以睦。文王緝熙敬止，公子皆仁。載于《書》《詩》，以詔萬祀，厥有明徵。我祖宗及我皇上精一執中，恭默思道，垂拱無爲，登于至治，罔不惟靜。鎮國迪知于茲，允有自哉！嗚呼！始終惟一，時乃日新。爲山九仞，功虧一簣。尚其無自滿假，益懋厥敬，益堅厥心，以寧靜秉德罔二三，俾宗室咸有攸式，克綏先王之祿，永增帝冑之光，書于史册，與《詩》《書》并稱，古帝王族罔其專美，茲乃允爲致遠，敢以是畢諸縉紳之意。

《大庾張氏重修族譜》序

古有大宗、小宗之法，保姓受氏以守宗祊。雖源遠末分，多歷年所，其後猶能稱而述之。若郯子之論紀官，范宣子所謂不朽，其所傳受固如是其具且悉也。宗法既廢，門地是崇，則有譜牒之學。然廢興無常，傳受無據，或崛起而爲卿相，或陵夷而爲齊民，古之故家遺俗泯然無聞，世系始失其實而譜牒有可議者，至欲附杜固而冒汾陽，其謬妄又奚足道哉？甚矣！族不可以無譜，譜之不可以不慎也。

予友大庾張君天衢，其先世出浙之錢塘，有諱迥者爲南安司理，遂占籍大庾，迄今爲大庾人。天衢之祖嘗譜其族，因錢塘無可考，遂斷自司理爲始祖，蓋惟譜其所可知也。至是，天衢續而修之，一以舊譜爲據。錢塘之説雖存，終不有加於司理，蓋惟續其所可譜也，可謂嚴而且慎矣，予猶有説焉。

譜者，詳吾之所自出而啓夫所自出於吾，旁及於吾之所同出者，所以崇本源而篤倫理也。衍一人之身而爲衆，紹一人之生而爲遠，非譜而著之，與塗人同。譜而失其所以譜之之義，與無譜同。譜之作，豈直紀世系而已邪？生於吾前者，吾不及見，若無所庸其力矣，而爲之後則欲有所承。生於吾後者，吾不及見，若無所庸其力矣，而爲之前則欲有所法。其生與吾同時，既吾之所親見，非無所庸其力矣，而爲之宗則欲有所濟。弗承非後，弗法非前，弗濟非宗，如是，雖紀錄詳備，世系分明，而義已失，其如譜何哉？故能譜之者，必有事乎此也。吾既有事乎此，則繼吾譜者亦將有事乎此也。譜之者皆有事乎此，然後可以爲族，而不愧於一人之始也。譜之所係不既大矣乎！予亦嘗續族之譜，欲有所事而未能焉，敢以是質於張君，願聞其所嘗有事於此者。

張君名九逵，與余同舉進士，自南科司諫轉湖藩少參，其風采爲時所重，而將來殆未可量云。

《竟讀軒詩》序

世之論吾儒，必曰文章、事業，二者所以潤乎身而澤乎物，闕一不可也。嘗以是觀之古人，其爲文章汪洋閎肆，下筆如神而光焰萬丈，皆可以名世而傳後；其爲事業彪炳烜燁，照耀天地，上而宗社賴其福，下而蒼生受其賜，复乎一代之偉人；未嘗不撫几而嘆曰："天之氣化所鍾，何獨盛於古耶？何古人奇絕如彼，後世曾莫之與敵耶？抑所養有不同，果不繫于天耶？"於此有説焉。經傳、子史、百家之書，散在天下者不可數計也，其間論性命、道德之精微，談事物變故，紀理亂興亡之迹，述聖賢之所以修己治人，無乎不具，患不能有以讀之耳。讀而能多，則可以廣識見，深蘊藉，坐環堵而知四海之遠，收百代而藏方寸之中矣。溉其根而食其實，將何爲而不善乎？是故古人雖艱難辛苦之中，力不能具膏火、給食飲，亦皆勤勵孳孳，手不釋卷，其終至於天下之書無不讀，至有號爲武庫、爲書厨、爲行秘書者，其所養類如是，則夫文章、事業獨專其盛者，無足怪也。後世以讀書階進取，習專門之經，作程式之文，唯恐業之不精，無以中有司，曾不得肆力以讀天下之書。繼而躋于仕路，又職務是拘，簿書、期會之煩，或不暇應接，顧安得旁及于簡冊哉？雖有豪杰之士出乎是外，足以追踪古人者，蓋亦可數矣。此志士常用爲恨，受官皆以得閑散之署、政事之簡者幸焉，謂可以餘力讀未竟之書，爲文章、事業計也。

予同年高君曾唯學以博洽聞，然謙弗滿假，好讀之心不衰，適以冬官主事出荏沽頭閘之分司，所督纔經理漕河一事耳。以君之才，雖劇難盤錯之地亦罔弗勝任，乃處以此，豈非天欲成就其志，儲養遠大之器哉？受命之日，即欣然告行，擬於分司爲一軒，扁曰“竟讀”，蓋欲盡取天下之書而終讀之。乃索諸縉紳吟咏爲一卷，俾予引其端。夫世俗之人知窮之當讀，而不知達亦不可廢。達而讀者，或從而笑之，謂其復何所事。士大夫亦有以既達言讀爲恥者，謂人有以議其淺深。嗚呼！亦惑矣。歐陽公一代文宗，或者猶惜其不甚讀書。寇萊公相業赫然，或者猶諷其不學無術。況不及二公萬一者，詎可以淺心狹量居然自足，不復求進于讀哉？是軒之作，足以見君之識甚高，養甚厚，文章、事業期與古人同其休美而不安於小成，意亦深矣。余雅有此志，而官又甚閑，亦圖以竟讀，喜君之有合也，故不辭爲之序。

《順天府鄉試錄》後序

正德八年癸酉秋，當天下鄉試之期。其在諸省則省臣舉行，故事，事竣乃以錄聞。唯兩京則府臣屆期以考試官請上特命之，重畿輔也。於是臣一鵬、臣龍奉命典順天府鄉試。陛辭至院，則士子就試者皆已雲集，諸執事官及應用藝人各分局預戒場屋，一切供億、條格，諸範防不可闕者百爾森具。臣等故得悉心校閱，爲報稱圖。既三試之，得中式者百三十五人，如制錄其氏名并文之粹者，以獻諸天府而傳之天下。臣乃捧讀，竊嘆曰：“畿內人才之盛一至此哉！祖宗德化涵育之深，皇上崇儒重道之明效大驗，不尤可見哉？”謹拜而序諸末簡。

惟古之用人也，自鄉學論秀而升之爲選士，自司徒論秀而升之爲俊士，又自大樂正論秀而升之爲進士，然後爵祿有加焉。今之士養於學校，拔于科目，雖其制若有不同，至以漸論選而致諸用猶夫意也。夫士而謂之秀，以其材藝穎出同輩，譬則苗之秀然。農之種穀也，始生爲苗，吐華爲秀，成穀爲實。士之種學，敬遜時敏，足以使人望而畏之，則苗之勃然而興也。涵養既深，駸駸乎積中發外之盛，乃較其藝而賓興，其尤者則苗之秀拔，蔚然有華以向于成也。進而不已，益深益盛，足乎己而可以及人，於是策名委質，用之以治天下，則穀之充然既實，穫之以爲食也。孔子曰：“苗而不秀者有矣夫，秀而不實者有矣夫。”苗斯秀焉，不秀猶無苗也；秀斯實焉，不實猶無秀也。故農夫以百畝不易爲己憂，終歲勤苦，得穀而食之乃已；士以不得乎道爲己憂，惟日不足，必學成而適用乃已。猶有説焉，農不惟穀，而以穀之多爲上；士不惟成，而以成之大爲佳。有不盡然者，又往往繫于所托。農之於負郭之田，猶士之於首善之地，所以圖多且大者莫先焉，豈不以膏腴宜植，功力易施，德化先及，其濡染爲深哉？皇上臨御以來，命鄉論秀，凡三舉于此，其豐登厚積以粒烝民，既大有成效矣。至於畿甸之内，古之取粟與米于是焉在，視天下猶負郭之田，其温之麥、成周之禾有厚望者乎！則夫秀於此者斂華就實，兆成豐穰，厥賦固當上上，非他壤可比，于以使斯民含哺鼓腹，謳咏太平，稱我聖天子安養元元之意，顧不偉與？苟徒以一第之榮自畫，昧其遠且大者，甘蹈先聖之戒，秀而不實，投種無功，曾莨稗之不如，何取於秀？何貴於美種？何羨於負郭之田之良？主司以取士不得爲己憂者，將不在此乎？敢以一日之雅勸而告之。

校勘記

〔一〕“簿”，據文意疑當作“薄”。

序

張明府《游觀圖》序

予觀古人之爲郡邑，其地之湖山、林墅有可娛情寄興者，輒縱其觀游，賓從雜沓，引觴賦詩，更唱迭和，酣暢而後返。予以爲棄官守，事怠荒，如民何？然迹其爲此多在政治民和之後，雖數數爲之，治行益修，當時不以爲病，後世不以爲非美談，于今不衰，則又以爲文武之道一張一弛，爲政固若此爾。徐察其心，猶有謬不然者。守令以親民爲職，親民云者，與民相近而易接，察其情而撫字之也，顧猶有勢分之隔，其情每患於不通。草野之民不得其所欲，望見守令之面而赴訴於其庭，蓋亦難矣。雖有愛民之官，苟非親見其實，而徒事乎咨問議擬之間，則亦未免有蔽之者，欲其實惠之及也庸可冀乎？於是游觀興焉，身履其地，目擊其人，寄隱憂於談笑，存警戒於燕康，風俗之澆漓，政事之墮廢，閭閻之疾苦，田野之荒蕪，無不得其實者。知悉而慮周，見真而行力，其於爲政不惟無妨，而實大有所裨也，是惡可少哉？

滿城令張君明制下車之逾年，政平訟簡，仆者興，墮者葺，逋者返，滯者通，蠹者剔，謳歌載途，薦剡交至，而君之志歉然不自滿，若呻吟日集於耳，疲癃轉徙日接於目也。乃以公暇時出郊外，若游觀之爲者，其憂深思遠，未嘗頃刻不在於民。民皆知君之非以病己，扶老携幼，擁拜道旁，而各盡其所欲言。君亦知民之有以信己，開誠忘勢，面問休戚，使各盡其所欲言，若家人父子，情意無間，以是而裨於政，豈淺淺哉？宜其上下咸得而名愈有聞也。因繪爲圖，揭於座右，以示有事。朝紳嘗與君交者皆爲詩以美之，予忝鄉曲之厚，特著其説，爲群玉引。

《承恩雙感詩》序

人之有身，自體膚以至喘息皆親之所出。保護其身，底于成立，而幼而弱，而壯且老，皆親之所爲。身立而效用于時，尊崇之，耀燁之，以光前而裕後者，又皆親之積累訓誨之所致也。親之德，不既重且大矣乎？天之於萬物，其德爲罔極，善言者則曰"欲報之德，昊天罔極"，謂與天同大也。天下之物，無足以稱天德者，雖盡物不能以報；人子之身，無足以稱親德者，豈没身所能報哉？不能報者，親之德也；不能不報者，人子之心也。盡一事之心，報一事之德也；盡一日之心，報一日之德也。正猶夫至敬無文，掃地而祭，非謂此足以報天也，姑盡吾心焉耳。心雖欲盡，又非有我之所能，必其係于天。天未必吾畀，則有禄養不及其親者；其取諸人，人未必吾與，則有親老不爲禄仕者：皆不足以盡吾之心，此孝子所以永感而深憾也。故三釜之禄至薄矣，曾參以爲喜；百里之米至勞矣，季路以爲思。非窮達爲其重輕，職親之逮與不逮也。君子三樂，而具慶爲之首，不以是哉？

南京户部郎中鄭君克明，其先翁爲益齋先生，世以儒術爲閩中望，早通《三禮》。居常平心率物，爲鄉人重。以勤儉莅家，一掃浮靡之習。至恤孤寡，賑貧乏，又慨然無難色。配黄氏，柔靜，有女德，以義相益齋，俾無内顧之憂。益齋以克明幼有穎質，親授之《禮》。黄亦躬爲督勸，不令少暇。克明大進於學，掇取科第，兩宰劇邑，以治行被召爲户部主事，聲益藉甚。衆謂鄭氏有子，而其親不及見矣。會朝廷以尊號上兩宫覃恩，贈益齋如其官，黄爲太安人。南都士夫諸嘗與克明交者榮而賀之，克明且謝且泣，曰："濬不能及吾父之存而禄養之，乃僅有是贈而弗克以封也；不能及吾母之存而禄養之，乃僅有是贈而弗克以封也。拜兹曠蕩之恩，實重無涯之感，而敢言賀哉？倘辱不鄙，幸濬之有是而貺之教言，是則惠之大者。"於是各爲歌詩，以侈其榮而發其意。卷帙既成，題曰《承恩雙感》。屬克明北上報政，以予有一日之雅，俾引其端。

惟子之於身，爲親之所自，有其思、盡厥心者必無是身而後已。故古之論孝者每以終身言之，女色、功名皆不能奪，於是有終身之慕；志有所至，不敢盡其私，於是有終身之喪；敬可能也，安爲難，安可能也，卒爲難，於是有終身之敬。終身云者，果足以報其親哉？謂夫一息尚存，不容少懈，終則無可奈何之説也。況當强仕之年，樹欲静而風不止，子欲養而親不逮，龍光烜赫，徒賁於宰木之間，其爲感可勝道哉？克明自此位日進，寵日增，其受贈典以及於親者未始有極，則其追思于親以感於懷亦未有既也，予於是又知夫爲人子者有終身之感。

《終慕雙挽詩》序

始予弘治己未進對大廷，有武臣過前者，儀狀甚偉，睨予卷，嘆而久之。問其姓氏，去而不答。心竊異之，知其中有物，非庸衆人比。予叨及第，又辱顧臨，始知爲金吾郭公賓竹，廷試時實當巡視故耳。尋與公同巷居，相去甚邇，遂爲知厚，往來且數年，故於公之素履與其夫人内相德美者知甚悉。未幾，公復先世武定侯爵，夫人亦以爵封，縉紳榮之。比予以憂歸，公與夫人相繼而逝。其子太保世功襲爵，後亦授鉞，出鎮嶺南。既還朝，過予叙舊好，間出一帙，涕泣而道之曰："不肖賴先考姒遺澤有今日，無以報罔極。顧音容難追，潛德可述，兹得挽詩百餘首，題曰《終慕雙挽》，志哀思也。將托諸梓，願有以序之。"

惟挽詩起於紼謳，紼者斥苦，歌以相力，述死者之行而寓夫哀耳。然非紼者所能自爲，蓋有所受之也。其書于冊，又足以傳，遠若《薤露》《蒿里》，至於今猶存。後世相沿，往往求諸能言者，以藏于家。雖非用之紼，以挽爲名，猶夫意也。夫以公之値家中微，奮拔有爲，光復舊物，總戎務有聲，又能肆力文墨，見重當時。夫人相之以義，隨事有裨，拮據締構，使無内顧，卒成其名，固人之所喜聞而樂道者。加以太保之賢，有光先業，爲一時勳戚之杰，而愛禮縉紳，以文濟武，咸樂與之交。宦游所歷，延接尤多，挽章之集，珠聯玉綴，其爲富且麗者固有自哉！夫子之於親，莫大于顯揚。無美而稱之，誣也；有善而弗知，不明也；知而弗傳，不仁也。太保之爲是編，親名益著，而身之所得亦已多矣，其可少哉？況夫孝子有終身之慕，雖無形與聲，常如耳有聞，目有見，而尤切於物。感遺書、栖梡不能讀且飲者，手、口之澤重其思也。思則哀，哀則鳴，情也。孝子之情迫切，其鳴固弗暇於文也。弗暇於文，則其思特音容之粗耳。音容既杳，久而或忘，則欲常有所感，於是假善鳴者以鳴之。其鳴以文，文必及其精者，平生德美悉形咏歌而著之冊，其精神、氣魄常存於世而不可泯矣，豈直手、口之澤耶？始焉假以鳴己之哀，鳴而以文，則見而復思，思而後哀，哀而誦之，復假以鳴，無時可忘，必終其身而後已也。謂之終慕，其以是哉！若夫諸作，固當世善鳴者，而予以乘韋先之，則其後重可知云。

書《浙西水利書》後

粵自錫圭告成，水爲有國所利，代有治者，著之載籍，亦昉于《禹貢》。嗣是川澮溝于《周禮》，《河渠書》于《史記》，《溝恤志》于《漢書》，備一代之制，不忘厥功，示後世法，意亦美矣。前工部主事姚君秀夫提督浙西水利，取宋、元迄今名臣建議諸纂述之筆關水利者輯爲一篇，猶夫意也。都憲太原張公受命撫江淮間，以其地稱膏沃，賦甲天下，水利焉爾。水能爲利，亦或爲患，唯人焉爾。故毖飭有司，是爲急務。謂姚君所編爲益，顧繁文縟義非所以訓有衆，乃屬興化尹戴君時鎮撮其機要之語可今行者梓以示民，俾知所從事。時鎮爲張公所才，自泰和移宰興化，益圖稱任，於水利尤力，民甚賴之，是編與有功焉。嗚呼！西門豹唯不用漳于鄴，或斥其仁知未盡。劉彝氏興水利有功，號體用之學。張公以是責效其屬，戴君奉行唯謹，固君子所與也。編末特附興化水利數事，則姚君未及者，重所職也，亦可見其志云。

書京闈《同年序齒録》

正德己卯順天府鄉試，中式百三十有五人，比放榜，去者半，留者半，欲爲好會無由也。明年庚辰二月會試畢，作會於李文達公故第，榜内士咸在，絲竹盛陳，獻酬交錯，禮度雍雍，盡歡而罷。會既有録，仿進士登科者爲之，雖非故事，蓋近時例也。將會，以予與春坊諭德豐白庵嘗竿文柄，請主是宴。録成，請識以刻，亦近時例也。

予惟登科，鄉試之升也；進士，舉子之選也。既選而升者得爲則其前，以義起禮，詎不可哉？諸士方録於鄉，以文爲序，賓興有宴，即其所序乎録者，公法也。今會以齒爲序，而録之名氏即其所序乎席者，私情也。朋友之義，不以公法廢私情，而齒爲鄉黨所先，爲鄉舉士，顧弗之講，惟登科是須也邪？自今觀之，斯録雖爲齒設，齒序於前，爵與德隨之，非若試録止於文而已。他山之石可以攻玉，似亦不可少者。何則？文之録也，一榜不數人，一人不數篇，舉凡以例其餘，觀者不得而悉焉。今人虛其左以俟續書，由此入仕途，迄終身，某也至某官，某也止某官，官以表爵，爵以徵政，政以稽德，而臧否莫能違矣，豈不誠可畏哉？朋友相責以善，錄藏千家，彼此互書，書之詳，責之備，而勉於善者自不能已矣。孟子曰："天下有達尊三，爵一，齒一，德一。"既皆權輿於此，進而各臻其極，將有所謂天下達尊者出焉，庸非同榜之光哉？日予序試錄，嘗勖以大義，乃猶弗忘于情，亦近時序斯錄者之通例也，諸士其毋以爲贅。

《劉諫議祠詩集》引

始予讀《諫議傳》，知爲昌平人，恨不生同時，得接丰采，相與上下其論，冀一過其鄉，展祠墓，覽山川，以想見其爲人。迨承乏史職，歲時供祀山陵，則昌平必經之路，而諫議祠又翰林寓宿之館，吊古懷賢之念於是遂焉。顧祠壁間多前輩詩什，歲久祠敝，旁風上雨，蕪没殆盡，低回不能去者久之。會同年劉民部克柔督餉于此，慨然以修葺爲任，且榜其詩于木。繼王君邦器來代，克終其事，於是祠宇聿新，足以揭虔妥靈，前輩諸作亦賴之不廢，蓋斯文之盛舉也。劉君復以所榜詩彙爲一帙，附以續得倡和之作，屬易守汪君立之刻焉。惟天地間所恃以爲勸懲者，公論而已。雖其一時倒置，莫敢誰何，至於異代，恩讎莫及，是非乃定，百世萬年，昭乎其不可掩，忠臣義士所以甘心而不悔者，此義行也。集之刻，意亦有在於斯乎？書而引其端。

送風水王鈞州詩序

龍不幸，早年失怙，痛念先君壽不滿德，思無以自盡者。聞鈞陽王氏世以風水名家，凡經葬無不得吉，欲致之而未能也。會吾澤地官王君邦器、侍御張君伯純皆相繼有大故，遂同謀走書幣。君以斯文之愛，不遠千里。比予扶柩至自京師，地官事已襄，聞其得日、得穴甚善，爲慰殊甚。繼予窆先君，日得十二月一日，穴得壬丙，在先贊治尹府君之次。是日邑中風霾大作，咫尺不辨物色，而先塋去邑僅三十里許，獨天日晴明，和氣盎然如春。又先君始棄養時，予痛死不自知，敦匠作棺者以木美且大，不忍斷而小之，棺極重大，三十餘人而後舉。予扶歸千里，艱難萬狀，至家又作柏槨，其重大倍焉。是日成窆，予甚憂之。棺槨既下，纔二三人便隨手入室，非日吉、穴吉而先君安之，何以得此？因以知王君之術之妙至是也。予事既畢，將詣侍御君窆太孺人，遂由是往別地官而東歸也。情不忍別，作詩二首贈之。彼二君者見予詩，其能已乎？是予爲鈞州拋磚引玉也。

《曲沃李氏家集》引

南京詹事府主簿李君季和出其兄伯音長安令所刻《家集》二册，請予識之。集爲其尊翁南莊先生作也，一曰《在筍錄》，錄其致仕膺異數也；一曰《壽椿錄》，錄其齒年躋七袠也。爲文若干篇，詩若干首，俱一時號善鳴者之筆，鏘金戞玉，可喜可愕。其於先生完名全節、永綏福履之盛發揮殆盡，梓而傳之，不亦可乎？蓋先生官陟宗伯，年逾耳順，時方仰其柄用以弘功業，即明於止足，累疏乞休，竟得俞允。至於奉璽書，給驛傳，廩餼、輿皂供自有司，恩禮之隆，迥邁常格。出處始終，曲盡休美，誠海內之具瞻，縉紳之標的，不獨爲吾晉人物而已。復享以壽考，矍鑠如少壯，若或贊之，茲又逾七望八，駸駸於期頤之境。諸子繼承，衣冠競爽，孫枝秀發，駢列庭階，穹壤間無足以嬰其懷者，此豈可以幸致哉？自大臣觀之，尊居廟堂者有矣，或未能如先生之歸；即歸焉，得先生之榮者亦鮮矣。退處林下者有矣，或未能如先生之壽；即壽焉，得先生之樂者亦鮮矣。夫仕欲歸，歸欲榮，致仕欲壽，壽欲樂，人之所難也。先生皆兼而有之，其修於己以得於天者，非盛德其孰能與於斯？二集將合而爲一，故以是弁其端。

《順天府鄉試録》序

鄉試例以子、午、卯、酉之年，正德己卯秋八月，實維其期。皇上御極十有四年，鄉試亦五舉於今矣。有司恪遵成憲，不令而行，雖間三年，其會財用，庀器物，葺舍宇，先事以備者無虛歲，蓋國家首務也。順天府以故事，得請考試官于上，於是臣龍、臣熙被命，特輟史事，來柄其任。同考則學正臣顯麒、臣遇春、臣燁、臣演，教諭臣光、臣正緒、臣人杰、臣澄，訓導臣信。監試則御史臣鳳儀、臣闇。提調則府尹臣瑞、府丞臣鍾。于時士就試者二千七百有奇，拔其尤得百三十有五人如制。録成，將獻之上，臣宜序諸首簡。始臣同考會試，與觀京畿之文，雖再至再觀，猶以分經未遍。癸酉典鄉試，及今又再至，再觀且遍，其爲文爲人才之盛亦既識之稔矣，顧安已於言哉？

惟京畿，朝廷政化所出，篤近舉遠，四方於是乎造端，實首善之地也。百五十年來，雖凡民猶胥浹肌膚、淪骨髓而興起焉，矧士之從事于學、秀出其間者邪？其深培厚植，宜不可以常格律之矣。夫士以德行爲首科，文藝特其末耳。古之選舉以行，今之科目以文，時異勢殊，不得不然者，亦惡可惟末之徇，忘所謂首科哉？德莫大於四端，以仁、義、禮、智爲之源也。人或自謂不能與謂其君不能者，孟軻氏皆痛斥之，則修身事君，舍是其奚以邪？兹欲得若人，顧於文焉求之何居？要亦積中發外，不離於德，其可也。溫醇樂易發于至理，若元氣賦物，生意渾然而不爲雕刻，見其仁焉；有裁割，有斷制，是非取舍截然至當而不可易，見其義焉；敬以主之，遜以濟之，文采溢發，煥乎蔚然，若衣冠、玉帛周旋一堂之上而威儀不忒，見其禮焉；達而不放，密而能通，博而不迂，簡而能暢，開闔變化不能即其端倪，見其智焉。因文考德，於是取之，庶真才可得，不徒以言爲也。然猶不能無懼，何者？今之取士，必賓興于鄉，萃之禮闈，又拔其尤，進對大廷，然後賜之甲第而叙諸用。兹其首途焉，譬則適萬里者，發軔之初當黽勉以求其至，可無慎乎？

《書》曰：“慎厥初，惟厥終。”《詩》曰：“靡不有初，鮮克有終。”甚矣，終之難保也！必思擴而充之，以實其德，俾異日措諸事業，夫人見而稱之曰：“公而不刻，厚而不苛，其仁矣乎！文則非僞仁也。方而不詭，正而不偏，其義矣乎！文則非僞義也。敬而不煩，異而不離，其禮矣乎！文則非僞禮也。明而有辯，謀而有成，其智矣乎！文則非僞智也。無崇卑，無内外，隨試輒效，其極至于輔理承化以康四海，若伊尹、堯舜君民，傅説舟楫霖雨，周公篤棐迓衡，言行相顧，始終不渝，所謂自獻以成其信者，以號於天下曰真才。真才，其孰曰不然？如是則取士得人於首務不虛，養士有效於首善不負，所以爲士者有本，亦無愧于首科矣，庸非今日之所求？

記

書《特恩堂記》後

龍以先妣淑人病故請于上，得諭祭、營葬，于其前隙地作堂，爲饗祀所，堂額扁曰"特恩"，實嘉靖壬午紀元歲也。制，京官三載考績，始得封贈其親，而受三品封者，没乃賜葬。龍初任侍郎，即誤忝恩命，以己官贈及考妣，且給之葬，蓋上眷日講親臣超出常格，特賜之，故以名堂也。名之以章異數，示不忘于心，若曰臣既受恩非常，盡忠圖報，宜亦異乎群臣之報也，乃爲允稱，不愧斯堂而後可耳。歲戊子，龍遷南京禮部尚書，計前任猶兩月未及考績，復得贈先祖考妣如前官，仍蔭子入國學，皆恩之特也。遂因南行過故里，焚黄先塋，檢端溪按察舊所爲記勒之，并附以此。嗚呼！上恩特加，不一而足，固千載奇逢也。圖惟報稱，當何如其足爲足邪？雖終已亦未爲足，俾吾子孫登斯堂者顧名思義，惕然爲感，念乃祖乃父所不能報者而世世報之。其報也，亦異乎人之報之，其庶矣乎！敢以是發端溪言外之意。

東厓精舍記

靈寶城内，有土嶙峋壁立，高數仞，廣可十餘畝，與東城相附著，其上又特起數垛，邑人目之曰東厓。竊意靈寶古函谷關外地，秦以崤函爲宫，卒家六合，其地多岡陵險阻，利於出攻而不利於攻之者故耳。邑之建，豈亦因其形便，芟夷有未盡者，或存之以測景望氣，或爲登覽賞適若卷阿然，皆不可知。使其特築，當不若是其高且大，而迄今以厓名，則非人爲之意也。其下爲冢宰許公第，故東厓爲公有，而因以自號。公嘗爲户部侍郎，謝政歸，作精舍於此。有亭翼然，曰"養閑"。有洞窅然，曰"獨樂"。有臺竦然，曰"望華"。繚以周垣，雜植花卉，從容憩止，日惟圖書是娱。親舊造之，則命酒彈棋，盡歡而罷。厓中諸景，其西面相直，則華岳之峰突入雲際，大河自西北蜿蜒而至，洪濤巨浪日夕舂撞。南拱秦嶺，北控中條，東倚峴山，萬壑千岩，極妍盡態，應接不暇。浮嵐杳靄，倏遠忽近，檜楸掩映，恍若憑虚御風，與飛仙往來。景與情會，興逐時新，撮題賦詩，著爲八景。功成身退，怡養天和，真可以忘理亂，謝黜陟，不知其老之將至也，東厓於是始增重焉。

夫輦轂之間，累土爲假山，高不逾尋丈，旁瞩數步，結亭宇纔足容膝，若兒童戲者，所費已不訾，而觀者賞嘉。假令東厓可移，價當何許？王公貴人日爭致之不可得，即有得者，亦適爲歌樓舞榭、沉酣宴樂之資。古之爲此多矣，皆鞠爲荆棘，蕩爲烟塵，不知其處。而名公巨卿所爲退休者，若裴晉公之緑野，富鄭公之還政，迄今歷百千年，耿耿不泯，頹而復起，敝而輒新，過者起敬，若鬼神訶護然者，地因乎人也。是皆洛中故迹，公之鄉先哲人，其勛業聲名，在公亦無愧焉者，東厓精舍與二堂并爲不朽，復何疑哉？靈寶自有東厓，無論世代，未聞有所屬者，雖復在城闉，與荒丘斷隴相去不能以寸，得公而後爲勝，固亦一大奇遇也。始公爲此，曰："吾老是足矣。"及詔起爲司馬，則曰："無寓人我室，其虚以待我。"繼都冢宰，則曰："修我墻屋，我其遄歸。"至其易簀，則曰："予有後，其弗棄此基。"公之所托以終其身而望諸後人者，意已至矣。其子符臺廷綸、僉憲廷美將世守以繼公游，屬予爲記，乃述東厓勝概與所以遇公者。若公之歷履，則國有史，家有乘，天下有聞，予可略云。

靖虜衛改修祖厲河記

鞏昌之北六百里許爲靖虜衛，面山背河，地勢險阻，所以扼虜之衝，使不敢南，臨、鞏諸郡實藉是以爲藩蔽，誠重鎮也。城中居人無慮數萬口，其地無井泉，皆取給於黃河。黃河自西北來，去衛僅五里。又有祖厲河者，來自西南，經衛而東，出黃河與衛之間，水苦惡，不可食，衛之汲黃河者必涉祖厲而後達，一遇雨潦盛昌則漲溢不可渡，相與忍渴而守之。其或乘淺既渡，而潦水驟至，必阻累日而後歸，其艱於水也亦甚矣。茌其衛者，類以天造地設，非人力可及。蓋自正統初年置衛，迄今八十餘載，未有究心焉者，祖厲之爲患亦已久矣。

寧夏西路參將路君天球，初以指揮使綰衛印，年甫及冠，銳於建立。撫恤軍士，饋餉時給，凡可節其勞、省其費者悉爲之所。事有不便，去之惟恐不亟。至於祖厲，尤奮然以爲己任，屬其父老而告之曰：「爾曹世居茲土，所不便於生者，惟是祖厲之患。吾欲去之，使爾子孫永享其逸，如何？」眾欣然謝曰：「公之及此，吾人之福、百世之利也，敢不率子弟以從？」乃量工命役，截其上流去衛五里許地名紅嘴者決而導之，使北入黃河，於是祖厲不經於衛，其故道湮爲平地，汲者往來徑達，無所滯礙，遠近稱便。尋遷署都指揮僉事，守備本衛。謹烽火，練士馬，明賞罰，軍政益修，人樂爲用命，虜不敢犯境。有雪山，其中多良田，守者率虞於虜，不敢耕治，鞠爲草萊。君請於總制張公世亨，令軍士開墾爲業，歲得數萬石。聲譽赫然，薦剡交至，遂有寧夏之擢。既去，衛人思而不忘，乃托鞏昌通判郭君純夫請文記其事。予嘉君之志識超邁而才足有爲，其舉措異今所謂武臣者，將來陟元戎，擁節鉞，爲國家萬里長城，銘功彝鼎，與古名將同垂於不朽，必自兹始。君名瑛，世襲指揮使。純夫爲予同學，君之先亦予邑人，有仕元至平章者，今猶爲邑著姓。因爲之記，俾歸而勒之。

劉尚寶毅齋先塋享堂記

古之祀其先者以廟，廟皆於家，未有爲堂於其葬者。葬之有堂，近世士大夫始爲之，亦法制所許也。歲時展謁，牲牢、器具於是乎陳之，將以起神魂於九原，爲妥安栖息之所，以致吾思、竭吾誠焉耳，豈徒爲文物觀美計哉？夫人之生，深居堂奧，飲食、燕樂無不在焉。没而葬於野，築土爲墳，風雨之摧剥，霜露之侵凌，荆棘叢生，林莽蔽翳，狐兔之迹交道，牛羊、牧豎往來其上，行路之人望之，猶以興感，況於爲其子若孫者，宜何如其爲情哉？不得不可以爲悦，無財不可以爲悦，荒涼寂寞之墟，銜哀奠酹，僕僕爲禮，轉盼之頃，烏鳶爭食，而驅逐之不暇，固貧賤者所不得已。得之爲有財，亦何憚而不爲哉？此享堂之所以作也。同年劉君克柔，既葬其母薛安人，爲堂於其墓。堂成，閲數載，猶未有記。頃自武選郎中遷南京尚寶司卿，將過家展安人之墓，屬予爲記其堂。予辱君厚稔，聞安人賢，固欲有以著之。

安人爲江陰望族，歸封君友桂先生，克盡婦道。值先業中衰，即脱簪珥，治生計，攻苦力艱，卒復其舊。封君又嘗董邑稅，值歲大侵，割産以償逋負，而業再衰。安人不爲少沮，經理如故。延師教子，親御紡績爲供億。未幾，克柔舉進士，拜户部主事，迎養京邸。既受封典，即欲南歸，克柔固留不可。請乞終養，又不可，乃遣其婦、子隨侍，爲代己養。尋卒，克柔以病不及湯藥，没不及含歛，抱恨無涯。治襄事務竭其情，請翰林學士、今吏部侍郎三江毛公銘墓，其表則吏部侍郎、今大學士戒庵靳公爲之，其行狀、挽歌諸作又皆一時工文辭者手筆，予之菲薄，何足以記其堂乎？

竊惟神之格思不可度，思古人宗廟之祭，三詔不同位，二繹不同日。求而未得，故曰："於彼乎？於此乎？"祭於祊，尚曰求諸遠者。廟門之外，其遠幾何？而謂足以求之？則國門之外，郊野之間，其享有不可求乎！況夫恍惚茫昧之表，聽之不聞，視之不見，爲主於廟，綏我思成，豈知其必享也？若爲堂於墓，親之體魄實寓於是，骨肉下陰爲野土，爲昭明，爲焄蒿，悽愴精神感通，欲色如見，理之所必然者，求而享之，不尤爲有據也哉？享堂之不可廢亦明矣。安人之生，治家有道，教子成名，得爲堂於墓而享其身後之奉，足爲人母者法。克柔之孝，能取君上之寵以賁于親，生事、葬祭無不曲盡其誠，足爲人子者法，皆不可以弗志也。志之，俾揭於堂之壁。

周易州去思記

易自古爲慷慨謳歌之地，其人任氣尚俠，憤憤自用，義氣所激，隕命喪元而不顧，蓋田、荆習俗之餘有綿世代不能移者。今雖登爲近甸，又以扼險，拱京國軍衛，柴廠錯峙其間，權不歸一而勢則相撓，守者率以爲病。若守而治，去而見思，思而且勒其績于石，非深得其心者不能，茲其人固可徵哉！

周君大猷以弘治五年守是州，其初有難之者。君曰："吾前固有守，後且復有繼也，吾奚獨虞？"既至，梳剔弊政，求民隱，力爲撫輯。未幾，逋移踵至，給之食，蠲其徭役，復二千三百餘口。他郡之民聞風就食者亦爲賑恤，如其民。廟學久敝弗稱，葺而新之，其祭器及諸生用具咸備，且躬督學以示勸懲。易爲社三十有八，社各有學，學爲置師，訓社中弟子，禮俗蔚然。獄訟雖繁，剖決如流。執而能定，人不敢干以私。尤善於摘伏。有弟剚其兄、嫂與侄者，有掠賣人婦殺其夫、女者，始皆曖昧難白，君竟得罪人，稱爲神明。嘗大旱，痛自修省，聞近州百里許有龍潭，帥僚屬竭誠禱之，遂大雨沾足。自是禱輒應，屢獲有秋，有"時和年豐，賴我周公"之頌。又嘗被蝗，衺三十里，爲文自責，祭灾處，誓不弭不歸，蝗悉飛去，民亦歌之。乃謀修山川、社稷壇并城隍廟以答神貺。會有報掘地得錢者，君曰："是天相吾役也，籍之。"于是富室爭出資佐費，役成而官民不傷。君素精醫道，易俗信師巫，病不服藥，往往坐聽其死而莫救。會大疫，乃大市藥物，親命方，督醫士製之，給諸病者。又煎湯液，設于通衢，飲旁郡就醫者，所活不可勝計。其爲政，大抵務實惠及民，不事矯飾。操履端慎，尤足鎮壓衆心，故易人雖慓悍，皆欣然感戴，而衛、厰所部亦歛迹不相犯。每考輒書最，五年之間七被旌擢，遂召入，授刑部員外郎，轉郎中，遷安慶知府，皆以材稱。易人思之，咸相圖曰："周侯惠我人深矣，雖我心不忘，而政績未録，無以示來，非所以德侯也。"乃白于其守汪君立之。汪君曰："茲若輩教我也，願相與成之。"無何，亦以治行被召，經歷左府。易人請曰："吾將先碑周侯而及侯，侯當遂畢吾志。"

君以予同年進士，來徵文。予且雅善周君，固不得辭。周君名洪，弘治庚戌進士，世爲衢州西安人云。

昭信校尉趙百户世爵記

武臣以戰功受爵，蔭及子若孫，永永繼承，雖沿前代之舊，制度、儀等未有如我朝其詳且辨者也。册在盟府，固已與河山不朽，猶必錫之誥敕，使其家世藏，遇有授代則請于朝，下所司撰而續之。無外內，無崇卑，無不示之寵異。其戰守、斬擊、搴旗、略地之功備録不遺，而本支世系之流衍亦因以附見。嫡派中斷，且及餘蘗，餘蘗并絕，乃收其禄秩，爲恩數不已殊異矣乎？何則？兵，凶器。戰，危事。生者，人所甚欲。子孫，則其至愛者也。將奪其所欲，置於凶危之域，故以所愛博之而施及其子孫不吝，將遺諸所愛爲永久圖，故以所欲輪之而奮其謀勇，不辭披荆棘、冒矢石，間關萬死而後得之。吁！亦云艱矣。奈何世禄之家鮮克由禮？爲父兄者，爲其有所授於子弟，類皆愛而弗勞，不知其爲教；子弟亦爲其有所受於父兄，類皆驕恣不知檢，往往陷之悍愚無識，循歲時領取俸給豢養而已。有事之時，責其出奇制勝，禦外侮而靖疆場，胡可冀哉？

　　平定州守禦千户所有百户趙氏者，亦庶其可取與！趙自高祖福結髮戎行，隨我太祖肇造區夏，以功授百户。一傳曰斌，再曰升，三曰雄，四曰鈇，五曰天章，俱以嫡派襲爵榮，受封敕，階昭信校尉。又各治身檢行，恪守祖蔭，世無失德。非其素有家訓，能自策勵，自拔於流俗之累者乎？雄有次子曰鉉，爲鈇之季弟，天章，其侄也。嘗以胄監生丞桐城，有政聲。謝歸，念其祖蔭延及五世爲難且幸，懼夫後之嗣者弗克如前人負荷，或墜厥緒也，欲托予言勒而示之石。

　　予惟朝廷襲武臣爵，匪直酬其先世勞勛，亦惟其後人是勖，若曰：“爾祖考茂著功伐，得有禄爵，畀爾後人。爾能載纘武功，勤于王室，猶有崇賞峻秩，用光爾前人所遺，爾子孫且永服厥休無斁。”是於國家固爲激勸之典，亦豈非臣子職分之所當盡耶？能纂祖服，宣威敵愾，進進不已，以至擁旄節，勒彝鼎，爲萬里長城，所謂豪杰之士，求什一於千百者也。其次秉禮修度，念先世締造之難，捧盈朝夕，惴惴焉惟不舉其職以速戾於躬是懼，故能守其舊物而不失，亦所謂克家者焉。若溺于宴安，冥頑自侮，多行不義，動觸罪尤，以危其身，爲父母戮，使夫人指而議之曰“是固武弁子弟也”，斯亦何足道哉？趙氏可謂能得其次，出於尋常而未及乎上者也。世事無常形而興衰係乎人，功名無定分而高下隨其志。久矣哉！世蔭之不可恃也。敢以爲趙氏子孫告。

宗人府新定條格記

宗人府掌玉牒事，辨其親疏遠邇而敦睦之，國家崇本支以化天下，此其先也。洪武初，置大宗正院，階正一品。尋改爲府，設宗人令、左右宗正、左右宗人，以親王長者主之。其後更以勛戚大臣，官不必備，惟其人品秩特崇，序列諸司之首，重厥職也。歷歲既久，寖失其故，主者或累月一至，涉筆署銜即退歸，漫無所問。庭宇鞠爲茂草，曾傳舍之不若，府之設豈端使然哉？駙馬都尉蔡公孟陽以弘治八年受命來督府事，謂其屬曰："事弛若此，非所以重皇族、昭令典也。"即疏數事以請，詔特可之。若附注宗支，增吏三名，知印於承差內選補一名，紙札給自刑部、都察院，印色給自順天府，皆著爲令。待漏舊有直房，嘗被侵并，至是始復。又於長安左門外授朝房一所，郊祀則奉命巡牲，分獻諸壇，歲以爲常，蓋未之前聞也。

嗚呼！宗人之重，至主以親王，宜有異數，稱其名位，非諸司可班者。繼之大臣，雖迹異王軌，亦宜守其職不廢。顧兹數事，府之切務，乃缺而弗講，何哉？是固有不可稽者矣。竊聞舊制，凡宗室陳請，府輒爲上達，事下諸司，必移文于府，取報乃行。宗室有過違者，屬之究問以聞。今皆弗與，惟籍其生薨、名號以付史館，則百餘年來因循簡略亦已甚矣，豈特數事之缺哉？夫事之廢興相尋，不得不然者，勢也。所以爲廢興者，人也。事與人會，而廢者常易，興者常難，理也。府之故宜多失者，數事之定，其爲力豈可少耶？於是知公賢遠乎人，使其用世，功業所建當大有可觀者，此不足既也。然歷事累朝，顯被恩禮，謙抑自持，令聞彌著，人皆歆仰，以爲戚里之盛，其得此固自有具也，又奚必於功業見哉？

經歷李君文敏與公同志，奉職惟謹，慮夫後無以繼公，將久而復泯也，請予爲紀其事。嘉而書之，俾勒于石。

隆慶州重修城隍廟記

予友張君信之出守隆慶，下車謁所謂城隍廟者，見其頹敝弗稱，即有志修葺，顧其時未可。越二載政洽，民頌之，歲且大熟，乃捐俸購材，民欣然各以資助，子來趨事，不數月落成，遣使至京師請記。

予惟大道既隱，天下爲家，王公設險以守其國，而城郭、溝池以爲固，民之所聚不能無衛，其來久矣。築而高者，吾知其爲城；浚而深者，吾知其爲隍。其爲神者，固不可知也。有國都，有郡邑，即皆有城有隍，亦即有是神。屋而祠之，衣冠而肖之，俎豆而薦之，洋洋乎如在其上，如在其左右，果孰爲之爾邪？至其禱輒應，有約者要以爲質，不得其平而鳴，號呼赴訴，若甘心就殞，其禍福人蓋往往不爽，雖婦人、童孺之愚，亦凜然憚之。夫其高且深者，民日相與出入往來其間，未見所以異也。命之爲神，顧烈烈如是，其必有不依形而立，不假物而存，超然獨出於人之所不可知者耶！凡國都、郡邑之建，必卜其地。地之吉者，其氣必靈。會陰陽之和，鍾山澤之秀，適物產之宜，於是爲城爲隍，以奠民居，民胥以寧。其始建迄今歷幾百千年，主其地，運其功，用物則弘，取精則多，爲神有必然者，繫之城隍，重民居也。人心淑慝不能自掩，而常怵於禍福。理之所在，氣亦隨之，潛孚默會，若有司焉者，顧瞻所居，其城隍之神乎！神不專於城隍，城隍爲民設，足以當之，其昭於天下也有由然矣。神不可知，而民崇信如此，以其道聰明正直而一耳。況爲之牧者儼然臨上，民皆望而見之，慶賞刑威出其掌握，苟行之以聰明正直而不二其德，其崇信不尤甚矣哉？故民牧之賢，隨其所在，即與城隍伍。端居點檢，不敢有怠于職，惴惴焉若爲神羞，而政有不善，民有不安者乎？繕祠宇，修祀事，自恒情視之，若無大關其心。舍常新，不爲物滓，通於神明，用其道以臨民，與之伍，不爲之羞，從可識矣。彼肆焉者，付之茫昧，恣意無忌，於此蓋不暇及。若張君者，其信賢遠乎人哉！其規制之宏，雕繪之美，則人所共見者，予可略云。

記

萬松山靈岩寺藏經塔記

澤違敝邑殆三百里許，郡西南有山曰萬松，中有寺爲靈岩。其山蜿蜒綿亘，雙峰矗聳，若鸞鳳騰蓊，松檜森蔚，行竟日不見天日，以是得名，爲太行一支勝概，寺亦兹山佳境也。余家食時，約朋輩游者屢矣，竟不果。迄今羈絆於官，兹山、兹寺未嘗不往來夢寐間。其寺僧有法亮者，即郡人翟氏之子，幼從釋刻修戒行。嘗行脚至鍾山，遂入南都，造藏經。歸，禁足三年，晝夜檢誦不輟。既畢，作石塔，將藏經焉。予聞而益佳之，知是寺且有僧矣。太樸既散，世不復古，惟深山茂林，野夫山衲，猶可想見其氣象。自城市而山林，猶毁圓而爲方也；自山林而城市，猶惡素而即緇也。況佛之教主空，修爲以苦爲事，其歸止於滅而已，大抵自爲，非以爲人。觀其去人倫，毁髮膚，至于斷臠焚灼，舍其身不顧，其自視尚嫌其有，矧人乎哉？若慈悲普濟、報應輪回之説，皆其徒肆爲誕妄以惑世取利，非佛之教本然也。從其教者，固當絶人避世，入山唯恐不深，入林唯恐不密，則其道始得而爲功易成，若萬松靈岩，其庶矣乎！號爲緇流，規謝徭役，乃出入閭閻，奔走形勢，僕僕然與俗人爭失得，甚則經讖之罔知，敗常亂俗，重違其教而厚取世憎，亦可謂之僧也哉？

今亮居是山，與魑魅爲群者蓋亦有年，乃復禁足，不越寺閾，攻苦力淡，偏閲經典[一]，雖未必盡通其旨，而佛之爲教，思過半矣。能堅是念，不已其功，以身爲塔，屹不可移，而貯經其內，惴惴然恒若失焉，其庶有所得乎！經計六千四百卷，爲函六百有四，塔高五丈許，其廣可八丈云。

長子縣新城記

潞州有屬邑曰長子，新築城完，鄉校生薛君大川輩以邑人賴于保障，嘉其侯績之偉而弗敢忘也，因太學生宋君錫請書其事。予坐使者而問狀焉，曰：“城其高矣乎？”曰：“城故高二丈許，多頹圮弗稱。今崇爲三丈，旁益其厚，於崇爲三之一，雉其顛爲六之一。”曰：“塹其深矣乎？”曰：“塹故深數尺許，多湮爲平地。今浚得二丈，闊稱之，周圍廣可六里，增其舊殆二百步。既城矣，城之五門及四隅，其上因故有樓，又恢拓而新之，四面增置鋪舍凡十有九。既塹矣，塹於五門，各造懸橋以通往來，有警則撤而去之。請於主者，示不敢專也；發公藏之羨，示費不及民也；董以主簿楊君春、典史惠君熊者，示僚屬同事以榮之也；邑之耆年高明、王釗輩亦分領其役者，示上下之同志，役不以威也。吾邑城厚完，自趙襄子之徒發之，今之邑固古之邑也，不知古所謂城其亦猶今之城否乎。”曰：“城則美矣，爾侯勞乎？”曰：“侯親程土物，揣厚薄，日巡而拊勉之，曰：‘兹吾職也，吾不能已，又不能躬操畚鍤與爾同勞，雖閔且念，其若爾何？爾尚堅爾築，深爾浚，予將恤爾家，復爾身，以償爾勞。’”曰：“爾民怨乎？”曰：“吾民赴役如歸市，見侯日勤于巡也，則遮謝曰：‘是吾圉也，吾不能自爲藩衛，勞吾侯不遑寧處，敢不竭力務底固完，副我侯勤民之意？’侯曰：‘予憊爾力。’民曰：‘我憂侯心。’侯曰：‘爾相予治。’民曰：‘侯寧我家。’侯忘其勢，民忘其勞，閱兩月告成，蓋量功命日，不愆于素也。”

予聞而訝之曰：“有是哉！侯之能用其民，其必有道乎！役莫勞於土功，城築其尤勞者。君子重於役民，於城築則尤重焉，故嘗結之以信，乘之以時，使民知其所不得已，然後可爾。或者以爲上之舉事惟公私是視，民所以服上役也，城所以爲民築也，不既公乎？公矣，則驅之義，董之威，其可也。夫明月之珠，夜光之璧，舉世之所珍，欲得而有之者也，至以暗投人，則爲之按劍而起，豈其性獨殊哉？甚矣！人心如面而世道之多嫌也。況城爲保障，豈特珠、璧而已？非信與時，爲之先容，其不爲按劍之怒者幾希。登丘之呼，雖齊桓不究其工；棄甲之侮，雖華元亦失其對；而挾詐秦兵之襲，亦無救于梁社之墟。非其信未孚，時未可，而强驅之以力故邪？在《易·中孚》之九二‘鳴鶴在陰，其子和之’，言以信感也。是而感民，其有不應者乎？《解》之上六‘公用射隼於高墉之上，獲之，無不利’，言以時動也。是而動民，其有不利者乎？聞侯之治邑嚴而不苛，寬而不縱。省民之財，若取諸其有；惜民之力，若出諸其身。猶父母之愛其子，民之愛之亦猶其父母然，茲非其信與？方盜起齊魯，侯已欲城，咸目之迂。已而澤潞戒嚴，侯即督民兵禦諸境上，賊不敢犯。既去，乃大城之。當其時，長子之民危于累卵，直以侯力而保，始服侯之先見，而謂其城之已後也，茲非其時與？以信與時而後勞之，所謂未有上好仁而下不好義者也，未有好義其事不終者也，非善用其民者能如是乎？雖然，君之保障於城見之矣。予以爲城者其具也，所以城之者有本存焉，本立而不城猶足恃也。前日群盜聞風引去，長子無虞是也。具焉而已，雖城猶可畏也。前日群盜鼓行而西，太行失險是也。《詩》不云乎？‘价人維藩，大師維垣’，言所以爲安且固，不在彼而在此也。史侯能城，又庶乎所以城者。予茲復贅焉，亦無俾城壞、無獨斯畏之意也。”

侯名紀，字國威，陝西華陰人，登乙卯鄉薦，嘗兩典學政，有聲而進今擢云。

平鄉縣重修廟學記

成天下之治者，用天下之大道者也；辦天下之事者，急天下之當務者也。天下之大治亦云難矣，俾其晏然底平，登于泰和之域，是豈可以易得哉？其必有知失其謀，勇失其力，參天地，贊化育，粹然而一出於正者矣。周衰，聖王不作，至治不形，天生夫子爲斯道主，使其得位，二帝三王之治不足爲也。既道卒不行，始刪述六經，以存爲治之迹，則萬世帝王師也。有志于治者，舍是其奚以哉？漢以來，有知尊禮不能用其道者，有竊其近似不能純者，亦有甘心異端而蔑棄擯斥者，其治亂亦既較然矣。我國家掃胡元之陋，誕興文運，一惟孔子之道是尊是用。自京師達于郡邑皆得以建廟學，自朝廷至於守令皆得以修祀典。學校之教，科目之登，閭里之習，未有不由于六經者。百餘年來，賢材不可勝用，皇極建，王度修，民物康阜，藹然唐虞三代之盛，豈偶然哉？

平鄉爲邑，隸畿輔，廟學久敝，弗稱尊禮。成化間，馮侯允中始建大成殿七楹，他亦未稱。及唐侯沛之來尹，下車展謁，即曰：“是吾職也。”顧其民未可役。剔瑕振廢，蠲負招逋，凡職内不遺餘力。既政成民裕，乃鳩工掄材，卜吉而舉崖諸殿中以衛聖像。起東西廡，列諸賢從祀者。作戟門，則鑿泮池於前。作櫺星門，則外建二坊，曰成德，曰達材。作儒學門，則并及諸生齋舍，凡若干間。拓卑隘爲宏廠，起墜頹爲跂翼，易漫漶爲鮮明，視舊不啻什百。始事于正德丙寅二月，明年三月，釋菜告成。教諭曾君端請文記其事。予與侯爲同年進士，不得辭。

嗚呼！國家以道治天下，侯能作興，仰承德意，亦可謂急當務者矣，諸生其無感激于中乎？必宮墙起敬，俎豆興思，作其氣志，修其行業，期成立有用，如棟梁榱桷、羽毛齒革，皆材我國

家而波及天下後世，則斯文之光而唐侯之意也。不然，徒口
《詩》《書》，儒衣冠，事浮華而亡實用，其所負者多矣，又惡以
廟學爲哉？

　　侯名澤，新安人，爲政惠愛，得民心，屢爲撫按者旌薦，召
入爲刑部主事，將來建立未可量也。書以識之，且告嗣侯來者。

重修義勇武安王廟記

　　古忠臣義士載紀傳者不可勝數，得血食身後者鮮矣。間雖有
之，亦皆建功成仁之地，或桑梓爲崇其産，及遺迹所經，則重而
弗忘，乃緣以祀。有一於此，已爲不朽，兼之者尤鮮。惟蜀漢義
勇武安王關公，迄今餘千年，廟祀遍天下，名都巨邑多至重出，
至於數家之村、一區之市亦輒爲祠宇，肖貌其中。自匹夫匹婦達
于顯有爵位者，率畏其神明，過必歙裣，入則稽首仰瞻之不暇。
歲時伏臘，奔走供薦，不敢一毫弗盡其誠。王何以得此于後世
哉？炎運既微，奸雄竊命，舉朝公卿不知有漢，乘時割據、自爲
封植者往往而是。王起布衣，締交昭烈，以討賊興復爲任，而勇
冠三軍，號稱虎臣，所向披靡，至其圍樊下襄，威震華夏，老瞞
褫魄，議遷許以避其鋒，駸駸乎漢火重燃之勢矣。當是時，使吳
能戮力王室，犄角相濟，則祀漢配天，光復舊物，特易易耳。乃
忘仇移禍，剪蜀之翼，使昭烈君臣窘不得施，而曹氏篡成矣。王
之心所以不死，神游八極，無間遠邇，如水在地，井則得之，而
萬古所爲痛憤不已者，忠義相感，不得以成敗論也。廟祀之廣，
其以是哉？故嘗論之，王能諒於鬼蜮之資，不能使孫權之不圖
己；能撫士卒得其心，不能保糜芳、傅士仁之不叛；能策馬刺嚴
良於萬衆之中，不能擊潘璋之邀其歸路；能感於天下後世血食無
窮，不能延漢祀於既絶。蓋王之所能者人也，其所不能者天也。
天之所廢，誰能興之？漢止於漢，蜀止於蜀，謂非天不可也，王

如彼何哉？

懷柔縣東十里許曰房家莊，莊之西舊有王廟，歲久傾圮。義士劉寬偕季父蘭同力葺新，規制之宏，輪奐之美，視舊不啻倍蓰，信足以揭虔而妥靈也。其友馮英，予鄉人，爲之請記，於是乎書。

武鄉縣重修公廨記

守令握郡邑之權，能以喜怒禍福境內，坐堂上，奔走其民于下，頤指目使，靡不稱意，雖鑿山湮谷，搏虎縛虺，猶將從之，不敢有難色。區區土木之功亦公家常役爾，而古之牧民者慎之，非甚不得已不以爲役。新不敢創也，其創焉必新之不得已者爾；舊不敢更也，其更焉必舊之不得已者爾。夫豈樂因循而懷宴安者耶？守令之職親民，以愛人爲道；民之命懸于守令，以事人爲道。貴賤之間勢分既阻，則愛人常失之不足，事人常患於有餘。不恤其所不足而恣其所有餘，是驅民而斃之也，可乎哉？生養以裕其財，休息以節其力，信義以結其心，真猶父兄之於子弟，念念焉惟不獲其所是恤，然後用之所不得已，民是以知其非屬己也，趨事勸功，不待上之督迫，亦猶子弟之於父兄，勉勉焉惟不服其勞是懼。故曰未有上好仁而下不好義者也，未有好義其事不終者也。不然，勢以驅之，力以制之，要亦無不可辦，而睊睊側目，不以爲厲階，則以爲怨府矣。學道愛人者，顧如是乎？

武鄉，沁之屬邑也。洪武初，改淨果寺爲公廨，歷歲既久，旁風上雨，頹敝弗可居。濟陽呼侯景隆以鄉進士來令其邑，爰用修葺。功且半，會鄢陵陳君一卿自大理評事謫爲丞，又相與贊成之。作兩門，則出入防範規制備而內外嚴矣；作牧愛堂五楹，則同寅協恭，有以平政教，均征徭，審獄訟，而子惠其民矣；作退思堂三楹，則深居燕處得以省過檢身，圖盡忠而報上矣。幕史庶事所由以建白，而參謀令丞者也，爲作幕廳；錢貨歛之民而供之國，欲謹出納而備盜賊也，爲作庫樓；廊廡以蔽風雨而止吏民之聽令者，亦制度所宜有也，爲作兩廊。如翼如棘，如飛如革，掃蕪陋，新耳目，以極一時之盛。於是邑人咸樂其成，欲志而弗忘也，以扶溝丞武君威、國子生張君聰來屬予文。

惟古人爲力役，必出于所不得已。兹以百年敝宇，棟折榱崩，曾田舍翁之弗堪，而邑宰是處，所爲謂不得已者非耶？況以侯之整潔修飾，不爲苟簡，若不能一朝居者。其下車爲歲乙丑，興役爲丁卯，猶以爲遽也。侯之勤勵精敏，不爲遷延，若可以責成旬月者。其始事于丁卯，訖工於戊辰，猶以爲亟也。是雖爲所不得已，而循序有節，不忍傷民之力，固可以概其惠政矣。其聲聞茂著而民樂爲用者，不以是哉？予且有所欲言者，志滿易損，名成易隳，《書》稱愼終，《詩》戒鮮終，皆此意也。侯其益堅于志，益保于名，舉職之宜不遺餘力。陳君亦務推誠協力，圖政而忘人己。民將終受斯愛，睹廟宇以興無窮之思，二君亦自是受知當道，進陟崇要，其名與兹役實且不朽，而古人有不得專美矣。武鄉爲敝邑之鄰，二君皆予舊知也，故爲之記而卒以規。

魏縣新修鐘鼓樓記

粵古帝堯，曆象、日月、星辰，敬授人時。舜在璣衡，以齊七政。惟民生在勤，厥事事不時，允罔功，上亦罔克爲治。帝其憂哉，建厥官曰羲氏、和氏，制厥器曰歷象、璣衡，定厥宅曰暘谷、昧谷。奉若天時，俾有衆奔走，事功罔敢怠後。百工允釐，庶績咸熙，厥有明徵。爰及後世，監于成憲，雖制與時異，乃心民事，罔不咸若。兹自王畿，建厥郡邑，戒于晨昏，則有鐘鼓更漏，若曰日出則晝，惟時可勖爾功；日入則夜，惟時暫休爾力。上弗煩令，惟兹鳴厥心。下弗俟命，惟兹服厥役。純其藝黍稷，事厥考長，肇牽車牛遠服賈，孝養厥父母，罔不警于鐘鼓。在官政，茲惟要哉！否則怠棄天時，慢侮民事，大弗克稱有位，矧爲民牧，奈何弗敬？

濮州高君德章以進士尹魏邑，至則布告厥民曰：“天子命吏長爾民，惟曰植爾生，毋或失所。爾勤有功，予獲與厥休；爾不修乃事，予曷敢辭厥咎？惟是鐘鼓，予將率爾于勤。爾其敬承，罔怠乃身。先民晨出夕入，咸聽鐘鼓。興滯補敝，誕降厥澤，惟思日孜孜。”民之丕應惟影響，野無惰農，市無博奕，庠校無廢業，靡弛弗張，靡仆弗起，邑用大治。君曰：“時允鐘鼓之功，宜聿新樓榭，重厥藏。”民德君，願相厥役。君曰：“予非敢勞爾力。”民曰：“惟侯實節吾力。”君曰：“予非敢傷爾財。”民曰：“惟侯實生吾財。”君惟勿亟，民惟子來。畚者鍤者，尋者引者，斤者鋸者，畢效乃力，功成惟易。棟楹梁桷，厥舊敝陋，茲惟壯宏；蓋瓦級磚，厥舊崩圮，茲惟固完；赤白藻繪，厥舊漫漶，茲惟奐明。若跂翼，若矢棘，若鳥革，若翬飛，用壯觀于茲邑。

邑耆老人式圖不朽，奔告予曰：“我侯克恤我衆，佣嗣股肱之力，無惰厥生事，念茲在茲，釋茲在茲，以鐘鼓警于朝夕，構新樓榭，示我攸重。厥材用咸出撙裁，罔牟于官，罔蠹于民。我聞古有循吏，乃今親見我侯。幸志厥成，以永我思。”予惟古人更鼓分明，稱爲美政。竟夕不寐，坐聽更漏，號曰神明。咸懋著勞績，爲時名臣，有辭于後。君博學好古，能自得師。陳力就列，惟夫時民事，是慎是勤，是崇是重。民用歌舞，若戴父母。旌勞薦加，丕有光于科第，厥惟允哉！陟于大用，永建乃烈，與□人作求，惟時其基。書以俟之，且告嗣君來者。

米山鎮新修垣墻記

域民不以封疆之界，固國不以山溪之險，而《易》曰“王公設險以守其國"，國之所恃以安者將不在於險乎？大道既隱，民僞日滋，穴居野處之風變而爲城郭溝池之固，外戶不閉之俗易而爲重門擊柝之嚴，亦世道所必至，王公烏得而違之哉？顧險者守國之所宜有，其所以守者則不專在是也。守令以親民爲職，民之休戚關焉，其有郡邑，猶王公之有國也。王公不得而違險，守令其得而違乎？王公不得而恃險，守令其得而恃乎？不違其所不恃，而不恃其所不違，非善於守者不能也。

高平縣之東南十里許有鎮曰米山，民居稠密，猶一邑然。當澤潞之衝，商賈輻聚，百貨咸集，往來懋易，不遠數百里，境內之地，此其最者。第無垣墉之蔽，民每患於盜，而有司莫之省者有年矣。正德改元，董君天粹以壬戌進士來宰其邑，下車即詢所不便民者，或以米山爲言，君愕然曰："兹吾責也，吾將圖之。"越二年，令行政舉，蠧剔奸除，呻吟者息，瘡痍者起。民既豐裕，乃移文當道，請墉而門之。於是略基址，程土物，平板幹，稱畚鍤，量工命日。民樂趨役，不兩月告完，民以爲安。鄉進士郭仲玉輩來屬予記。

惟治邑莫先於安民，安民莫急於弭盜，古之良吏所以稱治當時而延譽於後世者胥此焉出。此而弗能，惡在其爲民牧也？米山之爲鎮不爲不久矣，昔之宰此者不爲不多矣，其於民患不啻秦越，豈非闕然有待於今日耶？君爲政惟古之良吏是期，惟民之不寧於盜是懼，則是役固不得而違之也。其不違者，亦以制度之所當備，非以爲必可恃也。蓋自有可恃者，若王公之設險而不專於險爾。墉之崇也，曰得無可逾耶；門之固也，曰得無可入耶；枹鼓之靜也，曰得無尚警耶。人之所安，我之所虞；人之所譽，我之所懼。惠愛周矣，猶以爲未周；信義著矣，猶以爲未著；約束嚴矣，猶以爲未嚴。凡職之宜而分之得者不遺餘力，如是則舉四境爲郛郭，樊柳險於金湯，鞭蒲凛於刀鋸，且將無盜之可弭矣，尚奚取足於一堰哉？君聲問懋著，受知當道，屢以賢能薦聞，則去是而進陟崇要也不遠矣。異時位高責重，用大而施宏，所謂四國于藩、四方于宣者將有望焉，不止於安一邑而衛一鎮也。

君名琦，天粹其字，世爲山東陽信人云。

校勘記

〔一〕"偏"，據文意疑當作"遍（徧）"。

説

樂趣軒説

天下物皆有可樂，可樂者皆趣，爲之先容，趣其所以樂也。其在人，則隨所遇爲樂，雖萬萬不同，鮮不得其先容者焉，反是而能樂者否也。師曠於音，奕秋於奕，步兵於酒，羿之射，旭之書，公孫之劍，彼皆得趣之深而終身樂焉，視天下無復物者，故爲技各極其妙，天下物亦莫與敵，豈非所謂升堂而食葳者哉？

予族有自國初實京師者，今爲阜財坊著姓，其曰鳴岐氏者，爲予從兄。城南故有藏水坊，實其故居。居東百步許，構別業一所。驟而入之，亭榭翼然，庭宇窅然，屏榻翛然，若洞天幻出，目動神眩，久乃能定。徐而即之，筆床茶竈，詩卷書帙，棋局畫圖，囊琴匣劍，布濩左右，既沓且奇。縱而覽之，北有竹林，南有檜嶼，東西有桃李二圃，中間花塢蔬町，芋區藥畦，瓜疇豆籬，蘿徑薜墻，層見迭出，曲引斜通。蓊鬱深處，泪泪有聲，甃石爲井，轂汲渠導，流觴賦詩，宛其蘭亭，既遠而分，灌漑乃勤，盈百畝內。極妍盡態，爭賞索顧，令人應接不暇。蓋其地既幽夐，景復清絕，遂爲城南第一樂境，而趣可知也。主人晨起，匹馬雙童，斗酒自隨，心與景會，物與情媒，順百之逆，合衆之離，盤桓笑傲，薄暮乃歸。往往興高味濃，忘其日入，暝色侵衣，爰繼以燭，酒酣耳熱，陶然放歌。醉而臥，臥而醒，醒而復醉且歌，了不知理亂黜陟爲何等事也。

王虎谷祭酒以鄉曲之雅，嘗游而樂之，悠然有契，若爲先容，謂主人曰："吾子其樂而趣者與？"主人揖而謝曰："先生秩于朝，禄于家，軒冕于身，聞望於海宇，樂則大矣，趣則深矣。布衣藏拙，姑寄吾生焉耳，先生亦有取之乎？"虎谷曰："嘻！玉粒尚方，終有山林之想；金波太液，難忘江海之情。吾將飛吾飛，躍吾躍，返吾真，恣吾適，尋吾樂，成吾趣也。栖栖於兹，未得即遂，於吾子重有感焉，與吾子同之，如何？"主人又揖而謝曰："是何足以辱大人者？而辱之，是吾樂益大而趣益深也。"虎谷囅然笑曰："有是哉！軒宜有扁，吾行宜有題。扁而題，非樂趣不可。"遂縛茅漬墨，隸書木榜，且以爲主人號。主人又揖而謝曰："大人惠臨玉趾吾廬多矣，又貺之以令名，是吾之録於縉紳，軒其有以著也，敢不拜辱？"

予聞而嘉之曰："主人其真得樂之趣，虎谷其深知樂之趣者乎！所遇雖殊，其趣一也。虎谷能趣主人之趣，後之繼虎谷游者又能趣虎谷之趣；由虎谷以趣主人可也，主人亦由虎谷以趣繼虎谷游者可也。虎谷雖去，而謂無虎谷乎？虎谷去，虎谷來，因樂以會趣，因趣以轉樂，兹樂兹趣循環無窮，吾不知主之爲主，客之爲客，是軒之非吾軒也。幸毋曰非魚何以知魚之樂，非我何以知我之樂。"作《樂趣説》。

國醫説

醫以脉藥病而極其精，亦天下之至難也。好事者猶以爲易，必神以怪誕不經之事，使不可繼。縉紳之士不察，又從而文之以實其説。於是天下信之曰："有是哉！非人之所能也。"若《扁鵲傳》所稱得長桑君術，飲上池之水，見人五藏癥結，特以切脉爲名，則怪誕不經者世豈有是理耶？人之有生，盈虚消息咸徵於脉，理亦微矣，切之不爽，藥之必中，非技至精者能如是乎？此正人所難能，鵲之所以爲鵲也，乃誣以神怪之事，使天下稱鵲者不在此而在彼，何其謬歟？然則雖素有善脉如鵲者，世亦不以爲鵲也。求鵲以療病，曰"必舍吾脉焉，視吾五藏而用藥"，則五藏終不可見，病終不可愈，雖有百鵲，亦將如之何哉？予是以知世未嘗無鵲，特求之不以其實而失之也。

刑部郎中周君大猷精于醫學，士大夫之家病即干，干即愈，雖瀕死，無弗救者。予嘗遘危疾，醫環視，皆莫能措手，君一藥即起，其審脉皆中吾所感，無毫髮僭，故取效之速若此，所謂善脉如鵲者非耶？君嘗守易，會民大疫，爲廣市藥物，親製方，誨群醫藥而家給之。又大煮湯液於市，飲旁郡之就藥者，所活不可勝計，亦聞鵲有是乎？嗚呼！世多任耳廢目，動謂古今人不相及，乃有善醫如君者不得以鵲稱，則曰天下無鵲，是果無鵲耶？其果不知鵲耶？雖然，鵲一技之士耳，其及幾何？君起甲科，爲天子法官，雖被以鵲名，亦無足榮，尤有大於是者。傳不云乎？"上醫醫國"。國無病，雖癘疫時行，死者相藉，猶無害也。人雖無恙，而國病焉，識者憂之。故君子不以活人爲功，而以愈國爲效，其師則古聖賢也，其方則《詩》《書》典籍也，其藥物則禮樂刑政也。得於心，應於手，興滯補敝，隨所在而藥之。居守令則爲郡邑之醫，居方岳則爲藩省之醫，居廟堂則爲天下之醫，夫豈一身一家之效而已耶？

君守易，號大治，民誦其德，至於今不衰，亦既有成效矣。其將來有未可量者，古之所謂醫國且在于是，鵲不足道也。君之先出濂溪，至元有五一參軍者鎮衢，遂爲衢人。祖傳醫學，多能以醫鳴，蓋源流所自出云。

啓 贊

答岱屏親家崔京山初聘小啓

蓋聞《易》嚴正位，化馴底于邦家；《禮》造端，道竟察乎天地。故作合以成二姓之好，而于歸實先六禮之徵。竊惟執事，衣冠獨擅雁門，肆流芳于戚里；僕《詩》《禮》久叨上□，偶承乏於朝紳。始緣京邸相逢，遂爾晉鄉是講。山川接壤，四百許里之遙；父子論交，三十餘年之久。道契不遺于葑菲，情親遂托以蘋蘩。眷言季女之有齊，爰協佳兒之卜偶。荆布忝金繒之聘，實筐與筐；藿鹽誤水陸之珍，維錡及釜。矧侯券已盟於帶礪，而主車久著於蕭雖。勛懿莫之與京，寒素本非其敵。才堪華國，久知蘭苗其芽；德尚宜家，方愧桃蓁其葉。聊將小啓，用謝縟儀。

答崔京山納采啓

竊惟二姓締姻，交必成於受幣；百年偕老，禮常訂於納徵。敬慎重正而後親之，德言容工有以詔也。事匪掄材相府，牽絲偶得乎三；情如覓快儒家，展席允諧于一。門闌喜溢，頓聞有客乘龍；簫管春生，爭問誰家引鳳。冰清方忝於玉潤，鴻才不擇於光容。蓋嫁女必勝吾家，故侯門之敢附；而娶婦惟在中饋，斯士族之誤承。一言既議于執柯，萬物遂安於委摯。蘿施松柏，信知女有良緣；桂近嫦娥，更覬兒登高第。聘儀再至，美哉筐厥玄黃；祀事孔將，久矣芼之蘋藻。雝雝鳴雁，載觀躋里之御輪；關關雎鳩，試聽《周南》之奏曲。難酬腆禮，敢布荒詞。晏平仲善與人交，久而能敬；衛武公謹爾侯度，老尚不衰。共期世篤忠貞，庶用永敦姻好。

答崔岱屏三日會親并餪女啓

茲惟結褵三日，聿修餪女之儀；頒弁四筵，遂有召賓之舉。登堂珠履，稱觴見説三千；受室練裳，發篋真慚九十。慕戴良之遣女，古道猶存；戒孟光之相夫，德音來括。既從箕箒之役，敢辭雞狗之將？幸未墜于斯文，庶可回於流俗。佳兒佳婦，聞内外之一辭；有子有孫，綿本支於百世。

隱士程海鶴考妣贊并引

新安程君海鶴，予曩在京師時二十餘年故舊也。今老而家居，不能遠出，寓書金陵，爲其考妣請贊遺像。予久別君，後會且難卜，於其孝思之情不可以莫之慰也。特據來狀，書以歸之。

南人所畏，從役燕京。年未弱冠，毅然請行。君臣之義，親戚之情。大節既著，衆善彙生。睦以處族，先以施朋。淑則與厚，暴弗與争。或周彼急，或植彼傾。矢焉其直，砥焉其平。鄉閭之範，林壑之榮。身雖不仕，亦有令名。婦人之職，維繁與蘋。姑章弗逮，孝養未伸。歲時薦祀，夙夜惟寅。事死如生，事亡如存。儉以自奉，不邇華珍。勤以治家，不厭苦辛。慎我中饋，宜其家人。何以相夫？德義是遵。何以訓子？圖書是親。婦道母儀，備于一身。

策　問

問：天生五材，誰能去兵？兵雖凶器，聖人蓋有不得已而用之者矣。當其時，弔民伐罪，一本於仁義，而未嘗以知術參乎其間，故天下無與之敵，乃萬世行師之準的也。間有慕而效之者，往往軍債身蹶，爲天下笑。後世兵家者流，著爲兵法者甚多，而莫過於《孫子》。觀其爲説，雖嘗及於仁義，而縱橫變化、出没鬼神以制敵取勝者，大抵皆機權耳。其書既出，後之用兵者則皆學而習之，以立功於人國而垂名不朽，則帝王之道不足法歟？何仁義難行而機權之易售也？今其書與古名將事迹載在史册者并行於世，合而考之，未有不用其法而能不敗者，亦未有成功而不用其法者。魏圍邯鄲，而救趙者何以引兵而走大梁？吳攻東南，而禦吳者何以嚴兵使備西北？城之下亦多矣，而二城竟不能取，何爲自處於嫌疑？虜之入亦屢矣，而數歲僅得一戰，何爲自處於怯弱？胡兵横塞，而百騎深入，宜遁逃之不暇，下馬解鞍，無乃適遺之禽乎？虜騎合圍，而萬人屯守，宜備禦之不遑，免胄出見，無乃自速其斃乎？軍宜高陵勿向而閼與之救，何以先據夫北山？軍宜前左水澤，而泜水之役何以反□於背水？國有能將，明示推轂，以懾敵人可也，或詐病而召還，或陰用而勿泄者何見？軍有善謀，昭示轉圜，以制敵國可也，有以軍事諫者死，有以徒營言者斬何爲？知當時所以取勝者，果皆的有所見，取《孫子》所謂法者而用之不疑？抑臨時應變不得已，僥倖萬一而偶有所成也？試爲我言之，觀他日受鉞當閫，爲國家萬里長城者，毋誃曰："顧方略何如耳。"

問：昔賢有言，教之爲職難矣，唯自任重而不苟者知之。以爲易而無難者，則苟道也。奉天子之命教其邦人，其必有以率屬化服之，然後爲稱，非反之身何以哉？嘗觀古之善教者，未有不出於是焉。端矩矱，肅衣冠，勸綏引翼，士興于學，興國之教規也。大儒如晦庵，亦惜其去。正身律物，凡所訓説務明忠孝之大端，荆南之學政也。大儒如龜山，亦祖其行。屏去詞賦，獨以經義時務爲教，秀彦多出其門矣，贊之者則曰："先生富於道德。"踵門受經無虛席時，學者至自四方矣，薦之者則曰："經行宜居首善之地。"是皆重於自任，以身爲教，其化行當時，名垂後世，非襲取也，可歷指其實歟！今天下學政久弛，士習寖壞，類多先文詞而後德行，其成就不能無愧于古。誠欲有以作新之，亦唯模範得人而已。若模不模，範不範，則將焉用彼爲哉？諸士發身庠校，目擊其弊，茲將入官，與有教人之責，其思端本澄源，恪共厥職，務成國家育才圖治之效，必有定論以希先達，其詳著于篇，觀所謂自任重而不苟者。

問：古之爲政，雖於有年之時不忘無年之備。《周官》作于成周盛時，拳拳以荒政爲急。其後李悝講於魏，耿壽昌議於漢，長孫平畫於隋，三子之法其亦有得《周官》之遺意與？今秦、楚、川、蜀之間赤地數千里，民不聊生，盜賊蜂起，橫行無忌，上厪宵旰之憂。竊以天下郡縣平時皆有倉儲，比年以來中外臣僚以事獲譴，許令納米贖罪，隨在收貯，而勸借召募之令又不時間出，亦可謂先事而備者矣。臨時又屢遣大臣往爲賑恤，然皆無救于敝，其故何與？古之名臣受命賑恤者率有成效，其最著若明道江淮之使，寶元蜀道之行，皆民被實惠，旱不爲災，可指言其事與！今欲盜散各歸其業，民安不困於年，于古人當何所法？于時宜當何所先？請陳以觀用世之學。

問：聖賢之道，措之而爲政事，發之而爲文章，未嘗無所本也。先儒有謂禮樂、政事不可不出于一，有謂文章、道德不可使出於二，其亦各有所見乎！三代之後，世未嘗無禮樂也，何以謂之虛名？禮樂不可斯須去身，而謂百年而後興者無乃迂與？諸葛亮治蜀，汲汲以興復爲事，他固未遑及也，曰孔明庶幾禮樂，其旨安在？漢有君嘗擬作大章矣，所以任之者果后夔其人乎？唐有君嘗欲行周禮矣，其爲輔相者果周公其人乎？其治效竟何如也？六經之後，世未嘗無文章也，何以謂之無益？有德者必有言，而謂文章與時高下，不亦遠與？楊子雲於漢，每每以詞賦爲工，餘尚有可議也，曰楊雄庶幾於道，其意何居？唐有儒稱其師，以爲得周公、孔子之趣可矣，而因文見道，何以猶有譏乎？宋有儒贊其師，以爲得文王、孔子之傳似矣，而終身行事，何以尚有病乎？其議論果孰是也？請詳著于篇，觀所以潤身而及物者。

問：夫人幼而學之，壯而欲行之，此古今不易之理也。三代以上，其人之見于事功、澤被當時、芳流後世者，未有不本於學術。漢以來乃有不盡然者，姑舉數子相與論其世，可乎？重厚少文者，木強之人耳，何以能副大事之屬，卒建社稷之功？不學無術者，匹夫之類耳，何以能受托孤之詔，以成伊周之業？或謂其人之似光而顛沛之中飲博自如，摧強敵於談笑之項[一]；或謂其人之似勃而危疑之際不動聲色，措國家於泰山之安。不知其爲學術者果亦各有所類，故其設施若合符節，抑其天資偶合，有不在於學術耶？或謂之有儒者氣象，或謂之非知學不能。當時未見其果何所學，而爲帝師，爲謀臣，其建立卓然，爲一代之冠，而明經對策、立談封侯者顧曲學阿世，無救於海內虛耗之弊。有其學止於《論語》一部者，有以《論語》終身誦之者，當時未聞其別有所學，而任天下之重，得大臣之體，其相業炳然，非後世可及，而博學強記，致位宰輔者，乃變亂成法，使天下喪其樂生之心。豈其學有所得，固不在於徒博，抑學術有邪正，而見諸躬行者自有所不能掩乎？試爲我言之。

間[二]：漢儒董仲舒進説於其君，有曰正心以正朝廷，正朝廷以正百官[三]，正百官以正萬民，可謂達爲治之要者。而古之聖王所以登于至治，垂裕無疆，非後世之所能及，要皆不出于此，考諸經而可見也。洪惟我太祖高皇帝汛掃胡元，再造中夏，創制立法，開萬世太平之業。當時儒臣有躬睹其盛，取其有關政要，萃而爲編，曰《洪武聖政記》，而以聖祖正心之學載之首篇，豈非深知聖祖所以爲聖而善言治道者乎？其爲書，雖事分類列，所以正朝廷與百官、萬民者畫一具在，真足以爲萬代聖子神孫之法，是固正心之明效大驗也，可歷舉而稱之歟？其見於序文，又以聖祖受命與漢高帝同，如孳孳圖治，綱舉目張，則有非漢高帝可及者，不知其所以得之之同而治之之異，其旨安在。諸士子博古通今，於當代聖政尤其究心焉者，請敬陳之毋讓。

問：傳有曰：「以言取人，失之宰予。以貌取人，失之子羽。」甚矣！觀人之難，而言貌不足以得人也。策敵則明而知謀無以衛其足，論德則美而刻薄有以亡其軀。善發談端，當要會矣，貪利取容，於名教何居？佳言霏屑，領後進矣，嗜酒任縱，於行檢何有？言足以得人乎，悛悛焉口不能道辭，而流涕傷感，人心未厭，呐呐然言不能出口，而薦賢爲國，霸業有光，言事曾不出口。交歡時相，成左袒之功，對客若無口皰。取法古人，得格心之體，得人固不在於言也。風姿詳雅，見者稱以寧馨，祖尚浮虛，悔何追於既及？姿容秀美，遇者爲之投果，專事乾沒，慚何救於被收？高冠大衣、雍容廟堂者不可責以大節；狀貌堂堂、屢建節鉞者當時謂之素碑。貌足以得人乎？狀貌如婦女，不稱其志氣，而開創元勛，芳流百世，退然纏中人，不揚其形貌，而中興相業，名震四夷。奉使鄰國，以短小被侮者，其功與夷吾并美；召見闕廷，以侵陋見輕者，其政與潁川齊名。得人固不在於貌也。然子産有辭，諸侯皆賴，則曰辭之不可已也；子貢修容，君大夫皆敬，則曰盡飾而行者遠矣。不見可畏，卒然而問，又孟軻氏所鄙也。觀人者將何如而可？

問：天下承平日久，治極而弛，理勢然也。兹固未暇遍及，而急務尤所當講者，其糧儲與武備乎！糧儲惟京師最重，向固無不足矣。今太倉虛耗，不支數年，而每歲費出常溢於額外。武備惟邊鎮最先，向固無不修矣，今塞卒疲羸，不當一面，而比年虜入輒及於内郡。何以致其然歟？賦莫盛於東南，今非昔之東南也，使其輸盡至，猶不償於虛耗，而虧者常十之二三，是太倉終難乎實矣；兵莫過於西北，今非昔之西北也，使其伍不闕，猶無益於疲羸，而存者僅十之七八，是邊鎮終難乎強矣。其足爲憂且懼者莫甚於此，亦可以究其說乎？今欲糧儲之厚如坻如京，有以固京師之本；武備之修如江如漢，有以壯中國之威；要必有所以處之者，而非講之豫定，謀之素精，亦未易以及也。幸相與極言之，以觀用世之學。

奏　疏

請給祭葬加贈考妣疏

礼部右侍郎臣劉謹奏，爲乞恩請給祭葬并從本職加贈以廣孝私事。臣原籍山西潞州襄垣縣人，由進士授翰林院編修，歷任左春坊左中允兼修撰、翰林院侍講學士。嘉靖元年五月內升禮部右侍郎，欽遵到任管事。外有臣母張氏，一向迎養在京，於七月初四日病故，臣例應守制。竊惟情深哀痛，終莫補於劬勞；孝貴顯揚，必有資于光寵。查得先年吏部右侍郎吳寬，先任諭德，其母王氏授封太宜人。國子監祭酒賈咏，先任編修，其父賈瑛授封編修。各因病故，乞恩得賜祭葬。此二臣者，皆以侍從春宮經筵講讀之勞，荷蒙先朝特加恤典，出於常例之外，其爲榮幸，何其大哉！

臣猥以凡庸待罪翰苑、春宮者二十餘年，經筵進講亦既舊矣。皇上入承大統，首勤聖學，臣又誤蒙簡用，令充經筵日講官，雖無寸補，嘗效微勞。臣已故父劉鳳儀，先於正德十二年內進階奉直大夫，母張氏授封太宜人。緣臣初任今職，俱未得三品封贈，比之吳寬、賈咏，事體相同。伏望皇上一視同仁，賜與祭葬，實舉家存没之幸。再照臣之不肖，得以久廁仕途，逮事皇上，竭誠犬馬，叨授今職者，皆父母教養之力也。臣父先任高密縣知縣，進階文林郎，臣母授封孺人。後臣父歷升刑部員外郎，未久病故。至臣弟劉夔任兵科給事中，三年考滿，該吏部題臣父母，始得給五品封贈。臣雖嘗歷七品、六品、五品官各數年，皆以事例有碍，未得少伸孝私。今幸叨今職，徽寵有期，曾幾何時，遽罹凶咎。況近日中外臣僚仰承聖詔，不分久暫，皆以見職封贈其親。天恩浩蕩，海宇騰歡，誠千載之奇逢也。臣前則拘於五品之難兼，後則制于三品之不逮，身自何生？官從何得？獨於父母不獲盡情，中心慚痛，如割如焚，亦何以人子爲哉？伏望皇上憫臣前項微勞，將臣父母以見職追贈，即如祭葬常制之外亦有特給事例，則臣烏鳥之情庶幾少紆，而聖朝以孝治天下之道益弘博無以加矣。舉家不勝感戴之至。

請追贈祖考妣疏

禮部右侍郎臣劉謹奏，爲陳情懇乞恩命事。照得京堂三品以上官，三年考滿，給由到部，咸沾厚恩，著爲彝典，乃臣子至幸也。臣以庸才誤蒙録用，嘉靖元年四月内，由翰林院侍講學士升禮部右侍郎。遇母封太宜人張氏病故，荷蒙皇上特念講讀微勞，贈臣父刑部員外郎劉鳳儀爲禮部右侍郎，臣母張氏爲淑人，關給誥命。當時臣方銜哀苦塊，榮幸已逾，未敢言及祖父母。比服滿，召用至京，復蒙聖恩，俾侍講筵。竊見吏部右侍郎温仁和、詹事府詹事兼翰林院學士董玘，各以陳情，未及一考，蒙賜伊祖父母及父母并本身應得誥命。臣之庸劣供職，叨與二臣事體相同，屢欲援請，但思待罪三品將及三年，庶可僥倖延至給由，上溯先祖，下及子息，得沾彝典，以圖報稱。不意臣於本月初七日誤蒙聖恩，升任今職，能薄而受大，無功而晉秩，於願、於分不啻足矣，感復何言？第以滿期在邇，彝典難逢，區區私悃，無以獲伸。仰惟皇上至孝以爲治，至仁以推恩，凡在臣下，莫不遂其榮願，誓竭忠力，以圖報稱，誠千載一時之會也。用是不避煩瀆，冒昧上陳。伏望聖慈憐察，特敕吏部查照二臣近例，將臣應得誥命一體頒給。其蔭子雖亦節有事例，臣方仰覬追錫所自生者，未敢猥及所生。萬一幸蒙俞允，則幽明三世均沾曠蕩之恩，而犬馬微軀未及即填溝壑，皆感激圖報之日也。臣不勝戰懼懇切之至。

災異自劾疏

南京禮部尚書臣劉謹奏，爲修省陳言，乞賜罷黜以弭災異事。竊照臣以凡庸叨任今職，到任以來數月于兹，未有涓埃仰裨大造，夙夜祗懼，不遑寧處。近見邸報，災異頻仍，上廑聖衷，特詔朝臣同加修省。臣聞災祥之來，各有類應，雖天心仁愛，乃示以災，蓋由臣下不職，不能奉行德意，有乖於政，致干和氣，是以然耳。臣典司邦禮，主和神人，而才薄任重，尤爲難稱。況多病早衰，素餐無補，於群臣中尤其所當咎者也。伏望聖明將臣放歸田里，別選賢能代任，則政事克諧，天意可回，災異之弭亦庶乎其少助矣。

欽賜《明倫大典》謝疏

臣等竊惟，自古君天下者類有制作，著之簡編，紀載時事，鋪張功業，若今《大典》之作，正綱常，篤倫理，建立人極，垂訓萬世者，則未有也。其頒賜臣下，或因一事所關，或因一時偶及，得與焉者蓋鮮，若今大典之頒，天恩浩蕩，普及臣工，無內外，無大小，無或間者，則未有也。蓋由皇上德盛因心，道弘立愛，以尊親爲孝之至，以正名爲政之先，故議禮明倫，見於制作，度越前古，與六經并行，用升斯世于大猷，豈小補云哉？臣等仰日月無私之照，沾雨露不擇之施，將朝夕莊誦，涵泳聖涯，終身不敢有忘；珍藏于家，傳示子孫，世守而不敢失。其爲敷錫之榮，遭逢之幸，又自書契以來所未見也。下情拳拳，無任欣忭感激之至。

校勘記

〔一〕“項”，據文意疑當作“頃”。

〔二〕“間”，據文意疑當作“問”。

〔三〕“延”，據文意疑當作“廷”。

紫岩文集卷之三十九

祭　文

七七祭先考文

於惟我考，學懋行方。年逾弱冠，文魁于鄉。載登黃甲，于先有光。五年宰邑，政號循良。徵拜民部，國計乃臧。繼補司寇，賢聲益彰。惟梁惟棟，材適相當。曰耄曰期，德乃堪償。天胡弗吊？誕降不祥。秩終五品，髮未艾蒼。男實不孝，反戾天常。弗能奉養，轉疾爲康。願以身代，天不允將。攀號擗踴，裂肝腐腸。日云七七，大事未襄。朝夕痛念，拜柩中堂。緬想音容，竟歸渺茫。遄回故里，卜吉窆藏。祗陳薄奠，涕泗其滂。惟靈妥安，昭格洋洋。

扶先考柩至家安靈祝文

兒實不孝，稔惡在躬。獲罪于天，蚤奪所怙。不睹音容，垂及半載。摧肝瀝血，痛何忍言？仰惟在天之靈，陰佑冥冥，俾兒等扶柩至自京師，崎嶇千里，卒保無虞，亦不幸之幸也。入我鄉邑，父老親舊遠迎揮涕，咸謂不宜有此，不意見此，而城郭如昔，居止如昔，靈安在哉？適我叔父遠承祖澤，近奉兄訓，得以文章登于鄉薦，靈之素心于此而畢，胡不少須，見此休美，而直含笑于地下耶？兒等不遑啓處，即圖襄事，靈其妥安，暫止我室。嗚呼！天高地厚，難酬罔極之恩；海涸山崩，徒抱無涯之恨。區區哀悃，惟靈鑒之。

小祥祭文

日月不居，奄及小祥。音容不接，已變星霜。去歲今朝，握手永訣。遺言在耳，豈堪云説？哀哀我考，竟成古人。嗚呼天耶！奈何弗仁？兹辰曰忌，從古弗用。匪曰不祥，實增我痛。有母孺人，孀居在堂。願祈默祐，永履安康。曰夔曰元，未底成立。責兹在龍，胡敢不力？叔舉于鄉，已寧考心。兒服厥官，敢忘教音？終身之喪，始自今日。地久天長，哀曷有極！

代家叔祭先君文

於惟先生，忠孝自天，聰明根性。蚤承家學，高掇魁名。繼觀國光，榮登甲第。著賢聲於宰邑，蒙顯擢於銓曹。初仕司徒，錢穀之出納惟允；再官司寇，刑獄之斷決端平。誠衣冠之翹楚，一代之偉人也。正宜介景福而壽考維祺，膺柄用而功名遠大，乃爲展其底蘊，乃不負其平生。夫何年逾知命，疾起膏肓？奉訓之階甫陟，修文之職隨加。未棟明堂，先萎靈修之木；方祕清廟，遽淪瑚璉之材。何斯文之不幸，門祚之中微也？可勝痛哉！鳳鳴蚤失怙恃，呱泣嬰孩，深蒙撫育之恩，足比劬勞之德。一飯不忘，寸絲必共。教之讀書，義無微而不講明；誨之作文，字無纖而不點竄。燈窗伴坐，拳拳餘三十年；仕路相携，歷歷幾千餘里。惟欲弟克光祖緒，不墜家聲也。兹者忝薦賢料[一]，允酬素願。弟既成矣，兄安在哉？覿之不見，聽之無聞，斷雁序于重霄，失鴒聲於原野。呼天叩地，理莫能窮；裂肝腐腸，哀曷有極？惟靈鑒之，惟靈歆之。

先妣淑人初七祭文

仰惟我母，聰明天賦，慈孝夙成。齊莊主祀。勤儉宜家。光承先世之基，大衍後昆之慶。鄉邦母儀，縉紳瞻望。兩朝錫封，榮遇無比。子孫繼承，尤爲樂事。正宜介景福，享遐齡，天人感應不爽，使爲善者益力可也。奈何疽發於背，醫療不痊，遂致奄逝。反覆痛省，咎無所歸，實惟龍等積惡素深，得罪於天，無復可禱，不自死滅，乃移禍吾母，雖有此身，不聽請代。悠然長往，莫能攀援，撫膺擗踊，五内分崩，直欲相從而無門也。抱此之恨，何時可消？蓋山岳不足以爲重，河海不足以爲深者矣。嗚呼痛哉！不見音容已逾七日，謹具牲醴，薦諸几筵，吾母庶幾一歆，以鑒龍等之哀忱也。

二七祭文

嗚呼！我母奄逝，二七於兹。聽而不聞其聲，視而不見其形。衣雖在設，無復服矣；饌雖在陳，無復食矣；華簪之安，無復御矣；魚軒之美，無復乘矣。杳乎其不知所之，茫乎其不知所在。豈厭斯世之塵囂，惡此生之勞攘，飄然仙去，閬風玄圃，貝闕珠宮，有以優游而自適耶？抑歸乎太虛，順乎造物，爲景星，爲慶雲，爲和風，爲甘雨，若聚若散，若有若無，竟莫知其所以然耶？龍等血泪欲枯，腐腸欲斷，終天之恨向誰訴哉？謹陳薄奠，用引哀誠，靈其鑒之。

三七祭文

嗚呼！我母之面竟不可見耶？以吾母之德遽止於斯耶？昊天之仁，胡使吾母一至此極耶？龍等之罪逆深重，尚可贖耶？禄養方隆，吾母胡爲棄之而不顧耶？榮封薦至，吾母胡爲捐之而不少待耶？龍等之痛恨曷其可已耶？抑天道無知之說果不誣耶？人之修短，各有定數，不可逃耶？胡理爲數制，常者不可恃而變者不可防耶？兹吾母之逝爲日二十有一，龍等之泣血攀號，何所追及耶？吾母其亦有聞而知之耶？其亦傷子孫之不能見而悲愴於冥冥之中耶？薄奠之陳，庶幾來格，孰謂吾母之不可度耶？

四七祭文

昊天不吊，吾母奄逝蓋二十有八日矣。哀慕積深，形於夢寐；慈顏累接，宛若平生。既覺之餘，杳無影響。痛楚徒增，向誰訴哉？龍仰承慈訓，累升今職，二十餘年，未有封典沾及父母，晝夜嬰懷，無有寧已。兹罹凶咎，具疏懇陳，乃蒙聖恩，特允加贈，吾父進階通議大夫、禮部右侍郎，吾母贈淑人。幸光寵之有加，實悲喜之交集。雖知無及於生前，亦得少榮於身後。他日誥命頒下，尚當焚黃丘壟，敬上褒稱。謹此豫申虔告。

五七祭文

痛惟吾母，化游玄圃，屈指于今，已三十有五日矣。音容漸遠，思慕彌深，追攀莫及，悵望無門。積千愁於肺腑，蟠萬恨於心胸。籲天不應，叩地無門，茫茫造化，何無情之極一至此耶？今吾母幽冥雖分，骨肉如故，不知見吾先祖妣與否，見吾先君與否，其有思吾爲子者乎？思吾爲孫者乎？寒耶燠耶？衣孰爲之着也？飢耶飽耶？食孰爲之勸也？兹者乞恩於朝廷，請銘於宰輔，亦既有次第矣，刻日扶柩歸葬故鄉，吾母其安神妥魄，勿驚勿疑，此實龍等日夜皇皇而不息焉者也。敬陳薄奠，聊寫哀忱。

六七祭文

仰惟吾母之德世所希有，宜受天祐，永享遐齡。直以龍等罪逆深重，無以回造化之威，啓神明之祐，禍延吾母，痛何可言？兹蓋四十有二日矣，光陰漸更，哀慕益切，五内徒崩，無由一見，此情此恨，曷其有極？兹蒙聖恩，賜之祭葬，身後之榮，幽明咸慰。屈指歸期，用即窀穸。陳辭薦酬，仿佛來嘗。

七七祭文

嗚呼造物，何其毒手！既奪我父，復喪我母。棄養以來，日四十九。鷄鳴自如，問寢則否。將謂百年，奉此春酒。六旬有八，乃終其壽。無路可追，無門可叩。裂肝腐腸，嫈嫈在疚。恨與天長，憂同地久。何以顯揚，圖惟不朽？悠悠此心，孰可窮究？

先妣淑人誕日祭告文

於惟母氏，聖善自天。外溫而惠，内靜而專。矩斯斯方，規斯斯圓。旁通書史，靡由師傳。相我先君，令名克全。教我兄弟，登朝後先。少而能祀，季女之虔。老而猶績，卿母則然。女中君子，瑤池謫仙。三朝封誥，龍驎鳳騫。服此冠帔，珠明綉鮮。魚軒出入，榮光罕肩。將謂百齡，奉養周旋。六旬有八，而奄逝焉。藩臣諭祭，天語昭宣。有司營葬，佳城鬱芊。山川改色，草木爭妍。維母之德，裕後光前。慈顏不覯，于今二年。覓之無所，幽明路懸。仲春五日，風和氣暄。張門慶啓，劉氏兆延。載衣之裼，載弄之磚。兹距初度，速肖之賢。功成而去，與化推遷。恩深罔極，何以報旃？口澤尚存，不忍杯棬。哀哀《蓼莪》，屢廢詩篇。肝腸似割，涕泗橫漣。今世已矣，來生宿緣。通議猶椿，淑人再萱。子我孫我，膝下仍駢。問諸造物，肯此奇偏？我心不死，終日乾乾。尚冀萬一，追孝補愆。陰陽陶冶，玄之又玄。其聚其散，偶爾難研。譬之夢覺，徒使情牽。譬之東流，寧有回川？天摧地崩，痛恨猶綿。蓺此沉檀，上徹蒼烟。酹此椒醑，下達重泉。庶幾來格，馨我埃涓。

除服請先妣靈帷詣墳所文

吾母靈帷在家，朝夕瞻依。饗殯之奉，宛如平日。出告返面，仿佛音容，兒子之心猶爲少慰。日月不居，奄逾禫期，服制既終，禮當從吉，敢請靈帷往即墳所。儀從在途，遂成長往。每進以遠，邈不可留。萬古永違，起於茲旦。豈復有時再歸吾室？嗚呼哀哉！嗚呼痛哉！

焚黃先考妣文

龍昔守制，三載家居。經營兆域，竭力靡餘。服終赴召，庭宇荒蕪。春曹直講，忠藎日攄。帝心簡在，晉秩尚書。留都根本，典禮是須。我祖考妣，復被恩殊。進階三品，朝野延譽。南行之任，暫過里閭。焚黃展墓，用伸孝愚。維考之志，維上之俞。男實不肖，豈其力歟？況有嗣子，蔭及于渠。地下有知，考樂何如？禮成就道，行不敢徐。松楸遠別，哀慕與俱。陳辭奠告，靈其鑒諸。

立墓表祭文

於惟我考，位不稱才，壽不滿德。謂天蓋仁，胡畀此厄？龍等生慚甘旨，沒愧榆揚[二]。大懼遺行，泯焉弗彰。徵文廟堂，實出巨手。勒諸貞石，用昭不朽。茲維吉日，敬樹冢前。幽馨載發，百千萬年。薄酹陳辭，無任哀慕。靈其有知，聊慰泉路。

赴京告辭先壟文

龍以母憂，告歸故里。日居月諸，三載於此。服制既終，塋工既理。幽冥之間，咸沐休美。忽被綸音，舊官來起。戀戀佳城，欲去還止。勸駕移文，勢豈容已？卜日登程，又離桑梓。思牽歲時，悲深岵屺。天地無窮，此情堪擬。惟孝與忠，是爲臣子。昔承義方，言猶在耳。敢不馳驅，前賢是軌？明禋告違，庶幾格只。

旌表叔祖母衛氏立碑祭告文

嗚呼！惟我叔祖，幼負才良。天奪之速，偕老不償。唯叔祖母，誓節共姜。心如曒日，氣凜秋霜。逾五十載，無子而孀。孑然殘軀，植此綱常。我家中衰，拮據不遑。攻苦力艱，百端備嘗。卒守田廬，以轉平康。逾七而逝，從夫以藏。龍飛詔下，雨露汪洋。旌表貞節，無間存亡。遂膺令典，寵賁泉堂。門題金扁，桑梓輝煌。文徵太史，金石鏗鏘。勒之貞珉，百世流芳。爰得吉卜，樹之冢傍。我忝孫侄，用伸顯揚。靈其鑒只，服此休光。

祭異文

伏以感應之理無間人、神，修爲之道不殊家、國。聖人謂事人而後事鬼，治國必先齊家，蓋有以也。故自古人事有關於下，天變必見於上，君子以爲天心仁愛人君，所以示戒而勉其爲善也。觀夫桑生其朝，太戊以來重譯；雉雊于鼎，武丁以致中興。茲非以人應天、轉禍爲福之明驗歟？則夫人之一家有所違失，豈無點檢于冥冥中者而異徵或先見焉？謂非神明愛其主人，以譴告之，使知修省，不可也。誠能不見是圖，先事而備，靖恭爾位，浚明有家，至誠感神，寧不翻然一喜以錫福而降祥哉？

某內承先澤，外荷國恩，叨陟官階，守茲門祚，雖夙夜匪懈，啓處不遑，惟不勝職任、得罪神明是懼。乃七月二十有七日，忽有火光現於正寢，雖童子之見未知真否，而憂虞之念實切冰兢。反覆循省，莫識端倪，殆居家而政有未修，當官而職有未盡。凡分内之事，力有所不及；物外之微，目有所不見：皆足以獲咎而取尤。而神之不吾絶也，以是警之。敢不精白一心，以承明教；黽勉庶事，以圖自新？惟神聰明正直，依人而行。掃除妖異，釋人心幻似之疑；闡錫嘉祥，啓闔宅平安之福。不勝恐懼感戴之至。

哭長女蘊姐文

昔在弘治，乙卯紀歷。我歌《鹿鳴》，汝載衣裼。冰玉之姿，蕙蘭之質。謫自蕊珠，來從姑射。書義早通，世故多識。鳳卜和鳴，言歸于栗。既精女工，復閑婦職。以奉姑嫜，孝敬是執。以相夫子，詩書是力。豈無肥甘，而飽糗食？豈無羅綺，而暖布匹？勤儉之風，鄉邦取式。恭肅之儀，不假循習。我昔過家，歸寧暫集。擁節南來，憂懷孔愁。每於夢中，仿佛言覿。忽報佳音，熊羆協吉。夫婦相看，喜動顏色。禍福之機，倚伏何亟？兒月未彌，母已長夕。奈何生離，遂成永逝？有志弗伸，竟賫鬱悒。忍令二雛，呱呱以泣？遙望家山，吞聲靡及。阻此大江，淚滿胸臆。有生自天，修短罔一〔一〕。爾年雖夭，數固難易。獨傷汝躬，遘彼奇疾。何以食桃，殞於一日？長號震天，抱痛孔棘。佗術不靈，鵲劑無益。吾女之賢，胡至此極？孰隕我珠？孰毀我璧？孰開我疑？孰解我慼？造物不仁，遺我毒蟄。行道聞之，亦爲悼惜。我心如焚，我足如縶。安得我身，倐生羽翼？一痛憑棺，天開地闢。蕙肴是陳，椒漿是挹〔二〕。靈其有如，歆此芬苾。

校勘記

〔一〕“料”，據文意疑當作“科”。

〔二〕“榆”，據文意疑當作“揄”。

祭 文

祭東川劉文簡公文

蠶鳧開國，自昔多賢。逮于昭代，尤爲褒然。文章勛業，相望後先。公承家學，奮于東川。秋闈解發，春殿臚傳。群書博極，玉藪珠淵。文章爾雅，璧映奎聯。編摩史局，三長則全。色溫氣和，勸講經筵。天曹望重，衡鑒誠懸。春卿晉陟，邦禮秩然。鷰坡再入，舊學之緣。絲綸是職，眷注實專。黃扉旦夕，霖雨自天。臣良主聖，太平目前。乃嬰一疾，而不少延。吁嗟造物，自培自顛。九重震悼，數異恩駢。龍門墻受教，二十餘年。臨風一慟，有涕如泉。斯文運厄，蒼生命遭。不腆牲醴，聊以告虔。靈其不昧，庶幾格焉。

祭兵部右侍郎王濼江文代同年作

維靈名家世胤，穎質天成。夙以儒術，奮于永平。膠庠之秀，科目之英。始司獻納，維忠以貞。忽更綉斧，激濁揚清。京兆晉陟，禁止令行。出撫晉藩，玉潤金鏗。左遷薇省，寵辱不驚。齊秦再撫，赫赫厥聲。留都理獄，平反得生。乃膺簡命，來佐本兵。折衝尊俎，制勝兩楹。爲民之衛，爲國之楨。天胡弗吊？二豎遽嬰。某等忝公同榜，附驥則榮。切磋是賴，以匡聖明。乃兹永別，實痛我情。用雖未究，終有令名。公亦何憾？恤典匪輕。陳詞薦酹，涕泪交橫。靈其不昧，鑒此哀誠。

祭右春坊右諭德兼翰林侍講倫迂岡文代同年作

嗚呼！先生竟止於斯耶？何世事難料而天道之不可知耶？算已定而忽變，信將深而轉疑。彼古今之不相及，猶或感而興悲；矧耳目之親接，孰能忍於漣洏？先生應亨嘉于聖代，發靈秘于海涯。抱天資之穎拔，挺相貌之權奇。擅才華而獨步，掇魁元而摘髭。蓋嶺南之所間出，而天下方仰以有爲。若歲大旱，霖雨可期。若濟巨川，舟楫可資。士林爲之增重，朝廷藉以羽儀。胡大用之未究，遽一疾而莫支？豈造物者畀之才而復靳，忌其名而輒隳耶？然其經筵啓沃，有光緝熙。史局編摩，直筆不移。梁棟已收乎多士，箕裘有托於諸兒，亦可謂垂之不朽，而已概見其設施。某等名聯甲第，契結蘭芝。起韋布於四海，際風雲於一時。業思取助，過欲求規。撫深衷而弗遂，悼良友以何之？羞瓊芳而薦酒，望瑤席以陳辭，亦庶幾乎上爲天下痛而下以哭吾私。

祭内翰劉簡庵文

維靈博學多聞，海藏山蘊，淵然窅然，足以熙載而贊襄；雄文杰筆，蛟翔鳳躍，詭然蔚然，足以揚厲而鋪張；偉貌修髯，鵠峙鸞停，充然儼然，足以敬仰而畏望；醇德懿行，金精玉潔，溫然粹然，足以礪頑而範狂。宜薦清廟，以爲珪璋。宜登大廈，以爲棟梁。奈何兩歸逾十載而離職，一病越萬里而淪亡？經筵甫直，帝曰“汝終予講”，遽輟侍於清光；國史方殷，帝曰“汝當予修”，竟絕筆於奎章。母老于家，曰“兒終予養”，違凤願而莫償；兒携于客，曰“父將予成”，負初期而孰量？吾不知天于吾師，始雖若錫之福，何其終出于不祥也耶？某叨以樗櫟，獲侍門檣。痛音塵之永逝，懷矩範而難忘。聊將誠以酹酒，靈有知而來嘗。

又翰林諸公祭劉簡庵文

惟靈奮自嶺表，角藝中原，臚傳及第，載筆詞垣，豈韭豪杰之士乎？方朝廷清明，群賢彙進，片善寸長，率見收録。而君之詞學優長，器識宏遠，儀狀瑰偉，行履端方，受大任重。蓋恢恢乎有餘地者，宜獲祐于天，降年有永，以究厥用，使功業加于時，名聲昭于後，不徒爲文人而已。乃奄然以逝，略不少須，何造物之酷至此哉？嗚呼！善人獲報，理之常也，庸詎知天之嗇于君者，將不使昌其後歟？兹以薄奠，特致哀誠，靈其鑒之。

祭同年鄭運使思齋文代同年作

惟靈天資秀拔，鼓篋膠庠，文章爾雅，拾芥科場。筮仕花封，民胥懷惠。三異思齊，四知是畏。遂膺召命，拜以秋官。惟明克允，獄稱不冤。出秉郡麾，政聲益茂。爰自海南，載遷江右。宗藩謀逆，變告方頻。忠義是執，寧知有身？百計見誣，置之縲絏。窘辱備嘗，益堅我節。天實相吉，脱於羈囚。軍門贊畫，卒殲我仇。事定論功，復沮諸忌。日月之明，竟莫能蔽。擢官都運，既以憂歸。胡兹再起，永與世違？勞則未償，用則未究。造物茫茫，人事乖謬。龍等曲江附驥逾三十年，良朋凋謝，有淚如泉。弗腆之辭，弗旨之醑。庶幾格思，鑒此哀緒。

祭崔都尉母夫人文代鄉人作

惟靈夙承姆訓，克盡閫儀。蕙蘭之性，冰玉之姿。虔此蘋藻，奉我蒸嘗。潔此潀瀄，事我姑嫜。内助良人，早登膴仕。富貴紛華，不移其志。篤生賢郎，威儀楚楚。神仙中人，乃尚帝女。赤霄玄圃，雙鳳齊飛。椒房桂館，二媛于歸。丹書錦誥，爛熊其章。星冠霞帔，奕然其光。人生之樂，于何不遂？人生之福，于何不備？樂之遂兮，乃奇其耦；福之備兮，乃靳于壽。彼造物者，罕畀人全。得其多者，斯爲最賢。臨風揮涕，奠此一觴。靈其不昧。來格來嘗。

祭孫檢討汝宗文

雁門巨郡，實産才良。孫氏爲族，尤望於鄉。高科膴仕，奕世流芳。惟君秀發，迥異尋常。富有問學，蔚爲文章。發解秋闈，致身玉堂。難兄難弟，詞苑翱翔。衣冠之盛，鄉曲之光。胡造物者，誕降不祥？萬斛之舟，覆於瞿塘。千里之足，躓于羊腸。有才弗竟，有志弗償。理爲數制，參差短長。欲詰之故，奈此茫茫。昔年念母，蹢躅班行。請輟講席，歸省梓桑。臨歧祖餞，談笑揮觴。豈謂一別，遂成永傷？君弗可見，予何能忘？緘辭遠寓，絮酒聊將。靈其有知，仿佛來嘗。

祭運副傅汝源文代同年作

嗚呼！石厓竟止於斯耶？都門祖餞，曾幾何時？而相見邈無其期耶？胡爲有此抱負而弗克究其施耶？謂善人之報不爽而造物者亦茫茫其不可知耶？抑數有不可逃而命非人之所能爲耶？求其説而不得，焉能使予心之不悲耶？惟君科名秀發，郎署芳馳。每試輒效，響應影隨。平生志氣，卓然不移。有明體適用之學，有升高行遠之資。有良玉温潤之器，有松柏歲寒之姿。前有所作而後有所述，交得其友而傳得其師，固閩中之豪杰而同儕之表儀也。用雖不盡，未爲不遇。壽雖不豐，名實永垂。然則丈夫之事，於君亦復何憾？而友朋之義，蓋以哭吾私也。

祭贈光禄少卿王汝弼文

惟人生必有死兮，聽險夷於所遭。均之一死兮，分泰山與鴻毛。搴君臣之大義兮，極穹壤其焉逃？彼昧者之澒洞兮，逐頹波之滔滔。苟舍生而取義兮，允曠世之英豪。緊承平其既久兮，弛武備於鍵韣。忽盜賊蜂起於鋤耰兮，厭原野之血膏。毒青齊而蹂嵩洛兮，失頗牧之兵韜。紛望風其迎降兮，忘屈膝於豕獷。肆夫子之守西平兮，益崇墉而浚壕。誓士民以死守兮，殆挾纊而投醪。忽數萬其奄至兮，熾烈焰以橫挑。挽強弓其沒羽兮，羌一發而斃梟。洶眾怒以并力兮，連晝夜而攻麈。嬰孤城曾莫援兮，殫百計以徒勞。卒力屈而不支兮，仆孑孑之干旄。嚼睢陽之齒兮，爲厲鬼以持刀。斷常山之舌兮，猶含胡而罵臊。壯節挺兮，遏東逝之濤。芳名聳兮，齊北斗之高。贈爵崇階兮，赫綸音其寵褒。蔭孤成均兮，恣雲路之翔翱。死有報兮生有操，目斯瞑兮樂斯陶。緘辭千里兮，寄斯文之痛號。泉臺有知兮，歆茲不腆之醴牢。

祭李宗岱大參文 同年李行之僉憲父

嗚呼！天不憖遺，公止于斯。天不福善，公不復見。公止於斯，我心傷悲。貴逾公爵，才或匪夷。公不復見，我淚如霰。壽邁公齡，德或猶鮮。始筮言路，不茹不吐。獻納司存，它不遑顧。投閑光祿，歷五六年。曰有義命，孰能我遷？賊臣擅權，磨牙搖毒。無妄之災，不遠而復。帝眷西顧，百二雄藩。起茲耆宿，式參薇垣。有嗣陳州，能官克肖。隨翁同升，爰弼聲教。攪搶爲妖，腥我潁洛。借寇於翁，來司鎖鑰。公獨西駕，隕憂自天。乃謝王事，將父九泉。用雖未究，名則孔茂。享雖未豐，身則有後。當盡者人，難憑者天。有美貽則，可繼可傳。某久辱通家，指趨攸賴。雖亡老成，典刑猶在。緘辭千里，寄此瓣香。靈其不昧，來格洋洋。

祭同年陰中舍克復文代同年作

嗚呼！陰子丹穴之羽，風林之章。炳其出色，伊誰主張？日中方熭，操刀方割。曰强而仕，伊誰遽奪？代天之書，承天之寵。退食自公，伊誰從臾？斥近以遠，斫大爲小。不遠而復，伊誰顛倒？人物之生，惟理與數。理有時違，數則不過。可榮兮可枯，可禍兮可福。紛萬有之不齊，一造物之與坐。唯修吾分之固有，蹈此身之當然。大得之而爲聖，小得之而爲賢。當時孰能蔽而弗聞？後世孰能掩而弗傳？可以餓西山之伯夷，可以夭陋巷之顏淵。若其好學絕聖門之選，清風激貪夫之廉。斯則天所弗能違而造物者亦隨以周旋也。故君挫之而益奮，抑之而愈揚。清修是勵，謙遜是將。達不離而窮不失，卑不逾而尊有光。此其以如生爲不死，易彼短以此長乎！於是委大化以無憾，達大觀而不傷。酹以椒醑，羞以瓊芳。倘英靈之有在，庶仿佛而來嘗。

祭同年錢日章文代同年作

嗚呼！君才卓犖兮，弗究厥施；君識明敏兮，弗試厥爲。志遠大兮，空齎以長往；名彰顯兮，獨棄而何之？驊騮未騁兮，顛駿足於窮途；鯤鵬未摶兮，殞修鱗於涸池。嘆造物兮乖謬，謂天道兮無知。矧夫望都城兮，僅只尺而未抵；顧家鄉兮，已迢遞而遠離。進未能而退未得兮，忍顛沛之若兹。妻無依而子無托兮，逢此生之百罹。漫漫長夜兮起無日，悠悠旅魂兮歸何時？雲山失色兮，擁會稽之愁；江流有聲兮，瀉錢塘之悲。嗟吾同榜兮，君爲衆推。道誼資講兮，過失求規。詎意長吉命短兮，賈生數奇。薤晞朝露兮，蘭委芳蕤。悼幽明兮異路，追丰采兮遐思。奠生芻兮一束，酹椒漿兮一卮。上以爲斯文之慟兮，下以致友朋之私。靈其不昧兮，鑒我哀辭。

同年祭豐西園封君文 同年豐園學諭德父

古人不見，古道可知。有古道者，與古人齊。惟公處世，特立不隨。博雅之識，剛介之資。誠可化僞，樸可革漓。中流砥柱，屹然不移。魯殿靈光，巋然不墮。聞者興慕，見者欲依。遠有清敏，儒先所推。是惟公祖，克纘其基。近有方伯，士望所歸。是維公考，不忝厥貽。惟公有子，翺翔鳳池。經綸之蘊，台鼎是期。惟公有孫，玉樹瓊枝。才華秀發，稱其家兒。昔宦湖口，以身爲師。橫經問難，若決蓍龜。才賢輩出，鬱然梁榱。晉秩藩國，未試厥施。蠱當上九，高尚之時。渥矣恩典，榮哉制辭。封晉五品，鏤帶緋衣。壽逾七袠，背台齒兒。五福俱備，非公而誰？某等令子同榜，敬仰久馳。公昔就養，拜瞻令儀。豈謂一別，遂成永離？天厚厥德，胡不憗遺？隻鷄絮酒，聊寫我悲。燕雲越水，悠悠有思。

祭劉封君友桂翁文 同年劉克柔光禄父

惟靈江陰望族，代有賢聲。克承芳躅，尤重鄉評。行則可儀，言則可乞。如蓍如龜，閭里是式。彼役役者，惟名是爭。公以晦處，孰比其榮？彼營營者，惟利是逐。公以義行，不啻其足。掌此邑稅，逋則代償。我產可毁，莫病我鄉。纂金既捐，一經教子。曾不數年，高科美仕。國有封典，薦及我躬。義方之教，移孝爲忠。貴與賢并，公卿是伍。名雖家食，實則鼎俎。子北而北，子南而南。兩京冠蓋，勝討幽探。晚歸田廬，撫我手植。桂已成林，觴咏自適。詵詵孫子，繁桂之枝。天香指日，爲樂可知。安享升平，歲且八袠。歛時五福，略不遺一。符臺考績，假便起居。力疾催發，冀以最書。事竣遄歸，言介其壽。乃隔一江，未及云覯。有生必死，命實在天。有如公者，庶幾其全。既以全歸，殆非虛寄。含笑九原，吾知無愧。維帝有制，琅函襲藏。司馬銘葬，百世之光。緬懷高風，竟不可起。千里緘辭，薦于筵几。

祭張封君文 同年張祐之方伯父

嗚呼！惟耉老其莫禦兮，聿修善乃弗失。膺惟奄冄其難免兮，爰植名以續生。慨古人其時悠兮，耆法健於天行。彼簟瑗之君子兮，越五十其知非。武公之睿聖兮，羌九十猶儆于箴規。兹髦譽其籍籍兮，閱百代以揚輝。先生之挺異質兮，夙馳聲于晉陽。窮麟經以麌多士兮，肆鼓篋於上庠。迨中年而強仕兮，典玉食以近清光。觀蠱義於上九兮，賦《歸來》而返故鄉。考古人之矩矱兮，冀有終于厥周。範騏驥于蘭皋兮，羞詭遇于□丘。駕桂舟以凌風兮，纜底柱于中流。髮種種以垂老兮，修初服而靡休。道先路于閭里兮，紛後生之進修。掃綦迹于公門兮，耆疑政而來諏。篤家器以義方兮，占高選乎南宮。著丕績于金部兮，浩天恩以貤封。方祿養以引耉兮，胡二竪之起戎。委巾屨于床笫兮，溘上征于埃風。孰番番之可有兮？悼余心之冲冲。雖令儀莫余睹兮，挹往躅之清芬。嗟晉鄙多善良兮，乃悉被夫德薰。矧余黨之辱通家兮，領教言于親聞。阻官守而遙奠兮，聊寄痛於斯文。

祭 文

祭倫封君文 <small>同年倫伯疇諭德之父</small>

於惟南海，產異儲珍。靈秘所發，尤徵于人。既顯厥仕，亦高厥處。惟公晦藏，希巢與許。爰稼爰穡，乃瞻有禾。一觴一咏，以頤天和。懷瑾握瑜，匪求其售。藝蘭滋蕙，云誰其貿？義方訓子，兩掄大魁。詞垣載筆，有良史才。封誥自天，雲漢之倬。大官分饌，雨露之渥。某等令子同榜，獲覯範儀。企公壽考，曰耄曰期。公歸三年，胡病弗起？萬里訃聞，悲曷能已？遥瞻嶺表，敬酹一觴。靈其不昧，鑒此哀章。

祭徵君夏易庵文

惟靈養素丘園，含章桑梓。規圓矩方，左圖右史。仁以濟荒，表厥宅里。義以輸邊，謝彼簪履。郡侯懸榻，南州孺子。梅咏傳神，西湖處士。行不爽名，德惟并齒。鶴氅綸巾，汀蘭岸芷。慶衍賢郎，克踐遺軌。書工圬顏，篆古符李。遂近清光，天顏有喜。袍笏承歡，門楣擅美。宜享期頤，永錫繁祉。乃慕仙游，飄然脫屣。閬風之巔，蓬萊之涘。歛其精華，以還太始。芳流世間，籍籍無已。豈曰徒生？是謂不死。雅義素聞，良晤久擬。我兹南來，公已弗起。絮醴緘辭，敢告筵几。泉堂有知，尚其歆止。

祭香河尹王純卿文

自古生死，有命在天，達人委命，惟修厥賢。以茲不朽，是曰永年，長生久視，吾儒弗躅。惟君在世，行方志堅，橋門穎秀，晚就衡銓。分符宰邑，中牟後先。謳歌載道，旌薦累箋。方懋厥授，遽乞歸田。胡茲長往，而不少延？我叨侍從，君尹日邊。謬以鄉曲，愛莫逾焉。我罹大故，扶柩南旋。孤舟河濟，雨夜凄然。遙遙燈火，騎從喧闐。君來吊慰，情傷涕漣。君既歸止，我思晤言。煢煢苫塊，弗敢遠游。豈謂永別？淚如涌泉。吁嗟天兮，不此憖憐。吁嗟數兮，不此改遷。君有子兮，玉樹森前。君有女兮，戚里姻聯。君報國兮，忠勞載宣。君事親兮，孝養已全。福既難儷，名亦罕肩。君復何憾？君弗可諼。籍鷄有茅，漬酒有綿。寸心耿耿，敢告几筵。

祭楊淑人文 代同年作

觀士於朝，觀女於家。女之持家，猶士之立朝，其德可考而知也。《詩》《書》所稱，其關風化，表人倫，肇興基業，豈厚誣哉？淑人出自名族，來嬪於楊，蓋有年矣。楊爲蜀中望，其父子兄弟之賢，萃於一門。文章功業，奕葉輝映，莫之或先。其孕秀而生，媲美而起，爲慈惠，爲淑慎，陰爲之地而協贊其成者，識者咸謂其有力焉。少司馬瑞虹先生奮于科第，歷官清要，以至本兵，所在輒赫赫有時譽，將來樹立猶未可量。令子世其家學，弱冠之年角藝南宫，襃然出色，行將對大廷，掄大魁，良才偉器，爲國之珍，又若無愧其家父子、兄弟者。淑人爲婦爲母之德，不尤可徵也耶？有夫如此，當服妻之榮；有子如此，當享母之養。而榮不克終，養未及始，徒使爲夫若子者爲之悲且憾無已。物理之不齊，人事之多變，有不可曉者，則夫淑人之賢將傳諸弗朽，含笑九原，順彼大化，固不以區區榮養間爲重輕也。年家薄奠，庶或歆之。

祭孟淑人文孟遲齋吏侍配

惟靈蕙蘭之質，冰玉之姿。勤及筐筥，誠存釜錡。宜其家人，爲女之師。正位乎內，有母之儀。克相夫子，允爲邦奇。歷官中外，冰檗聲馳。位登少宰，銓衡是裨。賢郎侍御，諫顯于時。季子清才，遠大可期。丸熊斷織，維訓之慈。珠翟霞帔，恩光陸離。魚軒象服，躬朝赤墀。伉儷同歸，林泉景怡。宜享偕老，福履永綏。云胡一疾，而不愁遺？訃音忽聞，遠邇興悲。我忝姻眷，有淚漣洏。乃薦以酌，乃陳以辭。庶幾來格，九原有知。

祭張太宜人文代同年作

惟靈出自華族，嬪于名門。夙閑姆訊，德容功言。如蘭斯馥，如玉斯溫。歲時供祀，爰潔蘋蘩。于姑于舅，孝養彌敦。肅然閨閫，曾不少諠。彼乾者健，乃濟以坤。服勤無斁，起家之原。分經教子，器重璵璠。其最顯者，政參大藩。再膺封誥，象服魚軒。天眷之壽，國侈之恩。螽斯蟄蟄，多子多孫。積善既畀，錫祉則繁。一朝仙去，玄圃昆侖。母儀百世，是仰是尊。某等令子同榜，義猶弟昆。忽聞來訃，衰葛可論？陳辭薦酒，靈爽如存。

祭王太安人文同年王邦器大參之母

丙寅之春，夫人就養京邸，壽登八袠，同鄉仕于朝者咸稱觴爲壽，頌以歌詩。凡夫人婦道母儀，匹休往昔、垂範將來者備極稱述，誠爲盛事。于時夫人起居猶健，膳飲猶良，宛然如少壯人。龍以爲夫人之獲乎天者無既，雖期頤不足多也。未幾西歸，以訃聞。嗟乎！何世事難料如此哉？嗚呼！死者人之所必不免，顧有憾不憾者。子貴而膺錫命，人或有之，未必如夫人之壽。八衮而考終命，人或有之，未必如夫人之榮。既榮且壽，借曰人亦有之，未必如夫人之德。茲違祿養，雖孝子之意無窮，而夫人之心則何憾矣？某忝令子同榜，蒙愛尤深。引觴而酹，執綍而送，禮也。第獲罪于天，蚤奪所怙，扶柩歸葬，事未克襄，乃不敢往。區區之誠，付之一介使人，靈其鑒之。

祭張太孺人文_{張伯純僉憲母}

母之賢必徵于子，子之肖乃光于親，此不易之定理也。龍忝鄉之後進，未得覯太孺人之面，然雅交令子，因是而竊識太孺人之賢。何則？仕外者莫難于邑，而令子以循良聞；仕內者莫難于臺，而令子以風裁著。雖其學問天質之美，而太孺人之教不可誣也。即是而推，則凡相夫子，處族姻，理家政，蓋無往而不得其道矣。褒封之寵，冠服之華，所以照耀于邦鄉者豈曰幸哉？正宜永綏福履，享祿養于百年，而乃以數制遽止于斯，又何其理之舛也？龍不幸扶先君之柩歸葬先壟，斬焉衰中，未得襄事，不敢走吊太孺人之靈，謹具菲儀，專人代奠，少引區區之忱，蓋拜而後遣也。惟靈鑒之，惟靈歆之。

祭陶孺人文_{代作}

嗚呼！孺人貞姿鳳賦，淑德天成。房帷之秀，女師之英。蘭膏夜窗，綺繡之精。蘋香南澗，筐筥之誠。克相夫子，學業蚤成。賢科高薦，比部蜚聲。力既共濟，身亦同榮。鸞回紫誥，天語丁寧。鳳舞珠冠，玉佩鏗錚。有子若孫，頭角崢嶸。謂與夫子，偕老和鳴。塵囂遽謝，仙赴蓬瀛。飛飛丹斾，霜月淒清。悠悠長夜，埋玉佳城。某等同官夫子，甲第聯名。臨風一奠，涕泪交橫。

祭趙主簿內子文

惟靈蚤閑姆訓，祗承梱規。歸先冰泮，家人是宜。維修及脯，不愆婦儀。維蘋及藻，不忝神禧。爰相厥夫，于書于詩。爰篤厥嗣，爲裘爲箕。將與君子，偕老爲期。云胡仕路，有此背馳？豈無參朮，療子瘡痍？豈無松檜，寫子憂思？天實不憖，數則逢奇。鳳停梭兮，塵暗機絲。鸞悲鏡兮，風冷房帷。漳之湜兮，薄濟靈輀。路之迢兮，草木黃萎。夫君佐邑，靈實內裨。靈茲長往，邑人孔悲。酹此椒醑，羞此瓊靡。願言格只，有聞有知。

代人祭姻戚文

惟靈夙閑姆訓，毓德房帷，蘭心蕙性，玉質冰姿。來嬪華族，室家攸宜。旨甘朝夕，蘋蘩歲時。茲曰婦職，惟靈所尸。弋鳧與雁，解佩與觿。茲曰妻道，惟靈克持。幹母之蠱，情實怡怡。匪子克家，曰賴母慈。主中之饋，志罔嘻嘻。匪婦無咎，曰奉姑儀。有孚內則，無慚女師。宜錫純嘏，耄耋不衰。宜與君子，偕老不遺。云胡一疾，俞鵲弗醫？瑤臺赴約，鶴駕莫追。塵緣易斷，仙迹難窺。有從揮涕，爲親者悲。采芝于豆，挹露于卮。芬芳旁達，靈其格思。

李氏妹禫除祭文

惟妹德溫而惠，淑慎其身。性聰而敏，實罕其倫。如玉斯粹，如金斯純。未笄而字，工於組紃。既褵而歸，宜其家人。瑤臺之艷，姑射之貞。謫來人世，二十七春。一朝鶴駕，遠馭離塵。仙凡迥隔，三變星辰。先君即世，撫汝應頻。老母在堂，念汝尤諄。汝兄汝弟，哀曷有垠？我來孔久，多事因循。乃於汝墓，一瓣未伸。豈曰忘汝？幸不予嗔。厥薦惟何？維瓊之珍。厥酹維何？維椒之醇。弗聞弗覬，載悲載辛。願言格止，哀辭是陳。

代鄉人祈歲文

惟神昭列在天，赫臨下土。斡旋大造，轉運神機。庶物因之而露生，蒼生于是而獲所。德實難名，功莫與比。某等以太倉稊米之軀，耕國家彈丸之地。五風十雨，享太平於有象；一家數口，安飽暖而無虞：皆神之賜也。無物可酬，炷心香於朝夕；有言莫頌，積骨刻於居諸。茲當歲暮，敢祈來年。伏願尊神憫我農家，福我境壤。以和易戾，轉異為祥。及時風雨，掃淒苦之災；順序陰陽，弭愆伏之咎。冰雹不加，螟蝗不作。使五穀豐登，頻年大有，斯無疆之休、莫甚之幸也。

祭蝗文

惟螟蝗之災從古則有，書於《春秋》，咏於《毛詩》，以謹異也，其來有自，其召有為。或因政闕，則修政而可攘；或因德違，則慎德而可弭。其捕而廢者既匪善圖，吞而噬者亦豈得已？今茲夏麥薄收，秋田是覬。穀云熟矣，蝗實食焉。政與德與？吾奚得與？天耶人耶？吾不敢知。惟我小民，蠢爾何識？惟力嗇而服勤，庶養家而供國。乃罹此災，神實殺我。惟神持農功而典司五穀，為民主而享祀百王，功莫與京，靈罔不鑒。掃茲戾孽，錫我禎祥，庶粢盛之不乏，永休德之難忘。

行　狀

特進光禄大夫左柱國少師兼太子太師吏部尚書華蓋殿大學士致仕晦庵劉文靖公行狀

少師致仕晦庵劉文靖公卒于家，其孫中書舍人成學將圖襄事，走京師徵銘其墓爲不朽計，乃手疏事行屬龍爲狀。弘治己未，天子策試天下士，公實以元宰讀卷，龍卷蓋公所掄，擬以相臣讀者。及授史職，又辱公教愛爲深。兹公身後事，敢以不文辭哉？

按公諱健，字希賢，別號晦庵。其先太康人，曾祖諱紹祖，元順德路總管，配翟氏。祖諱榮，配曹氏。考諱亮，以永樂庚子鄉薦，歷任三原縣學教諭，配張氏、白氏，俱累贈至特進光禄大夫、左柱國、少師兼太子太師、吏部尚書、華蓋殿大學士及一品夫人。總管公卒于官，未及葬而元亂。翟夫人携子榮歸洛陽，依所親以居。久之，榮偶隨其鄰韓叟過南塢，避雨於大第曹姓者。主人出，叙及洛陽事，因訪劉氏存没，自言昔爲順德路萬户，以女許聘總管之子，今不識安在。韓叟指榮曰：“如公言，渠即若婿也。”主人大驚，乃泣下，曰：“今日之遇，豈非天耶？劉氏雖中微，總管厚於種德，後必有興者。”竟以女歸之。

榮居洛陽東侯里，躬事稼穡，爰始立家。子亮任教諭，誨人不倦，諸生多所造詣。生四子，公行三。初，教諭公任華州時，張太夫人夢天使捧紫衣、玉帶入中堂，驚寤，公乃生，實白夫人出也。又骨相奇甚，教諭公大異之。幼不好弄，視群兒嬉戲，端坐微笑而已。天資穎絶，嗜學尤篤。教諭公嘗昧爽升堂，猶見窗燈，驚曰："兒何苦乃爾？"促之，始就枕。讀書作文，務精思至理，發明聖賢之藴，不事浮華。景泰壬申，補邑庠生。明年，舉于鄉。比放榜，觀者雲集，翕然喜曰："是科乃得是人！"由是名益重，學者多宗之。嘗與閻禹錫論學，閻改容禮之，謂鄉人曰："伊洛淵源且有人矣。"又與白良輔論，不合而罷。比曉，白扣門揖曰："吾中夜乃思得之，始知子賢遠于僕。"閻、白皆洛中名士也。

　　天順庚辰，舉進士，會選庶吉士，得十五人，公爲之首，時相以得人爲國家賀。壬午，授翰林院編修，以憂去。甲申，召修《天順實録》，書成，升修撰。有薦公欲以憲職董學者，公取《易》筮之，得咸之九五，爻辭曰："咸其脢，無悔。"徐曰："此周公教我也，當終身佩之。"乃不果行。晦庵之號，蓋取諸此。丙申，升右春坊右諭德。丁酉，升左春坊左庶子。丙午，升詹事府少詹事。奉命祀西岳，賜金帶、襲衣。丁未，升禮部右侍郎，兼翰林院學士。入内閣，參預機務，賜胡馬、夷奴。弘治改元，孝廟初御經筵，敕知經筵事。辛亥，升禮部尚書，兼文淵閣大學士。凡朝廷大制作，無不經手，同列率爲倚重。甲寅，升太子太保，兼禮部尚書、武英殿大學士，賜玉帶、麟袍，與西涯李公、木齋謝公同心輔政。上方委任，言無不行，天下晏然，稱治平。戊午，《會典》成，加少傅，兼太子太傅、户部尚書、謹身殿大學士，蔭孫成恩爲中書舍人。癸亥，加少師，兼太子太師、吏部尚書、華蓋殿大學士，賜玉帶、蟒衣。五月，以九載考績，璽書獎諭，加特進，兼支大學士俸。乙丑，加左柱國，支正一品俸。仍錫誥命，贈及三代如前。孝宗大漸，召至寢殿，御榻前與李、謝同受顧命，握手諄諄，至歔欷不能忍，本朝名相蓋未之前聞也。正德改元，力贊新政，若上耕籍田，幸太學，御經筵，册大婚，修孝廟實錄，百度肅然，期于正始，以承弘治之盛。而逆瑾方謀擅權，沮撓不果，竟以老乞休，累疏乃允。遣中使就第，賜寶鏹、襲衣，給傳還鄉。有司月繼廩米五石，歲遣輿隸八名。璽書褒諭，有"完名全節，世以爲難。載籍所稽，良不多見"之語，時以爲確論。其典文衡，鄉試二，會試四，廷試讀卷六，俱號得士。有《晦庵集》若干卷藏于家。

抵洛即杜門不出，居一小樓，日課子孫讀書，言不及他事。嘗曰："我以書生致位師保，受知列聖，榮幸已極，此心迄今猶不敢放。汝曹生長膏粱，侈肆則易，少弗知檢，爲患滋甚，非所以保吾家也，小子勉之。"每聞六飛出狩，終日不樂，至廢眠食，曰："古人處江湖則憂其君，豈欺我哉？"嘉靖改元，璽書存問，加賜廩米八石、輿隸十名。及年躋九十，復遣巡撫重臣以璽書、束帛、餼羊、上尊問之，再蔭孫成學爲中書舍人。

公素善調攝，晚年少疾，偶稱不懌，遂絕粒，至於大病。前數日，有大星殞洛城，赤氣亘天者再，遠近驚愕，咸以爲公不憗之兆。訃聞于朝，天子震悼，爲輟朝一日，賜祭葬如制，贈諡文靖。生宣德八年二月八日，卒嘉靖五年十一月六日，春秋九十有四。配王氏先卒，贈一品夫人，生子男二：長來，以子貴，贈中書舍人；次東，累官兵部員外郎：俱蚤卒。女一，適鄉進士高惟賢。繼配陳氏，封一品夫人，生女二，長適順天府通判豐儉，次適南京通政司通政程文。再繼張氏，生子杰。孫男二，即成恩、成學。女孫二，一適監察御史杜昌，一適大理評事胡湘。曾孫男二，望之、得之。曾孫女二，一適河南衛指揮許廉，一尚幼。成學將以卒之明年月日啓王、陳二夫人壙合葬，禮也。

公忠義在朝廷，名望在天下，勛業在史册，自有不能泯者。歸田以來，值時艱危，益務韜晦，不存形迹。兵部蚤世，諸孫皆幼，不能紀述。龍晚進，當時侍教數年，史事外不敢他及，雖間聞人告之譏，而事涉諸司，不能盡詳。姑據歷履顛末以著其概，俟立言君子采而用之。若芟其繁蕪，補其遺闕，以成元臣銘志之美，尤斯文之光而劉氏之幸也。

榮禄大夫柱國慶陽伯夏公行狀

慶陽伯夏公既卒之五閱月，其孤錦衣衛指揮使助將圖襄事，謂墓宜有銘，銘必狀爲之先，乃手疏事行來屬。公椒房懿親，雅著德望，爲時所重，狀其可辭？

按公之先，南京上元人，永樂間北遷，占籍大興縣。曾祖諱彥廣，祖諱啓宗，世有隱德。父諱瑄，善繼承，居家勤儉，力屏奢逾。宗族姻舊之急，推濟無難色。掩骼埋胔，施恩不報。族人有爭產業者，悉與之，不較，鄉人稱爲長者。公諱儒，宗魯其字，別號一中。幼奉庭訓，力學不怠，所交接皆一時賢士大夫。事親能以色養。父嘗寢疾，三年弗愈，躬侍湯藥，朝夕不離。每焚香籲天，冀以身代。忽有異香至其拜所，人以爲孝感。平生種德，一如父志，世濟其美，天降厥祥，篤生聖女。正德改元，皇上登極，議大婚，妙選坤德，以母天下，册立爲中宮，寵遇優渥，罕與其倫。初授中軍都督府都督同知，尋錫誥券，封推誠宣力武臣、榮禄大夫、柱國、慶陽伯，食禄一千石，賜蟒衣、玉帶，起第黃華坊，給沃壤爲莊田，封三代皆如其爵，諸子、姻戚錫官有差，皆異數也。公益事謙慎以答殊遇，外內舉措悉閑絜嫭，略無驕色。自奉之儉，不異常時，曰：“是吾祖所以起家，不可忘也。”以疾在告，幾三年。訃聞，皇上深爲悼惜，詔有司治喪禮如制，遣官諭祭於第。繼中宮諭祭，致賻儀。太皇太后、皇太后皆有楮幣、寶鏹之贈。公卿而下咸往吊之。

生成化丁亥正月十二日，卒正德乙亥四月三十日，春秋四十有九。配葉氏，封慶陽夫人，有淑德，克修內職。子三：長即助，娶林氏；次臣，錦衣衛指揮同知，娶陳氏，平江伯女：俱封淑人。次勖，尚幼。女三。中宮其長，次適魏國公孫徐鵬舉，次適壽寧侯子錦衣衛都指揮使張宗說。助與徐氏女，側室劉出。女孫二。卜地崇文門外魏村社之原，亦上賜也，以年月日葬。

　　竊惟自古后戚之家，富貴隆極，權傾中外，恃恩侈肆，靡所不至，以令德終者蓋寥寥也。若公之持德秉禮，翼翼小心，妨民逾節之事纖悉不爲，京師晏然，若不知其爲國戚者，於此見皇上以道遇戚氏，示天下至公，而公之履盈處盛，仰體德意，以贊聖世光明正大之業，不肯少有所累，可謂賢遠於人哉！其福澤延於子孫，與國家同爲悠久，蓋不待識者而後知也。特爲著之，以俟立言君子采而錄焉。

行　狀

封夫人張母高氏行狀

　　夫人高氏，總督漕運右都御史張公朝用之配，兵部司務夏之母也。訃至京師，夏得告奔喪，將卜日襄事，疏其母夫人事行，以尊翁都憲公手札來屬爲狀。龍固鄉人，辱公父子知愛有年，於夫人之賢則稔聞矣，故不得辭。

　　夫人世爲太原陽曲人，父諱福聚，母王氏。年十八嬪於張，逮事祖舅姑及舅姑，能一一執禮，得其歡心。其相繼而歿也，歷盡哀毀，歲時奉祀，齋沐必誠，牲醴必潔，如事生焉。公有諸弟妹，皆幼，爲撫育成人，婚嫁從腆，曰：“我舅姑有知，死且瞑目。”此其孝愛之德也。始公舉進士，歷守鈞、滄二郡。夫人親執舂汲，官廨必施扃鐍，私謁者不得入。後累官通顯，輒爲節量俸給，以周用度，未嘗華侈，效世俗之爲。飭群下謹守約束，不得恣肆撓法。公以是無復内顧，殫力職業，所至有赫赫之譽，此其内助之功也。教諸子讀書，延師家塾，躬督膏火，毋敢暇逸。諸女誨之婉娩，勤事女紅，其歸，不得以驕貴廢婦禮。故各底成立，以克家稱，此其慈訓之力也。僮僕數十輩，令各治生業，衣食之需靡不豐足，曰：“彼以力事人，忍使其失所乎？”則逮下之恩焉。性莊重，不妄言笑，閨門肅然，五尺童子不敢輕入。諸子婦未嘗被呵責，而戰兢自持，朝夕罔怠，内政畢舉，則治家之法焉。度量寬裕，不任情爲喜怒，飲食起居有常節，老益健康，

則調攝之方焉。公進南京工部郎中，封宜人；擢副都御史，巡撫
直隸，封淑人；自南京户部尚書改右都御史，封夫人：則遭遇之
榮焉。正德十二年四月十二日，無疾而逝，距其生正統七年五月
十日，春秋七十有六。子三：長即夏，任今職；次愛，次曼，俱
國子生。女五人，婿許源、馬宗本、馬綸皆士人；賈彪，金吾衛
指揮應襲；華侖，邑庠生。孫男四，滄、淮、沂、汾。孫女五：
長適麻涌，中書舍人；次聘吳繼勛，神武左衛指揮應襲；餘
俱幼。

　　初，公以權奸之構，自太原避地於滄，久之，遂家焉，故夫
人之葬自滄始。嗚呼！夫人相公登仕，揚歷中外餘四十祀，爲時
名臣。晚年偕老林下，子孫詵詵，百祉咸萃，所得於天者固厚，
亦其儷賢範俗，光於閨壺[一]，垂裕後昆，有足鍾之者，不可誣
也。故爲序次顛末，以俟立言君子采而録焉。

昭勇將軍都指揮僉事袁公行狀

　　弘治壬子之秋，予應山西鄉試，先期集御史臺考，謂之小
試。藩臬、帥臣皆與較閱，于時竊識所謂袁都閫者。觀其舉措有
度，言辨而文，知非庸衆人。比入試院，邏卒旁午，寂無嘩聲，
數温言慰士子，令從容展布，不爲沮抑迫脅態。守舍者亦皆拂拭
勤渠，終事而退。久乃知出都閫公戒，益賢公雅重斯文，爲武臣
所難。至是，其孤勛來襲公職，手録事行，因户部主事侯君廷言
屬予爲狀。予雖未辱公識，固嘗受公賜者，狀其可辭？

　　按公姓袁氏，諱杲，景升其字，世爲常州武進人。高祖諱
福，洪武初，以戰功授貴州普安衛百户。曾祖諱保，襲職，調山
西陽和衛。祖諱勝，調大同左衛，累功升山西都指揮使司都指揮
使，家太原。考諱剛，授太原左衛指揮使，復以功進都指揮僉
事，充游擊將軍，茂有時名。公幼謀勇絶人，讀諸兵家書，得其

肯綮，騎射鮮與伍者。能執敬恭，不縱爲華靡敖放事。襲職，授指揮使，領兵備偏頭關。遇虜大舉入寇，率士卒躬犯矢石，刺其酋領，斃之。虜衆驚潰，逐北大獲。捷聞，升都指揮僉事，將精兵五千餘騎防禦大同。累以論薦，縮都司印章，軍政無巨細悉裁決稱當。梳剔奸蠹，吏人不敢欺。司有獄，舊在門外，主者類不經意，囚繫多失所，往往有脱而逸者。公建白，移置廨内，崇□嚴守[二]，察囚寒饑，燠而飽之，病則有醫，聞者嘆服。三司會議，值有異同不決者，公從容數言，明析事理，咸以爲允。拜參將，分守代州諸處，兼提督三關，益飭戎務，撫士卒，同其甘苦，禁剥削者。厲器仗，嚴操練，謹烽火，廣間諜，軍聲大振。隸内灢河七堡，與延、綏、大同隔遠，燎望不通。公議添設大楊諸墩，一有警報，瞬息數百里提封既嚴，虜不能擾。謫戍隆慶，則怡然就道，曰：“食焉而怠其事，罪也。罪焉而逃其死，幸也。罪而得幸，何以報國？有死而已。”尋復都指揮僉事，守備寧武關。又議築蕎麥川鎮胡諸墩，誓靖邊塵，垂名史籍，人亦以節鉞期之，而公病不可起矣。

　　平生親禮賢士，以文濟武，師出以律，所向秋毫無犯，有古將士風。歷官餘三十年，俸給所入，輒分濟族人之窘於衣食及婚喪弗能舉者，人尤重之。疾且革，諭其子勛曰：“我無以托爾，惟是宗人，我素爲所賴，庶幾可見我先祖于地下矣。今以付爾，爾尚敬承我志，死且瞑目。”餘無所及，其敦本支如此。卒以正德壬申五月二十八日，距其生景泰乙亥八月二十七日，壽五十有八。配王氏，征西前將軍璽之女。繼室以周氏，平度知州斌之女。俱封淑人。子五人：勛爲冡嗣，襲指揮使；次臣，國子生；次卿，次相，次輔。女十人，而歸者四，指揮柴玉、劉漢、孟璽，國子生張昌齡，其婿也。孫男五，孫女二。以是年八月十三日與二淑人合葬城東陳家峪之新阡，禮也。因序其梗概，俟立言君子采焉。

封奉政大夫通政使司右參議任公行狀

公姓任氏，諱惠，有孚其字，宜樂其別號也。曾祖諱孝祚，祖諱皛，世有隱德，爲平遙望族。父諱義，嘗尹真寧、鞏二縣，以治行稱，迄今邑人猶思之。公幼聰敏好學，真寧在鄉校，專力肆業，家政無所於歸，門內衣食之須皆出公拮據，坐是未畢其志，曰：“不然不足以成吾父，吾且復無成。吾父成，吾復何求？”真寧游太學，公年未弱冠，以定省久曠，屢單身走京師，不辭險艱。真寧歷二任，皆侍行，起居饋養外，一無所預，邑人罕得見其面者。成化間，嘗積粟至千石，值歲大侵，悉發以貸鄉人，多不能償者，輒置不問。及以急告，又未嘗不應之。邑城東故有中都河，多淖瀯，爲涉者病，捐資爲建廣濟橋，鄉人便之。其志於利物，汲汲若恐後。家用或不給，顧弗之恤，業因以就落，遇無年，乃至艱食，時輩咸嗤之，公怡然不以介意。性素剛直，人有過舉輒面數，不少假借。曲直不相下者，必據理折之不阿，雖素號倔強者亦帖然退聽。以子良弼貴，始封刑科給事中，階徵仕郎。再封通政使司右參議，階奉政大夫。喜曰：“始吾無意榮貴，今以爾及此，非國恩乎？吾老不及報，爾其盡忠職業以答殊遇，吾庶無愧。”良弼爲給事時，嘗論內帑陳物積朽無用，請會官稽核，遞爲折放。及爲參議，會逆瑾羅織，追理前事，誣以糜費，下詔獄，謫戍遼東。公無慍色，曰：“此非兒罪，庸何傷？”瑾既伏法，釐革弊政，復良弼官。公亦無喜色，曰：“我固知兒必且爾也。”正德乙亥九月二十七日，以疾終於正寢，其生爲正統庚申九月二十一日，壽七十有六。

配張氏早卒，繼配范氏，有淑德，稱其閫職，俱贈宜人。再繼冀氏，封宜人。子八。良才舉進士，知高郵州，能其官。次良弼，舉進士，選入翰林，爲庶吉士，能讀中秘書，尋歷諫垣，多所建白，累官右通政，其器識過人，大用有足徵者。次良佐，長垣縣丞。次良卿；次良金。女一，適士人趙廷璽。范出。次良玉，又次爲縣學生良璽、良翰，冀出。孫男十七，女十五。曾孫三，女亦如之。以是年十二月某日葬縣城北千步之原，從先兆也。

公兄弟三人而居其長，真寧鍾愛特甚，蓋有以見之。已而生多賢子，門祚賴以光大，身雖未遇，而積德遠圖，上成父志，以開其源，波及子孫，爲無窮之澤，已復榮受封錫，優游其間，享太平之福者殆數十年，不賢而能如是乎？特爲著之，以俟立言君子采而擇焉。

封君李斗室行狀

封順天府通判斗室李翁，今中府經歷朝宗之父也，正德丙子八月二十二日以疾卒於府廨，其生蓋宣德丙午三月一日，爲壽實九十有一。始以壽八袠，恩賜冠帶。歲庚午，朝宗判京兆，迎養。會朝廷以兩宮覃恩，受封如其官。年九十，猶矍鑠[三]示健，對客劇飲。鄉縉紳并朝宗同官者咸造賀之，謂翁以積善食報，福履殆未艾也。無何而訃聞，又相率往吊，爲文祭之。翁雖未仕，始終褒榮，享仕者之奉，亦未爲不遇也。朝宗懼遺行湮没，屬龍狀之。龍非知言者，辱朝宗友善，知翁爲悉，辭惡得諸？

翁名盛，字至大，斗室其別號也，世爲山西岢嵐人。國初有諱得仁者，以地理學鳴於太原之西，實翁曾祖。祖諱明，父諱英，皆世其業。兄弟二人，翁爲仲子，性至孝友，侍父疾，親嘗湯藥，衣不解带者浹旬。執喪盡禮，以哀過病目，終其身弗愈。兄茂早逝，厚遇寡嫂田，撫其遺孤六人，咸得其所。成化間，郡中嘗大侵，家無餘資，鬻田自給，且以分諸族姻之餒者，曰：

"吾與義均休戚，彼將赴溝壑，忍坐視而不救乎？"竟能活之。素剛直不阿，爲鄉里信服，有曲直不相下者，咸取裁焉，受質而退，無後言。嚴於教子，雖小過，輒捶楚不貸。諸子咸祗承，罔有違越。朝宗幼穎敏，爲翁鍾愛，嘗誨之曰："爾必大吾門，須勤學乃濟。吾聞忠孝立身大節，學莫有先焉者。爾必勉之，以成大器，俾爾父及見，吾無憾矣。"朝宗以是力學，爲儕輩推讓。舉壬子鄉薦：皆義方訓也。輕財好施，至老不倦，雖宦邸，不異家居。郡人張景升以貢至京，卒無所歸，翁憫之，命朝宗厚爲之棺，斂送歸其鄉。朝宗嘗爲翁造一棺，材甚美，價二十金。遇其知厚李世杰之喪，謂朝宗曰："此人素有行，吾嘗重之。今死，無以籍幹，吾慟之，其葬以吾棺，庶吾涕之不爲無從也。"朝宗從之。或者以其父子同志，比之麥舟之義。好讀佛老書，曰："是言雖多誕，意在勸人爲善，誦之何妨？"其於地理，得之家傳，往往濟以儒者之論，不泥其術，故説多驗，人信之若蓍龜。然酷好山水，郡中名勝，足迹殆遍，蓋取諸登覽以稔其學，尋真探隱，飄然塵外之趣。善調攝，與物無競。晚年辟穀，服牸乳，日數盞，酒稱之，精力不減，人皆以爲有道術云。

配龔氏，處士詳之女，克盡内職，事舅姑以孝養聞。斗室父子之克成令名，龔與有力焉。封孺人，先翁卒，爲壽六十有七。子三，朝宗其長，次朝相，次朝鳳。女二，長適總旗萬原，次適舍人龍滋。孫男一，金山。孫女五，長適楊光大，餘俱幼。朝宗將扶柩而歸，卜兆與孺人合葬，宜得立言君子以銘諸墓，用著其概，俟采擇焉。

劉母姬氏行狀

劉母，姓姬氏，處士剛之配也，大名府魏縣人。父諱管成，母趙氏。自幼重厚簡默，不妄笑言，精于女工。歸處士，克盡婦道。姑楊氏莅家嚴峻，難得其歡心。姬親操井臼，夙夜匪懈，問所欲而進之，以孝養聞。初，處士山西襄垣縣人，隸上林苑養牲籍，供億惟艱，窘於無資地，嘗謂姬曰："生事如此，奈何？"姬笑而不答。強之，則曰："丈夫顧立志何如耳。服勤力作，俟命于天，貧賤富貴，寧有種乎？吾不敢惜辛苦，君勉之。"處士乃一意幹蠱，無復內顧。姬佐以勤儉，不遺餘力，家寖以興，不十餘年，遂致殷富，治第宅，闢園田，一時里巷罕儷其盛，姬之力爲多。性素慈仁，見貧乏不能存者，輒推濟之。年三十餘，即不御葷腥，惟日焚香誦佛而已。平生表裏一誠，不解作謾語。衡星、算目皆不能識，曰："吾知秉吾心耳，遑恤其他？"故坦夷自得，與物無較，人亦感其誠，不忍欺之。生三子，皆賢，富而好禮，與縉紳相往來，爲晉中著姓。年八十，時鄉士大夫咸繪圖賦詩，登堂爲壽，車馬填門閭，見者嘖嘖稱嘆。正德丁丑八月初二日，以疾卒，詎其生宣德甲寅十月二十三日[四]，春秋八十有五。

三子：文聰娶郭氏，繼娶章氏；文達娶鄧氏；文政娶張氏。孫男四：鉞，錦衣衛副千户，娶侯氏；鑒，娶封氏，繼娶郭氏；鑰，錦衣衛冠帶總旗，娶侯氏；錫，錦衣衛校尉，娶鄭氏，繼娶姚氏。孫女四：長適沈芳，次適錦衣衛指揮僉事韋章之子玉，次適鄉貢進士魏瀾，次適前錦衣衛指揮僉事、理刑鎮撫司牟斌之子舜臣。曾孫男五，永年，永賢，餘幼。曾孫女一。將以九月十一日與處士合葬宣武關南白紙坊棗園之塋，禮也。三子皆先逝，晚年就養諸孫，其後事實孫鉞等主之，大懼遺行日湮，謹疏其概，以俟立言君子采而銘焉。

求喬白岩太宰撰四榮碑狀

昔在京師，每與同鄉諸搢紳宴集，無慮數十人，蓋所謂京官者咸備矣。維時銀臺使任君廷贊相知最深，歡洽之餘，輒目群英，謂愚兄弟曰："京官除四品以上，莫大於翰林、科、道、部屬，四品以上率皆自此進之，實搢紳發軔之正途。朝家以待天下之士，非進士不與，其重可知也。天下士欲內任以近清光，惟四者是慕，故皆以進士領之，其榮可知也。雖其中間有一二由鄉舉得者，已爲變例。諸司官屬雖多員，要皆散秩，間亦有以進士補之者，大率非時所重而榮焉。今日之會，有翰林，有科，有道，有部屬，聚之則盡一省，分之則家各一人。君家奕世顯者，於此各任一官，略無重授，若擇而取之，以成盛事，可謂四榮也已。是宜額之廳事，吾當咸爲君家賦之。"蓋僕家自先祖一庵府君任監察御史，遷浙江按察副使。先考北村府君任户部主事，後改刑部，轉員外郎。即不肖，叨任翰林院編修，累官今職。弟夔叨任兵科給事中，遷户科左給事中，又改今檢討。銀臺命此時，僕方爲中允，而夔弟猶在兵科，故衆客咸以爲允，欲從銀臺之賦。僕謂近於自伐，謝而辭之。

　夫四榮雖萃于一門，然必更三世，歷四朝，兼死生而後得之，吁！亦艱矣，是可以遽忘所自，弗思所以世守之哉？今繆承恩典，修成兆域以寧祖考。世俗皆以門第興廢歸之墳園靈秘，謂氣脉相與流通，理或然者。故取銀臺語爲四榮碑，樹之墓道，光昭先澤，示子孫俾無墜厥緒，必須碩望鴻筆，乃爲借重而傳遠。昔先淑人不禄，哀懇表墓，未蒙見允。於時柄握銓衡，事關重大，日不暇給，未敢固請。今執事解重而歸，從容綠野，載酒問奇字，叩門求藥方，不知幾何，其人皆將有以應之，而僕以是請，其何説之辭？僕自入官以來，所得于名公詞翰，餘不暇悉，姑以同鄉言之，韓質庵司徒則有，王晉溪太宰則有，李省齋司徒則有，王虎谷都憲則有，皆以通家雅愛，不惜珠玉，故雖賤且微，而積文獨富，與貴要者埒。通家中加以親戚如執事者，其何説之辭？僕別東謂執事功成身退，宜援筆著述，以發未盡之蘊，其次猶當與韓、歐諸公馳騁上下，爲《白岩集》以待後學，則四榮碑者，於吾晉文獻雖不敢當其下風，而本朝内任之官制、縉紳筮仕之階梯皆可以考見，殆集中之不可少者也，其又何説之辭？惟執事慨然賜之，則泉壤生光，山川增重，先府君死且不朽，愚兄弟何幸如之？何感如之？

求太夫人六十壽詩序狀

家母姓張氏，故太原僉憲公士行氏女也。聰慧，通詩書大義，婦道、母儀爲鄉國所重，女工其餘事也。先君舉進士，歷官中外垂二十載，所至有聲，内助爲多。龍兄弟得從衣冠之後者，又慈訓是賴。先君宰邑時，受命封孺人。歲乙亥，實壽六裒，屬時有疾，未得稱壽。兹甲子之周又逾歲矣，康健殊倍疇昔，豈非龍兄弟幸哉？乃二月五日爲衣祏之辰，修舉缺典，辱諸縉紳先生贈之珠玉，爲壽筵重。院坊諸公者，請少宗伯熊峰石公爲序；諫垣諸公者，請翰長東江顧公爲序；而敝鄉諸公者，則大司馬晉溪王公爲之。此外又有士大夫與龍交游而以詩名者，又得若干首，序則未有。龍叨在寮末，傾慕下風久矣，而辱愛尤深，欲得大方家制作以開茅塞，且爲傳家百世之珍，蓋常拳拳焉；顧尋常瑣屑，有未足以勞尊筆者。今日之事，重以壽母，乃敢上干。所謂交游諸公亦皆執事之所知厚，倘蒙慨然揮賜以弁其端，金輝玉映，蓬蓽生光，豈徒龍兄弟之幸？而諸作亦賴以增重。惟執事其惠寵之，感且終身，言豈能悉？

求王端溪憲副撰特恩堂記小狀

荒塋落成，堂未有名。吾友孟遲齋吏侍聞而嘉之，寓書來賀，題其扁曰“特恩”，蓋以文臣任三品者三年考績，其父母得

受三品封贈。生而授三品封者，其卒也得給祭葬，制也。龍自翰
林學士轉禮部侍郎，甫兩閱月，先淑人即棄養，於制未應得。第
以上踐祚之初首勤聖學，龍以官叙備員經筵日講，眷念微勞，恤
典加厚，常格之外俯從所請，既以三品官階贈先大夫暨先淑人，
又以三品制度給與祭葬。此異數也，名堂之義本此。然非有大手
筆爲之記，抑何以稱上之賜而增九原之重哉？執事忝通家友，又
素以文名，親禮先大夫墓而登其堂，且以"嘆遲齋"之扁爲不
謬也，所宜記者，舍執事其誰？惟慨然揮賜，實幽明無涯之幸。

校勘記

〔一〕"壼"，據文意疑當作"壺"。

〔二〕"□"，據文意疑當作"墉"。

〔三〕"躒"，據文意疑當作"鑠"。

〔四〕"詎"，據文章疑當作"距"。

墓　表

亞中大夫四川右參政硯莊葉君墓表

參政葉君良器守東昌既久，循良爲一時首稱，竟以勤瘁致疾，上疏乞休。會晉秩爲河南左參政以示優異，仍莅府事，而疾不可留，乃束裝離郡，待命于途。未幾，遷四川右參政。其子份，南京戶部主事，適以公差事竣，會于淮上，得侍疾以行。至京口，卒于舟中。至是，將圖襄事，踵南都請予表墓。君蓋予正德癸酉京闈所舉士也，辱有知己之義，顧安得辭哉？

君諱天球，字良器，硯莊其別號也。世居徽之婺源，曾大父諱玄否，以殷厚掌區賦，領綱運，人服其公。大父諱觀武，平心率物，鄉里稱爲長者。考諱兆允，以子貴，加贈中憲大夫、東昌知府。母游氏，加贈恭人。生子四，君其叔也。君幼穎敏，讀書輒成誦，見者奇之。封君以其孱弱，不欲事進取。年十七，從仲兄天爵宰崇仁，始授經學。比從知寧州，遂大肆學力，見推儕輩。援例入太學，爲祭酒熊峰石公所知，曰：“是子當有令名。”尋舉京闈，登進士第，授戶部主事，委收太倉糧儲。時有巨璫督倉，豪縱，君守正折之，輒爲慚沮。督運宣府及監倉淮陽，收郡縣之輸，必平其入，不苟求羨餘衒己能。中貴同事者務朘削，爲開誠諭之，率減十之七八，亦帖然不以怨。監居庸倉，適武廟北巡，供億不訾，檄召旁午，戶部持議未決。君馳至，爲大司徒東潯石公畫策，力請行之，卒致上供不缺，費亦不濫，人以爲難。

一日，道出榆河，值乘輿奄至，無所於避，伏謁道左，爲騎士所詰，俄有旨釋之。蓋軍中咸重君之幹濟，有以上聞故爾。比還，轉員外郎，繼遷郎中，又爲大司徒紫泉楊公委重。會武廟南巡，軍務方殷，灾報日至，餉給多艱，惟君籌取決。尋升東昌知府。郡當要衝，所轄廣遠，加以薦荒，倉廩空虛。下車即事綏輯，仿常平法行之，民恃以安。居兩月，章聖皇太后自郢北上，或以前途共具移君踵行，君曰："聖母將以儉教天下，有司乃崇侈厲民，罪也。"爲省其半，卒亦無他。作團甲法，每數十户爲一團，擇民有行義者總之，稽其丁業，出入嚴甚，於是土著益固，新附日增，游惰無所容矣。郡縣徭役，必躬爲審定，務適其平，强宗巨族不得幸免，境內稱便。嘗遇大歉，流民集郡城者日千計，君度倉儲未足，自出俸給銀易粟，乃勸富民并發倉儲賑之，爲粥以食尪羸，活二萬餘口。累疏剴切，奏免夏税三之一、秋糧四之一，時論韙之。孝武渡當陸路之衝，濟者咸以私舠。造方舟十二爲浮橋以便往來，其費取諸凍河夫役，民不知擾。茌平在東昌，爲極敝之邑，積弊相承，貧者税而無田，富者田而不税，賦役無藝，民不聊生。君謂振之非大更張不可，請于當路，行丈量之法，得其疆畝，乃以額税均之見田，使無偏累，復業至千餘户。仍爲處給耕牛，以力田事。歲屬大稔，積逋以次皆舉。巡撫王公伯畿上其績于朝，事下核實，因襃之曰："學不泥古，政事適變通之宜；才足經野，賦税得損益之善。"聞者以爲允。獄有三囚，舊牘俱坐死。君得其情，爲白于監司，未協，或規之。君曰："匹婦之冤，猶爲旱厲，況非罪而殺三人，且以媚人，吾不忍也。"竟平反之。郡多淫祠野刹，俗恣爲惑，悉令毀之，以其材葺理學宫，作興人材，施從其厚，士皆奮力于學。先是，郡守常秉燭理簿書。君總持大綱，嚴而有體，委任寮屬，各因其才，故不勞而治。事封君及游恭人，得其歡心。侍疾躬調湯藥，衣不解帶。居喪哀毀盡禮，處兄弟怡怡如也。平生雅愛讀書，公退即手不釋卷。所爲詩文自成機軸，未嘗蹈襲前人。其於吏事飾以儒雅，與世俗殊絕。子份官南都，嘗寓書戒之曰："吾無他長，惟當官三事，守之不敢失耳。勖哉吾子！"及疾亟，份在側，問所欲言，徐曰："死生有命，汝能盡心報國，吾且瞑目。"卒以嘉靖丁亥七月十四日，距其生成化庚子八月五日，壽四十有八。娶汪氏，玉山縣丞厚之女，加封恭人。子一，即份。孫男一，孫女二。

份以己丑五月二十五日葬邑之來安鎮後山之原，蓋新阡也。予昔校君文，謂得佳士。君歷官治行果不負予舉，予因藉以喜。乃齎志未究其用，尤深惜之。然生子如户部，方以偉器振響于時，可謂有後，天其懋矣，發君之所未盡者乎！書以俟之。

贈奉訓大夫光禄寺少卿前西平縣知縣王君墓表

河南西平知縣王君汝弼，死於官守，既膺恤典，喪歸于潞，其孤國子生宧入謝畢，將圖襄事，乃奉遵化知縣李君堂狀請予表墓。予友太僕少卿孟君時元實爲君銘。弘治乙卯，君領山西鄉薦，太僕與予皆君同榜，故壤地相接而相與爲厚，且壯君之死節，爲同鄉同榜增重，誠不可以無述也，銘以太僕而予則表之。

君倜儻有大志，素以才賢自負，謂功名可立致，天下事皆不足爲。稠人廣坐中，言論侃侃，稍欲自見，衆爲傾聽，信其不誣，且有徵於後也。既屢屈禮闈，受汝寧西平令。始至，即惠愛爲政，招徠失業，撫輯其居者，汲汲不少暇，邑無廢事，獄無滯囚，時稱廉平。會齊、魯間盜蜂起，肆行劫掠，遠近騷動，君曰："盜且至，不可無備。"築城浚隍，大修戰守之具，教民日事習武。已而延及河洛，聞西平有備，不敢犯。嘗公出，道遇群賊，欲辱之，毅然持正，不爲屈。賊曰"壯士"，舍之，第取其馬而去。久之，勢益猖獗，擁衆數萬奄至城下，大呼曰："納我館之，出而子女，發而金帛，則可以免，不然且屠邑。”君曰：
“是尚可以爲邑哉？是亦何以令爲哉？”乃誓士民，晝夜嚴兵固
守且戰，殺賊數十人。有酋領躍馬出挑，君引弓一發斃之。賊不
勝忿，趣攻益急。時官軍皆遥駐，不敢爲援。凡三日，力竭，城
陷被執，竿之旗首，使其黨射之。君瞑目大駡，幾絶。復置之
地，少蘇，則挺刃于頸，抑令就跪，君駡曰：“我天子命官，爾
逋誅逆賊，恨不能斬汝。有死而已，膝不可屈。”遂殺而裂之。
事聞，朝廷嘉其節義，贈光禄寺少卿，諭祭一壇，蔭孤爲國子
生，令有司給棺歛，傳送還鄉，恩至渥也。

　　方賊鋒之鋭，郡縣瓦解，有委印綬棄城遠遁者，有盛其供帳
宴犒開門迎款者，士氣不振，聞者大以爲憂，君慮之其熟矣。先
是，遣室李携其子歸家，曰“不可使先人無後”，則以義命自處
分於必死，不待城陷而後決也。自是諸路聞風，死者相繼，城守
皆堅，賊奔竄無所於得，勢漸衰歇。諸將乘之，奮勵而起，凶渠
以次就擒。今在河南，僅殘孽百數，逃伏延喘，搜原剔藪，指日
底定，未必不自君發之也。故予始聞君死，哭之以詩，有“張巡
不爲綱常計，郭令難成社稷功”之句，誠知士節如此，賊不足平
也。使當時握重兵者已能遣一裨往援，則城亦自不陷，君亦且不
死，雖其身幸免，獲有建立，亦未必烈烈如今日，豈天將啓太
平，固欲死君以節，爲豪杰倡首，使人人自效，以爲反正之計
與？論者以睢陽既陷而援至，謂天以全節畀巡、遠，爲唐氏興復
之基，正此意也。以此坊民，猶有都卿佐之位，素負時名，當闆
幄重寄，顧擁强自衛，與賊連和，養成大患，幾不可救者，卒之
神人共憤，歸伏國憲，械死於獄，視汝弼之死，其得失爲何如
哉？均之死也，有輕於鴻毛，有重於泰山，汝弼其慮之熟矣。予
故備論于此，使他日史氏書平賊之功知有所本，以附睢陽之例。
若夫世系、履歷、葬事之詳，有太僕志銘在，予可略云。

鍾恥庵墓表

正德之季年，予承乏翰林學士，今按察僉事鍾君錫方自刑部主事改鳳翔同知，將行，疏其曾祖恥庵先生事行過予請曰："吾家以儒爲業，自吾曾祖始，于今歷四世，而寖以昌熾，錫不敢忘所自，恒思以無忝是勖。顧其葬未有表，遺行日湮，非所以示來裔、爲不朽計也。敢以是懇。"予諾，而君行。及君以佐郡擢僉於陝，予亦晉貳春卿，兹且叨典邦禮於留都，取便過故里。會君以暫告居澤，復承使問，申前請也。蓋仕途多故，久未能應，乃爲斥冗以畢其志。

先生諱厚，字文載，別號恥庵，世爲澤之晉城人。幼聰敏好學，奮然有遠志。爲諸生時，父常居別墅，去城三里許，每退自郡庠，必往省安否，雖祁寒暑雨不廢。其處兄弟，恭而能友，閨門之内肅然無嘩聲。公平善斷，族人有違言，咸就質而去，不以赴官。游太學，歷政民部，務廣見聞，凡朝廷典章及名臣建議關治道者，必手録于册以傳示子孫。澤俗治喪尚浮屠法，有不舉者，衆必譏之。君執親喪，一以文公家禮從事，雖違衆弗恤。終其制不御酒肉，歲時追遠，必致齊潔，如事生存。遇忌日，輒哭之盡哀，年逾八裒亦不爲怠。初任台州府經歷，以丁憂服闋，改鞏昌府，俱廉勤奉官，以濟物爲志。公委紛沓，剖決如流，無不見愜，蔚然有聲。以老乞歸，徜徉林下，時執遺經以誨子姓，曰："吾紹先人之業，有薄田數頃，足以供饘粥，不憂于乏，第學未及成爲可愧耳。今老矣，無能爲也。希踪前修，光我門户，尚於爾輩是賴。"故其子孫皆務力學，以底成立。嘗以宗族蕃衍，遠不可稽，斷自高祖而下八世，效老泉體撰爲譜牒，序而藏之，世系分明，疏戚聯屬，得古人尊祖敬宗之意。平生簡易，恥事奇詭，居家服用，類從儉約。弟永安卒，爲銘葬之，撫所遺幼女于任,比笄,厚裝以歸,姻黨咸悦。仕雖未顯,而始終完節,有先達之風,享年八十有七。配張氏,有淑德。子男三,杰、儼、侃。杰任清豐縣學訓導。孫男九,璨、瑗、璜、珙、璀、珣、璋、珂、璞。瑗任洋縣主簿。曾孫男十有五人,錫、銓、鑾、鏊、鎌、鑄、鑒、鍔、釗、銑、鉉、鎏、釬、鈞。錫登甲戌進士,累遷今職,鑒、鍔以禮經同舉于鄉,俱遠大有可徵者。玄孫男亦如之。

嗚呼!澤潞爲晉省東郡之良,自古號多才。今觀鍾氏衣冠之盛,後先相望,尤耀于澤,譬則木之成林,水之爲瀾,其勢有不可遏者,而培植疏浚不無所始,要非一朝一夕所能致也,其耻庵之謂乎!莫爲于前,雖美弗彰;莫爲于後,雖盛弗傳。耻庵啓之,馴至斂憲君,兄弟競爽,足以承之,其爲氏族,將不止有聞于澤,嗣是而出者且未艾焉,是惡可不知所自邪?兹其没垂三十載,清豐而下皆未及圖。斂憲君仰推前人之意,聿修缺典。予以久要不忘,卒爲成之,豈亦有數乎?傳曰:顯揚先祖,所以崇孝也。身比焉,順也。明示後世,教也。斂憲君有之,於是乎書。

奉訓大夫冀州知州李君墓表

正德庚辰,爲天下述職之期,冀川知州李君道原將發,遇微疾,以王事嚴,弗敢違,力而抵京,疾轉亞,未入覲,卒。其孤國子生通儒扶柩歸葬于代,以翰林編修鄺君子元狀請予表墓。道原,予鄉舉同榜士也,予嘗器其爲人,謂當遠大而止,是表其可辭?

按君諱朴,字道原,別號忍庵,世家山西代州。曾祖諱彦廣,祖諱芳,父諱謙,俱有隱德,爲郡之良。君生而氣清性敏,甫六七歲即能誦四書,舉止異常兒。伯父泰,蕭藩長史,愛之,携至蘭州。中丞幸庵彭公幼與同師受業，以爲益友。比還代，一時朋輩無能右者，爲提學僉事楊公質夫所嘉。比偕計上，屢詘禮部，竟以母老就銓，授平凉通判。始至，遇歲侵，勸粟以賑，捐俸倡之，輸者擁至，饑而不害。有回賊犯境甚劇，率民兵禦之，遇于靈臺，被圍，出以奇計，禽其酋并黨十餘人，獲馬數十匹以歸，賊衆奔去。巡按御史周君廷徵疏薦其能，尋領茶馬政，貿易平允，番人爭以馬售，至溢額，息且千數。丁内艱，起復，改開封通判，以捕盜爲職。募壯勇，勤練習，謹巡邏，明賞罰，闔境肅然。兼理糧儲，宗藩多以勢撓，一惟公法裁之，無弗服者。封丘有閻瓚，以妖術聚衆，流劫鄉村，遠近騷動。巡撫都御史李公梧山即以檄君，帥衆馳往，躬甲胄督戰，衆奮而賈勇，禽瓚等數十人，餘悉解散。事聞，特被命獎勵。尋有胡文智者作亂，□衛輝，僞稱號署官，其勢方熾。李復屬君曰：“事雖他郡，吾欲以先聲取之。向子有成績，宜爲所忌，姑剪此以朝食可也。”文智果就縛，李大喜，疏其功，下所司核之，未報。會遷冀州，發汴日，士民送者填委，戀戀不忍別。諸司素以君幹濟稱快，去則相與憶之，如失左右手。抵冀，舊政多弛，君曰：“宿弊羸民，法不可急。”乃任德省刑，期與民更始，而以次剔其蠹，吏胥無敢奸其間者，逋稅皆舉，境内稱治。顧壽未及六旬，官不逾五品，用靡究才，聞者惜之。配劉氏，贈郎中瓚之女，以内助稱。男三，通儒、達儒、述儒。女四。君平生篤實，不事矯飾，遇橫逆輒默然省躬，未嘗與較，故以“忍”名庵，志其實也。平生好書畫，多購致之，謂其子曰：“吾囊無餘資，以此遺若輩。”居常以不出甲科爲歉，已而歸之命，求諸在我，要不可使愧耳。故宦轍所經輒赫有令名[一]，假之以年，其樹立有不可量者，而據其已至，亦足以自見，傳之不朽。表之示夫後進，俾知有所謂鄉先生者，得企以爲法云。

揚州府通判王君墓表

予同年友侍御閻君汝思向嘗爲予言，祁之故家有王通判氏者，世以高年積德爲鄉邦之望，其子孫蕃衍之盛，近所罕見。通判君起自科目，歷仕二郡，所在有政聲。予聞而賢之。既而閻君以按治至自陝西，取便過祁，王氏子弟以通判君棄世且久，不可無表于墓，而托之閻君，因以屬予，遂不得辭。

按狀，君諱昂，子顒其字，世爲太原祁縣人。自幼穎悟，好讀書，手不釋卷，能文章，爲同輩推重。領成化戊子鄉薦，益務造詣，以遠大自期。屢會試不偶，則喟然嘆曰："吾如命何哉？"乃就選吏部，考中第一，授大名府通判，以公勤佐政，爲撫按所知。事有盤錯難理者輒下之君，悉爲剖決稱意。督隸內稅糧，皆爭先完輸，不待鞭朴，屢被獎勸。以憂去任，服闋，改揚州府。雖當繁劇，所遇迎刃，無留滯者。嘗造浮橋濟渡，往來稱便。驛傳宿弊，刻而清之，民不告勞。尤以剛方自任，不爲貴勢所撓，遠近咸稱頌之。被委公出，舟行假寐，夢神告之曰："難且至，宜急避之。"既覺登岸，俄而舟覆，獲免。其在大名，嘗勘事蒲州，道經襄陵，心忽爲動，止驛亭瞑坐，聞壁間有人言："而翁病殆矣。"遂驚窹，兼程馳歸，父疾已不可爲，得永訣，治含歛如禮。二事，聞者傳以爲異。以疾卒于官，壽六十有五，歸葬邑城東北先塋之次。配盧氏，克治內職。曾租諱彥成，壽百歲。祖諱鎮，壽九十七。考諱擴，壽八十五。俱隱居不仕，以齒德爲有司尊禮，鄉飲延之賓位，邑人榮之。子七人，廷輔、廷弼、廷佐、廷臣、廷相、廷杰、廷彥，皆力行勤儉，以治生業，而廷杰則白眉之良也。孫男二十有五人，經、統、綷、紀、絨、綺、綬、綱皆以儒業治身，餘或以掾吏進，或以援例榮，服賈、治農亦各事其事也。祁自古代有名人，志謂俗尚節儉，好學力田，有孝弟之風。今爲省治近邑，衣冠文物尤多，有所觀感，徵諸王氏，殆亦邑之巨族而有得其遺風者云。

徵仕郎光禄寺署丞李公墓表

陝西苑馬寺丞李君堂，自平涼函表入賀聖壽，既竣事，過予懇曰：“昔吾祖光禄署丞死王事，吾父以衣冠爲葬，痛之終身。以及于堂，餘六十年於兹矣。歲時展謁墓次，輒悽愴不勝，若吾祖有在。顧未有以表之，兹實先人志而堂之責也。敢以煩執事。”

按公諱昱，字文昭，號慎齋，世爲潞州人。天性剛毅，篤於爲義，慷慨自許，動以古人爲法。治《尚書》，領宣德乙卯鄉薦，卒業太學。屢會試不偶，已而授光禄寺署丞。正統己巳，扈從英廟陷于虜廷，虜人欲用之，公曰：“主辱臣死。死有重於泰山，有輕於鴻毛，顧自處何如耳。今日固吾死所也。”遂不屈遇害。尋被恤典，進階徵仕郎，贈父昂如其官，母及妻俱封孺人，蔭子淳入監讀書，其制詞有曰：“人孰不死？惟死于國事乃爲榮也。”嗚呼！君臣之義，無所逃于天地。策名委質，死生以之。故殺身成仁，舍生取義，見危授命，臨難毋苟免，聖賢垂訓，不一而足。以此防民，猶有背漢臣虜，忍恥偷生，而甘心犬羊者。甚矣！亂臣賊子不可勝誅也。靖康之變，李侍郎若水以扈從死節，即爲虜人所重，名耀史册，流芳百世，公豈其苗裔與？雖卒以非命，而守死善道，爲朝廷所嘉，榮及存没，其受賞已厚。至子淳，歷汝、寧、揚州推官，高唐同知；孫堂以鄉薦宰宜君、遵化而擢苑馬。父子接武仕途，功名烜赫，爲鄉閭延譽，則天之報公者亦未嘗不豐也。節義，人之大閑，死於其職，亦惟成就一是而已。初非有所爲而爲之，

顧獲福之隆有如此者，然則節義何負於人？人亦何憚而不爲
哉？愚故表之以勵風化云。

校勘記

〔一〕“輒”，據文意疑當作“轍”。

墓　表

高平縣知縣柳君墓表

知高平縣憨庵柳君卒之二十年，其仲子太學生孔昭至京，持戸部郎中張君文綉狀請予表墓，爲公之嘗宰吾襄也。公下車逾年，予始生，今年餘四十，乃爲公表，其數固有待耶？予方解事，即聞父老道公遺愛而識之。稍長游庠校，見所樹修宣聖廟碑者，書公政甚悉，而誦之習。雖未嘗一識顔面，而知公亦既深且舊矣，顧安得以不文辭哉？

公諱豸，字廷直，憨庵其别號也。髫年能作文，即有奇語。天順壬午舉于鄉，游太學，累試大司成，爲六館諸生冠。成化壬辰登進士第，出知吾襄。邑多山，壤地素瘠，民鮮生事，年且屢侵，流冗不可勝紀。公務爲綏輯，復業者七百餘户，百度具舉。旌疏薦入，有曰“官任牧民，政施愷悌。其在甲科，殊爲穎出”。會蒲州闕守，薦者欲以公遷，襄民詣闕請留者殆千人，事遂寢。尋召入，授試御史，以事謫岐山丞。又以治行薦，補咸陽令。爲讒者沮，再謫會川衛知事。皆怡然不以介意。弘治改元，孝皇登極，詔才行卓異屈下僚者悉加甄録，□是移宰高平[一]，與吾襄接壤。民聞公至，咸出境迎之，有泣下者。或與彼相争曰：“我公也，爾奪之。”時當道有素隙者，奸民乘而構之。公曰：“余不負令，而令負余。”遂解官歸。居家，日引親舊觴咏爲樂，逾數載而卒。所著有《謫蜀録》《和唐音》

《憨庵稿》，藏於家。配鄭氏，繼黃氏、朱氏、劉氏。男四人：長瀚醫，學官；次孔昭，國子生：黃出也。次江，次泗，俱郡庠生。女三，皆適宦族，其婿安汝翼、黃金書、鄭用時。以上劉出。嗚呼！公以中州之杰遭際明時，視天下事若不足爲。筮仕於襄，談笑而揮之，其大受遠到宜不可以涯涘窺者。已而回翔南北十有餘年，竟坎坷不獲盡試，謂非命耶？抑聞公之爲人剛介不屈，疾惡太深，與世落落，以是速謗招怨，扶搖之搏卒有妨焉。然執守益堅，雖百折不悔，迄今宦轍所經，佳政美績在人耳目，赫赫若前日事。視彼致位通顯、沒世無聞焉者，所得顧不多耶？然則今亦可以無憾矣。

清河縣主簿初君墓表

予以先太淑人憂歸，服闋家居。侍御初君杲出按河東，逾數月，以書抵予曰：“先祖清隱公沒且七十載，懿行在人，赫赫如昨日事，恐久而事泯，後世不復知，則杲之罪也。今將表諸墓道，敢以煩下吏。”予素辱侍御知愛，今其按敝省，風采振揚，釐革宿弊，礪政大舉，境內肅然，家□之傳，世澤之遠，益爲有徵。其顯揚崇孝，固當有以成之，惡得辭？

按君諱灝，字永清，荆之潛江人，沱潛、清隱其別號也。大父諱信之，父諱進忠，衛輝府推官，調沙縣令。母王氏，生三子，君爲長。幼失怙，二弟俱早亡，煢煢孑立，生業蕭然，所居僅蔽風雨，饔飧或不繼，處之晏如也。奉母氏竭力承順，務得其歡心，每稱貸以贍甘旨，諸可遺之戚者咸不敢以聞。比卒，哀毀骨立，行古喪禮。力學，手不釋卷，研精蘊奧，期致于用。宣德七年，舉賢良方正，授清河縣主簿。政尚惠愛，視民如子。嚴於律己，有冰蘗聲。嘗曰：“吾官卑，無以澤民，第不以擾之可也。”民愛之如其父母，形于風謠。縉紳士樂爲詩咏，遂至盈卷，題曰《孤松傲雪》，保齋劉公主静爲序其端，其見重名流如此。未至引年，以疾乞休，當道固留之，不獲。侄子璘九歲即孤，母亦改適，撫而育之，延師以教，長爲擇婚，不啻所生。璘忘其孤，即父視之，鄉人疏遠者或不知爲弟息也。性嚴毅，家庭凛凛，子弟小有過輒加訶責。歸休杜門，足不履公所，唯事吟咏，日與親故置酒高會。或勸之營産，爲子孫計，答曰：“吾直以心遺之耳，安事田廬？”配劉氏，庶王氏。子三：曰璹，曰璡，劉所出。曰珍，癸卯貢士，贈監察御史。女二，莆田方熊、同邑陸岡，其婿也。俱王出。孫男二，長即待御，次旦，邑庠生。生洪武辛未四月二十七日，卒天順己卯正月三十日，春秋六十有九，葬縣治西先塋之次。

嗚呼！先儒有言，一命之士，苟存心於利物，於人必有所濟。清河之政，守己裕民，播之聲詩，至於今美談不衰，視高爵厚禄、氣焰逼人、與世扞格、民無德而稱者，其賢不肖何如也？況其孝友之德著於家庭，則家理而治移于官，尤爲可尚。再傳而至侍御，登高科，爲耳目近臣，德業日起，遠大有不可量者，皆清河之遺也。仕雖未達，有孫如此，其名亦未爲不顯矣。非此其身，在其子孫，君子以爲有後，若清河者，復何憾哉？是宜表之以告來世。

碑

壺關三老墓碑

予觀史册紀古人事，有名存姓亡者，有姓存名逸者，亦有事存并失其姓名者。歷世既遠，簡策磨滅，傳寫脱誤，變故推遷，勢則爾耳，存其一固幸矣。間有事關名教，人品高越，後世所仰慕，乃不獲識其姓名，憾可知也。故好古之士必欲訪求遺迹，參考互訂，無所不用其極，有以補之而後快於心焉。

　　按漢孝武時壺關三老茂者，史失其姓，邑之故迹雖見郡志，然實未得其地。三原張君友直來宰是邑，謂漢名賢不宜泯泯爲千古闕典，蓋潛心數載求之，未釋也。間嘗以公事遠出，過一村曰崇賢。意村以賢得名，必有材賢出乎其間，因以訪諸村之父老，則曰村左純山之陽有巨冢，不詳所自。至則亦荒榛野草，無可徵者。或言此地耕者曾得片石，隱隱有字，藏之近村古寺。取視，則唐人令狐信墓志也。其序世系，則曰"昔先祖茂夾輔周室，光翼漢朝，封爲三老，謚曰徵君"。是以茂爲遠祖，茂之姓當爲令狐矣。又《後漢書·郡國志》引《上黨記》亦云令狐徵君隱城東山中，去郡六十里，卒葬其山，即武帝末年上書訟太子冤者也。前史失其姓，亦無徵君之號。據志，則姓、號與《上黨記》合，豈信欲祖茂，取《記》爲譜系而傅會之邪[二]？令狐爲姓罕，壺關亦小邑，宜不多得。雖漢、唐相去之遠，苟名賢後無絶，則信爲茂出亦理所有。況其志得於茂所隱山，假令妄以爲祖，身後之石何以特出此地？其墟墓相聯屬，昭穆相承傳，宜非自外至者。但江充之禍，漢興已百餘年，三老之爲官，必耆宿乃得。周制五十命爲大夫，夾輔又卿相之職，今跨秦而上，雖在周季，據上書已老之身，溯股肱先任之日，亦無虞二三百歲，胡不倫如是也？否則信所取在姓不在壽，夾輔之説可無庸矣。或謂周末賢者避世，若圯上老人呼留侯孺子，後不復見，疑爲鬼物。四皓隱商山，至高帝末，乃出羽翼太子，其年皆不可考。彭籛壽閲夏、商之世，亦安敢謂其必無也哉？所惜班氏父子號古良史，不能爲三老考姓。太史公足迹遍天下，最漢儒博雅，與茂同晉産，且目擊巫蠱之事，《史記》亦復逸之。觀史者類以先入爲主，曰遷固實然，餘復何望？雖記於《上黨志》，於郡國略無究心焉者，坐是故也。張君乃千載後復得信志，雖遥遥華胄難以取必，而茂姓益有徵，其高蹈之所，首丘之地，皆因以考見，非其懷賢好古，物色之，表章之，何以完是曠古之闕典哉？自今過者歛衽起敬，或低回不能去，歲時伏臘，將有以蘋藻走者，君實爲之。書于石，喜三老之遇也。若其訟太子冤，爲漢家國本計，則史備載，前人有論，予可略云。

贈中憲大夫太僕寺少卿孟公神道碑

孟氏世居澤州大陽南里，其稱已久，至封公而益著。公之曾大父諱誠，大父諱泰，父諱鑒，俱以隱德，爲鄉人所重。公諱彪，字文振，幼失怙，鞠於母氏牛。性聰敏，讀書輒曉大義。比長，尤力學，期有成立。困於無資地，顧母且老，甘旨弗逮，從商汴、宋間，常以書史自隨，暇輒觀之，亦往往有所得。平生簡重自持，口不出惡言，舉措循雅有度，見之者知非庸衆人。身雖服賈，以信義將之，不瑣瑣競錐刀末。甘閏有富民某氏，公父存日嘗貸其白金若干。歲久，某氏已失其券。公一日歸自汴，即解裝償之，某氏愕然。公曰：“吾童時實聞是事，先人以賒我，不可負也。”乃受之。成化甲午，河内凶，公往糴之米。時商人皆射厚利，米價頓騰，公特減其半。或病其迂，公曰：“吾亦未嘗不利。幸人之災，以重取殖，吾不忍也。”事母至孝，或久違歸省，則爲製時服，求珍味，亟致問安否。一日忽心動不自寧，即馳歸。夜行至金剛嶺，有虎據道而蹲，公跪而祝之曰：“彪素不爲非理，兹晝夜兼程，不避艱險，重以老母爲念耳。即彪有不幸，當如吾母何？”言訖，虎咆哮而去。比至，母果病。焚香籲天，願以身代，刲股肉爲羹進之，母勿藥而愈，人皆以爲孝感。子春幼有穎質，即遣就學，嘗誨之曰：“吾視兒當爲遠器，大我門祚，兒勉之，士之用世豈直爲利禄謀哉？必盡忠孝大節，樹勛業於時，家與國俱有光焉，乃不負所學。”春奉教唯謹，遂舉進士，歷官有冰蘖聲。守嚴州，課治行，爲天下第一，擢太僕寺少卿。未幾，遷左僉都御史，撫巡宣鎮。於是公志始畢，而皆不及見矣。初贈承德郎、南京刑部主事，加贈中憲大夫、太僕寺少卿。配王氏，治家嚴而有法，事姑曲盡孝養。姑雖寡而老，忘其子之去側。公亦以其助，得無內顧之憂以從商也。初封太安人，加封太恭人。先是，公曾祖妣而下三世皆早孀，誓不再天，稱爲孟氏三節，西涯李文正公爲著傳。其家之積德累義以鑒于天舊矣。逮公生中丞，遂躋通顯，爲郡之望。孫二：陽復舉進士，任行人；階讀書郡庠，亦漸有成效。世澤之鍾，有未可量者。天之福善，果不誣哉！公卒于成化辛丑七月一日，享年五十有一，葬大坡之原。至是，太恭人卒而合葬，爲正德戊寅二月某日。龍與中丞友善，聘其仲女爲冢婦。中丞謫參陝藩，轉大參，憂歸治葬事，以碑銘來請。爲之銘曰：

太行之麓，是生偉人。握瑜懷瑾，隱于齊民。吾志則大，吾家則貧。乃士其行，而賈其身。匪利是競，旨甘吾親。共爲子職，忘其勞勤。格彼猛獸，通于明神。易否以泰，轉屈爲伸。身雖弗遇，裕茲後昆。中丞服政，令名孔聞。公實有子，迥出其倫。科名接武，以簪以紳。世澤伊遠，公實有孫。自天錫命，賁于丘墳。崇階華秩，潛德孔芬。松柏之茂，雨露之繁。家有餘慶，國有厚恩。是爲不朽，垂百千春。何以徵止？太史有文。惟石之壽，惟人之存。

志　銘

嘉議大夫大理寺卿陳公墓志銘

公諱恪，字克謹，姓陳氏，別號矩齋，世爲浙江歸安人。國初有諱元吉者，舉賢良，提舉京庫，爲邑之望。曾祖諱公禮，令尤溪，有惠政。祖諱琦，以輸粟受承事郎。考諱敩，通文史，篤於義方，贈文林郎、宿松知縣。公生而穎秀，讀書不煩程督，儕輩咸敬畏之。成化癸卯，以蓺經薦于鄉。丁未，舉進士。初宰宿松，施政如老成。地故多荒蕪，召民開墾，得田幾五百頃，收其入，以償逋賦，積粟累萬石。修塘堰千五百區，以備旱潦。湖池沒於豪右者，出之以歸于民百三十所。綏懷逃亡，曲爲生計，復業者七百餘户。以治行被旌，召入爲監察御史，按貴州及畿甸。風采著聞，令行禁止，無敢撓者。擢江西按察副使，飭南贛兵備。申嚴號令，務清奸宄，長河諸賊聞風遁去。遭逆瑾罷歸，尋以舊職起用貴州提督諸府衛兵備，殄乖西之叛，弭鹽倉之亂，其績尤偉。撫按者上之，請留久任，以靖其地。進貴州按察使，轉山東右布政使。遷河南，未幾改江西，俱左布政使，所至輒有聲赫然。屬以職朝覲，吏部疏舉方面之賢者，公爲第一，晉右副都御史，巡撫南贛及閩、廣諸郡。別臧否，公賞罰，憲度肅然，百廢皆舉，梗者悉爲革面。拜大理寺卿，允駁一以情法。伸冤抑縱，務協于中，人不得干以私。會仲夏，例有命疏獄囚，每晨入，稽核案牘，不遺餘力，以是遘疾。既篤，猶諄諄言公事，不及其家。生天順壬午月日，卒正德戊寅月日，得年五十有七，聞者皆爲震惜。公爲人篤實和易，中有確守，不矯矯爲名。居官未嘗廢學，公餘燕坐，手不釋卷。嘗爲咏史詩百餘篇，以寓風刺。作文率有關係，醇雅可誦。配朱氏，封孺人，以内助稱。子三人，應期、應奎、應和，世其家學，有可待者。女五人，太學生吳鳳、潘應元、吳鳳喈，義官錢塤、閔宜劻，其婿也。應期將圖襄事，奉大理左少卿劉君咸栗所爲狀請予銘墓。予素重公名，未得聚處。丁丑之春，廷試進士，叨從公讀卷，接席談論，累三日，相得甚歡。竊謂公之遠大不可量，而竟止於斯，尤爲惜之，銘其可辭？銘曰：

維才適用，弗擇于官。官階七轉，歷試諸難。粲然成績，爲世偉觀。我祿之厚，匪素其餐。我行之矩，心則孔安。以遺我後，孰則其端？銘以著之，百世不刊。

亞中大夫山東都轉運鹽使司運使鄭君墓志銘

山東都轉運使鄭君信卿至自京師，僅數日，以疾卒于家。其孤守矩將圖襄事，奉僉憲殷君文濟所著狀，稱其父遺命，請予爲銘其墓。予蓋君同年友也，僉憲君以君之姻家，亦爲速予銘，銘安得辭？向予南來時，遇君于濟北，薄暮并泊中流，觴叙殆二鼓，戀戀弗能別。君曰：“吾得除當還，還當一會而後行。”兹其還不可復見，抑安忍銘君哉？

君諱瓛，字信卿，思齋其別號也，其先河南固始人。五季時，有諱瑾者，爲評事，徙浙之平陽，代爲著姓。國初有諱政者，始從戎南京驍騎右衛，因家焉。大父諱貴，父諱讓，俱隱德弗耀。生三子，君爲長。髫年即天資穎異，從長史王君廷表治《尚書》，見者奇之，稱爲遠器。弱冠游應天鄉校，力學不怠，期振門戶，以成先志。弘治乙卯，薦于鄉。己未，登進士第，授新喻令。下車即課農桑，均徭役，平獄訟，民賴以安。乃葺修廟學，作興士類，文化蔚然。以治行被旌，召爲刑部主事。疏乞養母，改南京刑部。遷郎中，贈父讓如其官，母魏封太安人。持廉秉公，獄無冤滯，聲稱籍甚，大司寇戈公禮遇特優。擢知高州府，尋以才堪治繁，調南昌府。始至，適宸濠謀逆，締結權奸，氣焰薰灼，莫敢誰何，豪杰之流亦往往被其籠絡。君仗忠義，奮不顧身，歲時宴遺，一無所與。其群小不法，輒問以編戍。凡百需索，峻爲拒絕，意在剪其爪牙，潛消逆萌。積恨既深，遂以誣奏，下獄鍛煉，屢瀕于死。及變作，猶械繫于舟，欲脅以從。君乘其怠，得脱而登岸，鼓舞義士，且戰且行，以所獲逆徒與馬若干奔獻軍門。都御史陽明王公、知府松月伍公相與慰勞，委以原職守城。因備陳賊情，并蕩平方略，多見采納，卒得罪人。君復搜剔餘黨，撫輯居民，以俟其定。君子謂是役也，君實與有力焉。顧以介直忤當事者，竟不蒙録，物論稱屈。屢經勘核，久之不報，君乃自陳始末，事下吏部，移兵部取質，遂白以聞，擢河東都轉運使。值太安人壽八十，馳歸爲壽，乃不及見。君哀毁，幾不欲生。家居讀禮，餘不暇及。起復，改山東運使，放舟南還，未至，疾已作，遂不可療。卒嘉靖己丑四月二十三日，距生成化辛卯六月四日，壽五十有九。配張氏，贈安人。繼陳氏，封安人。側室胡氏。子男三：守矩氣宇清雅，足承家學；守忠、守恕俱幼。女三：長適殷孟，即僉憲君之子，與其次俱卒；其季尚幼。將以是年月日葬鳳臺門外新亭鄉堲磨村之原，從先兆也。銘曰：

西江鼎沸，狂濤鼓風。張爾赤手，欲障其東。力雖弗逮，氣也則雄。身雖可辱，志也則忠。竟以奇略，贊成大功。將謂伊拜，必位之崇。將謂伊考，必算之豐。事多遺憾，理固難窮。維兹壯節，挺然在躬。不以忌泯，不以壽終。九原有木，維柏與松。歲寒凛凛，氣魄乃同。將百千載，庇此幽宮。過者起敬，是維鄭公。

中憲大夫湖廣按察司副使陳君墓志銘

君諱璧，字德如，別號龍泉居士。先世有仕元爲太谷令者，因家焉，遂世爲太谷人。父樸庵封君，少事儒業，後以親老，窘于無資地，弗果成。性嚴毅少合，義不苟取。君生九歲，讀《孝經》，即能了句讀字意，人皆異之，謂樸庵曰：“子之志，其伸于爾子乎！”別駕張彬至縣，君隨社學師謁見，張熟視曰：“是兒當大有成就。”爲白於督學憲臣，得補邑庠生。樸庵游江湖，或經歲不歸。太孺人田督之，手不釋卷，母績子讀，每共一燈，夜分乃止。太孺人雖處困約，意度裕如，亦以有子可教爲足慰也。年弱冠，偕童師武生者歲考，得補廩餼，固以讓武。事雖未果，其識量亦可徵已。尋約同志屏居鳳山下龍泉寺讀書，遂大有造詣，領鄉薦，繼舉進士，授行人司司副。屢使宗藩，俱有清譽，以光王命。考績書最，進階徵仕郎，封父如其官，母田爲太孺人。升刑部員外郎，轉郎中。時逆瑾擅權，法官動遭譴謫，頗尚深刻，爲迎合計。君曰：“殺人以利己，吾不忍也。”略不爲變。嘗審録，多所平反，終亦無他。遷陝藩參議，會漢中鎢賊之亂，督餉有功，爲總制彭公所薦，錫銀牌、彩幣勞之。榆林將臣王勛失機，朝廷遣官往按其狀。時方以牽制顧望，事久不決。君爲分守官，請承委鞫之，遂伏其辜。衆相與嘆曰：“陳君固西曹老法家也。”甘、凉之警，供億浩繁，復以彭公請，奉敕督餉，兼治屯田、水利事，并舉無少偏廢，一以實惠及人爲主，士卒感之如慈父。然時發内帑，遣使臣與守將董糴事，欲以銀兌給，意圖侵剋。君堅執曰：“戰士貧苦，以糧爲命，此等舉措恐非朝廷意，吾當疏請乃可耳。”使者懼而從之，聲益藉甚。一年内五被旌舉，轉湖藩按察副使，整飭郴、桂、衡、永諸路兵備。未幾，從巡撫都御史秦公剿猺蠻，卒致克捷，撫定荆、襄流民，遠近安之。巡按御史薦于朝，有“公正廉約”之語，當時以爲確論。正德己卯，丁封君憂，守制，遂不復起，惟以耕讀課子孫，暇則引親故觴咏爲樂，有司事一無所干，益爲鄉里重。是年春偶疾，家人請禱，力止之曰：“吾禄與壽不啻足矣，禱復何求？但當以公服歛我，見先人于地下，爲不愧耳。喪用《家禮》，毋作浮屠法。”賦詩一章，有“游宦皆成妄，浮名總是空”之句，遂没于正寢，實嘉靖五年六月二十三日也，距其生天順庚辰八月五日，春秋六十有七。配楊氏，繼趙氏，贈孺人。再繼武氏，封孺人。子男四：善道，楊出；治道早夭；時道充邑庠生，器宇偉然，足繼君志：趙出。人道，尚幼，武出。女三：長適本邑吳從惠；次適祁縣庠生閻師賢，實憲副君汝思之子；次幼。孫男三，肇基、肇業、肇家。女孫二。卜明年正月八日葬城南先塋之次。時道走京師，持閻君汝思狀來乞銘。予與閻及君同舉於鄉，閻又君懿親，實以書速予，故爲之銘。銘曰：

越在弘治，惟兔紀年。我實與子，并應賓賢。厥後登科，于羊于犬。我則先叨，子尋妙選。時人目子，晉産之良。官階屢遷，孰往不臧？奉使宗藩，君命不辱。其在刑曹，不冤于鞫。軍門總餉，干襄于夷。流民撫定，薦剡交馳。宜究厥施，懋賞與位。乃以憂歸，遂成高致。宜修厥算，以儀邦人。乃忽一疾，曾弗七旬。士仰其風，民懷其愛。將百千年，如其身在。城南之阡，山川萃精。以裕爾後，世有令名。

校勘記

〔一〕“□”，底本字形缺失，疑當作“於”。

〔二〕“傳”，據文意疑當作“傅”。

志　銘

中憲大夫澂江知府劉君墓志銘

澂江知府劉君朝用以疾卒於官，歸葬京師，襄事有日。其弟翰林院典籍朝英偕季弟錦衣衛指揮僉事理刑鎮撫司朝重、戶部司務朝序，痛其兄之遠逝，弗及含歛，圖所以爲不朽者，率其孤太舉生銘，持順天府丞張君汝霖狀，請予銘墓。予與張君暨兵科右給事中竇君惟遠皆君同鄉友厚，其之澂江，予三人實餞諸郊。君揖而別曰：“僕此行不敢泯泯爲知己者羞；顧離群索居，有過弗及聞。其勿棄予於遠，尺書見教，爲賜多矣。”於是相與嘆君之賢，謂澂江必蒙其休澤也。未幾，以訃聞。嗚呼！君竟長往不返而止於是邪？胡爲不及一再通問，而遽銘其墓邪？

按君諱杰，朝用其字，山西平陽臨汾人。家京師且三世，風度猶吾晉人。自幼聰敏，日記數百言，手不釋卷。成化癸卯，以《易》領山西鄉薦。時平陽累歲大侵，族人流移殆盡，墳墓傾圮不能識，君惻然訪諸遺老，得其處，祭而告之，修築如故。構屋舊里，居族人無家者，俾守之，宗祀得不墜。鄉人咸嘆異曰：“劉氏其有孫哉！”性好學，夙夜不怠，以勞瘁致疾，幾危，竟屈禮闈，授雲南大理府通判。君才既敏捷，遇事不留，又以恩信格之，郡人大悦。時猛密、緬甸諸夷數叛爲寇，君承委而往，輒爲撫定，曰：“劉大理不可犯也。”弘治庚申，虜犯西邊，關中大震。會君奉表入賀聖節，過陝，守臣與語兵事，君備陳方略，爲守臣所奇，馳奏乞留軍前贊畫，可之，改順天府通判。躬督戰陳，不避矢石。既捷，論功升右軍都督府經歷。丁母憂，起復，改左軍都督府。梳滯剔弊，軍政肅然，諸總戎咸器重之。會徵江關守，以君資望當遷，素爲南詔所慕，遂拜命而行。所厚或以遠去相慰，君曰：“朝廷以裔徼之民不沾王澤，命杰爲守，面問疾苦，顧菲劣無足以塞責者，遠非所恤也。”下車即子愛百姓，一切興革，不遺餘力。風俗朴陋，教以中原禮義之習。學校、城池頹敝弗稱，節量財力，以時修葺。民不知勞，戴之若父母然。卒以正德丙子二月二十有八日，距其生成化丙戌正月二十有九日，春秋五十有一。祖諱聚，始仕，占籍京師。父諱全，贈右軍都督府經歷。母陳氏，封太宜人。配周氏，先卒，贈宜人，有淑德。子一，即銘。女一。孫男二，俱幼。以丁丑年六月十六日葬都城北永安莊之原，從先兆也。銘曰：

　　汾水之陽，爰有著姓。移居京師，爲業滋盛。逮衍三葉，昆弟孔多。武開世蔭，文掇巍科。茲惟伯子，高才偉儀。始判大理，撫定諸夷。奉表來朝，西事孔棘。被薦參謀，功成晉秩。兩居幕府，賓于總戎。翼翼軍政，時論所崇。相彼滇南，遺愛素被。澂江之行，實爲民計。窮陬絶域，甘雨和風。昔時赤子，來爭我公。謂遷不次，乃止郡守。謂享遐齡，曾不下壽。凡厥所受，有命自天。名在身後，未死之年。鬱鬱松楸，都城之北。過者歛容，式昭令德。

中憲大夫開封知府張君墓志銘

　　曩予在翰林時，直講暇多與鄉縉紳游。石州張戶部君重相與尤厚，每吾游，未嘗不偕。其子湘方數歲，善屬句，岐嶷可愛，游則輒攜以隨，盡歡竟日。正德戊寅，受命尹開封，予餞之郊，徘徊不能去，予亦相持不忍分。既別，則通問亟至。忽三載，將入考績，遇疾，弗果而卒。予適以先太淑人憂，歸襄讀禮。湘至自石，出見，則斬焉衰絰，泣而拜，且出高進士金所爲狀，請銘君墓。予愕然驚悼，不覺爲揮淚。嗚呼君重！其遽至斯邪？其竟不可見邪？予數年來以病謝文事，於君、於湘又安忍辭邪？

君諱鍵，字君重，世居石州宣化里。兄弟四人，君其季也。童時即嶄然露頭角，見者謂張氏有子。受《易》於里人辛君文淵、張君禮，俱明經進士，呼爲小友。退居鳳山，研窮載籍。作文素不屬稿，語輒驚人。時副使馮君清攝提學事，嘗命題面試數百人，置之首選。丁卯，薦于鄉。明年，舉進士，授南京戶部主事。忤逆瑾，逮至京師，以義命自處，竟不爲屈。調衛輝府通判，典境內稅事，務爲綏輯，歲額登而民不擾。值河水漲溢，壞民居，承委治之，疏壅峻坊，曲盡其法，水患以息。瑾敗，復戶部主事，督儲天津。值流賊奄至，勢甚猖獗，兵備副使陳君天祥提兵禦之，君爲居守，登城誓衆，晝夜不息，卒保無虞。薊州莊田累經奏瀆，有司弗能決，君銜命往勘，躬履疆畎，一一爲精核，歸其侵於民，權勢斂迹，人皆韙之。河套虜入寇，關西大震，長沙彭公澤、涿鹿鄧公璋相繼總制軍事，諸鎮皆空廩，請餉之使相屬于路。君召商易糴，兼搜積逋，不遺餘力，轉輸千里，士無饑色。會蘭州大侵，死者枕籍，君發粟賑之，親啜以粥，活者甚衆。事竣東歸，蘭民遮泣，去則思之，勒其事於石，幸庵翁筆也。繼延、綏報警，復以老練，從統軍都御史陳公天祥給餉，邊人聞之，喜曰："此前張石州也，吾輩何憂？"名益籍甚。尋擢開封。開封，中州省治，隸郡縣四十餘，文移旁午，揮遣如流，尤以撫字爲事。事有不便於民，必釐革之，雖強禦弗畏。飾吏以儒，崇學政，養士風，務底成效。諸生有弗能自給者，輒周以粟，至恤其婚姻，力爲之所。郡齋故有亭，亭下有池，辛巳秋，忽生蓮盛開，人以爲瑞[一]，咸歌咏之。卒嘉靖壬午九月二十四日，距其生成化丁酉十二月十一日，春秋四十有六。曾祖厚，祖文信，俱有隱德。考炭，任葉縣主簿，封戶郎主事。配崔氏，治家嚴而有法，封安人。子二：湘，君卒之前數日，以鄉薦歸省於任，及治含歛，妙齡高第，遠大有可徵已；淞，甫十歲，亦聰悟，稱其家兒。女四，長適劉時澤，次適高承恩，皆郡之望族，餘尚幼。葬以甲申三月十七日，寶城南徐家溝先兆也。銘曰：

維石有林，維松維柏。可以棟梁，方掄而折。維石有玉，維瑾維瑜。可以瑚璉，甫試而渝。赫赫官評，於郡稱治。豈其不泯？必崇以位。二雛競爽，飛且冲天。豈其不死？必永以年。泉臺既扃，萬古長夜。文光在天，星月交射。吁嗟造物，胡爲乎然？倏見之起，倏見之顛。奕彼開封，鄉邦所望。昔從我游，今銘爾壙。我方宅憂，曷敢越疆？何以慰君？銘寫我傷。

奉訓大夫右春坊右諭德兼翰林院侍講
倫君墓志銘

正德癸酉秋，右春坊右諭德兼翰林院侍講倫君奉命考南畿鄉試，事竣歸，遇疾於塗。比至，已弱甚，力疾陛見，在告兩閱月而卒。公卿以下，聞者莫不驚悼。始君起復至京，子弟皆未及隨侍，故後事無可屬。鄉人及同年士大夫相與治棺歛如禮，遂以訃歸。甲戌四月，其弟文敷及長子以諒至自南海，將扶柩還葬，謂予爲同年，義當銘墓。弗敢辭，乃按編修湛君元明所爲狀爲叙及銘。

君諱文叙，字伯疇，迂岡其別號。考諱明，祖諱敬，皆隱德弗仕。敬之上弗詳所出。宋季有爲廣州教授者，來自南雄，居南海之魁岡，遂世爲南海人。君生有異相，頭顱大可二尺。少即岐嶷，異常兒。有術者見而奇之，曰："此子他日必魁天下。"性質敏慧，稍長即能文。從張西溪叔亨講《易》，大有造詣，張遇以殊禮，稱爲畏友。己酉，以儒士應鄉試，遂取上第。放榜之晨，有彩雲見，識者謂所得當有奇士。己未，來會試，行次宿遷，值元旦之夕，夢至帝所，錫以冠服。已而會試、廷試皆中第一人，授翰林院修撰。三年秩滿，受敕命，封父明如其官，母何爲安人。今上登極，以文學侍從之臣選充正使，頒朔安南國，道遇封君訃，不果往，歸治喪事，繼丁安人憂。庚午，服闋至京，充經筵講官，會宮寮缺員，遂進是職。詔修玉牒，紀載精核，爲文豐蔚豪宕，自成一家，讀者知爲巨筆。每遇進講，必積誠累日，齋沐莊誦，他事不得干。所講書多忠愛啓沃之辭，上爲霽顏嘉納。兩爲會試同考，壬戌取畢濟川等，辛未取楊慎等。其考鄉試，取唐皋等。畢選爲庶吉士，授翰林院編修，楊與唐皆狀元及第，餘多名士，時論以爲得人。生成化丁亥三日初十日，卒正德癸酉十二月二十四日，壽四十有七。配區氏，以婦德聞，封安人。子五人：以諒、以訓皆習舉子業，應癸酉鄉試，以訓中第六名；以詵、以謨，皆區出。以諤，側室出。女六人，長適陳某，廣西布政仲芳之子，餘皆幼。君器量寬厚，與物無競，而篤于爲義。朋友有過，面數不少詭隨。微時，有里人被誣爲盜，有司惑之，君率同輩上書力辨，乃白。舅卒，有孤女，其母欲棄而改適，君止以大義，女得成立，爲厚裝嫁之。教子讀書，務以勤儉承家。友愛諸弟，悉歸以先產。群從兄弟之廬敝，輒爲修葺。又封植諸族之墓，爲立祭田，使其後守之。其他周恤甚衆。平生自負，尤以經濟爲志，人亦多以公輔期之，而竟止於斯，可勝惜哉？以年月日葬于黃鼎望天堂岡之原，從先兆也。銘曰：

奎宿孕秀，嶺海之南。偉人間出，文章之元。相則權奇，資則穎異。用有大名，夙著于世。鑾坡應制，灑翰成篇。金輝玉映，爭爲播傳。進講經帷，積誠與敬。仁義之陳，天爲聳聽。典兹文柄，藻鑒聿精。棟梁榱桷，悉有時名。史局編摩，秉筆惟直。約而不遺，豐而有則。維己所負，維人所期。謂遠且大，將終有爲。用匪盡才，壽匪償德。悠悠蒼天，曷忍此極？慶衍來嗣，既多且良。科名是紹，奕其有光。黃鼎之岡，土厚而澤。窈然有宫，歸此完璧。

右春坊右中允孫君墓志銘

　　君諱紹祖，字遠宗，別號我山，其先直隸廣德人。高祖諱福二者從戎振武衛，始家於代。曾祖諱才，隱德弗仕。祖諱勝，贈光禄少卿。考諱璋，以《易》鳴代，領弘治壬子鄉薦，贈檢討。生子五人，長紹先，任翰林院檢討，早世；次即君。幼警敏過人，方七歲時，聞講《周易》，輒能會大義。少檢討君二歲，檢討君亦畏其逼。嘗與兄屬對，語意卓犖，若或駕之，間者以爲雙鳳[二]。長補郡庠弟子員，即受知督學王凝齋、石東淙諸公，咸以偉器稱之。正德丁卯，舉于鄉。會試弗偶，游太學，太學生樂與之游，以資麗澤。比卒業將歸，謀于檢討君曰：“先君齋志蚤逝，授封館職。叔宰扶風者以節顯。吾兄弟亦既忝衣冠後，各華其身矣。兩叔猶布衣，能無歉乎？”檢討君然之，遂稱貸，爲補散官，且製衣冠函至代，召親黨觴壽，獻之，咸榮其家而多君之舉。城東故有小園，構精舍誦習，代之文士多就之，益大有得。辛未，舉進士，改庶吉士。初，扶風君委城略陽，遇賊力戰而死。略陽尹閭某者畏罪，匿不以聞。君贊檢討君力爲疏理，朝廷嘉其節，贈光禄寺少卿，諭祭一壇。子紹卿蔭，補胄監，今爲裕州同知。癸酉，授編修，蔚有文名，爲儕輩推重。會檢討君訃至自代，即疏請歸葬，蒙允。時一子方疹殤二日，劉孺人以哭子病，幾死，君馳往，不暇顧。路經廣昌，諸邊邑警報方急，竟冒險兼程抵家，痛迫若不欲生，其友愛類此。既襄事，奉母太孺人張入京，携兄所遺孤，視如己出。母素性嚴，君與劉孺人曲爲奉承，問所欲而進，務得其歡心。戊寅秋，太孺人誕日，堂下忽生瑞草一本，秀異天成，鄉人僉謂孝感，繪爲圖，賦詩咏之。庚辰，丁太孺人憂。服闋，召修《武宗實錄》，筆削多中肯綮，爲總裁諸公所嘉。乙酉，《實錄》成，賜銀幣、衣服賵甚，晉右春坊右中允。經筵進講，必積誠累日，色温氣和，開陳懇切，上特嘉納。君白而長身，儀觀甚偉。性明敏，見事即了無滯礙。尤善談吐，論世符情，論經符理，聽者唯唯忘倦。仗義好施，友人嘗貸金若干，聞其歿往吊，取券焚之。既入翰林，嗜學益篤，博極群書。詩文軼宕，自成一家。工書法，爲時所尚。襟度夷曠，不嬰世故，與人無忤，一見猶平生。病在告，問遺相望。卒之日，遠近驚駭，或失聲曰：“孫宮允一至此乎！”卒以嘉靖丙戌十月朔，距其生成化乙巳十月廿有七日，爲壽四十有二。配劉氏，封孺人，鹽運使繹之女，先卒。繼鄭氏，參將□之女。女一，許聘官舍生李乾。卜丁亥月日，啓劉孺人壙合葬，從先兆也。君弟鄉貢士紹魁聞君疾，來省弗及見，扶柩以歸，乃手疏事行請予銘。其胄監弟紹忠復自代來速。曩予承乏史館垂三十年，見君兄弟相繼以吉士入，喜甚，稱孫氏二難爲鄉曲之榮，謂其遠大不可量。十載間復見其相繼淪謝，竟不果大用，爲孫氏惜且悲之甚，銘其可辭哉？銘曰：

難兄難弟，競爽於文。海内則希，矧此一門？河山表裏，靈氣攸存。龍泉蚤失，垠已無恨。倏爾大阿，相繼以淪。造物無情，予奪不倫。不倫奈何？吁嗟乎二孫！

南京四川道監察御史南君墓志銘

南京四川道監察御史南君以正卒于官，同鄉僚友孟君希周、賈君國興哀君蚤世，其孤幼弱，無所於托也，義不能已，相與治棺歛如禮，謂葬宜有銘，詣予請曰："南君爲才御史，光我鄉曲，没有遺憾，願畀之銘，以示不朽。"予以戊子冬抵南京，一再會君，于時疾已作，弗知其疾也。久乃聞之，又一再往問君，于時疾已劇，弗知其劇也。無何聞訃。蓋君性素謹畏，敏于幹濟，遇事少留，即蹵然無寧宇，爲之忘寢與食，雖羔作猶隱忍力疾，未嘗一日廢公事，曰："吾方快於是，殊不爲苦也。"比解印而簀欲易矣，古所謂鞠躬盡瘁者，君實有之，銘其可辭？

按户部主事韓君汝器狀，君諱仝，字以正，別號汾涯，世爲山西洪洞人。自爲兒時，斬然露頭角。及爲諸生，即能作文有奇語。南陽王文莊公督學政，見而與之，目爲偉器。尋領鄉薦，游太學，友天下士，益大有造詣。屢南宮弗偶，竟以親老、愛日授嘉興府推官。冰蘗自律，獄無滯囚，薦剡交上，遂被徵，有是擢。至則風裁丕振，强禦歛迹，権商從寬，一剗宿弊，巡視京邑，肅然安堵。禁豪勢侵削以固營伍，革匠役夤緣以紓貧民。屯田灾傷，奏蠲遞徵以破常格。身所經歷，輙夙夜匪懈，不遺餘力，惟欲建事功，貞憲度，以行所學，爲報稱圖，不自知其遽至於此也。使天假之年，得竟其才而志以不違，其樹立又可量乎？卒于嘉靖己丑四月十五日，距其生成化壬寅十二月十二日，春秋四十有八。曾大父諱珩，大父諱詔，父諱緯。配李氏，克治内職。子男三：長有樘，次有栲，次有樛。女二，張順慶、李奎其婿也。以次年三月七日葬邑之龍泉鄉先塋之次。銘曰：

子之才能厥官，不能厥身。豈其自嗇？以豐于民。孰主張是？維造物之不仁。宜乎識與不識，咸惜斯人。我將銘以慰子，其亦有所聞也邪！

奉議大夫河南按察司僉事申君墓志銘

君諱磐，字靖之，舉成化甲辰進士，授户部主事，轉員外郎，遷河南按察僉事，奉勅理鳳陽諸路屯田及兵備。所隸廣千里餘，軍民雜處，不易就約束，皇陵守衛尤驕悍不法，有司莫能詰，民病之。君下車即申戒之，以法繩弗率者，闔境肅然。壽州有廢塘曰安豐，前代以爲利，君大修治之，物産甚博，民資其生，漑田且數千頃，壽以沃壤稱，陳、潁之間曠邈，民違其州治，南北各二百里，賦役奔走，咸苦之。行旅出其途者，往往罹於盜。君曰：“必縣是而后可。”以狀請于朝，許之，遂分陳、潁之民立縣，曰沈丘，居者安而行者便焉。歲餘，君以母憂去，執喪盡禮。服闋，遇疾，以弘治十四年四月二十四日卒於家，距其生天順五年，壽四十一。卜是年十二月二日葬潞城縣石梁里先塋之次。君性夙警慧，爲兒時即嶄然見頭角。隨祖仕於慶陽，受業郡人陳君文靖門。書過目輒成誦不忘，與之語即領解，陳大奇之。及祖以老歸，邑人屈君文衡，博學人也，又從之朝夕游，遂通經籍，能於文章，故一舉薦於鄉，遂舉于禮部，取功名如拾芥然。其爲主事，委督崇文門稅，凡貴勢者貨利入，悉稅之制，未嘗以私免。貴勢者且戒其下曰：“申戶部不可撓，必輸之。”監象房草場，痛革奸弊，吏徒不敢欺，民亦無逋負者。先時場中無官舍，督者皆屋席止其下。君鳩材木，起廳事隙地間，稱便于今。其督九江鈔事，課上，視舊有加，大著能聲，常得司徒公道稱，遂有按察之擢。居常念微時葬其祖若叔不能備禮，復卜日改葬，易棺以美材，且槨之，曰：“庶無憾于心。”一叔老，無子，事之如其所生，叔感泣，益見君賢遠乎人。曾祖某，隱德弗仕。祖某，陝西慶陽府知事。父某，以君貴，封主事。配馮氏，先君卒。男一，曰可。女五：長適邑人劉天錫，知縣子英子；次適黎城趙某，知府原一孫；餘皆幼。君之從妹實歸予叔，其友通政參議李君師孟實速予銘，故爲之辭曰：

　　山秀而靈，水深而清。偉人之鄉。屯田備兵，燁然功名，山水之光。維用弗究，乃嗇以壽，豈天之常？我銘泉室，勒諸貞石，永世之藏。

校勘記

〔一〕"入"，據文意疑當作"人"。

〔二〕"間"，據文意疑當作"聞"。

紫岩文集卷之四十六

志　銘

奉直大夫工部郎中徐君墓志銘

　　君諱麟，字仁伯，別號岑山，其先浙江龍游人。祖諱文和，宣德初客京師，遂家焉。父諱舜，有隱德，閭里稱爲善士。君幼聰警，凡目所經接即得其梗概。治《尚書》，大有造詣。弘治辛酉，領薦京闈。明年，舉進士，授開州知州。始視篆，即井井有條，務實惠及民，不事粉飾爲迎合。尤注意庠校，躬爲勸督，出所藏先達文字，與諸生誦習，俾有所式，故多所成就，士民咸樂而懷之。以外艱去，服闋，補潞州。潞爲晉省巨郡，宗藩、軍衛錯峙其間，勢易爲沮撓。君惟律己，待以至誠，而行所無事，竟得其心，終任無間言。嘗以久旱虔禱自責，乃大雨，麥有秀兩歧者，郡人大悦，播于聲詩。旌勞屢至，升南京兵部員外郎。臨發，百姓攀挽，車不能進。丁繼母李憂，起復，除工部虞衡司，典街巷事，以才優，得兼委他務。轉郎中，奉敕督理遵化鐵冶，歲辦視舊有加。公暇即讀書，手不釋卷。旁郡士子多裹糧從學，君亦悉心誨之。三載考績，進階奉直大夫，贈父如其官，母楊氏贈宜人。事竣，改都水司，薅剔宿弊，吏治肅然。調營繕司，屬建乾清、坤寧二宮，政務叢委。君夙夜勤勞，至忘寢食，尤撙惜財用，以紓百姓之急。卒致底績，屢錫銀幣以旌其能。今上登極，亦以羊酒勞之，且論功超擢，乃被謗不果。尋致政，日與親舊觴咏爲樂，劇談古今，裕如也。君素質直，不事矯飾。善真、草書，有古人風格。事繼母如其所出，人稱其孝。初喪室胡氏，有貴勢家欲妻以女，君力辭之，曰：「彼族大，非吾偶也。」其自守類如此。生成化辛卯五月十日，卒嘉靖甲申八月五日，春秋五十有四。配胡氏，贈宜人。繼陸氏，錦衣百户瑞之女，封宜人。俱善内治。子一人，應奇，温雅，能讀父書，陸出也。以丁亥二月二十八日葬城南八里莊祖塋之次，其孤應奇持户部員外郎高君登所爲狀來徵銘。君守予潞，遺愛在人，于今不忘，則知君宜莫予若也，故爲之銘。銘曰：

子幼而學，即以文鳴。潛心汗簡，奮翼雲程。于開于潞，是爲專城。爰字厥子，循良籍聲。冬曹晉陟，益切蒼生。節費與勞，法宫乃成。孰忌之才，撤我國楨？孰奪之算，失我士英？茫茫造物，孰詰此情？維子有後，聿終令名。勒銘貞石，聊爲子旌。

奉直大夫汾州知州李君墓志銘

汾州守李君既謝政家居，僅四載，以疾卒。太常卿侯公士賓爲其女舅，實以狀請予銘。予素聞君名，而辱侯公知舊，銘其可辭？

按狀，君諱欽，原肅其字，其先濟南濱州人。祖諱敏，以武功授龍驤衛百户。考諱慧，世其官，生君兄弟四人，君其長也。幼性資穎悟過人，好學不怠，以遠大自期。弱冠領鄉薦，遂舉進士。初知吴橋，邑故無城郭，民苦于盜。欲城之，顧民未可使，乃輕徭節費，務爲綏輯，民力既舒，鳩工掄材，親爲區畫，周旋版锸間，功成，民不知勞。立倉庫，廣爲儲蓄，歲侵，民賴以不饑。學校敝陋弗稱，又大爲修葺，宏其規制，選民之子弟俊秀者教育其中，躬爲勸督，自是科目得人，視舊有加。購城外隙地數十畝，以葬貧民無所於葬及客死不能歸者，遠近咸德之。爲巡撫都御史史公所知，委編六郡均徭。君親檢册籍，稽資産上下以定差遣，吏胥皆不得近。令出，民皆服其公平，欣然受之。史勞以彩幣，尋旌其賢于朝。會太倉州新立銓曹，以東南巨郡，財賦所出，必得才力老練之士守之。君適入考最，遂領是郡。時有海寇作亂，吳中大擾，勦捕久不能平。君白於巡撫曰："是憑籍海島，出没不常，難以力取，可撫而定也。"遂受委抵賊所，諭以禍福逆順之機，使圖生路，賊多感服納降，境内尋靖。以母太安人憂去任，服闋，領山西汾州，益勵操行，興滯補弊，務實惠及民。諸宗藩供億在制者，皆以時辦給，不致其難。至干以私，則守正不阿，爲開誠曉譬，使知其不可而罷。於是悉見禮重，不爲沮撓，益得以展布自效，郡遂治。未幾，以勤悴致疾，弗能愈，即謝政歸。卒以正德辛未六月十三日，距生成化丙戌七月二十日，爲壽四十有六。娶張氏，賢而無子。女三，長適侯謐，即太常公子也，次夭，次幼。君篤於倫理，事太安人得其歡心，居喪哀毁盡禮，兄弟皆同居友愛，怡怡如也。戚黨有貧乏弗能婚喪者，率推財以濟。歷官去任，民皆見思，其惠利及人亦博矣，而壽遽止此，且無嗣於後，豈非命耶？以八月七日葬都城南七里鋪先塋之側。銘曰：

維守與令，稱職實難。李侯爲政，民胥以安。城彼吳橋，既奠伊所。學校斯興，有材翹楚。海壖之寇，擾我吳門。革面來降，從容數言。謂宜永齡，曾不中壽。謂宜多男，乃竟無後。弗壽弗後，有命自天。令名在世，垂百千年。

順天府通判姚君墓志銘

順天府通判姚君德輝，以公事寓張家灣，越三月，遇疾輿回，卒于官舍。其孤大韶歸應省試，别纔七日耳。既抵家，聞訃，即奔至京師，將扶柩歸葬于潞，奉通判張世美狀請予銘墓。

予與君交餘二十年，相知最深，銘其可辭哉？

君諱文明，德輝其字，先世太平當塗人。國初，以軍功授潞州衛百户，遂占籍于潞。祖諱某，父諱定，察君性敏，嘗微問以觀其志，對曰"兒知讀書耳"，遂遣就學。甫三載，舉業即蔚然可觀。弘治辛酉，以葩經領鄉薦。屢會試不偶，歸而授徒，館下恒數十人，因材受業，多所成就。庚午，授真定元氏令，廉以律己，門無私謁。民有訟者，即量為剖決，非死罪不以繫獄。會流賊大擾，鄰邑多陷，同僚謀以妻子送歸其家，君正色曰："平時既與同禄，可逃難以為民望乎？"乃趣治戰具，修城池，誓與民共守。賊聞其有備，越境而去，於是政聲籍甚。以才優，調青州臨朐縣。臨朐素稱難治，君為開誠，治以元氏，民大悦服。邑故有銀礦，或勸君稍取以給公用，君曰："禍源一開，為害滋甚，敢以為利乎？"封錮益嚴，民無敢犯。有妖賊惑衆，匿深山中，約日為亂。君募壯士數十人，密捕首惡，黨與悉散。撫按厚加獎勞，以治行遷順天府通判。民遮留，如失怙恃，解其履，履則下穿而補綴者，益感泣，納以新履，强而後可。既去，為立石紀績，以寓其思。其判京兆，勤於行部，每歸，不閱月輒馳出，境内略無滯務。嘗以歲侵，從都御史賑濟，嚴督有司，杜其冒濫，饑者皆受實惠，全活甚多。江南歲運，有以折價至者，舟覆于灣，或虞其詐。君往按狀，購善泳者没而求之，皆得，使者獲免。三載考績，受敕命，贈父如其官，母高氏贈安人。嘗喜曰："吾禄不逮養，叨此恩典，榮亦多矣。"益自策勵，以圖報稱，有志弗果，人皆惜之。生成化己丑月日，卒正德己卯四月二十五日，壽五十有一。屬纊時，囊無餘資。府尹童公世奇、少尹黄公伯揆厚為治棺歛，其見重寅長如此。配師氏，封安人，克盡内職。子二：長即大韶，郡庠生，能世其學，有可期者，娶李氏；次大護。女一，孫女一，俱幼。以九月日葬郡城南之新阡。

銘曰：

維才之懋，亦懋其施。有如君者，竟止於斯。天邪人邪？誰其尸之？維後克肖，式償厥虧。賚志而往，吁其可悲。

昭勇將軍潞州衛指揮使柴公墓志銘

潞州衛指揮使柴公之卒餘二十年，其孤玉謀遷葬，以固安尹李衛之狀來請銘，曰：“先君捐館時，玉方幼，荒迷弗及圖爲不朽，大懼潛德湮没，無以示後，不孝之罪與歲俱深。茲遷葬有日，願賜之銘。”予以鄉曲，舊聞公名雅賢，玉能其官，爲克肖子，固不得辭。

按公諱雄，字世杰，其先陝西秦州人。曾大父諱札麻，在勝國時，判雲南行樞密院兼中慶路安撫。歸事我太祖，授臨安衛鎮撫。大父諱昌，嗣職，改密雲衛。戰白溝河有功，升指揮僉事。尋以渡江功，進定遠衛指揮同知。父諱顒，改潞州衛，立功沙窩，升指揮使。公生而岐嶷，不喜嬉戲。長好書史，通大義。嘗讀《班超傳》，壯其爲人，慨然有立功異域之志，曰：“大丈夫不當如是乎？”遂屏紛華，篤意韜略，期于大用。騎射精妙，迥出流輩。居官以清苦自持，賞罰明信，得士卒心。撫巡奇之，委掌衛事，以將材薦于上，曰：“知謀出衆，勇力絶人，授之節鉞，足鎮邊陲。”事下司馬，議且用之，不幸以疾卒，人咸惜之。生正統丁卯十二月二十六日，卒成化乙巳十一月十八日，壽三十有九。配唐氏，指揮使初之女，封淑人，柔懿有婦德，精于女工。舅姑卒，竭力事姑，以孝聞。處戚黨，曲盡情禮，恩逮妾媵，無怨尤者。居常謂公曰：“君席先世之基，受國厚恩，享茲禄位，宜篤忠貞以圖報稱。”公然之，多藉以成其名。先公卒。子四：長玉，唐出也，涉獵墳籍，儒雅有父風，嗣職，以才幹著稱，軍事旁午，剖決如流，僚屬咸敬服之，縉紳士尤爲延譽，其遠大亦可徵已。次璽，以例授千户，次玲，次璠，次珣，側室郭出也。女二人。孫男八人。初，公與淑人從祖塋，合葬五馬村之原，至是，因冡婦袁淑人卒，以狹隘弗稱，徙郡城南山頭村。其葬以弘治丙寅十二月某日。銘曰：

維昔昭義，實號精兵。公總其政，赫然長城。既豐于才，胡用弗究？公逝有年，名存若壽。有子孔賢，克世其官。以文濟武，伊人所難。南山之陽，厥土堅厚。雙璧埋光，永昌爾後。

懷遠將軍寧山衛指揮同知陳君墓志銘

始予聞陳懷遠之賢而未識其人，先大夫實雅善之。弘治十八年嘗至京師詣先大夫，瞻其儀甚修而偉，舉措有適，言辨而文，知其中有物，予益賢之。比歸，先大夫贈之詩。正德二年，予以先大夫憂歸。今年夏，讀禮之餘，編録遺稿，得送公詩，有“胸中飽諳八陣圖，飄飄氣節凌孫吳”之句，讀之泫然涕下，謂公老無恙，先大大逝且逾年，痛不能執筆。乃得公之嗣子謨書及通判李君訥狀，請銘公，嗚呼！公兹亦從先大夫游地下邪？益悲不自任久之。

按狀，公諱武，字靖之，其先河南儀封人，徙居大名之長垣。曾祖諱德辛，祖諱清，俱仕元，至平章政事。清歸國朝，累謫燕山左衛戍籍，從我太宗文皇帝有功，授府軍右衛指揮同知階、懷遠將軍。考諱原，初授正千户，尋嗣父職。宣德丁未，調寧山衛，守禦澤州。武藝精絶，有聲行伍。公性敏慧，涉獵書史。受襲時方弱冠，即有遠略，嘗以兵備延、綏，謀勇穎出，誓清烽警。以方忤主帥，勤邊餘二十載，竟抑不得志，嘆曰：“吾竭力服戎，尚其薄有樹立，爲報稱圖。今若此，豈非命邪？”已而歸澤。撫部曲寬而有律，咸樂於用命。延、綏之役，秋毫無犯。禮下儒雅，郡之良無弗友善，四方士至澤，即延款如平生。

尤敦義，急人之難。有太學生假其百金而卒，取券焚之，曰：
"不忍責其孤也。"成化甲辰，饑死者枕藉，發粟賑之，多所倚
賴。貧不能婚喪者，輒助之資費。又屋其地一區，以藏無所於葬
者。澤井水善苦，嘗井諸衝，亦苦，禱曰："爲水泉之弗嘉，無
能腆于醴酪、粢盛，祭而弗腆，神其食乎！爰有茲役，神如有
靈，其尚錫之甘泉以歆澤人。"明日汲之，有爭掬而飲者，郡人
以爲異，迄今利之。成化間，以倦謝休，與親舊娛于詩酒，飄然
有出塵之志。家厚於資，常儉朴如老儒，略無汰侈若世俗富翁之
爲。疾且革，命謨曰："我無以大我前人，即如不起，唯是楄柎
藉幹者，不得過美，其以朱氏喪禮從事，無用浮屠法。"生正統
二年四月二十一日，卒正德三年五月十日，壽七十有二。配張
氏，御醫綱之女，封淑人，柔懿，以內治聞，先公卒。子一，
謨，才武有父風，克嗣其職，爲儕輩推重。娶胡氏，指揮僉事璟
之女。再娶畢氏，嘉善尹紳之女。女二，長適指揮王爵，次適指
揮胡浚。孫男四，道、治、度、□，女孫亦四人。以七月一日合
葬城東花園村之原，禮也。銘曰：

　　陳自儀封徒長垣，厥祖平章實佐元。平章有子復有孫，建事
聖朝蒙殊恩。簪纓奕葉輝轘門，比公嗣業光益燉。士卒樂奉節制
尊，擁麾西來備吐蕃。直視羌兒如鼠豚，高才見忌功難論。還帥
我軍歸澤藩，恩威不頗亦不煩。謳謠遠邇無間言，折節章縫禮數
敦。紉蘭結苣餐芳蓀，燁然聲價輕嶼璠。庭階玉樹枝且繁，子平
願已畢嫁婚。翛然遠舉問真源，王韓跨鶴隨雲軒。羽節霓旌遺世
誼，兒孫仰號不可援。英英萬古藏靈根，水明山秀城東原。姓名
不朽我銘存，吁嗟過者宜駿奔。

武德將軍錦衣衛千戶鄭松泉墓志銘

　　錦衣衛右所千戶鄭君廷杰卒，襄事有日，其親同所千戶劉君

國威以其子百户鉞持狀來請銘。君，予同鄉，世有交契，銘其可辭哉？

按，君之先太原太谷人。永樂間，以匠籍至京師。曾祖諱友，祖諱守連，勤儉相承，裕其家。父諱旺，益爲恢拓，與縉紳交，封正千户。母李氏，贈宜人。繼母王氏，封宜人。君諱俊，字廷杰，別號松泉。自幼穎秀，有志用世，恥與庸人伍。學韜略，爲時所知。成化癸卯，參戎幕有功，授錦衣衛冠帶小旗，直鑾輿司。弘治戊申，有劇賊流劫郡縣，潛遣其黨入京師覘伺，莫能捕者。君設計緝擒，進總旗。丙辰，又以捕盜功實授百户。乙丑，從保國公朱暉禦虜大同有功，實授副千户。正德丁卯，贊畫宣府，尋升正千户。癸酉，永平有大獄久不決，君承委治之，事遂白。乙亥，奉敕偕刑部郎中詣太原勘巡按御史不法事，奪其官，人以爲快。己卯，視右所篆，事至即遣，無留滯者。居家以孝友聞，事親曲盡其禮，撫孤侄不異所生。篤於好義，常推財濟人之急，遇鄉宦特厚，不爲炎涼態，亦未嘗干以私。家在宣武門外半里許，園亭幽勝，當路之衝，凡朝紳餞送輒造焉，君必爲延款，觴詠終日。積久，留題滿壁，愛護不令磨滅。凡進士放榜日，同鄉具儀迎之，起自君翁封千户公，比其老，君承之加慎，於今且二十餘舉，皆在其第。諸省轉效，遂爲通例。鄭之好文尚禮亦可概見已。君生景泰乙亥二月七日，卒正德辛巳四月一日，爲壽六十有七。配沈氏，封宜人，善治內職。子三：鋭，克家；鉞、錦俱百户。伯、季皆早世，鉞守官惟肅。女三，長適總旗許銘，次適百户葉晉，次適校尉劉錫。是年五月九日，葬先兆之次。銘曰：

封及而翁，維養則榮。禄及而嗣，維教則成。門有車馬，維公與卿。室有篇章，維珠與珵。匪屋之潤，維德之彌。矯矯金吾，維時令名。百世而考，維晉士之英。

封錦衣衛正千戶鄭西岡墓志銘

予自垂髫時從先君游京師，即聞吾鄉有鄭氏者，家宣武關外，以著姓稱，縉紳多與之交。比予登仕籍，始識西岡翁，按其言論、舉措，果非庸衆人，姓之著有自也。自是往來餘二十年，情如一日，每會晤，輒以遠大相期，誘掖之辭不一而足，又知其交義不苟，前輩之風度自不易得也。卒而哭之，蓋非涕無從者。其孫前錦衣衛百戶鉞且請以銘墓，惡得辭？

翁諱旺，字興祖，西岡其別號，世爲太原太谷人。祖諱友，父諱守連，俱有隱德，永樂間，始以匠籍至京師，家無儋石之儲。翁自幼即奮拔有志，服賈事，以贍朝夕，力行勤儉，漸裕于用。父歿，事母曲盡孝愛。二弟方弱，撫而育之，俱至成立，視其子不異所生。久之，積益厚，大治居第。第後闢一園，雜植花卉，疊假山，高數仞，構軒其下，扁曰“挹清”，爲延賓所。又置莊於白雲觀西，有田數頃，樹嘉果千餘株，種芍藥數千本、修竹萬竿，亭榭翼然，最爲幽勝，以資賞適，布衣之盛鮮逾於此。其家當路衝，凡縉紳會餞輒造焉，戒家人供具，款洽竟日，略無厭色。初，新進士放榜，未有迎而宴者，翁與鄉先達實倡是舉，迨今垂五十年，吾晉迎進士皆其家主之，遂爲諸省通例。教諸子篤於義方，各事生業，不得爲浮華。子俊素英敏，令習韜略，謂之曰：“吾先世未有顯者，吾且老，不及自效，光吾族者其在爾乎！”竟以武功累官至錦衣衛右所正千戶，受封如其官。誥命頒至，賀客填門，乃張宴痛飲，曰“白首承恩，於願足矣”，遠近榮之。平生好義，所識窮乏不能婚喪者，輒爲推濟之。其有急難，亦營救不遺餘力。弟達蚤世，有女適王百戶者，從其夫謫戍遼東。夫死，與其子流落失所，關塞修阻，不通問者殆數年，翁每以爲恨。會故人以公務之戍所，泣而懇之，竟賴以歸，蓋屬纊之前僅得一見而後瞑目也。生宣德乙卯十一月十九日，卒正德辛巳十一月二十二日，爲壽八十有七。配李氏，贈宜人。再配常氏，封宜人。子二，長即俊，次英，俱先翁卒。孫男四：銳、鉞、錦，俊之子；鑰、英之子。銳、錦亦蚤世，鉞克家，足紹翁業。女孫三，長適錦衣總旗許銘，次錦衣百户葉晉，次校尉劉錫。葬以是年十二月十有九日，從先兆也。俊之卒在四月，予既銘之，距今纔數月耳，又銘翁，鄉曲世契之雅於此可考，而人事之變，禍福難憑，若鄭之父子，其可慨也夫！銘曰：

我昔以文，壽翁八旬。逾八望九，故事當循。胡不少須，乃銘而窀？何以種德？克底于懋。何以建家？亦孔之厚。子姓綿綿，式承于後。天祐善人，是爲不負。

香河縣知縣王君墓志銘

香河令王君既得謝歸潞，未幾卒。宜君令李升之爲狀其行，偕鄉進士董漢才來速予銘。予承乏史館，君宰香河，相距僅百里，音問甚密。每君入，輒過予盡歡，如是者垂十年。正德丁卯，無禄，先君棄養，予扶柩登舟，君使來迎。薄暮泊香河境，君馳至，哭先君，歔欷不能言。既恤予艱，而重相慰抑，秉禮以襄，大事是勛，予謹識之。聞君歸，喜甚，方奉書爲賀，俟終制且往候焉，詎意其止此而屬予以銘哉？

乃揮淚按狀，君諱璋，純卿其字，世爲潞州人。自幼不喜嬉戲，即飭容止，如老成人。稍長入郡庠，篤意墳籍，爲文不屬稿，灑翰即成，殊有思致。屢場屋不偶，以貢游太學。會孝廟登極，布告中外，副行人詔諭閩、浙，至則宣上德意，不愆于儀。北歸，舟中惟圖籍而已，士論偉之。迨入銓選，冢宰奇其才，邑諸劇且敝者，乃得香河。邑故民羸地瘠，逋租累萬計。諸司供億，靡有紀極；文移旁午，應接不暇。勢家、軍衛又錯峙爲沮撓，人以爲虞。君曰："向吾自負圖報稱者，庶其在此。此而弗能，非夫也。"既至，招徠撫輯，民頗息肩，積逋以次舉。誅求諸不在制者，多所寢格，一切興除，不爲顧忌，向沮撓輩悉歛迹相避。近京諸邑率患盜，君督捕嚴而有法，賊不敢入境，行旅安之。獄牘填委，剖決如流，皆情罪相得，帖服而去。有偷兒夜入民家，越三人于貨，不獲。君詰其家，以鬻牲得錢，時旁有覘者，密令迹其人，擒之，有血濺衣，遂伏其辜，人以爲神。薊州之域，京營草場累與民溷。軍曰"吾牧也"而侵之，民曰"吾田也"而奪之。貴戚莊田在寶坻者，亦往往爭訟不決。一曰"我受之先朝"，一曰"我賜之今上"，各疏以聞。遣大臣往勘，有司無能受委者，皆曰："其王香河乎！"檄下，君直以爲任，稽版牘，履疆畝，爲曉譬曲直，俾各復舊，遂定。大臣嘉之。邑民寄牧官馬，類以耗損爲病，則禁私用，謹秣飼，補缺乏，馬政以登，爲太僕旌勞。城池、學校、倉庫、公署之屬頹敝弗稱，默爲儲材，久乃鳩役，不數月落成，民不知勞。兩書課最，當道以是邑不可去君，欲久任之。君亦恬退自處，故遲而弗遷。秩滿至部，方擬君授，力以老乞歸，竟坐勤悴，致疾弗起。於乎！惜哉！君爲人孝友天性，事繼母韓以色養，如所生。撫異母弟珍甚厚，攜之官，延明師爲授經義，至卒猶以爲慮。好賢樂善，與人交無城府，故朝紳多識之者。今大學士石齋楊公少與可，亦雅善之，餘足徵已。生正統甲子二月六日，卒正德戊辰八月二日，爲壽六十有五。祖諱聰。父諱盤，內庫大使。母李氏，賢而蚤卒。配張氏，以內治聞。子四：詔、誥、訪，吏部聽選官；諫，郡庠生。女三，長適程珍，次葉玹，次瀋府奉國將軍夫人。孫男亦四：用鈞、用鑰、用鐩、用鐸。女孫七，俱幼。卜是年九月二十六日葬城南信義村先塋之次。予宅憂，不得越境會葬，姑銘以寄哀。銘曰：

聖有謨訓，誦詩實難。弗政弗使，多胡可觀？矯矯王君，吾黨之重。爰窮茲經，爰究茲用。于閩于浙，式昭德音。威儀抑抑，清風可欽。縮此銅章，興滯補弊。鼓斯桐斯，斯錦斯製。我弗可疢，人弗可干。乃逾九載，弗遷其官。施于厥家，維孝與友。有良伊雛，有淑伊耦。卓矣彭澤，薄言旋歸。宜松宜菊，三徑是依。乃厭世紛，乃即長夜。我傷偉人，君委大化。潞水之陽，氣龐土豐。終安且固，維君之宫。爰作銘詩，勒于貞石。勖爾後人，服時無射。

紫岩文集卷之四十七

志　銘

施南泉墓志銘

施南泉者，鄉進士鏞之兄也。既寢疾弗起，鏞奉禮部員外郎張君子醇狀來請銘。今年秋，予偕吳白樓學士考順天府鄉試，鏞實所舉士也。鏞舉甫數日，丁父鈍翁憂，白樓爲之銘。復數日，乃有是屬，予惡得辭？鏞素有聲學宮，南泉亦好禮，得與縉紳接，兄弟多爲人所知。比放榜後，往往聞稱鏞者曰："是良士也。久詘而竟信，可以慰若兄矣。"予曰："如何？"則言鏞有兄，甚相友愛，以鏞幼有敏質，白于鈍翁，令就學而躬督之。嘗曰："父母甘旨，我其供之。家事無巨細，我其綜之。族黨親戚往來慶慰，我其應之。爾延接師友，一切供億之費，我其給之。惟力學以圖遠大，光我門戶，則於爾望。"每鏞入試，必送之曰："勖哉！吾親老矣。"既不偶，則又慰之曰："爾終成名，第有數，不可強耳，姑須之。"鏞輒負慚，累日不能釋，曰："我無以見我兄。"因益自奮拔，大有造詣，竟取高第，成兄志也。予聞而嘉之。按狀益爲有徵，乃知施氏之昌有自，而鏞賴其兄爲不淺矣。

君諱鑒，字明遠，南泉別號。其先爲浙之嘉興人，永樂年間，曾祖均美始來京師，占籍大興縣，生禮。禮生愷，即鈍翁也。三子，君爲長。世業商，至君益饒裕。觀其志，取世甚薄，與俗競錐刀者不同，若托于商而實有弗屑焉。其以綺幣售於士大夫，必出上品，口不言價，曰："惟所賜耳。"價未即償，曰："惟所便耳。"有篋錦而寓之者，既去，將檢而收之，則多於所告，君曰"客誤也"，必往語之。既而頗厭商事，察季弟鐸儉勤類己，悉以付之。城南治別業一區，雜植花卉，有亭翼然，匹馬雙童，斗酒自隨，竟日而返，曰："吾其有以老乎？"事親曲盡孝愛。鈍翁年幾八旬，爲預治後事，特加豐腆。偶患風疾，爲痰所嚛，欲言則手書示人，唯以不獲送親終及不見鏞之榮進爲恨，餘無所及。比鏞歌《鹿鳴》而歸，拜於床下，則大有喜色，首肯者久之。繼哀鈍翁，疾以增劇，弗克療。生成化己丑二月二十五日，卒正德癸酉九月十五日，壽四十有五。配華氏，生女一。鏞以庶長子惠民繼其後，君猶及聞焉。將以十月九日葬都城南東皋村之原，從先兆也。銘曰：

弟則成己之名，孰曰弗究？侄則承己之生，孰曰弗後？德則恒己之齡，孰曰弗壽？南有泉兮清且漪，子昔游兮可樂飢。泉之流兮無盡時，吁若人兮竟何之？我今銘兮，其有知乎！

吕將軍墓碣

予晉人居京師號大家者數姓，積資累千萬，第宅、輿馬之盛與貴勢者埒，往來縉紳間，迭爲賓主。論者以爲晉俗本崇儉，戒怠荒，憂深思遠，治生業實勤且力，往往起自布衣，家無長物，馴致陶朱之資，而謙恭好禮，化俗爲雅，亦君子所與進，理或然也。京師聚天下之人，市廛如是者亦有數，吾鄉獨多。若今中城仰山寺左故吕將軍，其一也。

君諱仁，字宗善，其初平陽夏縣人。大父諱敬，祖父諱振，世有隱德，鄉人稱爲長者。君幼勇而長身，善言論，聽之知其中有物。倜儻負志氣，恥爲鄉里庸人，嘗曰："以吾自揆，豈終老蓬蒿、矮屋中者耶？"會有詔選侍衛將軍，府檄至，縣以君應選。

君欣然就道，曰："此吾發身之秋也。"比至京師，隸籍錦衣衛，謹厚，爲主者所愛，又自以爲遇。顧生事索然，無以爲資，率其配柴氏力務勤儉，觀時變，懋遷有無，不憚艱苦。無何，居積致富，歲所入輒倍，而出者不當十之一二。無何，又致大富，乃拓屋宇，治賓祭器用，訪鄉之士大夫，修交際禮，自是門外多貴者車轍矣。同巷人咸相謂曰："呂將軍非復吳下阿蒙，自渠來，吾閭增重。美哉！鄰乎。"君益尚義樂施，以急來告，未嘗不稱意而去。嘗語人曰："始吾見積弗能散者，鄙其爲守財虜，恨吾無若積爾。今則有之，顧可效其尤哉？"於是友人魏義卒，弗能喪，厚爲治棺斂葬之。戚黨徐氏女幼孤無〔一〕

封恭人顧室柴氏墓志銘〔二〕

爲狀〔三〕，且來請予銘，曰："玉不幸蚤孤，無他兄弟，所恃以爲骨肉親者，獨顧氏姊爾。茲又不幸而夭，煢煢孑立，情何以堪？願賜之銘，先姊瞑目地下，死且不朽，玉庶亦少釋其憾矣。"予辱柴君交有年，固不得辭。

按狀，恭人考諱雄，任指揮使，總軍政，赫有聲稱。母唐氏，指揮僉事初之女，賢而有識。恭人自幼莊雅，寡言笑，精於女工，聰慧，曉書義，爲父母鍾愛。已而失恃，鞠於養母，即奉姆訓，謹飭有容儀。年十有四，歸顧氏。姑已棄世，奉祖姑及舅與繼姑，曲盡孝敬。姑遺女三人在室，皆善遇之，誨以女工，遂至成立，治裝以厚其歸。綜理家政，巨細罔有不宜，閨門肅然，足爲儀範。處族黨情禮周洽，能推財以濟人急，內外稱之，無間言。平居服用類尚儉約，未嘗徇俗爲驕奢習。每以行義相其夫，曰："君仰荷國恩，席先世之基有此，宜盡心職務，以圖報稱，庶遠大可期，有光於祖。"顧然之，以公勤蒞官，好賢樂善，士大夫多與之游。撫軍士得其心，無不愛且畏者，爲當道所嘉，委任軍政，恭人相助之力居多。顧嘗有危疾，恭人憂悸，不知所爲，焚香籲天，願以身代。尋愈，人謂精誠所感。以恭人之賢，宜享有遐福，與夫子偕老，而遽止此，豈非命邪？遠近聞之，輒爲傷悼，曰："惜哉！顧恭人之有是也。"生成化乙未十一月四日，卒正德己巳四月十九日，爲壽三十有五。子三：長瀾，當嗣職，聘中左所千戶王璋女；次潤，始知向學；次澗，尚在襁褓。女三，長適中所千戶萬和，餘俱幼，許聘宦族。卜是年六月十三日葬郡城西北史家莊之原，從先兆也。銘曰：

嗟嗟恭人，出自華胄。內職克修，有聞惟舊。既畀之賢，胡嗇伊壽？天其或者，益昌其後。史村之原，土豐而厚。茲焉永藏，以儲來秀。

封太宜人孫母蘇氏墓志銘

太宜人蘇氏，贈吏部員外郎孫公之配，前太僕寺卿緒之母也。孫爲故城巨族，至吏部，業少衰。太宜人佐之，力爲修葺，未幾復其舊。吏部捐館，家政皆太宜人主之。太僕官京帥垂二十年，數具騶御迎養，不過一再。至居京邸，不過一再，閱月輒歸，太僕不能留，常以爲歉。歲丙子，會以事罷官，即欣然就道，曰："吾母老家居，弗得供養，茲吾願也。"逾二載，太宜人卒，遣使持戶部郎中李公從狀，請予表墓。予與太僕同舉進士，又嘗同官吏部，辱愛爲深，聞太宜人之賢稔且悉，銘惡得辭？

按蘇亦世家故城，有諱拯者與其侄廷憲相繼登科，以文學顯。太宜人實處士諱子敬之女，拯其伯父也。性端嚴，不妄言笑。歸封君，值姑氏早世，事繼姑高，執婦道，得其歡心。娣姒二人蚤寡，待之若同氣，撫其孤，不異所生，曰："此孫氏骨肉也，吾忍薄哉？"吏部倜儻好客，邑人都憲馬公、懷慶守呂公俱謝政歸，日相與游。太宜人常治具俟之，至即傾倒，盡醉而去。

又樂施予，有待以舉火者，有賴以婚喪者，恒若干人，太宜人輒出財物應其需，若恐不及。太僕幼好射與奕，爲置塾延師，誨之讀書。或稍及故習，則怒色訶之曰：“吾與而父朝夕望汝于成，光我門祚，忍玩愒廢學，重貽其憂耶？”太僕瞿然謝過，自是專力於學，博洽群書，見者争謂孫氏有子矣。及舉進士，累官吏部，晉太僕卿，聲籍甚，爲縉紳重。再受恩封，鄉人榮之，登堂拜賀，太宜人無喜色。比太僕報罷，鄉人相顧駭愕，又群往慰，太宜人無慍色。或問其故，則曰：“是適然耳。”蓋太僕弱冠登朝，才敏出衆，視天下事若不足爲，高科、美仕皆履順境，亦造物者所忌，用是耿耿，而福禍倚伏，爲理之常，順而受之，無足芥蒂，太宜人見亦定矣，其識度如此。生正統十年六月二十八日，卒正德十三年七月十三日，得年七十有四。子三人：太僕其長；次繼，國子生；次紹，早卒。女六人：長適李廷臣，驛丞；次辛宗；次劉鑾；次馬師言，國子生；次李榛，聽選官；次劉恭。孫二人，方在襁褓。繼、紹與二季女皆側室陳出，撫之如太僕輩，人不能辨。繼未有子，屬纊時猶拳拳以爲慮，曰：“吾不見汝生孫矣。”卒之日，再從以下諸宗婦皆號慟失聲，若子婦禮，其慈惠之德自家及族於此概見，非僞爲也。是年十月四日，與封君合葬幡山之阡，禮也。銘曰：

九河之匯，中有故城。爰自古昔，文獻可稱。維孫巨族，實隱於耕。四世同爨，富有義聲。蘇亦著姓，奕葉科名。《桃夭》既賦，家再以興。閨門肅肅，見此典刑。匪共我餗，敬胡以行？匪斷我織，慈用弗成。封君長者，令子列卿。孫氏之盛，實維我譽。殊恩薦錫，鄉國所榮。不虞或至，孰忘其情？我識先定，寵辱不驚。維坤之静，維咸之亨。是爲元吉，有百其祏。食報未艾，子孫其承。彼岸者谷，彼谷者陵。嗟嗟不朽，德音可憑。銘在太史，百世是徵。

封宜人郗母郝氏墓志銘

郗母宜人，知歸德州諱琪之配也，就其子户科給事中夑之養於京師，未幾卒。夑將西歸襄事，以進士閻道鳴狀請予銘。予友善夑，稔宜人之賢舊矣，銘其可辭？

按狀，宜人姓郝氏，嘉善丞諱璉之女，四川按察副使天成，其弟也，世爲平定望族。母吕有夢璧之祥，生宜人，温其如玉，因諱某。性聰慧，通《孝經》大義，尤精女工。歸郗氏，而能領其家政，爲戚黨所稱。歸德無内顧憂，因大肆學力，以文薦於鄉。及業太學，以父照磨公老於家而重去其左右，宜人治裝請行，躬任饋養者三年，照磨公安之。佐歸德治郡，赫有政聲。能儉約自持，不撓其所守。歸德以剛直忤貴勢罷歸，囊篋蕭然。宜人處之裕如，督家人治生業，躬事繰績以贍用度，朝夕不怠餘二十年。嘗謂歸德曰：“君用雖未究，夑兒有穎質，當爲遠器，可無慮也。”遂遣就學。夜讀，爲供膏火，至漏下二十刻乃已。夑竟舉進士，克成父志，以行人奉使晉府，得便道迎宜人於官。每侍側，輒教以盡忠報國。鷄初鳴，令婢子趣入朝。夑補户科，命下，宜人有不豫色。問其故，曰：“官則美矣，職當言路，天下事皆得論列，知而不言與言之不盡，皆罪也，必以身徇國，不識諱忌，乃庶幾耳。兒勉之！”其遠識亦可概也。初，夑官行人，封不及親。至是，宜人得以子例從夫爵進封有日，乃不少須而遽違禄養，人皆惜之。壽六十有七，生正統五年三月十七日，卒正德元年九月二十日。子一，即夑。女四，長適延鶴年，次吕迴，次董來鳳，次白思齊，鄉貢士。孫四：元深、元洪、元清、元潔。女孫二人。以是年月日祔歸德君葬於郡城東平上之原。銘曰：

胡兆爾生？匪虺匪蛇，璧誕厥祥。有美夫子，實受爾賚，燁然其光。式瞻爾庭，孫枝玉立，奕世孔芳。歸爾完璧，無垢無瑕，萬古永藏。

封南京户部主事辛君并安人郝氏合葬墓志銘

封君辛泉庵始以其子東山南京户部主事就養南京，繼以東山謫潞州同知就養于潞，閱八月，會同知君縣弧之辰，方稱觴爲壽，痰疾驟作，卒不及藥，乃卒。同知君痛弗勝，將扶柩歸葬洛陽，手疏事行，介予甥栗生繼芳來請銘墓。

按封君諱鑒，字晦夫，泉庵其别號也。其先膠西人，高祖諱從善，曾祖諱恭，俱有隱德。祖諱和，天順間尉洛陽，因籍焉，遂爲洛陽人。父諱宗仁，以耆壽授冠帶散官。泉庵簡重寡言，孝友出於天性。尚義，好施與，慨然有志用世。游鄉校，爲儕輩推重。以治《易》應河南鄉試，五舉輒北，志弗爲沮。遇末疾，療之不可。同知君已種學績文，嶄然露頭角矣，乃嘆而謂之曰：“吾已矣夫！爾當有以慰我。”未幾，同知君以正德癸酉舉于鄉，明年舉進士，即有南京之除。三年考績，泉庵壽[四]封如其官，因進之曰：“我以爾故，被恩如此，愧無以報。惟爾錢穀之司，貴出納明允。萬一有干清議，豈不上負朝廷，下貽爾父累哉？”至潞州，語之曰：“爾蚤登仕版，罔閑世故，倅此大邦，聊示小抑，蓋天之庸玉汝于成也。當益加策勵，無間險夷。譬之農夫，不以饑饉廢厥穮蓘[五]，必有豐年以償乃勞，理則然者。勖哉吾子！”其家居時，與洛之士夫作真率會，飲酒賦詩，以爲娱樂。衣冠古雅，蕭然塵表，望之若神仙中人。安人郝氏，同邑處士通之女。幼聰慧，爲處士鍾愛，教之《孝經》《列女傳》諸書，能解大義。既歸封君，克執婦道。姑陳患瘍，治法當吮而藥之，安人就之無難色，遂愈。處諸姑、叔曲盡情禮，曰：“時乃事吾姑嫜也。”封君爲諸生，窘於無資地，黽勉有無，不遺餘力，曰：

“君第力學，無内顧可也。”迨其遘疾，日事湯藥，又以榮悴自有定分爲解，而戒同知君曰：“汝父平生辛苦，冀有樹立，而以疾廢，豈非天乎？欲亢辛宗，庶其在爾，爾其無忘乃父之志。”故同知君取科第如拾芥，所至輒良于官，家庭之訓不可誣也。泉庵生天順庚辰八月十一日，卒嘉靖甲申四月二十四日，春秋六十有五。安人先泉庵卒于南京，詳在真州黄亞卿志中。子二：長即同知君，娶劉氏，封安人；次東海，娶李氏。女二，潘得禮、任淵，其婿也。孫男一，曰一貫，聘陜西僉事李君獻之女。孫女一，許聘監察御史劉君謙亨之子。將以是年六月二十有八日啓安人壙，合葬邙山之先塋，禮也。予潞爲太行巨郡，藩封衍盛，禄給浩繁，特設官以董其事。非卓然有立，不怵於威則染于指，舉職恒難其人。同知君蓋選擇使之，至即斬斬不頗，公私稱便，謂得之晚。兹其去也，則又恨於失之遽，猶所謂挽不來者。予憂居多病，久謝文事，惜其能官而屈當大事，無以盡於其大人，故不辭爲之銘。銘曰：

瞻彼嵩兮，耕者辛翁。子不家食，我耕匪窮。瞻彼洛兮，洴者辛母。子徂登朝，我洴何負？帝曰汝翁，授汝書香。封之汝官，式酬義方。亦曰汝母，勖汝于讀。封以汝階，庸旌慈淑。子曰君恩，實榮我親。廣我孝思，敢忘致身？亦曰親恩，俾我報國。移孝于忠，是爲竭力。死而有子，斯則不亡。竟歸雙璧，埋光北邙。子才于官，其興未艾。奕奕佳城，芳流百代。

封安人趙母李氏墓志銘

安人李氏，封吏部主事長垣趙君銘之配，山西按察司副使祐之母，祥符處士李君之第三女也。少莊静，簡言笑，天性孝友，精於女工，織紝組紃迥出時格。通書史大義，言動與人殊。處士鍾愛，嘗撫之顧諸子女曰：“渠他日必昌其家，而輩俱弗若也。”

年十六歸封君，值舅氏早世，姑何在堂，性素嚴，諸婦不敢近。安人怡然順適，衣必手紉，食必親饋，凡三十年如一日，以是獨得其歡心，里閈稱爲孝婦。封君善治產，積資既厚，安人從容謂曰：“貨矣，義則未也，盍散諸？”封君然之，以急告者輒濟，無難色。會歲侵，餓莩枕籍，發粟賑之，多所全活。又以例助輸邊儲，得給冠帶，則曰：“榮矣，顯則未也，盍教諸？”擇子弟秀穎者遣之就學，親督膏火，務底于成，乃得按察。家屬既衆，各求析產，勢不能止，又勸封君取田廬荒頓及器物朽敝者，曰：“茲吾骨肉也，豈較量地耶？”正德初年，按察爲吏部主事，會朝廷推兩宮恩，以其階受封。晚年耳廢聰，手足痿痹，垂十餘年。一日，忽能聽，動履如平生，人皆異之，以爲積德之報。先是，子禄病卒，殯於正寢。安人疾且革，家人遷簀，欲以廳事受終。少間而覺，瞿然不可，竟遷禄，已處其中，張目熟視曰：“女正位乎內，吾斃於正矣。”遂瞑。爲嘉靖甲申二月十有一日，距其生正統己未九月二十九日，壽八十有六。子三：長即禄，克家，家益恢拓，則戒其知止，毋事乾沒，遂以善終；次禎，補邑掾，精于刀筆，然不謂善，令解之，服家政乃已；次即祐，恒教以清慎奉職，爲報稱圖，毋以己老爲念，其累官按察，赫有時名，行且大用者，母氏之力爲多。女二，長適楊環，次適張富。孫男十人：芳、葵、蔕，禄之子；萃、藿、范，禎之子。莊，早卒；蘇、萬、薇：祐之子。芳與萃，邑庠生也。女孫、曾孫男并女各五人。按察之奔喪也，道經敝邑，實介邑大夫趙君永淳懇予銘。比至，不遠千里，復以萃奉鄉貢進士管君尚義狀，云以是年五月二十日與封君合葬新興里先塋而速之。予與按察同朝友善，其先世亦吾沁產，今又枲吾省，義不得辭，乃爲之銘。銘曰：

詩首《關雎》，王化之端。凡民所儀，維厥在官。邑有祥符，著姓爲李。淑媛之生，隱君之子。來嬪於趙，咸曰宜家。維家之慶，維宗之華。相我良人，夙以義顯。吏部之封，茂膺殊典。篤生令子，教以一經。歷官中外，名播風霆。既侈之榮，亦豐之壽。奕奕冠簪，逾八望九。有子及孫，實賢且繁。森森玉樹，謝氏之門。婦順以正，母慈以則。吁嗟安人，重我邦國。大河之後，長堤之前。氣鬱而葱，土厚而堅。雙璧埋光，萬古長夕。詔爾後人，毋忘世澤。

封安人董母吳氏墓志銘

安人吳氏，董封君某之配，户部主事琦之母也，以疾卒於家。琦將東歸襄事，奉太學録王君訓狀，因太常寺丞韓君廷芳請予銘。正德二年，予以先君憂居敝邑，琦宰澤之高平，爲鄰封，嘗得其政及安人所以教子者，知董氏之興有自，安人食報于天爲不爽，詎意銘其墓哉？

按狀，吳居海豐，董居陽信，皆邑之巨族。安人諱德真，實處士諱某之女。歸封君爲冢婦，即能綜理内政，以勤儉率先家人。事舅姑，早夜不脱簪珥。姑嘗危病，憂悸不知所爲，焚香籲天，祈以身代，尋愈，人謂誠孝所感。封君歷官至石墩巡檢，宦游幾二十年，所在輒有官聲，安人實内相之。琦幼隨任，稍長能讀書，知義意。封君年方知命，安人即謂曰：“是子吾家英物，必能光大門户，歸而教之，所得多矣。淹留仕途，于何其止？”封君然之，遂謝歸，橐無餘資，怡然自得，惟督家人治生業。遣琦就學，力爲供億，至親給膏火，不少假借，以是大有造詣，爲儕輩推重，領鄉薦，舉進士，若拾芥然。初知高平，迎安人就養官舍，每戒之曰：“爾受命宰邑，得以禄養及親，宜夙夜憂勤以圖報稱。吾家起自農業，民生艱難，尚宜體悉。不得已用刑，猶當矜恤從寬，毋致濫及。”琦奉教不敢違，民受其惠，遠近咸稱譽之。甫三載，召爲户部主事，復迎養封君及安人於京邸。會朝廷上兩宮尊號，推恩臣下，遂得以琦官受封，亦異數也。已而思歸，琦百端不能留。抵家未逾月，遇疾而卒，或謂有見云。平生言笑不苟，動止有儀，足爲女範。處戚黨有禮，慶吊贈遺，必從豐腆。逮下有恩，臧獲一經給役，皆感激不能忘。封君有側室，相遇甚厚，視其子不異己出，益見其賢遠于人。生正統某十月十三日，卒正德辛未六月十三日，爲壽七十有三。子一，即琦，娶王氏，即學録君之妹，克盡内職，亦封安人。女一，適同邑馬鉦。孫男四：邦治、邦政、邦教、邦基。女孫二。以某月某日葬邑城東南董家莊之原。銘曰：

蘋藻之薦，維筥及筐。旨甘之供，維姑及嫜。相夫于官，挂冠勇退。教子登科，夐出流輩。就養京邸，載受封章。燁然珠翟，榮歸故鄉。既懋厥施，亦厚厥享。胡不百年，寄此穹壤？有窈其壙，有歸其丘。子孫綿綿，永服厥休。

贈滑縣知縣祁君封太孺人張氏合葬墓志銘

户部主事祁鶴以治行擢自滑令，未幾，其母封太孺人張氏卒于家，將奔歸，圖與其考贈文林郎、滑縣知縣合葬中條山之北原，奉同鄉御史許君國禎狀來請銘。

按文林諱顯，字朝用，世爲平陽安邑人。曾祖諱三，祖諱真，考諱宏，俱以隱德爲鄉間重。文林幼聰敏好學，有志用世，以家政不果卒業。户部方嶄然露頭角，文林撫之曰：“兒其成我志哉！”擇師教之，厚爲禮遇。有鬻異書者，輒購以重價，授户部曰：“用廣爾見聞。”每夜坐，躬爲程督，至漏下二十刻乃已。忽疾作，語户部曰：“吾且死，兒能努力，光我門户，吾死且瞑目。”遂弗起。平生謹厚自持，不與人忤。輕財樂施，鄉人貧乏者多德之，聞其卒，皆爲悼惜，曰：“天胡奪我祁君之速邪！”

太孺人，邑巨姓諱端之女，性莊静，不喜華靡。年十七嬪于祁，即閑婦道，事舅姑以孝聞。歲時享祀，必齋沐，虔奉蘋藻。處姻族情禮周洽。以勤儉相文林，俾無内顧之憂。户部所從師貧，不能婚，脱簪珥助之，曰：“第願兒有寸進，此何足惜？”户部尋與計偕，舉進士，尹滑，迎太孺人至官，進而訓之曰：“爾發身儒術，得以禄養及親，恩至渥也。竭力守官，愛民如子，猶懼無以報萬一。即有不稱，自速罪尤，老身千里，何以善其歸乎？”户部舉[六]教惟謹，著冰蘗聲，累被章薦，尋有是擢。初聞召，將發於滑，太孺人以年老還家。户部既至，以令治得給敕命，於是文林有贈，太孺人受封。未入謝，聞訃，既哭，膳制以奠告。雖不及見，而始終榮遇亦足以慰其靈矣。文林生正統丁卯七月十六日，卒弘治己巳三月五日，壽四十有五。太孺人生景泰庚午七月十六日，卒正德己卯十二月二十日，壽七十有一。子一，即鶴。女四，長適孔明，次適國子生郝誠，次適王文，次適鄉貢進士張祚。孫男二，女孫二，俱幼。銘曰：

嬴則以賈，獲則以耕。有子克肖，教乃一經。宦績既成，爰推所自。赫赫綸音，曾不少俟。厥齡修短，命實在天。不可朽者，伉儷之賢。中條有原，土豐而厚。雙璧埋光，永裕爾後。

校勘記

　〔一〕此下底本脱一頁。

　〔二〕據底本目録補。

　〔三〕此句前文字，底本脱去。

　〔四〕“壽”，據文意疑當作“受”。

　〔五〕“謹”，據文意疑當作“饉”。

　〔六〕“舉”，據文意疑當作“奉”。

紫岩文集卷之四十八

志　銘

渭南縣丞王公并孺人董氏合葬墓志銘

予以嘉靖元年丁先太淑人憂歸，岳翁渭南縣丞王公時年八十餘，言動間殊無憊意，時每枉顧，輒叙留盡歡。比服滿被召，公乃病，幾危。予爲購美木，董治棺事。病差愈，予往告別，則泣下，謂無復見期，語諄諄不能休。孺人董少公七歲，別且無恙，猶意其算未可量也。兹甫歲餘，相繼以訃至。於戲！孰謂向者之別乃遂爲永訣邪？其孤國子生鉦具狀遣使來請銘墓。予既不能躬致含斂以助襄事，哀且無已，銘其可辭？

按公諱馴，字德良，別號敬齋，世籍潞之襄垣。考諱禧，性純實，不喜榮進，善治生産，裕于財，謂家人曰：“積貴能散，否則守錢虜耳。”鄰里不能舉火及無以爲旣窆之資者，輒濟之，必遂乃已，故生平多樹陰德，識者知其有後。公生而穎拔，善屬文，志于用世。以親老援例入太學，猶力學不衰，朋儕咸重之。執父喪，哀毀骨立。事母梅以色養，旨甘必親嘗之，乃粗糲自給，晏如也。時具酒食召宗族，輒及古人善事，諭以守禮奉法，無貽惡名，爲祖宗羞。雖與鄉人會飲，亦率以修爲相勖。前輩風度蓋如此。授陝西渭南縣丞，捧檄喜曰：“古人以禄逮親，樂就三釜。今吾母老，得此多矣，復何求哉？”居官冰蘖自持，務恤民隱，以惠政佐令，邑人懷之，豪猾俱爲歛迹。遇大有年，奉公移委勸粟萬石以備賑，乃集富人，以義諭之，皆欣然應命，數日間得粟三萬餘石。時青神余公巡撫，聞其事，遂以操幹旌舉，曰：“官惟其才，雖小不可遺也。”尋有驛丞犯贓，屬公蔽之，執政者以書至，督令寬釋，公竟不從。縣尹周某者亦以忌成隙，遂相與媒蘖之。公拂衣引歸，曰：“予不負丞而丞負予，不去何爲？”抵家，囊篋蕭然，略無介意。與同輩士友約以時會，雅歌投壺，竟日而罷。其襟度夷曠，不爲世故所嬰。接人色溫氣和，恭而有禮，故爲人所信服，往往賴以解紛，雖橫戾者，望之輒爲意消，不忍加也。有叔二人，商於小灘鎮，俱致厚產，不能歸，卒而無子。公收其遺骸，歸葬於襄。迎叔母，母事之，終其身無倦意，邑人賢之。初配程氏早卒，同邑人。繼董氏，大名元城人，戶部主事奈之孫女也，有淑德，撫程二子如所生。姑梅性嚴，不少假借，曲爲承順，卒得其歡心。公丞渭南有聲，一切居鄉行義，董孺人內助之力爲多。公生於正統壬戌八月十有一日，卒以嘉靖丁亥七月十四日，壽八十有五。董孺人生於正統己巳五月六日，卒嘉靖丁亥九月一日，壽七十有八。子口五[一]：鑒歷任長安、綏寧縣丞、鑰歷梁垛、餘西鹽場大使，程孺人出也；鉦國子生，欽爲掾史，董孺人出也；鎰歷任銅鍾隘嶺鎮巡檢，爲側室魯出。女五人，長予室淑人，次適國子生崔珩，次適邑庠生郭儼，次適潞州衛千戶孫金，亦俱董出。孫男五人：鑒之子曰澤，任靈壽縣丞；曰濟，國子生。鑰之子曰濤。鉦之子曰洋，曰淵。曾孫男四，曰楷、儀、賓、餘，俱幼。曾孫女四。公嘗以先塋地隘，卜於其原，得吉兆焉。鑰將以日合葬新阡并遷程孺人，禮也。始先君爲予求婚，公謂董孺人曰：“是子雖幼，吾觀其性敏不凡，當以文顯。”遂許之。及予官翰林，公得報喜曰：“我固知有是夫！”故常欲得予文。其壽七袠與八，皆遙賀以文，公欣然受之。今銘其葬，公蓋嘗面屬，予曩既諾之，退爲礱石，付諸子矣，又重以請，遂收淚爲之銘以畢其意云。銘曰：

《詩》美刑于，《易》嚴正位。維厥家興，不無伊自。夫也能官，妻也内治。爰萃一門，視古無愧。新阡協卜，韓城之陽。環以漳水，屏以太行。維兹伉儷，終古久藏。垂裕後昆，弈世有光。

處士李菊庵配張氏合葬墓志銘

聞喜李進士淮既登第，觀通政司政，念其母老，欲迎養京邸。會得報，母以病卒於家，躃踴幾絶，將袒括奔喪，持其同年進士李君成章所爲狀請予銘墓，曰：“先處士卒時，淮以荒迷未及圖爲不朽。兹歸而奉先妣合葬，敢并以銘爲請。”予以鄉曲，不得辭。

按狀，處士諱景，字克明，別號菊庵。其先洪洞人，元季避兵聞喜，遂家焉。曾祖諱思中，祖諱亨，考諱謙，世以行義重鄉里。處士爲人孝友，事母能以色養，處諸弟怡怡如也。性敏，好涉獵書史，嘗曰：“吾讀書雖不甚曉解，每見古人言行可法者輒欲學之。”於別墅創建書院，爲栖息所，因其里之故名扁曰“通義”。雜植花卉，躬爲鋤理。花盛開，則引親舊觴咏其間，盡歡而罷。歲時祭薦，必預爲齋沐，圃中親摘蔬果，侵晨至城，成禮而退。其教子弟，嚴而有法，讀書循理，不得放逸，各底于成。弟泰由鄉貢士宰林邑，有政聲。賢充邑庠生，爲儕輩所推。學以例授義官，亦能謹飭幹蠱。至淮舉進士，益爲光大，皆處士教也。素剛毅，能斷里黨事，有不平輒往質之，曉譬曲直，無不悦服。其有過舉者，則深自慚沮，曰：“李菊庵得無知之乎？”縣有驛嘗闕丞，令聞其才幹，召俾暫署，辭諸使者曰：“吾年且老，雖布衣，未嘗屈節事人。吾子他日幸有寸進，得受封錫，於願足矣。此非所宜也。”竟不受，令益重之。臨終手録遺言爲訓，俾治喪以禮，不得爲佛事。其所屬淮，則欲居官守己，盡忠報國，以顯揚爲孝。壽六十有三，葬城北某原，從先兆也。配張氏，柔淑，克盡婦道。姑氏性嚴，待諸婦凜然，不少假借。張能委曲承順，得其歡心。綜理家事，無巨細，悉井井有條。始淮肄業，躬爲勸督。凡遇邑有公事，淮當早赴者，輒終夜鬱結，必促令晨發，然後能寐。晚年諸子孫婦甚多，補綴浣濯之事猶自爲之。婦有求代者，則曰："汝輩所爲皆不愜吾意，吾自樂此，不爲勞也。"鄉人稱勤儉克修内職者，必曰李母云。壽七十有二。子三，瀛、漢、淮。女二，孟龍、王儼，其婿也。孫男七：孔昭、孔嘉、孔休俱邑庠生；孔膠、孔將、孔惠、孔偕。女孫六。將以某年月日與處士君合葬，禮也。銘曰：

履之端兮，化于其里。積之厚兮，發於其子。雙璧聯兮，埋光於此。啓後人兮，百世伊始。

施母葛氏墓志銘

施母葛氏，處士鈍齋之配，鄉進士鏞之母。予嘗聞諸鄉友兵科右給事中竇君惟遠，稱其賢足爲壼範[二]。惟遠，鏞友也。比予主順天鄉試，鏞以《書》舉，一見識其材器可任遠大，竊喜爲得人，謂是母宜有是子，益徵惟遠之言。兹其卒也，惟遠實狀之，請予銘。往年嘗銘鏞兄鑒之墓，皆以一日之雅，矧其母氏而得辭哉？

按，葛之先爲吳人，祖永常始渡江至京師，占籍錦衣衛。父諱苓，母韓氏。自幼聰慧，精女紅。語以古今事，輒能了其得失之故。鍾愛于親，擇所歸，得鈍齋。綜理家政，悉井井可觀。姑張氏孀居餘三十年，事之始終不替，衣必手紉，食必躬爨，曰："非無可代也，婦禮則然。"張有愛女，不欲去左右，爲選婿入贅，裝具甚豐，多取諸其室。比卒，又撫其遺女成人嫁之。張臨終，執葛之手曰："爾事我至矣，即吾死無所憾，第願爾他日得子婦若我之得爾，乃不負我孝婦。”初，鈍齋幹蠱于外，葛以勤儉相之，朝夕之需與姻族慶吊之事悉有常度，鈍齋得無内顧，以此居積致富。平居簡言笑，緩急之際，他人喋喋不能了，出一言輒中肯綮，衆皆嘆服。鈍齋友于弟悦，至老無間言。葛與娣魏亦雍穆，不少嫌隙。侄子鏜，視之不異己出。鄉人咸稱之曰：“施得内如此，宜有以昌其家哉！”既衰，患手足不仁，醫不能療，乃平氣理情，一切自愛，不以嬰物。延十餘載，至是弗起，與諸子訣曰：“吾年逾七望八，見汝輩成立，於心不啻足矣。所不能忘于瞬息者，汝鏞業儒，發身科第，行有官守，尚其勖哉，以圖報稱，爲門祚之光，我乃有顔見汝先人於地下。汝鐸服賈，尚思爾父母構厥家，備歷艱苦，乃克有今日，當益爲恢拓，不墜厥遺，吾亦死且瞑目。”聞者賢之。生正統癸亥三月十二日，卒正德丁丑六月九日，春秋七十有五。子三：鑒，以克家稱，錦衣衛冠帶總旗，娶華氏，先卒；鏞，娶潘氏，繼娶王氏；鐸，娶康氏。孫男四：惠民、裕民、濟民、訓民。女孫四，長聘于僉事蔡君需之子鉉，餘俱幼。以是年七月十日與鈍齋合葬城南東皋村之原。銘曰：

共若姑，時乃婦。翼若夫，時乃耦。淑若嗣，時乃母。我不負吾生，疇能我負？維勤速厥有，維儉保厥厚。天實報之，豐焉以壽。將有耿光，于厥身後。施于孫子，各毖爾受。無疆惟休，有啓有右。嗚呼賢哉！是謂不朽。

徐母李氏墓志銘

李氏世爲京師人，處士成之女，歸徐君舜爲繼室，南京兵部車駕司員外郎麟之繼母。麟守余潞，就養逾三年。麟得遷命甫四日，以疾卒於官舍。將扶柩歸葬，先戒其弟鸞奉行人于君溱狀來請銘。正德丁卯，予以先君憂守制敝邑，得李之賢及麟所以事母者甚悉，又素辱麟厚，銘其可辭？

李性嚴整，治家勤而有法。以麟幼聰慧失恃，教之讀書，期有成立。每嚴程督責，不少假借。麟以是得進於學，年二十餘舉進士，領郡符，能其官。潞爲省中巨郡，鈐轄數邑，政務繁劇。王府、軍衛錯峙其間，勢易爲沮撓。麟始以爲病，李戒之曰："銛鋒必遇犀兕乃見，汝圖惟報稱以不忝而前人者庶其在此，兒勉之！"每公退來謁，必問："兒今日行何事？造何利益于民？"令悉陳之。既欣然曰："庶幾哉！徐氏有後也。"或改容峻責曰："汝將令死者之目不瞑而遺未亡人羞耶？"麟益勤于政，有冰蘖聲。郡齋後有亭曰"德風"，志爲唐玄宗別駕時所建。守郡者相繼修葺，爲賞適所。麟政暇輒張宴亭上，率家人奉母爲壽，母亦爲盡歡乃已，郡人榮之。初，麟無子，李以爲憂。歲戊辰，始獲弄璋之慶。李常抱弄，喜曰："是孫骨相當奇，吾家英物也，宜善視之。"未幾，偶以行蹶致疾，久未能療。會麟將南行，雖在床笫，猶諄諄督令促裝，曰："國憲方嚴，毋以我故依違取戾。"竟不行而卒。平生以行義相徐君爲鄉善士。愛麟兄弟，不啻所生，麟兄弟事之如其母。寓潞久，郡人不識其爲繼，予兹始得於其狀也。生某，卒某，爲壽五十有五。子二，麟、鸞，俱前室楊出。孫男二人，女孫一人。卜三月十五日從先兆，葬都城南八里莊之原。銘曰：

繼人之室，內助孔良。繼人之母，內訓有方。夫實遺我，我姑未亡。子實養我，我亦允當。翩翩者鳳，載翶載翔。雖嗇爾壽，乃終有慶。厥兆維吉，帝城之陽。厥築惟固，夫子之藏。歸爾完璧，有煒其光。勒銘貞珉，來者勿忘。

女弟春卿墓碣銘

予妹春卿，年十八，歸邑望李氏子史，爲冢婦，僅九載，以訃聞。嗟乎天哉！妹胡遽有是耶？既慟哭，反覆循省，咎無所歸。意者吾妹生質秀異，巧思天發，肖貌萬狀，物無遁情，爲造物者所忌故與？不可知也。始家君尹高密，史來逆妹，會被召入京。予時以舉子西還，歸妹於其家，爲弘治戊午之秋。明年己未，會試期且迫，禮成而北上，妹泣送予。既予及第，授翰林編修，不果歸，別且七年。方屬念以圖會期，詎意疇昔之違遂永訣而不可復見邪？痛何忍言？

妹天性孝愛，不假教習。幼值母危疾，齋沐拜北斗，祈以身代，不御葷腥者三年。爲人聰敏，好書史。每予教燮弟詩，燮或未領，渠在旁已解誦矣。聞予讀書，輒默識之，乃取書按其句讀，以意逆推，字義皆得。其自恃天分，不欲人授如此。家君宰邑以守稱，衣予兄弟皆布，嘗錫妹絹衣一襲，欣然爲動色。母戲之曰：“此何物乃爾？”對曰：“廉吏家得是亦足矣。撓父守以華吾身，顧可喜邪？”元夜有獻美燈者，剪製精妙，家君欲却之，妹曰：“當却，吾已得若技矣。”明日出一燈，惟肖，衆大驚。凡女賓會集，見簪彩被繪者，即能擬作，間或過之。于歸日，檢其刺繡，得天吳、角端、諸禽虫之異，皆奇絶可愕焉。李氏家政繁劇，妹歸即受代舅姑事，巨細悉井井可觀，內外無間言。相夫史讀書，親給膏火，以女工偕，更三報乃止。史從予業京邸，妹代養，竭力甘旨，俾無內顧。姑病，奉湯藥必親嘗之，夙夜扶持，不脫簪珥。既卒，哀瘁逾節，躬爲含歛。比史歸，則喪具已成矣。處戚黨，情禮周洽，以急告，輒推濟無吝色，故卒之日，遠近傷悼，多流涕者。妹素有志願，不屑與庸人齒，嘗曰：“按察吾祖，刑部吾父，翰林吾兄也，吾不可以愧之。”按察者，先祖終浙憲副。刑部，則家君時爲秋官主事也。其贊夫于成以爲己地甚遠而力，使苟無夭，當立收內助之效，而竟莫之，遂以死也，可勝惜哉？屬纊時，惟叔父及季妹在，無一語及後事，察其情，必重傷不幸背其父母、兄弟，展轉荼苦，不能遽即冥漠可知也，悲夫！其生成化己亥正月五日，没以弘治乙丑十二月三日。生一子一女，俱幼。將以正德丙寅二月十五日葬縣城北北娥村先塋之側。史遣使速予銘，予慟不能執筆，爽進曰：“吾兄弟遠在京師，姊病弗能藥，斂弗能衣，其葬也又弗能紼，銘其少慰乎！無銘，姊目且不瞑。”乃飲泣而銘。銘曰：

毀璧隕珠兮，予懷之傷。土厚築堅兮，汝歸而藏。既固且安兮，乃終有慶。二雛未成兮，汝兄其當。惟汝之夭世而恨兮，山高水長。願世爲骨肉兮，恐兹理之難常。嗚呼！曷其可忘！

中奉大夫廣東左布政使謝公神道碑

廣東左布政使謝公石厓既葬之明年，伯兄少傅公才齋先生自越中走介以書抵龍曰：“吾弟布政不禄，雖已襄事，神道尚未有碑，於制爲闕。嗣子某屢以爲請，敢以世好屬之子，子其無靳。”蓋予與石厓以弘治己未同舉進士，廷試策上，少傅公實讀予卷。少傅公之子太常少卿丕之舉於禮部也，予復濫竽校其文。道義之雅不一而足，方阻官，不能往吊以寫予哀爲歉，使命遠辱，顧安得辭哉？

按狀，公諱迪，字于吉，別號石厓。自幼神清氣爽，穎悟過人，爲父簡庵公鍾愛，以其多病，不欲事進取。公益務操修，不懈于學。會有司應詔，以明經薦入京師，得省少傅公，卒業東川劉學士之門。居歲餘，大有造詣，歸浙就省試，中式。明年舉進士，尋授兵部職方司主事，轉武選司員外郎。文移旁午，揮遣若流，悉中肯綮，大司馬諸公咸委重之。正德初，逆瑾亂政擅權，少傅公與晦庵少師同時罷去。已而遷怒公與少卿丕，亦放歸。公怡然退處林下，嘯咏自適，若將終身。今上登極，懋隆治化，思用舊臣，起爲江西右參議，累遷廣東左布政使。入覲還任，遇

疾，卒于途。公夙有遠志，久鬱弗施。起廢以來，益圖奮勵，用
答殊遇。其參議時，南昌民有謀殺其兄而誣其嫂者，有司莫能
詰。公密爲踪迹，竟得其□□伏辜，時稱神明。巡撫都御史盛公
薦爲九江兵備副使。其地爲江湖要衝，自逆藩扇變之後，凋敝弗
堪，事多可慮。公除其煩苛，務爲綏戢，民賴以寧。建議城彭
澤，財力之給經畫裕如，公私不擾，九江形勢自是增壯。修理庠
校，以作育爲事，科目得雋，頓殊于昔。陶靖節、狄梁公之祠歲
久傾圮，爲之葺治，以崇祀事，曰：“是風化所關，不可廢也。”
轉河南按察使，風裁肅然，獄無滯囚，僚友旁觀，嘖嘖嘆服。嶺
南之擢，事先其要，裕民剔弊，不遺餘力。時值大比，以貢院隘
陋弗稱，拓而新之，士就試者得從容展布以爲科目之重，餘固未
能悉也。論者謂其深於經學，不尚詞華，發之舉措，鑿鑿可行，
有補于世。才識明敏，足以濟之。又毅然有執，不爲世故撓屈，
隨所至輒有聲稱。使天假之年，得究其用，事業所建尤當有不可
量者。惜乎！其遽止於斯也。卒以嘉靖己丑五月二十四日，距其
生成化丁亥十一月二十五日，春秋六十有三。曾祖諱原廣。祖諱
瑩，號直庵。考諱恩，號簡庵。俱以少傅公貴，累贈光禄大夫、
柱國、少傅兼太子太傅、禮部尚書、武英殿大學士。曾祖妣嚴
氏、祖妣余氏、妣鄒氏俱累贈一品夫人。生母林氏，以公貴，贈
安人。配翁氏，陝西按察副使遂之女，封安人，柔淑，克治内
職。無子，少傅公以其子國子生亘嗣公後。女三，皆適宦族，進
士徐子龍、庠生王惟正、邵璽，其婿也。嗚呼！自古世禄之胄，
席寵怙侈，劣于齊民，豈惟無以自立，而家聞或并以墮，故曰
“門第高，可畏不可恃”，以此爾。乃有石匡者，獨以家學致身
通顯，效用明時，增光父兄，邁於流俗遠甚，彼所謂豪杰之士也
非邪？是宜著之，爰告來裔，而繫之以銘。銘曰：

　　維此會稽，江山秀溢。錫祉降祥，哲人是出。在古可考，益

徵于今。卓彼謝氏，秩秩德音。維少傅公，文魁四海。相業巍然，典刑具在。曰弟曰子，家學相傳。科名競爽，霄漢聯翩。於維石厓，位躋方岳。南北宦途，聲華犖犖。明以折獄，獄號不冤。潯陽駐節，維藩維垣。晉典臬司，振揚風紀。汴水澄清，令聞不已。嶺南布德，民弗忍忘。勿剪勿伐，召伯甘棠。死且不朽，匪嗇于壽。嗣子得人，是爲有後。鷄籠之麓，牛眠之阡。過者歛袵，維百千年。

校勘記

〔一〕"□"，底本字形缺失，據文意疑當作"男"。

〔二〕"壺"，據文意疑當作"壺"。

《紫岩文集》後序

此《紫岩文集》，乃太宰襄垣劉先生之所著也。古詩及近體凡千餘篇，序、記、奏、疏諸文殆二三百篇，方來者不計，可不謂富乎？然詩則清新俊逸，本性情而循禮義，無險怪語，文皆平正，說道理透徹，不詭於古，可不謂達乎？夫富而不達謂之俚，雖多亦奚以爲？達而未至於富，則於論學與政未免缺漏。如彼耒耜、銍鎛之器，一不具，不能爲良農也。然則斯集也，可不謂盛乎？昔宋嘉祐之間，學者爭務奇僻艱澀之詞，文體大壞，識治者懼焉。及歐陽永叔者出，敦尚平實，其典文衡，崇雅黜浮，頓革士習。今天下文風多好魏、晉、齊、梁間辭賦，議論漸入虛寂，衛道之士數有隱憂。如斯集行，亦可少變頹俗，則先生固非今之歐陽子乎？

先生弱冠及第，入爲翰林編修，累官學士，以至今位未已。當正德間，嘗與時相論及經筵講學及他史事，偶有不合，則曰："某豈好佞者乎？"時相皆惕然。嘉靖七八年間，以内翰宿學禮曹久佐，一不能娬阿時相，至使後進晚出多登臺輔，而先生甘居南吏閑曹，不一動念焉。去年又聞先生偶失其父北村公之集，日夜懊恨，至感疾半載而後瘳。其愛弟舜弼，教之成名，嘗一在途，憂輒形于色，真可謂端重在朝、孝友在家者，故所爲文、詩思致親切，超出群衆，有本者如是乎！歐陽子於范仲淹之謫饒州作《朋黨論》，豫息黨錮之禍，其事父觀、兄眪孝敬兼至，則其行亦類是耳，宜其出雖先後異時，文固若一揆也。雖然，先生本欲帥舜弼爲明道、伊川，以事北村公爲大中公，將使二劉之在今亦若二程之在宋，固不啻以歐陽子自處已也。

　　嘉靖十一年歲次壬辰冬十二月戊子，賜進士及第、奉政大夫、南京尚寶司卿、前翰林院修撰、經筵講官兼修國史高陵吕楠序

慎修堂集

〔明〕亢思謙　撰

張志江　點校

點校説明

《慎修堂集》二十卷，明亢思謙撰。

亢思謙（1510—1584），字子益，號水陽，明山西臨汾人。出生于鹽商家族，幼年曾隨父客居福建。嘉靖十三年（1534），鄉試第一名。嘉靖二十六年，以二甲第一名進士及第，選爲翰林院庶吉士。後任翰林院編修，“矜名節，淡榮利”（清康熙本徐元文序），力求外補。嘉靖三十五年，任河南按察司副使，提調學校。升分守河南道右參政，督學中州。轉任陝西按察使。嘉靖四十一年，升山東右布政使，轉任四川左布政使。“所至名績顯著，聲施到今”。（清康熙本徐元文序）時人稱其“入重詞垣，出端士軌。既乃勞煩方岳，雍、益、梁、豫，靡所弗歷。矯屬頹流，使屬城聽采以彰軌物，玉立春温，揖遜禮域。居恒涵濡於義理，以踐修爲先務，事無鉅細，咸致體驗之功，高古齊今，屬城一稟成式。用是吏治光華，風俗淳美，葳蕤紛紜，蔚然一代之宗”（明萬曆本詹思虞序）。嘉靖四十三年，因宿憾構讒，以所謂“不稱職”罪名冠帶閑住。著有《慎修堂集》二十卷。

《慎修堂集》二十卷，將近二十四萬字。卷一至卷二爲詩，卷三爲賦頌，卷四至卷十爲序，卷十一爲記，卷十二爲論，卷十三爲策，卷十四爲表、幛詞、啓，卷十五爲雜著，卷十六至卷十八爲志銘，卷十九爲傳、墓表、行狀，卷二十爲祭文。

思謙“負經史名學”（明萬曆本何東序後序），人稱“三晉名儒”（清康熙本徐元文序），其詩文理醇辭粹，後人評價很高：“其詩則宏深端重，其文則典偉高華。”（清康熙本王槐一序）“詩宗大雅，文仿八家，其氣博，其辭醇。議論不剌于韓歐，理學一歸于閩雒，蓋卓然一代之通儒，言論風采足以俟來世而無愧者。"（清康熙本何元英序）"其文比類旁通，條析曉暢，要于達事理、得物情而止。其詩亦優柔平中，澤于大雅，不傲詭以立異，不剪刻以競華。觀其直抒所得，力追正始，一洗嘉隆間粗莽冗雜之失。"（清康熙本徐元文序）

思謙論詩文主張"載道"，認爲："文者，載道之器也。言文而不本諸道，亦爲輪轅飾而人弗庸矣，矧文且敞乎？要必本之於精神、心術之微，發而爲道德、性命之奧，則之謨訓以正其趣，參之秦漢以廣其趣，而又博觀於子長、韓、柳之間，則道具於心，文根乎道，而諸家之識，吾亦有以曲暢而旁通矣。是之謂心聲宣著，而爲有本之論、自然之文也，則夫累代之敞固勿問之，而邇來之習庶幾少正矣。"（《與友人論文書》）又强調"自得"，"自吐露其胸臆之奇"，指出"自得之者以志爲帥，而氣輔焉，六籍群言乃輿衛也。帥正則輔强，而疏附後先者指使惟吾，無不如意。否則，襲舊蹈常，返爲人役矣。"（《重刻滄溟先生文集序》）可謂得文論之中正。

其詩文內容均有可圈可點之處。詩如《送陳六溪户部清理滇蜀鹽政》"籌邊務遄圖，富民乃興理。遠績良在兹，竭澤匪所擬"，反對竭澤而漁、盤剥百姓；《題胡順庵郡伯賢能宴賜圖册》"人安斯本固，政善乃民宜"，强調以人爲本，善待庶民；《夜坐憶防邊將士》"嚴更刁斗凝霜立，拂曙旌旄帶雪歸。凍餒那堪軍令重，繪圖誰爲達天閽"，體恤邊防將士：均屬直面現實，難能可貴。

《慎修堂集》中的序文，不僅量比較大，從卷四至卷十，總共七卷，占了全書三分之一的篇幅還要多，而且價值也比較大，幾乎每一篇都可以當作政論文來讀。舉凡倡導以民爲本，主張化民善俗；呼吁體恤民情，反對濫用酷刑；論述知人用人之難，認爲學者應當爲增强自己修養而學；强調德才兼備，批評讀書人不適于用；暢談官員個人修養，條列施政要求；論述進諫策略以及正常的上下級關係；揭示"亂自上作"的現實，鞭撻邊將妄殺邊民邀功的罪行；縱論時事，鞭撻腐敗：都有鞭辟入里的闡發和論述。

此外，其他體裁的文章也有許多直陳時弊、發人深省的地方。如《河南按察司屯田道題名記》揭露屯田、驛政之弊病；《不加賦而國用足議》針對財政入不敷出，指出"其本原之地，則在朝堂之上敦儉朴以示先，佐理之司尚白賁以安節，則有位著《羔羊》之化，黎民皆《蟋蟀》之風，入有式而出有經，賦不待加而用無不足矣"；《九邊圖記》表達對邊防現狀的擔憂；《擬弭灾疏》更是指斥最高統治者與當道者，切中要害，略無顧忌。

《慎修堂集》現存明萬曆三十二年（1604）詹思虞刻本（簡稱"萬曆本"）和清康熙二十四年（1685）亢宗瑗重修本（簡稱"康熙本"）兩种版本。將二者逐一對照，可以看出康熙本不過是萬曆本的後印本而已。康熙本所做的"重修"工作，除了前後增加了一些序跋，補刻卷七頁十五一頁外，無非就是剜去一些犯忌的篇目，涂蓋一些犯忌的字眼和避諱字而已。前者，如卷一涂蓋《出塞曲》，卷二涂蓋《送陳雨泉憲副帥師戍薊二首》，卷七剜去《贈侍御張望峰按東關還朝序》，卷十一剜去《九邊圖記》，卷十二剜去《天子守在四夷》，卷十五剜去《論地震疏》《防邊議》。後者，犯忌的字眼如"戎、胡、虜、北虜、外夷、狂胡、胡羯、醜虜、逆虜、虜酋"，甚至"遼陽"、"東關"等，避諱字如"玄、燁、曄、胤"，甚至"小康"等，都在涂蓋之列。除了這些犯忌的字眼和避諱字，卷七甚至將《贈同年朱一槐憲伯之遼陽序》"今兀良竊覬，黠虜外窺，民夷錯居，戎戍棼列”一段完全涂蓋。由此看來，黄山書社《明别集叢刊》將康熙本稱之爲“明萬曆刻清亢宗瑗重修本”是合適的。因此，此次點校仍以萬曆本爲底本，僅在遇到個别漶漫不清處時以康熙本作爲參校。

《慎修堂集》序

按三晉文獻，制科登上第，若郭壺關、劉襄垣、張臨汾、孔汾州與平陽亢公而五。汾州以前尚矣，乃亢公則余世父□〔一〕川公同舉嘉靖丁未者也。余束髮侍家庭，日側丁未，以爲詳。當其時，公與興化文定公俱對策第一，顯朝廷，朝廷兩重之。惟身際昌辰，位須公輔，懇求外補，日夕安期，公不得與興化比隆；其迭處禁密，稽古守正，無愧科名一也。公入重詞垣，出端士軌。既乃勞煩方岳，雍、益、梁、豫，靡所弗歷。矯屬頹流，使屬城聽采以彰軌物，玉立春温，揖遜禮域。居恒涵濡於義理，以踐修爲先務，事無鉅細，咸致體驗之功，高古齊今，屬城一稟成式。用是吏治光華，風俗淳美，葳蕤紛紜，蔚然一代之宗。獨蚤遜承華，用違其才，不獲爕天緯，調化鈞，任彌綸裁成之責，與興化比隆。已乃性托夷遠，迸諸塵雜，海上名山之旨，鑠金凝土之倫，無弗總制清衷，遞爲心極。時出緒餘，自吟自和，烟液滄洲之間，惝邁歲月，不知遺世獨立之至於斯也。其家服膺公之治命，昌黎不喜著書，與周長生《洞歷》所鑠殊異，僅存《慎修堂集》若干卷，什襲珍藏，不欲出以視人。其嗣孟禧、孟禖、孟禴、孟禔懼其久而佚忽，與《春秋》之“薄社”類也，歲壬寅〔二〕，始持以謁余，且屬之序。

余伏而讀之，則竊嘆先進高情逸韵，追風太冲、景暘，如太羹充鉶，不假鹽醢而味自別。諸紀志、表傳、記序、銘贊皆各有體，若風水相遭，濤漪縠練，其理自呈，無割裂牽合之態。竊相料之，博覽雜糅，吐文萬牒，通儒也；言必珠玉，神猶淵鏡，鴻儒也。通儒比然，鴻儒鮮覯。何論親炙，異代之下誦而讀者，齒危髮秀之老，孰不北面高踪，咸同資敬，不翅任安舉奏、孟觀上書而已。余觀風公里，可無刺史、太守之責？然高山仰止，不如式瞻儀形；諷味遺言，不如親承音旨。顧生也晚，未緣穢形公側，不有華首在野，與公同里，立同朝，若中丞何先生其人者，相與曠世神交，式瞻親承，如獲友接於几席。鄉也聞其言於世父，今也見其人於中丞，則余之私淑諸人也，豈其微哉？今人好觀圖畫，則盡古之列人也。見列人之面，置之空壁，人或靡所徵勸，不見言行耳。聞公之言，見公之行，而復欲借螯[三]序公之文以傳，詎惟饋羊公之桑梓，毋亦惠徽安觀遺意，而寓私淑於萬一耳。

公諱思謙，字子益，別號水陽。甲午自閩歸，以儒士登鄉書第一，賜進士二甲第一，仕至四川左布政使，蓋萬曆中崇祀鄉賢云。

萬曆甲辰蜡既，賜進士第、亞中大夫、山西布政使司右參政兼按察司僉事三衢詹思虞如甫父頓首拜撰

校勘記

〔一〕"□"，底本漶漫不清，據康熙本及明何東序《佐右集·慎修堂集序》當作"範"。

〔二〕"歲壬寅"，明何東序《佐右集·慎修堂集序》作"是歲甲辰"。據《明神宗實錄》卷之三百八十六，萬曆三十一年（癸卯）七月，始以福建右參政詹思虞爲山西右參政、分巡河東道。

〔三〕螯，疑當作"螫（戾）"。

五言律

壽同年張檻泉父七十

東郡垂遺愛，西河振義方。莊椿殊未老，燕桂競抽芳。麗日明嘉會，濃花對壽觴。趨庭宮錦燦，山水覺輝光。

賀馬松里父母雙壽

佳節欣長夏，瓊筵啓帝鄉。百年偕介福，萬里共稱觴。庭舞宮衣燦，杯浮玉醴香。蓬瀛真咫尺，又見賁龍光。

壽同年馬孟河母八十

寶嫠[一]輝南國，瓊筵啓北堂。遭時君寵渥，愛日母恩長。江草明袍色，春花對壽觴。百年誇矍鑠，行見桂蘭芳。

題扇面《虎丘景》

玉牒開靈阜，金精擁梵林。徑紆岩壑邃，樹蔭薜蘿深。黛色遙應見，紅塵邈莫侵。悠然人境外，延想淨煩襟。

秋日晚行玉河堤

積雨欣新霽，浮塵寂若沉。涼風侵碧草，斜日滿疏林。水靜涵空色，人閒愜素心。悠然異城市，疑是故山岑。

榮淑康妃挽歌

茂德坤儀贊，鴻名聖眷隆。肅雝齊桂掖，柔順率椒風。霧暗軒星隱，神游寶筐空。哀榮千古盛，萬國仰宸衷。

午日白都閫邀游蓮池次陳雨泉憲副韵二首

選勝酬芳節，池風借午凉。飛花盈曲沼，高柳障驕陽。景物臨中土，英賢聚異方。日曛仍戲馬，奪錦促蒲觴。

人閑清晝永，亭迥水風凉。樹影搖輕舸，花枝競艷陽。泉源傳漢苑，山色接徐方。丘壑耽幽興，狂歌泛羽觴。

題《永存遺範卷》

大道湮微久，真儒覺獨先。居身嚴矩度，師古斷韋編。絳帳收人杰，青雲啓後賢。明堂隆棟宇，勛業格皇天。

題陳刑部《貞節卷》

艱貞今素領，寂寞自韶年。百折應難轉，孤暌豈受憐？頹城心共切，化石節逾堅。湘竹遺斑在，徽音照簡編。

賦得高樹早凉歸

茂樹森亭立，金飈應候揚。蟬聲來爽氣，黛色轉幽芳。聳幹侵雲表，濃陰障日光。盤桓蒼翠裏，秋意覺先長。

曉入内苑聞鶯

拂曙趨瓊圃，流鶯繞建章。綿蠻驚霽色，睍睆囀韶光。隱葉聲疑遠，穿林韵轉長。鳳城宮柳暗，對爾興悠揚。

秋霽

高秋開霽色，爽氣净長空。疏樹明晴影，寒流漾曉風。層霄無點翳，天際有孤鴻。獨立遥凝望，山川擬畫中。

初秋

玉樹承新渥，高蟬忽報秋。炎蒸清帝里，凉思起瀛洲。銀漢光初焕，金莖露欲浮。井梧深院裏，幾葉拂瓊樓。

試鼠鬚筆

相鼠何微眇，鬚成筆乃良。賦形雖有類，致用固無方。健勁龍蛇騖，輕纖風雨揚。因心垂象處，玉署吐輝光。

送袁芝田之任恩縣有序

芝田，予師蘇門高先生之内弟也。予自童歲聞風，于焉廿載，橋門覿德，遂逾十春。兹授令東土，握手言別，緬懷今昔，情見乎辭。

東郡方多難，君今縮綬初。流離連海岱，昏墊遍淮徐。國澤時覃沛，民生衹未舒。願聞經濟略，早見賦安居。其一

早擅袁安節，今鳴子賤琴。別時憐草色，到處見棠陰。慷慨平生志，馳驅報主心。壯懷良有在，端不愧南金。其二

往昔相逢地，兹當把袂辰。川原牽別恨，歲月見交真。撫事慚知己，臨岐對玉人。相看無一語，空有泪沾巾。其三

仙郎辭漢闕，晴日野花濃。征驂臨長陌，飛鳧下九重。梁園明畫錦，故國接新封。爲訊羊曇道，何時起卧龍？其四 先師冢嗣履平，芝田甥也，雅有父風，故及之。

送張龍池明府之通渭

征幨違天表，離亭悵暮雲。邑封趨隴坂，鄉思繞河汾。羽檄頻年動，笳音入夜聞。渭川如有釣，勉起静邊氛。

送同年宋南津之真定二首

一

旅思驚春暮，行歌復送君。昔年攀桂侶，此日忽離群。折柳臨長路，揚鞭對夕曛。帝畿非遠別，勿使斷知聞。

二

三輔推雄郡，常山自昔聞。延袤連朔代，風土類河汾。邊計頻年切，郵途萬國分。所嘆民力竭，安集報明君。

壽莊母太夫人

淑氣含瀛海，玄冬介景釐。碧桃來玉圃，金母降西池。鳳翟光璀璨，龍章涣禁墀。仙郎真愛日，儀曜願修期。

中秋苑中雨後觀月

三五當佳夕，承恩直禁城。雲開天宇净，雨歇夜塵清。玉兔秋毫見，金波焕爛明。蓬萊瞻玩處，迴異草堂情。

玉河冰泮

紫禁春先到，銀河凍漸開。晴光摇綺樹，清影浸仙臺。群躍觀魚上，低飛見鳥迴。暖風晴日裏，何處染浮埃？

望　雨

不雨春仍夏，甘霖望正殷。鬱懷疑執熱，翹首待生雲。赤地憂黎庶，桑林仰聖君。何當天澤沛，枯槁復芳芬？

立秋日作

月令猶行夏，星躔忽見秋。涼飇從此始，繁暑覺潛收。梧葉方徐下，蟬聲已漸稠。因思關塞上，膠折動邊愁。

東宮冠禮成志喜

紫殿頒宸命，青宮啓大儀。成身昭令德，主鬯鞏皇基。麗日明玄冕，祥光繞睿姿。群生欣戴處，千載祝鴻釐。

閣試罷晚出左掖

綸閣陶文藝，裁成下建章。花香聞太液，樹色映長楊。斜日流殘照，餘霞散暮光。天街驅馬處，星斗欲輝煌。

孝烈皇后挽歌

玉殿徽音杳，瑤房彩幄空。軒星沉密霧，寶月隱淒風。聖善承天眷，神功感帝衷。最憐桑綠暗，誰復御蠶宮？

送高廣玄之滇南

一麾淹十載，萬里逾三湘。鳥道鄉關杳，猿聲客路長。封疆連異域，形勝抱遐方。聖主遴良守，應無厭大荒。

壽閻母荔浦郡君七十

朔氣催寒早，朱門瑞靄舒。仙郎開綺宴，貴主燦華裾。壽洽喬年度，情娛愛日初。青雲占器業，長喜奉潘輿。

貞母王太夫人顯膺恩表

夙善仙郎彦，兼知母訓欽。辛勤熊膽味，砥礪柏舟心。彩服裁宮錦，黃麻出禁林。天章昭焯處，千載仰徽音。

送包玉溪明府秋日還鄉

送子江亭上，秋花照眼明。薊門同逆旅，潞水悵行旌。雲擁平堤遠，風催彩鷁輕。滄波渺空闊，應洗別離情。

送張大尹之興縣時其兄銓推饒州

棣萼同升日，楓宸并命時。分符殊郡邑，晝錦共門楣。封域邊防重，雲山客思馳。更憐南去雁，翹首楚江湄。

贈華峰朱隱君

姑蔑聞佳勝，幽人足一丘。杖藜三徑暮，鼓枻五湖秋。機息來鷗狎，心閑與鹿游。超然無俗累，偃仰復何求？

送雁門謝少尹之任淄川二首

一

高臥東山久，承恩北闕初。御烟浮錦綬，芳草照文裾。薊野飛征蓋，齊民望駐車。循良騰異績，持此慰鄉閭。

二

夾谷知名舊，憐君拜命新。化强遺聖澤，授《易》啓儒真。先師會齊侯、田何講《易》皆此地。平野青徐邇，雲山泰岱鄰。從來懷古意，今日重馳神。

送王忠軒少尹之臨潼

三輔推名邑，鴻門自昔聞。郵途連隴蜀，風土接河汾。征蓋飛晴雪，離觴悵暮雲。勛名方此始，應不惜離群。

送留澗之淳安

滄海分飛久，京華聚首新。師儒沾渥澤，桃李在陶鈞。遠水連東浙，鄉山繞八閩。平生文毅志，臨路獨傷神。

送景鴻臚之靈臺

紫殿含香早，黃圖拜寵遲。爐烟瞻御氣，關月動離思。沙白明征騎，風微見塞陴。邊城文物寡，好示漢官儀。

送黃瑞峰司訓之興化

叔度知名舊，儒林拜命新。飛騰千里志，慷慨百年身。山斗歸先覺，雲霄啓後塵。芬芳桃李色，行見海陵春。

贈竹溪王孫爲同年梁岐泉賦

聞道神明冑，翩翩自不群。清時歸大雅，奕世擅奇文。朱邸盈圖史，青藜照典墳。梁園詞賦客，長此播清芬。

送盧松岑主簿之潯陽

歲暮京華客，飄飄作楚游。仙鳧違北闕，奇驥逞南州。樹色開廬岳，江光繞郡樓。知君懷吏隱，舍此復何求？

壽蔡敬齋父母

雅性違朝市，韜光臥海濱。義方垂訓舊，綸誥沐恩新。鶴髮偕難老，鶯花對壽辰。中郎方愛日，長見彩衣春。

壽孫行人父時奉使岷藩便道稱慶

北闕三湘使，南天七峽親。星軺周遠道，宮錦及佳辰。愛日陽方泰，壽在十一月。逢時慶若神。詢咨歸獻納，咫尺見恩綸。

送樊驛宰之魚丘有序

樊宰者，司勳及泉王君姻也，筮仕東方，王君索詩壯其行，爰致贈云。

東郡頻多難，驚心望驛亭。川原跨南北，舟楫帶滄溟。風雨趨官舫，烟塵仰使星。壯懷應有在，慎勿逐流萍。

題許茂楨中舍《雙塘卷》

綠野相承地，林塘自昔年。一泓涵遠澤，習坎浚源泉。影浴千尋木，光連尺五天。更看修竹畔，雛鳳競蹁躚。

送鄭龍津掌教諸暨四首

一

南省明珠弃，芹宮彩服新。曾參惟養志，原憲豈憂貧？化溥青衿士，歡承白髮親。壯懷良有適，端不爲簪紳。

二

丱角同游日，君才已絶塵。人間誇鸑鷟，天上錫麒麟。家學研三傳，鄉書動八閩。蘇湖今小試，慎勿嘆沉淪。

三

捧檄長安道，持杯潞水濱。官卑緣不擇，心泰自常伸。絳帳横新席，青氈戀故人。漫銷千里志，早探帝京春。

四

聚首歡方爾，驪歌復此聞。驚心燕薊月，凝望苕蘿雲。信有山川美，無論鮑謝文。詵詵梁棟器，願以報明君。

夏日苑中即事用六朝體

朱夏啓清景，薰風拂玉樓。宮花麗永日，御柳垂清流。祥鱗躍太液，青鳥來瀛洲。鈞天際嘉會，潤色欽皇猷。

出塞曲

胡馬依風勁，南下遠橫行。提兵肆驅逐，將令有嚴程。壯志與雲齊，寶刀耀日明。縛取呼韓歸，千秋揚令名。

五言排律

贈葉芳洲雙壽

高尚紛嚻遠，幽栖履道貞。文隨玄豹澤，心與白鷗盟。偕老康寧慶，傳經次第鳴。莊椿方挺幹，寶桂競舒英。科目歸家學，輪囷聳國楨。清時咸奮績，愛日各輸誠。就養行江邑，娛情首帝京。承歡宮錦燦，獻壽玉卮盈。階下斑衣舞，江頭彩鷁迎。降祥當此際，視履見平生。共保丹顏渥，旋膺紫誥榮。春風憐季子，還聽首臚聲。

題《曉闕椿榮卷》爲王學甫乃尊

清廟周京重，宸庭漢禁長。奉先瞻孝理，錫類際恩光。令子功方懋，嚴親樂未央。白頭承鳳詔，丹陛侶鵷行。旭日明袍色，祥風散御香。謾誇橋梓貴，還見勒旂常。

送林小山之上虞

今代衣冠族，公門慶澤綿。承家宮保重，濟美玉堂賢。才子文辭茂，遭時簡擢先。一經傳世業，百里貳星躔。栖鳳應清峻，飛鳧定接聯。東山徯組綬，潞水泛樓船。爛熳汀花發，參差遠樹連。含情瞻去棹，執手對離筵。道在官因重，機忘慮不牽。上猶遺愛邇，勉矣永同傳。

送白嶼張博士之龍泉兼懷鄭纓泉窗丈

東浙師儒重，南閩邑里連。秉鈞崇化理，振鐸簡時賢。樂育來多士，橫經獨妙年。羽儀臨鳳穴，邑有鳳凰山。精艷發龍泉。潞水維官舫，離亭對綺筵。壯懷應未已，別恨共淒然。風雅稱張翰，才名憶鄭虔。閑情同吏隱，吏隱山在縉雲。佳句若爲傳。

立秋日李氏園餞別侍御劉次山同年清戎
畿內分韵得“杯”字

分野王畿列，清朝憲府開。共言關輔重，須藉不群才。詞賦傳中秘，聲華冠內臺。光輝連斗極，冰玉見風裁。驄馬乘時出，神羊應瑞來。足兵隆國勢，敕法肅邪回。綉斧從三殿，霜威動九陔。褰帷依曲沼，把袂對離杯。水色搖晴樹，花香染碧苔。交情縈別恨，臨發更徘徊。

壽梅谷先生八十一

考槃遺世網，嘉遁振雲儀。空谷栖遲意，寒梅寄遠思。幽深同性定，貞白契心期。大隱原無迹，高風詎有涯？子真孤尚處，和靖對吟時。應共探奇勝，蓬山茹紫芝。

送大司成閻又泉之南雍

聖主崇文化，賢關簡代英。金陵根本地，玉樹鉅儒行。寵命來天表，歡傳協旦評。衣冠周胄子，經術漢公卿。擢第魁三晉，才名動二京。師資恢帝則，敷教育王楨。璧水臨鍾阜，青衿滿石城。詞章應五變，禮樂淑諸生。鶴禁聲稱久，雲衢道大亨。綢繆承籍愛，慷慨共鄉情。曉日辭宸陛，薰風送旂旌。感知因義重，惜別獨魂驚。祖帳蓬仙集，家山畫錦榮。岩廊須弼士，佇見璽書迎。

送太史閔水東視學河汾

聖主崇文教，儒宗簡哲人。唐虞傳授地，憲學出詞臣。瀛海鍾靈粹，清時聘席珍。校讎天祿久，拔擢帝恩頻。門閥凌霄漢，才名邁等倫。義方家有訓，經術世無鄰。載筆違東觀，鳴珂下紫宸。山川增氣象，草木望車輪。省署趨庭遠，旌旄擁節巡。壯游憐蚤歲，懷綏喜茲辰。故老思風範，諸生仰化鈞。甘棠遺愛舊，桃李鬱陰新。禮樂行追古，文章想去陳。四民遵軌度，萬類在陶甄。濟美光先烈，亨蒙啓後塵。邊陲今覲德，石室夙依仁。驛路臨鄉邑，離亭集縉紳。晝榮宮錦麗，稱壽彩衣春。善積家多慶，歡承福逾臻。漫誇儀鸑鷟，應見畫麒麟。乃翁常守平陽，遷雁門兵備，乃叔嘗爲晉大方伯，先生皆從宦游。太夫人以二月八日爲七十五誕辰，先生適便道稱慶。

贈薄蘭溪榮擢太僕

京邑循良著，天閑簡拔殷。幾年淹赤縣，一擢奮青雲。案牘塵勞釋，朋僚禮際分。遷鶯遺舊愛，振鷺挹清芬。司馭先邦政，前驅奉聖君。風生千里足，錦燦五花紋。未數汧西績，應空冀北群。平胡須厩牧，鍾鼎待奇勛。

送陳六溪户部清理滇蜀鹽政

三伏啓初節，隆暑勢方始。久矣會聚疏，倐焉臨别邇。經費屈廟謨，鹽策國所依。捧詔出九重，揚旌逾萬里。折坂寧足迴，滄洱歷窮鄙。謀議重賢良，征榷先法紀。籌邊務遐圖，富民乃興理。遠績良在兹，竭澤匪所擬。皇華首咨詢，魚鹽有奇士。持歸獻承明，垂慶惠千禩。

題《竹林七賢圖》次韵

避世同泉石，頤貞結勝游。勛名齊夢幻，宇宙一虚舟。但使幽襟適，寧論禮教修？遺榮期跳脱，樂聖日杯浮。竹影侵棋局，花枝傍小樓。醉鄉真自得，端不羨鳴騶。

送座師稚川王先生之南司成

豐水培多士，詞林簡哲人。盱江元孕秀，名世瑞生申。珪璧明堂器，楩楠廣厦珍。觀光賓早歲，射策奮昌辰。高步登瀛選，孤騫報主身。鑾坡司制久，天禄校讎頻。炳蔚王言焕，渾融帝典純。十年綸綍貴，四壁布韋貧。寵命持文柄，懸衡叶大鈞。菲葑勞采拔，瓦礫荷陶甄。得雋光前軌，亨蒙滿後塵。聲華殊踔絶，風度實超倫。振鐸開群胄，操觚輯近臣。本根資舊國，封植在成均。遴簡歸儒碩，歡顏動縉紳。師模恢古則，樂育播皇仁。鴻漸來磐石，鶯遷陟要津。義方家有訓，學術世無鄰。皋比橫經處，青衿執業晨。環橋欣濟濟，提耳仰循循。化雨繁桃李，清時出鳳麟。辭章規一變，禮樂道維新。講座臨鍾皋，離筵啓潞濱。汀花明錦斾，岸柳拂朱輪。拔擢門墻誼，追隨玉署寅。感知心獨切，悵別意難陳。目極秦淮月，神馳白下春。雉膏行用享，鵬翮自茲伸。望繫民瞻重，才膺聖眷親。佇聞丹詔錫，宣室奉咨詢。

題畫竹金筆

錦竹含新籜，虛疑嶰谷移。筆端生造化，静裏見神奇。矗矗侵雲際，亭亭俯水涯。芳蘭幽比德，怪石介相宜。幹老龍應化，枝橫鳳欲儀。翠光浮几席，金影動軒墀。與世時舒卷，窮年色陸離。緬懷恒久意，詎止歲寒期？

僉憲陳芝巘同年入賀聖節敬賦近體八韵致贈

萬壽乾坤正，群生覆育均。虹流歡此日，雲集慶昌辰。道化通玄極，祥光覲紫宸。御爐香焰暖，仙掌露華新。衣被先中土，朝宗重世臣。玉階嵩岳祝，金鏡舊編陳。燕賀文明晝，鶯遷上苑春。箕裘延一德，仍見畫麒麟。

重九前二日宴集周府遍游山亭次西亭中尉韵二首

一

梁苑重陽近，仙臺爽氣多。岩阿陳綺席，竹裏發徵歌。地迥花方茂，時清日自和。虛亭連曲檻，杰閣俯晴波。霞彩迷紅樹，烟光起綠蘿。更聞邊燧息，飛將罷橫戈。

二

重九期猶隔，黄花菊已多。簪裾盈廣殿，絲竹動清歌。睿眷酬芳節，歡聲合太和。花香浮晚徑，峰影浸寒波。錦石開層岫，喬松帶女蘿。兔園風雅地，授簡謝雕戈。

壽徐母太夫人兼送頤齋之河西

龍節膺新典，熊軒出舊鄉。分藩仍綰綬，晝錦值稱觴。明陟來東土，歡承赴北堂。太行開寵色，汾水映恩光。此日推嘉美，當年仰義方。丸和心獨苦，機斷訓何長。挺挺元卿彥，振振衆嗣良。舞斑驚夛綉，淑景在青陽。春酒杯浮綠，晴花座送香。桂英方擢秀，萱草倍騰芳。綸綍承華袞，瓊瑤集頌章。慈顏誇矍鑠，命服共輝煌。蓬島真仙列，鈞天大樂張。寧親逢主聖，過里際時康。家慶情忻慰，王程志激揚。河湟懸重鎮，胡羯繞鄰疆。汎掃憂方切，晨昏義不違。韜鈐傳遠略，鎖鑰奠西涼。神武收群策，長纓繫雜羌。玉關歌凱入，忠孝勒旂常。

壽蔡明軒母程太孺人八袠

和風初協律，化日漸舒芳。憲府開瑤宴，慈闈獻玉觴。瑞烟含翠幕，紅旭映雕梁。慶展佳辰值，歡承廣樂張。鯉庭新鼎祿，鸞誥舊恩光。紫氣來西極，祥颷赴北堂。時清歌孔邇，物備羨滂洋。萊彩仙郎舞，潘輿壽母康。春當元夕麗，花傍玳筵香。地峻氛埃隔，簾開鳥雀翔。月華仍皎潔，燈彩競輝煌。快睹群心暢，應知孝理昌。無雙推福履，逾八愈康強。閥閱先湘楚，褒崇冠典常。義方成哲嗣，熙載奉明王。馴雉彰仁惠，乘驄奮激揚。百司歸眘謬，兩漢見循良。周道騰騏驥，虞庭集鳳凰。觀風環晉鄙，化俗企陶唐。迎奉榮殊絕，端居樂未央。盈階芬蕙茝，照室燦珪璋。善積斯多慶，恩懷自莫忘。忻揚勤耆艾，頌祝萃簪裳。介福于王母，貤封荷聖皇。喬松含晚翠，寶婺耀精芒。玄澤滋遐算，應同漢水長。

題胡順庵郡伯《賢能宴賜圖册》

萬國朝宗日，千官奏課時。帝衷勤治理，天鑒別妍媸。大計稽群史，程功正百司。人安斯本固，政善乃民宜。皇念方懷遠，宸聰每聽卑。省臺虔詔令，卿士廣詢咨。允協中朝望，斯能下土神。循良宣偉烈，茂異著宏規。僉屬河東守，真爲列郡師。輸誠敷睿德，子惠藹親慈。雛雉呈三異，懸魚畏四知。才猷稱獨步，精白衆咸推。允矣攄忠藎，巋然邁等夷。撫綏安里閈，愷悌奠邦基。詔導趨中禁，班聯上玉墀。瑞烟連鳳掖，霽色映龍旂。日月瞻依近，風雲慶遇奇。垂衣逢舜禹，曳履接皋夔。咫尺承綸綍，褒嘉荷寵私。南金誇大賚，宮錦復頻施。宴賜需雲樂，歌賡《湛露》詩。遥看仙杖轉，應覺景光移。百辟忻相告，多賢際若斯。得人超往昔，盛世擅今兹。運協明良會，天開禮樂期。妙旌修曠畢，式序示爲儀。喜沐殊尤典，能忘樹績思。捐糜符結草，勞瘁擬傾葵。遭際心常奮，馳驅願豈違？乾行時凜凜，恒德日孜孜。虎渡弘農郡，珠還合浦池。愛遺昭簡帙，銘勒重尊彝。舟楫功先懋，鹽梅寄不疑。弼成隆古治，長咏百工熙。

上林春曉

青陽開淑景，紫禁對朝光。紅旭輝煌上，和風澹蕩揚。晨曦催鳥語，曙色媚群芳。太液晴波動，瓊華瑞靄洋。官梅含宿麗，御柳帶新黃。渥澤滋繁彙，應同化日長。

送太宰張龍湖先生赴南都

嶽麓鍾靈粹，湖湘産哲人。應韶儀彩鳳，瑞世現祥麟。南省魁多雋，西昆直紫宸。蓬山綸綍重，瀛島寵恩頻。夜送宮蓮燦，朝迎步輦俋。屢推司考校，特簡訓儒紳。範立金從冶，明通玉出珉。葑菲勞采拔，瓦礫藉陶甄。披拂春風數，沾濡化雨均。蒙亨方自擬，晉錫慶來申。台斗懸南極，璣衡拱北辰。階崇天眷切，迹遠帝心親。根本瞻豐鎬，儀刑屬老臣。江花明錦旆，岸柳拂朱輪。講席違兹日，師庭憶往晨。感恩期矢力，恨別獨傷神。夙昔憂民志，艱危報主身。久厪當宁顧，行荷簡書新。密勿調元化，陽和播大鈞。門墻瞻望地，仍此迓車塵。

題《惜陰圖》

陽馭無停晷，流光若逝波。茂年空已矣，白首竟如何？伯子心恒勵，陶公力愈過。志專功始篤，勞積業斯多。芳躅瞻嘉美，齊名在切磋。誠通期指劍，氣貫擬揮戈。急景真難再，潛修願匪他。披圖良自愧，資爾戒蹉跎。

題沔陽遺愛祠

江漢流移日，循良拜命時。經綸敷大造，安集著宏規。夙昔歌來暮，今兹感去思。歲華頻易候，尸祝每陳詞。舊德垂荆土，新祠創沔湄。召公南國樹，羊子峴山碑。遺烈元無極，興懷詎有涯？人心瞻戀處，應與萬年期。

送陳少川尹宜君

上郡開雄邑，襟喉奠朔方。聖神求化理，廊廟簡循良。芳草明征轡，飛花點客裳。旅懷增感慨，離思共悠揚。地抱黃圖重，天連紫塞長。毋嗟邊徼遠，勉矣見高翔。

送同年阮相山之秦安

風韻陳留遠，承恩塞上新。川途行出晉，險扼夙稱秦。地僻心逾靜，山深俗自淳。同袍懷蚤歲，把袂惜兹辰。斜日明離席，流雲繞去輪。所期歌頌作，飛舄入楓宸。

題康礪峰學士《風木圖》

自序云："向居憂，裏三世葬事。既入朝，時切思念，乃繪爲圖。"

有美蠻坡貴，終身慕獨專。永言風木恨，爲廢《蓼莪》篇。封壠崇三世，趨朝逾十年。牛崗懷舊兆，象域繪新編。簡擢今逢聖，時方擢留都少宗伯。論思夙擅賢。行看龍誥錫，光動九京前。

春祀泰陵

雨露春零早，園陵歲祀豐。藻蘋羞俎豆，壠阜鬱青葱。遺訓欽鴻澤，垂休仰駿功。寬仁天地并，明睿日星同。弓劍橋山遠，冠裳寢殿空。追號瞻戀處，松檜起悲風。

玉河烟柳

御柳明河岸，含烟望愈妍。氣籠枝覺重，色借葉堪憐。澹蕩春光滿，霏微綠水連。鶯聲留永日，鳳吹媚韶年。雲物時游協，徘徊太液前。

題嘉蓮

清泉濯修幹，朱華吐異姿。亭亭觀净植，曄曄羨連枝。風來香芬馥，月照影參差。宛似臨玄圃，還同玩液池。聊因二三友，相與醉芳扈。

嘉穀登場

四海雍熙日，三秋載穫時。如京歡有歲，實栗慶惟祺。明德勤千畝，鍾祥發兩岐。馨香登俎豆，郊廟舉隆儀。和氣盈天宇，豐年仰聖慈。八荒同雀躍，萬壽祝鴻釐。

奉詔掄材志感

聖主開嘉運，多賢應彙征。三千陳禮樂，一代煥文明。駢集
仙曹彥，敷求翰苑英。紫泥函帝札，玉軸煥天精。奎曜昭雲漢，
宸章炳日星。聖心增悅豫，士氣頓崢嶸。麟鳳中原盡，珠璣四座
盈。處囊錐自脫，應物鑒何情[二]！願竭衷忱赤，期來王室楨。
國猷資黼黻，億載播芳聲。

送楊可齋

當代稱賢佐，東楊第一功。國初，三楊先生秉政，文敏公居東，時稱
"東楊先生"。瑩然瞻哲裔，怳矣見高風。德政垂吳會，文章吊楚
宫。機忘心自泰，教振道寧窮？白璧光終焕，青萍氣自雄。騰騫
應不遠，慎勿嘆飛蓬。

賀顧東川御醫六十

大隱依丹闕，承恩直紫宸。巫咸鴻術顯，方朔歲星臣。濟聖
探真訣，遭時謝要津。靈扃和六氣，佳節屬三春。松葉浮尊綠，
參花入座新。鳳毛稱慶處，宮錦映莊椿。

送梁三峰司訓之徐州

閩海聲名久，都門此日同。濟時思扁鵲，高誼得梁鴻。振鐸
違丹闕，飛帆指沛宫。壯懷今少試，大道豈終窮？泮水晴光綠，
鱣堂曉色紅。青衿環講席，應是座春風。

送王中峰之商水

封域雄中土，星郎得巨儒。才名聞蚤歲，經術起亨衢。綰

綏趨梁苑，揚鞭出帝都。舊游縈客思，別恨逐征途。鷗鳥機忘
狎，豚魚信及孚。王君素誠慤不苟，故云。川原良自邇，風氣
未應殊。撫字垂遺愛，綏來俟壯圖。所期多異績，雲際仁
飛鳧。

君子以恐懼修省古體

聖王御神極，敷求萬國理。天鑒每祇嚴，考祥恒視履。赫赫
重明象，儆戒實伊邇。仰承仁愛心，俯修先罪己。乾乾日匪他，
惕惕夕猶爾。天聽諒非遥，人事應多圮。旁燭罔遐遺，條綱仍振
紀。交修文匪虛，斯不喪匕匕。我思古哲王，寅畏咸如此。成湯
禱桑林，澍雨無涯涘。高宗感雊雉，商道日以起。創業與中興，
令譽垂青史。人君天命主，畏災甚盛美。一德格皇天，終應介
繁祉。

擬《此日不再得》古體

此日不再得，歲序潛推移。天運無停晷，修爲宜及時。茂年
不自力，皓首徒淒其。勉旃志匪懈，樹德貴培基。緬惟古聖哲，
終日恒孜孜。周孔允元聖，繼夜猶慎思。禹臯佐虞帝，日贊庶績
熙。所以流芳譽，同躋百世師。董生耽六籍，三載園不窺。昌黎
研百氏，繼晷恒燃藜。大道雖云邈，亦能望其涯。斯人諒非遠，
世式若蓍龜。賤子夙顓昧，自昔已無奇。擔簦遠于邁，中暗眩多
岐。竭來謁天子，過被龍門知。材館羅群彥，真宰荷爐錘。執卷
白玉堂，捫躬慶師資。駑駘豈逸足？鞭策或可追。懋學先遜志，
時敏斯其宜。兢兢若執玉，惕惕如蹈危。慎思罔朝夕，深造良匪
夷。爲徒仰周孔，事主追臯夔。求成詎可必？宅心允在茲。努力
分陰惜，千秋永爲期。

擬《西北有織婦》古體

　　繁露零秋夕，寒膏吐微光。思婦臨機杼，力倦尤皇皇。纖手理素絲，經緯成玄黄。文章燦然著，期以爲君裳。從軍遠于邁，關山阻朔方。欲裁翻自怨，奚由試短長？含愁歸繐帳，浩嘆廢晨妝。安得凌風翮，高舉翔君旁？

校勘記

　　〔一〕“氂”，疑當作“婺”。

　　〔二〕“情”，疑當作“清”。

七言律

大廷賜對次元輔相公韵二首

一

紫宸朝下承清問，共捧天書拜漢庭。三策自應慚董子，上林何敢效長卿？香浮碧殿和風轉，日映彤闈淑景清。願與同袍戒溫飽，須知明主爲蒼生。

二

十年藜火甘茅屋，此日操觚對禁庭。香霧散時開帝殿，珮聲高處列仙卿。文章掩映奎光逼，禮樂昭回泰宇清。主聖臣賢際嘉會，願輸忠赤效平生。

送大司成南渠李先生之南雍

龍樓仙客拜新榮，虎觀儒宗蒞舊京。天上恩光宮錦燦，江頭春色彩帆輕。橋門冠帶迎師範，紫殿爐烟戀主情。講席重臨今已正，好培梁棟佐承明。

送弟禮南歸

天涯把袂欲中分，此際驪歌詎忍聞？愁極看花還引恨，情牽舉酒不成醺。鶺鴒飛急憐孤影，鴻雁聲悲嘆失群。謾道清朝金馬貴，鄉心遥逐太行雲。

柳　亭

清陰舊蔭新安里，隨處頻移共結亭。喜見繁條垂翠蓋，謾云飛絮逐浮萍。疏連梅蕊當窗見，密隱鶯簧滿坐聽。鳳翼龍鱗誇漢苑，結根應憶故山靈。

送同年王槐溪

蚤歲聯鑣晉水東，看花上苑喜仍同。論交心切浮雲外，悵別魂銷夕照中。彩服適承親壽慶，黃麻新沐國恩隆。蒼生百里應延頸，好布深仁對帝衷。

壽同年胡劍西父母六十

淮南賓客盛簪裾，偕老承恩近帝居。佳節共當長夏日，修齡雙慶六旬初。香浮壽斝新醪泛，色映宮羅綺席舒。鶴髮同歡金馬客，龍章行錫紫泥書。

送同年馬孟河歸養

玉署承恩與子初，陳情歸去獨愁予。連江草樹牽離別，出岫晴雲自卷舒。謾訝青春辭魏闕，先歡彩服奉潘輿。明時未可懷終隱，天祿燃藜待校書。

恩榮宴即席次韵二首

一

萬國章縫際遇同，鎬京周宴侶雲鴻。恩頒鼎養來天上，世際豐亨正日中。槐影晴連袍色綠，花容光接醉顏紅。平生溫飽元非志，願竭庸愚效寸忠。

二

瑞色蘢葱御宴開，迂疏愧匪洛陽才。人文濟濟盈香座，天樂洋洋繞砌臺。北闕恩光浮草木，南宮遭際應風雷。更逢黃閣《陽春》曲，真擬乘槎拂斗迴。

初秋李氏山亭餞別同年五侍御出清戎分韵得"杯"字

新秋綉斧出霜臺，駐馬同袍共舉杯。芳草似牽游子念，繁花偏近水亭開。清朝久負匡時略，中秘遙憐作賦才。攬轡漫云酬壯志，江湖廊廟首應迴。

送宮庶兼殿講吳筠泉視篆南院

佳麗江山擁鎬京，玉堂視篆羨光榮。講筵兼縉懸新命，宮秩崇遷異舊名。日射離亭丹闕迴，風生潞渚彩帆輕。蓬瀛地分元清切，詩賦遙應動帝城。先生自贊善遷庶子兼侍講云。

送鄭纓泉之縉雲

西征十載故人稀，玉樹重依喜帝畿。共戰可堪迷日色，揮戈誰爲挽斜暉？都門官柳催征騎，薊野飛花點客衣。聖主好文應有薦，上林行見馬卿歸。

送周章岩之東廣

潞河彩鷁御長風，薇省仙郎出漢宮。百粵山川連絶徼，五羊形盛控遐封。桄榔葉暗郵途繞，盧橘花香里域通。馹馬壯游應不羨，甘棠還喜鳳毛同。

送大司成閣又泉之南雍二首

一

河汾舊隱玉堂賓，豐鎬師儒寵命新。宮錦輝煌懸日月，仙舟搖曳上星辰。陰陰夏木連官舍，浩浩江流净客塵。行見橋門興禮樂，更聞帷幄試經綸。

二

雞鳴國學共崔嵬，樂育還須命世才。玉佩曉違鵁鶄觀，錦帆晴指鳳凰臺。秦淮夜月弦歌滿，鍾阜春風講幄開。自昔漫誇佳麗地，栽培應見棟梁材。

送王槐野宮諭視篆南翰院

才名自昔冠儒紳，視篆留都帝簡新。玉署地分清切舊，春宮兼綰寵光頻。樓船簫鼓行經楚，晝錦潘輿喜過秦。漫爲江山增黻藻，早看廊廟試經綸。

賀李封君夫婦同壽同年李石鹿尊人

龍頭擢第仙郎貴，鳳誥推封聖主恩。白首齊眉傳壽斝，朱衣并綰照蘭蓀。春明晨省驅征幰。晝錦光華動故園。漫道清時繁雨露，于公凤已有高門。

送同年王虹塘侍御之留都

清朝執法重留臺，攬轡風烟萬里開。高大于門元種德，風流阮氏凤多才。旌旆光動催驄馬，晝錦歡承獻壽杯。慷慨平生思報主，匡時疏草定應裁。

送鄒春山司訓之大埔 有序

春山鄒君懷奇弗值，貢上南宮，再試大廷，皆褎然選首。予延授諸子經，逾年，赴教大埔。重其人，難其別，而期其遇也，情見乎辭。

驪歌聲徹日方晡，把酒那堪遠別君？白雪梁園憐藻麗，春風賓館憶蘭薰。仙槎曉泛凌江月，絳帳晴開對嶺雲。試向羅浮倚長劍，龍光萬丈動星文。

賀太宰李古冲應召還朝次康礪峰學士林肖泉司成韻二首

一

宸奎親灑紫微宮，帝召天卿禮特隆。不假審圖求傅説，共歡啓事得山公。明良道合鴻鈞轉，冰鑒光懸斗極崇。咫尺黃扉諧大軸，預開麟閣畫元功。

二

聽履聲存雨露□〔一〕，台階重上冠群仙。溫綸眷舊頒千里，虛席恩新曠萬年。名世已忻關氣運，降神還慶自山川。行收麟鳳儀金闕，載咏《卷阿》振玉編。

送吳澤峰太史册封代藩

未央月曉動《雲》《韶》，玉節輝煌下碧霄。臚唱再承天寵渥，奇游寧憚塞垣遥。雄邊磐石頒龍册，故國江山擁使輶。攬勝定知多壯略，禁中頗牧翊清朝。

送張西吳太史册封江西三府

九天閶闔日華生，劍珮趨蹌入太清。帝冑并承桐葉錫，詞臣獨奉玉書榮。仙槎縹緲周江國，宮錦晴光動楚城。攬勝定知探白鹿，抽毫應早侍承明。

送王東臺尚寶册封中州

蓬萊啓曙御香飄，詞客頒封下碧霄。金簡玉書王制重，樓船簫鼓使星遥。褰帷行挹河山勝，晝錦仍欣海霧消。歸到棣華相對處，池塘芳草句應饒。

送朱後庵黄門扶侍還太原

歸來青瑣拜恩初，又見從親返舊廬。諫草情懸辭魏闕，衣萊色動奉潘輿。鄉山望入雲天邐，驛路驚連水溢餘。霄漢側聞求獻納，清秋且莫賦《閑居》。

送大司成林肖泉之留都

冠帶橋門仰範模，鎬京今喜得真儒。詞林濟美榮三世，璧水橫經歷兩都。奕代勛猷歸斗極，明時門閥冠雲衢。忠貞自是公家訓，密勿還將贊聖謨。

送同年朱文石之南司業

青春璧水領儒流，宮錦南征便晝游。詞苑早憐依玉樹，潞河驚見送仙舟。庭闈歡動看萊舞，澤國兵連繫杞憂。暫向鷄鳴擁皋比，經綸遲爾鳳池頭。

送同年劉次山按滇南

迢遞西南銅柱標，中臺玉節下青霄。霜飛綉斧瞻風采，雲繞旌旄擁使軺。詞賦早傳金馬重，勳名行勒碧鷄遙。遐荒此日聞多事，佇見澄清答聖朝。

送殿撰唐小漁奉詔營葬

文章奕世冠儒紳，勳業當年憶老臣。金榜掄魁庭訓舊，玉魚蒙葬國恩新。奎光追錫星辰麗，渥澤頻沾草木春。瀫水未應淹晝錦，巒坡虛席待經綸。

送門人慎子正之尹漳浦有懷梁心泉年丈二首

一

少年已見掇巍科，抱璞荆山奈若何？南省喜傳收大雅，都門忽爾對驪歌。地窮閩嶺郵途遠，天入清漳霧靄多。幸有伯鸞持憲節，風行溟渤靜鯨波。

二

秋風潞水木蘭船，才子爲郎向海邊。杏苑螢聲憐此日，棠陰遺愛見他年。花迎宮錦苕湖便，葉暗桃榔粤嶠連。循吏祇今誰第一，無令卓魯擅青編。

送門人蔣汝昌節推之荆州

桂林東望即瀟湘，佐郡榮君邇故鄉。息壤祥刑看政績，南宮珠玉憶篇章。晴江曉泛仙舟遠，烟樹雲連別恨長。漫向龍山討陳迹，早聞鳴鳳在朝陽。

送門人許伯雲之尹分宜

昆岡瓊樹夙連城，南省欣看眼獨明。邑授名區掄選重，途經梓里晝游榮。晴嵐當户鈴山麗，霽色浮光楚水清。萬里雲霄方小試，循良應不負平生。

送門人歸懋庸節推之泉州

青春佐郡刺桐城，聞道山川類洛京。萬里扶搖程始奮，九苞文彩眼叨〔二〕明。吳門柳色迎宮錦，粵嶠花香襲客旌。遙想風清庭訟靜，佳聲早慰故人情。

送凌少里節推之福郡

芳菲草色滿春城，尊酒郊亭萬里行。風送仙槎銀漢遠，光浮梓里錦衣明。粵南喜俟祥刑績，瑣闥仍占獻納聲。立馬暮雲頻極目，鄉關渺渺若爲情？

送同年少宗伯康礪峰之留都

鳴珂春曉下仙臺，潞水風生彩鷁開。視草聲華留禁苑，握蘭簡擢冠蓬萊。曹分清切岐豐重，帝命寅恭禮樂才。回首雲霄天尺五，輝光遥夜繞三台。

送王育泉水部分司吕梁

黃河萬里自天來，懸水奔流地軸開。波浪魚龍時不斷，樓船蕭鼓日相催。軍儲西北需方切，民力東南總可哀。此際漕渠憂豈細？喜君真有濟川材。

送同年胡日門太史册封淮府

蓬萊啓曙御香飄，才子頒封下碧霄。五色金書王制重，萬年磐石國基遥。乘槎曉泛江光麗，擁節春游客思饒。白鹿便應探往迹，群峰鬱鬱水迢迢。

送鄒一山觀察中州

青春帝里共韶光，又向津亭對別觴。梁苑到時花定發，隋堤經處柳應黄。運籌邊塞孤臣遠，攬轡中原壯志長。獨抱風裁霄漢望，豸冠計日肅鵷行。

送曹紀山館丈次韵二首

一

乘驄十載獨持衡，童稚遥知子建名。摘藻輝光傳秘館，采芹文物動儒黌。忻看膏澤垂嘉實，何事東風競茂英？萬里雲霄舒勁翮，自慚弱羽應同聲。

二

金殿班聯奉至尊，紫泥并命向文園。投瓊誼重先勞及，倚玉思深未敢言。三晉河山元氣繫，百年天地赤心存。龍門西望提封邇，駐節何時惠細論？

送陳雨泉憲副帥師戍薊二首

一

聞道天驕窺北平，儒臣六月獨提兵。指揮色動三軍士，慷慨身當萬里城。白日旌旄臨瀚海，秋風鼓角振行營。陳琳詞翰休傳檄，勒石燕然播駿聲。

二

萬竈貔貅擁薊門，羽書猶警犬羊屯。畫圻自昔稱天險，建節頻年荷國恩。未見嫖姚空朔漠，喜看頗牧出中原。吳鉤笑指臨歧贈，折取呼韓報至尊。

和楊胥江憲長衙齋喜雨登樓之作

絲絲澍雨滿長空，玉散珠聯色界中。霧暗欲迷楊子閣，雲深應自楚王宮。胭脂濕亞林花重，翡翠光連野黍芃。遙望天南塵未靜，願均甘澤共時豐。

許昌道中聞李西谷憲副發自洧川屢待不至命驛吏簡迓承詩見懷次韵奉答

落日驅車遠問津，侵晨飛蓋逐秋塵。爭傳憲節乘軺邁，喜傍郵亭駐馬頻。玉樹凌風徒極目，梅花寄驛幾馳神。何時相對西湖上，共醉雲安麴米春？

壽李西谷五帙

仙臺高步獨稱賢，共喜登龍對壽筵。梁苑花開忻五十，蓬瀛桃實憶三千。雲移樹色橫圖畫，風送鶯聲入管弦。懷抱壯猷身正健，早聞勳業格皇天。

春日謁諸葛廬次孫月岩侍御韵

臥龍故宅倚西岑，往迹追游思不禁。經略三分歸指顧，馳驅六出頓銷沉。山川未盡英雄氣，勳業焉知天地心？遺像肅瞻神若在，高風喬木引長吟。

登清高閣次前韵

飛棟層軒控翠岑，高寒風襲若爲禁？天垂平野星辰近，日麗晴空霧靄沉。炎祚興衰存素簡，壯圖今古共丹心。悠悠《梁甫》千年後，一曲《陽春》振絶吟。

季秋游龍洞值雨次雷省吾臬長韵

群山萬木晝生寒，碧嶂蒼厓次第看。洞古龍歸遺勝迹，潭澄雨過漲清瀾。遥空返照山含紫，滿谷西風樹染丹。高卧岩扃更何事？移文應不羨彈冠。

游華不注峰省吾憲長首倡次韵

膴膴原田接遠空，孤峰突兀獨巃嵸。平臨象緯疑塵外，俯瞰湖光落鏡中。遂有靈源移渤澥，漫將長嘯動玄穹。峰上有泉頗甘，一羽士閉户誦經。乘風欲訪飛仙去，絳節高居碧海東。

谷蘿壁參伯示《近江卷》命賦

萬頃烟波接碧空，結茅幽絶與誰同？牙籤點檢晴窗日，冰簟高眠玉宇風。藹藹汀洲迷杜若，冥冥雲表漸秋鴻。遥聞東閣延英俊，未許扁舟狎釣翁。

任園郡伯胡順庵宴集次韵

四郊禾黍報高秋，喜擁熊車杜若洲。座映晴光依玉樹，庭充爽氣近瓊樓。逶迤平野馴文雉，浩蕩分波狎白鷗。更羨揮毫燦雲錦，詞場早已冠名流。

送胡雲屏督學雲南代作

蘭臺聯步侍明光，憲府褰帷共晉陽。十載封章欣灑潤，一時文教羨敷揚。宮衣色映姚江麗，桃李陰連僰道長。行見西南富材美，早掄楨幹捧岩廊。

壽蔡明軒母程太孺人八帙

柏臺燕喜對東風，初轉鴻鈞顥氣融。春酒光浮瓊斝綠，華燈輝射綺筵紅。奉輿歡動承家慶，攬轡澄清報主功。繁祉共忻天眷永，貤褒仍見帝恩崇。

題胡順庵郡伯《賢能宴賜》圖册

雲開閶闔珮聲高，喜見循良拜赭袍。帝命銓衡推甲乙，人歸冰鏡燭秋毫。金緋駢錫真優渥，天語親承極寵褒。共道宵衣臨黻座，大君端爲細民勞。

中秋待月

清秋三五暮天寒，綺席頻移近碧欄。玉露漸看零草際，金波何事隱雲端？停杯共坐更初永，緩步遥聞漏向殘。直欲中天爛然上，光華應共萬方歡。

九日菊未開

高秋風雨接重陽，麗卉衝寒未吐芳。盈把詎堪酬逸興？攜壺漫自望周行。含馨似爲留佳節，斂萼應須傲晚霜。會見舒華對晴景，清標散滿九天香。

孟冬朔日恭遇頒曆有作

階蓂初發對寒曦，玉曆榮頒慶授時。一統日新周正朔，九重雲擁漢官儀。乾元寶運開黃道，泰策真符拱赤墀。叨沐恩波慚報稱，萬年天保祝鴻釐。

觀苑中穫稻

深秋千畝稻雲黃，銍銍聲連紫禁長。實穎光迷晴日色，清香遙逐午風揚。行瞻玉粒修殷祀，先擬金盤薦壽觴。萬國豐年真帝力，願將明德頌吾皇。

院內觀蓮開

巒坡啓運育群材，麗萼初隨淑景開。綠蓋含光浮水面，紅華凝采絢中臺。沃根舊澤瀛洲永，濯色新波太液來。聞道花神有深意，雲葐應是預栽培。

送太宰張龍湖先生赴南都

金陵佳麗奠周基，太宰鈞衡冠漢儀。台斗喜君新寵渥，春風憶我舊游期。瑣闈獻納依雙闕，冰鑒高懸正百司。桃李已繁龍虎榜，鹽梅還擬鳳凰池。

首夏即事

朱明新景轉皇州，永日虛堂暑氣浮。南隴雨深梅已熟，西疇風暖麥方秋。古槐陰覆空庭靜，細草芳連曲徑幽。翹首五雲天咫尺，虞弦薰吹滿瀛洲。

池荷新開邀客賞之不至

紫禁雲連玉署東，綠荷初放一枝紅。臨池早擬同山簡，結社何期負遠公？高閣望時情獨切，碧筒持處興成空。日斜徙倚層欄外，惆悵清香逐晚風。

廷試天下貢士即事

日華初動闢承明，仙珮分行引上卿。萬國青衿森拜舞，九天丹闕聽《韶》《頀》。揮毫應染爐烟重，隱几遙聞玉漏清。聖主立賢無巨細，草茅何以報生成？

得 鶴

曾看霄漢影翩翩，此日來歸似有緣。緩步追隨疑勝友，高栖吐納即飛仙。晴雲碧草空庭下，皓月蒼松曲檻前。對汝頓令塵慮净，還聽清唳徹鈞天。

新秋對月

清商初動暮天涼，深院沉沉漏漸長。雲净金波增勝彩，氣澄玉宇盡晴光。坐闌迴覺寒暉襲，景轉遙連列宿張。願得關山同朗照，莫教風雨暗殊方。

秋 聲

永夜空山秋氣清，蕭蕭何處送閟聲？淒橫暗逐寒威疾，颯沓遙疑裂帛輕。宿鳥驚回號古木，征鴻催急度邊城。虛窗静聽多愁思，落葉丹楓逐曉生。

夜坐憶防邊將士

清宵不寐獨依依，風力穿窗燭影微。密室尚驚寒氣襲，關河無奈羽書飛。嚴更刁斗凝霜立，拂曙旌旄帶雪歸。凍餒那堪軍令重，繪圖誰爲達天閽？

代題柳亭

青青萬柳自新安，此日移來上苑看。春色每先三殿側，曉風遙逐五雲端。悠揚飛絮晴光轉，睍睆流鶯淑景闌。寂寞可堪陶令宅，遭逢應羨邇金鑾。

九日書懷

燕臺風雨又重陽，獨對茱萸漫舉觴。何處登高舒遠望？從教落帽笑疏狂。壯懷暗逐邊烽動，客思偏驚雁韵長。遙憶故園籬下菊，繁花今日爲誰黄？

小至日作

凛冽窮陰冰雪橫，喜逢明日一陽生。葭灰緹室吹將動，雲物觀臺望欲盈。凍草漸從回舊緑，早梅應有發新榮。漫驚和氣方微復，交泰行看化育成。

送門人程德良之南工曹有懷座師少司成稚川王先生

禮闈銀燭夜輝煌，奎壁遙連萬丈光。經學喜收南國彦，才名應是水曹郎。地分豐鎬閑情適，望入江山藻思長。翹仰師門頻夢繞，何時將子共升堂？

平陸山行值雨欲赴太夫人壽辰不獲

羊腸崒嵂客心寒，候火微明漏向殘。披靡旌旗風力勁，盤桓泥徑雨聲繁。高堂已切倚門望，游子仍歌《行路難》。安得凌雲生羽翰，瑤觴稱慶若爲歡？辛亥八月二日，奉使回車作。

送同年蔡敬齋職方使閩浙適新獲恩封便道稱慶

紫誥初傳出漢廷，仙槎奉使復南征。白頭偕老承天寵，宮錦稱觴慰至情。朔雪長途離思繞，春風梓里晝游榮。詢咨知有匡時策，頗牧應求報聖明。

送李北山中翰奉使榮歸

蓬萊春曉瑞光浮，仙客承恩出御樓。彩鷁真從天上泛，錦衣行向鏡中游。王右軍云：“每行山陰道上，如鏡中游。”家聲共仰凌霄漢，劍氣遙看射斗牛。回首瞻雲仍戀闕，揮毫早復鳳池頭。

善爲寶

聖皇御極啓昌期，籲俊登庸總后夔。南海明珠投絶域，中原靈鳳漸雲逵。恩覃時雨葑菲及，化洽春陽草木知。沕穆雍熙千載盛，願歌《天保》答恩斯。

內閣觀芍藥

閶闔雲連紫閣長，仙葩拂檻吐紅芳。栽培舊澤瞻宣廟，雨露新恩際聖皇。麗日暖烟籠媚態，和風輕靄送清香。掖垣高隔飛塵斷，肯與穠華競艷陽？

賜見東宮於臨保室賜酒饌謝恩

曉日龍樓靄瑞祥，詔從鶴禁覬清光。元良允繫多方望，臨保欣瞻大訓長。九醞承恩歌既醉，八珍飽德敬先嘗。聖神際遇超千古，願效涓埃繼贊襄。

奉天門朝賀

晨輪含彩映龍樓，劍珮歡呼拜玉旒。禮重成人歌有子，業占善繼慶無憂。正容主鬯綏群廟，世德潛光冒九州。聖主元良真盛際，重熙謨烈衍鴻庥。

寄題友人山居

聞君雅志在樵漁，獨向烟霞構隱居。繞屋泉聲連枕簟，當窗樹色映圖書。草玄直擬楊雄宅，高臥應同諸葛廬。願接芳鄰嗟未得，愧從金馬曳長裾。

喜 雨

驕陽愆候旱方崇，雲漢憂深澍雨充。始覺蕭疏來短枕，即看滂沛遍長空。盡回枯槁農祥定，潛辟炎蒸爽氣通。行見豐年歌帝力，更因誠應仰神功。

白 雁

雲飛玉立下瀟湘，水闊天低對夕陽。素質直應冰擬潔，奇毛疑是雪爲裳。月明拂羽光相晃，沙白圓栖色共長。皎皎自多防污濁，冥冥應不惜高翔。

送鄭若稷之柳州

高秋新露滿仙京，詞客翻爲萬里行。樓觀參差違鳳闕，關河迢遞向龍城。野烟遠水鄉心繞，極浦寒雲去棹輕。君到愚溪探幽勝，瑤篇應寄故人情。

賀上舍陳洛川得子

浩蕩春光三月餘，鬱葱佳氣見充閭。岐山雛鳳呈祥早，渥水神駒啓瑞初。英物試啼聲自異，明珠入掌喜應舒。高門漫有于公慶，他日須開萬卷書。

送黃文塘國博尹霍丘

才名早歲滿長安，十載成均滯一官。已見春風吹坐暖，還驚劍氣動星寒。潞河官舸迎仙珮，高館離觴對夜闌。願致弦歌盈百里，早飛鳧舃五雲端。

送葉小洲之尹臨桂

桂林景物冠朱方，出宰憐君遠故鄉。露冕飄飄逾五嶺，星槎渺渺渡三湘。秋風徑繞藤蘿合，晴日庭空橘柚香。致却弦歌更何事？早聞飛舃侍明光。

贈徐雲溪鴻臚謝事榮歸

長安三載接芳鄰，鳴玉時聞入紫宸。忽向君山懷舊隱，遂從天闕謝簪紳。當年彩筆誇前烈，歸去青雲啓後人。烟景五湖秋正麗，多君獨已得閑身。

送張南川刺史之東平

才名弱冠動三都，初命歡傳即大夫。朱紱輝光過梓里，青冥勛業在亨衢。承家西土垂遺愛，報國東方奮壯圖。聞道流移正蕭索，春風回首定應蘇。乃翁昔令芮城，有惠政，頃齊魯薦飢，故云。

送郭太初之尹永從

長安文彩動群公，壯志仍期萬里功。投筆喜看飛玉舄，乘軺應不嘆孤蓬。王程湘水催晴鵁，鄉思衡陽寄暮鴻。回首勛名何處是？早聞禮樂化南中。

壽張孺人六帙

初長化日射江城，壽母堂高瑞靄盈。奕世衣冠傳積慶，一周花甲肇重榮。鸞章貤錫忻天寵，鶴髮相輝樂子情。此日橋門歌燕喜，共歡忠孝動諸生。

和館師張龍湖先生河上見懷之作

暫違玉署向金陵，南國瞻依水鑒明。桃李門墻千里念，鹽梅舟楫萬方情。春風披拂懷知己，化雨滋華愧我生。聖主賜環應不遠，黃扉晝接共光榮。

七言古體

東山篇爲郡倅趙藎齋尊人題

太行盤環亙河北，青蒼百里瞻寒色。拔地危峰霄漢連，森羅叠巘芙蓉植。雄鎮郊圻鎖鑰同，隔離朔漠藩垣力。峥嶸蠱蠱跨東溟，逶迤隱隱窮西域。千年寶地含靈氣，今代臨城產鉅公。臨城樓闕依山起，鉅公卜築山之東。浮雲世態吾何有？遺經獨抱深研窮。繩趨矩步踐實地，寧獨詞場繼《國風》？山南橋木凌霜雪，文梓依依俯其側。輪囷共慶不世材，楨幹行看捧宸極。春風時出布西河，桃李芬芳競滋殖。已看絢彩蒸雲霞，更喜流膏調鼎食。晉絳西河一水通，餘澤遺風滿南國。象賢哲嗣剖郡符，三河復見蒙休德。循良隨地物回春，自道秋毫皆燕翼。又聞鶯鶯集芳庭，紛紜五色多奇特。在昔謝傅未施政，斂却經綸寄篇咏。乘時奮迹晉祚安，奕葉聲名歸美盛。惟公隱處俗化成，尸祝鄉邦有餘慶。世德方新勛業崇，今古東山兩輝映。

觀《十八學士登瀛洲圖》歌

秦王定難開天策，寤寐英賢躬簡冊。聿啓弘文集衆思，盡簪寰海皆儒碩。房杜雄才首翊登，于虞直諒誠三益。穎達窮經繼祖風，薛收元敬聲華籍。自餘器藝雖或殊，承恩遇主奚差異？清晝同游白玉堂，良宵分直深嚴地。鶴駕時聞駐館中，講論治道窮經義。珠履文裾燦若雲，珍肴玉饌繽紛至。清華敢擬人間見，瀟灑真同閬苑仙。繪圖已羨當年盛，至今好事猶留傳。丹青妙手呈奇麗，恍然名輩臨風前。披圖熟玩瞻芳躅，咨嗟忽爾心夷然。君臣俱抱命世才，一德交修真盛事。今古文章競采求，治平大道咸抛弃。政理雖能至小康，帝王鴻化奚由致？愛美徒勤助莫能，對圖不覺生遐思。

題《東方朔偷桃圖》長歌

我聞海上仙山名度索，王母種桃跨岩壑。根蟠九地幹凌霄，枝葉扶疏花灼灼。閲歲六千實始成，服之輕舉游太清。鄰家小兒東方朔，三熟三偷何太數？遨游八極情未已，暫向人間侍天子。滑稽雄辯動宸旒，奇言詭行傾人耳。當時那識歲星精，大隱金門共泥滓。漢皇端拱承華殿，青鳥西來王母見。偷桃一語始流聞，迄今傳誦人猶羨。名家繹思揮彩毫，仙風倏爾中堂見。袖上烟霞影陸離，手中瓊玖光輝炫。眉宇翩翩喜氣揚，撫摩玩弄虹霓絢。君不見老子西游饗碧實，飄搖雲軿總仙秩。又不見師門食葩道乃成，高丘殞醪脱塵汋。遐舉延年自昔聞，玉衡靈果瑞氤氲。臨圖恍若飛仙集，萬壽遥持獻聖君。

燈市行

皇州自昔稱佳麗，況復垂裳當盛世。富貴驕奢溢里閭，考鍾擊鼓迎新歲。新歲融和春色妍，華燈爭市上元前。珠宫璀璨臨長陌，瓊島瑶光散市廛。萬户千門懸未足，拂檻緣廊復相續。競巧呈奇弗少休，迷心奪目紛成俗。遥望渾疑錦綺舒，側身恍若彩霞居。紅花灼灼高仍下，玉樹森森密復疏。金羊魚枕懸文蓋，珠箔銀球縈畫帶。閩海滇池新製奇，珊瑚寶玉殊汪濊。高樓歌舞逐芳時，接踵駢肩詎有涯。雕鞍朱轂爭馳逐，綉履羅襦共逶迤。旭日初升已紛集，嚮晦營營猶未戢。金穴承恩善價沽，玉樓鬥靡旁求急。須臾皎月上層城，懸向華堂寶炬晶。共歡節序誇奇麗，艷曲徵歌送遠聲。君不見大河以北流移遍，羽檄徵求如掣電？烟火蕭條歲不登，敢論侈靡相輝炫？又不見青海城頭烽燧高，登壇專閫屬弓刀？鐵衣夜渡仍枵腹，詎識長安競麗豪？憂勤恭儉民淳篤，化理黄虞有芳躅。淫巧奇技眩聽觀，蠱俗移人乃鴆毒。不節之嗟若踵旋，古今至戒窮人欲。我願離明宜日中，力挽頹風調玉燭。

七夕行

神飈初泛大火流，團團湛露零新秋。生明弦月晶熒上，素魄微光遍九州。廣庭散步延佳夕，共言天媛臨牽牛。盈盈一水橫清宇，彌年此夕相淹留。鵲橋高駕明河渚，霓裳瑤珮凌風舉。遙心已逐雲車揚，龍梭暫爾停機杼。昔離今聚杳無恒，喜極情合難具語。七襄經緯共逶迤，散與人家小兒女。高樓乞巧紛趨走，寶篆焚香列甘旨。結彩穿針竟此宵，屏營祈請殊無已。須臾銀漏倏當殘，層陰欻忽游雲起。歡悰難久靈駕旋，隔歲幽懷從此始。潛思是理恐荒唐，天上星河事渺茫。智愚巧拙由人勝，陳乞祈天祇自忙。新涼已入虛窗下，燈火偏宜子夜長。紛紛小巧何須道？却笑高樓空若狂。

盆梅歌

四郊黯淡紛飛雪，萬木嚴凝寒欲折。瓦盆巧植一株梅，正爾暄妍發奇絕。低枝曲幹飽風霜，怪石玲瓏相糾結。不向東風競歲華，獨倚寒窗擅孤潔。簾幕時聞飄暗香，橫斜疏影入虛堂。廣寒仙子冰爲骨，姑射神人玉作裳。紅塵不到空檐下，嫩蕊纔舒曲檻傍。小盆撮土根非沃，雅韻清標意轉長。主人冲淡無他欲，終日摩挲猶未足。貞白寒芳愜夙懷，盤桓自覺真機觸。君不見雪後羅浮千萬株，紛紛臨水復臨途。素心幽趣元非侶，踏遍江村亦浪圖。

《行路難》擬

君不見雲間月，既望還復缺。君不見陌上花，秋落春華苗。盈虛消息自相循，競巧何如甘抱拙？我愛淵明志不回，偃仰茅檐衣百結。晨夕惟求共素心，百世清風仰高潔。行路難！行路難！萬徑千蹊紛覆轍。坎止流行信所遭，對酒當歌且歡悅。

題畫紅梅苑中

紅梅自昔稱奇特，風韵清殊人罕識。誰遣良工獨苦心，經營素練生顔色。恍惚移根托上林，雲窗霧閣光華發。疏枝老幹舊孤標，紫府丹砂新換骨。朱顏豈爲競春陽，赤心直欲凌冰雪。結實和羹自所宜，千花萬草真難列。筆端造化奪天成，欲集還驚嗟燕雀。神迹貞姿閱古今，吹殘玉笛寧搖落？

聞雁排律

空齋兀坐起遐思，旅雁高鳴度客居。乍聽忽驚秋欲老，來賓應是鳥先知。金風颯處違玄圃，玉露零時滿綠陂。接翼蹁躚橫净界，聯聲啁哳布層逵。九天爽氣傳音響，萬里雲霄振羽儀。冥舉預防游矰害，漸盤寧爲稻粱期。關塞授衣須及早，上林繫足莫飛遲。

五言絶句

題瑞竹二首

一

根挺疑龍化，歧分待鳳翔。伶倫如有遇，六琯調陰陽。

二

大人豹隱日，新篁發嘉祥。孤根挺奇節，兩歧振芬芳。

題《太公釣渭圖》

漁釣甘高尚，鷹揚奮俟時。鎬京垂拱治，千古仰昌期。

題畫四首

一

月白懸晴宇，江清愜客情。素心相對處，空谷有同聲。

二

金鼎丹砂就，瑶空白鶴飛。相將游八極，千載共來歸。

三

秋色開晴宇，涼飈下碧空。黄花方爛熳，相對白頭翁。

四

懷橘良非偶，憐君復幼年。披圖思往烈，珍重《蓼莪》篇。

七言絶句

禮弟瀕行餞席偶成二絶

一

匹馬關山路逶迤，他鄉分手不勝悲。今朝緑酒愁看汝，來日黄花共阿誰？

二

朔雲寒菊滿天涯，汾水燕關道路賒。月殿桂香應早折，上林期汝再看花。

聞雁二首

一

晴天渺渺映冥鴻，風送流聲布遠空。和樂已深磬石外，羽儀高振白雲中。

二

清秋玉露湛金盤，陽鳥賓時起遠干。接羽聯聲遍雲表，關河應已不勝寒。

題扇面

白雲紅樹對斜陽，秋水烟波共渺茫。鼓枻中流忘底事，不知何處是滄浪。

題鶺鴒四軸

一

新秋晴日野花妍，嘉穀垂垂滿舜田。錦翼和鳴共歡啄，也應相慶在豐年。

二

奇姿向日金衣麗，弱羽臨風玉屑浮。共搏微蟲還自足，紛紛何事稻粱謀？

三

飄蕭六出亞輕叢，點綴山花特地紅。鶺鳥似憐春色好，低栖并宿月明中。

四

翠條紅乳發新枝，黃鳥相依色更奇。應仰靈根托仙籍，無煩勁氣鬥雄雌。

中秋同臬中諸公賞月微雲不甚明和西谷韵二首

一

微月疏雲景更奇，高歌莫惜酒盈卮。陰晴來夜應難定，漫道清光勝此時。

二

纔見孤雲擁夕曛，無端月出更紛紛。浮空聚散應常態，坐待寧論至夜分？

觀唐詩有感二首

一

文皇大雅啓詞場，戛玉鏗金韵日長。馴至開元稱極盛，返教鼙鼓振漁陽。

二

晉陽一旅肇昌基，潤藻文章翼燕貽。却笑末朝何事業，都將經濟付摛詞。

題畫竹四首

一

渭川晴日野烟消，錦石新篁入望遥。不逐東風競紅紫，森森直幹自凌霄。

右晴

二

石潤苔明白露溥，娟娟翠竹傍芳蘭。清芬已結同幽獨，固節還應傲歲寒。

右露

三

濛濛春雨滿淇園，誰挽天河浸竹根？應恐紅塵污顏色，清泠一洗對乾坤。

右雨

四

千畝琅玕一徑深，西風蕭索動高林。龍蛇宛轉搖疏影，《韶濩》鏗鏘送好音。

右風

贈葉初泉次林肖泉司成韻二首

一

朝市浮沉浪寄踪，相逢薊北又吳中。布袍長嘯紅塵外，招隱無煩咏桂叢。

二

霸越鴟夷入五湖，風流千古未應徂。南中此日多麟鳳，安得憑君上帝都？

題《鍾馗圖》

當年壯志已凌霜，化厲猶期佐盛唐。似憤玉環妖帝側，故持忠諫諷君王。

題　畫

商公科目冠皇明，竹帛仍傳佐理名。遙憶良工心苦處，羽儀應爲啓同聲。

送同鄉趙經闉還蜀二首

一

冀北秋風共棘闈，數奇君獨壯心違。殷勤上計相逢日，又向西川匹馬歸。

二

劍閣嵯峨倚碧天，錦官花柳四時妍。擁符蜀道今應易，萬里奇游是此年。

校勘記

〔一〕"□"，底本漶漫不清，據康熙本當作"邊"。

〔二〕"叨"，疑當作"初"。

慎修堂集卷之三

賦

登春臺賦

惟大造之絪縕兮，肇東風之應律。乃勾芒之執規兮，舒遲遲之春日。冲氣穆清而四布兮，允太和之洋溢。想舞雩之遺躅兮，偕童冠而并出。共周流於韶景，爰登臺以娛情。攀凌坻而載陟，迄崇顛而與并。始徘徊而容與兮，駭紛囂之頓清。乃緩步而逍遙兮，欣旭日之焱晶。振新衣之璀璨兮，柔風澹蕩而無垠。鼓弦桐之練響兮，歌肆發乎陽春。載徜徉以終日兮，形神爽而心目明。樂洋洋而不可已兮，景蕩蕩而無能名。於是凝神俯察，遐覽旁窺。感氣機之和暢，矚物候之推移。幽蟄既振，萬類咸熙。桃舒華而燦錦，柳綽約而垂絲。麥芃芃以含秀，桑藹藹以葳蕤。獸適兮走野，魚樂兮戲萍。鵲營巢於高樹兮，春燕銜泥於廣庭。彼鷙鳥感仁而革性兮，倉庚應時而晨鳴。慨洪纖之庶物，率咸若而咸寧。爾乃伫眄郊圻，望極宇內。凡厥庶民，群分萃類。樂化日之舒長，懼陰陽之謝代。日出而作兮，日入而息；鑿井而飲兮，耕田而食。嘉生民之矗矗兮，遂忘帝力；履天曷之綿綿兮，不知不識。於是肅瞻雙闕，瑞靄方隆。卿雲旋繞，麗日曈曈。運天樞兮霈湛露，闢閶闔兮布仁風。實惟聖人之建極兮，成贊化之駿功。乃四氣之時若兮，囿一世於邱壑。仰凌眄於蒼穹兮，邈渾淪之無涘。俯旁覽乎八荒兮，同萬彙之嘉美。陽和娛我以烟景兮，疇茲游之與比？陋吹律以回陽兮，技雖工其奚以？于焉俯望齊章，天地交密。宇宙同區，萬物爲一。想達人之大觀兮，視天下爲一家。彼規規於形骸爾汝兮，抑志末而堪嗟。已而羲和奮策，曜靈藏輝。感春光之匪偶，遂歌咏以同歸。歌曰：

　　天地大德，首春生兮。聖王有作，贊厥成兮。造化流行，品彙盈兮。皥皥融融，人物麗兮。熙哉帝載，莫可逮兮。四海同春，永若三皇之世兮。

頌

《面恩圖》頌_{有序}

　　恭惟皇上，聖德統天，英齡御宇。飭新吏治，用保民生。嗣大寶之二年春，會天下岳牧守長各以計簿上公車，乃制下冢宰、御史大夫，若曰：“民非吏罔理，吏非賢，民曷依以生？今群吏咸在，爾其悉心旌別，拔其政績尤異者，顯示以風厲焉。”司事者詳稽薦牘，詢酌庶言，得循良二十有五人，皆確論也，列其治狀及舉者名以聞。上命司事大臣及言官之長，導諸臣賜對于會極門，恭瞻黼座，肅奉耿光。皇上親涣絲綸，若曰：“朕承祖宗洪緒，日惟軫念蒸黎。爾等能俾田里舉安，誠良吏也。朕用爾嘉，其益勉事功，勿替朕命。仍宣詔布令，俾在職庶官咸體朕意焉。”乃人賜兼金、文綺，錫宴闕庭。維時諸臣欣踴感奮，自慶夫千載一時之遇，而中外臣工莫不欣慕，祝頌聖天子之寵綏民牧以嘉惠元元，二百年創見之盛舉也。夫循良表異，自昔被遇惟艱。逮及聖朝，僅三數舉，然或車服之異、或金帛之頒已矣。詎有若諸臣咫尺天威，躬承温諭，既嘉其成績，復勉以後功，且俾暨乃僚罔不同心興起以育我民焉。大聖人鼓舞循良之術，撫摩蒼赤之仁，規摹誠弘遠矣。

諸臣所部士民戴聖主勞臣之渥澤，慶賢侯遇主之殊榮，率形諸繪事，以揚厲寵光。首列二人，則浙江左布政使臣謝鵬舉、河南左布政使臣吴文華。次列七人，則兩浙運使臣朱炳如、吾平陽知府臣胡來貢、西安知府臣安嘉善、廣平知府臣趙奮、蘇州知府臣吴善言、德安知府臣馬文煒、九江知府臣張應治。末列十人，則荆州同知臣秦寵、豐城知縣臣顧九思、中牟知縣臣王絾、密雲知縣臣邢玠、碭山知縣臣王廷卿、德平知縣臣程沂、餘姚知縣臣李時成、陽城知縣臣李棟、德清知縣臣趙卿、汶上知縣臣張惟誠。而廣西左布政使臣楊成、廣東按察使臣吴一介、瓊州知府臣賀邦泰、大理知府臣史詡、程鄉知縣臣武尚耕、蒙自知縣臣雷起蛟，則各以事未獲預云。恩光遠賁，疆域皆榮。快睹鴻庥，曷勝雀躍？式揚盛美，爰發頌詞。頌曰：

於穆聖皇，應乾建極。仁覆群生，期厎允殖。申命長人，子惠是力。上計維時，朝會萬國。乃召司衡，乃召司憲。惟玆民牧，汝其品論。有孚惠心，惟邦之獻。或否或勤，用懲用勸。僉曰冀方，實有良守。率作惰游，盡緣南畝。撫字恐傷，召父杜母。絶績殊能，攸同萬口。詔汝導入，賜對承明。宸旒端拱，劍珮分行。淵衷悦豫，躬發玉音。咨汝循吏，允契朕心。何以錫予，玄衮南金。汝遄其歸，毋貳若今。諭爾共人，咸俾克欽。湛露燕樂，闕左松林。循臣稽首，聖主恩深。率履不越，上帝若臨。惟皇勤民，顯禮臣下。式序在位，智興愚化。威震四夷，德肆時夏。精誠格天，大田多稼。多稼既備，豐年穰穰。協氣嘉生，惠此萬方。立我烝民，頌聲洋洋。拜祝吾皇，萬壽無疆。

大享禮成頌

維皇上帝，萬類成形。�降，洋洋在庭。丕顯皇考，至德惟純。洪源浚發，篤生聖人。聖人建極，遐覽千古。時惟季秋，品物萃聚。大享肇興，配崇嚴父。捐益百王，俾罔逾矩。於穆享殿，峻極穹窿。雲霞絢彩，瑞靄蘢蔥。赫赫上帝，孚格宸衷。皇考配食，明德顯融。穆穆我皇，愈嚴聖敬。對越孔殷，禮容維令。樂被匏弦，德馨粢盛。百辟駿奔，罔敢不正。維帝居歆，辰光洋溢。百神景從，開祥獻吉。聖考來臨，歡忻豫逸。天宇昭回，卿雲麗日。享帝享親，仁人孝子。萬古典常，我皇肇始。一德格天，永錫繁祉。壽考萬年，本支千祀。

天保萬年頌

臣聞至誠可以格天，大德必得其壽。故《商書》明天祐之原，《周雅》勤萬年之祝。是雖臣子之微情，而實天人之定理也。恭惟我皇上，德合先天，道凝元始。精誠昭格，上帝降祥。茲當萬壽無疆之期，正六合騰歡之日。皇心寅畏，對越愈虔。天眷昭垂，休徵顯應，誠千聖之殊祥、萬生之巨慶矣。臣叨蒙恩遇，謬列台司。自惟一介疏庸薄劣之材，叠荷九重特異便蕃之錫。感深刻骨，誠極傾心。爰效一得之愚衷，敬祝萬年之天保，敢曰足以美盛德之形容耶？蓋《天保》之詩，周人所以酬君之賜也。臣至愚極陋，固未敢望乎周人，而我皇上至德隆恩真過周王於萬萬矣。孚誠昭格，申命方殷，景福萬年，蓋確乎其必至，而無俟於臣愚之喋喋者。然而區區葵藿之忱，竊欲馨祈祝之私情，以效補報於萬一云爾。臣謹稽首頓首，頌曰：

維皇上帝，眷佑下民。篤生元聖，浚哲明神。撫育方夏，厚澤深仁。遐觀玄化，獨契道真。昭事穹昊，日嚴聖敬。穆穆神宮，德馨禮盛。睿想致虔，祈茲萬姓。受福穰穰，惟予大慶。明禋肅舉，孚格天心。微玄太一，昭煥降臨。協和錫祉，皇鑒孔深。時暘時雨，靡有驕霪。寶籙承禧，八荒壽域。凡厥庶民，以輔以翼。內外臣工，是效是則。總攝群生，同歸皇極。仲秋十日，誕聖佳辰。梯航重譯，玉帛畢陳。歡呼忭舞，慶溢楓宸。咸戴聖皇，道復龐淳。聖皇曰吁，予承天澤。祇展沖誠，時惟精白。介此鴻釐，俾爾咸適。爾尚協誠，夙夜罔斁。臣庶稽首，僉願對揚。微臣遭遇，叨被輝光。蓬山鵠立，紫府趨蹌。生成德重，覆載恩長。蚊負良艱，糜捐莫報。愚朴衷忱，敢希芹曝？倍萬恒情，仰祈玄造。六甲靈文，七宮真誥。皇衷允協，神悟夙通。崇霄純佑，乾芚時隆。五福萃止，百祿攸同。高靈環衛，紫焰蘢葱。日君月妃，煥赫旋曜。雷師風伯，動遵號召。水若山祇，朝宗眾俯。降嘏致祥，休光恒照。聖德精誠，潛孚陰隲。天保聖躬，凝神固質。億萬斯年，動罔不吉。悠久無疆，與天為一。聖孝淵深，慕親法祖。天保聖躬，怡真瑤圃。億萬斯年，神文聖武。燕翼詒謀，曆綿千古。聖學玄微，百王兼總。天保聖躬，川流岳嵷。億萬斯年，迪賢啓懵。道合羲黃，功光周孔。聖政雍熙，怗冒九有。天保聖躬，永作元后。億萬斯年，為父為母。日升月恒，天長地久。玄德格天，瑤壇享帝。誕錫丹符，寵綏弗替。誠信感通，若持左契。臣拜揚言，播告萬世。

萬壽無疆頌

我皇上建極二十有六載，仲秋十日，恭逢誕聖之期。玄德薰蒸，兩儀奠位。文明敷暢，三曜流輝。祥光長發於九天，和氣彌綸乎八表。內僚外宷，忭舞歡呼；卉服島夷，貢琛效順。鵷班生色，欣揚嵩岳之呼；虎旅齊聲，競上華封之祝。誠億載之昌辰、百生之嘉會也。小臣某叨隨振鷺，快睹飛龍。倍萬忭歡，敬陳小頌。頌曰：

天佑下民，篤生至聖。德合高玄，日嚴一敬。仁育義裁，正位凝命。元德交孚，受天繁慶。仲秋之十，聖誕昌辰。寰區歡溢，瑞靄紛繽。祥通三極，和協百神。光昭泰宇，氣轉鴻鈞。四海雍熙，三秋大有。玉宇雲開，金河水瀏。閶闔懸宮，昭陽設橝。絳節來仙，紅雲捧后。岩廊柱石，環珮鏗鏘。百司庶職，簪履趨蹌。嵩呼躍舞，介福吾皇。子孫千億，宜君宜王。外服群僚，牧伯藩臬。萬里駿奔，彤墀森列。分宇天支，玄黃羅設。同祝吾皇，遐齡豫悦。桓桓武士，持戟披堅。櫜鞬帕首，拜舞蹁躚。聖人御極，威化遐宣。修文講藝，永息戈鋋。絕島窮荒，南夷北貉。執玉獻琛，梯航重譯。海若效靈，天無霆虢。中國聖人，永綏戎貊。萬邦黎獻，均感恩私。對揚休命，慶值昌期。小臣叨遇，惟日孜孜。百生巨幸，願祝鴻釐。莫高匪天，洋洋育物。誠復誠通，玄機穆泌。我願聖人，皇猷永黻。奠我烝民，與天同迤。莫厚匪地，鎮定攸凝。簡能成物，光大含弘。我願聖人，六龍時乘。曲成萬彙，與地同恒。日月麗天，容光久照。萬古貞明，懸輝普耀。我願聖人，燭遍遐嶠。豐亨日中，三辰增曜。帝德廣運，踔邁古前。高玄悠久，匪物可遷。壽隨德茂，蕩蕩綿綿。永建皇極，億萬斯年。

瑞應嘉禾頌有序

　　恭惟我皇上御極之二十七年八月十日，實萬壽之期，環海臣工，駢集闕下，以效頌祝。乃七月□日，西苑御田產雙穗嘉禾七十五本。休徵聖節不約同符，內外臣民不勝歡忭。臣惟兩歧獻瑞，自昔所珍。至治薰蒸，嘉祥乃應。我皇上道參元始，德契高玄。應運中興，欽崇天道。郊壇祇敬，宗廟肅將。大孝始於尊親，至仁育乎萬姓。憂先稼穡，子惠困窮。離照旁通，乾綱獨運。黔黎樂利，蠻貊率俾。聖德神功，美矣盛矣。且又躬秉孚誠，對越上帝。精專奏格，祈福下民。是以一德流通，太和敷暢。帝心昭格，御畝鍾祥。發此兩歧之瑞，應茲萬壽之辰。顧惟七十五本之繁臻，實兆億萬斯年之景福。臣叨慚台輔，倍萬忭歡。久飫發生之盛德，曷揚化育之神功？謹不揣固陋，稽首頓首，敬獻頌焉。頌曰：

聖皇御極，作民君師。悠久成物，寰宇咸熙。德盛若虛，敬天法祖。無逸是先，躬耕禁籞。秉耒三推，藉成千畝。臣庶承庥，罔敢或後。豐藏御廩，以秩郊禋。風行下土，以式庶民。聖德旁通，自天受祿。俯念蒸黎，同膺景福。祗肅精誠，申祈帝祐。秘宇陳儀，靈壇設橋。瓊科闡範，蕊笈開文。忱虔上格，大道天聞。恩光下燭，慈寶溥臨。百神呵護，四氣無侵。時暘時雨，肇錫豐年。百穀蕃茂，厭厭綿綿。清秋應候，邇帝誕辰。太和洋溢，萬寶函真。錫慶發祥，嘉禾雙穗。七十五莖，共茲上瑞。紫禁之西，擢秀祁祁。既平既齊，結實離離。吐穎揚芒，珍異且多。瀴若雲烟，天地同和。地匪遐方，實惟內苑。雨露恒霑，對揚龍袞。時匪後先，恭逢聖節。瑞協祥開，天造地設。赤鳥神雀，集于彤闈。羽毛雖異，寒者莫衣。連理紫芝，殊光異色。奪目呈奇，饑者莫食。詎若嘉禾，雲蒸日暾。下民是益，多福是兆。其兆維何？乃粒莫測。天眷吾皇，壽考罔極。其象維何？本一實繁。天眷吾皇，萬葉神孫。豐年穰穰，諸福洋洋。一人有慶，萬壽無疆。萬壽無疆，本支世世。億萬斯年，苞桑永繫。

東城懷德頌 并序　送郡侯毛我山司憲湖南

自昔盛世，君臣所以固國保民，曷嘗不以城郭爲先務哉？《傳》曰：“堯始命鯀築城造郭，至禹而成。”又曰：“築城以衛君，造郭以保民。”夫內外相依以爲固，古人所以有表裏皮骨之喻焉。漢唐以降，名邦巨鎮，則外者亦不以郭稱矣。其見於史，若成都、番禺之羅城、子城、少城，同華之關城，而鳳翔則四關皆曰城矣。蓋草昧初寧，民物鮮少，治安既久，户口蕃滋，一城詎足容哉？外城之築，非事有必至，理有固然者乎！往歲逆虜犯近畿，都城南關物貨繁阜，先皇帝乃命文武諸大吏創築外城，親錫門額，聖神謨算于堯禹有光矣。淵衷所及，四海同仁詎或有異哉？

　　吾郡東關故有城，規制未備。嘉靖辛丑，虜入太原。明年，郡守永豐聶公下令新之，甫庀役，公以遷秩行。浮梗猬興，所司急於畢事，又二紀餘矣。丁卯秋，虜潰垣，逾偏關，掠汾陷石，烽火達郡中，民恟恟無所於茈。郡守平原毛公慷慨登陴，率士民爲守禦計，周閱關城，嘆曰："其陋也，名弗稱；其卑也，可躍而升。且敝甚，足緩急恃耶？"越旬日解嚴，乃進士民，諭之曰："往虜之入也，掠其無城守者已矣。今則荷鈎衝犯城壁，守堅者寇不能久持，乃去；瑕者陷而入，虔劉不忍聞。夫計有所當先，費不可省也；役有所當舉，勞非所言也。爾其量資以受堵，計身以助庸，吾不汝強焉。"士民欣欣然合詞對曰："公嘉惠吾民，俾樹千百世防，費者所以衛吾財，勞者所以休吾力。微我公之仁，疇及此耶？"踴躍從事，不戒以孚。

　　時天子采廷臣言，詔西北諸內地各高城浚塹以寢虜謀。公喜曰："帝命惟時，臣敢不祗若？"乃出常禄，爲士眾先。心煩於慮，身親其勞，議疆理，審丈尺，計徒傭，量事功，作樓櫓，崇雉堞，增次舍，廣敵臺。城外悉甃以甓，高厚壯固，倍于前規。復進群匠，諭之曰："茲厚若直，裕若期，爲永久圖，毋以官府造作視也。惟其堅，毋庸于亟；惟其質，毋庸于華。爾其毖戒哉！"又時省閱，豐犒給，別勤惰，禁侵牟。程督有恒，鼓舞無怠。興情咸奮，群力畢陳。經營于丁卯之冬，明年春乃肇工，又明年夏而城成。公復爲聯什伍，申約束，精器械，謹譏察，所以爲固守之防者無不詳且盡焉。

適天子擢公司憲湖南，吾郡縉紳、耆宿數十人憮然造予，曰：“郡公之子惠我民，豈特慈母之育赤子若哉？其他懷保者未暇舉也。茲城未立，圖以立之；版築方興，圖以固之；壁壘既成，圖以守之。揆度經營，真若理家之垣墉庭戶然者。頃臺察疏留，蓋欲公保我黎民子孫於無窮也。晉藩秩，縮郡章，陟憲司，仍茲省，無不宜者，胡司事者不爲吾郡計，乃畀之他耶？”

厶曰：“子晉人，但不欲毛公違吾晉，而未覩廟堂之事體大也。藩參蒞郡，則禮制異而釁易萌；司憲是邦，則閱歷深而嫌當遠。謀國者籌之審矣。矧近之治郡者率三歲而遷，滯公豈宜哉？夫公既深博愛之施，復成茲無疆之業，而衣袽之戒、畫一之規具在也。余嘗登高而望焉，新城言言，與舊城埒，萬家中處，老稚舉安，作息嬉游，無復奔呼突嚚之患。北瞻京邑，悚然興夫朝宗拱極之心，孰非我公所以對揚休命而敷錫嘉祉於吾人耶？昔召公布政南邦，自侯伯至庶人無失職者，羔羊、騶虞之化，其入民深矣。及歸而夾輔王朝也，黎民見其所憩之棠，愛慕興思，至形於歌咏，俾勿敗勿拜焉。今崇墉屹立，豈一棠比哉？睹金湯之勝迹，思保固之膚功，謂於公之日臨吾上異耶？謂有不顯然起敬、油然懷德、奮然圖報者耶？夫公之念我民，不求烜赫之聲，而建悠久覆幬之烈。吾人之戴公也，不在於攀留、頌祝之迹，而貴於體公孚誠懇惻之心，慎思而謹護，時緝而屢完，且胥助胥勸，毋怠毋嫌，俾是城恒如今日之觀，足爲百世之守，是則公固國保民之心，而吾人之所當對越而繹思者也，詎止‘勿敗勿拜’而已哉？《詩》曰：‘無俾城壞，無獨斯畏。’居於斯者，尚其永念而交勖焉？”

於是諸耆宿喟然并稱曰：“子言良然。然公行矣，縉紳之悃奚以宣？子其爲之詞。”乃拜手而頌曰：

維彼陶唐，有此冀方。宅中建極，爰都平陽。太行環嶹，三河湯湯。立我蒸民，既熾而昌。我祖明明，畫爲劇郡。玁狁匪茹，烽烟遂近。天錫毛公，宣昭義問。爰整師徒，番番胥奮。公陟東城，東城陵夷。公曰寇至，其奚能支？乃疆乃理，乃垣乃陴。庶言爰繹，出入虞師。維築登登，如繩之直。維削馮馮，如山之嶇。乃作高門，高門翼翼。乃作層臺，層臺抑抑。屹然壁立，蠹若雲蒸。增其式廓，以域以憑。巍乎九仞，天險匪登。蠢茲醜虜，莫我敢承。公曰城成，曷圖與守？弓矢戎兵，武夫赳赳。以謹無良，有嘉折首。無弛爾勞，業垂不朽。眷茲百雉，列屋萬區。黔黎櫛比，商賈充衢。保爾家室，樂爾妻孥。伊誰之致？維公訏謀。公惠我民，黜華崇質。鞠育撫摩，城特其一。赫赫無求，德教洋溢。如龔如黃，先民是匹。巖巖維城，聿懷明德。保我子孫，順帝之則。式遏寇虐，以綏中國。於萬斯年，莫匪爾極。乃陳時臬，維帝念功。秉憲南征，我心忡忡。天乎祚賢，繁祉日隆。子子孫孫，爾侯爾公。

序

《睦鄉三約》序

厶少時，則見先師鳳臺張先生之守吾郡也，尚清净，勤撫恤，不求赫赫聲，而獨以化民善俗爲先務。厶時執經侍門下，先生成安人，因時時爲厶言成安之俗猶有淳古風，私心識之。頃來二十年，每飲食未嘗不在成安也。癸丑秋，先生從子太學生待聘訪余都亭，亟以厥俗詢焉，則曰：“吾邑也瘠，比復數不登，俗視昔亦稍異。乃邑侯楊君至，慨欲挽而復之，下教曰：‘邑俗之敝，蠹之實自奢始也，爾其必戒於奢。’又曰：‘邑俗之變，倡之必自士始也，我今申教於士。’躬帥令諭，日孜孜不少休，間復出家食時所輯《睦鄉三約》以示，則吾士若民近亦駸駸然向風矣。”居無何，張君手一編過余，曰：“兹吾侯之約也，邑博、諸生欲刻以傳，敢請一言冠諸端，可乎？”

余惟程子有言，曰“治天下以正風俗、得賢才爲本”，而後儒又曰“賢才者，正俗之本也”。夫上行下效謂之風，衆心安定謂之俗。俗之未敝也，無庸於約也。俗趨於敝，民習而安焉，胥競胥戕，以爲不如是則非矣。故雖辨智弗能諭也，强毅弗能制也，重賞弗能勸也，嚴刑弗能止也，不有以約之，其流之極將何底止耶？然約之云者，豈束縛之、馳驟之，若所謂徂詐愚民之術哉？牖其秉彝之善，則本體可明；辨以淑慝之科，則從違可定；示以進修之目，則百姓可能。夫明則不眩於錮習，定則不即於匪彝，百姓與能，則民宜而不倦。猶之正鵠立而審固者望而之也，興衛閉而奔逸者望而止也，俗之正也，奚有哉？世之司牧者，吾惑焉。貪夫憸士已矣，稍知自好者，率竭神於簿書、期會之間，而以能吏稱者，亦視化民善俗爲迂務。噫！俗之日趨于下也。猶水之日趨于壑也，奚怪哉？楊君爲士而能施其約於鄉，爲令而能達其約於邑，固已占其有以異夫人者。且《三約》之目，惇典遵制，則古鑒今，於約之義有協焉。而其言曰："成安之鄉即吾之鄉，成安之民即吾之子弟。"噫！有味哉，是固其約之所以行耶！

夫燕趙古稱多感慨悲歌之士，蓋易以化者，而楊君復善於化有如是，成安之俗安知其不復若先師之所稱哉？余重違張君請，且嘉楊君之約也，樂爲序以期之。

《念初堂集》序

念初堂者，予師稚川先生居業所也。先生遜志道真，雖位履清近，志慮未始斯須去是堂。同門之士輯先生之文，因以堂名稱之云。

門人亢厶曰："夫文曷爲而設也？以顯道也。道本諸人心，察諸天地，而求端之用，本於存誠。惟誠之存也則詞罔不修，惟詞之修也則道因以顯，是以聖人貴之焉。昔七十子之服孔子，身通六藝矣，稱其教者曰'文行忠信'焉耳。蓋忠信以植基，學文以探博，力行以反約，道所以萬世無弊也。微言既絕，大義遂乖。有宋諸儒奮起以續其傳，誠敬踐履，道罔或殊，今其文具在，蓋彬彬然盛也。傳遠失真，或流徇末。近世儒碩亟自其偏以拯之，漸傳漸異。其敝也，崇高虛，逐超悟，弃傳記，騰説詞，從心所欲而自信焉。夫三才萬物之理，心身性命之際，力學以求之，稽古以正之，猶懼夫莫能知其要、識其微，顧乃以空談相高，以簡佚求便，曰道在是也，非不出戶庭而自詭周覽乎萬區，爲方圓而舍規矩自創耶？

"先生弱冠志道，總挈群言，承濂洛之餘緒，溯周孔之淵源，出而盡交一世之英，上下其訞議，反而體究諸心身，深造以道，蓋卓乎其有所得也。於是慨然以忠信踐履爲坦途，思挽一世而同之。故或代之爲綸言，敷之爲訓誨，或施之於政令，或講之於友朋，以至退息雅言、出王游衍，莫不即事以弘道，因顯以闡微，洋洋若參前倚衡也。然而折衷百氏，羽翼六經，奧衍宏源，精微炳蔚，粹然成一家之言。先生豈役志於文以求顯哉？蓋深於道，則文不期工而自工，反是者能然耶？江河之水望海而趨，滔滔東注也，衝底柱，絕呂梁，浮瀺灂，匯東陵，油然而行，淵然而留，勃然而磅礴汹涌，淪漣宛轉，逆折縈迴，橫流奔放，異態殊形，蓋若游龍奔驥、華穀卿雲，而莫可名狀，天下之至文也。然豈有求於文哉？出之也有本，會之也有歸，順流坎止而文生焉。溝澮以雨集而盈，亡何而涸，詎足爲文耶？

"先生既以顯道作人爲己任，典教兩雍，語胄子，日孳孳忘其勞。時人始而以爲卑，既而動，終而莫不信，且悅高虛之習若驅而遠焉者。私又聞學士、長老言，先生孝弟於家，信於友，惇禮義於鄉，鄉之人從而善良者衆也，是又可見忠信之道爲人心之同矣。未及先生之門者得是集，服膺而不釋，道其庶幾乎！道其庶幾乎！"

刻《易象解》序

殿院右河楊公，以嘉靖丁巳冬監臨中州。公經術淵邃，夙以理學擅名，既昭憲布度，域中嚮風，乃時時與諸生辨《丘》《索》之微言，究聖哲之心法。慨治《易》者之惟以其詞也，乃曰："聖人立象以盡意，繫詞焉以盡言。言豈聖人之得已哉？忘象而求言，易其可見耶！”遂出微山先生《易象解》授諸生，曰：“説象者莫辨乎是矣，其慎習諸！”仍屬開封郡寮考正雕梓，布諸學宮焉。刻既成，厶序之曰：

易之興也，庖羲氏肇其畫，文王、周公繫其詞，豈惟著天地陰陽之變已哉？神道設教，思以通志而成務耳。故剛柔摩蕩，極其數以定天下之象；比物辨類，本其象以斷天下之疑焉。夫人更三聖，世歷三古，易道備矣。故孔子删正群經，垂式來祀，於《易》惟贊之以無容加損云爾。乃費氏移易古訓，王弼效而尤焉，失三聖之旨矣。夫畫本天地自然之理，詞著卦爻自然之象，聖人豈寓言而外鑠哉？近取諸身，遠取諸物，大而日月星辰之運，細而鳥獸草木之名，其擬之有所自，其推之有所施，故理以象明，詞由象立，占由象決，要在神明以默成之耳。世儒之疏者例以《詩》之比興謂率無所自來，其泥滯者必欲究其因，至强牽妄附以求合，無惑乎得象忘言，辨吉凶，成亹亹者之不多見也。

微山先生玩詞而必求諸象，觀象而必求諸心，考占而要歸於聖賢君子之道，明而不鑿，微而不隱，至近而不俚，有味哉其言乎！昔孔子讀《易》，至於韋編三絶，乃曰：“假我數年，若是，我於《易》則彬彬矣。”微山静處數十年，心未始斯須不在《易》，固宜於象超悟如此也。夫象者易之始，詞占成之終耳。近代學者以業舉而後治經，故溺志文詞，置圖象於不講，非逐末耶？右河公刻是以弘訓，猶飲河者而示其源，適越者而南其指，豈非以知本惠諸生哉！《易》曰：“正其本，萬事理。”觀是又可以知政矣。

刻《西行集》序

國家統一函夏，奠秦隴爲西垂，河山旋繞，環接羌戎，誠要害區也。乃創爲茶馬之法，制虜命，壯兵威，睿畫神謨，卓乎邈矣，仍歲命名侍御持節臨之。嘉靖甲寅，東甌斗城孫公奉特簡以往。公逾河浮渭，陟岷隴之顛，涉洮湟之野，咨諏糾壓者再閱年，丕振風猷，三秦寧一；而凡肅防救法，感物對時，即敷布訓詞，從容篇什。鞏守吳子輯之，總一百五十二篇，彙梓以傳。往得而讀焉，聲和而義正，詞約而意不窮，洋洋乎大雅之徽音、西京之矩度也。

夫自西土肇開，世代綿遠，地形夷習，民隱土風，紛綸衍溢，雖更僕未易竟也。顧開卷而怳若目前，不啻履其域而身親其盛。且經世之規，軌物之度，闡微之哲，及物之仁，與夫友朋之誼，比類而理形，觸機而趣發，卒澤於道德性命，炳如也。非學植根柢、道見宗旨，能言有序而政有恒若是哉？昔司馬子長歷覽名區而文益奇，公之文固無俟河山之助，而河山之勝謂不因公益彰耶？

鞏本字多訛，汴左使葵山鄭君校刻于省齋，曰："茲公觀風之餘也，然論學者可以達原，論治者可以識體，豈惟以詞哉？讀者當自得焉。"

《河南鄉試錄》序

嘉靖戊午秋八月，實天下鄉試期。其在河南，則監察御史某監臨之，肅憲振猷，章程畢正，豫飭所司，展采錯事，罔弗虔，乃延某偕某主校文。

某惟豫爲天地之中，羲黃殷周之所都也。我聖祖統天，駐蹕句時，計圖定鼎。我皇上龍飛大狩，三幸茲邦，渥惠洪霑，奎文敷錫，昭曠之典蕩蕩莫名焉。每竊念是邦人士何幸，親炙聖人之化若是哉！期耳目其盛，未之能也。茲應聘而來，渡河洛之津，瞻崧高之岳，涉古莘之野，陟圭測之臺，乃嘆曰："是非圖書之符會，申甫之鍾英，伊尹、周公之所以發祥而奮績者耶？河山之美，固宜我聖祖、皇上屬車首幸，皇澤先加也，謂無豪杰士應會而生者乎？"既入簾，得多士之文，縱觀之，則見其探研經義，揚榷古今，其文詞敷發，精華彪炳，燁然而有章；其旨趣中涵，雋永悠揚，恢恢乎而莫可盡，約之於仁義、道德之奧不違也。則又嘆曰："多士之文彬彬然盛矣，非親炙聖人之教而能若是耶？"乃遵制額，拔其尤者八十人焉。雖然，文則盛矣，選則精矣，多士由兹進矣，亦圖所以踐若文否耶！

昔孔子論文，以猶人自居，而以躬行君子自歉。他日傳《易》，則曰："修詞立其誠，所以居業也。"夫詞之修者文也，躬行之業舍立誠奚以哉？我國家以科目舉仁賢，無心若造化，至公若權衡。我皇上以闓道訓儒林，統一乎帝王，成能乎天地。天下士爭自濯磨，以祇承鴻化，矧是藩又數覲耿光，固宜懷誠砥厲，率四方而先也。今多士之文類能發河嵩之秘，紹羲黃伊旦之傳，庶幾乎瑰奇俶儻，聖世之英矣。然特文焉耳，躬行以茂業，立誠以飭躬，非主司所厚望耶？粵稽訓誥諸篇，固伊周之文也。夷考其行，若左券相符焉，非誠立爾耶？今多士摛呎尺之詞，際亨嘉之運，異時且奉大對、服庶僚矣，將無持今此之文質厥成者耶？夫誠者善之宗，立誠者行之紀，故靜言而庸違，色莊而內荏，有初而靡終，皆誠之弃也。君子議道自己，期有所建立，無貳厥心，必不以紛華悦，不以患害移；居廟堂則奮其庸，守疆場則宣其力，列藩服則保其民；樹德業於當時，垂聲光於來祀。質今此之文，罔或謬焉，斯無負河山之勝，克對乎聖教之隆矣。若曰弁髦其文詞，二三其心志，則豈惟主司者不欲聞，將山川亦舍之矣。

厶不佞，忝執事是貳，樂觀多士大業是居也。多士豫之哉！

《河南戊午同年齒録》後序

中州戊午之舉士也，大巡右河楊公實監臨之。既録其名與文獻于朝，布于寰中矣，登明選公，士莫不欣欣然慶也，蓋以名第爲甲乙焉。越旬日，諸士循往迹，胥會于大梁之講堂，問年明禮，又莫不融融然和也，則以齒次爲後先焉。已乃列名類族，輯録世傳，乞言於右河。公既訓之詳矣，復欲余言繼於後。余惟邁會而彙征者，進之同也；藏器而需時者，遇之異也；崇齒以相序者，會之嘉也。是故嘉會以修禮，秩禮以明倫，是豈爾諸士之私哉？國家闢膠庠，樹師長，期明乎此而已？是非諸士所習聞、余私心之所獨切者乎？

夫異其邑井而藝業同録於主司，友朋之誼也。聯異姓而比之，油然而意氣合，坦然而形迹忘，非兄弟之好乎？兼二倫以爲同，實自今日始矣。久要於後，詎宜有不同者耶？昔孔子之論士，曰"朋友切切偲偲，兄弟怡怡"，言倫異而道殊也。傳《易》之《同人》，則不於語默出處之異，而惟其心之同，至曰"斷金"、"如蘭"焉，是可以見君子之同矣。世之爲同者，吾惑焉。車必挂轊，席必交衽，同于迹也。進則相依，退則相拯，期集則相徵，同于俗也。君子不同于迹而同于心，不同于俗而同于理，是謂大同矣。未及焉者，毋亦由怡怡切偲之道而深造於出處語默之宜爾乎？

粵稽若鄉有先正焉，彼其隨時太中、從游茂叔，蓋昆弟而友者也。乃居敬窮理，求端或異矣，而踐履之敦篤則同；和易嚴毅，資稟或異矣，而造詣之純粹則同；顯明退處，潛見或異矣，而救世之誠切則同；或著書未及，或文章傳世，制作若異矣，而所以振百代之沉迷則又同。引伸而觸類，謂有不同者蓋寡也。民至于今稱兩程夫子者，莫敢重輕焉，是則君子之同也。

諸士產其鄉，讀其書，相率而同其人，斯無負乎求同之會矣。夫志專而莫禦，然後氣融而無間；善立而相摩，然後德日進而無疆。余樂觀諸士若君子之同也，謀始要終，爰爲忠告焉。

《河南武舉録》序

嘉靖戊午秋八月，大巡右河楊公既校中州之文士，拔其俊異者舉之矣，得人勸士之盛，疇昔罕儷也。再閱月，當武舉期，預飭諸司，承德意，慎規條，密防範，乃合中州材武之士都肄于郊亭，簡其騎射之若于度者終策之，拔兼長者四十六人升于司馬焉。是科獲終三試之士倍往時，所甄録者皆其尤也。時大中丞陽華章公敷教詰兵，輯寧疆域，凡境中以武力稱者招延訓習，士罔不桓桓然思奮材勇，爲盛焉。事竣，故有録，厶乃序之曰：

自昔三五聖人制書契，察萬民，垂衣以治矣，而門柝、弧矢之制弗敢後焉者，蓋修文以經邦，飭武以戡亂，道未始廢偏也。我國家監古興治，并立文武之科，外焉命耳目之臣旁求其良以升于朝堂，内焉命股肱之臣甄別其良以列于中外，英賢并進，威惠旁流，二百年來保鴻業而樹駿功者，率道是致矣。然頃者蠢夷未靖，我皇上思得熊羆之士推轂而寵綏之，顧兹邦未聞有請纓獻馘爲國家建殊勛者，將中州之士未足以語武耶？

厶嘗南逾隆中，訪諸葛之廬，北出湯陰，式武穆之里，未嘗不喟然而嘆，曰：“是河洛之彦，忠貞不二心之臣也。安得若而人者遇而上下其議論乎？”乃今讀諸士之文，皆知本古法，則前賢，習變化閫闑之方，發之於儒雅文學之業，庶幾乎二公之遺民矣。異時且建大將之麾，專師中之托，下焉者或取一障而乘之，其所以率先士卒、摧敵廓清者，能充今此之言否耶？夫草廬數語落落難合，出而跨荆定益，若取諸寄，祁山討賊，漢祚爲延焉。挽强命中，應募中山，“謀定在心”之談，聞者感動矣，卒之精忠鼓舞，兩河響應。二公所豎立暴白於天下，視其言如符節合也。諸士耳目所習知，謂無能尚論而究其微者耶？嘗聞之，忠貞不貳者，戡亂之基也；籌策宏紆者，窺敵之柄也；擊技絕類者，制敵之樞也。二公修此三者而全焉，故不直爲百世戎臣師已矣；乃運值式微，厥施未究。今諸士生明聖之時，應材武之選，行分疆場之司矣。誠志有所奮，則業必可崇；策有所圖，則時必我用；技有所異，則上必我求。所遭之易，視二公殆什一於千百也。忠貞積於中而大作於外，樹偉績於當時，流聲光於來祀，斯無負於熙朝遴選之意，克對乎中州之英矣。諸士其懋諸！

刻《同年序齒録》後語

甲午之試，同年六十有五人，既被遇我艾峰先師，舉於鄉矣，乃循故實，修齒會，刻小録以傳焉。胥請于先師，先師曰："始進之士敦朴尚質，以古昔自期者上也。汲汲表暴，抑末矣。紀年以明齒，紀字以順言，古之道其庶幾乎！"同年胥拜手曰："敢不祗若吾師之休命？"倏爾三十年，聚散無恒，出處互異，而化爲古人者遂三之一矣。金溪劉兄以己未上南宮，與諸兄集都亭下，乃即舊録而增之，稽世系，叙天屬，列子姓，著宦履，萃而爲編，欲資世講，緘寄于厶。謹受而遍觀之，則凡我同年，行業聲華燦然具備，精神意氣怳若晤語於一堂，追懷今昔，爲之撫卷低回，悵然莫已云。

夫昔之舉也，合三晉之英一旦而録于主司，出則聯鑣，退而共室，論交道志，抒素忘形，是豈偶然之值哉？當時少年氣盛，自謂此樂可恒有也。一行解散，率數歲始克一會聚。每聚則雲譎冰釋，可慨者比比焉。即更數十年，後之人奚從而知耶？夫始之以同録之英，而終於後人無從而考焉，友道衰矣。故詳稽備録，使傳之各子若孫，俾知吾徒之始進以正也如此，相與以道義也如此，久要而不忘也又如此。睹先烈而崇世誼，謂無油然以興者乎？夫敦朴尚質，先師之訓也，所以端夫始；論世垂遠，諸兄之舉也，所以厚夫終。是皆古之道也，交濟而互發者也。遂躬爲增訂，刻置家塾中，俾我同年之後人得有所考焉。

《守魯先生遺稿》序

余束髮就學，則聞里中有守魯先生者，隱君子也。顧方浮湛黨塾，未及識而先生殁矣。然里人時時能道先生之懿，又得詩若文讀之，愈想見其人。既壯，登朝，日與先生仲子祠部君游，乃習聞先生之蘊藉焉。祠部彙先生詩若干篇付諸梓，示余，屬以序。

余聞之語曰"詩能窮人"，又謂"詩窮則工"。夫詩以敷暢性情，心之發也，窮與仕奚損益哉？岩穴之士采榮獨往，肆其胸臆，類爲苦寂踔絶之語以養名。卑者憤激侵訕以動衆駭俗，殆怒鄰詬坐之爲矣，謂性情之正然耶？先生，吾閩世族，自唐宋以文行稱。入國朝，用科目起家，不啻十餘人，然皆天下士也。乘時奮發，各能潤色鴻業，勛名并傳，宗屬相承，治經義，取高第。先生獨隨侍乃翁方伯耻庵公宦所居，縱使游學，得聞東白、一峰二先生微言大義，遂抗志道真，培養源本，視一切紛華榮進澹如也。生平孝弟於家，信於友，勇於義，而好仁，非求工於詩者，情有所感，因發於聲音，高下之間而悠然之趣自不可掩。今觀集中言，慕往哲，篤彝倫，至諄諄不能已。時艱民瘝，若饑渴厥躬，思以拯救，皇皇然，乃其詞調和平而旨趣無盡，謂非性情之正然耶？昔東都以孝廉有道舉仁賢，先生隱不忘君，貞不絶俗，真其人矣。顧不樂于仕，而所養所負卒於詩焉見，非詩能達人哉？祠部君庭訓式似，先志茂揚，世濟厥美，蓋學詩有得矣。是宜刻以傳，俾觀者興焉。

重刻《滄溟先生文集》序代作

余束髮就學，則聞歷下有李先生者，自關西學使謝病歸鮑山，結白雪樓居，退約寡諧，比日惟博極載籍，考信百氏，發爲文詞，創意造言，不相假借，而抉精剔華，揚芬摘藻，卓然成一家言，得者以爲珍，余心嚮往之。歲戊辰，授任刑曹，適踵先生舊游省署，則聞先生同時有太倉王先生及三四公，郎舍相接，志氣相當，奮然以古文詞相倡和，大篇短什，玉綴珠聯，照耀當時，于今稱盛云。庚午秋，李先生捐賓客，音徽未泯，我心剝摧，懼遺編餘韵莫或睹其全也。乃王先生搜輯會萃，綉梓於吳門。余得受而讀焉，喟然嘆曰："至矣哉，先生之作乎！"夫士大夫掉鞅於文囿，以著作見者奚限？而議者或予或否，何哉？以自得之者希也。自得之者以志爲帥，而氣輔焉，六籍群言乃興衛也。帥正則輔强，而疏附後先者指使惟吾，無不如意。否則，襲舊蹈常，返爲人役矣。先生志超塵溘，氣養充大，文溯先秦、兩漢而本之六經，詩宗太白、少陵而先之古體樂府。每興至篇成，敏若注射，俊詞遠旨，叠出層見，然率自吐露其胸臆之奇耳，而意所獨到，千古俱廢。夫志以言揚，氣由志盛。先生自壯歲升朝，以迨投檄，仕可滯而志不可渝，身可屯而氣不可餒，何其充然自得之君子也！是宜其履素不忒、命代作程若是哉。然工樂府者屈五言，切聲律者遺文業，自昔以兼美難能矣。先生諸體全備，并極精深，或清婉紆徐，或奇瑰閎肆，或冲玄古雅，或雋永渾涵。探索沉玩，若開群玉之府，圭璧森陳；若聆鈞天之奏，宮商輯洽。良以得由神解，匪滯形聲，秀發天機，兼弘麗澤，誠文陣之雄師、詞壇之飛將也。集命"滄溟"，有味哉，其言之乎！夫滄溟之紀于東也，弘往納來，噓噏百川，故能含滔日月，闔闢陰陽，龍魚隱現，雲氣呈華，焕乎天下之至文焉。稱名取類，淵淵乎其當哉！

頃集版在南，北方之學者欲得恒艱，余乃翻鏤于郡齋。夫河東北枕并燕，東連齊魯，而雍豫則接比壤也，提封襟帶，道里適均，布濩流衍，四達較易。北州人士得遍觀而盡識之，謂無勃然興，幡然改，被服揚榷，駸駸然涉其淵源者乎？噫！九京可作，兹固李先生樹赤幟以盟主中原意也。梓既竣工，爰述所以刻者如此。

《兩溪先生奏議》序

兩溪先生，今左司馬兼御史大夫洪都萬公也。先生以節鉞莅三關，不數月，旌旗、壁壘生色改觀，將吏士民鼓勇思奮，而庶司百執事祗循約束，罔或寸尺逾違，飭屬振揚之績，隱然金湯之固矣，君子知虜不足憂云。初，虜酋頻歲窺塞下，狙伏鷙發，邊人罕寧居，天子深念之。時先生管兵樞，侍左右矣，興議以禁中頗牧，莫或先也。天子乃臨軒授鉞，寵異以行焉。先生既受命，疾驅莅所治。虜方潰垣入，欲犯關南。先生令民皆入城壁，以資畜隨，堅壘浚隍，挫其鋒，勿與戰，簡梟俊禽敵之士分伏要害，乘其歸。虜既不得縱焚掠，如所料道通，將士咸奮扼于險。先生躬援桴鼓，率吏士而先之，斬首百餘級。虜大敗歸，關南遂晏然。寇初入也，先生首疏上虜情兵狀，既乃別勇怯，核功罪。居無何，即遍歷關塞，相亭障緩急，問兵民疾苦，與之究今時之所宜先，封事復十餘上。天子下其書，公卿議臣皆是先生計，讀者嘖嘖稱嘆，自以爲不能及也。吾晉大參閩南陳君從先生出入塞垣，久謂先生匡攘之大畫，凡身所勞者，晉人幸樂觀而衣被之矣。乃敷奏之徽猷，是先生之心所勞者，晉人未易知也，遂彙刻以傳，授簡於厶，俾得遍誦焉。

厶乃拜手揚言曰：“美哉，淵乎！先生之爲吾晉慮患深而計畫當也，其千百年之固乎！夫藩籬畿甸，慎固皇居，三關之扼塞，視上谷、雲中曷異哉？鎮西諸隘，長城之故迹猶存，偏關孤峙，則羌夷接軫矣。始事諸臣類以雲中爲屏蔽，且去內地非遥也，故屯防條置視二鎮略焉，數十年來屏蔽不可資矣。選兵設守，視昔稍詳，而虜計復屢屢變，奅逆堅逋逃愁於寄托，回視室廬、親戚，曷嘗頃刻忘哉？誘胡悖逆，導胡內訌，一履舊游則隳突叫囂，以自炫耀，是其情可易談耶？議者徒持往牒，謂三關爲遠，晉陽爲緩，計左矣。先生以天子帷幄柄臣，廟勝素定，故受計未數旬，諸所起衰補廢，擿伏省微，莫不秩然備、犁然當也。雖久於其域、專於其事者，使繕治緒正之能若是耶？

　　"夫建非常之業者，負非常之識者也。非常之識，豈常人可與能哉？先生旁燭遐觀，崇論谹議，不守文牽俗以近利苟安，諸所條列便宜率止於未形，防於未發，符於衆志，適於兵機，要領區分，條目畢舉。猶倉公視疾，調百藥齊和之所宜，而元氣不耗；屠垣所擊，衆理皆解，而芒刃不鈍也。探昭曠之原，破拘攣之議，所謂非常之識不於是見乎？故讀《功罪》諸疏，見刑賞之公焉；讀《善後》諸疏，見經綸之密焉。於賑恤，於守令，見厚下之仁焉；於擇將，於懲貪，見察微之智焉；於足營伍，於補什器，見務實之誠焉。要之則不欺不二，慮遠計深，急國家之務而忘私己之謀，見忠赤之純焉。夫惟忠赤之純也，故天子納其策，公卿推其能，將校士民鼓舞信從而恐後也。威震乎殊方，武暢乎畿甸，釋九重西顧之虞，可須臾至矣，豈惟三關千百年之固已哉？

　　"然厶又聞先生奮起南中，倡道豐鎬，一時躬行篤信之士雲附景從。今出而當兵本之司，主師中之吉，其所以建樹表著又復章焯卓絶有如此。蓋蓄之也富，故隨用不窮；源之也深，故東注不竭：信所負者異也。古之謀帥者必曰説禮樂而敦詩書，真知言哉！真知言哉！"

《三巡稿》序

侍御月岩孫公，以嘉靖庚戌帝簡入蘭臺。明年，奉璽書代巡河隴。越甲寅，巡粵南。己未，又巡河洛。公所至即明憲度，警官邪，奮踔絶之猷，樹昭焯之烈，褰帷問俗，窮里鄙縣，車轍率周，至則集其耆耉，求其欲惡，與之圖，大者驛聞，細者立斷矣。而凡目擊心惟，景觸意往，率發諸詩，彙而爲稿者三，名因方命焉。顧編簡各行，字多訛舛。維時方伯雷君、毛君，學憲朱君萃爲一編，校刻署中。既竣工，厶乃序曰：

古先哲王立采詩之官，巡狩則命太師陳詩，所以觀民風、自考正也。王澤殄竭，風人輟采，春秋觀志，諷誦舊章矣，矧閭巷間耶？然今三百篇固在也，玩辭繹旨，體物會心，豈盡民間語哉？先正謂作者往往聖人之徒，有味哉！其言之也。我國家會通古制，歲命侍御乘傳監四方，蓋以巡狩寄之，亦采詩意也。然詩無從采矣，故攬擷風謡，章闡民隱，宣之咏歌，布之篇什，上以獻諸天子，下以示諸有司，豈非使臣所以對揚王休之洪業哉？

孫公初巡河隴，主茶政，控羌戎。羌戎嗜利無忌，欻起獸逐，邊徼吏士卒緣是爲奸。粵南雖稱沃壤，然山海諸巨寇蟠竊連結，時時出鈔掠，官民莫能制，而炎方卑濕，北士罕樂居焉。中州則天下衝，五民錯處，鮮常業，廩祿之所需，征輸之所督，盡地力不足以充之，民坐是困，往往習椎埋爲非，且伏憂隱慝，不可即竟治。是三方者，非貞亮識治之英，皆未易爲理也。公所莅，聲色不露，而動中機宜，事各底于理，前所謂未易爲者若驅而遠。然炎海周行，顧獨無所避，風猷勛節，照映一時矣。而又以其餘緒見於詩，故所歷山川之險易，賢哲之風澤，夷夏之禁防，今古之興替，人民習俗之異同，時序卉木之變化，制夷禦寇、飭吏厚下之章程，靡不綜括旁通，粲然旷列。今試諷咏而求之，則三方之撰悉在目前，不啻身履其域、目矚其事者，洋洋乎義備諷詢，辭兼美刺，取材漢魏，媲美開元，謂可以興、可以觀，不其然哉？故獻于天子，則省方觀民之績彰；示于有司，則因俗齊政之善溥。循是而考求罷置，法敕民安焉，則所以爲三方導利者，豈以一巡既竣已耶？

ム又聞之，"在心爲志，發言爲詩"，故曰"言其志謂之詩"，又曰"人禀七情，應物斯感。感物吟志，莫非自然"。公掇翰驅詞，鴻篇仵就，排抉隱譎，塵脫浮靡，而暢達之度、磊落之襟、冲玄之趣因物吐露，神理渾成，是非公志之自然者乎？夫《雅》之二、《頌》之三、《風》之正變十有五，所以卓乎不可尚者，皆出乎天下之自然者也。詩而出於自然，視古昔之盛奚異哉？是宜刻以傳焉。

重刻《宋名臣言行録》序

《宋名臣言行録》者，晦庵朱子録諸臣言行而爲集也。古有之乎？曰：未也，自朱子始也。朱子之意何居乎？曰：朱子爲世道計，至深且遠，非僅如所謂便觀覽已也。

夫自昔創造之君垂久大之規、繼成之主茂中興之烈者，曷嘗不賴賢哲之佐、精白之臣哉？名臣往矣，其善行嘉言漫傳散布，廣求而博采，類聚而群分，當時行事之實誠居可見矣。蓋言行，君子之樞機。言而善，世爲天下則；行而善，世爲天下法。苟不善焉，雖州里不可行矣，矧曰補世教而垂後耶？夫自周秦而降，以仁義立國而長治久安者莫如宋，固曰英君誼辟之多；然非諸賢佐理之力，則亦莫之致也。今自兹録而觀之，或疏札之敷陳，或燕閑之奏對，或内外之布告，或師友之講明，以迄寅亮調燮之施，除暴止亂之略，行政莅官之度，辭受進退之宜，言行雖殊科，然率皆怡然理順，斐然成章。剛毅者類果斷而明決，和厚者類博雅而寬平，智者則通變以宜民，狷者則孤介而特立，故能上有裨於國是，下有利於黎民，中亦不負其平生。噫！誠可謂萬世人臣之儀則矣。間雖意見之或偏，張弛之或過，特其醇疵優劣之間耳，其大者固不失也。

夫君子之在側微也，自靖自奮，孰不欲修辭以明義、勵行以策勛？及其見諸用也，利害奪於前，得失怵於內，其不至於招尤取悔者亦罕矣，矧昭垂簡册、炳若日星而爲大儒之所輯録，是豈易易者哉？濟濟彬彬，謂非一代人才之盛耶？且宋自藝祖以迄道君，蓋幾二百年矣。其間都高位、列百司者殆不知其幾也，而見録者亦僅百餘人耳。是百餘人者，其可指而議者固多也。名世之才，明良之會，豈易得哉？況夫人言之用舍可以見君德之盛衰，法紀之廢興可以驗政治之得失，云爲之當否可以占人品之高下，毫釐之少異因以知治忽之懸絶。朱子之録，嘉美於往前，乃所以示勸懲於來世，憂深而旨遠，愚故曰非僅如所謂便觀覽已也。後世有臣鄰之責者，能由是而得朱子之心焉，則即古以鑒今，因人而省己，天下國家之治其庶幾矣。

《李伯生詩集》序

豐鎬自昔以才賢著稱，今代弘正間，騷人、韵士同作共和，遂擅詩聲於域中，蓋彬彬盛矣。流風遺響，引而益長。迨嘉靖中，余自梁入關，與其學士、大夫游，相上下其議論，則時聞李伯生多佳句云。伯生者，故叙州别駕中澧李公長蕃字也。公幼穎敏，絕倫輩，博涉經傳，弱冠即舉于鄉。雅嗜吟諷，才彦推予，時俗尚古質，人恒以字稱其詩。既屢上南宮無所遇，晚乃就仕保州，服除，改叙南，皆有治績聞。值絲蠻寇敓，司事者剿撫莫決，屬公勘之。出入戎行，上下山箐，抑抑違所習，遂投傳歸舊居。時時拉朋好行歌山澤，陶然與世忘也。觸事感物，矢口成

篇，雅不欲炫，稿多散逸。越二紀，公次子仲材擢賢科，令曲
沃，懼公之作弗傳，乃搜輯彙萃，校刻邑齋，而以序屬余。

余聞之，賞好生於情，剛柔本於性。情之所適，發乎咏歌，
以言其志之所存耳。履亨踐顯之士無所逆於中，有以適於外，聲
詩所托，優游逸豫，明其志之得者多也。孤臣羈客，懷奇而無所
於試，抱策而莫見諸行，積其憤懣憂悲之意，真若宇宙之莫可
容，故其詩多凌夸恣肆，若忿懟叫號然者。是皆其情有所滯而性
因以移，去古作者之旨遠矣。李公負大能而齟齬於時，起補遐
荒，淹逾四載，退耕農畝，饘粥僅充，人若不能須臾寧處者。今
集中諸作和順從容，怡愉自得，與世之志不獲伸者燕越懸也。是
可識公玄襟坦蕩，外物不入其心矣。公嘗論詩，謂對時感物而發
於性之自然，貴得詩人之意耳，奚必鏤刻組織以爲工？噫！有味
哉，其言之乎！夫二《南》《雅》《頌》，豐鎬之遺音也。公生作
者之地，而又當才賢競秀之時，茹古涵今，聲宏末茂，是宜得詩
人之旨如此哉！且公方在旅食即戎，造次不違，而訓誨胤嗣之語
寄意獨切。乃曲沃君蚤樹清標，丕振世業，廉平循理，仁聞遠
揚，非祗若公訓而然乎？夫既克纘緒以顯親之教，復圖彰美以永
親之名，是父是子，并宜著以傳焉。

重刻《陽明先生文粹》後序

侍御斗城孫公之監豫也，省方布度，肅法弼違，日孜孜罔暇
逸矣。間即進諸生，談經論道，考德講業，終日無怠容。諸生亦
莫不惕然省，躍然興，欣欣然若有所得也。公乃曰："文詞日競
而心身之學不求，是枝葉繁而本實撥矣，謂有能生耶？"遂刻
《陽明先生粹言》于大梁，俾知適從焉。刻既成，諸生若珙璧是
獲，相率告于厶。

厶曰："甚盛哉！斗城公嘉惠爾多士之仁乎。夫學所以致道

也，道惟一致，學貴得師，故的立而射者趨焉，途坦而由者樂焉。匪是，則茫然求，泛然索，精神徒敝，其奚能淑哉？陽明先生，學道之宗也。粹言者，非若的與途乎？緊昔先生倡道東南，英才翕集，一經指授，隨質有成，故浙粤荊揚之間仁賢彬彬然盛矣。經歷之化，獨未逮中州。乃今得斗城公躬示言傳既明且盡，復是編刻焉，則望而趨、出而由者尚俟他求耶？蓋先生之學簡易要約，直究本原，編中剖幾析微，萃精聚奧，又人人易知易從者。爾多士誠奉持服習，師保如臨，則所以格其非心、致其良知者可勝用哉？嗚呼！法言要道，統會在心；力踐深思，爲之自我。爾多士尚其懋哉！毋忝斗城公嘉惠之仁哉。"

刻《守令懿範》後序代作

侍御仰蓬部公，以隆慶己巳秋奉明天子詔莅河東，糾察并、冀、豫、雍諸郡國。公章憲布度，謹身率先，風采峻凝，表儀當世，凡百有位，莫不精白一心以肅官常矣。而公志在下民，日孜孜期保惠而安存之，乃進諸長吏於庭，命之曰："皇上即位，存撫遐邇，惠養黎元，臨遣使者，以六條課諸君，非直以敕法爾也。諸君抑皆視治若家，保民若子，體仁以長民者乎？亦或有務炫耀奇踔之近功，而忽惻怛拊循之遠略者耶？是豈惟非皇上集安中國之意，亦非使者之所樂聞也。夫古訓不由，于何其訓？日者蘇守蔡君纂輯《守令懿範》一編，擇取品隲，最號詳衷，諸君其亦有意否乎？"諸屬胥拜手曰："先民舊服，厥有成績，允惟德惟義云者。願得顧諟而祇若焉。"

於是公以授屬吏某，既玩味終篇，犁然有當於心也，請刻以傳焉。刻告成，乃諗于衆曰："至哉！我公之嘉惠諸屬甚盛舉矣。夫惟天惠民，作之君，使司牧也。惟辟奉天，承以郡邑守長，俾分而牧焉。牧以養民爲義，養之云者，豈家益而人食之哉？竭節守官，道王者之澤以布於下，求庶人之瘼以聞於上焉耳。是故保息愛護以寧其居，敬教勸學以成其善，儲蓄賑貸以恤其灾，經理咨詢以興其利。不采華名，不規速效，仁愛淪浹，精意感孚。殆若膏澤之潤物不聞其聲，和氣之襲人不見其形，而民之歡忻贍殖不期而然矣。載稽編中所録諸賢，劑調先後，敷政殊科，而質行、直躬、畢誠則一，咸於牧養之意不悖也。故名聲施於無窮，功烈著而不滅，非百世守令之師乎？邇來吏治類以峭屬相高，嚴峻精敏，操切辦具，鈎摭深隱，發摘奸欺，使物無遁情，部無逋事，其光華豈不燁然哉？顧法令滋彰，奸偽滋有，上下相愚以避文法，視諸賢所舉措，君子當自有辨矣。甚者驅之若群羊，束之若濕薪，則失之愈遠，而守令之體愈非矣。

"今宇内雖稱乂安，而逆虜之蠢動於三關者獨數發。軍興制，轉餉運輸取盈於河東者獨繁，且邸第之常供、營伍之月給、雲朔燕薊之需、郵途厨傳之費，其出於吾民之肌膚者，未易以數計也。地日蕪而賦愈增，民日貧而斂愈急，田里之間，其所係賴於守令以蘇息而生全者，豈其微哉？公蒿目時艱，首舉是編爲吾屬範，非昏夜幽居者而明以燭、倀倀徑趨者而指以途耶？吾屬誠即前修之軌迹爲緒正之章程，則其政而必師其心，勉其難而不忽其易，庶幾乎牧養君子之遺風矣。公憂勤之志，其少慰哉！且公以天子耳目近臣，邦直是司，乃循循然以則古昔、善誘人爲先務，蓋有其道，不忍私其身，故用訓誨代糾繩，欲俾人人得守令之懿也，豈非曲成才杰以康兆民，計遠慮深，爲國家建無疆之休者哉？

"然竊聞公筮仕南中，廉平聲實洋溢江東，居而民悦，去而見思，鴻猷茂烈方膾炙口碑，真前無古人矣。而雅不以所長自表，亦不以所長律人，若無若虛，取諸人以爲訓焉，樂善之大如之何其可及耶？傳曰：'人之好我，示我周行。'公之嘉惠諸屬

者誠至矣。又曰：‘率辭揆方，既有常典。苟非其人，道不虛
行。’厶不敏，願與諸長吏胥勖胥規，以克對公之明命焉。”

趙王殿下《榮壽詩録》序

歲戊午冬孟七日，實惟趙王殿下六帙壽辰也。鄴下諸宗暨百
執事暨鄉君子莫不欣欣然相慶，於是圖所以稱揚而頌禱之，相率
播諸言，從容乎巨篇，淵源乎雅什，洋洋曄曄，逾數百章。王子
成皋王萃爲編，以示厶。

厶惟聲詩之著，由人心生也。悦慕深則稱揚篤，衣被厚則頌
禱隆，詞發由衷，情非飾外，自古昔然矣。厶嘗觀古風人之旨，
未嘗不竊嘆之焉。夫魯侯克明其德，敬慎威儀，樂泮水，修閟
宫，修在我者也；而頌之者曰“永錫難老”，曰“如岡如陵”，
至“昌大耆艾”，“眉壽無有害焉”。淮南王招延賓客，各竭才
智，分作篇章，其書至二十餘萬言，章施於外極矣；然小山鴻秘
類荒誕之詞，愛君親上之旨無聞焉。是非實德爲感，民愛自孚，
而頌聲由作也；致飾近名，徒誇浮靡，而民亦莫我親矣。君子奚
取焉？

今觀録中言，雖人人殊，率根愛標美，非偽悦飾情，頌而不
失之諛，祝而不涉於誕，其致則一，視風人之旨謂非有合哉？洪
惟我祖宗監古樹封，以夾輔王室。我皇上篤恩隆禮，以時庸展
親，四十年來，藩國振英聲、屬賢行者，即殊恩褒錫，而洪仁渥
惠於王特隆焉。厶自守官史局，則聞王忠誠純篤，仁孝著稱，理
國數十年，民恬習無所擾，且雅尚《丘》《索》，板籍之富殆甲
域中。縉紳、士夫東西行過是都者，必虛心延見。既游梁，以職
事朝于邸，竊識視王，被服造次必於儒者，宫室器玩略不顧視。
間得詩若文敬誦之，微言奇字，文約指明，韋素以抱藝名者蓋莫
敢望焉。乃今又得讀是編，其揄揚盛美，率稱不容口，蓋不直厶

所聞所見也，所以獲聖眷之隆者謂無自哉？王春秋雖及耆，然神完氣定，僅若四五十人。成皋王承意養色，罔不用其極，諸孫復岐嶷，日愉愉然樂也。福履之盛，如木方生，詎可涯哉？

厶又惟古昔盛時，太師采列國之詩，陳于王而觀，謂可以稽政齊化也。今編中所載非鄴之詩乎？然聖皇敦睦之化、藩邦大雅之風可稽焉，於治教固有裨矣，是宜輯以傳。

重刻《西漢書》序

《西漢書》者，班孟堅氏作也。孟堅以漢承堯運而建帝業，馬遷作《史記》，述功德，乃編於秦、項之間，殊乖正統之義，且太初以後闕而不錄，揚雄、劉歆諸家撰續類多褒莽失真，乃探纂前紀，經輯所聞，潛精研思，參互考訂，始于高祖，終于孝平新莽之誅，凡十有二世，二百三十年。綜其行事，類其世次，爲十二紀以明帝系，八表以記侯王，十志以著禮樂政刑，七十傳以褒貶人物，積二十餘年而書始成，當世學者莫不尊重而諷誦之。議者謂其體隱而章，直而寬，簡而明，微而切；其叙事不激詭，不抑抗，贍而不穢，詳而有體。噫！誠一代之信史矣。板刻流傳，久而磨漫，某乃取而新之，徵言於余以爲序。

余惟傳有之，曰"經以載道，史以載事"，故世儒惟究心六籍，而采玩藝文、探討往迹者，則於史是稽。噫！經史分道斯畔矣。夫窮經而不達於事，則經爲虛車；作史而不本諸經，則事罔取正。《尚書》載帝王致治之道矣，而分州別野，正律授時，何者非事乎？《春秋》，孔子因魯史而修之者也，而惇典庸禮，命德討罪，何者非道乎？是經、史之名雖殊，而其有裨於道則一也。孟堅以良史之才，殫二十年之力，采諸家之論，成一代之典，雖未足以上匹《春秋》，而西京之政盡在是矣，善可則而惡可懲，是豈與道不相涉者哉？故觀帝紀則十二君政治之合道與否可知也，觀列傳則往哲云爲之合道與否可知也，觀表志則漢家制度封拜之合道與否可知也。噫！事與道果異致耶？論者率指摘其荒蕪抵忤、進退失中以爲譏。噫！是何其舍大逐小、掩人之美若是耶？君子誠即其書而觀其事，由其事而必以道爲權衡焉，則天下古今之事可一以貫之，而作史者之心庶幾可得矣。嗚呼！是又豈惟讀《漢書》爲然哉？

序

壽憲伯蹇文塘序

文塘蹇翁致粵東憲節歸巴郡之九年，爲萬曆己卯，壽六十二矣，耳目聰明，百體强健，僅類四五十人。既謝軒冕拘維，神情舒暢，日約名流韵士，徜徉於長松白石之間，玩弄雲水，唱和篇什，城市罕及，世慮泊如也。是歲二月十五日，值翁誕辰，時仲嗣理庵公自皖城陟守平陽，再逾年矣。往者丁丑、戊寅春屆是期，郡公夙戒閣人，諸稱賀及以幣來者慎毋入。陟岵南瞻，山川修阻，亟欲舉觴上壽，道遠莫由也。頓首遙祝，淵穆遐思，徘徊不能已，形爲鉅章，士林傳誦焉。及兹期，公復申前戒。於是郡丞南津王公、通守三橋鄭公、司理柏峰王公約曰："長公啓我以至德，示我以周行，誼奚啻同氣若也？而翁、若翁，情豈異哉？且往未克賀以待今也。今長公邇奏績期，臺使者録上治行于公車屢矣，簡擢華近，特須斯事耳。吾儕頌祝之私惡能自已？即長公不聽賀幣入，毋亦達之詞以馳獻于太翁乎？"遂儼然過厶，而屬之言。

厶聞在昔穆寧以家法稱於唐，其訓諸子曰："君子之事親也，養志爲大。吾志在直道而已，道枉而養豐，非吾願也。"子質、贊胥若其訓，乃名并列於簡編，垂休聲於後世云。夫承其志，所以樂其心。志固未易承，而直道尤未易也。竊聞文翁初爲司馬郎，風猷冠省中，大司馬有艱大務，每咨以裁。翁守法履正，不爲嬋阿。既秉憲關西，仍爲忌者中，左倅河中，遷守清源。水陸午衢，民困甚，前守類不克終。翁汰冗黜浮，相宜裒益，務在惠養元元，與時休息，民用太和，迄今頌翁之德不衰。時郡公弱冠，連舉高第，以任劇更令祥符。祥符諸司并治所，諸司日下其教令，百需庶務，取辦須臾。公從容劗應，事中要機，撫疲節費以綏細民，悉若公之治清源。汴民戴公，真赤子之念慈母也。政既成，以諫臣徵。時公年未及格，乃擢儀制主事，握蘭建禮，顯相秩宗，文學蘊藉，照耀郎署，知公者將大用之矣。乃以議典禮，持正不屈，忤權貴人，遂出僉憲東藩。時翁久在粵，父子同時司憲持節，南北相望，當世以爲榮。翁鑒盈盛之戒，履止足之分，旋解組歸舊山。未幾，權貴人嗾言者誣中郡公，以飛語謫知平定州，量移南服，閱三載，乃陟是邦。公出治汴之緒餘以莅之，貞介絕俗，簡易宜民，咨諏隱瘼，省減繇賦，摧豪而植弱，絀惡而尚賢，不爲其身，不阿其上，躬省約於己，播仁義於民，功德已無量矣。乃河山之間翼翼然向戴公之義，欣欣然歌舞公之仁，而且曰"郡公之福我下民，實太翁之教致然也"，故欲頌郡公之烈而致介壽無疆之祝者，必翁焉先之。蓋愛其人而及其所生，情非外至，理之自然，豈一朝夕之致哉？

夫直道以治躬，善政以厚下，自昔良臣循吏修此二者，故道光宇宙，賢哲慕風也。翁以直道奮於前，雖坎壈而不悔。郡公守其道，繼於後，歷淹抑而不變，宜民善政，隨地流聞，承志樂心，謂宇内有二耶？回視前史，穆氏父子瞠乎後矣。今聖神御極，世軌清夷，有位靖恭，正直是與，直道之行維其時矣。郡公英聲茂實，章焯表著於天下深且久，邦之司直行於公焉，畀奮偉績於盛時，傳光輝於來世，其所以承翁志、樂翁心者，信卓乎不可尚也。舉觴歡慶，特疏節耳，奚庸念之深耶？

三郡侯咸曰："是庶幾哉！可以廣長公懷親之心矣。請書以質正于太翁，將吾儕千里之悃誠焉。"

賀太宰楊虞坡壽序

聖天子御乾之初，首命大師相虞坡楊翁復位太宰，正百工，於時天下士莫不欣欣然以邦治得賢頌聖主之明。越明年，夏仲二十四日爲翁初度辰。翁春秋六十五矣，顏丹髮黟，神晬氣充，視聽聰明，僅若四五十然者。凡士類又莫不忻忻然以依歸有永慶賢臣之壽也。時吾河東郡侯胡君來貢暨乃僚王君敬以守翁枌榆，邦翁之福履寵綏，山若增而高，川若增而深也，慶忭倍恒品，乃屬厶爲之詞。

竊惟自昔天之純祐國家也，欲畀之以明良際會之慶，則必錫之以剛大誠正之英，而又綏之以昌熾長永之壽。是以志同於上下之交，業廣於悠久之治，休光茂實，後有作者，莫可尚焉。然亦豈能數數見哉！粵稽古昔，若周、召、榮、畢數公，皆以明德舊臣奮績文、武、成、康之際。或位冢宰師保，夾輔王室；或往來迪教，保釐東郊。其揚歷之久、年齡之遐，皆非耳目所習見者。噫！盛矣哉。其在于今，天壽平格，保乂邦家，以媲美前聞，則惟楊翁一人而已。

翁弱冠舉進士，令于鰲屋、咸寧，奉法循理，迄今民思之若新。及爲司馬郎，日坐省署中，悉取古今兵機、邊政講究探研，務灼見其樞要，遂以才略見推。周行邊塞，自漁陽、上谷以至玉門，幾萬里矣，所至閱險要，稽軍實，周爰咨諏，靡有暇逸，時或召老校退卒，講求我國初兵威强盛之迹，蓋凡戡亂制勝、安國全軍之術包括罔遺。受知世廟，正位本兵。適倭夷、逆虜、山寇、番酋競肆匪茹，公出所素定者而麾之，浩然若江出巫峽而東馳，恢乎若理解之游刃，秩乎若繩貫珠而垂之也，膚功屢奏而社稷永賴焉。晉位宰衡，則惜名器，塞幸門，黜貪殘，振淹抑，作忠直之氣，廣虛受之襟，一時士習、人才嚮風丕變，鹽山、三原未能或先也。至若督學則正身以率士，司賦則節費以阜民。建節西涼，則驅内駐之虜以靖腹心，樹久廢之防以固肢體，功尤偉焉。往者虜困云中亟，肅皇帝起翁于制，俾總六師節鉞，甫臨，虜即潛遁。凱旋趣召，虜復狙伺塞垣。肅皇嘉嘆，至形於天語云。間值讒忌百端，危疑殊甚，公蹈道自信，執德罔渝，卒之天鑒昭回，寵眷彌篤。噫！諸若此者，豈巧力所可至、襲取所可能哉？

蓋天德常伸之謂剛，萬物皆備之謂大，中孚不貳之謂誠，守道不回之謂正，是皆天之篤厚乎翁，而翁獨全于己者，愚嘗竊識視翁而窺其一二矣。剛以主之，大以居之，誠以立之，正以行之，四德兼備，動應乎天。是以上信其忠，士樂其德，中國懷其惠，四夷畏其威，而錫純嘏，享眉壽，爲天之所眷命若此也。故人見其勛庸之盈而不知其閲歷之勞，人見其壽考之榮而不知其抑畏之念，蓋翁之修諸己者甚詳，而其付諸天者甚約。是以天心鑒德，非私祐之，所以純祐國家也。翁之壽豈直一身一家之慶哉？

然載觀《抑戒》之詩，欲惠及朋友、庶民矣，而繼之曰"子孫繩繩"；《皇矣》之詩則曰"既受帝祉，施于孫子"。古之聖賢，功德加于時而復期垂裕後昆也類如此。翁元嗣大參君、仲嗣進士君、季嗣錦衣君，皆忠孝成家，以文章、事業魁天下，其餘諸子若孫傳經濟美，藹藹方興，門閥光榮，宇内莫京焉。夫公教成於家之盛若此，則功施于國謂無所本耶？然公位益進，功益崇，而抑畏憂勤之心日益切，忠誠精白，真與天通。天欲祐國家以無疆之休，則必申錫翁以無疆之慶，固知翁之所享與士類所依以宗者方日進而莫可涯也。

胡君曰："是固天下之所深願，豈爲枌榆之私哉？"遂書以致祝焉。

贈胡子文太史二親偕壽序代作

予往歲視學江西，校南昌士，得一卷，文采秀發，獨出等夷，心甚奇之，乃豐城胡子文也，遂首拔爲弟子員。閱歲，再試之，遂優以餼廩。時子文方丱角，耳目明達，神氣靈淑，予固知其必遠有所造也。後不數年，子文發解于鄉。又三年，舉進士上第，入讀中秘書。予復謬主教事，子文晨夕居館下，執案辨疑，亹亹不惰。予省其文藝日益修，德器日益邃，因以信予知之不失也。無何，子文迎二親，就養於京邸，承顏先志，衎衎融融。乃今年尊府中洲君屆六袠，四月廿九日其誕辰也。厥母徐孺人六十有二，誕辰亦四月廿一日。子文將以其日稱觴爲壽，先期過予，曰："杰不類，獲侍門下也久。茲值家君壽，家君性淳樸，孝友天篤。畣攻舉子業，有聲，竟數奇，無所遇。稍仕爲遼藩引禮，然非其志也，即弃去家居，惟讀書課子，不植生計。母氏夙有士行，如賓敬愛，迄今不衰，而壽辰適復相邇，杰願夫子錫一言以爲壽觴之榮也。"

予惟父母之於子也，莫不欲其有所樹立而親見其光榮；子之於父母也，亦莫不願其壽考康寧以享其榮養。是二者相須恒殷，而其相值者恒疏也。故曾子爲吏，祿不及釜而心欣欣，毛義捧郡檄而喜動顏色，誠以榮顯匪可力求，而養逮其親者斯貴也。子文甫弱冠，即褎然爲多士先，茲復爲天子文學近臣。二親年甫及者，精神强馳，受介福于天家，將來者方始也，可謂榮且慶矣。然予夙所期乎子文之榮者，不啻是足也。夫草木之榮，雨露之滋也；臣子之榮，君上之澤也。子文今日之榮，亦嘗思之否耶？思而得之，則所以圖報厥榮，當自有不能已矣。圖報不能已，則樹茂烈於當時，垂休光於來祀，而所以爲父母榮者，豈惟今日已哉？夫懋績以爲報者，忠孝之大也；責難以相規者，相知之深者也。予知子文舊矣，故不以頌而以規。

壽艾母高孺人七帙序

太孺人者，予郡司理實齋艾公之母、前節判某州公之配也。自實齋公莅晉，予得從之游，乃習聞太孺人云。初節判居州時，守某者饕詖圉奪，縱恣椎埋。民重足屏息，莫敢吐一辭。公時時有所規救，間取其悖橫甚者，欲其緒正之，守陽謝而心銜。公抵舍嘆息，廢寢食。太孺人請得其由，乃進曰："仕以惠民以達志也。今民殘而援莫可施，志抑而行莫可見，與其憤懣而無濟於人，孰若隱約而有獲於己耶？"公起而笑曰："有是哉！"遂移疾乞歸。時監司習知公賢，慰留周至，竟不能奪。公歸僅數月，而守被逮治，時論莫不賢智太孺人焉。

艾夙爲上郡鼎族，及公弟司徒居麓公大用於時，勛閥家聲遂震耀宇內。而太孺人獨兢兢于儉素，不作貴家態。實齋公雖理予郡，然全晉之刑獄、財賦、兵戎諸鉅大務，臺使者悉委重而仰成。每出行縣，必歷數月而後返，未及旬，復促促戒行李出矣。太孺人即扃戶楗關，率數日始一啓，入蔬數束而已。實齋公時以粱肉進，輒喟然曰："'養不必豐，惟其孝；利雖不得博於物，要其心之厚於仁'，吾聞其語矣。汝能爲昔賢，吾顧不能爲昔賢母耶？"實齋公晨起聽民詞，率日中昃不暇食；夜燭治官書，時或達曙焉。窮山岩邑，轍迹殆周，考問民俗，采繹風謠，得其所疾苦，若饑渴在躬，汲汲然欲其去我也。身持儉素，示諸邑先，仍爲之汰非正之供，罷逾制之役，正侵漁之刑，務在與民休息，生養而安全之。其治獄也，不尚刑威，不事鈎擿，惟冀以得其情。冤嫌久訟，累政所不能平者，率爲探析其隱微，俾得以自表白，所全活者難以千百計也。故獄有未易明者，必相率籲於上曰：“願下艾使君理，雖死無所憾。”其自外歸，太孺人必以治迹詢，及聞所平反多，興革當，即大喜，飲食爲加。實齋公精白修正，絕迹殊尤，糲食布衣，與韋素無少異，其惠慈明慎，蓋已覃被於冀并矣。而太孺人猶訓敕之若此，賢母令子，域中有二耶？

今年太孺人壽躋七十，十二月二十九日實惟誕辰。實齋公同寅兩山孫公、暘谷李公、少微邊公慶太孺人眉壽之宜、德美之備，而又嘉樂實齋公壽母之多祉也，於是徵詞於厶，以爲稱觴祝焉。

厶惟詩書之言女德尚矣。淑媛著相夫之美，賢母隆教家之道，視修齊君子，其徽美未始殊也，故王霸感妻語而嘉遁終身，雋不疑承母訓而名迹表著。然二母者特專其一美耳。乃太孺人贊公以識微早退，則身潔名完；敕實齋公以導利行仁，則政成惠溥。婦德母儀，比崇并美，雖詩書所稱奚讓焉？自昔君子之壽其親也，食貧則甘菽水之歡，行義則樹顯揚之烈，故仲由感負米而興懷，太真忍絕裾而行邁，蓋事值時殊，情由勢格也。乃若秦之達晉，僅隔一河，實齋公躬御板輿，奉親宦舍，入則晨昏奉顏色，上旨甘，太孺人神舒意適，康寧矍鑠，蓋善養而不專以祿，志養而不徒以味者矣；出則奉慈訓，拯民艱，善政祥刑，頌聲洋溢，咸曰：“使君之生我惠我，實太孺人慈訓之致也。”是榮親而不俟文采之華，尊親而不必名爵之重者矣。夫太孺人之所以基其壽，實齋公所以壽其親，率卓絕章明如此，是雖稱千百觴，亦奚能悉數其盛美哉？

然三郡公之於實齋公，相與也以道，相成也以義，其視太孺人之躋遐齡、介繁祉也，猶夫在其親也。其樂於稱觴以致頌祝者，固其道義之至情也，是誠惡可已哉？然予竊聞之，天道猶張弓，而其所祐者順也。公躬修潛德，甫仕而卷懷，未及大厥施。

實齋公正直靖恭，聚百順以悦親，錫厥類而不匱。是皆天道之所
祐者，然則太孺人期頤遐算固可坐而致矣，垂裕之慶未可涯也。
鄙人不佞，請書以徵之焉。

壽趙藩左相徐濤山序代左轄董右坡作

濤山徐公謝趙藩左相、歸博野之□年，爲萬曆甲戌，壽六十
六矣，耳目精朗，步履康強，僅類四五十人。十一月二十三日爲
誕辰，冢嗣及川君方右轄三晉，欲奉觴稱壽，悒然山川之阻修
也，乃陟岵瞻雲，稽首遙拜，而念慕之切，心不遑安。時二三僚
友切劘規勸，相得甚歡，不啻同氣若也，樂公之壽而康，欲洗腆
躬賀而末由，情豈及川君異哉？僉以某與及川君舉制科爲同榜，
今居晉爲同官，宜攄情於詞，以致祝頌焉。

某聞之傳曰："君子之孝養也，樂其心，不違其志。"故養以
志爲大，色與口、體若非所先焉。而親之於子也，奚必其周旋膝
下，鞠跽希覯而後爲快哉？委躬王室，戮力四方，雖有離思，親
心樂矣。公早薦於鄉，試於銓卿，襃然爲舉首。授職耀州，以政
善聞，乃移治劇於光。所至摧挫豪強，雖權家世族不少假，而於
田里細民卵翼扶導，惟恐或傷。蓋公坦率真誠，懲直，恥文飾，
居官行法，不事婥阿，必行己志，故所居民愛，而梗化者以禁其
邪罔莫能逞，恒欲甘心焉。歸自王藩，怡然自得，若倦者息、病
者起、久旅之旋舊都也。夫公蘊藉忠誠，敷施剛果，豈不欲以直
道而行於天下、國家哉？顧時之不然，事之或謬，乃舉其志而盡
委於及川君，期以措之天下、國家也。及川君祗服父事，率履不
違，明刑濟南，郎署司馬，譽望冠一時。簡進封部大夫，精白激
卬，卓然無所倚。坐是不得久居内，出而參知關西，閱歲乃得再
晉今秩焉。昔穆寧以家法高於唐，每誡其子曰："吾聞君子之事
親，養志爲大。吾志在直道而已。"子贊輩率若其言。傳史者稱

其質直不奪，如寒松倚岩，千丈勁節；稱贊輩曰：「迹參時杰，氣爽人文。」今視公父子，謂古今人異耶？

夫君子修身砥行，非以釣名也；抗節殫勞，非以干寵也。要在裨益王室，潤澤生民，以承親志、樂親心耳。及川君今茲之所建樹已章焯於海內如此，公心之慰何如哉？庭闈非邇，燕晉非遙也。竊聞公自投閑，無膺於其責，無任於其憂，日往來田園山水間，熙熙樂也。而元孫聯芳，復弱冠領賢書，溫恭勵學，大對指期。諸子及孫濟濟然穎脫膠序，衣冠美盛，甲於畿南。而所以侍顏色、修旨甘以奉養公者，復甚備也。夫燕翼乎子，而子克承；貽厥於孫，而孫克引；且志養、色養具舉而不遺焉。天下之所謂至樂而不可必得者，公兼而有之矣。樂則神日以怡，情日以暢，耄耋期頤之慶，茲非其始耶？然及川君聲實郅隆，帝心簡在，入司鼎軸而位岩廊，即須臾事矣。博野去都亭僅數舍，安車迎公，再宿可至，則朝夕侍側，上壽稱觴，夫固可計期俟者，三晉奚能爲遠耶？《詩》曰：「其德不爽，壽考不忘。」又曰：「令德壽豈，萬福攸同。」請以是致祝頌之誠焉。

壽從叔竹溪七帙序

余從叔竹溪公之旋自淮揚，蓋乙亥冬十月也。明年，公壽屆七帙，六月三日實惟誕辰。凡吾宗長少率欣欣相慶，圖所以效頌祝之私，而姻黨交游若某某，欲厶有言以爲賀。

公之旅于淮，以事鹺也。夫我國家鹺政之立，募商輸茭粟於邊圉，給符畀徵鹺於淮揚，周防曲制，法莫良於是矣。予邑以去諸邊非遙，業是者十室而或四五焉。世久法更，背馳初制，懷資策良者奔走南北無已時，且淹曆歲月，莫可竟緒。而南土饒沃，紛華盛麗之悅日滿於前，志適情遷，耽而忘返者比比也。公自夅歲承先世之澤，即往來淮楚間，然間數歲率一歸，省母訓子，未始久淹也。乃者仲子思禮舉鄉薦，上南宮，遂趨淮迎公，而季子思和亦由膠序入南雍至。公欣然曰：“兒輩皆克有樹立，吾奚以旅爲？”乃舉所業付諸和，而戒行李，挈童僕，別諸常所往來者，溯淮汴，陟太行，旋軫於吾土之舊居。族姻鄉比歡躍將迎，而鄉邑見聞莫不稱傳，以爲耳目所僅接也。夫膂力方剛，則經營四方以恢弘前人之烈；規條有秩，則慎簡所畀以永貽燕翼之傳。出入惟時，後先不紊，公之識誠匪夷所思哉！

公容色舒暢，步履康强，僅類五十許人。時公伯兄雲泉公謝沐尹而歸二紀餘矣，年加公者十，而矍鑠壯健，較公不殊。每風日和美，則二公或婆娑中庭，或徘徊別野，冠裳襜偉，賓從紛輪，雍雍而談，衎衎而宴，龐眉鶴髮，輝映寰區。而二公之子及諸孫十有八人，服彩衣、奉几杖者咸環侍左右。見者輒驚詫，不曰“此人世之仙真”，則曰“此明時之上瑞”，咨嘆慕艷，若有所不及，誠盛矣哉！然竹溪公元配碩人張，庚與公同，而生辰差後，神彩和粹，與公如一焉，豈不尤異耶？

夫公福履之盛，人固曰天之所佑也。然天之所佑者順，豈偶獲哉？公忠信朴茂，性植自天，居常口不談人過，不爲一誕詞，撫世酬物，渾無城府機械，真誠樂易，人至於不忍欺。凝重，寡狎昵，當四筵合座，囂聲盈耳，公嘿然中處，若不能言者，徐出一語，輒中肯綮而不煩。早嘗捐粟賑饑，受爵公家，乃緘鑰衣帶，未始或御。悃愊長厚，公行誠順乎天矣，是固宜錫之繁祉若斯也。然公考典膳公質直敦義，鄉人有不能決者，必就公質平。嘗建二亭於閭中以蔭行旅，設茗飲於長途以濟道渴。其慷慨樂施與類如此，蓋所培植者遠也。今思禮纘學緝文，行將對大廷、服官政，則貤封褒錫以榮公者將須臾至矣。公福履之盛方興未艾也，庸言之俟後徵焉？

壽誥封太淑人王母序

王母太淑人劉者，先貴竹藩參、再贈副都御史瀑川翁之配，今吾郡司理柏峰公之母也。劉世爲齊魯閥閱族，太淑人歸，翁時尚爲邑諸生，窘甚。太淑人躬勤紡織，佐籌燈誦讀資。嘉靖辛丑，翁舉進士，授計部郎，有恒禄。太淑人初封安人，日駸駸貴顯矣，乃儉勤未少殊。都憲翁之補貴，太淑人請俱行，時時進曰："君毋謂南中遠，毋鄙夷其人民，爲國家綏徠安輯，樹鴻烈於明時，斯純臣績也。"時夷酋方多梗云，會肅皇帝鼎建朝堂，需巨材急。材故多貴產，然夷窟險絕，人迹罕及，夷故善匿，材莫可得。諸僚憚其艱，詭詞規免。翁獨奮然曰："夫仕者身歸於君，則家付於忘，矧吾家有寄耶？"躬部吏士，深入林箐，詷知木所，直造其下。諸酋讋服，競以木售。公厚其直，軫其勞，芟居露宿，幾再年所，木悉抵司空，堅且良。天子嘉翁績，恩寵光大焉。

時諸子尚少，太淑人日取經子諸書督之，曰："是而父所誦習也。"諸孫方離鬌卯，亦肅之就外傅，凛乎課成之。不數年，長嗣入太學，今封禮部郎中。仲嗣舉壬戌進士，今以大中丞持節撫全楚。叔子舉于鄉，今爲大名郡丞。季子恩選上國學。次即吾郡司理公，舉丁丑進士。又少者邑廪生。諸孫十九人，舉進士者三，舉于鄉者一，以恩叙者一，廪膠序者四，其治經義者濟濟盈庭。曾孫三人，方來者未涯也。猗與盛哉！

往歲邇壽期，中丞公尹京，弟侄監司、長郡邑，胥奉安車，欲迎賀宦所。太淑人曰："身老，幸安里居，寧能逐子孫四征耶？"悉謝遣，無所適，士論愈艷其榮。今年，太淑人壽七十八，高矣，而耳目聰明，手足健利，視壯者或逾之。四月十日實惟誕辰，柏峰公以明刑并冀，不獲舉觴稱慶，陟岵東望，瞻戀凝神。郡丞南津王公、別駕三橋鄭公徵言於厶，致遙祝焉。

厶始通朝籍，則聞都憲翁居守雲內，仁惠宜民，愛慕若慈母。既而侍公於都亭，溫恭凝重，粹然有道仁人也，私心嚮往之。嗣叨乏東藩，則聞太淑人所以訓誨諸子若孫之詳於人人，未始不竊嘆，以是二人者宇內所僅見也。夫都憲公仁聲孚惠，垂裕後昆，宜矣；然微太淑人拮據壼政，俾無內顧憂，則奚能忘身一意以底績於王家？諸子若孫，天挺明德，岐嶷夙達，信矣；然微太淑人正內閑家，義方式穀，則奚由志寧行立以展采於中外？且清約端方，率循先德；勤勞奮勵，愈振芳聲。拊循樹安攘之勣，人牧振循良之譽，司刑嚴冰玉之介，秉憲凜風裁之持。而鴻材茂彥、超邁等倫者方躓武嗣興，至若高科擅奕世之奇，又振古所未有者。往代若王、謝、崔、盧、裴、李、韓、呂諸鼎族，其賢稱偉績詎足擬倫哉？夫天樞奠而後二曜五緯貞其明，地維立而後千巖萬壑呈其秀。太淑人聖善種德，克開後人，是宜才賢迭見通顯，彬彬若是哉！然太淑人抑畏儆惕，不啻寒素時。柏峰公之來吾郡，則戒曰：“司刑寄一路之命，寧晦其明以求生，毋炫而明以索隱也。”公奉教，弗少違，凡經訊鞫者胥自幸無所苦，既而曰“聞使君之德我，乃太淑人之訓致然也”，輒舉手加額，願太淑人介福無疆焉。

夫奉觴上壽者，慶祝之恒文；澤物洗冤者，子臣之偉節。慎刑而對群情，俾頌子德者歸母恩，親心謂不悅耶？輿情愜，仁聞昭矣；親心悅，百順聚矣。仁昭順聚，太和薰洽，禔福愈隆，太淑人壽祉與川岳俱長，榮光燭奎壁宣朗矣，奚必侍酒席前而斯爲歡耶？厶不文，然衣被於柏峰公之政深且久，承二郡公之意，樂誦說世德之美以章示遐遐，俾忻慕愛樂者頌祝亦同焉。

壽沈仲厖二親偕壽序

海寧坦齋沈公，早以明經游太學，既乃簿淮之贛榆，屬廉潔，勤撫字，邑民翕然歡戴，監司亦禮遇特加。甫再年，投劾乞歸。時尹某素重公，力請留，公曰：“夫仕所以見諸行也，溺而不返，奚俟哉？”既歸舊隱，日惟治農訓子，蕭然無外慕。歲癸卯，冢子淳仲龐舉于鄉，公語之曰：“學以古哲爲期，所當爲者未止此也。”督課日孜孜不少怠。今年春，仲龐試南宮，予得其文，甚奇之。比來謁，恂恂若呐，無德色，無惰容，間叩其所自，則知公之教然也。需次銓曹，名列可内秩，乃節推建寧，或意其有不能夷者。仲龐獨欣欣然過余，曰：“家大人今屆六帙，母亦五十有八，淳違也久，旦夕圖所以承歡者。茲幸仕于建，道出吾家，由是得率諸弟及子若侄奉卮酒爲二親壽，斯天下之至樂也，三旌之貴未足云易，矧内外崇卑間耶？既辱子知，願得一言，持以悦吾親焉。”

予已雅慕公，復聞茲語，乃揚言曰：“有是哉！沈公身教之端，仲龐奉教之謹也。夫中世之士以宦爲家，盱豫冥升，驅之有未始去者。比其歸也，炫奇鬥靡，日以聲利相高，寡廉鮮恥，俗不長厚也久矣。疇若公仕僅再期，年甫强仕，而超然嘉遯，鳳舉鴻飛？歸復檢身砥行，訓子自躬？誠耳目所僅見者，所謂可用爲儀非耶？仲龐榮進在前，懷親獨切，真知所先後，克若公之訓矣。宮錦南征，稱觴膝下，而公及孺人福履方隆，孫子繩繩，象賢世美。噫！爲壽而若此，榮誠罕儷哉！

然予於仲龐猶竊有告焉。夫父母懷慈仁之愛以育成其子，子必修忠孝之業以榮悦其親，故韓父索杖於疑獄之對，雋母加食於平反之多，古賢父母之求乎子者類如此也。建爲閩雄郡，司刑者，民之生命繫焉。仲龐往矣，其亦思所以榮悦乎親否耶？仁以宅心，恕以盡物，明以燭幽，敏以遠害，剛毅以求平，而哀矜惻怛之意尤亹亹焉，則祥刑四達而冤民可無矣，俾建人咸曰“吾之郡推古之循吏也”，又曰“吾之循吏，乃父若母之教成之也”。

嗣是而秩彌膴，則業彌修，惠澤流於無窮，斯公及孺人聲光垂於不朽矣。是則壽親之榮且久者也，仲龐其以予言爲然否耶？

壽凌真卿二親偕壽序

海陵凌君真卿既舉進士，試政中臺，介其同年、予門人史君德龍過予，曰："某不類，賴父母之教以有今日，絲毫皆父母之賜也。吾父明年屆六十，母六十則今年矣，晨夕思所以稱觴爲壽，顧初籍朝簪，未能爾。願子有言，將走使持歸，冀親心一悦焉。"予甚偉其意，諾之。乃冬十月，凌君授令永豐，復過予，曰："向也吾以官政始維，欲歸壽親而不可得。今叨令西江，吾家便途也，行將與諸子弟躬奉杯酒爲二親歡，區區之願獲矣，子能終靳一言耶？"

予聞之，喟然嘆曰："嗟嗟！凌君有是哉。夫自科目制隆，萃豪杰而奔走之，恒汲汲於不得焉憂。及其得也，則不啻足矣。比登除目，率擬華階，一領外符，戚戚嘆惋者多矣。君獨得之也不色喜，而惟以遠父母爲己憂，外之也不色慍，而惟以得壽父母爲己樂。豈不真知輕重大丈夫哉？"

凌君蹙然曰："是豈某之能耶？實惟吾父母之教而日孜孜耳。"

予曰："教可得聞乎？"

凌君曰："吾父方早歲，值家事稍落，即拮據立門户，婚嫁諸同氣，母脱簪珥相其資，無難色。迄分異，田廬輒取敝惡者，租賦之供時復以己有輸之。晚謝家務，結六七老人爲耆年社，自號'西橋主人'，一切世味澹如也。訓某兄弟甚嚴肅，每日學以倫理爲先，詞章、榮顯特緒餘耳。母時申父誡，至躬膏膳以資講讀。吾恒顧諟嚴訓，將弗若是慚也，敢曰能之耶？"

予曰："昔人有云，見其子可以占其父，予固於君得之矣。

今聞凌公教，乃知君之賢有自，而又以知凌公之福澤方隆也。夫淳漓朴散，聲利汨人，友愛之義不修，刑于之化日泯，家庭或爲胡越，門祚由以衰微，弊非一日也。凌公植則于閨門，和樂于兄弟，端教于義方，而淳龐朴茂之懿復足以淑頹風、返澆俗，即耳目所睹記，誠十一於千百矣。夫膏沃者其發必光，器宏者其受必大，固知公期頤之躋、芾祉之綏蓋有未易涯者。予叨史氏後，他日尚當載筆爲公紀焉。"

壽憲僉李嵩渚七帙序

自昔爲天下國家者，曷嘗不汲汲仁賢以圖化理哉？然才難之嘆，隆古已然，拊髀興思，臨朝太息，真若天生人才不足以供一代之用者。遘觀削弱之世，四分五剖之邦，才率未嘗乏，矧全盛時乎？有矣而人莫之知，知矣而弗當其用，用之而弗盡其才。文義之所牽拘，衆口之所銷毀，才得以自見者恒艱也。執簡而臨之，曰無才，豈其然耶？往讀童太史志沔陽守嵩渚李公語，蓋益嘆之云。

公莅沔六年，救災築防，布德施惠，遺愛在民甚深。擢僉晉臬，以文學飭吏治，風裁震一時，今諸生、故老能言公政者甚衆也。乃才高致忌，以强壯歸丘樊，遂逾三十年矣。是歲春秋甫七十，容少髮鬒，步履輕捷，類方五六十人。予夙慕公名，既游梁，每過公，考圖書，語道理，數既往之迹，豫方來之宜，公一一有成畫，出其緒餘，聽之靡靡，令人犁然心暢。誠使今試諸行，如昔人云，出正詞而當諸侯，決嫌疑而定猶豫，謂無所濟耶？

季冬廿又八日，實公誕辰，省臺諸大夫欲爲公壽也，徵言於予。予惟荆山之璞，弗和氏焉遭，則韞石之輝愈燁然而不可掩；梗楠梓杞之產，非所以捧明堂、幹總章乎？匠石弗過，則挺獨秀於冰崖雪霰之間耳。公抱道含章，厥施未究，卷懷既早，即閉門掃軌，以著述自娛，探討化原，表章賢範，大篇短什，膈臆肆陳。其指數千，其言數萬，雄深閎放，縝密謹嚴。若駕乘旦而騁康莊，若奏金石而破群響，又若河流東注，浩浩乎而莫可窮也。噫！盛矣哉。使公躋顯融，茂聲譽，詎若觀昭曠之原，垂不朽之業，如荆璞之流輝、蟠木之獨秀，以鳴我國家文治之盛耶？

公又嘗爲予言，在沔時三疏，請免田租，賑流徙，所全活殆萬人。復疏論沔得不隸漢陽，民免困頓煩擾之苦。噫！遠猷隱德，在彼民者豈其微哉？王賀曰：“活千人，有封子孫。”公後其興乎？爰書以俟之。

賀張静軒耆壽序

静軒張公蚤承先志，懷資旅次於淮海、燕、秦之間者逾二十年，勤勞周至，家日以充，里閈嘖嘖然交稱其能。予時意公壯年氣盛，往而未息者也。及予投閑林樾，則公先已宴息家庭，以諸務付子，優游晦處，名其所居之室曰“静軒”，示不復爲四方之舉云。余心乃奇公進而知節，盈而克持，誠非常見哉。今年壽六十矣，十二月十七日實惟誕辰，姻舊暨子姓胥介予弟子嘉徵文爲公賀。愧余非能文者，然觀公名軒之義，則竊識公自得其所以能壽之道矣。蓋陰陽之運雖互爲根，而静者誠之復，實動之主也，故翕矣以肇散，闔矣而始闢，天地且不違，而況於人乎？昔者聖人俯仰遠近，觀取莫窮，通神明之德，類萬物之情矣。而其繫《易》之辭也，曰：“艮其背，不獲其身；行其庭，不見其人。”噫！天下之理豈復有加於此哉？上焉者得其全，則可以立人極而成位乎中；未至而修乎是，則雖有不存焉者寡矣。張公以“静”名其居，謂非志於是而欲修之者乎？頃時習尚動，目静爲迂，而居積豐大者尤甚，馳逐乎東西，陸沉於道路，心欲矜勢能之榮，口欲窮芻豢之味，耳目欲窮聲色之好，若水之趨下，日夜無休時。任其智，竭其力，熙熙攘攘，必期得所欲而後止，卒之獲如其期者恒寡，毋亦或有司之者存，而非徒憧憧往來事紛擾者之可以力得耶？

張公自賁丘園，不犯霜露，不行異邑，不窺官寺，不近危機，而雍容都雅，享有高蹈之義，恭讓無競、餘裕素封之樂。今壽雖及耆，而神氣和暢，膚體充盈，僅若四五十人，對客延賓，危坐肅容，終日無怠色，少壯者類以爲莫可及，謂非有得静而然耶？二子伯曰翀，居邸第甥館，得封儀賓；然折節謹約，渾無游閑靡麗之習，朴茂習事，賈游郡國，若公少時，衆不知其有禄秩之在躬也。仲曰翰，爲邑諸生，誦習杜門，人罕識其面，發爲文辭，粲如也；而嘿然若不勝衣，此其志不在小矣。夫公以静之道淑其身，復以訓誨其子，子式似之焉，公之静豈一朝一夕之至哉？《傳》曰：“静而有常故壽。”又曰：“世德作求。”夫静以樹德，德而克世，公之福履未可涯也。余知公也久，樂爲之道焉。

賀亢原溪七帙壽序

原溪亢公之謝長清而歸也，時春秋方强盛，乃雅志丘樊，飄然物外。既而闢地爲園於新城之東，雜蒔花卉修篁，高樹豐草，清渠水聲，潺湲旋出階砌，若幽谷長林間也。前構書屋數楹，群諸子若孫樂育其中，延禮名儒，爲之模範，日躬臨督課之。居無何，諸子争自磨濯，競蚩聲場屋。公日陶陶然自樂，其所存視，一切紛華綺麗之觀不少入其心也。是歲壽七十矣，八月望後實惟誕辰，里中諸耆舊，若西汾張公、龍田周公、龍泉劉公、予從叔雪泉公，偕予往賀焉。時公以子姓振振，先世舊廬居不足容也，方爲裕後之堂，是月適落成，庭宇靚深，阯序崇整，華而不侈，朴而有章。公降階肅客，步履輕躚，黄髮渥容，完神遠視。客有五六十者，咸瞠乎其後焉。諸子若孫，或肅拜上卮，或忭慶稱壽，或拱立俟命，或奔走後先者，凡十有□人。婿氏有六，半爲弟子員。觴政既行，賓主歡洽，龍田諸公胥謂予曰：“吾邑里以壽祝爲禮先，姻舊之交，吾黨預是舉凡幾矣，福履之全，未見若原溪公今日如是其盛者。且公自六十迄今兹，懸弧之旦，吾黨爲是舉凡幾矣，岡陵之祝未有發之篇章以悉其情者，殆有俟於先生耶？”ム曰：“予詞也蕪，曷能揚公諸福之備？然締交也久，庶幾有以窺公介福之由乎！”

公蚤居膠序，穎敏有雋稱。及游國學，所與交盡海内聞人，人亦樂與之游，上下其論議也，故聞見日益博，器識日益閎。返息庭闈，間綜家政，修舉先業，衰益物宜，家遂以饒裕聞；然持守制節，日恐稍逾矩度。久而乃就試銓曹，名在高等，授貳長清。長清東藩善地，尹位值久虛，公綰章再歲，厲羔羊之節，皭然無所染。復悉心經畫，邑政秩然，雖值午衝，無逋賦，無滯節，無廢政。監司、部使者交與其賢，移檄表異者比比，遷擢可須臾至矣。而公厭苦塵囂，堅求解組，所司挽留之，莫可能。噫！若公之素履，豈人所易易及哉！故邑里之間，見公之康强繁祉也，而不知其平生持守之畏；見公之身安逸樂也，而不知其往昔堅立之勞；見公之子孫多賢而逢吉也，而不知其夙夜訓誨薰陶之周且至。公之所以致此者，豈易易哉！然公豈以已至此而少自肆耶？每向予曰：“憶昔始勝冠，習見里中諸長老，退然若懦，訥然若愚，椎魯不文，誠慤無僞，出而乘堅策肥者寡也，胡今不或然？我欲不使後人迷，能無裨我乎？”予曰：“存誠以化謾，秉讓以明禮，躬約以去浮，是固公之素所律己而閑家者，胡過爲是虞耶？”噫！兹可以識公抑畏之懷矣。夫小心翼翼，所以事天也。不違乎天，天斯佑之矣。由是而大耋、而期頤可坐致者，公之福履詎惟是耶？

諸耆舊咸曰：“頌祝而必原其由，揚厲而必稽其素，是固公之素所自壽而吾黨所以壽公也，請筆之而致贈焉。”

壽郡伯胡順庵序

昔黃次公守潁[一]川，溫良明察，力行教化而後誅罰，務在成就安全長吏，而於廉丞則曰：“善助之，毋失賢者意。”薛贛君爲左馮翊，賞罰明、用法平而必行，得諸邑善狀則移書勞之，曰：“屬縣有賢侯，馮翊得垂手蒙成，願勉所職，卒功業。”長吏莫不喜戴受命焉。厶每讀其書，未始不嘆西京循吏重長人之寄，以奠蒸民之生，其宅心若是其忠而婉也。夫大君畫百里之地而爲縣，縣樹之令，環四境之蒸聚胥匡以生焉。復畫數十縣以爲郡，郡樹之守，環數十城之長吏咸依以立焉。故曰郡者群也，所以群乎縣；縣者懸也，非以懸麗于郡耶？是大君聯屬天下以成治功，意深遠矣。故端之軌度，布之條章，敷之文告，日孜孜然欲屬邑之咸底于理者，郡之良也。持循其矩矱，整齊其法紀，和輯其人民，日惴惴然期率履乎郡而不違者，縣之善也。郡良矣，而縣或否，導之則可從，警之則可喻，怙終者則可使毋亂吾治焉。縣善矣，而或莫值郡之良，則行高而或我忌，政異而或我疑，形阻力撓，陽予陰摧，縣有莫得爲其善者矣。夫惟純臣廉吏則崇教養善，敷惠作人，忘己之有而欲人之同，樂人之善而若己之有。於賢者則明揚之，務益顯其名；未及者則輔翼之，務以勉其進，期俾吾治無不理之縣，無不安之民，心斯慰焉。是非合人己、忘物我之君子能與於斯耶？

若吾郡伯順庵胡公，蓋誠其人矣。公廉正居身，溫良接下，修起蕪廢，振剔綱維，頒布規條，革奢崇嗇，士庶翕然從欲矣。會率屬上計闕庭，天子方銳情政理，察公治行爲天下先，召對內朝，寵賚蕃庶，以風示萬邦，復面奉綸音，俾歸勵庶職焉。公旋自都亭，適諸邑新令後先懷綏至，公祇布堯言，勉奮臣績。而太平令武君成獨慨然曰：「聖天子之俯察吏治也若此，賢師帥之對揚休命也若此，是訓是行，是則是效，成曷敢不虔？」於是宣明詔令，搜恤民瘝〔二〕，而凡郡之誕章軌事，罔不謹修而備舉焉。未數月，邑以治稱。公熟識武君之心誠於政，政宜於民，允矣縣之善也，日以武君之善狀白於監司，上於部使者。部使者即以胡公之言薦武君於朝。武君過厶曰：「成初試守官，即被遇胡公不世之知，顧成未獲所以爲報也。願發鄙衷爲之詞，可乎？」

厶聞之傳曰：「士以知己伸。」然知己未易遭，而知人尤未易也。夫所謂知者，豈行成政立、稱賞同聲之云哉？聽之于未聞，察之於未著，而鑒其神智、識其謨猷者，斯天下真知也。君至邑未幾，胡公即得君之心展也，匪夷之哲矣。夫奇若淮陰，非蕭公則奚由以進？智若孺子，非魏倩則曷以自明？蓋乘時而揚英俊者，良臣之偉烈也；感知而圖報稱者，哲士之盛心也。克報知己，斯克報國家矣。然胡公豈直知人明哉？議道自己，而職業、功緒望人以可能，鼓舞提撕，俾諸屬交勉以并進，不阻其氣而不撓其施，奚翅明師之育髦士然者？是宜君之卓有樹立其速若兹也。視黃、薛二公作人之盛，謂異世有軒輊耶？

今歲三月，值胡公誕辰，武君感公之知，欲厶有言以爲賀。厶聞公先期示謝，預戒閽人，毋聽賀客入，曰：「未可也。」頃武君薦疏既揚，而公值三載奏績期，陟明匪遠矣。發武君之意，兹惟其時哉？夫令修其職，非以上援也，而郡灼見其賢；郡揚其善，非以下私也，而部使者上達其績。郡也邑也，相與以道德，相成以事功，非古之道乎？古昔述作人之烈者必咏壽考之隆，美邦家之基者必效無疆之祝，然則奉觴再拜，上千百歲壽以稱頌知己之德者，固古之道、今之宜也。喜而爲叙，致共祝之私云。

壽從叔雲泉八帙序

傳曰："虞、夏、殷、周，天下之盛王，未有遺年者。"蓋尊高年所以厚風俗而敦孝弟也，故興道致理必用是先焉。吾平陽承唐虞之遺化，稱壽之典特隆，自五六十以至百齡，每值成數必舉之，而七十、八十為尤盛。余從叔雲泉翁今歲壽八十矣，十一月二十日為誕辰，族人、姻黨方圖稱觴以為慶。公先期走使致謝曰："予筋力非昔，不能與賓客相周旋也。"至日，飭閽人杜門，不聽賀者入。乃西汾張翁、原溪亢翁及翁弟竹溪翁、予深山兄咸語余曰："獻酬揖遜，誠不可以為翁勞矣；而摛文頌禱，詎可以翁辭而止耶？"

予曰："誠然哉！厶惟隆古盛時，民庶熙熙，咸登壽域，然八十者見亦罕焉。《禮》曰：'八十拜君命，一坐再至。'又曰：'八十復二算。'曰：'八十不俟朝。'而又食則常珍，月必致膳，杖入于朝，優奉之有如此者。使八十者而易得也，古昔聖王制典豈宜致重若是哉？且厶竊聞，翁蚤歲苦屢弱，既乃究心於軒、岐諸家言，得其旨要，今耳目聰明，步履強健，與四五十者不殊。時偕同社四五公討勝探奇，山巔水湄，或笑言歌咏，或琴奕壺觴。諸老冠裳整肅，儀矩安舒，每集則邑里隨觀，嘖嘖嘆賞，以為洛社猶存、香山復起也。且孫子滿前，田廬衍溢，出入俯仰，舉無係累于心。夫體健則和，朋聚則樂，胤昌則永，資裕則適，是皆恒情所胥願而未易一值者也，翁乃有而兼焉。福履若茲，睹聞希曠，詎宜無賀耶？

"夫福履之盛，天眷之隆也。然天之眷公豈偶致哉？翁之自沭陽陟汝邸也，汝安王雅重翁，當途諸大夫交口稱翁賢，時月稍需，叙轉可坐致，且年甫逾知命，而翁獨以太夫人春秋高，謁告省覲，遂依依不忍去左右，竟致為臣，可不謂孝乎？沭，瘠邑也。翁莅疲民，撫摩煦嫗，捶楚不忍加，民遂相安而宜之，可不謂仁乎？翁素不能飲，然雅好賓客，高軒時過，必投轄爲歡，雖窮晝夜無倦容，可不謂恭乎？督課臧獲，盡力農畝，晨興夜寐，希有寧居時，可不謂勤乎？禮遇卑幼，若恐或傷，僮衆或匪誠，亦不深咎，可不謂慈乎？夫孝，德之基也；仁，德之地也；恭，德之柄也；勤，德之本也；慈，德之輿也。善積於基，祥發於地，行成於柄，業裕於本，人附於輿，五德備具，天眷之所由隆也，豈偶致哉？然厶每省候，則見翁日乾乾惴惴，恐或涉於怠荒。是翁德之樹也日益以盛。夫德日益盛，斯天之眷也日益隆，由是而九十，而期頤，若持券以取然者，而姻族之頌禱方源源未艾也，詎惟今茲之賀耶？往歲丙寅，翁屆七帙，厶綴詞致祝，預期茲舉，而今果爾，厶言豈敢爲誕哉？”

於是諸客融融然稱觴以致慶，翁亦欣欣然舉觴，弗克辭焉。

校勘記

〔一〕“潁”，底本多訛作“穎”，以下徑改，不再一一出校。

〔二〕“暑”，據文意疑有誤，待考。

慎修堂集卷之六

序

贈參伯谷蘿壁帥師守平硎序

往者全晉恃雲内爲藩屏，故三關將士其麗未及諸邊之半。頃歲逆虜内訌，藩屏不可得力，每乘秋南牧，胡騎直叩雁、平、寧、偏，于是關南苦鈔掠，岌岌不自持矣。然雁門爲大帥開府地，寧、偏則總戎、裨將各宿重兵，惟平硎去諸關隘遠，勢孤懸，虜入必所窺，而將領未立，兵力最單。頃部使者欲移兵司駐守，議復中止，乃疏請歲簡省臬諸大夫威望著者，秋時率所部民兵夾邊人乘障捶厄。然内地人不習塞下形便，戰陳素未經服，望胡塵即震掉失色。虜復善狙伏隼擊，勢未易當，往往投間入内地，罪出輒莫可測，防守諸公夙以擔危荷艱罕樂行者。

嘉靖癸亥秋，姚江蘿壁谷公以參伯奉天子命分守河東，初履省署，群公胥曰：“谷公有文武才，往隨試輒效，是宜莅平硎。”公聞之，無異詞，無難色，即單車莅治所，稽簡部士，非摧剛執猛逾於倫等者不在行。未十日，獎帥三軍，北涉汾水，上太原，指平硎而成焉。公建大將旗鼓，戎服，跨馬按劍，屬弓矢殿其後，軍容整肅，吏士無嘩。公談笑指揮，真足以涉單于之庭而繫其頸者。厶從諸大夫後，祖公高河之梁，執爵而起，曰：“今人疏爵秦晉間，出門率惘惘不自得。或分曹當適邊關，必宛轉百方求解脱己，歸之人，其心視夷虜之慘若在眉睫間也。公以東浙文儒初莅晉南，即奪[一]守北鄙，獨無幾微見於言面，豈不誠大丈夫哉？"

　　夫經生、文士談及戎事，類諉之未聞；而以良牧稱者，或於文詞不屑治。故自西漢以來，兼是三者未多見也。班固作《儒林傳》，記丁寬以《易》名家，爲説至三萬言，傳業者甚盛。後爲梁王將兵拒吳楚有功，號"丁將軍"，遂推爲儒林之冠。其傳循吏也，惟稱董仲舒、公孫弘、兒寬通於世務，明習吏事，以經術潤飾吏事。噫！有味哉，其言之也。往予治舉子業，即聞谷公以經學名南中，四方英俊争求指授，成德者蕃滋。迄予登朝籍，則聞公守齊安，不鄙薄其民，日諄諄然愛養化導之，民俗大變。後游梁，與公同省署。公時督催徵規條，務持惇大，意在無所擾。與細民語，若恐傷之，鞭笞經旬時不一用。予每竊嘆公獨有古循吏風。兹以入蜀便途過里門，復得從公游，見公慷慨臨邊，氣吞胡虜，什伍訓練，若老將素習然者。是故三軍之士樂於從公，其心翻然，其氣勃然，踴躍争先，武勇百倍，聲實所及，謂金湯足言固，平硎尚若疇昔足虞耶？蓋公學根於經，故治效隨蒞而章明；文達於政，故武略順應而備具。古昔所稱難兼者，公總會而條貫之素矣。裭狂胡之魄，清晉鄙之塵，以福河東，以奠安河北，謂不在兹行决耶？古稱士必通經，乃適于用，誠然哉！司衡者用公於河東，誠知人哉！《易》之《師》曰："貞，丈人吉，無咎。"又曰："在師中，吉，王三錫命。"丈人者，老成特達之稱也，其涉世深而德美備者也，公之謂矣。三錫之命須臾可至，侯爲公賀焉。

賀地卿侯葵所赴闕序

　　葵所侯公之司刑河東，持法允平，聲稱籍甚。獄訟得從公聽者咸稱曰："侯使君能燭我幽，不深探我情，微使君，我等其以冤終矣。"諸投牒臺省者輒曰："願下侯使君理，俾無冤。"雖異壤之民亦願移聽焉。公要比精明，軌道畫一，例成所止，屹不可移，雖時時與上官異趨，不顧也。甫三年，天子擢公守司徒郎。

於是郡伯我山毛公偕貳郡蓋齋趙公、判郡浚源胡公，以予與侯公鳳爲道誼交，宜授簡言贈，且曰：“侯公莅郡久，習知郡之故，刑清而民胥服，其砥節履方，是宜肩鉅而致遠也。茲陟華矣，若未足以盡發公之蘊者。”

予曰：“誠然哉！誠然哉！竊聞在昔度德而叙官，量能而授事，蓋試之既周，見之既灼，論定而後任也，是以百司庶府僉忘其身以獻其功。後之任人者徵媺惡於愛憎，付榮進於薦剡，抑揚輕重之間，誠非恒情之所及知矣。然計部峻曹，郎署清秩，今上下恤恤〔二〕然以財用憂，方敷求才杰之士以講求而興舉之，得賢如侯公，謂非曹署慶耶？

“夫純臣不易地而異忠，哲士貴乘時而樹績。都亭百執事僚盛而務匪繁，優游積資，即坐躋通顯。惟司徒諸大夫日孜孜不暇給，又或分莅帑庾於帝城，或稽督賦稅於外服，煩簡難易，雖人人殊，要之均以展采措事而裕用經邦也。夫君子之學，欲其措之天下爲事業也，逸豫從容，則與國家求士意左矣。自邊關胡警，羽檄交馳，債帥謀臣輒以乏軍興自解。計臣劑調給發，接應莫敢後時。言事者復各疏列利宜，張設條目，前議方下，後議沓臨，執其咎者疇耶？頃聞大司農條對，若曰：‘因循於百年，而欲振刷於一旦；任分於衆職，而欲責成於計臣。’噫！有味哉，其言之也。

“夫備胡迄今，足食之圖，廟庭之議，不知其幾矣。予伏林莽，久不能悉其詳，竊聆道路之言，則謂大都有五：督逋賦也，開事例也，講鹽政也，清屯牧也，省冗員也。是五者亦悉見諸行矣，其效若何耶？夫邊塵未息，則內地之民飛輓芻糧、繕修器械不能已也。且非時之斂作焉，無名之役興焉，緣奸之吏出焉，配取相仍，蠹傷滋甚。頃聖治更新，首下蠲租之令，老扶幼負，胥慶更生。若復過責其宿逋，豈所以承德美哉？往歲乞運例行，至或白丁、衆技，稍捐數十百金，即得秉笏垂紳，輒隨大僚之後，且因其富厚交通在勢，利可以奪，刑可以迴，匿賦作奸，往往而是。公家取其利未一二，而所失已千百矣。若浸淫而他及，害豈細小哉？是二者竊以爲非計也。若夫鹽、屯之議，使凡幾出；浮冗之省，令凡幾頒矣。而今猶莫能外焉者，毋亦昔之措畫者未探其本，裁省者未塞其源耶？夫商者遂利爲業，而鹽政則朝家以利便商者也。當事者類以一切之計變法更令，弃信而奪之。彼利失則改業而他矣，寧能拘係從維之耶？屯本膏腴地，顧籍以久而去于猾胥，壞以沃而入于豪族。往見使臣所任諸從事，虐者則奪民產以取盈，狡者則增不毛以希賞，屯愈清而弊愈集矣。若夫裁郡幕，革裨官，省校師，冗食之汰似矣；然升斗之祿，所減幾何？而所以傾帑藏、竭庾廩者，果專在此輩耶？《易》曰：‘理財正辭，禁民爲非，曰義。’夫聖人之論理財而其序次指歸乃若此，是非千古之律令哉？

　　“侯公篤舊雅，時過予，語久，至更僕。每及民間疾苦、邊圉凋弊、積貯空虛，戚戚不自安，若人蹈水火，恨不一引手救也。今身任其事矣，奮淵懿之猷，溥弘濟之澤，出以措諸庶民，入以告于計相，若今所須、前所議者，俾悉得其理而奏其績焉，是固侯公之素有成畫而俟時者也，謂非曹署之慶耶？予不佞，尚當爲公頌之。”

賀憲使毛我山之荆湖序

　　余讀兩《漢書》，見班、范二氏叙述守長之殊尤政迹，以“循吏”名焉，未嘗不廢書而嘆曰：“有味哉！其言之也。”夫良吏莫盛於漢，而其政之所成，或以化導聞，或以廉潔顯，或以材

行踔絶、勛績茂異稱，均之可以表著垂休也，顧舍焉而繫之
"循"何哉？釋者曰："循，循序也，謂奉法循理也。"又曰：
"循，順也，上順公法，下順人情也。"夫循序而施，法斯不越；
循理而治，情又奚違？乃材能之吏則謂和緩不足以集事，惇大不
足以懲違，嚴毅果斷成其不撓之威，峭直激卬表其難測之智。弛
張措置，精采逼人；霜烈風行，譽聞喧赫。較諸斷斷守道之士，
豈不工哉？然刑威既峻，苟免行興，狙伏伺時，機詐萌作，卒之
潰防觸閑，以傷國家之和者非細也。若夫循者謹身飭行，施教導
民，愷悌廉平，無所更革，不求駭世絶俗之譽，民無煩擾而各樂
其生，猝有意外之虞，亦相保相維而不違其上，以其心之相安者
素也。夫豈其智弗能吏若哉？其心真見夫吏之於循，猶射者之于
的，行者之于家，心期而力赴焉爾往。玩味其言，竊以爲士大夫
欲施澤於民，立名於代，無以高此者。顧未獲履其事，恒願見其
人焉。

乃丙寅春，我山毛公來守吾郡。公齊魯通儒，既治民，崇本
業，戒游惰，平賦役，禁浮靡。民有獄訟，常提耳訓告，令自感
創，務在得其情。推心於下，不詭激近名。暇則進諸生，考論經
義，剖析玄微。時至學宮，課校藝業，開示要旨，士習浡然以
興。與人居，恂恂若不能言，至辨大疑、決大義，雖上官異同無
少奪。揚人之善，解人之過，日若不逮。至法有所必正，雖權
貴、豪猾無所容。身居二千石，自奉與布衣同，廉貞之操，人言
無間。往者虜入鎮西，公集兵固境，民恃以安。去秋三河大饑，
公力請諸監司，出穀賦人，全活無算。每使者行部至，居數日，
悉無所問而行，曰："有良守在也。"以公視兩漢諸賢，謂古今
人異耶？

己巳春，公秩滿三歲矣，巡按御史宋公疏薦公治行，請毋入
奏績以終惠晉民。再越月，天子擢公爲湖廣按察司副使。維時貳

郡蓋齋趙公、通守浚源胡公、節推省吾劉公，實與公心一德同以胥麗澤者，咸惓惓戀不能別，乃過予，曰："往秋撫臣以兵憲薦也，吾儕鰓鰓然懼奪公而北，乃不果于行。今春按臣以奏績留也，吾儕忻忻然慶得恒侍公于晉矣。茲乃陟于楚，仕之淹速遐邇信有所司，非人能爲力耶？抑當事者謂公勞且屈也久，俾爲憲大邦，而多暇逸且崇耶？"

厶曰："余固陋，烏能知？然竊聞之矣，龍媒、騄駬，天下之逸才也，愛其才之逸者，必俾之騁騖於康莊廣陌，而後足以盡其千里之能；干將、鏌鋣，天下之神物也，識其器之神者，必任之揮拂乎蛟龍兕犀，而後有以見其剚割之利。君子之有志於天下者，務勤己以濟乎物，豈暇豫之圖？宰世者之任人也，必絜長而盡其用，豈方隅是滯？毛公之所蘊畜，諸大夫得之詳者，固奚所不宜哉？雲朔、三晉之間，淪浹公之惠澤久矣，而湖湘者，國家之豐鎬，寰宇之中區也，謂無想聞公之風采者乎？其吏蠹民瘝之當振刷而撫綏者，謂無待於廉平之司憲者乎？苗獠之潛滋，寇盜之竊發，較胡逆雖殊，而懷襄之勢、昏墊之禍視薦饑豈減也？宰世者薦公以往，蓋知必有以濟矣，豈曰崇而暇之哉？昔兩漢諸賢，或刺揚州矣，歷潁川、京兆，乃入爲太傅；或守豫章矣，三遷而仍守會稽，乃陟司空。毛公茲行，周游揚歷以儲丞弼之徵，又豈視昔賢異耶？《大雅》之詩曰：'申伯之德，柔惠且直。揉此萬邦，聞于四國。'吉甫所以贈同官也，厶不敏，請爲今日頌焉。"

又

我山毛公之治河東也，不鄙夷吾人，涵育之若赤子。吾人之愛戴也，真若得父母而怙恃焉。是歲春，滿三載，郡之人日惴惴然虞公舍我民而行也，類以情白於當途，至相率禱于神祠以冀偕願。於是巡察侍御栗庵宋公疏留公，行于朝，略曰："臣聞忠良之吏，國家所資以爲理也，求之甚勤，得之至寡，孔子所以嘆才難焉。臣謬持憲節，以六條察全晉諸吏治，竊見諸長吏莫若河東毛守賢。夫全晉者，京師之股肱；河東者，全晉之庾廩也。自守在治，宣明教化，通達幽隱，賦入有經，獄訟無濫。往者虜犯汾石，詰兵嚴戒，疆域以寧。茲值歲不登，發粟賑貧，飢民蒙活。邇而宗人、師衆之供需，遠而幽薊、雲代之轉餉，恒相續不乏也。然豈惟其治理之絶群哉？秉清修之節，蹈羔羊之義，誠陛下之廉平吏也。今當奏績詣闕下，士民愛慕係戀之，不欲頃刻違。且備胡恤患，時務之最先者，實守長焉資。若道理往來，稽費歲月，豈計之得哉？願令主吏持計上銓曹，俾守安居而治職，任久而功成，以寬陛下西顧虞，臣言非阿也。"制下所司議焉，吾人聞之，胥欣欣然相告曰："聖天子用臺臣言，錫我公終惠我民矣。"歡忻和暢之聲洋溢部中。居無何，湖湘憲副位虛，銓曹以公薦，上若曰："是廉吏能安集我人民，必能章明我憲度，擢之往，以觀其成。"命既下，余郡警警然喁喁然奔走呼號，欲爲借寇請而莫能也。

時郡屬劇邑諸大夫，若予邑陳君、洪洞王君、安邑袁君、翼城劉君、襄陵史君、曲沃楊君、聞喜文君，皆以高等制科極一時之選，實能順承公德美，喜相值以顯事功者，其不欲違遠乎公，視民猶切也，難其別而欲章其衷，乃以言徵於厶，且曰："吾儕所治在昔皆以壯稱，然當車馬午衢，役繁徭冗，民力獨疲，復頻值沴灾，瘠餒駭目。惟我毛公，節費平徭，薄征緩責，發帑散積，休息而安存之。且符檄不數移，吏卒不至邑，民漸以興。部使之薦留，蓋灼見邦國之藉賴乎公者重也。乃今奪而他，吾儕將奚所資以終事耶？"

厶作而嘆曰："誠然哉！頃公陟明之典聞也，章縫之士則曰

'公行矣，吾於何考德而問業'，田里之氓則曰'於何訟理而政平'，天家之支屬則曰'疇與我禄給以時而權量當乎'，材官、部曲則曰'疇俾我饋餉不滯而給予優乎'。厶屏處林莽，日與野老游，静聞而私念，自束髮得侍邦大夫，賢者豈少哉？然得人心之和未有若是其盛者。乃今復聆諸君侯言，匪惟無間于吾人，而公所以得人和、入人深者獨得其真焉。輿情公矣，謂不因斯益信哉？然予竊窺公之治境内也，先禮讓，明政刑，束胥史，繩豪猾，非嫗沫以小惠焉施者，而四民之愛慕公顧如此，非公之中心誠信于四民耶？公之與上下交也，無諛言，無諂色，履方秉道而章程不少渝，貞志直前而怨嫌無所遜，非曲躬以容悦焉求者。而士大夫之親附顧若此，非公之中心誠信于士大夫耶？然余又聞公之督賦中州也，中州之人信其仁；主計上谷也，上谷之人信其介：蓋非一朝一夕之積矣。兹復秉憲而南焉，則衣被公之忠誠者，地日益遠而民日益衆。由是而入司樞管，展采亮工，普中孚之感，極化邦之應，豈非可須臾至者哉？夫寰區之廣，靈淑之鍾，以材著稱固隨在足也，所艱者純誠之士、不二心之臣耳。頃天子下德音，欲百官以忠誠貢，淵衷之所注念獨觀乎萬化之原，若毛公者蓋真其人矣。謀國者不欲淹公于一邦，而推轂歷試于南國，謂非所以祗若休命而風勵群心，將重大是投耶？"

諸邑大夫曰："允若斯，則毛公兹行也，國家得誠臣可以賀，而屬吏、部人之私可以慰矣。請叙爲贈云。"

賀憲使吕蒼南之關陝序

昔鄭弘守淮陰，行春方旱，隨車致雨；段文昌帥荆南，旱禱輒應。往每讀其書，未嘗不思躬睹其事以快于心也。歲己巳，吾郡夏不雨，穀未播種，民方以爲憂。乃郡侯蒼南吕公以天子特簡縮郡章，至之日，膏雨溥周，士民胥慶。再閲月，穀方吐華，復不雨。公精虔露禱，甘澤復隨，穀乃登。明年春及夏，雨再愆期，薀隆如焌，疫癘丰興。公索祀匪寧，天輒應，澍雨，灾沴息，而禾稼豐于時。農夫相與慶於野，商賈相與慶於市，士庶相與慶於家。其既也，鼓舞歡呼，不能自已，相率而走謝於公之庭，曰："是實我公之雨也。"公峻拒而不居，且曰："是天不遺弃我民而賜此雨也，毋亦事有適然者，於予奚有哉？"

厶時從諸謝者後，乃揚言曰："公烏得辭是而不居哉？夫陰陽之精本於地而上發於天，故人事感於此，則其應見於彼，猶景之象形、嚮之應聲也。《書》曰：'肅時雨若。'傳曰：'五政順布，甘雨乃來。'厶處林壑久，竊聞輿人之頌公者曰：'公之御吾郡也，端方鎮定，暢達光明，視脂韋梯突之習若將浼然。儉約居身，絲粟無所及，廉貞之操質諸神明而無疑，徵諸庶民而無間。軌眾齊物，動循矩矱，宣明教化，振肅章程，在使民易避而不犯于有司。百務躬親，無所假托，操執堅定，砝不可移。訟獄聽折，幽隱畢照，得其要而不深探其非。庾藏出納平允罔滯，公費之需一切廓清，應轉輸之役者忻忻如也。束胥史，黜貪殘，抑強頑，植良善。宿奸老蠹斂手屏迹，無以售其欺。巨俠豪宗革面改觀，凜然若公日臨于上而不敢肆其橫。蒸黎編列相安相養於田里，而各樂其生。夫天地以生物爲德，而其所甚欲生者人也。公承天之德而致之民，克當乎天心而不二若此，則精神之所昭格，志氣之所潛孚，真融會流通，合一而無間矣。然豈一朝一夕之致哉？故欲之而必至，感之而遂通，天人相與之機，遠而近，微而顯，誠而不可掩有如此者，至于三、至于四而未已也，是尚得以適然爲辭耶？"

居無何，天子擢公關西按察副使，奉璽書飭兵于洮岷。闔郡之士若民若農若商胥奔走徬徨而相告曰："公好生之德，愛護我深，真若慈母之育赤子然者。吾儕方祝公久於此以終福我民，奈何奪而之他耶?"聞公戒車徒,率相視泣下,圖所以留公行而莫可能也。

時邇郡諸邑侯,若予邑陳君、洪洞王君、襄陵史君、安邑袁君、翼城劉君、曲沃楊君、聞喜文君、臨晉史君,皆制策同舉,筮仕同地,其承公德美以宣布於民者,而績用又同章著也,尤不欲違遠乎公,儼然造厶以言徵,且曰:"自公統諸邑,裁無經之費,停非急之征,省泛濫之擾,抑虛誕之詞,無至邑之吏,無輕下之符,蓋志在抑民而以情體乎邑,故列邑得不奔走於期會,而畢力以庇乎民。予輩方慶值良師帥,願事之以成始終也。公今顯擢而遠移,款款之私曷已耶?誠如祖宗制,守郡必再考,或九載而後遷,其政績茂異者,雖卿長丞弼而必畀焉,豈非計之得哉?"

厶曰:"任久而陟崇者,祖制之遠也;簡賢以熙載者,濟時之宜也。頃以邊圉務殷,輔臣請拔異才以樹大烈,方若饑渴之於食飲然者。公向治廬江,聲實昭焯於天下舊矣。茲莅吾郡,宏猷茂績于廬尤盛焉,一時循良之烈,謂海內有二耶?故西土奧區,關陝屏蔽,朝寧借公而委寄焉,謂非歷試意耶?卿長丞弼之任,以溥霖雨之施,以大格天之業者,方刻期至矣,再考、九載之規,固奚暇爲吾一郡計哉?雖然,吾士民之不欲違遠乎公者,以公保我生也;諸邑侯之不欲違遠乎公者,以公保我民也。精誠所會,皆匪私圖,安得不嗇食頃間公秉節擁麾,撫填全晉,若向之甘澍應祈而至,以光被格天霖雨之澤耶?"

諸邑侯曰:"天聽自民,惟天眷德。帝命不違,俾吾人從欲以治,固昭格之理有必然者矣。請書以俟焉。"

贈邑侯陳遇泉之姑蘇序

遇泉陳公以戊辰釋褐,是秋來令余汾。時歲值不登,邊鄙騷驛，部使者行縣，甫莅事，以警報孔棘，馳駐塞上，核首功，民相顧無色。公孜孜撫諭，曰：“若無庸虞，予茲以身爲若扞。”率士登陴，畫疆授任，號令明肅，擊技改觀，若宿將臨戎然者。復示以暇豫，衆志舉安。既解嚴，即請賑貸，發儲峙，時給予，先煢獨，雖窮谷僻隅悉實受其福，民忘歲凶。明年遂有秋，諸司徵發稽逋，符檄叢積。公品量緩急，劑調後先，務在節民力而不傷。暇則進學宮弟子英穎者，使在便坐受經，訓誨規飭，月校時程，于是汾水之上弦歌誦習聲洋洋也。公忠誠坦易，慷慨直前，與人言，洞見底裏，城府機械之習視若浼己然。晦庵朱子謂光明洞達，無纖介可疑者，公真其人矣。

維時督撫臺察諸臣相繼疏公治行于朝，言雖異文，大指謂公持己廉，與人恕，均齊賦税，子育黔黎，其所施政咸合於物宜。至若奮禦戎之略，殫恤饑之勞，初試而具有成畫，誠識治之宏才、廉平之良令也。若使出入省闥，必能進納忠益，裨補弘多。若是者疏凡六七上，英聲茂實，照耀冀方，一時罕或儷焉。頃聞舉內徵，衆謂必公首錄無疑也，乃僅晉貳姑蘇。吾邑士庶驚疑奔走，莫究其端，胥曰：“我公治行之章美也如此，今茲之遷陟也乃如此，胡爲而然耶？”

厶曰：“功同而位異者，命之制于天者也；途殊而致一者，道之由於己者也。命惟制于天，故宜嗇者不能益而豐，宜淹者不能促而速，雖手操化柄，亦聽其所制，莫之或知耳，逡巡之人能測其端耶？道惟修於己，故穹階膴仕不能使之加，稗官散秩不能使之損，要求其在己者何若耳。夫天之所以與己者，豈其微哉？可以運陰陽而順四時，可以輔天地而遂萬物。修之非其道，雖貴窮人爵，猶無位也；修之盡其道，則雖一命之寄皆可以濟當世而垂後來。故善蓋一世而不以爲德，澤被天下而不以爲功，崇高而不以爲榮，卑約而不以爲屈，豈非以其致之一哉？夫位或殊科，而道無二致，是之謂順受不違，命自我立矣。彼以一時之通塞顯晦謂足以等差人物者，於道非深者也。余嘗竊識公，向之治績昭宣，譽命上逮也，未嘗奕奕然以自喜；今茲之遷也，油然履順，未嘗悒悒然以外尤。蓋公修之己者非一朝夕矣，所由惟一，是奚有於崇卑出入之間哉？

“昔在敬皇時，蒼梧東湖吳公之令順德也，字民知子，居官如家，幾九載矣，乃遷貳成都，復改松江，時論亦錯愕罔夷。吳公殫勞效力，不異爲令時。居無何，馬端肅、劉忠宣交薦所長，遂飭兵廣海，胥推胥引，以功名焉終。究其平生所歷，得郡邑之力居多也。陳公蒞吾邑，孚惠罩於庶類，誠心信於士大夫，固有耳目所共歆羨而愛樂者。三吳會郡，實國家之敖倉也。舟車賓客之出於途者肩袂相摩，綺麗紛華之悅於目者徵求相禪。海氛尚備征輸，餉給之費未遑損也，民亦勞止矣。公出往者賑饑之策以拯其民，備胡之略以禦其寇，雖棼劇錯至，而已試者具存，蘇之民尚亦有利哉！夫於民最親而施澤最易者，莫郡邑若也。向公之惠愛吾民，或格於郡也是虞，今茲不患矣，道可以大施，膏易以下究，推轂之意謂不在斯耶？夫簡賢授任，匪以市恩者，大臣體國之猷也；因職殫勞，無求便利者，君子徇國之義也。若夫較中外之安危，商官資之崇庫，豈公之素哉？并美吳公，垂光信史，卜於此行矣，俟爲公頌焉。”

贈司諫朱可山之留都序

莆陽可山朱君自舉進士、守中書，今蓋六年矣，養益深，譽益著。茲蒙恩擢司諫南垣，同鄉諸大夫莫不慶君之榮進，而又重違君於南也，屬余言以爲贈。

余惟聖主置諫諍之司，所以神明其耳目也，故必簡執德不回之士、鞠躬匪懈之臣任焉。上而九重之舉措，次而百司之淑慝，下而群生之休戚利害，悉其所當言者。夫簡焉拔其尤，言焉爲其責，則敢諫豈所難哉？言適其機，動收其績，斯爲不易矣。嘗觀夫慷慨自許、抗論盈庭者，豈不奇偉大丈夫哉？然或失則驟焉，或失則激焉，或失則煩焉。驟者情未孚，激者理或窒，煩者告瀆而厭心生，率行未有聞而咎踵之矣。此自昔奮謇諤之氣者時抱孤憤之懷，負當世之望者鮮奏回天之績也。噫！是豈忠愛之不足以結主知哉？夫逆耳忠告，相知或至絶交；面折隱微，匹夫猶能按劍；矧君臣之間耶？昔周公、孔子，天下之純臣也。周公繫《易》曰"孚乃利用禴"，又曰"納約自牖"。孔子曰"信而後諫"，又曰"吾從其諷焉"，至事親則曰"幾諫"矣。二聖人者，豈不樂夫危言極論以章灼時人之視聽哉？而必欲誠信感孚、從容啓導於君父之側者，期於國有濟斯已也，肯快心一試，即曰"吾責可盡耶"。是故克家之子，凡其有益於父者，思無不言矣。若曰抗言法語，徒傷慈父之心，於事無裨焉，孝子不爲也。夫君、父一也，何獨至爲臣而異哉？是故誠信以上交則言易入，因明以通蔽則事易從，托諷論以獻規則聽易興而疑不作。由是而弼違陳善，斯庶政可修也；舉直糾邪，斯百僚可肅也；民隱畢陳，斯天下可安也。訏謨而宣力，程功而計庸，又奚必震耀耳目而後爲快哉？

朱君忠信性成，物宜夙達，温恭外蔚，朗鑒内涵，其於驟、激與煩無庸患矣。然寰區之事變方殷，薦紳之傾仰方切，則又不容以紓徐時發爲者，朱君其亦思所以識其機而亟反之否耶？急其重而緩其輕，志其大而略其細，畢力於公誼而不恤私圖，而誠信明通之念尤急急先焉。將見朝奏而夕行，計從而績底，布名實於無窮，垂聲光於不朽，如余前所陳者，固君素所優也。余知君也久，爰借書之俟厥成焉。

送宫保大司馬雙江聶公還山序

自昔聖主之禮遇賢臣也，渥恩大任既隆其始，必優閑容保以全其終；賢臣之遭際明君也，宣力匡躬，既奮其績，亦必功成不處以完其名。是二者，其相須恒殷而相值恒疏者何哉？上罔均勞逸以體臣，下罔鑒止足以潔己耳。若今大司馬雙江聶先生以年至請也，我皇上優詔許焉。噫！聖皇終始之恩，賢臣出處之節，誠曠古今而僅見者矣！

初先生談道東南，豪隽雲集，迄爲御史、守姑蘇，率風猷茂振。嗣以親老還舊山，若將終身然。閱十年，逆虜再犯汾晉，欲窺平陽，上起先生往守之。至則築亭障，嚴守禦，虜仰攻不能入，乃遁歸，保釐偉烈，照耀一時。竟以是觸權貴人，誣陷還山。又三年，虜入畿甸，京邑戒嚴。上雅念先生，且大臣薦，遂以都御史召，撫燕薊。尋進少司馬，理京兵。又二年，擢爲大司馬。先生咨方略，簡將帥，練兵扼險，日孜孜不少休，食息省署，罕至私庭，頻年三輔晏然，邊圉屢以捷奏。上嘉先生功，晉秩官保，先生恒蹙然不自安。今年年六十九矣，勞瘁既積，精神遂不逮往時，乃懇疏乞骸。上諒其誠，不忍奪焉。

歸有日，或謂厶曰：“上知先生也深，故起於廢而大任是加。時制下，朝士忻忻然慶也。今南北尚未寧，先生年雖及，亦未甚衰。在先生未宜以去請，在朝之臣亦宜圖所以爲先生留者。”

厶曰：“其然哉？其然哉？夫隨時以爲用舍者，大君之仁也；審己而爲去留者，大臣之義也。我皇上旁求俊乂，不求備於一人，故壯猷顯允，則使之爲憲萬邦焉；膚公既奏，則使之投閑林壑焉。體其情而不强其所欲，真猶天地之於萬物，春華之，秋實之，歸以曲成不遺已矣。先生自管兵樞，絕境外之交，罷燕享之好，上下干請，一切不行，要在伸己志，杜私門，專心報上而已。即今所樹立謂不足以暴白於天下耶？氣血漸衰，攄誠求退，是即子之於父母也，惟命東西矣，而癢痾疾痛之告，寧有一之非由其衷耶？矧申嚴法紀，搜剔弊源，拔識材官，森布險要，先生雖去，其訏謨遺烈固屹然在也。杖屨鄉閭，則孝弟忠信之化又其子弟所熟聞而習服焉者。是先生之所以答深知而效臣節也，其視去留奚間哉？"

或乃憮然曰："聖主終始之恩，賢臣出處之節，誠然矣！誠然矣！子職也史，尚謹書而備録之，以爲萬世法焉。"

賀憲伯陳芝巘治兵雁門序

頃者虜犯雲中，逾時弗靖，所司奏不以情。天子震怒，逮治守臣於理，遂易置諸鎮帥，擢雁門兵備副使撫遼陽，即簡大梁僉憲芝巘陳公代厥任，蓋慎擇而超陟也。雁門爲三晉門屏，連山岩突，斗辟厄隘，往以雲内爲藩籬，憲臣特理訟牒，稽儲峙，除戎肅法，用振兵威已。自雲中不固，虜趨徑易蹂隘，直逾關而南，辛、壬間太原大警，曷嘗一騎由關入哉？自是憲臣及秋乘塞距險以扼，胡少逾而南，即從軍擊之，職辦視往時相懸矣，故非忠實無他腸、慷慨有遠略者弗輕畀也。而擢以五品，實始自公云。

公往爲司馬郎，熟戎務。入梁未十日，即提兵戍白羊，猝與敵遇，乃合督府兵，張掎角，大挫虜鋒。幕府上功，天子進公階一等，聲實在人，豈一朝夕哉？予與公同舉進士，游梁，同省署中，相得甚歡。每從公究邊事，公蹙然曰："往予戍塞下，日與諸邊臣居，習聞其言議，讀其封事，未嘗不惕然汗沾衣，蓋談天雕龍技耳，邊務奚從理哉？"予心服公言，竊嘆曰："嗟嗟！陳公兹所以係天下之重耶！安得公即仗鉞西方，以紓邊困哉？"

夫封疆之臣握符專制，所以先國家之急而撫生民之命者，未有舍忠信不欺而濟者也。今雲中之患非失是致耶？邊人之驅於胡也，困頓奴戮，其心豈不日夜思東歸哉？間關百死以叩塞垣，而守臣刈艾之，云獲零騎，是非堅其從胡耶？窮邊之氓，荷戈而耕，關弓而游，虜卒與虜值也。我軍乃搜巖穴，破垣堁，取其首以爲功。甚者束縛孤弱，捶擊暗啞，曰捕得虜生口間諜。噫！痛哉！民心奚賴？如之何而不化爲胡耶？往逋逃之黠者導胡攻漢，今自爲一屯聚，若大敵然。是固無損於三關，三關從茲多事矣。乃今得陳公往，若前所云，奚足虞哉？故烽火盈郊，智者不憂；豺狼嘯集，勇者不懼。惟得忠誠不貳之臣，安輯其人民，綢繆其心志，順逆既明，疑貳不作，三關之民固有勇而易使之興者，彼狂胡妖逆特折箠笞之耳。陳公抱忠履信，重然諾，恂恂然不自暴，弘偉暢達，受事立治，承先公大司馬翁徽猷於諸邊，利病興革，若燭照而數計也。今茲之往，豈直爲三關慶哉？頃公治大梁，將奏績，御史大夫章公、臺察楊公各疏留公行，若曰："陳僉事者，梁民所恃以爲安，不可一日違者也。"疏上，而公已擢矣，今梁人尤深念之云。

贈郡丞趙蓋齋入覲序

在昔唐、虞之際，堯、舜垂衣而治矣，而二聖人之所咨咨者，曰洪水方割也、蠻夷猾夏也、寇戎奸宄也，必旁求奮庸熙載之能者以共爲理。頃之，聖臣得而治功成，萬世稱明焉。二聖人以是三者爲先務蓋如此。今天子在御，海內乂安；然中外所患亦有三：曰河決也、虜侵也、盜擾也。陛下軫念元元，布德音，下明詔，冀獲卓犖奇偉之英，收底定蕩平之烈也，而推轂之臣動以乏才虞。夫天生賢才，自足以供一代之用，才豈乏哉？毋亦求之未適其要，識之未灼其真耶？雖然，才難之嘆邃古已然矣。所謂才者，豈騁辨給、炫聰明，儇巧操切、跅弛滑稽以違道釣名、希世取寵之謂哉？負悃愊之資，樹純誠之志，屬修正之行，敷醞藉之謨，急公上而不顧私圖，務遠猷而不規近利，是之謂才與誠合，得之所以難也。

以今觀於吾郡侯藎齋趙公，蓋真其人矣。公初守濮陽，醇謹廉平，以惠愛爲行；簡除煩瑣，禁察非法，敦尚禮則，不專任刑辟；存問耆舊，矜恤孤寡，吏民愛敬焉。操持公正，人不可交以私，而性質明敏，凡冤嫌久訟，歷政所不決、法理所難平者，莫不曲盡情詐，剖釋群疑，治行爲東方稱首。適河決彭城，漕渠阻塞，理水大司空辟公佐其事。公日御舟乘，商度形便，鑿山阜，決壅積，疏導支流，防遏衝要，立水門以利漕，遂無潰漏之患，簡省役費，成急而功堅焉。天子錄公功，賜璽書褒異，推恩父母如其官。無何，遂擢貳吾郡。公治郡一如在濮時，民心即忻忻然親附。甫三月，逆虜逾鎮西，寇汾石，烽火徹於近郊。郡東關故有城，卑可逾也，衆心皇皇不自固，胥請公爲守禦計。公慷慨登陴，部分卒伍，嚴警備，授方略，若老將而百戰經者，衆心乃安。虜既遁，公具白撫臣，請爲改作圖，得報可，乃下令曰："茲爲若百世防也，顧財力無從，予不汝強，其各以力所及自爲垣若干，予將稽其成焉。"士庶樂從勇任，若恐或先。公按堵布工，授方合作，簡賢分任，稽察有經，計役更番，勞逸均適，躬臨督視，晨至而夜歸，雖溽暑炎埃，衝冒不怠，圖惟鼓舞，務爲經久規，不啻若治其家垣墉然者。未數月，崇城屹立，允矣金湯，士庶歡忻，頌聲洋溢。越明年冬，桑灣劇盜李九經猖獗甚，剽聚落，焚官寺，據幽昧奧區，連接關陝諸巨盜，萃逋藏奸，非一朝夕矣。武帥往討不力，反爲所傷，愈放劫無忌。憲臣上言，詔責諸監司以平賊，監司舉屬公。公躬率將校，駐師要害，露居野宿者三閱月，賊遂困，乃播告賊中，投戈來歸及解散者咸聽自新。既而四布奇兵，分塞隘險，身督大兵往擊之。賊猶旅拒，公麾壯士先登，諸軍雲合，賊技窮鳥散，遂殲渠魁，餘黨悉平，巢無遺寇，闔郡寧居焉。於是部使者各薦公政績於朝，章凡五六上，復再列建城、平寇駿功以聞。天子再錫帑金，寵榮光大也。

今年冬，公將部州邑長吏述職闕庭，吾關民奔走徬徨，若赤子之將遠慈母然者，胥造厶曰：“公不遺弃我民，勤於計畫，身任其劬勞，以成茲巨防，俾固我家室、保我子孫者，秋毫皆公賜也。公今入侍聖明，吾輩不得朝夕繼見，區區慕戀之私曷能已哉？子其爲之辭。”

厶惟今天下之大患三，近代以才稱者率計免巧營，而公皆身任其事，且隨試輒效，功施寰宇，澤被蒸黎者何哉？蓋公之真才固踔絕，而以心之誠施於事故也。公之莅濮也，居而民悦，去而見思；今在吾郡也，兒童、走卒少失其平，必於公而求直，愛戴瞻依，一體罔間，真若腹心、手足然者何哉？蓋公之福我民固深且久矣，而其心之誠信於士若民故也。公之才與誠合，雖古以爲難矣。今敷奏赤墀，天子録公既往之功以屬忠良，則必受大賜而被親禮；天子期公方來之績以康海宇，則必付大任而畀重權。公之道由是大行，吾郡不亦并受其福哉？《大雅》之詩曰“柔嘉維則，小心翼翼。天子是若，明命使賦”，誠公之謂矣。又曰“城彼東方”，又曰“式遄其歸”，敢以是而致部人之私焉。

贈余龍岩之南寧序

是歲秋七月，我皇上軫念遐方長吏匪人，民滋彫弊，乃命銓卿簡拔俊尤以充厥任。于是雪川余龍岩氏被擢南寧府幕焉。余子之姻包玉溪氏，初與予同館於都門，至是持軸以余子之行爲請，且曰：“而人者，浙之良士也。直而溫，願而信，行無逾越，言無詭慢。其先世文華修美，爲司馬大夫，世業流風，耽學操翰之士炳炳有聞。其王父出宰□□，懋流聲迹。余子溯典墳，窮

《丘》《索》，詞采之譽自鄉國達于辟雍，衆夘以華近期之。今僅得是，且在西南數千里外，若非余子之所宜也。願吾子序之以壯其行。"

予作而言曰："自昔負瑰奇之器者不繫於方隅，建蓋代之勛者每成於絶徼。士之感奮風雲，業垂不朽，奚必於華近爲哉？故班生流玉關之迹，相如樹西南之聲，才有所由弘，功有所由會耳。夫浮雲、絶塵，馬之良也，使徒鳴和鑾、列天仗，則駑駘并論可矣，必懸坂峻棧，騰驤縱策，則千里之良斯見焉；湛盧、豪曹，器之利也，使徒割柔膚、解脆腊，則鈍缺可同功矣，必犀兕盤錯，迎刃會通，則斷金之利斯見焉。夫物則亦有然者，況君子之仕乎？夫仕所以行義，非以騁欲也；所以拯民，非以適己也。故乘田委吏，大義攸存；絶域窮荒，皆吾同與；䂓府僚非冗秩，南寧爲要邦乎？然八桂奥區，密鄰象郡，今雖效順，尚未革心，且猺獞竊發，夷獠煽興，南寧在今誠艱錯地也。余子承先葉之遺休，蘊弘奇之偉略，毋謂南荒而遐遺之。紓謀效力，殫慮宣猷，非以炫能也，曰行吾義而已；撫摩鞠育，植弱鋤强，非以沽譽也，曰擾吾民而已。且覽古今之變，窮得失之原，植密畫於帷幄之籌，發群謀於曳裾之列，上爲國家導揚威命，消患未萌，下爲西南式遏亂謀，折衝樽俎，則義盡民安，垂聲邁烈，流嘉美於無窮矣，遐邇崇卑奚擇哉？不是之思，則雖躋膴登顯而廢義戕民焉。噫！是豈君子之仕哉？"

包子曰："允若兹，行無不利矣。"遂書之以爲贈。

校勘記

〔一〕"奪"，疑當作"專"。

〔二〕"恤恤"，底本多訛作"衂衂"，以下徑改，不再一一出校。

序

贈憲長馮修吾飭兵江左序

頃歲以長江多萑苻之警，自湖湘達於海門，民苦敓攘也，詔設按察副使，駐治于池陽，振飭姑孰、宣、歙諸戎務，仍命操江都御史持節督舟師，聯屬沿江數千里，以詰盜戢民，屏捍留都，德意至深遠矣。是歲秋，蕪湖不誠，江賊入邑中，掠帑金，捆載以行，莫或敢攖。司事者馳書上聞，天子震怒，下詔若曰：“是惟畿輔要區，繫豈纖細哉？而吏失紀綱，奸宄不禁，至搜索官寺，剽劫商旅，爲國家典戎、備職民牧者安在耶？諸司其議罪所宜，仍簡忠誠有才略之臣往莅厥官。”帝鑒孔昭，臣工警惕，遐邇細民莫不欣欣然慶也；然當事者其選方艱。時吾晉臬憲副修吾馮公，適以入賀萬壽捧表在闕廷，儼然其容，油然其色，蕭然其風神凝遠也。玉立班行，朝紳屬目，岩廊雅知□〔一〕者胥動色相告曰“是頃守池州而遺愛入民深者”，又曰“是往貳新安而悉心求民瘼者”，又曰“是弱冠令泰和而老吏屈服者”，乃江左人士猶孜孜願借公以式遏救寧焉。天子采群議，錫璽書，命公仍本秩往臨之。時公積資已及考，薦牘在公車者以十數，衆謂名位宜晉以寵勞臣，意公或愧于衷。公怡怡然不少異，大禮告成，戒行李，遵陸趨所治。吾平陽郡伯胡侯暨貳郡王君、別駕吳君、節推李君樂公表率之化，且以吾人之宜公而難其行也，屬厶爲之言。

厶惟大君以已試而任賢臣，則政不煩而功業顯；純臣以殫勞而終王事，則官不曠而績效章。公秉憲茲邦三禩矣，未聞有旬月寧居臺署也。河東舊以僉憲巡而理兵爲兼縮，乃者廟朝謂地大政殷，官稱未足示彈壓，特命公以今職臨。夫職崇則氣無餒，任專則志匪分。公感簡命之維新而戎事之久弛也，惴惴不自安，乃聯什伍，簡將領，明步伐，時訓教，旌旗壁壘，秩若改觀，而先備警心，若寇在眉睫間然者，依山夾河諸醜類遂寢其不逞謀。行部所至，進父老於庭，講求利病，亟興舉而屏去之，恐或後期。冤嫌久訟之獄，一經臨鞫，不數語輒犁然當其心，自謂見公晚。繩正所部，風威大行，俾群吏各修其職務，奉其條章，毋有苟且欺罔心。豪宗巨俠俯首就繩墨，間取其一二無良殊異者麗于刑。噫！功德在吾民已無量矣，時豈豫於聲實之隆而徼君上之寵哉？蓋其學誠，故其行確；其志篤，故其政詳；其度弘，故其守固。浩乎淵海之莫涯，鑿乎金石之弗易也。公自以爲奉法舉職，道固若是爾矣。諸督撫、臺臣審察而周知之，列上治行于朝，胥謂比歲北虜業已稱款，公壯猷未大見諸行，欲令有所施措以成駿功。茲興議所以畀大而投艱也，豈特慰南國之思哉？

然今天下號無事，兵革不興，調賦鮮少，而盜賊時作，是豈其性與人殊，抑果飢寒迫躬然耶？昔龔少卿治渤海，選用良吏以牧養慰安。張忠定再入蜀，蠲滌舊惡，開誠布惠，化盜爲良。二公治迹昭昭，往牒可徵也。語曰"安定者貴順民"，又曰"容民以畜衆"，不知今昔有同否乎？夫勞情游意，簡用俊良，以圖政理者，天子之明也；竭力致身，奠安畿甸，以仰答主知者，人臣之義也。公鎮吾邦有成烈矣，舉而措之，殊勛茂績非猶持左券取耶？若乃計資序之崇深，較遷陟之淹速，是猶鴻鵠已翔于寥廓，而觀者猶在於藪澤也，非足以知公矣。

贈侍御項漁浦參藩西蜀序代作

夫豫章產於岩嶺，高直聳秀，條暢碩茂，粹然立於千仞之表者，和氣之積也。氣之既積，是有貞心勁質，棟梁榱桷，隨用而適焉。君子之志於學也，致虛守靜，直探性命之源者，求有諸己也。學有諸己，於是寂足以通感，虛足以立有，靜足以該動，而崇卑出入用罔弗臧焉。學而匪是之求也，則肆志於文詞者，施於政而芬眩；滯心於訓詁者，措諸事而扞格。噫！謂君子之學若是耶？

吾郡漁浦項君，其求諸己者歟！君沉静專一，不事口耳，而必欲以見諸行。早奮賢科，遂典學于安吉，進于成均，率振起化導，力求發所得者施於物，摳衣之徒咸彬彬然嚮之，日章之聲振於京師。在國學甫三年，詔拜侍御史，再巡畿旬，按東藩，風裁所加，奸宄震悚。然持務大體，屏煩苛，尤悉心刑獄，審聽平反，每曰：“吾法官，豈可令吾遇者而冤哉？”激揚人物，巨細允協，一時推名侍御，必曰項君。君立中臺且八年，頃乃陟西蜀少參，士論以君望浮于遷也，率嘖嘖以爲慊。既戒行，君之寮某君、某君以予舊從臺後，且君鄉人也，徵文以爲贈。

予識項君賢舊矣。君與人居，言呐呐不出口，至論道理是非、古今事當否，則亹亹有章，確然如石，蓋世俗所不能移者。乃始而典教則潔己履方，是小用之而不爲屈者也，故人士尊其訓焉。及奮庸秉憲則素履不渝，雖大用之而不爲加者也，故貪夫曲士至望風聲先去以滅其迹焉。君其隨用而臧者矣，矧今參省位崇，西蜀地善，出素學以臨之，吾決其易易也。然邇者邊圉孔棘，積兵備虞，詔徵逋括賦于四方，而茶、鹽之利責之蜀也獨切。麻陽鼠竊已歷歲時，兵革饋餉又蜀近膚之剥者，亦非向無事時比矣。足國用而寬民力，今日省臣之先務也，項君亦思所以善是者乎！夫酌損益之宜以紓公上之急，匪智無以燭其幾；劑緩急之科以達撫綏之惠，匪仁無以致其愛。協仁智之施，是在項君舉斯心加之耳。君自信以道，與人也以義，已歷試而徵者，今茲之往，其必有以成夫吾言也哉！

賀封君霍梧岡改封侍御序

國家推恩之典，七品而上仕于朝者三載考績，得封其父母；而外僚雖奏績，必聲實茂異、薦牘屢騰者始豫之。噫！得者良艱矣。然郎吏不再封，內外無并命，君子之心恒有不能以直遂焉者。故希曠之恩間錫改封之典，則所以勵有功而褒異等爾，其得之之艱，又豈啻十百千萬已哉！

孝義梧岡霍翁素淳樸長者，乃子思齋君早以制科司刑永平，甫三載，臺臣論薦，章數十上。既報政，天子嘉之，乃馳封翁如子官。居無何，擢霍君爲御史。君忠貞夙負，慷慨敢言，然務持大體，不沾詭激名。出清戎二浙，核逃絕，省勾稽，停更互之煩，立畫一之則，糾正貪黷，旌別廉潔，時論翕然稱快，風聲所及，庶士想聞。頃還臺敷績，天子復錫命示褒，君乃疏請改封翁如今職，特制允焉。翁及太孺人年率甫六帙，康寧偕老，并沐寵靈，豸服翟冠，光榮罕儷，誠汪濊之湛恩、褒崇之異典也。同鄉圖所以爲翁賀者，而委言於厶。

厶惟帝王本人情而錫褒封之典，所以勸爲臣者之忠也；人臣藉國典以酬罔極之恩，所以伸爲子者之孝也。是二者其相須也甚殷，而相值者甚不易也。故皓首外僚，榮不逮親者，世之通患；然立朝積歲，國典不沾者比比有之。是雖制以地異，心以分拘，要亦爲之自我者未盡也。蓋內績奏矣，而必稽之於天官之籍，則愆尤少集者弗與也；外績奏矣，而尤準之以憲臣之薦，則名實猶人者弗錄也。噫！此一命之封，吾見亦罕矣，矧渙汗再頒，龍章改錫？是豈皇上之私霍君哉？蓋御史之重，古昔已然；我國朝損益百王，委權尤甚。夫假之以大柄，寵之以榮名，豈徒使之自有餘而已哉？蓋欲其以國家之心爲心耳。霍君之居是官也，直道孤忠，獨立當世，秋霜夏日，不可玩狎，蓋能勝其重矣。勝其重於己，故能推其榮於親。國家亦以君之心爲心爾，相須殷而相值易，豈幸得哉？雖然，改封之請，霍君顯親不匱之孝也；從君之請，我皇上體臣無已之仁也。荷天地之殊恩，遂子臣之至願，霍君於此其亦將奚以爲報耶？吾聞之，臣道以匪懈爲純，子職以善養爲大。往君奏節推之績，國家即榮翁以節推矣；今君奏侍御之績，國家復榮翁以侍御矣。繼自今，霍君之懋績愈不窮，則國家之榮翁者愈無盡，豈惟今日然哉？厶不佞，尚當執筆爲翁頌焉。

贈侍御張望峰按東關還朝序

洪惟我祖宗神武雄圖，定鼎幽薊，蓋扼天下之吭而拊其背也，淵謀遐算，尤嚴萬世之防。乃塹山堙谷，環列塞垣，而自山海抵黃花鎮，則統曰東關，所以遠控東夷，邇制三衛，褫北虜之魄而保奠皇極之尊也。乂安既久，關務漸隳，天順初，始歲遣御史奉璽書臨之，舉關以聽焉。庚戌秋，虜犯畿甸，實自關境入，天子震怒，于是凡有事于關者選愈加愼。越明年，望峰張君以有聲臺中特簡往按。君慨然曰：“兹關方多故，皇命赫赫，某曷敢不虔？”乃躬抵塞下，稽險隘，嚴斥堠，閱軍實，較擊技，詰奸剔蠹，興利振頹，未旬時，營伍壁壘改觀易色，將卒偏裨奮迅爭先。閱歲，遂無警。事既竣，臺長錄其績以聞。於是吾晉諸同年欣欣然過余，曰：“偉哉張君！子容無言以章其勞耶？”

余惟東關者，京都肩背之地也；臺臣者，國家耳目之司也。耳目司其官，而後肩背得其養，理身之與爲國奚異哉？世之高談性命者輒鄙及兵，而以知兵稱者率大言而寡實用。噫！其無裨於國均矣。自張君之臨關也，余時時閱邸狀，得君諸建請，有曰謹關隘，曰察幾微，曰明戰守，又有重戍兵以及黜債帥諸疏，未嘗不撫几而嘆曰：「嗚呼！是切時之藥石也。張君其無負於茲關矣乎！」然此特其章章大者耳，而余不及知者尚多也。及聞之邊氓，則謂君興舉適機宜，籌畫殫心力，有未易以縷縷盡者。噫！一關之任，期月之間而建立已若此，君其可以對揚天子之休命矣。然吾又聞之，養由基，古之善射者也，非以一發破的而得名也。王良、造父之御善矣，而豈必以輕車坦道爲之後先哉？茲關之臨，君銜命之一耳。繼自今，上之寄乎君者當益隆，則君之奮於績也當益力，鴻業勒於旂常，休聲垂於不朽，是固君之素也，其尚無負於今茲也哉！

賀李□□敕封給諫序

昔萬石君以恭敬純行訓於家，諸子孫亦如之，孝謹聞乎群國，雖齊魯諸儒質行，皆自以爲不及也。逮子建、慶輩既擢用，於是景帝曰：「石君及四子皆二千石，人臣尊寵乃集其門。」號奮爲「萬石君」。余每讀其書，未嘗不慨然遐思。夫石氏淳謹之風、漢室褒異之典皆三代之遺也，欲身親游其間而無從焉。既舉進士，得與榆石默齋李君同讀中秘。李君溫潤含弘，繩趨矩步，余心甚異之，出入恒以爲則。越明年，尊甫□□翁就養宦邸，余往候焉。竊視翁，其貌凝然而和，其言藹然而約，其衷坦然而無所營，余乃知李君之善有所自也。居無何，翁告歸，余適以使過榆石，復往候，則見翁仲子力田以養，諸孫方茂學，爲邑諸生，皆恂恂若訥，奉訓無少違。出而見邑之長老、大夫慕翁家行，交口譽無間。余私心自慶曰：「是與石氏何異哉？」李君自中秘爲給事，廷見如不能言者，至事有可言，抗疏極切，至再觸禁戒，不少渝。壬子秋，君居刑科三年矣，太宰最其績以聞，天子嘉之，遂推恩封翁如厥官，制詞亦以淳朴孝謹稱焉。不數月，天子三擢李君至都給事中，湛恩汪濊，天語昭回。噫！是與漢之褒異萬石君者又非同耶？

夫飭躬蹈道，善之修於己者也；榮名尊寵，澤之出自君者也。翁之忠厚承家，特修其在我者耳，豈以爲干澤計哉？然而繁祉方來，有若日升川至焉者。噫！是可以觀天之道矣。蓋善集而慶斯長，和鍾而祥斯發，是固其氣之相爲流通，而亦其機之不可遏者。猶之江皋河瀕，土之沃矣，陰陽之所會，雨露之所滋，而草木夭喬敷暢，旁達莫禦焉。磽确之區化育雖均，而有萌焉亦罕矣。天何心哉？君澤之頒，一天道之運也，自然之感召，亦豈翁能預期耶？然翁今年甫六十餘，强壯若四五十人；李君物望方殷；諸孫蔚然嗣奮，而忠厚一脉亹亹不衰。由今視昔，翁於石氏，余又未知後日孰爲上下耶！

翁既拜命，吾晉諸大夫欲余有言以章翁之榮。夫淳龐悃愊，翁之素也，文奚足爲翁重哉？然區區欣慶之懷有不能已者，爰叙次之以爲贈焉。

賀郡侯胡順庵飭兵雁門序

甲戌春，吾郡侯順庵胡公持計上都亭。天子廉公治平爲郡國冠，召對内廷，面加褒禮，錫宴，賚金紫，以風示多方。維時中外臣民罔不踴躍，歌頌聖天子加志下民而旌顯循吏之得人若此其盛也。時公僚貳及吾郡士若民則恒念曰：“天子旦夕且顯擢公，吾儕莫由久蒙被循良之澤哉！”會言官建議諸宜民守長毋亟遷，乃胥慶焉。公滿三載考，部使者察民情之依戴公切也，各具疏薦留。而公初莅雲中，值互市肇興，劑量經綸，細大悉當，勛閥表著於一時。開府諸重臣復上書公車，欲得公共爲理。又明年秋，核邊少司寇疏言：“雁門介大同、上郡間，地接豐州、東勝，實戎馬踐蹂蹊徑區，任豈細緩哉？今司事者怠厥官，請特簡宏猷遠覽、篤中慷慨者，俾爲國家建百世之防。”詔擢公按察副使，奉璽書往蒞焉。邇邇臣民又莫不頌嘆聖天子之軫念塞垣、簡任憲臣之得人若此其至也。郡丞固安王君，通府章丘謝君、韓城賈君，節推廣德李君，謂從公郡署逾四秋，公啓迪周至，豈直親昆弟若哉？觀道德而奉教令，誠不能以須斯違遠然者。且公爲國家保乂我民，勞苦而功高，既受上賞矣，是宜即選管樞衡，奚異也？而復治兵邊圉間，豈所以息勞臣耶？

厶拜手揚言曰：“至矣哉！聖明擢公之心乎。在《易》之《師》曰：‘君子以容民畜眾。’《比》曰：‘建萬國，親諸侯。’夫水不外於地，兵不外於民，故畜兵必始於容民，而親侯所以爲民若兵計也。師、比相承，聖人之情見於《易》矣。頃來以材勇擅名稱於疆圉者談天雕龍，虛高其言論，而於民類草菅視也，非反裘負薪見耶？三關舊以雲內爲藩垣，屯卒列守，視諸邊未能半。自雲內守隳，虜技變幻，匪茹肆毒，率入自夾柳、廣武間，故雁門、平硎特重云。烽舉燧燔，憲臣即擐甲乘陴障，豈非最要害地乎？然兵疲民病，非一朝夕積矣。撫摩振起，悉於憲臣繫賴焉，任艱且鉅矣，是非極天下之選可易畀哉？

“胡公蒞吾郡，功德在人深，其宏且遠者未易悉論也。乃若省差科、簡刑獄，救災舉廢，潔己守公，以與民休息，真若慈母之視赤子然者。至椎埋作奸之雄，雖豪宗必敕法正刑，無所貸，故民愛戴公亦罔異其所生。夫能和輯其人民，必能拊循其吏士；能整齊乎庶務，必能飭起乎戎機；能式遏乎奸凶，必能撻伐乎夷虜矣。且雁、平者，三關之綱領；三關者，全晉之干城也。天子爲三關計深且遠，則一郡非所先圖矣。今聖德廣被，天覆諸夷，虜酋稽首來臣，貢琛保塞，此五帝三王所未有之烈也。竊聞道路之言關垣，司事類煦煦燕處，忘戒備謀。夫戎狄禽獸心，願適則順從，欲拂則驕逆，其天性然也。魚貫踵庭，請求無已，小失其意，患可測耶？夫鷙鳥未擊，斂翼閉目，若一無所能；猛虎未哽，垂首緩行，若莫勝其體：不察者以爲實然矣。迨見欲而動，迅飛奮搏，勢若風雷，賁育之勇曷施哉？戎虜無親情，豈是異耶？是在明者燭其幾，能者扼其吭，蚤見而豫謀，斯算之勝也。胡公忠誠明哲，簡約溫恭，不欲以才美自居，而茂實英聲流聞海內。天子熟公宜於晉之民、察於晉之務舊矣，因時簡任，玆特爲之階耳，行且付不御之權，寄全省之命，俾卓異之績再見於仗鉞之時，迪師中之吉，承三錫之榮，謂非諸大夫之所願欲哉？則夫觀道德而奉教令將須臾復至者，奚可以玆行爲別，雁、平爲遠耶？”

郡大夫胥欣欣謂爲然，曰：“是誠可以賀矣。”

贈邦伯蹇理庵入覲序

聖天子御極之八年春，實四岳諸牧入覲期，於是吾平陽郡侯蹇公將部所臨州邑長持計上闕庭。郡丞王公以公和衷義篤，依依然不忍數月違，徵厶有言以爲贈。

厶惟上計之典，人臣叙述其政績，以對揚于天子者也。公之政衣被吾人者深且久，顧謭陋不文，無能揄揚盛美於萬分一，敢略舉其概，可乎？吾郡，陶唐之舊都也，地狹隘而民貧，自上世稱之矣。入國朝，以後附見摧，賦額特重，疆域井里不能當全晉十之三，而歲賦幾全晉之半。石田陶穴，勤動終歲年，上供未或給，率逐什一之利以盈之二三，大賈浮游聲譽於南中，遂虛被沃名，行省所徵需，降胡所市易，視鄰郡特繁。且公族日衍，仰食縣官；戎伍踐更，先期餉饋，使軺郵騎趾踵相及：民坐是困。且部使大僚錯臨于上，條教之頒，人各其指，而觀會通以措諸行，非郡罔克濟也。所統三十餘城，諸凡蘖蘗之潛滋、訟獄之隱態、簿書期會之紛沓，有未易指舉者。是非有堅貞峻潔之操、含弘博雅之度、精明瑩徹之識、膚敏諳練之才，曷能安集其人民，整齊其紀度，舒布其謨猷，而使上下信從、欣慕愛戴之無已耶？若吾蹇公，乃真其人矣。

公尊甫文翁往以憲臣謫貳河中，愷悌宜民，仁聞溢乎郡境，蒲民思之若一日也。繼而公以守禮忤要人，自東臬謫知平定，復以周爰咨諏，遍歷并、冀，嗣盛美焉。郡人習公仁聲，非一朝夕矣。丙子秋，天子爲河東擇賢守，乃自皖城超擢莅焉。郡之人室家胥慶，以適所願望也。公至，首延見吏民，問知閭里所疾苦，乃下教曰：“守令之立胡爲乎哉？要在植生民之命脉，以培國家之元氣耳。今民困之未舒，非吏治之未飭也？吾兹與諸吏約，其毋溺時習，務以古昔自期乎！”乃輯三事，録刻以式，曰：“弗兹勉者非吾屬也。”旬朔詣學宫，進博士弟子，宣布詔令，講説經義，務在力行孝弟，令百姓嚮化。復爲之大起館舍，考校文藝，俾時進其業。宗人好學修禮者，録預髦俊以獎誘之；悖道違訓，則敕法無所縱。其臨戎伍，懲勸意亦若兹，要在俾之遷善遠罪而已。又汰里社之供，裁郵置之濫，時徵輸之令，慎出納之平，正豪横之辜，嚴奸慝之詰，除獄市之擾，裁燕享之宜，肅汰偕之禁，諸可以培乎國、植乎民者，忘其身之勞而悉力以爲之，更僕未易竟也。晨興坐堂皇，所部上册牘及求平訟牒盈積几案，庭下待訊決者千百其指。公從容裁判，悉協其機宜，片言折斷，犁然當乎衆志，老胥宿猾斂手莫敢舞其文。三十餘城之吏若民奉章程、信紀度，若公日臨于上而罔敢有縱心。士胥奮其學而興于行，民從而趨之，細民安于田里而供賦不違，郵卒嬉然以居而暴客不警，奸豪屏迹而獄市清寧，征斂有章而流移來復，民志有定而儀則不渝，郡人忻悦而戴公，詎直赤子之於慈母已哉？良由公秉清修之節，蹈羔羊之義，一切世紛翛然無所染，議道自己而示式於民。雅度淵猷，宏才卓識，兼舉而并茂者，又精力能推行之。故凡所規畫自于上，上之人悦而從；有所興舉施于下，下之民孚而化。非公之忠信光明心誠信于上下而能然耶？

是歲夏秋交，久不雨，禾稿，而民嗷嗷若無以自存。公徒步遍禱於群祀，乃澍雨優渥，禾盡起，民胥以生。是公之誠天且不違矣，而況於人乎？是宜王公之不忍別公於數月也。今天子聖神，眷注循牧，觀典告成，必旌茂異，治平爲天下第一，允惟蹇公矣。面恩褒禮，進秩賜金，即須臾事者，尚式遄其來，以副王公之念，以慰部人之思哉！

僉憲丘豐臺遺愛祠序

東郡豐臺丘公以嘉靖丙寅夏奉璽書按察河東，甫數月，風猷震溢，紀度昭宣，百司之吏祗慎章程，四境之民安居田里，所部郡邑數十餘秩乎有章矣，茂實英聲洋溢遐邇，於是銓卿薦公可參伯中州。部之人聞之，咸皇皇然若無以自存者，其父兄率相與告其子弟曰：“誰使我休養而生息者，秋毫非公力乎？今天子將大用公，且奪而之他，不獲朝夕瞻望公顏色。夫公之恩在吾人之心不能忘，而後於吾者想聞公之風采不能即，其奚以爲慰?”乃相率構新祠，祀公像於中，以寄無窮之思焉。學士、大夫則又相告語曰：“公之惠漸漬於吾人深且久，猶膏澤之潤物，不聞其聲也；和氣之襲人，不見其形也。衣被而薰陶之者固充然各適其分矣，遠而未獲親炙之者寧能擬其形似耶?”於是各播之聲詩，雍容乎大篇，謹嚴乎短律，雖言人人殊，要以微顯闡幽，章無窮之澤焉。既彙萃成編，厶得而遍觀之，乃揚言曰：

猗與！丘公得民之深若是哉。以耳目所睹記，蓋卓乎不可尚已。然公之治吾晉也，貞教明刑，昭憲章軌，廣視遠聽，糾察從違，黜貪殘之吏，刑猾黠之胥，戮椎埋之奸，遏刁誣之訟，挫豪俠之雄，威著職修，不遺餘力，固非施姑息之政、布煦嫗之恩以違道干民者，而民心附誠戴之若此，謂非適威愛之宜耶？夫國家樹廉察之臣，秉刑憲之重，所以除暴亂，律匪彝，俾民各遂其生也；而姑息而嫗煦，則樹官之意左矣。故曰："威克厥愛，允濟；愛克厥威，允罔功。"民之戴公謂無自哉？然公之威亦豈屬聲色、峻科條、繁刑戮之謂耶？公修身潔己，砥節奉公，嚴冰蘗之操，蹈羔羊之義，於一切貨利矙然無所染，其植之本者端矣。由是或弛或張，不爽其則；用威用愛，舉協于中。懸難犯之防，闢易避之路，故貪殘黜則黎庶安矣，猾黠刑則法紀正矣，椎埋戮則良善生矣，刁誣息則風俗厚矣，豪俠摧則政教一矣。類聚群分，各得其所，歡然而樂生者，油然而感德者也，是豈聲音笑貌為哉？傳稱"盛德必百世祀"，公誠其人矣。然公前以臺察按燕趙，值歲大饑，發粟賑給，全活數十萬人。嗣持憲飭兵上郡，拊循將吏，與士卒同苦甘。二地之人至今家祀而戶祝之，公及人之澤蓋非一朝一夕為然矣。夫心之精蘊口不能言也，德之微妙文不能盡也，然則公治績之弘多、德惠之廣博，豈文詞所能殫述哉？特著其萬一云爾。

胡順庵郡侯循良寵異序

厶讀史，至班、馬氏作列傳，於東里、南陽諸君子備述其化民之績、遇主之榮矣，而名命以"循"，釋者曰"循，順也，上順天道，下順民心也"，未嘗不嘆其稱名取類之有味焉。夫吏治以強幹精悍樹聲稱者，往牒比比也。二氏捐而不錄，所重乃若茲，是非所謂"豈以善教，弟以悅安，斯有父之尊母之親"之謂哉？乃今躬睹吾郡侯順庵胡公宜民之殊績、聖天子表循之渥恩，益信二氏之言遠而有徵焉。

　　胡公之莅吾郡，自雲中以治劇遷也。初，互市方興，戎情叵
測，先皇擇公往爲守。公防禦周嚴，犒賚優渥，群夷胥畏胥悦。
及其冬，邊陲益無事，銓鏡大臣以吾郡地廣政殷，得公斯可爲
理，特疏薦于上，詔允之。癸酉春，公莅郡，先爲條教，置父老
令長，班行於民，務在導以興善，不專尚嚴肅，而適寬猛之宜，
温良惠愛，處議當於人心，士民忻戴，誠若其所生。是年冬，公
以覲典將戒行，士民依依係戀，不欲頃刻違。厶解之曰："皇上
方嘉惠黎元，敷求循牧，必簡其茂異，尊顯而寵綏之，以示吏
師。公政善民安，章焯若此，巽命下施，公必首録。銓宰列其徽
音，惇史紀爲準的，豈非吾郡千百世之光榮、吾儕億萬心之忻
快哉？"

　　明年春，上既朝會萬邦，果詔司事諸臣甄鑒政迹殊絶、令名
顯著之臣以表異焉。司事諸臣果首以公名實上聞，聖心嘉悦，晉
接内廷，綸綍褒嘉，金緋蕃錫，群心感奮，萬口歡傳，誠昭代肇
行之曠典、賢侯異政之奇逢，而又吾郡自有牧伯以來未有之大烈
也。士庶聞之，率欣欣相告，北向稽首，曰："聖天子明燭萬方，
先得吾民之同然若此哉！"歡忭踴躍，樂莫可已，率形之篇什，
繪之丹青，復咸向厶曰："子昔之言既有明徵矣，曷序諸？"

　　厶聞之傳曰："天聰明，自我民聰明；天明畏，自我民明
威。"夫天者理也，大君者所以承天也。天生蒸民，不能自治，
乃作之君，所以助天之道也。君不能獨治，而樹之岳牧守長，所
以順承天命而體民之情也。民心悦斯天意得，而君寵方來矣。今
上鋭意治功，恩澤詔書屢下，而吏罕奉宣。胡公獨夙夜匪懈，敷
布皇德，以便利細民，悉不有其躬而爲之，和氣流通，歲屢豐
給，邑無轉徙，田里樂其生。夫時和歲給，順天道之徵也；田里
皆安，順民情之致也。公之順治，雖二氏所紀曷以加焉？是宜見
知明主、表示四方，若此其盛哉。

夫察吏治者觀乎民情，察民情者觀其歌咏。吾人之歌咏乎公者，雖體調殊科，工妍異致，然美不逾情，頌非涉誕，要以鳴乎心之愛耳，非膏澤入人之深能底是哉？古昔有采詩之官，周爰咨諏，所以觀民風、別淳偽、興治道、一教化也。誠采茲歌咏，陳而觀之，不益以明今日表異之得真賢耶？抑又聞漢宣綜核名實，二千石有治理效，輒璽書褒寵，增秩賜金，公卿位虛則選用諸所表。今天子神聖遠邁漢宣，胡公循良有光漢吏，然則簡在樞衡，以衍國家無疆之慶者，匪旦伊夕矣，吾儕士民又安能無懼乎？

賀方伯楊胥江入閩序

夫廉靖端方之士特立獨行，適於義而已，故懼以寵祿遺其親也，而辭榮晦處之志高。聖哲尚賢之君思以恬退化天下也，故俊宅之迪知，而培植登崇之恩至。適於義者，分守明而信道篤者也，豈以爲榮進干哉？然欲抑躁競、崇本實者，獎進必先焉，蓋章之而示人知所趨，崇之而示人知所企耳。昔漢舉孝廉，議者謂爲近古。夫屬廉隅，孝父母，士修於家耳，視於政治緩也。然君舉而加諸上位，斯民行由興，士風由厚，其機不可禦焉。中世之士以宦爲家，未得也，若狂而奔之；既得，則惴惴然虞舍己去矣，盱豫冥升，流而不返，其或以術求濟，以力求高，方日栩栩然快也。於此而有屬廉靖之節、求性分之真，不逐利以違親、不絕俗以樹譽之臣焉，寧非聖主獎進之必先者耶？

吳門胥江楊公早舉進士，爲司寇郎，歷持憲湖湘，晉大參廣右，駸駸通顯矣。乃以太夫人春秋高，不能晨夕奉顏色，疏乞歸養，天子嘉而允之。閱八年，詔以舊秩起，茌西江。未一月，擢總中州憲。又八月，擢右轄閩中。藩臬諸大夫儼然造公賀，咸向厶曰："公起自家居，一歲中三遷，至秩二品，人臣榮遇若斯速者見亦罕矣，子容無言以贊盛美乎？"然予方私致念於公行，而亦未以是爲公賀也，乃復諸大夫曰："遭會秉權，策功敷澤，公誠由此達矣；然謂公速則非也。公往薦歷中外，積資已崇，勛閥已茂，乃脫然歸舊山，躬耕而養，若將終身。然興望在人，如翔鳳冥鴻，可仰而不可狎以玩，惟恐公之不屑於行也。今茲之擢，於予心猶以爲淹矣，奚速云？厶嘗竊識視公，坦夷洞達，退然不勝衣，與人語，恂恂然　如恐傷之。明習法比，折獄不務盡人之情，曰'慮絕其生也'。曠覽深識，巨細有章，日嘿然不自見，端方廉靖之節豈惟施於進退間哉？自公來，厶方以得師自慶，蓋每私謂公抑畏周密之動可以砭疏頑，和平光大之衷可以正邪慝，至其秉執之安定、器度之淵涵，又使人日油油化而不自知者。顧相從未甚久，載道而南，何能爲懷耶？然公辭榮就養，恬退之美彰；天子拔擢寵綏，揚善之恩渥。風聲所被，鼓舞盡神，天下之士有不淳然以興者乎？易行移風，不疾而速，蓋於茲行卜之矣。請以是賀焉。"

賀憲使劉驪峰餉兵井陘序

隆慶壬申，驪峰劉公治吾河東之再期也，政成澤普，士若民熙熙然樂其生。至冬十一月，合向莅青、齊時日滿三載，將以其績敷奏於朝。闔郡聞之，惟恐旦夕違遠公，乃胥以情陳於監司。監司白於臺臣，臺臣遂爲疏奏，請增秩留公以保我民。章垂上，天子適以是月擢公爲晉臬憲副，治兵防守龍、固諸關。郡之人皇皇然，若奪其所依。顧帝命不可違，欲致其願借之衷無從也。

時余邑令徐侯實志同德一於公，相資以嘉惠予邑，尤不欲違遠公者，乃過厶，曰："今西藩稱雄郡，必首曰河東，然民之困且勞亦莫河東若也。川原磽确而科賦特多，邑里流移而徵輸愈急，且三關吏士之需、公族恒禄之給、燕雲薊朔屯戍之轉輸，省符督促後沓至也。而午道往來之使、廚傳供億之煩，日無休息

時。臺察、監司復錯臨於境內，日規規以所治期會相稽。是非有
遐覽燭微之哲、刃迎縷解之才、恢廓有容之度、堅貞不拔之操，
詎能緒成其政理、安輯其人民哉？劉公清約居身，而繁費悉省；
徵發有序，而調劑適宜。上交則儀矩罔愆，而敷執莫可少奪；與
下則提接周至，而民事必課其修。主之以孚誠，施之以易直，公
之惠於民者遠，民之戴乎公者深矣。頃當事者咸謂宜晉藩參之
位，綰郡國之符，以終福晉民，方喁喁然俟也。今乃陟以井陘，
毋亦廟朝之議薄河東耶？"

厶曰："君子之乘時而樹績也，不拘滯於方隅；朝宁之簡拔
乎英賢也，必先於慎固乎圻甸。我國家定鼎薊門，皇極尊居，而
太行諸山西繞，蓋右肱也。撫臣建節於鎮州，戎帥駐師於保定，
配天象地，覆露萬民，非所以立萬世之規模乎？土木潰圍而倒馬
斯重，太原再警而固關增修，非所以扼一時之樞要乎？是皆有形
之固，繫於地者也。而又敷求豪俊之士、不二心之臣，畀以管
鑰，寄以戎機，俾申畫其疆域，和輯其士民，以屹為巨防，敵雖
窺不可入，雖侵莫可犯，是則無形之固存乎人者也。自憲臣飭兵
於關，三十年矣，虜雖跳梁山後，竟沮叩關狂謀，邊塵不警，而
鎮、定之民不知言兵事焉，得失之計不昭然可睹哉？乃者雲、朔
帥臣奉天子之明詔，賴社稷之神靈，拊循其士伍，砥厲其綱維，
懷服諸酋稽首獻琛，來王者恐後。是豈一朝一夕之致哉？雖三五
載籍以來希遘罕睹也。猗與盛矣！然竊觀廟朝之上，帷幄籌謨，
鼎鉉石畫，悉鰓鰓然為不見之圖，若不能須斯白寧者，蓋豺虎未
噬，不可以言仁；鴟梟未鳴，不可以言瑞。彼其潛邪伏慝，特匿
而未形，曷嘗俄頃忘哉？要在智者識其微而亟制之耳。桑土徹於
未陰，衣袽戒於終日，自昔純臣憂國，固莫不為先事之計也。夫
計切於先圖，則簡賢尤急務矣。然所貴乎賢者，必先察情偽向背
之隱，有以燭天下之幾，而後酌予奪緩急之宜，可以成天下之

務。要之，忠信不欺其主，本也。近世以材略聞者談天雕龍，粲若兵甲富於胸中，及稍試諸用，聞鼙鼓而色變，閱羽檄而倒持，虜塵望及，返策先馳矣。彼其肆言不忌而忍於自欺若此者，誠信心亡也。

「劉公在吾郡，無飾貌，無誕詞，無詭行，恂恂惇大，不矯強以徇時，親薰而炙者莫不醉心焉，由公中心誠實自信於人人也。舉是而措之邊關，真誠昭格，雖異類感乎，謂偏裨將校有不協力一心者乎？謂支兵騎士有不感恩思奮者乎？謂旗旌壁壘有不生色改觀者乎？孚信悅於三軍，則威聲震於殊俗，審幾制變，天下之務成矣。蓋守固藩籬則郊圻底定，郊圻底定則京邑尊安，是非千百世之計、宗社之功哉？夫得英賢以安宗社者，大臣體國之遠猷也；攄忠赤以蕃王國者，哲士救時之偉績也。九重鎖鑰之任重，則一郡惠德之計非所先，當軸之薦公，真知人哉！」

徐侯曰：「茲言良然，予疑可釋矣。」

時侯及環郡諸邑侯方徵言賀公，遂敘次之以就正焉。

贈同年朱一槐憲伯之遼東序

燕趙古稱多慷慨悲歌之士，其土風誠然也。我國家宅中定鼎，文教淪浹，於是長才大器，其出獨盛五方焉。予同年一槐朱君，本趙人，以尺籍居都亭。早舉明經，魁于鄉，有司錄其文以式。予時得而讀之，淵淵而有源，浩浩而莫可涘也。既舉進士，日與居，見其氣甚和，禮甚度，其中甚夷，無城府。與之較量古今諸大計，若河流東注，沛然而不可禦；若星羅棋列，井然而莫可紊也。噫！謂長才大器非耶？既主戶曹政，大司徒倚重特甚，遂奉詔督齊、梁二省逋租，租集而民不病。再監轉運，罔敢後期者。會上谷屢以供餽不給聞，廷議欲得人主計事，遂陟正郎以往。時三軍嗷嗷然饑也，君便宜發賑，群情翕然。既乃整儲峙，縮贏費，袪宿蠹，戢貪漁，且操持峻潔，一介無所苟，商民大便之。又明年，天子擢君按察僉事，飭兵東遼。制既下，或曰："朱君積資已深，茲擢也將無卑之耶？"或曰："上谷屢不登，民罔攸寧。自得朱君，若赤子之遇慈母也。茲奪其所依，將無非宜耶？"

予曰："不然也。夫用人者急于大，不泥于細；用世者貴于全，不局于偏。朱君之在上谷，雖訏謨奮績，然特會計一司耳。若觀察之任，則奉璽書而作耳目，舉一方之事罔非其所當察者。故察將吏之賢否而進退焉，察兵民之休戚而施罷焉，察卒伍之虛實而簡練焉，察財賦之盈縮而劑量焉，察獄訟之曲直輕重而出入死生焉，其政繁，其責重，非有大過人之才未易稱也。矧遼陽負山阻海，控制殊方，實惟東土雄服。今兀良竊覷，黠虜外窺，民夷錯居，戎戍梦列，而無郡邑之司，罕文儒之吏，然則持憲之臣弗有才器如朱君者，其克舉之哉？蓋上之知君也深，故任之也重，自西而移之東者，欲歷試諸邊以究厥施耳，資之深淺固非所泥，而一善之名亦豈君之所以自效者哉？夫騁險厄而罔蹶者，良驥之能也；遇盤錯而自別者，利器之用也。君行矣，其以予言爲然否耶？"

贈參軍劉中軒辭榮高尚序

自昔有天下者，必修文以經邦，振武以威遠，列之官師，條之綱紀，相維相濟，而不敢或偏者何哉？蓋文失則禮乖，武廢則威靡，其道固相須也。我聖祖以神武復寰區，睿畫神猷，坐燭遐逖，於凡要區邊圉武衛星羅，即命諸功臣爲守帥，簡文士爲幕賓，所以講法紀而贊戎機也，經緯錯綜，文武具舉，噫！遠矣哉。治安既久，戎務漸殊，紈綺世臨，或縱或靡，其能講求祖宗之故者鮮矣。幕賓徒束手具文書，雖才且賢，豈能舉其職哉？有志之士至不欲爲焉，是豈制官之意耶？

予友中軒劉君，朴雅温文，志甚卓越。早入太學，與諸名彦游，籍籍有聲。頃就天曹試，文在高等，授隆慶經戎，乃喟然嘆曰：“始吾之捧檄而來也，豈爲利禄計哉？遭際明時，期見諸行而樹寸尺耳。衛幕之不可以居，予既已知之矣，將焉往哉？夫居其位而不思盡其官者，欺也；知其艱而冒進以求濟者，闇也；滑稽梯突，局促轅下，而榮利是干者，貪也。三者一可居乎？”乃投劾求歸。時宰慰留之再三，君不爲移也。既戒行，過予爲别。

予迎而賀之曰：“君子之仕也，行其義也。義可以行，則雖稗官冗從，君子不辭矣；義不可行，雖千駟萬鍾，可一朝居哉？頃世之士類以宦爲家，其未得也跂而望之，其既得也疾而趨之，皓首窮年，委瑣俯仰，驅之有莫去者。疇一念及祖制之遺、官師之守，而求以盡之耶？君春秋强盛，才識淵宏，試一往焉，未必不起敝而改弦也，雖獲上升，階亦可逆計者。乃獨惴惴然以弗克舉職是憂，忻忻然以克釋去職是樂，豈不真知去就大丈夫哉？吾郡多佳山水，君歸矣，約友探奇，優游吟嘯，俾鄉之人稱曰‘若人也，其不願榮利也如此，其能出處去就也如此’，豈非鄉邦一甚盛美哉？”予竊禄岡裨，視君行良愧，亟稱樂道，用爲天下告焉。

校勘記

〔一〕“□”，底本漶漫不清，據康熙本當作“公”。

序

賀中丞鄭葵山督撫畿南序

國制以經義設科，蓋崇正惇本，求真才也。二百年來，英儒碩輔濟濟後先矣。然徒持文墨者適用或迂，議者遂謂瑰奇博大之士非科目所能盡。噫！豈其然哉？往歲庚戌，余守官史局，乃莆陽葵山鄭公以參知需次都亭。公於鄉爲先輩成德，亟造請焉，則見公之學甚博，於經義甚精。與之論古今政理興衰、人物臧否、天朝令甲儀章變通損益、四方厄塞戶口兵食消息盈虛，率燦然若在目中，犁然若指諸掌也。適虜警薊北，烽火徹近關，縉紳士咸曰：“安得鄭公持節郊圻，奮其石畫，以滅匈奴耶？”銓司循舊貫，復公于滇南，久次，乃正拜大方伯於汴。明年，余以典學至是邦，又見公損無益之費，弛不急之征，參伍出入，劑調後先，而時其政令，故民弗厲而賦罔逋，中州之人甚宜之。居無何，天子擢公爲都御史，督紫荆諸關，撫畿南六郡。制既下，汴之文武大吏莫不欣欣然慶也。夫自庚戌，距今六祀矣，衆願自昔者乃竟符之，謂非公聞望入人之深、朝廷因地任人之審哉？

夫握符分鎮，身佩安危，撫巡之重夫固海內均也，人知之矣。然地連數千里，而亭障戍守橫亘六百里餘，醜虜匪茹，狙伺隼發。往時以雲內爲外藩也，今北擁宸居，不盈數舍，兵食恤恤然以不給虞。燕趙之士，古稱多慷慨悲歌，今公私無蓋藏，椎埋剽竊之雄在在而然。每省符徵發，必先及之，川途四達，舟車出於塗者鱗次櫛比，民力箕斂極矣，日猶不足焉。往時連帥或慨然思欲振剔，而更張之議即紛然以起。噫！是非得瑰奇博大、風采繫衆心者勝之耶？公揚歷中外三十年，所至稱治，巨細遝遢之務，靡不有成畫於胸中，利達紛華，漠然無所動，聲實所加，僻壤老羸思見德化之及。他日畿輔利病以次罷行，隱然爲西南鎖鑰者，謂不在兹行耶？繼是而入參帷幄，管樞機，德日益顯，則業日益弘，經學得人之盛不滋昭焯於天下哉？《詩》曰：“文武吉甫，萬邦爲憲。”余不佞，請頌以俟焉。

賀少司寇潘笠江應召還朝序

御史大夫笠江潘公以鈇鉞鎮河南之明年，天子召公爲少司寇，將戒行，藩臬長貳及戎閫之帥莫不憮然曰：“頃歲中州多故，大政更張，庶務紛糾，蓋未易爲理也。自公來，熙載奏功，而聲色不動，吾儕得仰手受成算焉。今入輔天子，諸司其奚所師資？”守長、丞尉，下逮百執事，亦莫不愀然曰：“公雖御我嚴，然自公來，實得以寡過矣。”豫之士若民率曰：“使我得安於田里而無嘆息愁恨之聲者，以公也，今奈何當弃我去耶？”胥瞿如怒如而皇皇如，謀所以留行而無從焉。藩臬諸君謂厶曰：“得民之艱，古有是言矣。豫民愛戴公今若此，子能求其故耶？”

厶曰：“孔子不云乎？‘斯民也，三代之所以直道而行也’，民心豈古今異哉？厶束髮就學，則聞海內有笠江先生矣。習舉子業，則得公所爲文讀之。迨通朝籍，乃得公大業盛德於人人。去秋入汴，觀道德於前後，聽教言於左右，又期月矣。竊見公忠誠鎮定，性植自天，非有纖毫人僞之雜者。居處清約，無束帛之交、廚傳之享。爲民導利祛害，惟恐不及。修教化，重文學，又精力能推行之。戢强除暴，負惡者凛凛然若公日臨其上而不敢肆其非，豈徒以惠爲政哉？然忠誠固信於民也，與人恭而有度，對官屬言，如恐傷之。聞人之善，稱揚若己有。否者懲治禁創，必悛乃休，又甚者逐焉，類不違道以爲悅，然忠誠固信於士大夫也。且公自釋褐守于祁，補于鈞，即視民事如家，百姓懷愛，莫有欺犯。歲辛卯，校文茲藩，崇雅黜浮，甄錄盡中州英俊，諸生化之，迄今饗風。去年徽庶人變告，衆心詢詢，公已蚤識而預待，復咨詢籌畫，推審劑調，罪人得而大變底寧。南北軍興，徵發并至，從容接應，民若無所聞。又爲省夫里之供，肅郵驛之擾，節地利，雪冤獄，凡有裨益於民與國者，爲之力靡遺。然此特其章明較著者，誠不知古君子何如也。

"昔召公敷政南國，國人思其德，至愛其所息之樹焉。公三蒞茲邦，布恩德於民專且久矣。今見公之遺而北，其係戀愛戴之誠是非直道之出於天者耶？或謂世遠民漓，豈其然哉？然公入管樞軸，實司天下之平，德澤之加又不特中州已矣。故被公之澤專且久也，厶既爲中州慶；茲見公之道將大行也，又爲天下慶。"

贈憲使劉洪湫之東廣序 代作

余讀《易》至《同人》，曰"于野亨，利涉大川"矣，而必曰"利君子貞"，孔子釋五爻之"同心"也，乃曰"臭如蘭"而"利斷金"焉，未嘗不嘆。有味哉！其言之也。夫從王事而欲堅駿功，曷能不資同于人哉？顧獲乎心之同者恒艱也。駢肩聯事，則宜協力一心，胡然而同之艱耶？利祿炫於前，則欲後人而先己；聲稱鼓於外，則欲揚己而抑人；禍患隱於方來，則欲擠人而潔己。是雖日圖惟於共席，客與於一堂，而其中之所之已燕越懸異矣，奚其同？然是特庸衆意忌之私耳。若夫修正忠亮之君子，心游乎道術，迹忘乎人己，官守或異，而盡忠以事主則同；任職或分，而施政以宜民則同；時地或殊，而所以節適而緒正之者則無不同。蓋志存于報主，圖匪以便身，是之謂"于野"之貞，是之謂“同心”之益也。

　　若今洪湫劉公，乃誠其人哉！余質任真慤，時調寡諧，然求益於同心，猶飢渴於食飲也。往居臺中，歲庚午，奉命按江北。時頻年苦河溢，穀復不登，轉徙盈途，寇賊竊發，目觸心憂，若疾痛在躬也。適公以憲使飭兵于彭城，予所按過半爲公分部。公履正守廉，謹身率屬，日孜孜于政疵民瘼是圖。復疏瀹以導川，發廩以賑乏，覃惠以安土，詰兵以戢奸，凡可以裨于國者悉忘其身而爲之。夫臬臣之于臺使，類以形迹拘維，盡誠相與者罕也。而公於余，所當按者言必由衷，事各底于理，因得以受成焉。居無何，公以艱歸。歸既再時，河塞，運道遂梗，詔按諸司事者如近令，言官乃波及公，然實無秋毫涉也。制下，貶秩一階，公怡然無少動。甲戌秋，公起家西晉參伯，分守河東。是歲十二月，余自東藩遷晉臬，適巡茲邦，得復與公共事焉。夫省、臬任分而位敵，恒相軋是虞。而公開誠教翼，不啻手足若然。蓋公修學弘道，易直光明，望之可知爲君子，世俗岐人己而異視之念纖芥不存。余心誠愛慕，言莫能宣。而公每露天真，相啓發，惓惓欲同歸于道術，毋亦氣味真同耶？共事四月餘，相過從輒議語移日，論官施政，罔或背而馳，余深用以自慶焉。

　　乃者天子擢公爲東廣憲使，公凝然不色喜，予悵惘匪寧累旬日，誠念夫獲同心之艱，而不能無介然於違同心之異也。然今天下稱無事，獨東廣山海諸盜時出沒虜掠，爲當宁南顧憂。頃朝議謂靖寇輯民宜監司焉責，故當事者簡求時彥，特於公委重焉。蓋公心誠信于士大夫也久，而訏謨茂實復章焯於四方，乃畀鉅投艱，茲兆其先耳，豈恒格遷陟同哉？夫東廣之盜此滅彼生，蔓延而未即剗絕者，原其禍之始必有機；增設大吏，專閫命師，閱歷時日而敉寧未奏者，要其功之成必有本。握其機則盜斯平，正其本則功斯建。然功之建豈難哉？可與共功者難耳。“同人”之傳又曰："文明以健，中正而應，君子正也。惟君子爲能通天下之志。"公之心所以信於人人者，非是道乎？夫能通天下之志者，斯能成天下之務。公於盜之機、功之本灼見成畫，非一朝夕具矣。兹行也，蓋無不可樹之功，亦無不可與共功之人，所謂"于野之亨""涉川之利"行於公徵之矣，豈非東廣今兹之大慶哉？

贈郡丞王南洲入覲序

聖天子御宇之五年春，實四岳群牧入覲期，于是吾平陽郡侯南洲王公將部諸州邑長尉持計上闕廷。吾郡若士若民依依然戴公如怙恃非一朝夕矣，及是時胥皇皇然不欲公之遠我民而戒途也。然簡書期會，義莫可稽，乃僉欲厶有言以發其情焉。

厶竊聞，公初守州遼左，治所倚塞垣下，戎伍錯居，紀度疏闊，往守率剺廉隅相容悅。公馭歸附以恩，律戎師以義，破積習之陋，倡禮教之風，塞外改觀焉。邊圉寡文吏，督撫重臣、部使者廉公行能殊異，全遼之政悉以取裁。公於山川之險易、庚藏之虛盈、夷情之順逆、戎務之機宜、士伍之勇怯，莫不遏究周咨，若燭照而數計也，凡所規條緒正，犁然當上下心。諸使者交上公治行，聲績滿于公車，未三載，晉貳吾郡，蓋殊擢云。

公茌郡，職清戎籍，適邊臣以清戎爲至計，伍符尺籍旁午於道途，部使者取辦致期，如恐弗及。公熟知閭里煩困坐而流移者多也，躬親檢核，探討本原，省重複之擾，正虛濫之刑，民大相慶如更生。使者始疑梗己，終乃知爲便民也，遂移檄禮異公。公賢聲日以益熾，總撫、巡察、諸憲臣及省臬長貳益習知公賢，胥取全晉之政鉅且艱者咸裁成於公。周履疆域，登陟陣障，下迨僻邑窮鄉，無不再三至者，核邊餫備，視遼左倍蓰。而稽土田，定科則，簡征稅，正徭役，省冗濫之費，立郵驛之規，心煩於慮、身親其勞者殆十百千萬。然公劑量高卑，哀益多寡，務在與時休息，使民宜之而已，不詭激以賈聲稱，不和同以悦衆口也。再視郡章，修身潔己，砥節首公，絕境外之交，無宴游之適，羔羊、素絲之化上下信焉。與細民言，恂恂然若恐有傷。豪宗鉅惡梗吾治者，必敕法，無少貸。夜寐夙興，聽斷罔倦，苟可以便于民，至忘其勞而爲之。是宜吾民之愛戴公若此也。蓋公之學誠，故其行確；其政實，故其民宜。行確則物無不動，民宜則道乃大行。自昔良臣循吏所以布膏澤於當時，垂聲光於來祀者，庸非共由是道哉？公含章備美，退然若不勝衣，而聲實表著乃至是。語曰"桃李不言，下自成蹊"，謂非其誠信於人耶？世或高張其詞説，賁飾其施爲，初即之，似亦粲然悦目也，徐而考之，背且馳者遠矣，謂有能動耶？

公以辛未秋莅是邦，三載政成，臺臣各疏奏留以保我民。會久任議興，乃未即崇陟，兹已逾五祀，吾民被恩德無量矣。今天子聖神，銳意於治平，游心於政理，簡求循牧，嘉惠蒸黎。頃歲肇旌茂異，諸賢旋悉擢列通顯，德意所感，寰海欣欣然嚮風，屬世徵猷、得賢偉烈于千古有光矣。今王公仁聲孚惠，固結于人心者深且久，先後持節諸憲臣薦列善狀，章已十餘上，一時吏治之盛，疇能或公先哉？綸綍再頒，循良表異，必王公首錄矣。面恩褒禮，進秩賜金，俾式遄其來以終保我民者，實部人真切之願也。厶不文，謹爲頌以俟焉。

賀太平邑侯羅槐堂諸臺褒異序

夫良金美玉蘊於山川之幽而能褎然寶重於世者，以知者拔而得之也。金藏於礦，玉隱於璞，曷嘗表暴於外哉？然而精純粹澤之氣，其暉自燁然章焯而莫可遏。追師治工望其色象，識其精華，汲汲然發幽光而攻且煉焉，非以其資世之用而利之耶？材臣良吏之有益於人國，豈特連城、百煉已哉？彼其殫勞僻邑，祗職奉公，非有臺臣、部使之英禮異而表揚之，則其嘉聲茂實亦豈能自達于天子之廷耶？

若今太平邑侯槐堂羅公者，非所謂其暉燁然而莫可遏者乎？太平去吾郡百里而近，在汾之西，非三晉午道，吾外舅氏世族聚焉。少時往來甥館，甚習其土風，地多黑墳，齊民多蓋藏。其父老時時以酒食相聚會，子弟雖班白就養，左右侍，無怠容。類尚然諾，重意氣，即片言不當於心，破產奮身無所避。下至里閈細民，亦于于然自適，若無俯仰憂者。比予行役來歸，復履舊游，人民多易，景色頓殊，饑饉薦臻，而役日益繁，賦日益急，馳突叫囂之吏相望於村墟。昔以資雄者，亦恤恤然若無以自存，豪邁向往之氣不知其亡也。予駭而疑之。

嘉靖乙丑，槐堂羅公來令焉。至則導王澤，敷德政，潔身履正，作士恤民，躬省約，禁浮靡，戒游惰，撫流移，凡民之濫役於公、官之橫賦於民者一切罷之。法網稀疏，與民休息，而又酌催科之宜，省追呼之擾，徵發有恒，民不見吏。父老、子弟交相告語，曰：“值歲雖荒，幸吾賢令施惠政，一邑始獲寧居。”蓋復若予少時所見焉。甫數月，督撫左司馬萬公錄其美，移檄河東表異之。未幾，巡察侍御王公復下檄示褒其美，詞尤盛。於是邑簿張君如撫巡指，將造羅公稱賀，乃謁余曰：“邑有賢長，某輩幸藉以寡過者也。今為當路所知，願子有言以揄揚之。”余諾焉，然以病未能也。居無何，余外兄盧生子直暨其侄汝亮、其姻李□□復申張君意，過余曰：“邑有賢侯，吾士所資以學、吾民所賴以生者也。頃轙臺劉公、計部王公又各以褒書至，雖言人人殊，要皆以章吾侯政迹之茂異而俾令名顯聞也。須子紀其事久矣，請毋緩。”

余聞而揚言曰：“向也吾見太平之民安於昔，固心識羅公之賢矣。乃今聞四君言，愈信羅公之賢不可及也。夫世之爲政者，飾智或可以援上矣，而士民則怨咨也；違道或可以愚民矣，而朋僚則嫉忌也；和同或可以爲悅矣，而上下則見疑也。彼其初豈不以爲是三者足以要能鈞利哉？然其終乃不可掩如此。今羅公之賢，不惟上之人知之，而下之人無不愛且悅焉，不惟邑之佐信之，而鄰之民亦無不信且慕焉者，何哉？亦其植之本者固耳。蓋身端則政理自修，誠積則豚魚可感，茲其暉可遏耶？公特勵其在我者耳，奚期於諸使者之禮異也哉？然公歌《鹿鳴》而來，此初試其爲政也，而臺臣、部使已表揚者四五若此，嗣是，時益久則政益章，所以褒寵而薦進之者豈惟是哉？丕績上聞，璽書召入，陟臺諫，管樞機，所資以爲世用者，豈特澤被一邑而已耶？徵命且下，吾恐不能久借於汾水之西也。"

送參伯劉吾南之閩中序

夫閩中被倭警，蓋逾七年矣。乃者守臣以猲獫孔棘聞，天子深念之，遂更正諸大僚，令求修正瑰瑋之士往代其任。所司以如詔者名上，天子簡閩中大參二華譚公爲殿中丞，督諸軍平倭逆，擢吾南劉公爲大參。劉公時以按察副使莅東藩，主治置傳、尺籍、河防諸鉅務。東藩直天下大逵，水浮陸走，帆檣輪蹄，往來相禪，無休已時，其費率取給於民，民坐是困，傳政亦以隳，號難理。公搜剔宿蠹，節適人力，督通賦，時給予，簿正而躬稽之，橫使苛求，禁戢無所貸。由是舟車適四方者罔滯留，民漸蘇息，前後言治驛者莫及焉。

公吉之安成人也。吉自昔爲文獻邦，我明治教隆洽，人文化成，五六大儒一時并出，承道德之緒，闢仁義之途，主盟斯世，蔚爲學者宗。公周游諸先生之門，炙其言議，會其指歸，反之身心，蓋充然其有得也。故始以進士高等知武定州，徵爲司空郎，管薪政于易水，率有功德可稱述。繼守建，時七閩皆苦倭患，惟建獨晏然，其扞蔽、拊循、要束功緒，即今昭昭在人耳目。頃朝議屬公，固曰資宜，亦以守建聲烈也。

制既下，東國省臬諸大夫及戎帥凡十有四人儼然造焉，賀畢，因進曰："閩爲公昔所莅，閩之患又公昔所折衝而威稜之者。天子知公名，乃寵異公，俾秩益崇，所莅亦益廣，汎掃戢寧之方諒已有成畫，請計日奏膚功，以爲八閩慶，可乎？"

公曰："是可易言哉？往予守建也，閩始寇于倭，其徒未甚繁，郡故饒裕，民亦易動以義，予乃得盡力，故能摧挫其暴虐，存撫其黎民。比歲逋逃教誘，竊伏海濱，引類呼朋，充斥遠邇，乘間竊發，道路不通，至破戎壘，據郡城，夷滅焚燒，吏氣傷沮，流聞海內，爲國家憂。且民性脆弱，素不習戎事，頃復逃避轉徙，田荒不耕，穀價騰躍。夫殄寇必以兵，乃其民莫可使也；蓄眾必以食，乃其產莫可資也。此其視往昔相去遠，猶天冠地屨矣。噫！膚功之奏豈易言哉？"

厶曰："公言則然矣。然亦嘗聞乎操舟之與視病者否耶？瞿塘灩澦之險，途之人能言之矣，若夫揚舲鼓枻，適疾徐輕重之宜以出險即夷者，則非習見之篙工莫能致。倉公之治疾也，診經脉高下，參表裏順逆，以決嫌疑、定可治矣，然必即已驗之精良，術乃神往。公之治建也，寇震于鄰，公心煩于慮，身親其勞，廓清之廟勝，吏習而民安之矣。今奉璽書之重，總列郡之綱，右挈左提，遠撫長駕，區區狂寇謂足平耶？夫承未遠之列[一]，則用力省而取效多；席既著之聲，則士氣增而敵志奪。昔張敞始都尉函谷關，王尊先爲司隸校尉，宣帝稽其舊政，先後用以尹京。本之群盜爲吏民害也，然率能旬月間使枹鼓稀、盜賊清，至今稱京兆之聲不衰焉。頃天子采所司言，復命廣帥率夷兵助攻擊，出帑金數十萬資軍興。維食與兵無足虞矣，而保釐經略之寄復俾公往焉，非以公政本於學，宿有紀綱；今出於誠，宿有親附耶？拯斯民於沉溺，净環海之妖氛，是特須臾事矣。然厶不以垂成之烈爲可頌，而以既失之轍爲可懲。彼倭之禍閩，豈一朝夕之積哉？動與時戾，事與道違，惟智者識其幾而亟反之耳。夫壯士在軍，却敵搴旗，前蒙矢石，不避湯火之難者，爲重賞使也。顧賊敵者賞不加，而避敵者罰弗及，則民何樂於建功？數尺之牆，壯夫莫逾；十仞之坂，童子登焉，陵夷故也。親兵牙卒清都白晝越市人而攫之金，有司莫誰何，則民何畏於爲暴？賦斂過重，里閈莫不空單，捶楚誅求，元元焉所赴訴？故不逞者苟求全活，而亂或從。噫！是豈獨爲下者之罪哉？今天子昭明如日月，震叠如雷霆，盡除往迹而更新之矣。則夫明賞罰以勵士心，肅紀律以一衆志，省追呼以集流移，振奔北之夫，起沮傷之氣，布至尊之休德，反近事之陵遲，斯乃今時之急務也。公又奚讓焉？"

越翼日。公束行李問途而南，皐長方山韓公屬予言爲公贈，遂次兹語以别云。

賀方伯扈會溪陟左使序

人臣激烈以樹聲非艱，雍容獻納而裨補不形者艱也；履順而匪懈者非艱，排擯易置而不失其恒者艱也。夫批鱗面折，聲振一時，節豈不韙哉？揆諸聖門之論諫，若莫可從者，非以無益於國耶？通達國體，歲中屢遷矣，外傅一麾，意不自得，吊原賦鵬，悲憤屢寄焉。噫！是於事君之義何如耶？夫君臣之義，性植自天，豈由外鑠哉？在昔忠賢之事是君也，檢身而不怠，盡心力而不矜，奉法令而不私，值困抑而不怨，故可親可疏，或遠或近，志弗少渝者，惟盡夫義而已矣。乃今若會溪扈公，非其人耶？

公舉進士高等，給事内庭逾十年，謹法度，振風猷，諫疏累數十上，率大政巨防，不毛舉苛細以駭觀聽，而一時持正議，裨國是，衆莫不歸公云。既擢南司僕，周游卿寺，自留都改尹帝畿，適當事者不悅指摘，左遷。奪所宜居，置之外臬，人將怨且不釋矣。公怡然不色慍，日繹科條，錄冤滯，兢兢纖細，若初試然者。甫閱年，再擢至汴藩右使。天子知汴人之宜公也，是冬陟左使。士大夫交賀曰：“公賜環從此矣。”公凝然不色喜，曰：“吾斯未能是虞，諸君子其忘予助耶？夫地大務繁，汴視他藩殆數倍，督通及諸徵發使者肩相摩；國族日衍，類仰食縣官；齊民罕力服稼事，至顛越以幸生。茲方凜凜乎若蹈春冰也，敢曰有遐思哉？”

然余竊觀公，體國若家，勤民約己，廉讓自持，恐失寸尺，粹然鞠躬長者也。故出入禁近，補過拾遺，向既裨於國矣，矧今政自己出乎？引繩放逐，勞瘁不辭，向既宜於民矣，矧今位望日崇乎？且家世曹南，距汴僅數舍，其風相及，其政恒相通者也。化裁緒正之規，固預畫而素定者，舉而措之，治具畢張，直運之掌耳，如前所云足虞耶？公再莅汴，居輒未幾何，民即忻忻愛慕，惟懼奪之他。今正位藩垣，民若赤子之得慈母也，豈非忠誠愷悌信於人人耶？

初公北上尹京，實以太夫人春秋高，過家依依不忍離，故爲忌者中。及居是邦，音問日不越再宿，太夫人融融然若公在左右也。公乃無離憂，心一於在公，力專於報主焉。夫樂其心，不違其志，子之翼也；乃心王室，夷險不渝，臣之純也。語曰“求忠必於孝”，有味哉！若夫躋華樞，輔鴻業，以攄盛德於天下，固公之自至者，無庸予云及也。是爲序。

贈參伯李西谷撫守汝南序

昔西京之世居官者，或長子孫，其有治效異等、與民相安者，輒增秩賜金，終不移其地。噫！法其良哉。夫君子居是邦也，名實久加，然後士、民之志附焉，是以教化成而治功立，漢世良吏所由盛者，非率是道耶？明興，課吏之法以九載爲期，逮成、弘間猶然。乃者舊制漸更，而藩臬大吏以良稱者益罕有寧宇，蓋遷徙頻仍，期會促急，道途旁午，時日轉旋，於是獲行所志者恒寡矣。送迎交錯，勞費紛輪，病於民者弗與焉。乃今若陽城西谷李公之晉參知于中州，其庶幾乎西京之意歟！

公之始入梁也，以僉憲理屯、傳。既三年，晉參議，治河北。又晉憲副，貳明刑，蓋歷八年餘矣。夫梁爲天下樞，幅員數千里，四方之行者相續於國中，故置傳之困十倍於鄰省。豪猾占膏腴田，率淆其賦入之籍。弱者終歲勤動，不得食土之毛，至轉而之四方。然國家賦斂轉輸之供、征榷力役兵甲之費視他省獨煩，且源源未已也。俗務曼靡窳惰，不力于農田。諸亡賴時時椎埋爲非，逮之急即連結諸山寨豪俠，竪旗幟，據阻自雄；緩則散處諸閭里，伺隙發。故遐覽遠識之士謂中州非可以無事之治治也。自公在梁，經理諸屯，明法制，俾豪右者不得有所侵没；周歷郵傳，考求利病，爲畫一之規以便民，至於今行之。柘城盜起，公率健卒追奔，數十遇，竟獲其渠魁，退復不自明其烈。屢管憲篆，慎罰敕法，部中肅然。間嘗奉表入賀者再，督餉者一，提兵守邊者一，其他若政令之沿罷，兵食之劑調，刑獄之情僞，民瘼之詢籌，無一非目矚而耳聆、心勞而身任者。諸所緒正繕治，蓋疏舉未易終也。比歲以來，中原安息，公治功多焉。使甫一二載即移之他邦，能陳力樹績若是耶？

余自從公游，竊識視公慷慨有大計，志在安國家、利人民，遇事侃侃直前，不爲脂韋突梯之態。明習法比，摘發奸伏，吏無所容其私。精敏有心計，於凡中州山川險易之要、地里遠近之數、人民之多寡、賦稅之盈虛、兵馬之强弱，輒一一能指諸掌。省臬諸大夫每發大議、定大疑，必取決于公。蓋公夷爽無城府，與人言披露胸臆，故人樂而信焉。公在梁既久，恩惠洽於民。民習見公行事，胥親附愛慕，惟恐遷而之他也。茲八月以守憲副秩將滿考，御史大夫、臺使者各擬疏公治行，欲得即填撫中州，而公以是月晉參知省事。梁之士若民舉欣欣然曰："天子念我梁深，幸留李公以惠養我民。"其得人心如此。

夫今之省臬重於古諸侯，累資薦陟，非豪杰莫與也。顧使之水浮陸走，席未及温，遑遑趨所蒞，非設官意矣。乃若公秩屢遷而不易其地，是宜志意舒布，上下咸宜也。今茲之擢視漢事寧異哉？公既視事，以璽書當蒞南陽。參知之駐南陽，自成化初始，公邑人大司馬原公議也。初流民嘯集襄漢，攻剽轉掠，連荆湘汝鄧騷然動。天子假原公便宜，持節往經略之。原公招來流冗，規畫農殖，創邑里，督耕耨，反側乃安。又謂新附之衆非得重臣以時拊循振業未可也，乃疏移省臣駐撫焉。嗣是且百年，建威銷萌，安於覆盂矣。古有社稷臣，非原公謂耶？頃汝南歲不登，灾疫間作，萑葦之逆復叫囂[二]於新、息之間，所司方憂之，其民則舉踵思公，若枯旱之望雨也。乃今即公往治，其方土之宜、拯救之術、戡定之猷，固公所習練而周知者。出其所習練，措之於弘施，而俾飢者有所資而飽，殆者有所濟而生，叫囂[三]者有所警而息，聲名施，功烈著，并原公之美於無窮也，謂不在茲行哉？謂不在茲行哉？

送御史大夫章陽華督漕江淮序

御史大夫陽華章公撫梁之三年，天子進公二階，命督漕于淮。時海氛方熾，中外以漕爲虞，故特簡公往云。命既下，梁之士若民皇皇然，如奪所依。於是郡守周子炎帥諸博士弟子數百人屬厶詞之，以抒衆情，且曰："往二學敝壞，師生業無所居。公撤而新之，辨方正位，飭陋興頹，立未有之規，補未備之制。於是時教有堂，退息有所，弦歌講習，洋洋如也。又爲之正德考業，發蔀擊蒙，優廩餼之供，厚寒飢之恤，不啻慈母之於赤子然者。父輩方期被公之教於無窮也，今奪而之南，安得斯須毋發以終惠我後生耶？"

厶曰："新黌序以育譽髦者，大人之所以經國也；思其人而學其學者，國士之所以酬知也。諸士亦學公之學已矣，請言公之學，可乎？公博極載籍，總攬百氏，承聖哲之精微，折群言之同異，於夫心身道德之微，三才二五之運，輿圖星曆、禮樂兵刑、財賦征役之繁，莫不探其會通，索其要領，深造而自得矣。然不以學道關門户也，發爲文詞，淵澄古雅，炳焕鏗鏐，卓然妙天下矣。然不欲以文自名也，日志夫大道之公，以奮彌綸之業。爲考功大夫，綜核名實，崇德獎廉，一時升沉百職，犁然快人心。校士南宫，甄拔盡天下英俊，今奮庸中外，聲實彬彬然盛也。陟長光禄，乃簿正内供，裁損妄冒，月省計數千，中人逮今無怨者。持節撫鄖陽，詰奸戡暴，舉學修文，民無敢嘩。乃作樊城，矻爲襄漢巨防焉。移鎮中州，首明教化，抑浮靡，糾貪殘，日進父老於庭，詢所疾苦，凡不便於民者一切罷行之。時諸宗日蕃，常禄逋數十萬。公勾稽侵匿，節縮他費，復請得轉輸常賦二十萬餘，盡以予諸宗，遂無不足者。既作郡縣學，域中諸學之敝者争來告，次第新之，費皆出自公，民不知所從也。梁、宋之人喜任俠，好馳射。西南諸山多礦冶，大盜盤竊，妖逆某者連結燕趙無賴，徂伏城中，約期會發。公密廉得之，捕殺逆首，授計分擒諸渠魁，賊相驚逋，境中以寧。乃徵八郡材武之士，教肄於都亭，躬臨閲試而定其賞罰。士桓桓思奮，遂作營壘，俾番直往來，以壯都會。又新岳祠，建武廟，表忠節、祀勤王以風之。河流日南趨，公策必衝突，預議疏治，所司未及行，遂决永城，城且潰。明年，决原武，環會城，逾大堤而入。公率身往塞之，親畚鍤，立決口，爲吏士先，忘食寢累晝夜，決乃合，民免于魚。遂城歸德，城睢陽，高堅冠中土，以禦暴，亦以備河也。其他興罷，大者驛聞，小者立斷，固諸士耳目所睹記者。蓋自公治汴，百司儆于位，諸宗安于藩，士修于學，民樂于野，不逞者惴惴然，若公日臨其上，而莫敢肆其非，誠可謂大治矣！今督漕江淮，行人而夾輔天子，其勛業謂視今異耶？

"夫君子學修諸己，非以養名采譽也，立本者欲其固；學見諸行，非以乘權席寵也，澤物者欲其宏。故彌綸邦國非大也，飭材辨物非細也，參贊化育非精也，審音度土非粗也，要之使物各止其所而已。遐觀自昔聖賢之學，若禹之視溺由己溺，周公之待旦急於行，憂民之心豈斯須寧哉？夷考《禹貢》《周禮》所載，其經世宰物之迹纖悉具備，蓋合細大精粗一以貫之，道本若是耳。厶侍章公久，竊窺公乾乾惕厲之心，蹇蹇匪躬之節，休休容物之度，循循誘人之仁，推誠以盡下，貞一而不回，蓋舉先民修己之業、澤物之功，未或一遺也。善學者學之而有得焉，斯無負公之教矣，詞奚能盡哉？"

周子及諸弟子進曰："章公之道，望之邈而莫可即也，視之易而莫可能也。日親炙之，猶未得其似，矧遠而學之，將奚從始耶？"厶曰："希舜者舜，希顏者顏，舜、顏豈邈哉？亦爲之而已矣。厶方學公之道而未能，願與諸君子日孜孜焉。"

賀中丞毛介川督撫畿南序

昔諸葛武侯曰："非淡泊無以明志，非寧靜無以致遠。"厶每三復繹思，未嘗不竊嘆侯之學識其大也。夫情動則心馳，志靡則業廢，故屏謝紛華非矯飾也，輕外者所以重其內；躬持玄默非耽寂也，主靜者所以制乎動。噫！是與"白賁""艮背"之微言奚異哉？居常執此以竊窺今昔之鴻公鉅儒，能淑治其身心、光昭其聲實者，於斯言未始不符節合矣。往侍蘇門先師，得讀介川毛公文，見其根極理要，洗脫浮華，志遠而味深，文潔而體密，意公必恬約鎮定、可以肩大任重之儒也。既而聞公爲御史，抗言無所遜；督儲三晉，賦集而民無所擾。歲庚申，公總憲中州，旋陟右轄，乃於省署中得晨夕從公游，則見公退然若不勝衣，恂恂然言若不能出口，被服類寒士，視一切紛華聲利若將浼己然。正襟凝坐，終日無怠容。至臨大事，決大疑，必誦法孔子，稱引先王，屹然以道義自持，與世俗殊異。夫曼靡不入于志，則高明與游；震撼不易其操，則艱大可寄。武侯所謂"明志""致遠"云者，公誠其人哉！

明年夏五月，上擢公爲御史中丞，持節撫畿南六郡，於是左轄少郭雷公約諸大夫往賀焉。公瞿然曰："頃予飭兵天津，時時趨太府，循滄瀛，抵鎮定，西望塞徼，亭隧接比，雲中北走，諸關隘直都亭僅數舍，誠天下要害區也。而士伍虛耗，不足以明國威。往昔食猶稱給，自去秋不雨至于今，民流徙道途者不直過半矣。甲士類枵腹，鮮固心。乃者天子軫念畿民，屢厪詔令，議所以拯救綏來之。予乃承茲任，方惴惴然懼未能或勝也，顧可以他時賀言耶？"

厶乃作，曰："豐荒消息者，時之變也；轉移感召者，政之經也。事有適至，治有固然，亦爲之者何如耳。畿南數歲來，兵日以銷、民日以散、政日以敝者，公以爲盡時之然耶？靡麗以爲華，煩縟以爲禮，上下紛然，日馳之而忘其勞。長民者多其命令，雜遝其徵需，悍吏健卒叫囂乎鄉聚，雖樂歲豐年，民煩擾靡敝，騷然莫獲所寧也，非一日積矣。夫志壹者氣動，表正者景從。袁安決楚獄而雨沛歲豐，楊縮拜唐相而勛貴徹樂，京尹損從，感召轉移之機，豈從事於言語號令間哉？公學根於經而有淵源，文適於用而黜枝葉，故淡約之志、靜定之操信於天下舊矣，士大夫無問識否，皆願承接下風。乃今任三輔之寄，柄外制之權，誠繕正而要束之，下之信且從，猶風草之偃爾。蓋本淡約以正俗，則頹靡可挽也；主靜定以鎮浮，則煩擾可袪也。由是時賑恤之給，勤拊循之方，核營伍之實，嚴脧削之科，則士馬充盈，人民安輯，釋聖衷南顧之厪，特易易耳，公又何讓焉？夫大臣之專閫于外也，值暇豫而泯作爲，夫人能之；若盤根錯節，則非負非常之略者，安能封勳猷於當世，垂聲實於無窮哉？頃河朔旱方甚，公拜命甫下，即大雨霑洽。傳曰：'天之所祐者順也，人之所助者信也。'公履信思順，天且祐之矣，而況於人乎？"

越旬日，公戒行李，出夷門，諸大夫祖于郊，厶遂次茲語爲公贈焉。

贈節推毛小山之汝南序

小山毛君，其先吾晉世家也，國初以閭右徙漁陽，不數傳，仍蔚爲宦族。嘉靖癸丑，毛君舉進士，明年秋，授節推于汝南，乃過予，曰："今之仕者類以理郡邑爲艱。然一郡之政，守統其綱，貳倅分其目，雖簿書瑣細，亦各有司存。惟獄訟則推兼聽之，凡一郡之不得其平者，率於推乎取焉，矧臺察、監司檄牒交集，則又不但一郡已矣。遐邇異習，强弱異途，狡險冥頑、囂號騰說者又紛然其異態也。吾方釋經義以臨之，若之何得其情而服其心耶？"

予作而嘆曰："民習之不用情也，誠然矣；然豈惟民之非哉？昔聖王制百姓于刑之中，以期無刑矣。而命其臣也，有曰'民協于中'，有曰'受王嘉師，監于茲祥刑'，是所以待其民者何厚也！孔子之贊《易》也，山下有火，明足以照矣，而曰'無敢折獄'；風感水受，上下孚矣，而曰'議獄緩死'：是所以刑其民者何艱也！類以民敝偽滋，不可以直道理也。束之若濕薪，驅之若群羊，一觸刑章，文致成練，株連蔓引，輒數十百人，愉爲深刻，一切亡極，被刑之徒比肩而立，大辟之計日益月增，是豈近世之民好罹法綱，亦豈司刑之吏性與人殊哉？習之所趨，風之所會，蓋有莫知其所始、莫究其所終者。故聞能破一巨室，眾必群然曰'此真廉吏也'；能興數大獄，又必群然曰'此真能臣也'。至或辨一冤獄，出一無辜，人弗以官疑，則以貨病矣。司憲由是而激揚，銓衡由是而進退，上下相毆，以刻爲明，雖賢有不能自免者。然刑憲滋嚴，奸宄滋長，憸士得肆而良善弗勝，其於國家元氣所係不細矣，疇一思夫得情心服之政哉？

“君連舉大科，方負時譽，盛年初試，厲威嚴以隆聲實者，士之恒也。顧孜孜於得情民服是圖焉，慎斯以往，汝南何有哉？蓋聽獄而思求其情，則日勤敬畏，師聽簡孚，而必不縱虐刑庶戮以爲威；斷獄而思服其心，則明哲胥占，以求正中，而必不肆鈎距索隱以爲智。刑不濫斯民不冤，豈惟一郡之慶而已哉？”

時吾晉諸大夫方徵言於予以爲贈，爰序次諸簡用俟厥成焉。

贈刺史宋古峰之沂州序

往歲庚子，古峰宋君舉于鄉。予同上都亭，見其貌甚和，禮甚度，與之談，汪洋閎肆，其蘊者甚博也。既締交，因得其爲人，忠誠醇謹，有善人、長者風，私心甚重之。乃連枉于南宮，予每爲哀惻，君怡然不色恤，曰：“我之未至也。”甲寅冬，就試銓卿，最其文，褒然選首，與君游者欣欣然慶曰：“是必中朝右職矣，是可以慰宋君矣。”君凝然不色喜，曰：“茲豈我敢期哉？”已乃授刺沂州，束帶過予。予意君當有不慊然者，詞以釋之。君蹙然曰：“某不佞，獲交於子舊矣，子尚未吾知耶！夫杖策入都，所求沾一命以自見耳。今尺寸未效，即超列大夫，韋素之願極矣，然某實有憂焉。沂，東魯奧區也，通海岱，控淮徐，地闊而民匪聚，萑葦之區，奸宄藪焉，則先事之戒不可不嚴也。頃海患方殷，則于鄰之震不可不豫也。矧東方災沴頻仍，則安集之策不可不詳也。是數者，某夙夜方惴惴于懷，詎敢曰中外殊科怏望耶？"

予曰："有是哉！有是哉！君知所以憂，斯無可憂矣。夫忠誠之懿，匪惟予慕君，亦君自信者。憂勤匪懈，而率是罔渝，于沂乎何有？予嘗慨夫世之儇巧便利者，類危自標榜，喋喋罔人，視宇內之事皆以爲無足難者，奚有於憂也？及其試諸用，訑訑誕慢，率奏罔功耳，甚者裂紀潰防，若以吏賈然。噫！彼其植諸衷者僞也。頃朝堂嚴務實之政，思以救之，管軸元僚尤汲汲於德意是承、人才是務，而首及於君，真知人哉！夫不忭心於中外，而惟職守是圖，君之憂誠也。憂之也誠，則其爲之也必盡；爲之也盡，則其績也必彰。故法紀誠修，則萑葦之警可消；武備誠講，則于鄰之震可息；子惠誠切，則流離之眾可綏。作之而必徵，感之而必應，捷若形影臂指然者。是雖措之天下無難也，矧沂去聖人之居未遠，其變通鼓舞之化不尤易易哉？今疆圉多事，黔首瘡痍，安得如君數十輩錯置效用，以對務實之治，以溥忠誠之化，豈非一大快耶？"

君同年東坪張君、玉泉閻君方圖所以壯君行者，聞予言而韙之，遂書爲贈云。

校勘記

〔一〕"列"，疑當作"烈"。

〔二〕"𡆿"，疑當作"豎"。

〔三〕同上。

序

賀胡母張太夫人恩命榮封序

張太夫人者，戶部郎中胡翁之配、今吾河東郡伯順庵公之母也。早適戶部翁，時前室子來儀方在襁褓，太夫人拊育顧愛，不啻所生。來儀稍長，亦依依愛敬，無芥蒂嫌，里閭播爲美稱焉。戶部翁業儒弗偶，中恒悒然。太夫人事之畏慎周至，務順適其心。郡公幼則警穎踔絶，太夫人即遣從鉅儒游，躬勤紡績以資之。嘉靖己酉，郡公年十二矣，學使李公檄萊郡録諸邑茂異人膠庠，郡公褻然爲選首，上下大奇之。太夫人曰：“汝毋庸是而怠也。”癸丑，戶部翁終，而家益落。太夫人拮據捋荼，罔寒暑晝夜間，其勞瘁皆人所不堪者，而督課郡公學愈勤。歲辛酉，郡公舉東藩《易》學第三人，太夫人曰：“而所當爲豈止是哉？”隆慶戊辰，郡公登進士高第，制策動宸旒，人莫不曰：“是非太夫人之教致然乎？”未幾，授司寇郎，迎養于宦邸。太夫人以戶部翁弗及見，每懷感愴然，時時語郡公曰：“吾家素貧，用素儉，竊升斗以吾養足矣。嚴刑病民者殃及子孫，剝民肥己者貽累後世，汝不見某某子孫乎？”郡公祗奉明命，無或怠忘，居刑曹再年，聲稱籍甚。庚午秋，東西二虜合謀寇漁陽，游騎及塞垣下，詔公卿調兵食爲備禦計，咸謂給餉旁午，非忠誠敏達之士莫能主也。銓卿稽于衆，遂以郡公名聞，乃自刑曹副郎晉度支郎中，蓋特簡云。虜既遁，適漕渠淤塞，運艘逾期未至。都〔一〕公復奉璽書往督治之，茌真州無幾何，糧運鱗集通惠河，都人乃安。壬申，公始奏三載績于朝，天子以公勞苦功高，制贈翁如子官，太夫人受今封命焉。癸酉春，公移守是邦。龍誥鸞書，頒從霄漢；瑤函寶軸，光被河汾。於是太夫人翟冠錦帔，象帶緋袍，拜承帝賚於庭。既而郡公率諸孫子奉觴稱慶於署，天章燦爛，命服輝煌，和氣充盈，祥光浮動，郡公壽母，其樂也融融，人又莫不曰："是非我郡公善承太夫人之訓能然乎？"於是貳郡南洲王公、別駕紹溪吳公、節推冲涵李公以郡公勞績章於廟朝，寵榮逮於父母，湛恩汪濊，誠臣子之奇遭也，屬厶有詞揚厲之。

厶惟父母之於子，人情豈異哉？義方訓誨，孰不欲玉子于成也？然克承式似，卓然樹令名於天下者殆百之一二耳。計偕疏爵，又孰不欲休光上及二人哉？然祿養逮親而復赫然被顯號于三錫者，或十之一二耳。蓋業不廣者不足以應當世之求，功不崇者不足以來君上之寵，故時敏遜志，道積而祿乃來；熙載惠疇，庸試而禮斯異。是二道者，未或不相須也，然則非太夫人之慈而能教，曷以成令子之名？非郡公之賢而敬承，曷以彰文母之誨？是母是子，謂域中有二哉？昔虞譚母孫失夫訓子，日惟忠義。及譚平蘇峻，詔拜孫武昌侯太夫人，加金紫。譚於所寓立養堂，王導率群公致賀，時豔其榮。以今視昔，謂與之異耶？我郡公前績方敷，值雲中互市屆期，時百需皆自郡出，廷推公往守之。至則通商賈，平市直，謹防範，灼戎心，甫旬日市畢，而民若罔聞知。會吾郡屢飢，積逋負百萬計，當事者以地大政繁，非公莫能理也。公茌郡未三時，循良之頌洋溢，若一口出。且廉不近名，貞不絕俗，投艱而不疑，肩重而不懾，至憂國若家，保民若子，有更僕未易終者。夫公逾初考，未再期，而績復章著若此，由是而九列、而三事，若階之升耳，謂績不可豫卜哉？將見任益崇，則公之嘉績日益茂；績益茂，則太夫人之封號日益加。《詩》曰：
"如川之方至，如日之方升。"其太夫人榮封之謂乎？

王公、吳公、李公咸曰："事有必至，理有固然，茲言足徵
也。請遂序之，以爲燕賀章首焉。"

賀盧中虛恩命榮封序

中虛盧翁者，豫之東里人也。夐慷慨負奇氣，振聲稱庠序
間。既屢試於有司，無所遇，乃喟然嘆曰："夫士之學也，不猶
農之田耶？耕耨蓄畬，任力自我；斂穫凶穰，則惟所值聽焉。予
其如值何哉？"盡舉所業畀季子鶴川公，曰："汝其成吾志，毋
俾汩没焉終也。"于是息意名場，究心玄圃，爲養生家言。時鶴
川公甫束髮受學，即頭角嶄嶄然露矣。嘉靖丙辰，鶴川公舉進
士，旋以省覲翁請告歸，依依膝下，不忍别。翁曰："朝家隆爵
號以延攬乎臣，人臣違所生以疏附乎主，是皆義之出於天者。汝
策名天府矣，毋亦亮工奮績是圖，而顧家室私恩是係耶？"頃之，
鶴川公授行人，頒皇命、禮制於四方，潔身履度，罔尺寸逾違，
每使歸，發篋惟去時衣被、圖書而已。再逾年，晉秩左司副。又
明年，以本官守司徒大夫，主饋餉於皋蘭，給河外諸吏士。河外
孤懸，吏士勞苦倍諸邊。鶴川公給予必以時，西土胥悦而親附
之。宗人居蘭者索禄恒悖期，公迄不爲動，司計利出入久，皭然
無所污也。甲子秋，天子擢鶴川公僉晉臬司事，奉璽書，飭兵布
度於河之東。復便道省翁，奉杖屨，游家園，臨亭臺，撫松菊，
樂融融然忘發。翁復曰："河東，晉奥區，天子挈以予憲臣，任
豈眇小哉？位或一虛，患將百出，汝毋以吾爲慮而緩王程也。"
鶴川公既履晉，時時念翁不少休，乃走使迎翁來宦邸。不數日，
即子夜戒徒御歸，鶴川公長跽泣留之，乃曰："汝肩重而務殷，
惟日孜孜，庶幾底於理也。今晨夕于予侍，將無曠厥政耶？矧官

所拘維，又孰若故丘之自適哉？”蓋自至逮歸，郡之人未或識其面云。初，鶴川公方駐蘭，以三載績聞於朝，天子嘉其勞勛，詔封翁如子官。迄是時，龍章錦軸渙自九天，鳳誥鸞書昭回下土。郡之師帥慶君上之殊恩，嘉子臣之榮遇，乃樹棹楔於里門，奉揚德美焉。既竣工，馳書告鶴川公於河東。河東大夫士若民聞之，胥欣欣動色相告曰：“鶴川公不以晉為鄙，視吾人若一體一家，歡戚同焉，吾人之戴公情詎異耶？往公初至，獨懷中虛翁不置。再值誕辰，輒楗關謝客，涕下盈襟，曰：‘吾南瞻親舍，不獲奉卮酒以報劬勞也。’今中虛翁承天子之褒榮，荷師帥之表異，寵光大矣，公之心獨無陶然適、怡然樂者乎？”則共圖走賀於公，而屬厶為之論贊。

厶曰：“父母之致愛其子也，莫不期其建偉績於當時；而子之致孝其親也，亦莫不願揚其令名於天下。然相須甚殷，而相值者不啻計十一於千萬已也。今中虛翁舉所業以付於子，而子之成也淬焉；鶴川公舉所職以奏于君，而寵命之錫也赫焉。謂非希曠之奇遭、克家之大慶耶？夫飭躬履正則茂績昭宣，勛立名揚則榮親有永。鶴川公典禮而儀度罔愆，主計而清操愈勵，昔之績固已炳焯於多方矣。自莅吾邦，章憲肅紀，振廢摧強，出之以不煩不迫，與民相休息焉。故桴鼓不鳴，田野無所擾，庶民熙熙然若赤子之得慈母也。勛猷震溢，視昔為烈矣。引而伸之，身日益尊則聲實日益暢，所以榮親顯親者可涯涘耶？詩人之頌曰：‘萬有千歲，眉壽無有害。’夫曰萬千與云者，豈真謂歲年間哉？亦謂榮名之永耳。或曰：‘鶴川公嘗言中虛翁膚體凤魁梧，晚有契於吸納之旨，今七十餘矣，精神悅澤，僅類五六十人。’夫康寧者壽考之基也，壽考者榮名之地也。噫！翁蓋兼而有之矣，謂耳目可習見耶？”

於是乎書以致賀云。

賀邑侯徐嗣齋褒異序

余往讀太史春陵晁公所撰《清豐志》，其傳名宦也，叙述邑令豫齋徐公之遺愛，曰振士恤民，剔蠹興利矣，而本之以樂易宅心焉。邑人生爲徐公立祠也，太宰端溪王公述衆思，列七美矣，而要之曰："當天理而不拂乎人心焉。"每即其事，量其功，未嘗不遐想循良之遺烈，而冀一識其子孫焉。又竊自嘆曰："安得若是公者莅吾邑，俾吾人蒙其庥耶？"

嘉靖乙丑冬，徐公季子嗣齋先生釋褐來令臨汾。吾邑麗郡居，長吏羅列，復當秦晉午道，王事浩穰，百倍他邑，民坐是困，頗稱難理。先生始至，衆意世家制科，茂年初政，必屬剛武、刻會期以立威名也。而先生少受父業，恂恂儒者，明習文法，以經術飭吏事，貞廉冲素，謹恪憂勤，稀有安居時。簡除煩苛，禁察非法，減供億，省追呼，慎繫逮，罷宴游，諸彌文不急一切汰之。民有爭訟，常引之于前，提耳訓告以忿患可忍，訟不可終，令退自思，惟訟者感之，輒各釋去。收租税，每先期懸示，令細民各得以情自白於庭，復爲之酌盈縮，審緩急，爲先後賦，遂無愆違。稍暇，則與諸博士弟子剖析經疑，指示文義，亹亹無怠，務使人各有所得。視事甫數月，父老、子弟咸熙熙然樂有賢父師也。于是督撫中丞萬公疏先生治行聞于朝，復移檄褒異。巡察侍御王公、劉公，司計郎署劉公、王公檄先後至，率稱先生奉職循理，潔己惠民，有裨於國甚盛也。先生佐幕石君、魏君、賈君儼然具儀，如諸使者指，造先生爲賀。先生固謝避，三君曰："諸使者之舉，不可終止也，然則以言乎？"乃徵言於厶。

厶惟循良之吏，國家所資以爲理，生人所資以爲庇者也。夫桐鄉、上蔡之烈，議者類以古人非今及矣。然徐公清豐之聲績，其世未甚遠，得其書而一讀之，悉灼然在人耳目之際，使人希慕稱述之不暇，謂視古人異耶？自先生蒞吾邑，士奮于學，老稚安于里閈，豪猾屏息，黠胥斂手，無以肆其奸。其操心也，不詭飾以近名；其敷政也，不拂民而違則。視徐公之在豐，誠世濟其美，不隕其問者矣。然予又聞長老言，往庚、辛間，應衙前之役者類至，竭資力不能勝。自先生至，歲省數千金，稱述先生不置口，至謂諸使者所薦揚尚未能盡發德美，是可以徵先生之感物而行化矣。夫往者謂徐公不得而見也，得見其子孫可矣。乃今得先生爲依歸，而日衣被涵濡乎其澤，視前此之豐人無少讓焉，豈非吾人之大幸哉！昔荀朗陵二邑立祠，而叔子慈明復紹其烈，史紀爲殊稱。以此視彼，詎能專美耶？

雖然，表德以率世，章義以勵俗，部使者之能也；因賢而序官，辨勞而奠祿，則持衡者之任也。先生有大造於吾人，殊聞顯績，茲既章章表著於天下矣。今天子虛己受言，方求文儒哲士、謇謇達大體者，將邦直使司揚庭首薦，持衡者寧能舍先生而他之耶？猗歟！先生從此徵矣，然吾人依依愛戴，不啻怙恃焉資也，詎可須斯離先生哉？明詔且下，蓋又不能無懼焉。

賀邑侯徐蓮渠諸臺褒異序

夫成天地之能以康兆民者，大君之猷也。然大君之尊，下視民人，遐逖匪親，所賴以布德敷惠覃及下民者，守令之責也。守若令分職於上者任雖均，而施澤及下者體則異。親民者，莫令若矣。民知己之所賴以生在令也，喘息呼吸，期感而通；疾病癢痾，必呼而告。令之於民，必審察其征輸風壤、欣戚利病、情僞善惡，而爲之劑調衰益，興廢矯正，旄別而安全之，俾各適其平，令之責良艱且勞矣。若夫賦繁而務劇，上蒞而地衝，則其艱且勞倍蓰什伯未易計也。是非有旁燭灼知之識、廉平果確之操、鎮定淵涵之度，其奚能揚茂烈而播英聲哉？若予邑侯蓮渠徐公，蓋誠其人矣。

余邑爲河東都會，土多瘠而賦額特繁，民日貧而徵斂愈急，省符每下，即以乏軍興爲稱。復當秦晉午途，擁傳之節、行部之車轔相續也。民坐是大困。且監司大吏鼎峙錯臨，條教迭頒，適從匪定，邑未易爲理，不直如前所云矣。隆慶辛未冬，徐公初試而來，衆意公世家進士，必屬操切以樹威聲也。公廉潔簡約，謹身帥先，澹泊深沉，喜愠不少見。乃正縣賦之籍，酌緩急之科，徵發有程，都鄙無擾。復汰冒濫，減夫役，庶人在官者俾盡緣南畝，月僅一二赴公期，曰：“吾不欲妨民之力也。”革供億之需，省燕享之節，饋賓厨傳取適矩儀，彌文不經一切裁損，曰：“吾不欲傷民之財也。”聽訟決獄，明啓不留，務在得其情，箠楚無所事。暇則進諸生以便坐，指授群經，飭屬藝業，試其誦論，示以周行。而又正奢借以善俗，警游情以禁非，與臺卒史憑藉蠹民者屏斥罔遺。甫數月，庶務聿新，父老、子弟欣欣告語，以得賢侯慶，而弦歌誦習汾水之上，洋洋如也。

時巡察侍御俞公將還朝，乃移檄禮公，稱揚盛美甚悉，且曰：“知賢而未能即薦，時制拘也，予心慊焉，僚屬、師生其爲予致禮。”於是邑丞于君、判簿李君、幕尉靳君捧檄具儀，如巡察指稱賀。公杜門固謝，不欲當。頃之，督撫中丞楊公、行冤獄使者杜公各修詞爲札以表公政，異詞罔溢，稱美多未盡也。僚幕復如札爲禮，公遜謝彌堅。時三君以公三讓，不可奪，乃徵厶言紀之焉。

厶惟奉職循理，推上之澤而致之民者，循吏之烈也；表賢揚善，彰主之哲而風有位者，臺使之明也。民非賢罔安，善非揚罔勸。在昔虞夏，君臣時幾交敕而必務知人以安民。我列聖所以垂拱穆清、化行海宇者，非以旌別淑慝、委重有人耶？然予竊識視徐公，苦節自甘，而所長不少炫暴；冲和樂易，而一毫非道不可干。拊民若恐傷，而於冥頑怙終者必懲之悛改。恭順自牧，而與上官議，同異得失，顧執大義不可移。是皆非近名之爲者，乃細民悦其仁，臺使表其績，聲實昭綽若是者，蓋公誠信中存、應物不貳本之也。夫信及豚魚，孚乃化邦，天且應之矣，而況於人乎？竊疑近世以儒名者，博窺載籍，高談理性，論治摛文，非不鏗鏘炳耀也。出而見諸行，類比比奏罔功，何哉？毋亦以學非有諸己耶？徐公弱冠舉于鄉，既乃下帷謝交，兄弟自相師友，刻勵潛修，研穷墳典，遜志探索，洞究精微，蔚爲禮學宗，安上治民之要術素修而志素定也，根諸心、植諸己者誠深且固矣。是宜施於有政，光輝盛大如此也，豈非真儒之大效哉？

公莅治兹已逾年，孚惠愈洽，勣績愈崇，薦牘且積，公車徵書可計期至矣。由是而論思獻納，由是而寅亮經綸，則真儒之效行將顯明於天下矣，詎惟一邑哉？然基之自吾邑始，是宜三君欲有以紀也。愧余寡文，未能悉録德讓君子之風，特舉儒效之大俟諸後焉。

賀同年侯松泉總憲中州序

昔在弘治中，太原晉溪王公爲户部郎，鈎稽委積，劑量經費，一審畫而節適之，同舍郎自以爲不及也。大司農倚重集事，不欲令轉遷。久次，陟參汴藩，晉漕憲，遂入爲司農，乃會計式叙，邦賦充盈。然與邪僻人值，即剛壯見於外，竟廢歸。今上初，起爲大司馬，開督府於涇原。公又素習兵事，得夷虜情，乃始臨洮，達上郡，畫墙列守，虜入輒追北之，居五年，上功首虜數千級。天子以太宰召還，絶迹殊勣，海内至今稱王公云。公樂善，能知人，擇其女所從，乃得里中莎亭侯公。侯公廉讓不伐，舉動必以禮，擇然後出言，内實剛毅不可撓。爲祠部郎，歷省枲，仗鉞薊門，晉南司徒，所莅奮庸樹績，以勛名終焉。予邑西磐張公時時舉二公之美風後生，私心向往之。

嘉靖甲午，則與侯公季子松泉先生同舉於鄉。先生甫弱冠，和粹坦夷，慊慊若不足。時竊嘆曰：「是誠賢公卿子，能恭儉守家法者也。」既舉進士，亦爲戶部郎，去王公時五十祀矣。先生施政悉則王公，又強記絕識，能推行之。大司徒委重，一如昔在王公曹中，奇請他比率就質成。先生誦甲令，舉前聞，類宿構預待者，一時譽望擬若杜武庫然。出守南陽，擢憲副關陝，乃復就王公開府地，呼故將老校，考除戎破虜之迹，慷慨悲歌，至不能自己。頃之，亦陟參汴藩，督漕餉於都亭。都餉故難理，先生剔刷防檢，宿蠹以消，終歲無後期者，縉紳士莫不翕然稱先生能世二公之徽猷也。及代歸，天子即擢公總汴憲。夫先生漸鴻奮翼，外祖同符，省枲徊翔，復先公有合，迹亦奇矣，而名聲籍甚，濟美同焉。即今位秩視二公所都，可須臾至矣，謂勛業將無同乎？

夫應時而熙載者，迹也；守道而匪躬者，心也；圖事揆策以尊主庇民者，功與業也。二公之業悉數未易終，而其大者在治賦與兵。考其所要束，則務本而豫內，豈顧近利爲己私哉？今四方儲時視先生爲郎時何如？諸邊精甲視二公仗鉞時又何如也？夫國家大計，惟賦與兵。孔子論信民，必先足兵、食。竊慨夫帑廩不支，類以食之者衆也。而營伍單弱，甚者不能軍，尺籍虛耗，宜廩有餘積矣，而比比無蓋藏，咎安在耶？是皆先生之夙所綜核，期以緒正舉行者，升階而總攬，吾知先生必有以振二公之鴻勛也。語曰：「公門有公，卿門有卿。」不其然哉？不其然哉？

節推喬魯瞻之春曹序

魯瞻喬公左理吾平陽九閱月，詔徵爲主客郎。余邑長劉侯慶聖主念直臣，公之道且大行矣，謂鄙人夙獲知公，屬詞以爲贈云。

乃者公居内臺，昌言特立，風望動一時，乃糾正輦轂下，磨切貴近，抑横刺邪。諸近幸銜之，伺他便誣中危法。賴主上明聖，薄譴河東運幕。既逾年，量移是邦。公初釋褐令南宫，以惠愛爲本，條教頒行，務在休息民力，清和咸理，治績爲畿輔首稱。值核邊使者駐關南，郡守部州邑長吏詣使者陳守禦方略，及供張厨傳來會，比邑閭左咸以憊困聞。公經畫精簡，屬令嚴密，役省而費約，民若無事時。運幕素稱閑局，罕事事。公至則諸部使各以艱大務來取裁，悉爲緒正，即科條。諸生茂異者喜得師，執經講業，至百餘人，彌年咸充然有得。分典秋試，甄録皆名俊。間攝蒲篆，拊循惠養，治一若南宫時，甫數月，民吏親愛不衰。爲司理，周歷并冀，決疑讞獄，不訐察以詭時，不深文以賈譽，日兢兢庶獄於刑之中。徵書至，諸頌逮就訊遮道號呼，願使君行且止，俾直抑者情，其得人和如此。

夫儒者修先王之道而從當世之事，豈直爲崇尊豐禄、顯名榮進計哉？所貴展采錯事，安國庇民，以成天下之務耳。如其董董謏聞，拘攣闇汋，顧自諒以爲能，是猶亡維楫而渡江河，國家奚賴矣？又或樹一節，立一名，即沾沾然喜，器溢莫可增；徙處卑散，輒鞅鞅憤嘆，如蹈湯火，憤無一引手措於安全者，政疲民瘝，寧心煩於慮、身歷其勞耶？甚或曰"吾令名大節已暴著於天下，後無庸自苦也"，毁方破觚、倒行逆施者有矣。故君子忠愼以成名難矣。乃若合夷險崇卑，從容順適而胥不詭於道者，斯難之難也。若喬公誠其人哉！

公植忠誠之志，修貞亮之節，畜敏達之才，道全而美備者也。乃職司牧則拊循其人民，執天憲則明敕乎紀法，理刑獄則精察詳辨，伸抑滌冤，上下并受其福焉。夫中外地殊，尊卑分異，順逆之境則相懸。公晉也不以喜，摧也不以愠，隨事效忠，而殊尤絕迹各奏焉，奚自哉？蓋建績之途殊科，而立德之基則一。昔商丘開誠信，無二心，孔子稱之曰：“夫至信也，可以動天地，感鬼神，橫六合而無逆，豈但履危機、遺利害而已哉？”喬公忠誠充積，貞亮無回，雖孔子所稱無以尚矣。誠信施於下斯民悅無疆，誠信措諸事故允釐庶績，誠信感乎上斯天眷用申，理有必至，事有固然，是奚有於內臺、外服之出入間哉？公今聲猷聳海內，顧益不自居，溫然其可即也，退然若不勝也，誠獨觀昭曠之原，越拘曲之見，善居令名而不違先王之道矣，輿情願望於公者豈其微哉？蓋或益莫違，榮途遄復，若省署均任要重。而春曹特號高華，古所謂秩清而選妙也，自祖宗時即察實選才，不輕以畀，若遷臣環召獲與焉，尤僅僅見。公弃外無幾何，天寵再承，奮枳鳳之棲，振漸鴻之翼，人臣榮遇蓋非恒格矣。

夫虛右職以簡譽髦者，聖主之哲也；樹洪烈以對殊遇者，純臣之忠也。春卿四署，名稱若殊而職務恒相涉，列階稍異而明陟則迭居，要皆以相秩宗而保邦國，和上下而洽神人者也。夫禮原於天地，而美盛於三代之哲王。我國家斟酌古前，具存於所司，敷錫臣庶，亦既燦然明備，郁郁乎文矣，然其本固自有在也。古稱“欲興禮樂，必先富黎民”，又曰“苟無忠信，則禮不虛行”。今天子聖神，方建中和之極，海內殷乂，正興禮樂之期，誠千載一遇也。喬公忠信根心，率履不越，植本自我者深且固矣。敷陳於聖主，贊助乎夷嬰，講求興起，俾今時之典禮與天地之節同焉，固廟朝之所以拔擢意也。舉禮樂以正天下，懋勛華以對盛時，公其必無讓矣。

贈劉儲峰辭榮高尚序

先生長平之高士也，蚤孕王屋之靈，長契連山之旨。既游膠序，益勵韋編，探《丘》《索》之玄言，溯典墳之精蘊，令聞譽命，溢於晉陽，決策青黄，衆儀俯拾。然數奇調古，屢躓莫前，勁氣貞心，百折不挽。乃携子侄隱於□□之陽，愈修舊業，懋啓新知，摳衣執策之良濟濟于門，而諸郎亦大雋異。然竟無能知先生者，歲丙午，年已七十，乃就貢于南宫。時仲子彬泉君癸卯已舉于鄉，先生復携以行，督課惢功，無間夙昔。今年春，彬泉遂舉進士高等，詞華茂美，時論蔚然，家學淵源于茲載顯。先生乃怡然樂，喟然嘆，曰："吾今其可以已乎！夫教于家固已兆乎，教于國顯于子，又奚啻於顯于身乎？志畢而名彰，吾尚能以升斗之奉而屈折於時流耶？"乃投劾天曹，浩然高尚。先是，試于大廷，例得司訓。銓宰嘉先生之止足也，進學諭以歸。于是其姻黨交游，卑尊長幼，莫不企先生之嘉遁，美彬泉之顯親也，乃命言於予以爲贈。

予聞之，古曰"克施有政，是亦爲政"，又曰"有子，考無咎"，蓋家庭式則，邦國同符，胤嗣震昌，前人斯顯，其理固同，其機亦未始不一也。是故方先生之抗志遐修，潛光斂采，其心非不思以易天下也。然而渫井不汲，行惻徒興；子弟見從，教思已溥。夫家者，國之則也。教家之化既章，則所以教國者亦若是而已，固不必於身嘗試之而後志可行也。先生之才弘經略，術辨天人，非不可以恢皇王之緒，建康靖之勛也。然而時命不遭，躬行已窒，垂休食報，子姓方昌。夫子者身之枝也，意承於子，是即章化於身矣，又豈必身親爲之而後爲達耶？矧彬泉方躋弱冠，已樹令名，嗣是而陟膴登顯，覬耿承光，建不窮之業，流億祀之光，揚烈垂休，先生之名愈永矣，豈惟是耶？今兹之往，誠益彰往烈，茂啓來芳，殆未易多見者也。《漸》之上曰："鴻漸于逵，其羽可用爲儀。"傳曰："其志卓然不可亂也。"噫！先生有之矣，請以是爲頌焉。

贈都諫李冲涵應召序

自東郭先生推明致知之學於桐汭，維時髦俊雲附景從，延于宣、歙之間，彬彬多論學之士矣。乃郡人北山居士李公親承指授，爲高弟子云。居士既隱而未見，乃以所得啟嗣子今吾郡司理冲涵公。未冠即銳志聖賢，習聞致知之學，怡然有合，乃舍置舉業，裹糧携友，浮于江，涉于湖，講業於青原、東越、齊雲、水西之間，日與東郭、念庵諸先生上下其言議，商訂其幾微，講求既博，探索日精，千聖微言超然獨契于心矣。間復出緒餘爲場屋之文，遂舉進士，莅是邦。公志先化導，不專事刑辟。行部州邑，必進守長、士若民，啟諭以道德心身之奥，示以升降揖遜之容，復定爲交會燕饗之宜、婚喪葬祀之節，帥其長吏，務在精力推行之。公被服儒素，渾無禄食態，而淳誠溫朴，藹然若元氣襲人，故得公之訓者駸駸奮起而不自已焉。全晉險要半枕虜穴中，而兵機庚積，蠹窟弊藪，强宗豪右，獄訟繁興，株蔓連引，恒數十百人，歷歲未易理。重臣部使廉公行能，率舉以屬公，一訊輒得其情，取魁桀致之刑，連及者即破除縱遣。而凡飛語之所中、羅織之所成，必審慎閲實，求協于中。至于挽回上意，防戢吏奸，則心煩於慮，身歷其勞，又有人不及知者。僻邑窮邊，綜核省巡，無不三四至。父老扶携拜伏，遮道感頌，車至莫可前。時公奉母太孺人郡署居，閱數月必馳歸省覲。太孺人聞公善治得民狀，則喜曰：“汝父凤閑要道，而未見諸行。汝意能承考，惠澤一方矣，尚圖措諸天下之民哉！”太孺人矢艱貞，抗弦節，逾三十年矣。郡邑屢欲録實上聞，太孺人輒正詞力阻。然士議輿情遍頌遐傳，胥願旌揚以表著盛美者，方皇皇莫遏，恐非太孺人所能終辭也。公居晉幾五年，課最每爲天下第一，於是天子虛諫院以徵焉。公届行，余邑長禹城劉侯、石樓長安陸劉侯，實則公學道以愛人者，慶大道之行於公而兆也，屬厶爲之詞。

夫儒者之從事於學，胡爲而然哉？蓋不知成身之道，不可以言人；不知爲臣之道，不可以事君；不知居上之道，不可以治下。學也者，所以求知也。理備性真，道本至足，知豈在外哉？所貴乎學者致之而已矣。世之群居而論學者，豈少乎堅白異同之辨，非不燦如也。夷考其行，或燕越異趨，毋亦樹之而無其本，故爲之而不知其方耶？竊觀公妙契神悟，獨探本原，而又親受良知之要旨，蓋淵淵乎莫可窮矣。故言動造次必於禮則，廉正守道，精白一心，視俗尚世紛爵然無所動于中，諸所規條經畫，屹然爲便民之防，而禮讓之化一時上下翕然歸焉。夫學之所貴，以能行也。公潤身惠下之烈，殊尤絕迹，既章焯於四方矣，兹且登文石之陛，管璅闥之樞，崇論竑議，固公攸司也。今輿圖之廣、生聚之繁、機務之殷，其所利病戚欣，哀益舉罷，細者毋論已，乃鉅且急者，公見之灼矣。畫百年之策，而破旬月之謀；務綜核之真，而祛誕諼之習；崇渾朴之質，而絕靡麗之華。公講求籌量，豈一朝夕哉？夫居下不能以施遠，今乃得意而偶時，則昌言遠計辰告于九重，俾聖神功化光被四方，而真儒善治身親致焉。德行施於當時，勳名垂諸後世，萬姓將曰：“學之行也有裨於治理如此，淵源所自，論學信非可緩哉！”兹固邑侯爲天下稱慶意也，豈直恒情榮遇之侈云耶？

賀總憲林雙臺右丞中州序

嘉靖甲寅，雙臺林公以湖北參知持節撫諸苗。時酋項匪茹，竊據巢峒，狙伏豕突，侵暴荊梁之郊，十年餘矣，未有能征之者。蓋林箐阻深，饋餉煩費，士卒徵調，情異力分，率甫征輒已，苗愈無忌焉。公既至，師虞論量，悉得其情，乃條上征剿便宜及諸方略於督府，督府即以屬公。公會計諸庾積，轉輸偏橋，足支數月，乃簡土夷銳士，合督府於湄潭，大師四集，草薙而禽獮之，甫浹旬，渠魁盡殲，孽孽靡遺。督府上公功，詔進一階，時公已遷長汴臬矣。再閱月，晉汴右丞。省臬諸大夫忻忻向予曰："陳師鞠旅，料敵設奇，雖宿將艱之矣。林公儒者也，仁義是修，法度是束，詩書、禮樂是敦。一旦鼓三軍，履重險，收摧陷廓清之功，關介士之口而奪其氣，豈不偉然烈丈夫哉？子容無言以張之耶？"

予惟通三極之理而探其精，儒者之蘊也；因庶政之用而奏其績，儒者之施也。師中而吉，特其一耳，謂足盡儒耶？昔孔子之數儒行也，曰："忠信爲甲胄，禮義爲干櫓。"又曰："博學而不窮，篤行而不倦。"至他日論君子而必曰："不器焉。"局於一長，豈儒之真哉？自貢舉法敝，士大夫堇堇一經，即盎然自溢，利達既適，藐武備爲卑之，甚者賦稅、律令亦恬不講習，委之以政，類倀倀莫知所之。其以一善名者，復汲汲爲炫耀圖。乃若林公，弱冠舉進士，入讀中秘書，文學特爲相國所奇。及論官，固請散秩，乃授儀部郎，寅清秩禮，大宗伯亟稱賢。既八年，出典楚學，楚士駸駸然向風。在湖北，實主諸帑儲蓄，勾稽剔刷，宿蠹頓祛。及入汴，明法令，戢貪殘，風采震一時，庶民畏且慕。既遷秩，旄倪、走卒少失其平，猶遮呼林使君云。夫公退然若不勝衣，恂恂然若無所有，乃文學教化之司，財賦紀綱之任，戡亂除戎之寄，隨用輒效，率昭焯在人耳目若此，謂非博學篤行而不可以器目耶？然茲陟也，雖以功伐高，而資序實已屆，公猶瞿瞿然曰："吾奚敢干天功爲己力哉？"夫勞而不伐，有功而不德，君子所以有終也。今天子方舉群策以收太平之功，公行將盡奇略而見設施矣。以大真儒之效以永有終之吉，蓋易易然者，平苗之績詎足以盡公耶？是爲序。

贈都閫鄭平湖佐擊京營序

自昔有天下者必屯宿重兵於赤縣，曰象勾陳環衛，亦以崇武慎防也。國家京邑六師，制屢分合，而兵寖以微。嘉靖庚戌，我皇上振飭而新之，更部置營伍，立練勇、佐擊諸將軍，非中外梟關突騎之渠率不畀也。根蟠糾結之蠹，廓清排決，不崇朝定焉。六軍之士鼓舞歡呼，意氣百倍，旌旗壁壘肅然易聽改觀，營兵於是始壯矣。

今年春，中州都閫平湖鄭君被簡擢佐擊神樞營，蓋慎選也。鄭君故歷下戎帥，歲癸丑，舉會武第二人。時主試鉅公嘆賞其文詞，謂非業武所有。予時守史局，其言實與聞。丙辰冬，君以僉書至汴。乃長憲胥江楊公、副憲海亭吳公皆君舊舉主，因爲予言，鄭君始爲諸生，有聲黌校中，以世爵當及，乃慨然曰：“大丈夫要當提健卒數千人，橫行匈奴中，縛名王獻闕下，焉能俯首終對筆札耶？”遂應東藩武試，再爲第一人。然觀其人自奇士，沉毅有智略，恂恂不自炫，使爲天子當一面寄，必能破虜樹奇績，擁節登壇何足道哉！予心甚奇之。然汴中原地，不臨戎，僉書又閑秩，君嘿嘿無以自見。撫臺、部使各廉其能，乃上書薦君，若曰：“鄭某者，曉暢兵機，優閑騎射，宜使出入行陣盡其長，胡可投置散地也？”天子采其言，乃有今擢云。

鄭君過予別，予賀鄭君曰：“士豈賦才之艱哉？逢陽遘會而才得以見諸行者，古今不易也。干將、莫邪之刃，豈不毫芒然利哉？陸剚犀象，水斷蛟龍，惟試諸用耳。匣而藏之，鉛刀奚擇焉？君抱非常之略，效用素所期，今握環衛之兵，都肆輦轂之下，誠志在於建功，事專於報國，朝奮績而夕承恩矣。語曰：爭名者於朝樹勛茂實，奚必在萬里外哉？”

或曰：“環衛兵罕與敵接，如鄭君，自宜試諸邊，任於京，終未易自見耶！"予曰："體國者在識重輕，任人者貴審緩急。京營視諸邊，其勢相懸，豈直倍蓰哉？自兵制更新，士淳淳然興起，今得豪杰之士將領之，使時其簡閱，齊其擊技，作其心志，恤其苦甘，則鄭君一軍勢隱然不可撼，彼斬將搴旗者，功抑末矣。噫！鄭君兹行真可以自見哉！推轂者真知人哉！"

鄭君索予言爲贈。予既重鄭君，遂次兹語以歸之爲序云。

送黃少坡司訓臨海序

昔三代盛時，黨庠術序遍天下矣，而父師、少師之寄，非德行、道藝卓然有聞者弗與也，故道尊而人知敬，以修教化，以興禮樂，其機沛然無難焉。周衰，教廢，師任漸微。我昭代初興，遠則古昔，典教之秩必屢簡乃成，聞人碩彦多于兹焉奮其敷教之功，亦彬彬然盛也。乃者延登拔擢視昔既稍殊，而教法遂夷，士習遂敝。噫！不有君子，其能返而之古耶？

予友少坡黃君者，君子人也，兹司訓臨海，予蓋深有望焉。初，黃君與予同受經於于山莊先生所，時童年，即瑰瑋騰踔。及爲弟子員，聲名籍甚，每督學校諸生，必亟稱黃君。然試于有司二十年，無所遇。歲甲寅，循年薦上春官，再試大廷，皆褒然首列。衆意君必少需遲，求自試以期有合也。予亦以爲宜。君獨曰："吾有母，今年六十□矣，將借升斗之禄以爲養也。矧兹秋□之□□日實母壽期，吾竊章服之華，奉觴以爲悦，非人子所快耶？一第之榮，其如命何哉？"乃請于銓卿，得今秩，忻忻過予而問教焉。

予惟天下之以歲資上都亭者校，再歲之中率千人，其請校秩以行者，僅十二三，然必有所迫于中者爲之也。君年甫强仕，復抱雋材，固處之裕者，時苟我與，將無遠弗届矣。乃養欲及親，而仕無所擇，是於教也奚有哉？夫學校之設所以教爲忠與孝也，群之弟子亦以學此而已。今之師者，督之升散，導之將迎，曰："吾責若斯也。"其異於是者，不過相率工筆墨以規利達已矣。間有能倡之以根本之大者，而反之身或未能焉，毋惑乎士之不信且從也。君急於爲養，緩於求名，而又知退，聽於命焉，其大者先立矣，轉移化導之機尚俟他求耶？居之而不貳，履之而不違，鼓之舞之而不怠，使群弟子日孜孜而弗自已焉，則教化可成，禮樂可作，而天下之爲師、弟子者法矣。是惟朝家命官之意而先王立教之遺也，若今時之教，是豈予望于君者哉？

贈同年阮相山之通許序

往歲甲午，予與相山阮君同舉于鄉。君資稟奇雋，經學有師法，通理世務，考古今事變、人物高下，衷益會通，悉中肯要，間叩焉，不數語輒犁然當人心，物望甚歸之。然屢試南宮無所遇，歲庚戌，以親老出，授宰秦安。秦安，西土僻[二]區也，接壤羌戎，夙稱難理，舊宰罕善終，亦未有薦諸朝者。君臨事開敏，皭然不染，乃悉紀度而更張之。未期月，亂者治，仆者植，蒙者化，鰥寡疲癃者有所立，而所謂難理者瞠乎退聽焉。部使者亟賢之，率任閱障塞、簡戎伍、稽儲糗、均賦繇，奔走河隴無寧日。諸疑訟艱務歷時莫解者必命君。君迎刃縷析，若素習而目擊者。於是龍潭劉侍御薦于朝，謂君雅望清操，敏才篤志，至累數十言。金泉王侍御謂君識達才優，守清怨任，隴右數十宰莫君賢也。諸所署考類若是，民亦愛戴忻忻然。再閱年，以內艱歸。服既除，補宰通許。時同年胥會都亭，咸謂君昔發硎艱遠，勞瘁極矣。今兹邑小而無煩，且土風相及也，其將卧治乎？君蹙然曰："以難易貳厥心，以逸豫減厥德，謂吾敢爾耶？願諸君無吾遺耳。"顧予曰："子何言？"

予曰："邅邅難易者，地之遭也；勞瘁憂勤者，臣之職也。

物不歷難者，材質必不良；人不履難者，德器必不固。蓋難者易之地，易者難之徵也。素難而難，難斯易矣；素易而不失其難焉，雖措之天下奚難哉？曷觀之御乎？上下於羊腸九折之途，雖蹇乘下駟，失者鮮也。康莊廣陌，輕車駿足，覆逸比比矣。篙師之操舟也，下瞿塘，度巫峽，江流悍急，橫石廉利，旁視者神駭目奪矣。而篙師左瞻右盼，前指後呼，卒之舍險即夷，晏如也。而帆墜檣傾，或於不波之淵焉。蓋操心危者罔不平，視外易者罔不傾，豈惟一事爲然哉？是故知難而難匪難也，知易而難則過人遠矣。君恒德自持，不易厥易，茲蓋洞然無疑者。然《易》曰：‘懼以終始，其要無咎。’語曰：‘行百里者半九十。’君其毋忘之哉！”

校勘記

〔一〕“都”，疑當作“郡”。

〔二〕“𤲞”，疑當作“𤲃”。

慎修堂集卷之十

序

贈郡伯孫兩山入覲序

今制，郡國之長三歲則率所部群吏課功最於朝，實古試功上計意也。明年春復值其期，吾河東郡侯兩山孫公將戒途，惟士若民日遑遑然遮公曰："自公在治，境内清夷，細民各安其居。今聞當入侍闕庭，願須臾毋發，可乎？"公曰："朝會有恒期，予其曷敢緩？"士若民又曰："願天子毋以公課最留左右，晉公顯秩，仍保釐是邦，俾吾人有永賴，公夙來復，可乎？"公曰："榮進有定主，予其曷敢期？"公之僚暘谷李公、少微邊公、實齋艾公胥曰："吾黨方以公爲法程，何能昕夕相違遠？然公課實最，願如士若民所期以終惠吾黨，可乎？"孫公瞿然曰："幸備位劇郡，制於繩墨，未竟所欲施，方日虞莫能皇澤是宣，庶民是化，群吏是正，將無由藉手以報天子是懼也。二三君子將無予是規耶？"三公乃過予，曰："孫公治效異等，而謙讓不自居。今入會于都亭，子其綴諸詞，俾章焯在人耳目也。"

厶曰："往予守官史局，孫公方爲給事，居瑣闥中。時權貴人某者新得幸，恣睢驕溢，反覆侵亂，衆莫敢攖，公首發其奸。天子韙公言，貴人始不敢肆。當是時，直聲震天下，然愛公者實危殆焉憂，公怡然不介念。既逾年，竟爲所中傷，謫處閩南者五六年。方其爲給事，在貴近地，不沾沾溢也，攄忠畢悃，盡其言焉。及栖枳棘，治細瑣務，不戚戚然憂也，悉智陳力，盡其守焉。公治行之卓絶，自昔聞之矣，豈直於今爲烈哉？新貴人既敗，天子自謫所再遷公官，乃者復自天雄擢守吾郡，位貴重矣，公于于然不少異昔時。始至，即循行郡中，觀納民俗，人人問以所疾苦。既乃度其可行者布爲條令，損無益之費，寬不急之征，節威刑之施，時禄予之給。廉潔不苟，以仁愛爲主本，賑恤孤貧，布德行惠屢屢焉。是非皇澤之宣乎？好古教化，上禮義，表孝弟，下有争訟，以至誠感悟，令自悔改。修治學宫，都肆文藝，躬爲諸生指示聖賢要旨。春秋祀飲，陳鐘鼓管籥，盛升降揖遜，民蒸蒸然嚮風。是非民俗之化乎？環郡城而列者，州邑逾數十，公攬擷風謡，考人吏治迹，旌别淑慝，章示好惡，凡作奸犯科繩治無所貸；其欲達未逮者，誘掖教誡，不即弃之。數十城之屬類惕然不敢肆，又未始不景仰愛慕公也。是非吏治之正乎？夫斯三者，即公所自道耳，固已流布遐邇，入於人心矣，其他大惠盛美未易殫述也。公雖不自居，輝光發越，殆焕乎不可尚已。然予竊聞公蚤歲即從事聖賢之學，究王伯之辨，探賾索微，反躬踐約，誠學道而心得矣，是宜治效之異等也。

　　"夫奉天子之彝章而布之於上下，感物而化行有如此者。持是以敷奏焉，天子觀公今兹殊絶之治行，思公疇昔忠鯁之昌言，簡陟華樞，留侍左右，誠匪旦伊夕者，公寧無所以慰吾民若士之懷哉？厶聞之，樹一時之偉烈者，哲士之宏規也；垂萬世之治安者，仁人之長慮也。公之惠養吾人，凡迹之所已行、力之所可及者，圖惟興措，亦既力罔或遺矣。若夫嚴先事之防，興後來之利，熟籌而有成畫者，諒非可一二計也。誠乘間而疏舉於宸衷，竭誠而孚號於當位，俾言之而必行，行之而必盡，則公之茂烈在吾郡益與天壤爲無窮，而吾人被公之惠養者亦與天壤爲無極矣。雖然，公初試尹永豐，永豐之人思公迄今不能已，蓋公志切於惠民，固夙昔所自盟者也，奚俟予言哉？

奚俟予言哉？”

賀郡伯劉驪峰諸臺交薦序

古昔盛王省方巡甸，考政觀民，而陟明屏幽之典行焉，所以允懷萬邦也。我聖祖總攬百代，損益宜時，乃歲命臺臣巡行郡國，所部百司衆務靡不俟要束以化條焉。要之甄別品流，揚善簡惡，尤其軌事之先者，蓋鈞衡冰鑒於是焉資，所以進忠良而裨皇化者，舍是無繇矣。今天子加意蒸黎，欲俾舉安於田里，崇簡守令，屢下德音。獻納之臣承順嘉美，復請嚴舉刺之規，以杜養交。

時驪峰劉公莅吾郡甫數月，政通人和，疆內時乂，英聲茂實，照耀河山。於是總督、巡鹺、督撫三公各首薦於公車，遐邇人士胥曰：“劉公未期月，而純心惠政已浹洽於一方，是薦之首也固宜。”既而諫垣條列諸憲臣所舉非宜者若干人聞于上，制奪諸舉主祿有差，天語昭垂，若曰：“嗣如茲者，罪無赦。”一時持橐簪筆之英惴惴不敢輕引重矣。而巡察侍御崇陽饒公、核邊侍御永清武公，仍各首薦公治行卓異，有古循吏之風，其曰“守己可以對天，應務同于迎刃。心術正大，矩度森嚴。愛民而先於節用，馭吏而明以燭奸”之云，皆録實也。遐邇人士復胥曰：“劉公閱歷久而施澤深，駿烈鴻猷已章焯於宇內矣，屢薦之首也尤宜。”夫公廉潔光明，表襮不事，坦夷愷悌，矯飾不爲，而人顧傾瀉嘉樂之若此。語曰“桃李不言，下自成蹊”，非是之謂乎？吾邑麗郡居，士若民被公澤最先且渥，邑侯徐君實則公以治、衍公澤於罔窮者，慶熙朝紀度之章明，樂郡公聲實之孚洽，於是偕洪洞王君十數君子屬厶述其事以傳遠焉。

厶聞漢臣有言曰“今之郡守重於古諸侯”，又曰“國家急務取辦於二千石”，有味哉！其言之乎。夫部使、監司莅乎郡者也，宏規大務必於郡而取裁，然猷議必行而上莫我奪者恒艱也；州邑大夫、師長承乎郡者也，誕章瑣政悉於郡而稟令，然施惠必下而屬莫我貳者恒艱也。自公在治，凡吾晉之夷防□[一]給、民瘼訟疑，發議盈庭，未易剖決者，部使、監司必咨公籌畫。公圖謀莫或不用，每議成報上，率犂然當於人心，未有不即見諸行者。周郡三十五城，守長多豪杰士。公推誠情體，更徭輪役，出入師虞，復繹思品定。每令甲頒布，咸曰：“是良便於吾民，胥亟下施，罔或後。”未始有不以實應乎府者。公何以得此哉？蓋君子審天下之微在識，居天下之業在器，而成天下之務則誠也。公睿智博通，條理縝密，於凡毫茫[二]之兆、倚伏之幾，靡不探賾索隱，洞晰將然，若燭照而數計者。且貞介絕俗，淡泊較韋素不殊，而退然不自有，未始以所長律人，含弘洞達，真莫可窮際也。言必自衷，行惟循性，不逾情以爲悅，不矯俗以貨名，視機械突梯之習真若將浼己然。夫識遠則微無不燭，器弘則物無不容，誠立則推無不化，故部使、監司不特交口賢公也，而且交章薦引焉，是豈私於公哉？公之心誠信於部使、監司也。州邑大夫、師長不特戴公之體信乎己也，而慶公譽命之上聞，尤欣慕愛樂之無已焉，是豈援乎公哉？公之心誠信於大夫、師長也。然茲忱恂孚感，豈聲音色笑之爲、一朝一夕之致哉？《易》之《中孚》曰：“柔在內而剛得中，悅而巽，孚乃化邦也。”又曰：“中孚以利貞，乃應乎天也。”夫孚誠底於化邦而應天，伊、說、旦、奭之烈胥由此出者矣，詎惟名實加于上下哉？

諸邑侯咸曰：“是惟吾郡公之所獨詣，未或前聞也。請書以表循良之迹焉。”

贈別駕吳紹溪之順慶序

紹溪吳公往貳叙南也，政績茂異，會上計闕廷，儀矩修偉，敷奏詳明，朝紳屬目稱賞。銓卿録善狀以聞，天子擢爲户部員外郎，蓋旌賢異典云。居無何，奉命監淮之常盈倉。常盈者，國初灌輸都下五巨積之一也。自直達議行後，復以金代，倉政遂異。乃者海運策興，政務復增，并視舊貫殊科矣。公溯初法，振墜緒，殫宏略，肇新規，庶事粲然改觀。乃稽舊章，咨耆耇，旁搜博采，彰往察來，倉志創成，君子韙之焉。然奮往直前，遂爲忌者中。壬申秋，出而通守河東，典郡賦。夫自曹署而即郡僚，舍簡逸而服勞瘁，衆謂怨且不堪也。公怡然無所動，既視事，遍行所部，講求職所宜，析之得其理，舉之有其方，故徵入閟致期，上供無逋額，郡賦遂治。監司異其能，每州邑守長缺，即委重往理之。公政先民瘼，絶無遷謫態，諸州邑復治。會部使者奉璽書核三關經費、積貯，用計吏治、施賞刑。既簡從事之賢分任其事，特屬公總之。公周歷諸亭障，省儲峙，考出納，糾侵冒，諸凡漏卮乾没之蠹頓爲廓清，頻年邊餉若指諸掌。於是部使者上公治行于朝，若曰："臣竊聞，吏以過誤謫者率厭憚煩勞，計日需陟，罕事事心。獨平陽判躬勤職務，若初試時。臣頃屬以查邊，乃悉心殫力，種種有章，作奸犯科莫或隱其僞，誠肩鉅舉重之才、盤根錯節之器也。夫求舊者其用習，使過者其功宏。幸得附判于斯義，一加簡拔，即績效可徵。"既而督撫諸大臣先後疏三四上，皆若使者言。今年秋，天子晉公同守順慶。余邑長劉侯徵言以壯行，且曰："吳公治行卓然冠一時，在郡近三載，且憲臣屢論薦，衆儀必顯被殊遷以章良吏，兹擢若非所以處公者。"

余曰："大人崇器使之道，任賢必適其宜；君子奮委身之義，隨地務樹其績。厶昔代匱蜀藩，竊見地多隱憂伏禍，戚戚不自安，每思得倜儻邁俗之才分布列郡，與之共圖議也。近見吳公《長寧行紀》諸篇，讀之未嘗不擊節嘆賞，公安攘之猷宏而確焉。公莅叙五年，足迹幾滿西土，故於諸蠻之情態、山川之要區、裁定之機宜、兵食之大計，歷之久而籌之熟，憂之遠而畫之精，犁然悉當於人心。頃歲絲蠻底定，公議多采而行云。且蜀諸夷環伏，豈直九絲已哉？未然之防固廟朝所軫念深者。公謀猷已兆於西方，聲實流聞於天下有如此，欲求豎寧蜀之助者，固寧能或公先哉？今兹之擢非大用之階乎？

“夫可上可下，不驕不憂，聖人所以贊進修君子也。公崇卑內外涉世也深，順德隨時應物也當，蓋允合乎君子之道矣，資級淹速，詎或概於中耶？然自昔名賢，若張忠定諸鉅公，皆以再至而全蜀乂安，豈非成神奇之藥者多已試之方，奏康濟之功者必既效之政哉？然今擢吳公於蜀之意，謂不在斯乎？謂不在斯乎？”

贈總憲劉見峰莅蜀序

國之大柄在禮與刑，禮先矣，刑可緩耶？蓋禮失而濟以刑，刑平禮斯節矣。古昔聖王制刑作教，必擇哲人，俾觀于五刑之中。唐虞之世，士師惟皋陶，蘇公敬由獄長王國，周公則欲式兹有位焉。聖人爲刑以任人也如此。我國家稽古建官，九卿治內，司刑居其三，外布諸省設臬臺共之，糾吏治，察民隱，而以“提刑”名厥官，副貳分莅，長挈其綱，凤不輕畀焉。今天子聖神，尤慎兹選，往歲制若曰：“自今按察使非歷試刑官者毋輒任。”噫！視虞周簡任之意奚異哉？夫刑之制也，所以防逾越而救衰亂之萌也，然一成而不可易矣，主之者非民司命耶？法吏之言曰：“前主所是著爲律，後主所是疏爲令。”夫意廣文繁，事比眾多，而民之麗于禁者日相續也。故民得其情，刑協于中，施之一郡一邑者恒艱矣，矧全省之民命攸司、副貳攸率，其難易豈倍莅已哉？是非習禮樂之訓、探法律之微者，寧能協群心而佐治理耶？

今年春，天子既大計內僚，於是序遷汴參知見峰劉公總蜀憲。君子曰："劉公行，蜀之刑協于中哉！"公初舉進士，即理刑于開封，洗冤澤物，剖斷精敏，聲聞溢中州。既歷郎署，綰郡符，副閫臬，率祥刑若厥初，功德可稱述。再入汴，居守南陽。南陽連大山，故逋逃攸伏，奸宄易興。自公來，黔庶熙熙然有寧宇。汴民日夜望公即秉憲茲邦，昔之政再見也，乃奪以予蜀。蜀民淳朴好義，固易治；然去天萬里，溪峒羌夷，羈屬錯居，又未可純以法制議者。公禮樂世家，入官二十年，所更率治民、吏，平刑節禮之方，保國化民之要，非一朝夕之積矣。慎斯以往，民用情而刑不黷，以對簡求之命，奚有哉？然公聲實日益起，入應公卿之選，以張禮樂、刑政之化，猶階而升堂者，予不佞，爰書以俟焉。

贈參伯李梅臺之湖湘序

予始登朝，則聞東魯李公爲行人，瑰瑋踔絕，侃侃無所阿，私心向往之。無何，爲當事者沮，不令居臺中。越五年，由戶曹郎陟僉汴臬。適潢池變告，河朔汹汹。公填拊綏輯，除戎飭兵，賊大奔逸，獲厥渠魁，復授計健卒，縛元凶于莘。邑子攘爲功，公寂不言及。再閱年，晉湖湘亞參，奉璽書督儲時。時公以入賀戒途，或疑秩遷則義不可行者，公曰："天子萬年，闕廷頌祝，子臣私願有大於是者耶？"再逾月，歸自京，以禮成告，乃別省臬諸同游。

于是脀餞於郊，公執爵起曰："頃吾在都，聞宇內提封懸邈者，以湖湘爲首稱；賦額之盈，諸道亦莫湖湘若也。然移寓錯居，民鮮土著，俗習呰窳，而積聚率希。且胥史深文，牒籍淆斁，豪俠專擅，輸納匪特不及時已也。故逋租積負，其麗豈曰數億哉？乃者遏苗軍興，徵調饟餉溢常額幾倍，督發工作，使者復結轍道周，全楚府廩無餘積，閭左恤恤然以匱乏憂。夫不在官也，猶必取諸民以盈之，今亦不在民矣。弛徵以干譽，吾不敢也；竭澤以要績，吾不能也。諸君子其將謂之何？"

予曰："因地以制賦者，政之經也；督賦而張官者，時之變也。夫國資於賦，賦資於民，藪蠹長奸，至莫可窺究，國家奚賴哉？故隆以璽書，專以省貳，俾圖回損益，弊者祛而利者興耳。夫弊之積也，豈一朝一夕之故哉？其成也有自，其祛也有幾。故致明以燭奸，則邪慝莫逃；行健以過惡，則豪猾莫撓；而又施仁以容保，則田里舉安，是在爲之而已矣。予竊觀公，拜表不違，先事君之敬，明也；一德自樹，雖見忌罔渝，健也；歸功不爭，而物我一視，仁也。懷奇略而見設施，謂非其時乎？矧今苗格息兵，則轉輸費省；工作既竣，則督發可寬。由是驅窳惰之民盡緣南畝，使畢其力而安其居，將無難者，謂湖湘租賦之易不自公行始耶？"

予碌碌於兹，方藉公以有立，遽奪而南，能無介懷？爰次兹語用爲別云。

送大參侯二谷之廣右序

往丙辰秋，予初入梁，時在梁省臺諸大夫皆極天下之選，得同事事，日聞所未聞，私心慶幸之。屆歲除，憲副二谷侯公又至自東廣。公永嘉人也，被服儒素，退然若不勝衣。每廣座中，客議論遞相高下，恂恂然語不一發。叩其中，則辨天人之際，究王伯之略，閑經濟之要，蓋恢恢乎其裕餘也。同游省署僅旬日，公以治兵畿甸別去，分司于大名，同游者率不忍捨云。大名故不設憲使，創之自薊盜警也，旋停去者久，今上初乃復之。蓋郡雖畿輔地，去都千里而遙，介嶧齊、兗、梁、衛之間，其俗靡肆而任俠，不畏作非，椎埋馳剽之奸聲相聞也，除戎之使可一日緩哉？公既至，則與諸屬約曰："盜之繁也，俗之靡驅之也，自今其務創乎奢；民之敝也，上之肆激之也，自今其務約乎己。"又下令於民曰："崇本業，誡淫巧，毋豪放是從，毋逋逃是匿。凡我聞在昔者，不汝追也。"時諸屬奉法罔違越，作奸者胥戒胥規，不敢犯焉。其秋復偕連帥乘塞拒胡，胡不能犯。是時畿南號大治，民愛戴公若所生，且旦暮望公即填撫茲方也。又明年秋，天子擢公大參廣西。諸大夫相與言曰："自侯公治河朔，聲實流聞，河朔爲重焉。夫河朔者，天下拊背扼吭區也。今顧遷而南，將毋遠之耶？矧南中無事，侯公抱奇略，而當非要區，奚由自見哉？"

予曰："簡才俊而登崇者，君上辨材之哲也；隨邇遐而建竪者，子臣奮績之忠也。諸公謂西廣爲遠，南中爲閒暇耶？夫八桂昔在要荒，入天朝則仁澤涵濡，太和鼓舞，文明麗止之盛與中州等矣。天子拔方岳安集之臣，謂有輕畀哉？竊聞之人言，猺獞蕃摯，土狼獷悍，往岑猛一逞，兩江煽動數年焉。頃三吳之徵發，非其餘孽耶？出入藩籬，窺覘富美，謂野心無動，非矣。夫豺狼未搏，毋曰仁而可親也；蜂蠆未尾，毋曰微而可略也。童牿攕牙，是非封疆之臣所當先事耶？陟公于南，謂論官非博簡深慮哉？然予又聞，侯公先大夫筆山翁以直道顯于嘉靖之初，危言激論，坐坎壈終身，無悔焉。夫良治之傳，訓簡之習，其所從來者遠矣，豈以遐邇動于中者哉？"

居無何，侯公束書還梁，告行於諸大夫。諸大夫竊識視之，侯公油油然猶夫初至梁也，乃相率向厶曰："子誠知侯公矣。贈行故有言，其毋辭。"謹次茲語志別云。

贈參伯蔡明軒莅晉陽序

是歲春，聖天子既大計天下群吏之治，復諭銓鏡大臣，俾甄別治效異等者，亟錄善狀聞，遂詔擢吾巡臺憲副明軒蔡公爲是藩大參，往莅冀寧，爲賢者勸焉。公之秉憲茲邦也，砥節潔身，布公敕法，務在安養細民。而吾民愛戴信從，真有不可解於心者。頃睹公明陟，胥遑遑然曰："乃聞朝議，用賢必久於其官。吾儕方慶得公以永惠我民也，胡今進位會城，未獲竟厥施耶？"吾平陽郡守塞侯樂公柄用之造端，嘉士民戴公之誠切也，屬贈言於厶。

厶惟吏不數易，俾政教流浹於一方者，制治之恒規；獎拔殊尤，俾賢哲表著於海宇者，屬世之大務。故聖王考德而論官，量能而進位，要以得賢修政，核實程功，與民宜之而已，非取積日計時，斷歲月以爲準也。宜民習治者固不輕以移，而大器宏才亦不淹以滯，是以百職嚮風，畢忠盡智，輻輳并進以獻膚功，致治之盛卓乎莫可尚焉。若吾蔡公之化條功緒，聖天子之崇德顯賢，取古昔盛時奮績、延登之偉烈，絜度比擬，謂寧或異耶？曩公令藁城，有異政，臺臣交疏薦揚，遂改令良鄉。夫良鄉之未易爲理非一朝夕矣，自公在治，邑無秕政，傳無滯節，民有頌聲，二百年來僅一見也。詔徵入爲侍御史，居臺條列，皆中外要務。行部遼、淮，風裁凜然。乃以嚴見憚，出參東藩，遷晉臬副，奉璽書蒞河東，時甲戌冬也。公環歷封內，周爰咨諏，乃嘆曰："民之未底於輯寧者，非梏于吏肆，擾于盜侵，攘奪于疆宗豪右之凌暴乎？"乃嚴紀度，正官邪，時詰察，除奸宄，摧遏凶頑，而取其罪狀甚者麗刑書，庶民洋洋於田里，三閱歲矣，功德在吾民豈可涯量哉？是宜民之愛慕不欲違公若此也。

夫公察於晉之故，宜於晉之民，章章表著有如是，聖眷寵綏，崇其秩而不易其方，官無曠政，民息將迎，是非得久任之良術哉？然兵巡、居守繫重非殊，而遄邅安危隱幾或異，當宁簡擢賢豪，儲安諸夏，計深慮遠，固非草野所敢知。然竊念河東爲晉奧區，去塞垣稍遠。冀寧自平硎抵河曲，東西千里而遙，垣外皆虜所時至地，而滑石、灰溝諸亭障去套僅一河，臬臣分戍以餉兵者三，而守則惟一，任視河東厥重且艱矣。頃聞道路言，自虜築城臨塞下，邊人無賴愁苦者，或視爲樂國而潛趨，或親戚不還而往即，逋逃逾塞，莫有誰何，譏警候望之司安在耶？夫人情懷土，疇願去其鄉？今而無聊亡命，若脫羈囚，亦有窮促之而致然者乎？獸窮則噬，馬窮則逸，教誘作奸，奚所不至？先事之防可無素定哉？智者燭事變於未然，仁者止禍亂於未作。蔡公智仁之用、安民之猷淪浹於河東者深且久，英聲茂實，騰溢公車，寵命訏謨，毋亦期公以已試之方而安幷冀耶？蓋冀寧者全晉之屏蔽，屏蔽安斯全晉固，而九重紓西顧之懷矣。由是隆推轂之寄，付不御之權，則公益奮瑰瑋踔絕之能，樹明時參天貳地之烈，謂不在茲行始乎？謂不在茲行始乎？

贈邑侯陳遇泉入覲序

皇上握符御宇，軫念下民，欲俾安於田里而無怨息愁恨之心也，以與國共理而親民者，其惟守令乎？屢敕所司致隆茲選，而龍飛首舉，特廣制科。既乃簡鉅州名邑，悉以其民畀之，外補者十七八焉。昔張曲江曰："六合元元之衆，懸命於邑令，宅生於刺史。"令其尤切哉！夫跨數百里之地，位乎千萬人之上，於吏有君臣之道焉，於民有父子之道焉，則夫導王者之澤以布於下，求庶民之瘼以聞於上者，咸令事也。百務攸叢，六典兼備，故甄陶髦俊，撫御胥徒，則保衡之銓管也；齊平征稅，生聚黎元，則司農之會計也；惇典興讓，秩享協神，則常伯之寅清也；除戎先備，寢亂伐謀，則夏卿之戡定也；繩違擿慝，折獄致刑，則士師之弼教也；飭材辨器，綜事訓徒，則考工之軌度也。矧誕章大政，細務瑣條，待之而舉者未易一二其詳也，令豈易易言哉？若夫通逵午道，使轍交馳旁午，將迎日不遑給；與郡共治，監司錯臨，政教幷施，弛張曳掣；加之虜震于鄰，民饑于野，則其難尤甚矣。若是者，吾臨汾比年咸有之，乃遇泉陳公以進士高等筮令茲邑。

公修身潔己，砥節首公，當勤恤之朝，布撫綏之政，宣明德意，居以廉平。敦庠序之教，躬禮讓之則，省選諸生，指授經義，剖析幾微，被講論者各充然若有所獲也。越明年，與計偕者特盛往前，廣視遠聽，糾察美惡，吏端禁止，胥史肅然。初至，值歲惡民移，公緩催徵，減供費，均庸調，發倉社諸粟，躬歷荒遠以賑貧餧，民用不饑，轉徙還集，咸安宅焉。崇鄉黨之化，勸善懲惡，俾肅政教，厚里俗，秩群祀，潔薦豳，百神揄引，歲再豐穰。邑東關故有垣，卑薄不足以為固。往者虜入塞，寇汾石，關民恟懼，乃大加修築，尚未底於成。公至，則稽費授方，鳩工督役，仍悉以甃甓。無何，告成事，岩岩奕奕，與郡城埒焉。其秋，虜徂伏塞下，監司遂屬公主守。公率眾登陴，部分卒伍，詰間諜，塞險要，民心大安。歲饑盜作，公嚴立保甲，糾剔奸伏，不得旋踵，連鞠庶獄，悉協平允。省繕治，時役作，杠梁惟其時，四民惟其叙。使軺出於途者無滯節，而亦無逾禮。大吏臨於上者，政教悉資以考成焉。羽檄不驚，災害不作，百務具舉，六典允修，公之蒞邑誠易人所難者矣。今年冬，公赴尚書期會，敷奏于天子之庭，吾關士若民胥徬徨奔走若狂，圖所以梐車而無從也，乃相率儼然造厶徵言以為贈。

厶惟士君子兼綜六籍，誦說百家，玩古循良之烈，孰不欲媲美前修，垂名來祀哉？乃臨宰守官，能不異其所期者未習見也。毋亦心移於致飾，才騖於近名，政先於操切爾耶？若公之忠誠純一而表裏洞觀，悃愊舍[三]章而輝光自著，循理奉職而平易安民，是宜值難理之會而著善治之功也。往公代使者行部近邦，僅旬日耳，民即喁喁然俟其歸而恐後。今茲之行，動以月計，則民之繫戀瞻依固其情之不容自已者哉！然公直躬行政，非煦喻甘悦以爲歡者，而民親附之誠切如此，謂非公之真誠愷悌感孚之耶？

自公在御，部使者以公之善於邑也，循良偉績，疏揚當宁，蓋四五上矣。夫天下者一邑之積，邑難而天下易也。善於邑矣，舉而措之天下，有不善乎？賢公卿錄循良治劇之顯聞，對聖明旁求之德美，宸衷上協，華袞昭垂，公必首被矣。由是而登瑣闥，職論思，繩六典之愆違，則必擴正直忠厚之大議；由是而秩公孤，司論道，管六典之樞鑰，則必奮寅亮調燮之嘉猷。謂非自茲邑始耶？信乎措之天下無不善也。傳曰"陟遐自邇"，又曰"先難而後易"，誠然哉！雖然，吾邑人之意則惟願公攸往夙復，以慰愷悌父母之思也。

賀光祿劉龍泉榮膺天寵序

昔漢方有事於匈奴，所司以財幣虞。河南人卜式上書，願以家財半助邊。武帝使問式何欲，曰："天子誅匈奴，愚以爲賢者宜盡節，有財者宜輸之，匈奴可滅矣，無所欲也。"帝以語丞相弘，弘曰："此非人情，不可以爲化。"乃不報，罷歸。歸數歲，值渾邪等降，貧民大徙，皆仰給縣官，倉府空，無以盡贍。式復持錢二十萬與河南太守，以給徙民。河南上富人助貧民，帝識式姓名，乃賜外繇四百，式復盡與官。帝以式長者，召爲中郎，辭不拜，請牧羊上林中。歲餘，羊蕃息。帝過其所，奇之，以爲緱氏令，緱氏便焉。歷遷令成皋，傅齊王矣，會呂嘉反，式願與子男首奮行陣以矢臣節。帝乃下詔，布告天下，賜式關內侯，徵爲御史大夫，以直聲著稱。余每讀其書，未嘗不撫卷而嘆曰："材賢之伏於微陋，是可以倫類拘耶？式，田畜之雄耳，一以義形爲天子所識擢，隨試稱奇，而言議、風節遂章顯於天下者如是。假不值其時，謂非終老岩穴而名不聞耶？然帝察言而必稽其當，拔賢而不泥其方，卓乎英王之偉制也！"

　　頃歲丁卯，逆虜窺我塞垣。守臣戒匪嚴，虜遂逾鎮西，躪離石，游騎距吾郡未二百里。郡東關舊有城，草具飾觀，無足爲緩急恃，民皇皇然若莫能自存。乃我皇上震怒，逮不戒者付于理，飭責諸連帥，務奮勇驅除，虜乃褫魄播逃。居無何，上納廷臣言，詔西北諸内地悉高城深池以爲防。時予郡守我山毛公祗承德美，集士及民爲修築圖，顧庾藏久虚，財力無從也。士若民各毅然請曰："某輩願因力所及，輸資罔或艱，惟公終成之。"公曰："若能是，予曷敢弗虔？"時里人龍泉劉君首輸白金六十鎰，繼之者若恐或先也。閲明年，功將告成，郡守乃彙諸輸資高者，白于督撫中丞二山楊公。楊公義其事，遂具以疏聞，請大有所表異以風勵四方。皇上下公卿議，咸若曰："是邑士民胥能知方力往，先國家之急，不爲私己圖，而劉某之輸視衆額獨盈焉，不賢而能若是乎？是宜如撫臣言。"於是制授劉君爲光禄署丞，有其榮而無其勞，蓋優厚之典也。

　　夫章縫之士皓首窮經，或數奇無所遇，一命莫膺者豈乏哉？而君嘉遁丘樊，不求聞達，一時遭值，中士峻躋，君曷嘗庸心希冀以求有得耶？自天錫命，于式有光矣。然式之始進也，布衣中躋，委身卑冗；而君享榮名，偉冠服，優游泮涣於桑梓之邦，略無塵鞅之及焉。是聖朝之所以寵異夫君者適，馭臣之柄超出漢廷萬萬矣。

　　或曰："朝家之不使君勞固矣，毋亦虞其未習爲吏耶？"余曰："豈然哉？昔我皇祖初興，往往拔擢重厚長者於田里之間，而寄以心膂之托，復徵富民出仕，號'税户人材'。若吳興嚴公震直者，以樸直忠勤特爲宸眷所鍾，由藩參、都憲歷大司空，雖震撼再搆，竟以功名終。其風猷建白、恩遇始終具載《流芳録》，可考也。世曷嘗乏才哉？顧必試而後見耳。劉君負遠志，蓄奇略，使誠有所寄，其所樹立當有成績必矣。'未習'之云，非所以語君者。然廟朝之意，則固欲優閑崇顯之也，寧有所靳耶？"

里中諸薦紳方徵言爲君贈，遂叙次以歸之云。

《循良篇》贈郡伯張前溪奏績薦留

余讀漢《循吏傳》，而嘆吏治之難也。夫循之言順也。上順公法，下順人情，不爲激厲之行者也。漢有天下四百年，吏得列名于傳者幾人哉？夫天下親民者，莫守令若也。我明撫御萬邦，列聖率重茲選，良臣烈士，競美揚休，然德澤人民深而昭昭可稱紀者亦僅僅也。嗟乎！難哉，難哉。

吾平陽實晉奧區，頃歲虜頻窺覘，闔境備之。歲復數不登，邇者募士市馬，督逋儲峙，令紛若也。余竊禄于朝，鄉土之憂實切焉。今春，以使便道入境，則見吏畏而業修，民和而俗勸，心竊異之。進諸父老而問焉，則曰："是皆今郡公之賜也。它守署篆時，吏發求民間，至夜不絕，民不得安。今郡公之至也，雖適郡多故，而劑量酌損，疾徐適宜，民不見吏，胥有寧居焉。"及謁公，則見循循廩廩，有德讓君子之遺風，因私慶公之治化有自也。居無何，公以考課當行，郡人方竊憂之。乃撫按、憲臣各抗疏請留以永民惠，朝議從焉。襄陵令王子汝言欣欣然謂余曰："始予襄陵之命下，心實虞其治弊而民乖也。朝士之好我者率曰：'今郡伯張公者賢也，往而師之，政奚難哉？'公今見留，予得師矣。"

予喟然作曰："味哉！告子者之言也。夫爲治有體，而施政有綱。體立而後政成，綱舉而後治達。循良者治之體也，光大者政之綱也。體失則乖，綱紊則悖，治之所由墮也。今觀公之政也，本以廉潔，動以忠誠，存以慈惠，濟以嚴威，出以易簡，勵以有恒，明而弗察，剛而不折，謙而不過，貞而無回。夫廉潔以樹則，忠誠以作孚，慈惠以興利，嚴威以振頑，易簡則不擾，恒德則有成，明則不惑，剛則弗撓，謙則民懷，貞則幹事，達治之體，審治之綱矣，視兩漢諸賢奚讓哉？夫郡者邑之積，守者令之模也。子誠於公焉是師，公之績固無俟於考，而襄之化亦即是可知矣。」

王子曰：「有是哉！請書之，用以請正於公，因質諸好我者。」

賀節推楊會江應召北上序

我祖宗稽古建官，百司既備，復設臺諫以糾正之，故居是位者必極一時之選焉。頃虛位既多，宰衡以聞，上命召中外名賢慎簡之，吾郡節推會江楊公首膺其選。公早以釋褐司刑建昌，再逾年，移風改政，補理吾郡。甫數月，清行出俗，仁恕自衷，祥刑之化溢於三晉。茲召也，實可爲得人慶矣。既戒行，郡侯前溪張公率寅好張于郊，顧厶曰：「公行矣，公實知子，子可無言以壯行色耶？」

厶聞之昔人曰：「天下之事，宰相得行之，臺諫得言之。」夫天下之務廣矣，賢否分科，是非異致，美惡殊途，至不一也，而舉於諫臣繫焉，責誠重矣。夫事君之義，有言責者盡其忠，有官守者修其職。方士之未用也，睹時政之愆違，痛人才之倒置，孰不扼腕而嘆曰：「吾安得居其位而盡言以正之耶？」及既用矣，庸違者比比也。豪杰之士，不二心之臣，見事風生，發言盈庭矣，然或失則數，或失則激，於事亦奚濟哉？故言而有裨於上下，雖鞠躬盡瘁而不已，言而空焉，君子不爲也。夫由疏逖納至忠，甚苦也；由至尊從臣下，甚難也。矧時有順逆則政有弛張，事有緩急則言有先後，機有隱顯則謀有淺深：是在君子酌之耳。

昔孔子告子路之事君，曰："勿欺而犯矣。"至論諫則曰："吾從
其諷焉。"《易》著樽酒用缶矣，而必曰"納約自牖"。噫！此固
萬世進諫者之律令也。矧今狡虜陸梁，兵革環於幽薊，百姓財竭
力盡，法紀紊蕩，饑饉仍臻，上下俱匱，無以相救，此誠多事時
矣。會江公弱冠登朝，播名海內，慷慨任事，斟酌時宜，茲行以
言爲責，由前之弊可無慮也。陸贄曰："至誠以感動之，盡力以
扶持之，明義理以致其知，杜蔽惑以誠其意。"韓愈曰："使四
方後代知朝廷有直言骨鯁之臣，天子有不偝賞、從諫如流之美。"
噫！此固會江公之能事也，敬舉以爲公祝焉。

贈同年喬沱川之博興序

　　往歲甲午，余與沱川喬君同舉于有司，余睹其顜而信，恭而
則，明韜於朴茂之質，實浮於休顯之間，凝和內植，蓋世俗所不
能移者也，私心慕焉。嗣是戰藝三北，左次辟雍，視其容，如鄉
薦之遇，亦挫抑所不能屈也。越庚戌，乃名擢南宮，聲動京國，
曳裾巍冠，通籍文陛。余往賀焉，察其志，如辟雍之會，又得意
所不能移也。再閱歲之夏，乃銓尹博興。進士積資者罕外補，而
博興又青齊敝邑也，或有爲君不能夷然者。

　　余曰："非也。君子志定而氣充，守貴而行利，具苟在我，
何用不臧？豈判崇卑爲二致、歧內外而異情耶？喬君敦朴而不外
馳，恢廓而無凝滯，若器焉，必隆然大而後可以有受，擇所以入
之者而已矣；其閱世甚熟，其察識甚精，若機焉，必度之括而後
可以有中，擇其所以出之者而已矣。夫進士時所高，而令則道之
易以自見焉者。今之令，古子男若也，於民有君臣之義，有父子
之親，其勢分相須而休戚相關者也。故六卿之事一邑備之，然時
之所值，勢之所牽，六卿或有不能以自遂者，一令得專制焉，故
不曰行所學焉已矣，如欲見諸行也，舍令其奚先哉？夫一邑之

政，辨上下，崇教化，秩祀而除戎，遠害而興利者，其要也，而天下之能事備焉，在令克舉之而已矣。故上下辨則民志定，教化崇則民俗成，祀秩則禮修，戎除則兵足，害遠則民不即于邪，利興則民可使之富。噫！此大順之治也，令可以直致而無難焉，故欲達其道，舍令何先哉？

“夫公卿者，令長之積；天下者，一邑之推也。喬君往矣，攄發凤蘊以成治于東方，使民之戴之也誠，如赤子之於父母也。茂績樹，令聞揚，若健者之升梯，舉足愈多，則身愈高而人愈仰。由是而奮漸鴻之翼，宅公卿之任，固舉此而措之耳，今茲之往謂非爲之兆與？《書》曰：‘若升高必自下，若陟遐必自邇。’喬君其以余言爲然否耶？”

送外舅田雲泉受服榮歸序

外舅田公凤淳樸長者，謹然諾，先氣誼。往歲三晉薦饑，公輸家財以賑，遂補藩省從事，然非其志也。頃者天子議誅匈奴，公再出財助官，乃偕計之長安，銓曹録注仕籍。選期行届，公復遜以歸。余留之曰：“夫士赴功名之會也，或跋涉數千里之勞，或需次數十年之久，率係戀不忍舍者，亦乘時欲有所自見也。公損己益公，亦云屢矣，固宜試諸行者。矧除目指期，又胡弃而他耶？”公笑曰：“嘻！子尚未予知乎？夫志各有適，才各有宜。予仕則資冗而任勞，豈素堪耶？矧言不能嫵媚，行不能婉娩，縱引之而上，援之而升，亦蹶而已矣。頃之所以入都者，固將以脱俯仰之維，求自適也。今而竊章服之華，吾將出薊門，遵趙代，登雁門之巔，歷中州而南，覽淮海之勝。然後息駕河汾，構廬姑射，抗神塵外，放形物表，徜徉容與，養性靈而保壽命可也，何能簬簍施戚而孜孜於今之所謂仕耶？”

余作而嘆曰：“有是哉！公從上之義，遐覽之真，吾乃今知之矣。夫趨王事而無所冀者之謂義，違衆尚而有獨識者之謂真。在漢卜式輸財助官數矣，武帝以其無所欲，至布告天下，尊顯以風百姓。其既也乃以牧羊自見，求理人焉。後雖治課輒最，其始之爲固已有冀而然矣，豈誠義哉？今之入資而仕者滔滔也，然方其未仕也，率較日計時，遑遑惟不逮焉憂。迄其仕也，殆若持券責償然者，甚或逾坊否臧，干抵法憲，若罔聞焉，是豈所以爲榮計哉？中稍以能舉職稱者，亦日見其憧憧嚷嚷於期會趨走之間耳。回視公之出所積以足國而非富利之干，鑒分量以高蹈而超世網之累者何如耶？矧由兹而周歷舊游，投閑桑梓，巍冠命服，逸豫優游，塵蛻污濁，超然順適，誠獨得之趣、天爵之榮矣，較比求仕者所謂榮，豈惟美玉、砥砆異哉？愧余靡禄清朝，未能從公杖屨，然實壯公之行也，又安能公留耶？”

越翌日，公戒途，遂次斯言以爲贈云。

校勘記

〔一〕“□”，底本漶漫不清，據康熙本當作“餉”。

〔二〕“茳”，疑當作“芒”。

〔三〕“舍”，疑當作“含”。

記

賢能流澤亭記

　　予讀《西漢書》，至河東守請引汾溉皮氏，引河溉蒲坂、汾陰也，謂歲可得穀二百餘萬石，未嘗不嘆曰："吾河東水利故在也，曷求其故者未聞耶？"郡地類高仰，旱乾歲什七，民束手以俟養于天，汾、澮諸名流往往而在，率不知用。嘉靖甲寅，憲伯南庵趙公奉璽書莅兹邦。公忠誠愷悌，慨然以萬物得所爲己責，軫時艱，詢民隱，日孜孜罔暇逸。顧諸河交瀉，深不盈丈，而苗或槁于旁，每曰："水之有益於人國，夫人知之矣，胡兹郡異耶？"乃與諸令長、父老講求疏導灌汲之法，購浙之善爲水車者分教諸梓人。水車既立，浚渠汲灌，品節備焉，乃白于撫巡，議以克合，遂頒諸郡邑。時守長多豪杰士，屈力殫慮，祇奉德美，其年環郡數十邑遂大有秋。是冬，郡南地大震，民傾圮無完宇。公亟莅填撫，輦諸州邑餘粟往爲賑，民知可以生，無敢嘩者，境內遂底定。公慮既久而長民者怠也，列諸已興之利及守長之績，刻石皋左，覆亭，以"流澤"名，俾後之人永覽焉。

　　亭既成，臨汾亢厶謚于衆曰："三代盛時，養民制備矣，而河渠、水利之說未聞，何哉？井田相禪，溝洫畎澮之必嚴，故能時其蓄泄，而水旱不能灾。自阡陌闢而溝洫湮，智者始導川澤，資灌溉，水利興焉。夫農者天下之本也，泉流灌浸而後五穀育。今東南財賦甲天下，西北則凶歉時聞，謂天時、地利異耶？蓋東南之民習水事，轉瀉輸積，良法具存，故地無遺利而民以饒裕稱。西北民朴魯而不知變，雖嘉泉巨川，聽其滔滔東注耳。豈惟民哉？司牧者亦或急近功，樹聲譽，談及于茲，非曰厲民，則曰迂政矣。矧曰河東地夙瘠，民寡厚資，頃三關時警，徵需猬興，民力餘者幾？今乃得賢監司興無窮之利，以培植而安存之。又值良守長贊厥具美，遂獲有成績。繼自今，利日益興則民日益阜，居常無事，相安於田里而禮教行；一或灾沴值，亦相維相固，而他變無足患。我南庵公之澤詎可以世數計哉？然茲議之建乃公獨識之真者，及其成也，揭鴻名，勒貞石，而公若無所與焉。蓋善與人同則鼓舞者忘倦，揚美匿否則未至者可興，睹茲亭也，列名者將無思永厥聲，未獲者將無思企厥美耶？是又公衍茲澤於無窮意也。《易》曰：'勞而不伐，有功而不德。'又曰：'教思無窮，容保民無疆。'噫！繫之亭遠矣哉。"

河南按察司屯田道題名記

國朝設司憲之臣，明刑肅政於外，既分土而時巡矣，若夫要機巨務，則增置主治之以展采錯事，然兼聽者鮮矣。中州屯田綿亘，諸郡邑連於兩坼封域，直天下大逵，東西南北之所趨也，張驛置吏，視諸省實繁。初以副使一人治驛，僉事一人治屯。治屯者間理兵防諸務，今上初元，始命專屯政。至二十二年，以理驛附之，任重而政殷，故必慎簡而後畀云。三十四年夏，上擢台峰楊公僉河南憲，司其事。公至則詢屯賦於所司，所司無知者；視諸驛，則困憊夢錯而莫可理也。乃稽圖志，咨者舊，正疆界，糾侵漁，而屯政清；求民隱，明要束，時給發，禁貪殘，而驛政肅。蓋公明敏有心計，又精幹能推行之也。治梁既四年，考前政諸公，得若干人，將鐫其名字、爵里於石，以記屬予。

予往守官史局，每聞談當世之務者率曰"養兵之費出於屯而病國者莫屯若也，政令之傳資於驛而厲民者莫驛若也"，未嘗不竊嘆之焉。夫驅介甲之士，使緣南畝，且耕且戍，而饋餉自充，制未有善焉者矣。然董之以戎帥，類侵肆而罔公圖，膏腴之區移於世族，耕穫之入盈於私家，屯所遂化爲蠹府弊藪矣。憲臣徒持空籍而莫可誰何，屯卒終歲勤動而曾不得食其力之入也。龍節虎旗交馳道路，驅堅策良者日不知其幾，民力竭矣。而典之以稗官假吏，朘削乾没，若職所宜然者，故一應驛司之役，必困頓流離而後已。是二者海内之弊均，中州爲甚矣。

自予與楊公游，則見公言屯言驛，根極要領，探討弊源，指畫便利，亹亹不可窮，率若身履其域、目擊其事、手計其數者，未嘗不嘆公之悉心於所業若是，是宜其政之修也。夫政之隳且廢者，豈其初則然哉？遷徙頻仍，士罕固志；文法拘係，人有畏心：故視所治率若驛然耳。楊公視宦如家，心勞政舉，中州之人耳目所睹記矣，而復亟亟章顯往哲之名迹，何哉？蓋前者後之軌，名者實之形也。考賢範，表休光，樹法象於目前，垂聲稱於來祀，以觀以興，以則以戒，公之意遠矣哉！

石既具，適公有湖湘少參之擢，命工亟成之。夫志銳於入官，宦成怠焉；政施於莅事，移秩已焉：人之恒也。而公顧不以久暫去留異若此，誠非常人之見矣。睹兹石者，沿名而考實，因往而察來，二政其永修乎！

陳留縣廟學重修記

陳留，開封東出之首邑也。廟學設邑治之東，弘治中張尹遂修之。越六十祀矣，地址卑下，潦水時集，舊制儉隘，積久漸隳。往歲辛亥，予以册命使江藩，止驛亭，頹垣東望，夷然相連，詢之即師廟也。往謁，則淤積盈庭，門廡傾圮，顧無可告語者，低回嘆息，不能去云。越五年，丙辰秋，予以視學入梁。時邑尹王子好學亦始至，亟詢之，曰："厶始謁於學，俯仰堂除，戚戚不敢寧，今方圖之矣。"閱六月，尹告於衆曰："學宮敝也甚，誠不能一朝居者。乃邑衝而土瘠，民力莫可取也；賦繁而逋積，官帑莫可資也。好學貯數月之俸，得直二十金，請以是漸新之，可乎？"於是邑丞、校官咸進曰："吾輩方佐尹以事神而教人者，懷是久矣，顧未或先之也，請各以俸之積助焉。"邑士之舉于鄉者、游于監者、育于學者，民之敏而好義者，又莫不曰："茲吾邑之所資以成俗、吾儕之所資以成身者，倮是久矣，顧未或舉之也，請各以家之積助焉。"不數日，萃白金四百有奇。尹命工計其直，適與費等，乃以書告予。予曰："衆志協則動允臧，物力具則民無擾。然非上下信則事未易終也，其慎圖之。"王尹以白於撫臺上海潘公、巡院永嘉孫公，議以克諧，乃簡謹朴之民分司其任，鳩工庀材，崇基更制，胥撤而新之。丞佐督其作，校秩理其規，尹總其綱焉。經始於丁巳之三月，至十月而畢工。

予適校士歸自東，王尹請予卜日舉釋菜，告成事，則見地崇於舊而潴水消矣，殿崇於舊、廡增於舊而規模肅矣，敬一亭位於東北而聖謨尊矣，啓聖祠位亭之西南而名義秩矣，明倫堂闢於舊而時教可聚矣，號舍加於舊而退息可居矣，書院附於東則講習麗澤又各有所矣。門祠齋寢，榱桷棟梁，以至甍甓垣墉，莫不敝者飾、闕者興，丹臒焜煌，廉隅嚴辨，巍然燦然，明且備也。

予喟然嘆曰："賢哉尹！是可以考政矣。"乃進諸生而語之曰："夫學宮者，王政之本、教化之源也。自昔聖王以興禮讓、以厚風俗，未有能舍此而先焉者。我國家列聖相承，我皇上大德受命，崇學作人之典流邑薰蒸，洋溢海內，郁郁乎盛矣！然順承德美，俾人士聿興，未始不於長吏之賢是資也。茲學之敝閱歷歲時而未始或新之者，豈其力不贍哉？王尹莅官甫數月，孳孳於是焉先，而精神、意氣之所感乎，校官繼之，丞佐從之，邑士若民欣欣然應之，官無費資，民不病役，而廟學之成也忽焉，是可以徵禮讓之易興、風俗之易厚矣。夫立本以敦化者，良吏之令圖也；觀化以興行者，良士之首務也。學則新矣，制則備矣，諸生游於斯，歌於斯，升降揖遜於斯，睹兹高明光大之盛，曷亦反之於心身而加之意耶？夫誦法孔子者，非言語、文字之謂也。尊所聞，行所知，不爲利回，不爲物誘。居則以是修於家而化於鄉，出則以是施於政而化於國與天下，俾禮讓一、風俗同，斯無負朝家興學之意矣。若假是爲利達圖，而心身弗之恤，則斯學之敝又豈直昔若 哉？"

予既移檄禮王尹，復爲計其歲月云。時丞邑者張璘，司教者楊廷相，分教者陳仕朝、葛子行，邑之人士及司役耆民，詳列於左方。

游龍洞記

嘉靖壬戌夏六月，予以右使莅東藩，適左轄位虛，諸務紛糺。故聞《山東通志》記載典實頗詳，取而讀焉，字漫漶莫可解，乃購善本校讎而新之，三閲月，告成事。見張文忠公記游龍洞瀕殆，其心駭焉。然以文忠善信士，必不妄，間以語臬長省吾雷公。公體道不惑，頗疑文忠語，不謂然。

季秋十三日，乃偕約司徒郎南海黃公可大，副憲上黨李公敏德、安成劉公佃，戎帥仁和周君嗸、淮陽劉君焕，往探焉。是日晨曦杲杲，出城雲陰漸合，途中微雨沾衣，未至洞五里而漸大，近洞雨止。乃摳衣魚貫而上，鳥道縈紆，殆數十仞，屢憩始能至。洞口殊峻拔，入即寬廣，可容數十人。四壁皆諸佛像，蓋後人爲之者。布席飲數巡，召山僧問之，則云東南有穴，不甚遠，惟西洞深窈，即文忠公所記也。雷公拉黃公秉炬行，予力挽之，不能止。未食頃，達洞口，遣吏來報，予乃行。其高者可仰，卑者僅佝僂而已，殊無苦，較記所稱大異。既見群公，相與嘆曰："'不如無《書》'，古人之語謂是耶？將文忠公危言之，爲好游者戒耶？抑陵谷移易，時異而境殊耶？將後人以文忠之記而闕治之耶？"

下至禪堂，天宇開霽，高峰四合，若無徑可通，而幽谷層巒，窮之莫既。時霜初下，楓葉如丹，不見人迹，古所謂桃源、天台未知較此何如也。歸途雨又至，登白雲洞，復晴，返照射空，景色萬狀，豈山祇、川若亦顯示神奇，爲岩壑增勝耶？因復自念曰："躬造其域則萬境皆融，理得其真則衆言莫眩，兹游若有所悟焉。"歸而秉燭記之。

游華不注峰記

華不注之奇，聞宇內舊矣。嘉靖壬戌季秋既望，余履齊之三月也，值政務稍清，乃約司農南海黃公可大，憲長豐城雷公逵，憲副上黨李公敏德、安成劉公佃，闔帥仁和周君謷、淮陰劉君焕，往游焉。道故自大明湖出水關，時關門樞腐，不可闢，乃出齊川門，由陸行，穿澮畎間。秋雨新霽，野無纖埃，稻刈方登，三農樂歲豐，執手相慰勞，觸之令人脫然有遐思。

抵華陽宮，會食廣庭中。頃則逶迤造山麓，仰視孤峰，四無延附，峭拔特起，如碧凝黛染，直侵雲表。奇石離列，若虯龍虎豹，盤踞奮揚。攀緣而登，窮峰之高止焉。俯視齊城，若在几席下。群山環峙，泉流交注，湖光樹色映帶左右，斜陽暮靄熌耀飛揚，誠天下奇觀也。

夫宇宙既開，兹峰即奠，近連城邑，非荒絕僻遠之區。顧樵夫、賈客過之而不知，宦轍來游，或值時多故，困於簡書而不及。今聖明久道，寰海乂康，封域政修，民安田里，自公多暇，偕我良朋，悠悠然境物與俱而中無所係，洋洋然造物與游而外無所營，心暢神怡，得以適吾真焉，孰非君上之賜、遭值之隆耶？

于是雷公倡近律一章，各應而和之。

晉安亢□□爲之記

續游華不注峰記

癸亥春仲，東省諸大夫爲華不注之游，裕春袁公記之詳矣。游未十日，麓泉徐公以大參至自江東。甫閱月，方山韓公以長憲至自西晉。再逾月，虹洲秦公以副憲至自浙西。胥聞兹峰之勝也，欣欣仰之，欲寄目償所願焉。適端陽屆期，明溪、東明、竹泉乃崇酒張具，速群公續前游。方山、虹洲亭午集同文閣，麓泉及予繼至，遂自湖南浮小舟，訪後樂亭，出水北門，歷三閘，舍舟而乘，入華陽宮。薄暮，復陟峰末，則見裕春所爲記，東明已大書勒諸厓石矣。

因剔苔蘚，辨石上舊題，得往昔紀游名氏，僅數人焉。乃相與慨嘆曰："自有兹山，則名賢達士窮高而望遠者蓋不知其幾也！今可考而知者僅若而人，得非以兹刻尚存耶？"時舊游惟予及明溪、東明在，西谷則以行縣莅濟陰，吾南則以遷秩入閩粵，裕春亦以校士歷東萊。夫春仲迄今未三月，而同游數公往來聚散，若浮漚飛絮，倏忽變幻，已不可定執如此，矧其遠者，磨滅無稽又奚足異耶？諸公僉曰："誠然哉！誠然哉！勝會難常，良朋易失，今日之游，毋俾即泯泯可也。"乃爲述其語以爲續。

韓公名朝江，徐公名光啓，秦公名梁，春游諸名閥已具前記中。

晉安亢□□記

襄陵邑侯張弘軒遺愛祠記

襄陵，平陽之比邑，在姑射泉之南十里餘，釃泉爲渠，周溉倚郭名田，逾隍，達邑中，旋繞閭巷，分注諸臺署，縈紆亭榭，匯爲池，有芰荷竹石之勝。行部諸大夫及東西過是邦者，必憩息容與以清神豁襟，若仇池、武陵值也。守郡大僚復即是爲建節地。然北出郊門，度晉橋，即非城邑。西接焦石諸山，厄隘無所農桑。東瀕汾，逾汾地磽确過半，源泉沃衍之區，特映帶城郭者爲然耳。東南四十里，當子午道，虎符龍節交錯出於途。然北來之驛奔走者半襄民，頓憊已極。頃復令胥史率輿臺騎從逆賓旅于界首，導出域中。監臨諸大吏過其地，邑令躬部吏士飭厨傳，惴惴然逾禮將迎，非一朝夕積矣。

嘉靖庚、辛間，歲復數不登，民乃大困，流離轉徙，日繁有徒，逋賦負租遂倍往昔。癸亥春，弘軒張公以制科試令于襄，詢求民隱，梳剔蠧源，睹泉流之交瀉，乃喟然嘆曰：“吾乃今知水之可以敝吾民若此耶！”嗣是臺榭階除茂草日積，荷枯沼涸，疏葺不加。復區標里至，揭于四封，俾觀者知泉利非悉邑有也。聞界上祗役之費且勞，則曰：“禮賓事上，貴以道耳，是胡爲乎哉？”遂具白于部使諸司，極言重複困民狀。部使諸司悉韙公言，役遂停。又爲之定經費以蘇里甲，明輸納以遏侵牟，躬清約以率民俗，表節孝以厲士風，正祠祀以覺愚惑，禁自戕以絕訟端。凡可以庇益民生、休息民力者，若饑渴之於食飲，忘其身之勞與怨，而必推行之也。無幾何，流移四出者踵相接來歸。公復爲奠其居處，蠲其征繇，胥獲寧宇以生，租賦宿逋遂悉盈額，四境忻忻然愛戴公，不啻父母若也。行部使者交狀治行異等揚于朝。乙丑秋，詔書內徵，日戒行。黎民老稚攀戀塞途，弗忍舍，爭留衣履以慰思。是冬，天子擢公爲兵科給事中。居瑣闥未及年，疏請扶侍封君靜庵翁歸里門。逾數月，宅憂家居。民思不能置，乃相率構祠立主，生祀于邑中。於是致政邑尹劉君偉、鴻臚高君溱、鄉進士黃君景澤踵余門，胥手黃君所叙狀，欲紀公遺澤，勒諸碑。

余惟與天子共治天下者，莫先於守令，而令視守尤先，蓋其耳目日接於民，而政令施易於及也。士君子居閑處約，誦説詩書，睹循吏之芳猷，慨蒸黎之羸瘠，孰不思得邑而治以布德而親民也。至出而見諸行，□〔一〕榮進誘于前，是非眩于外，胥曰："吾要路非遥，胡爲而觸上官之怒耶？胡爲而構鄰邑之嫌耶？"故悖其所期者恒多也。張公迪詩書之訓，稽循吏之謨，志定而不可惑，守固而不可移，榮進、是非一於心無所入，且廉潔之操、忠信之行質諸神明而無疑，徵諸庶民而無間。故凡所興罷白諸上官，而上官不違其願；施諸鄰邑，而鄰邑不撓其成。徵召既久，而士民不已其思有如此者。

夫勢分已移則非爲佞，輿情協一則非阿私，豈養名采譽者可希踪耶？夫界上之役宜停也，前此言之者屢矣，而迄公乃成，謂非見義勇爲，其誠心素信于士大夫與民乎？然余又聞公奉迎封君于宦所，晨夕省視，承志意，每上甘旨，躬奔走堂下，屬屬然若不勝。封君素以義方訓，每聞公發令敷政，澤下于民，輒融融然樂也。襄人化而戴焉，公之惠澤垂於永永也，謂無所本哉？傳曰"求忠必于孝"，誠然乎！

公名國彦，字熙載，廣平邯鄲人。祠爲堂爲寢各四楹，東西序八楹，門二楹，落成在己巳之□月云。

崇訓樓記

隆慶辛未十月□日，西河王臣表相上言，若曰："臣之先，晉邸分封也，宣德中籍茅土于平陽。臣父恭定王臣奇溯弘治初嗣先爵，事祖母葉，孝根天性，行自衷成。就養無違，慎終有則；祈天露禱，精誠感通。嘉靖甲申，晉端王録實上於朝，荷我世宗肅皇帝特遣文儒，降敕褒獎。時臣父年逾四十，僅育臣身，父子相依，感恩愈奮，訓誨式似，俾念厥紹。不自意今晉王過采庶言，謂臣能孝，嘉靖癸丑，復具疏以聞，再荷先皇帝簡命，賢良捧制表異，龍章洊賁，臣庶騰歡，卉木回榮，山川增色。臣竊念臣愚父子無似，疊被洪慈，華袞表揚，溫綸誨勉，誠宗臣之極幸、曠代之奇遭也。然龍篆鳳詔，渙自上天；而下土舊居，珍藏豈稱？乃恭建岑樓，用嚴崇奉，迄於兹歲，工幸告成。臣惟樓以祇敬聖謨而作，則名豈臣下所得而專，伏乞皇上寵錫隆名，光題華額，俾臣得肅瞻明命，永世遵循，不勝幸甚！幸甚！”禮官條奏于上，制賜名“崇訓”焉。睿藻皇猷，星虹昭揭；金書瑤榜，霄漢輝煌。王慶渥澤之頻承，思揚屬以垂遠也，屬厶爲之記。

厶惟自昔哲王流聲光於罔窮者，必以孝爲本始；而聖君錫禮異於藩國者，亦必以孝爲務先。若漢元壽之美河間，陽嘉之旌東海，永寧之增邑東平，往牒敷陳，班班可考；然率閱數傳而僅見，若王之世被旌顯者鮮也。恩褒世及者或有之矣，而寅畏嘉名命自宸極者未始前聞也。惟王獨膺天眷之隆若此，抑豈偶然之獲也？蓋我國家以孝理天下，而王父子獨率履而不違，懿德上聞，寵光三錫，固所以彰國孝，亦所以激人倫也，扶教樹風，豈曰小補哉？

厶嘗伏誦我世宗之諭恭定王也，有曰：“益篤善行，以永終譽。”及諭今王也，有曰：“益懋操修，用爲宗室之勸。”聖訓洋洋，昭懸日月，詞近而旨遠，彰往而詔來，大哉皇言！《丘》《索》典墳蔑以尚矣。而王父子乃肅成杰閣，虔請璇題，朝夕嚴恭，對揚休命，謂非不違咫尺，真知欽崇天道者哉？傳曰“能事其親以孝，然後能事其君以忠”，王誠其人矣。厶束髮讀古人書，見有忠於君、孝於親者，欣欣愛而慕之，況躬逢盛會，其嘉樂惡可已耶？抑王兹樓之建，豈曰侈光榮、炫德美已哉？彰恩思勉，昭示無疆，俾後昆族黨繼序不忘耳。《詩》曰“既受帝祉，施于孫子"，又曰"孝子不匱，永錫爾類"，然則瞻斯樓而拜斯額者，其必有以感也夫！其必有以屬也夫！

禮部儀制司題名記代作

《周官》曰："宗伯掌邦禮，治神人，和上下。"其在《周禮》則曰："春官宗伯，使帥其屬，掌禮以佐王。"而其屬則若肆師之類是也。我國家稽古建官，禮曹置司四，儀制居其首。其職司之員，郎中額一，員外郎額一，主事額二。其職守之務，有朝章慶賀之儀，册立冠婚之制，宗藩封爵之典，學校選舉之法，蓋凡禮之吉與嘉者皆其出也。自文皇定鼎建曹，迄今百五十餘祀矣，居是司者無慮數十百人，而姓氏漫無紀錄。某年某季，郎中某病其缺略，謀諸員外郎某、主事某某，乃稽于往政，叙其後先，得郎中自某始而若干人，員外郎自某始而若干人，主事自某始而若干人，刻諸石以垂永久，乃以序問於余。

余惟禮者理也，非由天設，非由地降，生於人心而已。蓋齊莊中正者，其本也；儀章制度者，其文也。無本不正，無文不行。然本其要矣，古之聖賢惟於其本先立焉。本焉既立，然後緣人情而制禮，依人性而作儀，故爲章程之設、品節之施、斟酌損益之宜，以叙宗黨，以和上下，以植群生，隨其用之所加，蓋無一之不得其理者矣。物得其理，則天地可位，萬物可育，而天下之能事畢矣。噫！此内外合一之學、體信達順之徵也。故昔子思論聖人之道峻極於天矣，而必曰禮儀三百、威儀三千，蓋以三千、三百皆道也。舜咨伯夷曰："汝作秩宗，夙夜惟寅，直哉惟清。"夫三禮之典任亦重矣，而其道乃在直而清焉，蓋以心無私累而後禮制可行也。噫！於斯可以見聖人之治與學矣。後世心身之禮弗講，而上下之所從事者率儀文制度之粗，本之則無，其奚能淑哉？

方今聖明在御，敬一傳心，制禮叙倫，燦然明備。諸君子際亨嘉之會，分典禮之司，誠能於吾心身之禮而明之盡焉，舉而措之，則情文具舉，本末不遺，洋洋美盛，而典禮之責其庶幾矣。然則兹石之刻也，後之人將指而評曰："孰知本，孰不知本；孰能舉禮，孰不能舉禮。"噫！殆凛乎其可畏矣。余頃嘗濫竽秩宗，有志於是而未之逮也，故終言之，願與諸君子交勖焉。

《肯堂記》贈國學周子

國學生龍田周子，性資隽爽，襟懷豁暢，抱才殊俗，邁志無前。既游胄監，返業丘樊，洞究典墳，雅善篇翰，志專力苦，外累頓忘，雖承先世之廬，湫隘喧囂，弗顧也。閲二十年，子姓日繁，親故交促，乃慨然曰："昔人有云，陳蕃不事一室而欲經營天下，吾知其繆矣。誠哉是言也，矧門庭不理，心身之累耶？"始徹而新之，寅賓有堂，祀先有室，外夷中邃，左圖右書，壯哉居也。既告成，諸嘗往來者相與落之。乃震器尹東適錄爲博士弟子，長孫繼元以庚戌十二月誕生，諸客向予曰："周子世有令德，仁厚相承。兹新第成而二美集，誠作德之徵也，願有言以揚之。"

予惟居第所以傳子孫，子孫弗振者，第之憂也。《書》曰："若考作室，既底法，厥子乃弗肯堂，矧肯構？"又曰："若作室家，既勤垣墉，惟其塗[二]墍茨。"蓋言創作之艱，而所望於繼承者重也。周子席累世之仁，負青雲之器，年甫强仕，即賢子林立，蘭孫挺秀。夫子孫衆者族將興，子孫才者族將大，則張老之祝固吾晉之恒言、周子之能事也，奚俟予云哉？奚俟予云哉？

重修大倉東官廳碑記

洪惟我國家宅中燕薊，高拱上游，所以握天下之樞也。圖惟居重，環六師，徙豪杰，於是歲漕東南四百萬粟，用本根實焉。

庾廩露積，錯峙都□〔三〕，乃特立大司農，奉璽書總其綱，主守、給發則分六郎曹理其緒。至於綜核豐凶之等，斟酌損益之宜，以通志而成務，則復簡曹列之英一人司之。東官廳者，其莅治署名也，歲久弗治，日趨廢圮，短垣卑宇，至爲盜窺，上下胥病之。嘉靖甲寅，關中書庵盧公來督諸倉事。越明年，遴主政重齋李君莅東廳。公明作惇大，庚政聿新。李君精白一心，用襄休美，政既舉，始以署宜治言。公喟然曰：“廢紀褻觀，予念茲久矣，其亟毋緩。”李君乃徹而新之，備力於游民，益材於廢署，擇工師，勤指畫，若治其家然者。肇工於秋初，甫冬而成績。堂崇於舊□尺，則廉隅分矣；寢移於後若干丈，則內外辨矣；增退食之堂三楹，則作息宜矣。庖湢庋閣，位置區分，叢棘高墉，時巡以戒，蓋偉然改觀也。李君欲憲諸貞石，委言于厶。

厶惟工役之興豈君子之所樂哉？義有所當先，勞不可已也；時有所當急，費不爲奢也；矧時義胥切，而勞費罔聞者哉？夫倉儲天下之大計，東廳其喉舌區也，人類知之矣。顧敝陋是仍則民不作肅，廢墜日積則吏易滋欺，於此而猶姑徐徐焉以俟于後，謂識時行義者若是耶？今中人之家，百金之產耳，堂寢倉積，必列置不謬，而後家政修；一人之身，必四肢、百體無一不仁也，而後中心泰。君子之學，由家以及國，推乎身以淑乎人者也，顧可異視耶？茲廳雖細，可以觀君子之政矣。或曰：“往督儲大僚及莅廳者，或旬時而更，故未及有所興舉。盧公治茲已再年，李君亦盈歲，乃得悉心殫力，講求而從事，故其成易易焉，此特其一耳。”嗚呼！任久則志專，政一則化善，論治者尚于斯考哉！

稷山縣新城記

稷邑在平陽之坤隅，古高梁地也。南有山，廣延豐潤，相傳爲后稷躬稼所，邑因名焉；西連吉、隰，崇岩迴谷，實深昧綿曠之區；渡汾而東，即達秦、魏孔道：夙以形制稱，且原野衍沃，誠壯邑也。故□^[四]城高堅未稱，嘉靖乙卯，以地震盡頹。隆慶紀元秋，逆虜焱突，逾鎮西，入汾、石，烽火徹于河東，民恂恂不自保。事上聞，天子逮諸守帥置于理，遂詔公卿議摧虜遠猷。廷議請西北諸內地悉高城浚池，為不可犯計，以寢虜垂涎，詔允行。時吾晉督撫海豐楊公、按史商丘宋公、分守安福歐陽公、分巡沔陽吳公、郡守平原毛公，胥飭胥毖，帥諸令長祗若天子之命。

戊辰春三月，邑令孫侯登士若民於庭，誥之曰：“宅於山者必崇其桟柵，宅於都者必峻其垣墉，細民周藩以為固，恒然也，矧名區大邑可俾城壞耶？頃于鄰之震，予與若夙夜虞茲之不足于芘也，至寢食廢。今天子下德音，諸大夫承休美，予曷敢弗虔？顧資若力之無從，諸君其奚以為圖？”士大夫旅進曰：“茲吾人百世之防也，侯之念我至矣。請惟力所及，供俟發，取所需，苟吝以自私而不公家之務是急，非夫也。”民從而繼之者如一口出。遂相與庀資傭工，若恐弗先。侯曰：“財用集矣，出納不可無經也。”乃屬致政邑尹史君，簡鄉進士加君傅、梁君維、裴君賜，監生王君汝愚，俾緒正其盈縮，而浮冗釐焉。材木、鐵石、灰甓之費鉅萬計也，侯曰：“是宜厚若直而時若儲。”乃屬鄉進士鄭君命、高君應聘，監生裴君經，俾趣辦其物宜，而綜核審焉。按籍料民，因民定役，授方分作，計堵考成矣。侯復曰：“效力異齊，無稽則怠。”乃自東北歷北而西，為門三，屬邑簿李君思誥，南門一，屬司訓屈君徵、劉君濂，東門一，屬毛尉緒，俾督察其勤惰，而勸戒明焉。

侯出入籌惟，躬程百務，時群諸匠氏飭之曰：“茲為永久圖也，取財惟其良，毋靳其費；成材惟其堅，毋尚乎華；致用惟其久，毋成于速。爾其慎戒哉！怨于度，浮于食，邦有常刑。"復拊循其丁夫，勉之曰："兹惟典守責也，顧我躬不能事畚錘，與爾共此勞；然我心未始斯須不在此役也。爾尚堅乃築，深乃浚；我將考爾勳，恤爾私。"諸匠及民胥稽首謝曰："是惟小人之依也，小人無能自爲以勞所事，疇敢不祗兹彝訓以自隳所依耶？"

時諸在役者率分番更上，勞役適均。侯復津犒有恒，鼓舞無倦。乃群情感奮，踴躍競趨，杵斫相聞，戮力并作，迄秋九月而城成。廣周五里，厚丈有八尺，崇視厚增爲丈者二。池深爲丈者三，闊如之，引蘆水灌焉。闉門五，東曰"望堯"，西曰"思禹"，南曰"帶汾"，北曰"屏射"，東北曰"引泉"。門各有樓，壯偉渾堅，稱門之制。角樓四，視門樓具體而微。敵臺二十有五，臺各有亭。雉堞千四百有奇，堞各以甓，望之岩岩奕奕，稱金湯焉。然費以白金計，爲兩僅三千；役自肇工計，僅十有八旬而畢。問之四民，無屬者，一邑之人樂觀胥慶，僉謂："微孫侯，則此巨防曷從成？繼自今，寧宇優游，子孫永保，可忘所自耶？"于是史君偕鄉進士寧君桂、太平校生盧君爲邦，介邑生胡君叔溫，手梁君所叙狀徵予言。

予維昔周宣王之中興也，戎狄内侵矣，而勞帥之詩曰"城彼于方"，終之曰"玁狁于襄"；《烝民》《韓奕》諸章，復致詳于城齊、城韓之故。盛世君臣所以鞏諸夏、制畎夷，固本伐謀，率是道修也。今聖武惟揚，柄臣軌道，風行宇内，于周宣有光矣。孫侯遵制奮庸，因時動衆，樹兹嘉績，爲諸令長先，豈非真知要務大丈夫哉？夫時以舉役，民忘其勞；制以均輸，民忘其費。是宜庶士之畢誠樂義，無忝于后稷之遺黎歟！雖然，稷爲要害，元魏、宇周已必爭之矣。雖匪備，胡城可弗理耶？而必待孫侯者，謂無由然哉？因時遵制，匪才則功罔臻；動衆奮庸，匪公則謀罔協。侯之燭微先物，細大不遺，虛己博稽，衆思畢集，其才其公偉矣，是宜奏功之易易也。

侯既成城，復簡丁壯，聯保伍，除戎器，謹衣袽，其所以設無形之險者，又甚遠且詳焉，君子于此可以考政矣。侯名倌，字承卿，關西安化人。舉乙卯經元，典學襄陵，有俊聲。擢稷未期，布德惠民，上孚下豫，當別有紀云。

翰林院讀書記

嘉靖丁未春，我皇上策士于大廷，賜遞第。既閱月，再試于秘閣，掄拔俊尤，俾讀書于翰林，簡命二先生主教事焉。既入館，二先生招諸士立館下，誨之曰："玉堂重地，自昔以處宿儒，籲俊儲才，實我文皇創制也。爾多士茂應宸選，其亦知所以讀書之說乎？"咸曰："未也，竊願有聞焉。"

先生曰："蘊小者不可以謀大，積厚者斯可以遠施。故鵬之將圖南也，必扶搖而上者九萬里，然後風在下而南圖易矣。凡馬摑策，不過百里；而馬之千里者，食之必盡其材，御之必以其道，然後執策而臨之，斯千里不難矣。夫物則亦有然者，而況於人乎？而況於多士又最秀而異者乎？蓋翰林者，圖書之府也；讀書者，問學之功也。今日之學，固不可爲經生曲士之習，亦豈可爲騷人墨客之求耶？夫專門訓詁者，其志陋；摘章繪句者，其思誣；門靡眩奇者，其志蕩。是故浮華起誚，不識字興譏，已先失矣，國家奚賴耶？

"我皇上燭千古之弊，植萬世之規，師虞籌畫，思淑髦士于成也。故慎師儒之簡以立其則焉，先理性之學以正其心焉，廣子史之習以博其趣焉，且又優之以廩餼，遲之以歲月，以俟其成焉。蓋將投之以艱者，培之自不容以不厚；寄之以重者，樹之自不可以或輕。多士沐令典而豫將來，庸可不自力耶？是必遵其則而不違，易其心而不肆，端其趣而不邪，俟其成而不助，且又遜志愍功，遐觀博采，探典墳丘索之微，燭道德性命之奧，析義利人己之辨，究興衰理亂之源，務俾夫本端而則善，德立而道明，大其心足以有容，定其志足以有執，投之大而不驚，臨之劇而不惑。由是而奮庸熙載，亮采惠疇，黼黻皇猷，光昭帝績，固將業與夔、咎爭流，名與天壤俱敝矣。斯無忝於聖皇慎簡之心，克對乎翰林讀書之目也。"

於是諸士旅進曰："聖人作而快睹者爭先，孔子興而魯多君子。矧今聖明在御，君師作人，密勿元公，陰陽合德，主盟斯世，佑啓後來。二先生以先覺之天民，接聖門之正脉。作止語默，莫匪道真；啓口容聲，一皆至德。愚也說先生之道，學而未能，惟日孜孜罔敢自已，矧曰不自力耶？繼自今，願各克有樹立，以求無負於聖君賢相之恩，式克欽承乎明師之訓，幸先生無終弃焉。"

先生喟然嘆曰："有是乎！子各書于冊，予將驗於他日。"

《九邊圖》記

夫明王有道，守在四夷；孔子從周，尤思典籍。故山谷畫則虜在目中，輿圖披則經略遂定，圖之不可以已也久矣。邊圖之作，其達於是乎？夫蠻夷伺隙，聖世已然，中國自強，無時可緩。我高皇驅逐狂胡，復還中土；成祖犁庭掃穴，漠北廓清。于是審郊圻，畫疆宇，峻關築塞，屹立夷夏之大防。時則有遼東、大寧、開平、大同、寧夏、甘肅之六鎮焉。逮夫兀良內附，則大寧徙而薊州始創矣；開平失援，則獨石殘而宣府特重矣。三關之防起於正統之末，榆林之徙肇於成化之初，固原之開府則又火篩之變始之也。故圖之始于東北者爲遼東，控山阻海，地頗沃饒，諸夷雜居，不專射獵，警備固當嚴，而大寇則鮮矣。由山海而入者爲薊州，翊輔皇畿，擁護陵寢，而地利未盡，屯戍日微，故增天險之防，益人和之守，斯可矣。居圖之北者宣府也，鎮鑰之寄係望匪輕，且三面虜衝，規防宜重焉。居宣府之西者大同也，川原平衍，大舉屢窺，將悍卒頑，兵威莫振，大同之事未易言也。稍南爲三關，往來蹂躪，防守固難；兵弱將輕，折衝詎易？故三關之事必變而通之，斯可也。渡河而西，則榆林啓鎮矣，懷忠敢戰，兵力素聞，而玉粒桂薪，芻糧可不爲之處乎？折而西南者固原也，襟帶三鎮，地實要防，徵調客兵，豈能樹績？增屯堡而聯土著，其先務乎？賀蘭之下則寧夏是已，山河完固，土田頗殷，而兵寡勢分，大敵難抗，復關而守險，容可緩乎？西逾河外，一綫孤懸者甘肅也。番夷雜處，耕守已艱；殘破累遭，生聚斯寡。撫循而安輯，振武而攘夷，又非其次第當舉者耶？是圖之所載，總而計之，爲撫臣建節者九，爲連帥開府者二，常屯之卒四十萬餘，塞垣連亘，幾及萬里。關城亭障，壁立雲橫；鎮堡營屯，星分棋布。旌旗日耀，刁斗風聞，聲援相資，首尾互應。誠扼吭拊背據形勝之區，足以寒氈裘之膽而奪其氣矣。

然而披圖感事，觸目興思，亦不無可言者焉。夫窮邊之地，千里蕭條，與豺狼爲鄰伍，以鬥戰爲嬉游，晝則荷戈而耕，夜則倚烽而覘，自非生於其土、習於其風者，則罕能狎其敵而寧其居，是安集而撫綏之，猶恐其未固也。今勞來之政不聞，掊剋之風愈甚；澤雖下於天家，膏每屯於私室。且又操囊篋之貪者取盈焉，冀刑賞之幸者取助焉，嗜耳目之玩者取異焉，務貂絨之飾者取華焉。存恤弗聞，橫征四及，故裹瘡血戰而曾不得托糠粃以飽也，鐵衣夜渡而曾不得敝繒絮以暖也。夫國固於邊，邊固於士，而使之困敝至此，干城、腹心之嘆，曷惟其已耶？是故簡撫臣、禁掊剋、時給賜、省力役、修馬政、復屯田六事克舉，而又推類以及其餘焉，則九邊之地庶其有瘳乎！

校勘記

〔一〕"□"，底本漶漫不清，據康熙本當作"則"。

〔二〕"途"，據《尚書·梓材》當作"塗"。

〔三〕"□"，底本漶漫不清，據康熙本當作"圻"。

〔四〕"□"，底本漶漫不清，據康熙本當作"有"。

論

聖人至德淵微自然之應 河南戊午程文

聖人之德，天德也。其修諸己也，非有所爲也；其民之化也，亦非於我有所徇也，機之相感而自神者乎！機者非他也，誠也。天下之理，誠則無思，有思則非誠矣；誠則無爲，有爲則非誠矣。誠也者，天之命也，性之真也，道之原也。人見聖人會天下之理于一心，以爲聖人思以易天下也，而不知盡吾之所當爲，曷嘗有所期哉？又見其民之遷善敏德不誠而中也，以爲其民之徇上所欲也，而不知其悦聖人先得我心之同然，鼓之舞之，而不自知耳。一有不誠，則致飾襲取，上以之而要乎下也；聲音笑貌，下以之而徇其上也。奚足以語自然之應哉？聖人之德，天德也；聖人之心，天心也。淵微之化，亦與天同運之而已矣。

吾嘗仰觀於天之道，而有以知聖人之德矣。今夫確然上覆，示人易矣。人但見其秉陽而垂日星也，成象而見變化也，而不知其無極之真、二五之精、於穆不已之命宰於冲漠之表，而莫得其蘊也；妙於陰陽之運，而莫測其機；屈伸於往來之微，而莫窺其朕也。由是闔闢之爲陰陽，循其則也；昭布之爲日月，順其常也；推遷之爲寒暑，不爽其候也。星辰經緯之各合其度也，飛潛動植之各若其性也，聲色象貌之不易其恒也，其應乎天者一出於自然也。夫其應之自然者，天運之自然者感之也。《易》曰："大哉乾乎，剛健中正，純粹精也。"夫純者至一而不二，粹者至美而不雜，精則微妙難名而聲臭俱無矣，非誠乎？又曰“大哉乾元，萬物資始”，誠之源也；“各正性命，保合太和”，誠斯立焉。非誠之應乎？

聖人者，法天者也。天生人而篤於聖人，聖人獨得天之秀而最靈者，故其德之修諸己者無求與天合焉。洗心以退藏於密，而無一私之累也；齋戒以神明其德，而無一念之忽也。思慮雖未起，而亦臨亦保之念恒存焉；耳目雖未交，而勿視勿聽之念恒存焉；事物雖未接，而勿二勿三之念恒存焉。故端嚴凝重，主乎一而已矣；玄微澄徹，守乎静而已矣；明通靈瑩，致乎虛而已矣。夫主一以待天下之蹟，則蹟雖日至而不眩也；守静以臨天下之動，則動雖萬變而不惑也；致虛以應天下之務，則務雖沓至而不乖也。

夫聖人議道自己，建極於民，使徒於聲音形迹是修，而弗於其幽深玄遠者是務，則天下之民亦相率而馳於外矣，其何以化成天下哉？故至敬昭融，則本原培植；心得既至，則見外自章。由是發之爲七情，則喜怒哀懼愛惡欲之施罔不中其節也；叙之爲五典，則君臣、父子、夫婦、長幼、朋友之敘，罔不若其倫也；敷之爲庶政，則大而朝廷、宗廟之儀，細而食息、起居之節，莫不協於理也。是豈聖人作意而爲之哉？至德積於中，英華發於外，聖人不自知其然也。由是天下之人見聖人情之中其節也，相率約其情，而作好作惡者遠也；見聖人倫之敘也，相率惇其典，而反道敗德者遠也；見聖人庶務之協于理也，相率會其極、歸其極，而偏陂偏黨者遠也。邇之而家，一家之人無不應也；遠之而國，一國之人無不應也；推極之於萬方，萬方之人無不應也。是非天下之求悦乎聖人也，神而化之，使民宜之，天下亦不自知也。是何也？人心有同然之理，聖人既先得之，而又以默成之孚、不言之信率先于上焉。故觸之而即感，作之而即興，不戒以孚也，不疾而速也，不行而至也，非天下之至誠，其孰能與於此哉？

　　《易》之《觀》曰：「大觀在上，順而巽，中正以觀天下。」又曰：「下觀而化也。」《咸》曰：「聖人感人心而天下和平。」夫順、巽、中正，聖人之至德也，固足以致下觀之化矣，然必感人心而後天下和平焉。是可以知淵微之德之應矣。推而極之，以至德而祀天，則天神可格；以至德而事地，則地祇可感。所謂天不愛道，地不愛寶，河出馬圖，山出器車，而諸福之物、可致之祥者畢至也。以至德而曲成乎萬物也，則天時有生，地利有養，胎生者不殰，卵生者不殈，而無一物不得其所者可致也，何莫而非自然之應哉？向使涵養之未極其純，充積之未極其盛，則一間未達難以語神，形迹尚存難以語化，而其應亦朋從之思耳。

　　夫淵微之德，一真内融，萬境俱徹，求之而無方，即之而無體，恍忽而莫可爲象者也。而自然之應，則言乎遠不禦也，言乎邇靜而正也，言乎天地之間則備焉。是之謂發微不可見，充周不可窮，聖道之所以爲神也。然此豈聖人之絶德哉？天下雷行，物與無妄，誠敬之賦，途人與聖人同也。性以情動，情以物遷，而昏昧放逸，自喪其良者衆也，豈惟夫人賢者能存之矣？然功未造於精純，德未入於玄妙，此淵微之至所以獨歸於聖人歟！知夫人之所以失，則知聖人之所以得矣。然聖人亦豈能外至誠以爲之本哉？雖然，未至於聖者如之何？曰：爲己其始也，知幾其要也，謹獨其功也。根之以勉強行道之心，馴習於日進有功之域，則淵微之德在我而自然之應日臻矣。苟殫力行黽勉之勞，而求徑超頓悟之術，卒流於猖狂自恣之歸，而去道遠矣。善學者尚鑒茲哉！

知此四者乃可爲將　河南戊午武舉程文

　　制勝之道，其始於識乎？善用兵者，必有高天下之識，而後可以應變於不窮矣。夫行師之幾，突如其來，至賾而不可禦也，至微而不可見也，至變而不可執也。非燭於未然、戒於先事，雖庸行末務鮮不仆矣，矧勝敗存亡關焉，可輕試哉？古之以名將稱者，必通造化、人事之故，而探其隱，索其微。其蓄也，無得而測之；其動也，無得而膺之。如是則勝道得而敵莫我敗也，存道得而敵莫我亡也，是謂天下之將矣。

吳子論將曰“兵有四機”，而欲爲將者必知之。夫機者械也，狡巧之門也，胡爲將者必以此爲知哉？吾嘗讀《易》而見爲將之道矣。《師》之彖曰“師，衆也。貞，正也。能以衆正，可以王矣”，初六之辭曰“師出以律，否臧凶”，言師必出於正也。《牧誓》曰“不愆于六步、七步，乃止，齊焉。不愆于四伐、五伐、六伐、七伐，乃止，齊焉”，言動必稽諸法也。此三代仁義之師也，未聞專事於機也。機之興也，其衰世之意乎？蓋仁義微而機權尚，機權尚而戰鬥繁。吳子生於其時，習於其術，故倦倦爲武侯告焉。噫！要亦未可盡非也。夫鷙鳥將擊，卑飛斂翼；猛獸將搏，弭耳俯伏。所以迴翔審視者，預爲擊搏之地也。矧勁敵在前，偵間伺隙，其心曷嘗一日我忘哉？智昏者愚，技疏者困，力弱者危，是故機之不可以已也。

今夫三軍之衆，百萬之師，所以戰必勝、攻必取者，氣爲之本耳，故氣不可以不作也，氣作則戰無不克矣；十夫守隘，千夫莫過者，以名山大塞爲之界耳，故險不可以不據也，險據則守無不堅矣；敵國相安，君臣輯睦，非我之利，故間不可以不行也，間行則敵之心離矣；器械不利，卒不服習，是謂以將與敵矣，故力不可以不齊也，力齊則我之備豫，致人而不致於人矣。蓋氣者其本也，地者其輔也；以力者正也，以事者奇也。立乎本而資乎輔，守乎正而出以奇。故策之而知得失之計，作之而知動靜之理，形之而知死生之地，角之而知有餘、不足之處。由是以治待亂，以守待攻，以重待輕，以靜待躁，以誘待來，以嚴待懈，戰無强敵，攻無堅陣，不勞而功舉矣，所謂必勝之將、有制之兵非耶？世之論將者，類於謀勇焉先。夫謀也勇也，特將之一耳。四機在我，則變通無迹，智者莫能謀；剛大不回，勇者莫能犯；而彼且自失其所以爲謀勇矣。

或曰："自昔以將名官非一日矣，而其樹聲流勛者亦比比也，豈必盡四者之知哉？"是不知將者所以保萬民之命而伸一國之威者也。使非有高世之識，則利近而不能趨，害至而不能避，輿尸蹙土，以國予敵，謂之無將可也，奚以名稱哉？譬之奕焉，以國手名者，必辨奇正疏數之機，而後措持守攻擊之用，斯可以擅其技於國中；譬之醫焉，以神聖稱者，必能察標本虛實之候，而後爲針砭湯液之施，故能易生死於危篤。舍是而冥然趨、悍然試者，吾見其殆也已。噫！曲藝且然，況繫天下之重者乎？

嗟夫！古昔聖王以仁義興師，亦以仁義論將。有苗之征以禹，牧野之師以望，淮夷之征以虎，而功烈之盛，後有作者莫尚焉。蓋將以仁義爲師，自無敵於天下矣，固奚事於機哉？雖然，得將非難，任將爲難。遐觀往昔，英賢之將何代無耶？乃籌畫抑於邪謀，勛業隳於疑忌，使豪俊之才賫志終者何限也！故任將之主必澄其心如水鑒，平其誠如權衡，使真僞不能竄於察視，大小□□〔一〕移其訂稱，然後可以得人而不惑，任之而不疑矣。噫！得賢將而任不疑，又何功業之不立哉？

聖德修而萬民化_{陝西辛酉程文}

聖王制天下之治也，所以成至神之化者，亦惟德之純乎天而已矣。夫德本於天，聖人者，法乎天者也。天以陽生萬物，以陰成萬物，而於穆不已爲之樞，故歲功成焉。聖人以仁育萬民，以義正萬民，所以法乎天也；而心德之純爲之本，故神化致焉。蓋心以運道，道以經治，故政皆出於自然，而非有所强也；民皆歸於自然，而非有所徇也。是之謂至神之化乎？周子曰："天道行而萬物順，聖德修而萬民化。"聖人之於天道奚間然哉？

今夫天貞觀恒其道，大始主其能。氣一噓焉，物莫不以生以長也；氣一吸焉，物莫不以斂以成也。然誠通誠復，其運自然，天無心也。氣至而榮，氣返而息，萬物亦無心也。故曰"乾始能以美利利天下，不言所利"，而要之於"剛健中正，純粹精"焉。噫！非天德之精，則奚能使萬物之順哉？聖人者，德與天合，道與天一，其視天下之萬民猶天之於萬物，固欲順而化之者也。然九州萬國異其制，類聚群分異其俗，老幼強弱、顛連無告者又紛然異其品也。聖人以一身爲之，大君乃欲使之範圍焉而不過，曲成焉而不遺，斯亦若未易然者，故有嚴之以法制者矣。然法可以禁民，而非所以動民，聖人不屑也；有詳之以命令者矣，然令可以動民，而不足以化民，聖人不爲也。聖人所以化成於天下者，舍德其何以哉？夫德者，天之所以與我聖人、與天下之人同焉者也。然不有以作之，則民無所興；不有以導之，則民無所從。聖人知其然也，是故修之六府以厚其生，陳之三物以正其德，通之百工以利其用，備之五禮六樂以節其性、和其情，而凡導利之布、惠澤之頒、賑貸之典，與夫寬厚溫和之推，皆吾心之仁之修也；五刑之用以禁其非，九伐之法以止其亂，而凡紀綱之肅、法禁之嚴、分限之辯，與夫果斷裁制之施，皆吾心之義之修也。是仁義也，豈聖人之絕德哉？仁人心也，義人路也，固合上下而一之者也。聖人之德修于上矣，則被聖人之德者，莫不曰聖人之所以導我者非強我也，吾性分之所固有、職分之所當爲也，吾奚爲而不自盡於己，而必俟於聖人之惓惓耶？油然興，豁然悟，亹亹然遷善敏德而不自知者，又奚待督責而後從耶？是故以飲以食，生無不厚也；無偏無陂，德無不正也；貿遷化居，用無不利也；立禮成樂，而其性其情無不節且和也，凡感於其仁者皆化矣。五刑之用而民不犯於有司也，九伐之陳而天下曷敢有越厥志也？凡感於其義者皆化矣。由是道德以一，風俗以同，老有所終，幼有所長，顛連無告者有所養，天下之人熙熙然相率而歸於聖人之化而不自知也，雖聖人亦不自知也。向使仁義之修而即規規於下民之化，是之謂私，私者不足以言德也。又或以天下之治未致也，而方修吾之仁義以圖之，是則勉然者之爲耳，豈至聖之事哉？夫其修之己也，曰盡己之性以盡人之性，爲之自我者當如是耳，非出於勉也，亦非出於私也，斯天下歸其化也。若或啓之，若或翼之，中心悦而誠服，亦豈出於勉與私哉？

是知聖人之仁即天之陽也，其義也即天之陰也。然陰陽迭運者氣也，而非於穆不已者爲之樞，鮮不忒矣。仁義者，聖人之用也，而非本於聖心之純焉，則亦豈能以化民哉？故仁而非純，則爲嫗煦，爲姑息，而視惻怛慈愛之施者異也；義而非純，則爲深刻，爲寡恩，而視發強剛毅之施者異也。是二者仁義之害，異乎聖人之心者也。聖人之心湛然純一，瑩然虛明。方其靜也，仁義根於中，無所於存而自不亡也；及其動也，仁義見於事，無所於理而自不亂也。是之謂心之純也，德之修也，化之所以神也。

《易》之《咸》曰：“天地感而萬物化生，聖人感人心而天下和平。”《觀》曰：“觀天之神道而四時不忒，聖人以神道設教而天下服矣。”夫咸言感也，其顯也。觀言示也，其微也。天地之感，天地何心哉？人心之感，聖人亦何心哉？而萬物化生、天下和平之應自至焉，是可以見大順大化之神矣。天地、聖人寧有二道哉？雖然，天以陽生萬物矣，故陽常居大夏，而以生育長養爲事焉；而其以陰成萬物也，乃常居大冬，而積於空虛不用之地。何哉？蓋天以生物爲心者也，扶陽抑陰，不使之過者，懼其戕物之生也。聖人法天以制治，故體仁以長人，而特以義濟之焉。蓋聖人以生萬民爲心者也，仁可過而義不可過者，懼其戕民之生也。是之謂以天之心爲心也。不惟是也，裁成輔相，聖人且成天地之能矣。故曰與天地參焉。夫其始也，法乎天；其終也，參乎天。聖德之修，又豈特萬民化之已哉？未至是者如之何？亦曰善事于心而已矣。敬以直內修于静也，義以方外修于動也，而又閑邪存誠者不替焉，則聖修功極而動静內外莫非仁義之充周，大化之神豈難致哉？故曰及其成功一也。

善用兵者修道而保法山西癸酉武舉程文

古之善將者，必先立不可勝之道於己，而後可以制勝於不窮矣。夫兵之勝豈可必乎？以其不可必，故求不可勝於己焉。彼至不一者，敵之勢也；而至一者，己之道也。强弱異形，利害異計，得失異致，其在於敵者紛綸沓至，若未易以悉窮，君子惟修吾之道焉。治之於未試，戒之於未虞，制密而無間，機深而不可窺，然後乘敵之勢而出吾之法以臨之，謂勝敗之政不操之在我耶？蓋道者所以主乎法，法者所以出乎道者也。失道者本撥，廢法者輔亡。灼彼己之形，兼道法之用，自昔謀臣賢將所以運奇決勝，動而成功，樹勛業於當時，垂聲光於不朽者，謂能外是哉？

孫武子曰："勝兵先勝而後求戰，敗兵先戰而後求勝。善用兵者修道而保法。"噫！有味哉，其言之乎！夫兵之用也，豈聖人之心哉？寢兵息民，與天下相安於無事者，其心也。顧時之所趨，變亂生焉；欲之所聚，爭奪起焉。胥戕胥賊，以牯蒸民之生、以傷天地之和者，仁人所不忍也。於是乎禁暴救亂，以戰止戰，天討之大者行焉。行天之討，而非有能之將，其奚以固國而料人哉？將孰有能？道法備而已矣。道者，令民與上同意，可與之死，可與之生，而不畏危，所謂不可勝者是也。法者，窺敵而度形，因形而度數，審衆寡之科而通勝敗之故，所謂以待敵之可勝者是也。

昔聖人作《易》，仰觀俯察，通神明之德，類萬物之情矣。而門柝之制取諸《豫》，弧矢之制取諸《睽》，衣袽之戒取諸《濟》，除戎之戒取諸《萃》，亦云備矣。而《師》之彖曰“剛中而應，行險而順”，初曰“師出以律”，應也，順也，律也，非道之謂乎？三曰“左次”，五曰“利執言”，非法乎？噫！聖人經武之志，何其憂世之遠而垂訓之詳耶？矧夫聚三軍之衆，投之於險，欲以備進戰退守之能，而不求諸道與法焉，譬猶伏鷄之搏狸、乳犬之犯虎，雖有鬥心，隨之死矣。是故居則閑習，動則堅整，進不可以犯，退不可以追，前却有節，左右應麾，可合而不可離也，可用而不可疲也。而又三官不謬也，五教不亂也，飲食之適不失也，人馬之力不絕也，使什伍如親屬，卒伯如友朋也。由是兩軍相望，而出吾法以制焉。形之而知死生之地，度之而知衆寡之數，策之而知動靜之機，稱之而知得失之計，角之而知有餘、不足之處。隨其勢而應之，因其便而乘之。避其堅，取其瑕，十則圍之，五則攻之，倍則分之，開闔必亟入之。兵之所加，勢如彍弩，節如發機，如鷙鳥之擊無不摧毀也，如激水之疾至於漂石也。其陳可壞也，其將可取也。是之謂立於不敗之地，而不失敵之敗也，非總文武而兼剛柔者能致是哉？

然道也，法也，豈翼然分而爲二者耶？自修諸己也謂之道，自制乎人也謂之法，勢固相須而機不相悖，合人己而一者也。古之人有用之者，於漢吾得趙充國焉，於唐吾得高崇文焉。西羌怨叛，宣帝以爲虞。充國萬騎度河，羌欲一鬥而不得。然行必爲戰備，止必堅營壁，遠斥堠，愛士卒，先計而後戰，俟天時，相地利，守要害，開屯田，撫牢開，緩窮寇。卒之諸羌破壞，相誅斬來降，充國振旅而還焉。崇文之屯長武城也，練卒五千，常如寇至，一膺征蜀之選，卯拜詔而辰啓行，器械、糧糧一無所闕。乃出斜谷，趣梓州，奪萬勝之堆，斷鹿頭之道，致文悅、良輔之降，長驅直指，而劉闢成擒矣。是二公者，未戰則修道以自固，敵加則保法以勝人，是宜全師保勝，摧敵安邊，功烈若是乎其章著也。後世有不設部伍，不擊刁斗，就水草頓舍，俾人人自便者，道先失矣，如法何哉？毋惑乎終無尺寸功也。則修道保法，豈非千古之律令哉？

然李衛公之告太宗，乃曰“道之説至精至微，所謂聰明睿智、神武而不殺者是也。法之説在乎任人利器，所謂得士者昌、器必堅利者是也”，視武子之説若殊途，何耶？蓋爲兵者，非神解妙悟，奚以契道之幾？非順俗安民，奚以合道之用？而非器與人之得焉，則法奚能以自行哉？嗚呼！明於衛公之説者，斯能得武子之旨矣。

天子守在四夷

夫夷狄之爲中國患也久矣，未聞上世有必征之者也。夫其弗征之也，非不能征也，蓋曰顧吾之所以爲守者不失斯已矣，無所事於征也。聖人何取於守也？蓋中國之於夷狄，猶夫寒暑晝夜之不能以相無者也。然而華夷內外之異其防，陰陽貴賤之異其分者，固截然不易也。使不守之事，而听听於征以求逞焉，是殘民於無益之求，有道者所不事也。矧裔夷悍黠，伺釁竊興，使吾之所以爲守者少疏，則不戒之憂、突如之變殆有未易言者矣。是聖人之守也，所以尊中國之體、勵自勝之强、保生民之命者也。噫！一守立而衆善從，後有作者，是尚可以他求耶？

嘗觀孔子之傳《易》也，於《坎》之彖曰：“天險不可升也，地險山川丘陵也，王公設險以守其國。”於象曰：“君子以常德行，習教事。”故於彖而見爲守之迹焉，於象而見爲守之道焉。嘗稽古昔聖帝明王之治天下矣，怠荒不作，文教是修，且條其紀綱而盈縮焉，齊其法令而弛張焉。辨天下之才，使稱其職；

居天下之民，使安其業。夫然後崇關浚池以嚴其防，秣馬厲兵以蓄其力。彼貢琛款塞則德以懷之，逆紀干常則威以肅焉，德威并用而不遺，則四夷將惴惴於來王之恐後矣，又奚他變之足虞哉？

夫帝王之治天下也，博采遐觀，長慮却顧，豈無所用其心哉？而卒以守爲事者，蓋誠見夫兵之不可以幸試，民之不可以妄戕，而爲是萬全之謀耳。舍是而圖，則雖繫單于之頸，空幕南之庭，而民已不堪命矣。矧戰守之長技殊科，馳逐之利鈍懸異，隱憂伏禍，雖有善者，如之何哉？愚於是而知四夷之守，守之大也，故曰聖人之慮遠。

居治朝則德日進

論曰："君子之德，修諸己者也，非以爲人也，何以居治朝而後日進也？"

曰："德以自强而修，亦以觀感而益。觀感者非自外鑠我也，以同然之理觸吾固有之良，則其興起而矗矗以從事，自有不可已者。興起而不可已，則自日進於高明矣。矧夫朝廷者四方之極也，朝廷治則天下正，況立于廷者乎？昔堯之帝于唐也，克明峻德矣，九官十二牧濟濟相讓矣，故百僚師師而時雍之化成焉。夫惟其師師也，德其有不進耶？周文王之爲西伯也，江漢汝墳之化遵矣，而虞、芮質厥成，入其界則田者讓畔，民俗讓長，二君悔悟，乃閑田讓焉。夫斯須之感尚爾也，則夫策名委質，非一朝一夕之感者，其進德又何如耶？夫朝之治者，君明而臣良，禮修而樂備，紀綱布而法紀張者也。其所舉也，必其人之善者也；其所措也，必其人之不善者也。居是朝者，即其五禮之修而日節吾性焉，即其六樂之備而日和吾情焉，即其舉措之當而俾吾行之日歸于中焉。不惟是也，觀其紀綱之肅而畏心生，觀其法紀之明而怠心息，觀其上下之交修而夙夜匪懈之懷愈勵焉。噫！德其有不進耶？夫朝之治也，固非爲吾進德之方；而吾德之進也，則實其自然之感也。蓋德者吾心之所同然者也，而治朝之顯設，何者而非先得吾心之所同然者乎？惟其感之也以同然之理，故其應之也有自然之神，耳濡而目染，心化而身安，誠有不疾而速、不行而至者矣。

"在《易》之《觀》曰'觀，盥而不薦，有孚顒若，下觀而化也'，《益》曰'君子以見善則遷，有過則改'，是可以見感應之機、進德之道矣。夫人非上智，鮮克自興，取善相觀，德業斯廣。故孔子告子貢以事賢友仁，稱子賤以魯多君子，豈不知自勝之强，而徒事資人之務哉？蓋觀感之興易，麗澤之益多也，謂之曰'日進'，豈誣哉？使非治朝之值而昏亂之遭，則橫政之加、不義之浼將日惴惴焉于不免矣，何進德之可云耶？雖然，此特自夫所居而言之耳，若君子之自修，其上達之功固治亂一者也，寧以在外者爲加損耶？芝蘭生于幽谷，不以值人而馨，無人而止，君子之進德詎可以異是耶？必俟治朝而進德，則其進也亦狹矣。故曰隱居以求其志，行義以達其道，此又欲進德者之所當知也。"

六經論

孟軻曰："夫道一而已矣。"六經者載道之器也，百慮而殊途、同歸而一致者也。一者何也，曰心也。經本於道，道本於心，心一，故經無不一也。蓋聖人在上，則舉斯心以致治而經制行；聖人在下，則本諸心以垂訓而經制明。經制行，六經之所以立也；經制明，六經之所以傳也。今夫《易》明天地動静之機、四氣五行之運，故主於道陰陽；《書》記禪受放伐之宜、慶賞刑威之度，故曰道政事；《詩》記山陵溪谷、草木禽魚、人土風俗，故曰理性情；《春秋》以辨分，故定是非，舉褒貶，決猶豫，別嫌疑；《禮》以示履，故極三千三百之詳；《樂》以導和，故辨五音六律之節。噫！六經之道則然矣。今觀羲農、堯舜、文武、禹湯所以立極繼天、開物成務者，又有外於是者耶？故曰"煥乎文章"，又曰"郁郁乎文哉"，言經制行也。周道既廢，孔子爲魯司寇，思以興之也；然諸侯雍之，大夫害之。孔子知時之不用、道之不行也，乃退而修其詞以明夫道，故於《詩》《書》則删之，《禮》《樂》則定之，《易》則贊之，《春秋》則修之，六經之道遂若日星，故曰"教萬世無窮"，又曰"致治之法垂於萬世"，言道明也。

夫六經上明天道之微，中辨人事之紀，下類萬物之情。其文數萬，其旨數千，其要則不外吾心而已。《易》之陰陽，吾心之時也；《書》之政事，吾心之中也；《詩》之性情，吾心之敬也；《春秋》之名分，吾心之別也；《禮》之度數、《樂》之聲音，又非吾心之序與和乎？在上而道行者，行此心於治者也；在下而道明者，明此心於教者也。千聖一心，六經一道，隨時而名異，夫豈間然之有哉？君子求六經於吾心，則經之道全矣。吾心既得而行也明也，一以貫之，而六經亦陳迹矣。雖然，行而在上者，彰而易竭；明而在下者，傳而不窮。微孔子，則二帝三王亦杳乎莫辨矣，矧六經乎？故曰"自生民以來未有孔子也"，信夫！

《唐鑒》論

昔范淳夫《唐鑒》成，程伊川稱之曰"三代以後無此議論"，而朱晦庵亦曰"萬古開群蒙"。夫史者萬世是非之權衡也，定褒貶於往昔而足以垂鑒戒於方來，斯謂之鑒矣。矧周、漢以後，語變故者莫盛於唐，而《唐書》《通鑒》諸編，其抑揚予奪之間，是非之公殊謬。夫天綱之所以立、人紀之所以修者，以史法之公在也。史法謬則綱紀乖而彝倫斁矣，彝倫斁，其能國耶？此《唐鑒》之所以興也。夫治莫先於正統，續周紀於唐，經統之所由紊也，故附周於唐統之下，則僭竊之罪明。分莫尊於君父，而中宗廢放，則天下嫌於無君，故每歲之首必書曰"帝在房州"，明天下猶心乎唐，不與武氏之廢也，而篡逆之賊戮。重父子之倫，則靈武之即位，必譏肅宗之專。嚴君臣之義，則罪王、魏之改節，而不與其輔相之績。蹀血禁庭，雖太宗必明其弒，以太子者君之儲也。周旋女主，而梁公必係之唐，以其委曲潛圖必非爲乎周也。凡若此者，豈其聘辨給、炫聰明以求自異於前人哉？蓋其析理之既精，故筆削之必審；予奪之既當，故懲勸之道明。噫！是書成，而唐宗三百年之斷案公，萬世治天下之綱常定矣。

昔孔子傷當時之亂也，而《春秋》作焉，惇典庸禮，命德討罪，二百四十二年之是非以明，致治之法垂於萬世。淳夫之學受於伊川，伊川得孔氏之正脉者，故是非不謬於聖人，而史道立焉。苟淵源之小異，則取舍之必懸矣。故子長以曠世之才，《史記》之作非不善也，至論大道則先黃老而後六經，序游俠則抑處士而進奸雄，良由其本源之少病，故流弊至此極耳。噫！史豈易言者哉？要必有光明洞達之心，濟之以純粹深潛之學，而又有穎敏超踔之才與識焉，則大本既端而是非之極已定，三長兼至而幾微之辨不淆。噫！史學其庶幾矣。

《月令》論

《月令》者，《吕氏春秋》十二紀之首也，漢儒删合爲篇，以著爲治之大法焉。蔡邕、王肅謂作於周公，柳宗元譏其近於瞽史之語。噫！三子之言皆過矣。昔者聖人之治天下也，裁成輔相以左右民，曷嘗不奉天道以時行，兼陰陽而致用哉？蓋立天之道曰陰與陽，立人之道曰仁與義。春夏陽也，秋冬陰也，四時循其序而歲功乃成。苟一時之或愆，則天道乖其運矣。君人者，仁以效法乎陽，義以效法乎陰，兼體而不遺，則萬化攸理。苟一德之少偏，則君道違其度矣。在《易》之《豫》曰：“天地以順動，故日月不過而四時不忒。聖人以順動，故刑罰清而民服。”噫！順動之意大矣哉。夫慘舒迭運，各有典常；仁義并施，貴不逾矩。故春有春之令，春不可以治秋，春治秋則饑；夏有夏之令，夏不可以治冬，夏治冬則雹；秋有秋之令，秋不可以治春，秋治春則華；冬有冬之令，冬不可以治夏，冬治夏則泄：陰陽之不可亂也如此。

粵稽聖智之君、博雅之輔，未始不於斯而致謹也。故少昊以玄鳥司分，帝嚳以重黎司天，堯命羲和以授時，舜協時日以敷政。夏有《小正》之篇，周有《時訓》之作，若《月令》者，固則數聖之大規而雜記帝王之遺政者也。今觀其仰觀霜露日星之變，俯察昆蟲草木之化，驗天時，授人事，齊七政，審萬幾，辨衣服之宜，謹居處之節，誠萬古欽若奉時者之所不可廢也。若夫官名、時事之不合於古，命德、討罪之必泥於時，妖孽、兵荒之必分其應，是則秦漢諸儒猥雜附會之失不可掩者。蔡邕、王肅好而不知其惡也，固失之誣；宗元乃并先王之良法美意而弃之，誠因噎廢食之見也。

夫人事、天時同條共貫，變通闔闢，道在趨時，聖人所以治身理國率用是也，寧有執而不化之政哉？譬之良醫之製方，浮沉升降，固順夫四氣之和。若夫寒暑之所傷，虛實之所受，病與時違者，則又將因病以爲藥，豈曰執古方而不變，以致人於不可藥哉？噫！《月令》之篇固在也，後有作者，誠能用其是而正其訛，師其意而不泥其迹，神而化之，與民宜之，先王之政庶其有興乎！庶其有興乎！

"典樂教胄子"論

昔舜命夔曰："汝典樂，教胄子。"夫天下之廣，民生之衆，逸居無教，則禽獸焉近矣，何以獨於胄子云教也？蓋胄子者，有天下、國家之責者也。責之也大，則教之不可以不專；期之也遠，則養之不可以不預。故自天子以至於庶人，非無教也，教胄子者，其本也。然教而必以樂，何哉？蓋天下之治本於道，道本於心。心之所統者性情也，性情未協於中和，治之敝由之矣。故聖人之教必以理性情爲要焉。噫！欲理性情，舍樂其奚以哉？

昔者聖人之作樂也，以民有血氣心知之性，而無喜怒哀樂之常，故制雅頌之音，本之性情，稽之度數，制之禮義，合生氣之和，導五常之行，使之陽而不散，陰而不密，剛氣不怒，柔氣不攝，四暢交於中而發作於外，皆安其位而不相奪，足以感動人之善心，而不使邪氣得接焉。是聖人立樂之方也，故能與天地同和，移風易俗莫逾焉。教胄子而恒以是，則聲音有以養其耳，采色有以養其目，歌咏有以養其性情，舞蹈有以養其血脉，查滓消融，邪穢蕩滌，潛移默化，涵泳優游，而忽不自知其入於中和之域矣。性情既協於中和，由是而措之於用也，爲己則順而祥，爲人則愛而公，爲天下、國家將無所處而不得其當矣。使不於性情是先，而徒於標末焉事，則爲力雖勞，而其效殆未可期也。故曰："正其本，萬事理。"又曰："善教者師逸而功倍。"後世音樂廢壞，而中和之教不聞；節目雖詳，而身心性情之學不講。噫！治之所以不古若也。《中庸》曰："中也者，天下之大本也。和也者，天下之達道也。致中和，天地位焉，萬物育焉。"明乎此，則典樂之教盡在是矣。

乾坤用九六論

　　昔者聖人之作《易》也，將以發天地之奥者也。是故其始也，仰觀俯察，窮天地之神；近取遠求，極參兩之妙。由是陰陽變化得其理焉，七八、九六定其數焉。九、六者，老陰老陽之數也。七、八者，少陰少陽之數也。是四數之於陰陽均也，乾坤何以獨用九、六耶？蓋陰陽之純者爲老，其雜而不純者少也。少陽進而未極乎盈，少陰退而未極□〔二〕虛，未極者弗變也。夫惟極而老焉，則剛柔之相推、陰陽之相襌，變始生矣。夫《易》者易也，隨時變易以從道也。以卜筮者尚其變，乾坤之用九、六，聖人之意不在是乎？

　　愚嘗觀諸天地之運、物理之恒，未有不須於變者。是故晝窮則夜繼，夜窮則晝生，晝夜相襌而歲成焉。寒窮則暑至，暑極則寒來，寒暑相推而物生焉。夫窮則變，變則通，盈天地之間者無不然也。氣運且然，而況於《易》乎？故陽窮於九則化而陰矣，陰窮於六則變而陽矣，變通之妙既著，推行之利自神，以通天下之志，以定天下之業，以斷天下之疑，而《易》之能事畢矣。使九、六之用不明，則圓神之機窒，卦爻之用乖，而《易》之道或幾乎息矣。此九、六之用，□〔三〕坤所以不能外與。夫乾坤者，《易》之縕也。乾坤之義明，六十四卦亦居可知矣。噫！語《易》而不知變，此王、何輩之所以畔乎《易》也。

校勘記

　　〔一〕"□□"，底本漶漫不清，據康熙本當作"不能"。

　　〔二〕"□"，底本漶漫不清，據康熙本當作"乎"。

　　〔三〕"□"，底本漶漫不清，據康熙本當作"乾"。

策

河南鄉試程文 戊午科第四問

問：將者三軍之司命，社稷重輕繫焉，故兵不擇將，將不知兵，自昔危之。而長子帥師，方叔壯猷，聖賢每言之不置者，非謂擇之宜審乎？然周以六卿將六軍，師旅、卒兩之帥皆大夫士也，又若無所擇焉。後世有來自疏微而立群臣之上，返自亡命而登大將之壇，出自繫囚而謀晉陽之策，又有將中軍而以子薦、守上黨而以讎稱、抗秦師而以伍舉者，然皆成不世之功，何也？其爲將，有軍功爵賞皆決於外者，有士卒自便、幕府省文書者，又有州錢悉給，仍規免商稅者，於師律、國紀無逾乎？奚當時不議其非，毋亦將將宜然也？方今聖明御宇，疆域乂安，然塞虜竊窺，島夷未靖，將才之簡 上軫聖懷，當事之臣亦既竭耳目以求之矣，而建殊勛以稱上意者未聞也。得必勝之才，樹非常之績，諸生獨無安攘之思乎？曷攄壯懷，毋曰非講習所及也？

將也者，國之衛也。識也者，擇將之基也。度也者，任將之地也。公也者，勵將之典也。何謂識？立之而不問其方，拔之而不惑于衆是也。何謂度？誠信而不使之疑，含弘而不使之忌是也。何謂公？賞不至於遝遺，罰不至於潰逸是也。夫人才之伏無盡，而將之才又非可以繩墨矩度言者，是非有高世之識，曷能拔之於庸衆之中哉？拔之矣，必假之以機宜，使進止得以敷其猷；

任之矣，又必稽之於衆論，使誅賞有以適其節：則恩施而莫不忘其生，威震而莫不忘其死，蓋無不可用之將，無不可成之功矣。若夫奮驅以建績，先國家之急而忘其私，此則爲將者之所當自懷，又奚俟上之驅之哉？

嘗稽孫武子曰「將者，人之司命，國家安危之主也」，太史公曰「且欲興聖統，惟在擇任將相」，《司馬法》曰「輔周則國强，輔隙則國弱」，蓋甚言將之當擇耳。夫悉國家之力、兵甲之衆，寄之於一夫之手，決機於兩陣之間，國之安危、衆之存殁胥於此焉繫，欲無慎得乎？故三代盛王雖隆仁義禮樂以化天下之俗，而常求天下之奇才以待不測之患，以銷伏其悖戾好爭之心，而其法則寓於六遂之間。蓋戡定禍亂之謨即孝友睦姻者之所習，卒乘車徒之制皆公卿大夫之素所講求也。是其寵綏拔擢，儲之於閑暇之時；授鉞臨戎，任之於有事之日。法備而旨微，卓乎不可尚矣。

自時厥後，古制不存，戰伐日尋，而將帥之名始紛紛於天下，然簡擇之審亦有可言者焉。自其君之拔擢者言之，樂毅假節自魏，迹何疏也，而燕昭與圖國政，卒成破齊之功；韓信返自追亡，名未著也，漢高以爲大將，遂奏滅楚之績；李靖出自囚繫，身何辱也，太宗與謀大計，竟開唐室之基。是非識之精者能然乎？自其臣之薦進者言之，晉侯擇尉中軍，祁奚以子午對，君子與其能；趙簡子擇守上黨，而狐解以伯柳稱，當世稱其美；苻堅入寇，江左危矣，謝安舉兄子玄拒之，淝水之捷，苻氏傾焉。是非心之公者能然乎？

又嘗稽古之爲將者矣，李牧備邊，軍功爵賞皆決於外；李廣爲將，人人自便，幕府省文書；李漢超守關南，屬州錢悉以資軍，猶規免商算。夫迹之以行師之道，則三子爲否臧；律之以治吏之規，則三子爲干紀。然當時以閫外寄之也，悉無所問焉，故牧竟大破諸胡，廣能使匈奴不犯，而漢超則漢、遼譬服，不敢窺焉。是三子皆能建非常之烈，酬不制之知，而三君乃皆録其功而不計其過，誠所謂將將之道宜然也。

洪惟我皇上神武布昭，玄威遐暢，往以小醜匪茹，赫然討罪，敷求將帥，拔擢側微，有出自幽囚而建節，有起自休廢而秉麾者，撻伐用張，海宇寧謐，視格苗薄伐之師已超軼之，漢、宋諸君無復論矣。而執事尤欲求必勝之將，何哉？毋亦天下雖安，必當擇將意耶？自昔擇將之道，求之也貴廣，任之也貴專，賞罰之也貴審以速而已矣。夫倜儻非常之士，豈可以一端求哉？推舉必於世官，則自奮之途沮矣；任用必於條格，則逸駕之俊遺矣。綺紈世胄，充位握符，孰若廣簡技能、遴選奇杰之爲得耶？跅弛不羈者多負俗之累，細廉曲謹者乏濟世之規，矧介胄之士取其能斬將搴旗已矣，能横行朔漠已矣，使詐使貪，使智使過，期以集吾之事已矣，何必追其既往耶？故曰求之宜廣也。將貴專謀，兵在畏將。軍機牽制則失算，戎帥摧沮則不威。古者選將而任之，授之以鉞，俾專斷也；分之以閫，俾樹威也：其於委任之體豈不博大哉！乃或制於大吏而號令莫可施，束於繁文而勇略莫可奮，是雖韓、白有作，奚由自見哉？又或以指麾順旨爲良，以奔走服勞爲敬，木强稍見，疵纇旋加矣。夫委之以身先士卒之寄，而奪其服衆之威；責之以肝腦塗地之忠，而復拘之以跼蹐轅下之態：不亦難哉？故曰任之宜專也。三軍之衆，百萬之師，以一將臨之，而能使之帖然順、靡然聽者，以賞罰之典在也。故賞不逾時，欲人速得爲善之利也；罰不旋踵，欲人知討罪之嚴也。其或賞以遠遺，則爲善者懼矣；罰以幸避，則爲惡者興矣。又或奏報之間淹延時日，推勘之久蔓引枝連，慢令稽誅，亦非所以勵衆也，故曰賞罰之宜審而速也。

雖然，擇將之道則然矣，而將可無所自擇乎？本之以忠貞，出之以果敢。是非有見於外，利害無怵於中。雖惡而無怒也，雖喜而無悦也。予之而不驚也，奪之而不怨也，威之而不屈也。其自治如此，故行通於神明，而可爲天下之將矣。然非知道之君子，其孰能之哉？方今聖天子悠久成物，壽考作人，行將有若人者出，以副側席之求矣。草茅之見，執事奚辱聽焉？

河南武舉程文戊午科

問：談兵必則古法，其來尚矣。諸生固誦法而求以自見者也，試舉微言遠旨未易晰然者究其萬一，可乎？夫兩軍相角，拊背扼吭，懼莫得其要領也。《法》曰"出其所不趨，趨其所不意，攻其所不守，守其所不攻"，胡畏敵避堅，乘瑕就易，左計而不圖成若是耶？或謂周亞夫之出武關，李愬之入淮蔡，曹操之襲烏巢，李光弼之守河陽，咸樹駿功者用是道耳。向使敵人異其所期，則當時何以爲計耶？四公制勝之迹皆在是邦，而數言者，兵家虛實之微權也，諸生必能指畫其山谷，探索其幽深矣，悉意陳文，欲占出將之略也。

至微者法之理也，至變者敵之機也。自昔以善戰名者，皆比迹以求合於法哉？審慮以制勝，而自有以得乎法之微，亦豈不量敵而遽進哉？度物以出奇，而自有以制乎敵之變。夫攻守異勢，進退異形，變之在敵者，要難以一途執也。然虛實相因，隱見互發，莫不有可乘之機焉。古人惟于其機圖之，故能因變以制敵，而吾之變莫可窺也；投機以收功，而吾之機莫可測也。是謂以正而出奇，是謂避實而擊虛，將法自我行，亦自我立矣，是豈易言者哉？愚嘗讀孫、吳、司馬諸書，竊究心於古人料敵之合乎法者，私淑而未能也。明問所及，願舉其一二復焉。

竊聞之，談兵者之必稽古法，猶學道者之必宗六經也。夫提鼓援枹，決機兩陣，存亡係乎呼吸，勝敗變於須臾，使不得其法以爲宗，非絕江河而忘維楫耶？蓋敵之來也無常形，而其虛實之機自不可掩；吾之應敵也無定迹，而奇正之變則當先明。故曰："變生於兩陣之間，奇正發於無窮之源。"又曰："水之形避高而趨下，兵之形避實而擊虛。"噫！審乎此者，斯可與言法矣。夫出趨攻守，戰之形也。出其所趨，趨其所意，攻其所守，守其所攻，此謂以正出、以形見者也。擊人之實，於己奚利焉？《法》有曰："出其所不趨者，致人而不致於人也；趨其所不意者，先人以奪人也；攻其所不守者，敵不知其所守也；守其所不攻者，敵不知其所攻也。"是則眩惑其心志，駭異其聽聞，使敵奔走應接之不遑，而吾擊虛出奇之用無自而知焉。是之謂"微乎微乎，至於無形；神乎神乎，至於無聲：故能爲敵之司命"也，豈失其要領之圖哉？

　　試舉戰國以來合而勝者言之。七國之變，圍梁急矣，伏兵敔灘，塞出關之救也。亞夫走藍田，出武關，據滎陽以擾淮泗，非出其所不趨乎？淮西逆命，兵力困矣，大風夜雪，蔡人無備之時也，李愬用降人，率突將，安行而入其城，非趨其所不意乎？袁紹攻曹操於官渡，兵疲食盡者操也，烏巢之襲，紹反不支，蓋輜重在途，軍無嚴備故耳。史思明破汴州而趨關中，帥兵迎敵者李光弼也，河陽入守，賊竟敗歸，蓋重兵在後，敵有畏心故耳。是四子者迎機發慮，固非緣法以爲行，而運用適宜，自於法而有合，若曰法先得我心之同然者耳。

　　執事又虞當時應之者弗如其所期，則何以爲計？愚以膺對壘之寄者固習爲徂伏之謀，而負絕人之識者要能得情狀之蘊。彼將奇兵，襲關內，據武庫，食敖倉，田禄伯、桓將軍之策非不奇也。稱反之兵難以屬人，吳楚之心，亞夫已先識之矣。敗朗山，容間諜，信降將，入堅城，監軍諸將之慮，愬非不知也。境土日蹙，衆庶心離，元濟孤危，愬已蚤見之矣。矜愎自高，紹之短也，操於荀攸之降得其情矣，故以輕騎燔積聚，而以重兵守營壘，計畫既周，紹欲無亡，得乎？乘勝西攻，思明之銳也，弼於韋陟之謀思之審矣，故連澤潞以圖進取，徙洛民以奪虜心，部署既當，敵雖欲犯，能乎？是四子也，度量彼己，固已先事而預防，奮往力爲，亦豈僥幸而嘗試，蓋誠有得於法之淵微者矣。

雖然，敵之來也，紛紛紜紜而莫可執也，渾渾沌沌而莫可形也，君子亦惟早識而亟圖之已矣。使爲於前而復疑於後，趨其東而且虞其西，梟視狼顧，首鼠兩端，往來憧憧，情見力屈，未有不爲敵所乘者矣。是故君子之爲人將也，必先有忠義之氣，而後能忘私己之圖；必先有卓越之識，而後能觀昭曠之道；必先有光大之度，而後能馳域外之人；必先有果毅之斷，而後能越拘攣之語。故行不出於法，而亦不泥於法；力不困於敵，而亦不輕乎敵也。四子所以樹功不忘、萬世稱武者，非用是道哉？然就四者而論之，氣又其本焉。人惟氣之餒也，故果斷奪於遲疑，智慮昏於功利，往往以善戰之雄失可乘之會者多也。誠能善養無害而忠義之氣常伸，則可以格神明，可以貫金石，由乎法固勝也，外乎法亦勝也，勛業所積，將塞于天地之間矣。然此豈愚所能及哉？志竊在焉，惟執事進而教之。

陝西鄉試程文 辛酉科第三問

問：建學作士，備于成周，蓋取四代之制，修而兼用之也。然大司徒以鄉三物教萬民，賓興之矣，胡考校大比屬之州正、鄉大夫，辨論官材、告王乃司馬耶？四代之學達於天下矣，胡小學、大學，或內或外之異其制，辟雍、成均、瞽宗、泮宮之異其名耶？或者又謂周官三百六十，而建學無制，庶人在官，莫不有祿，而養士無廩，義何居耶？后[一]世有立內政之法，嚴不舉之罰，其於周制有合否耶？昭代養士於黌校而董督以憲臣，賓興於秩宗而論官於銓部，視周制不異矣。邇來章縫濟濟，充溢學宮，持鑒校文，輒有留良之惜；而公車推轂，每恤恤然以乏人爲憂。將所求非所養，所養非所求耶？抑豪杰不待養而興，異才不炫奇自見耶？伊欲振作士之功，收得賢之效，其道何由？爾多士各攄所懷，主司將因是以釋乏人之疑也。

欲興作士之化者，敦其本而已矣；欲收得士之功者，考其行而已矣。夫本者化之自也，敦本以立教，則士習謹而不悦于紛華波蕩之馳。行者士之實也，考行以舉賢，則甄拔精而不眩于捷給浮誇之飾。弗是之圖，則徇末而忘本，學校之典爲飾觀；徇名而失真，公車之薦寡成績矣。蓋修實行之教者，所以敦本也；黜虛誕之習者，所以考行也。是在司事者亟圖之耳。且夫古昔之所謂教者，豈能增人以智、益人以藝哉？敦本尚行，能使人以不若人爲恥，不成才爲病，日孜孜然而不可已也。

古稱教法之備者，莫過於成周。内即近郊并建四學，虞庠在其北，夏序在其東，商校在其西，當代之學南面中處焉。侯國皆立當代之學，而損其制曰泮宮。而又家有塾，黨有庠，術有序焉。兼四代之學而建之，天下無不被其教之人矣。然辟雍者言其象也，成均者節其德也，瞽宗者祀其人也，泮宮者半其制也，而其所以爲教士之地則一而已矣。

司徒以鄉三物教萬民也，有智、仁、聖、義、中、和之德焉，有孝、友、睦、姻、任、恤之行焉，有禮、樂、射、御、書、數之藝焉。閭師、少師教之於塾，察其性質近道、才行合理者，鄉老春秋會而書之。三歲大比，州正、鄉大夫審其性之不悖於道也，行之不反於理也，質其書之先後無變也，乃入其書於司徒。司徒論其秀者，升之於學。大樂正論其秀者以告王，而升諸司馬。司馬辨論官材以復于王，論定然後官之，任官然後爵之。司徒、司馬，其職則分；而以德詔爵，其事則聯焉。

諸侯之舉士于天子也，由內以升于外，以達于京師，故小學在內，大學在外；天子之選士也，由外以升內，以達于朝，故小學居外，大學居內焉：而其所以爲舉士之典則一而已矣。立之學矣，而不爲之制者，蓋振民育德，化之首也，寧事品節之拘哉？然務本責實之詳，固已散見於司徒、樂正之所職矣，豈應文是具耶？群之士矣，而不制之廩者，蓋修身向道，士之事也，寧爲廩粟之謀哉？然田有制而學有時，則固得以自食其力矣，豈貧乏是憂耶？夫教之也豫，故士有卓行；官之也審，故用無枉才：此周室人才之所以不可及也。後世若齊桓內政之法，而詳於不用上令之科，則教非觀美；漢高求賢之詔，而嚴於有而弗言之罰，則舉無私昵。其亦庶幾乎先王之意哉！自時厥後，學校之設或日盛也，而教法之修未聞；明揚之令或日頒也，而得賢之績罕著：無惑乎治效之不逮古前矣。

洪惟我國家作士之制斟酌百王，學校之設林立海宇，簡師儒以教之，崇餼廩以優之，除更繇以逸之，時考校以稽之，而臥碑之設，敕諭之頒，皇上敬一之箴，久道之化，聖謨大訓炳若日星，宏綱要目本末備舉，而又專之以司憲之臣，俾提撕警覺於不窮焉。三歲，郡國上其賢者於秩宗，秩宗上其賢者於天子，而後因材任事之典行焉。教之盡其道，舉之慎其方，而且禮遇之隆，其制誠于周爲烈也。士生斯世，豈非幸哉！二百年來，感際遇而自濯磨以奮庸熙載者未易舉述矣。章縫濟濟，充溢學宮，挾翰吐詞，雲蒸泉涌，留良之惜、解額之請屢屢聞焉。然頃以裔夷小警，聿求才杰，以禦侮折衝俾之，乃當事者每以乏人憂，應求問出，而能副其稱者亦罕也。議者至謂今所求者膚敏非常之士，學校之教特守師說、攻文詞耳，非常之士豈在是耶？噫！是曷知國家設學教士之本旨哉？

　　夫學校之教，有體，有用，有文。五典五常，百世而不可變者，其體也；詩書六藝，探討以究其微者，其文也；舉而措之，惟時所適，而無不著勛垂聲者，其用也。敷言之訓，昭揭膠庠，使師以是教，弟子以是學，則奚以乏才憂耶？顧司事者之不盡然也。先末技而後本根，采聲華而忽實行，厭靜約而樂浮誇，市恩私而締黨與，甚或惟賢是進而不肖之詘不聞也，惟善是賞而不帥教之罰不聞也。噫！是安望士習之端哉？舉才者泥衆口之同，而罕獨知之異；慕虛名之盛，而忘素履之求。且浮誕之言行多不掩詭異之行，衆必不親，勇往獨前，功必不立，蓋古之稱賢能者皆不求聞達之士，而世之急於自售者類儇巧躁競之雄也。噫！是安望舉士之得哉？夫民有恒性，導之可興，況士又民之秀者，特教之未至耳。要必遵敷言之訓，嚴考德之規，正心術以植其本，修行履以培其基，明經術以導其趨，窮物理以廣其用，而縱肆不羈之輩必黜焉，謂士習有不正焉者否也。天生人才，自足以供一代之用，特舉之有未至耳。要必廣詢求之路，略資格之拘，先大節而後小才，考志操而黜虛譽，獎恬退而抑奔求，舉忠信而戒浮誕，而非才謬舉之罰必行焉，謂取士有不得焉者否也。

　　雖然，士者國之幹、民之表也，上之人優異之以需其用者也，是豈可不圖所以自異而用之適耶？夫《泮水》之詩，周人所以興學也，而先儒謂設教之道備焉。蓋敬德、明德、廣心固猶學之本也。威儀孝弟之修，師旅獄訟之習，車馬器械之精，學之事也。烈祖格其誠，多士化其德，至於遠夷服其道，則學之功也。噫！是非在泮者之所有事耶？士而能此，則周旋於黌校者皆有決拾之能，而群居相與講明者俱足以當受成獻馘之任，乏才之憂可釋，而國家建學造士之盛典庶幾乎不負矣。愚未之逮也，而竊有志焉，執事其與進之。

陝西鄉試程文 辛酉科第五問

問：關中披山帶渭，夙稱天府，其民厚重質直，導之易興，自昔然矣。漢、唐定都，實資地利，兵制民力，往牒可稽。我國家建省，西極河湟，南連楚蜀，幅員之廣，獨冠寰中。於是三鎮外維以遏戎狄，八郡內布以奠烝黎，富強之烈于漢、唐有光矣。邇者邊塵多警，士伍日虛，列障乘墉悉資內卒，入衛銳士僅僅取盈。議者欲召募以充之，而餽餉之資、調發之略，當事者率難其舉。災變薦值，閭井蕭疏，恒賦積逋動逾數萬，州邑長吏被按削階。議者欲趣辦以盈之，而轉徙未還，瘡痍未起，司民者或投劾而徑歸。茲二者，域中之大務，諸士耳目所習聞也，必有概于中矣。茲欲精銳足於邊關，庶民安於田里，則何施而可？幸毋曰非肄業及之也。

善救弊者必求其源，源塞而後弊可止也；善興治者必審其要，要舉而後治可圖也。夫弊之生豈一朝夕之故哉？其始也若涓微而無所害，其積也則潰決而莫可支。不求其源焉，補塞徒勤，泛濫未已矣。治之興也，效可旬旦責哉？必先操其要領，而後及其緒餘。舍要而圖，則節目雖繁而於事罔濟矣。噫！審乎此，斯可與議秦中之兵、賦矣。執事以是策諸生，蓋求疆域之訏謨、濟時之上策，甚盛心也。愚雖固陋，亦抱區區之私久矣，請遂言之，可乎？

雍州之地土厚水深，漢、唐建都，皆以四塞爲固者也。在漢，雍之郡十有六，縣二百三十有一，戶至一百十萬餘。初置南、北軍于京師，材官于郡國。武帝增期門、羽林，屬南軍；八校，屬北軍。又發謫吏、謫民、七科開河西，發三輔免刑惡少屯遼東，發官徒弛刑戍金城，其制之爲兵者殆居民之半也。唐則爲府者一，爲州四十有三，爲縣一百七十有三，爲戶九十萬餘。高祖初，舉關中之衆爲十二軍。太宗更之爲府兵，總曰折衝府，而在關內者當天下之半。嗣是又有千騎、萬騎之立，射生、供奉、左右神策之名。逮李、郭成功，則實藉朔方兵力矣。謂二代國勢之強，非於地力有資哉？

我國家盡二代故疆創建藩省，而南益漢中，東連商洛，又兼前代所未備者有之矣，是宜兵力、民財超二代而軼之也。然頃歲醜虜匪茹，徂伺塞下，每一竊入，諸將輒閉壁坐觀，一矢莫敢發，詰之，則曰兵寡不敵也。入衛之士每懼不盈，列障乘墉悉資內地之力焉。議者屢欲召募以充之，而鎧甲之所資、芻糧之所給，慮其費之無從也，竟莫克舉焉。夫兵不可寡也，寡而精焉非寡也；兵貴多也，多而不精，焉用彼哉？矧募兵之費誠未易言耶！

愚以足兵之道其要有四，而召募不與焉。一曰簡將帥。夫將帥者，三軍之司命，故李廣爲北平而匈奴畏避，光弼代節度而壁壘改觀。將不知兵，是謂弃之矣。今自守備而上，有一障之寄者皆帥也，果皆得人否耶？要在察其志向，試其韜鈐，驗其才技，必其忠信、才勇之素孚也，然後俾焉。又必假之以權以立其威，隆之以禮以作其氣，勿爲裁抑之制，使得自見其所長焉，則將帥得人，衆心自附，兵勢自强矣。二曰禁掊剋。夫邊關士伍窮困類多，晝則荷戈而馳，夜則倚烽而覘，所賴以爲養者，芻餉之給而已。乃爲之長者扼其吭而奪之，使之日喘喘然治生救死之不贍，如之何其不怨且逃也？故必慎芻餉之給，嚴掊剋之科，而凡頭會箕斂以病乎兵者，利雖至微，亦顯戮不宥焉，則兵困少蘇，兵力其漸振矣。三曰省徵調。夫各邊戍守本屬主兵，今警報方聞，即求援助，愚以爲客兵之徵非計也。徵人者苦於犒給之不充、號令之不一、緩急之力難資；徵於人者則苦於地利之不習、心志之不

乎、主客之嫌易起。故徵調徒繁，功效未見。矧道途煩擾，所在
不支，行役頻年，士馬損失耶？請自今省之，俾自爲守，可乎？
四曰聯土著。夫窮邊之地，千里蕭條，與豺狼爲鄰伍，以戰鬥爲
嬉游，自非生於其地者罕能寧其居也；矧塞下之民勇悍純實，出
於天性。愚以爲莫若於沿邊要地聯其土著，家自爲兵。有警則藉
之以驅除，而給以客兵之食，凡奪敵所有悉以給之而不計也；無
事則還之於閭井，而不必隸名於軍中，凡幕府之役毋或及之而不
渝也。夫親戚資産既其所繫念，而比閭族黨自可以同心，較之徵
調，費省而功倍矣。請自今聯之以自爲固，可乎？噫！四者行，
而兵猶不振者否矣。

　　自夫地變頻仍，民物彫落，州邑之籍損其四五者有矣。遺黎
喘息，百役叢焉，所司以催督之莫從也，投劾徑歸者有矣，詰
之，則曰：「民玩，不可爲也。」然惟正之供勢不可已，議者至
欲趣辦以盈之。顧轉徙未歸，瘡痍未起，趣之將奚濟耶？夫緩徵
需者損賦，急催科者損民。賦不可損矣，民損，國將奚賴耶？愚
以足賦之道亦有四，而趣辦不與焉。一曰重守令。夫守令者，治
之本，於民有父母之道焉。苟徒求之於簿書、奔走之間，抑末
矣。要必慎其選而重其權，弗侵其守，弗奪其志，修考言詢事之
道，嚴循名責實之政，俾之務根本，去枝葉，導耕植，恤孤窮，
敦四民之業，崇五土之利焉，則廢功以興，民財其可阜乎？二曰
戒貪殘。夫民之困憊由官邪也，官之失德寵賂彰也。今全陝之吏
懷刑奉法固比比矣，遐區僻壤，謂無以狐兔視其民，曶攫肆張，
惟恐其觸陷之不速者乎？謂民無以寇戎視其吏，潛形匿影，日慮
其戈矛之我侵者乎？禮義消亡，貪饕成俗，及其賕敗，僅從放免
而已，彼固奚憚哉？要必救法致刑，毋從輕典，俾衆以爲警焉，
民患其少息乎？三曰省徵求。夫軍國之需，租庸之賦，民之所當
輸者也。雖催督之嚴，彼亦曰「是非以屬我矣」。然法外之繇、非

道之費，其所以攘奪乎民者不知其幾也。噫！公府之一金，田野之十金也；公府須臾之適，田野終歲之勞也。曷若嚴爲之禁，曲爲之防，省匪正之供，俾得充惟正之賦，不亦善耶？四曰恤流移。夫人情懷土，寧樂去其鄉？其所以鳥驚獸突、投止匪寧者，豈得已哉？迨其困頓來歸，徬徨未定，而戶黨之逋、積久之稅，邑胥、里正持籍盈門，悉於彼乎索之矣。是驅之以竄，堅之以流移也。曷若不追其既往，賑恤其方來，拊循安集，俾有寧居焉？安集既久，則常賦自充，不亦善耶？噫！四者行，而賦有不充者否矣。

　　夫貪殘掊剋，弊之源也；將帥守令，治之要也。徵調需求之省，土著流移之恤，皆其節目之不可緩者。是故言之若迂也，而其事則甚切；談之若易也，而行之恐或艱。舉其要，塞其源，是在司事者之力行何如耳。蓋議兵於邊也，猶之救焚拯溺然，披髮纓冠則可，紓徐畏避則謬矣；議賦於內也，猶之扶顛持危然，緩步周旋則可，直前自遂則蹶矣。崇久大之規，黜彌文之飾，是非識時之杰所當有事者耶？雖然，建輝光之業者必厲篤實之懷，奮卓絕之猷者不爲苟簡之政。誠由前之道而持之以務實之心，上以是求，下以是應，則足兵足賦特一興舉之間耳。葑菲之言，奚辱采焉？

從祀策

　　問：千聖道統之傳，惟孔子爲盛；萬年王祀之報，亦惟孔子爲隆。祠祀褒崇日新罔替，堂廡列享盡一時及門、傳道之英，亦嘗論其世而酌其宜否耶？後賢從祀肇自何時？由漢以及勝國，代有其人矣，然議者尚有遺論，誠然乎？我國家二百年餘，儒真繼作，而庭祀之典寥寥未聞。自成、弘以來，建白之臣必以文清薛瑄氏爲稱首，章凡幾上矣，竟未見諸行，何也？我世宗肅聖帝嘗下言官疏，集儒臣，俾各爲議上。時謂必當祀者什九也，可指而言歟？然其舉復寢，又何耶？恭惟我皇上臨御之初，臣僚復以爲請，然主議者未能決。諸士去薛氏之世未遠，近其居又甚也，謂不知其人，可乎？盍考其心身自得之真、立身行己之大者合于祀法與否而盡言之，有司將執以決天下之疑也。

聖賢之學，致乎道而已矣。致乎道，是故德成而功顯，祠祀之舉亦稽諸道而已矣。稽諸道，斯可以崇德而報功。夫道原於天，待人而弘者也。體諸心身之謂德，措諸事業之謂功，祀也者，以其德與功也。故有功德於一方者，一方祀之矣；有功德於一時者，一時祀之矣。然則有功德於先聖之道者，顧可以不祀于先聖之庭乎？執事發策下詢，而欲決文清薛氏從祀之典，甚盛心也。愚生竊伏衡茅，屢聞盈庭之議，徒貽築室之譏，有概於中久矣，請盡言之，可乎？

夫禮以祀爲大，而孔廟之祀尤禮之大者也。自漢高過魯，肇祀太牢；平帝初元，襃成追謚。安帝則祀孔子及七十二弟子於闕里，晉武帝則詔太學及魯國備牲以祀於四時焉。唐太宗始以左丘明、卜子夏、二十二經師侑享廟庭，而揚雄、韓愈、周、程、張、朱、呂、馬諸賢則從祀於宋也。許衡、董仲舒肇祀於元，而胡安國、蔡沉、真德秀、吳澄、楊時、陸九淵則昭代祀之也。議者謂伯玉、林放非及門之士，馬融、戴聖多可指之疵，至欲黜之焉。夫有舉莫廢，古之遺也，矧皆有功於經籍乎？又以孫復、胡瑗著作人之績，羅從彥、李侗啓正脉之傳，胥欲增之焉。夫復、瑗姑未論也，仲素、愿中承伊洛而啓紫陽，似不可已矣。

我國家祖宗列聖，君師建極，道德帥人，二百年餘玩心理性、抗志聖賢者濟濟然盛矣，而侑食廟廡者尚未有其人，誠闕典也。近世楊廉考心身之實得，溯師友之淵源，乃於《皇朝名臣言行錄》中摘其既錄者四人，廣其未備者十有一人，各加論贊，合而名之曰“理學”，而以文清薛氏爲首冠。累朝諸臣，若給事中張九功、解一貫，都御史姚鏌，參政許讚，知府陳銓，監丞李紳等，皆以薛氏從祀爲請，章蓋敷十上矣。而議者謂其罕所著述，僅令祀于河津。迨我世宗肅聖帝時，臺臣屢以爲言，詔禮官集儒臣，各具疏上聞。時尚書霍韜、張邦奇、張治等二十餘人，或曰"篤實足以砭僞，中正足以律偏，純粹足以訂雜"，或曰"本朝以理學爲宗者實自瑄始，考其出處進退、言論風旨，不合於聖人之道鮮矣"，或曰"純粹可以正偏駁，篤行可以破澆漓，廉介可以勵貪鄙，怡退可以黜奔競，惇大可以裕淺俗"，或曰"以身衛聖道，非徒托諸空言"，或曰"言行篤實似許衡，出處峻潔過楊時"，或曰"從祀孔廟，當論其學術之純駁，不當論其著述之有無。國家真儒，宜以瑄爲第一"，或曰"瑄獨反躬實踐，溯尋正脉，使學者曉然知所趨向，其功不在著述下。進瑄而祀之，庶幾繼往開來"，或曰"舉瑄而祀之，俾經生、學子在於敦行而不在乎多言，務於實勝而不貴乎虛譚，則吾道幸甚"，言雖人人殊，而以爲必可祀者則一也。臺諫若丁湛、饒天民等復力襄其議，是可以驗人心之公矣。時惟一二肆胸臆之見者，一則曰"董、韓諸人曠千古而始定，雖以俟後世可也"；一則曰"瑄可爲一時之豪杰，而不可謬稱理學之宗支"。當時言官固即條斥其非矣。嗣以給事中陳棐之疏，復詔鄢陵祠祀焉。

　　恭惟我皇上初元，言者仍舉以請，頃而拔茅彙及者紛然矣，閱歷歲時，未聞疏舉。夫廟朝之議非韋素所敢知，而薛氏之學則故老之所傳聞、簡編之所誦習，亦竊識其大概矣。彼其方幼年而即慕性理之學，焚詞賦而專志濂洛之傳，以居敬窮理爲始基，以復性明倫爲深造，潛心誦讀，寢食或忘，理得心融，手舞足蹈，至其發爲緒論，類皆心得格言。如《論語》命仁之理，一神兩化之釋，以顏子之樂由於克己，以聖人之學在於不自私，至于持敬慎微之箴、悦心存誠之銘，率皆洞究大原，有未易悉舉者，其心身自得之學何如也？至其教人，則一洗詞章、口耳之習，而由灑掃、應對以至於精義入神，謂太極即吾仁義禮智之性，六經四子，一"性"字足以括之；不知性之至，不踐性之至，非學也；東方之教，率循白鹿之規，視學所至，必先考其力行而後校其文藝。至於立朝之節，則相臣欲識面而不從，要璫欲結歡而力拒。懲奸伸法，雖豪右必究而不搖；議獄辨冤，雖權貴屢觸而不挫。縲絏待刑，誦《易》不輟；直沽絶食，吟咏自如。長揖抗乎幸闈，脱跡視乎高位。真孟子所謂大丈夫矣，其立身行己之學何如也？夫根諸心者，體道之德也，德不可以不崇；見諸行者，明道、衞道之功也，功不可以不報。生乎百世之下，奮乎百世之上，不由師傳，專心正學，較諸宋元列祀諸臣，殆未易後先者。持俟後之議，操不斷之心，豈所以定天下萬世之公哉？

載觀議者之言，率謂著述之罕。夫求士於漢唐之世，聖學蕪塞，固當録其釋經之功。至宋儒出，而經傳明；我成祖《性理》諸書成，則聖賢之旨燦如日星矣。矧《讀書》一録固皆寫胸中之實，而於古昔微詞奧義發明豈細哉？然則以著述見少者殆非矣。雖然，周子曰："天下，勢而已矣。極重不可反，識其重而亟反之可也。"邇來異論爭鳴，奇談競出，各標赤幟，各立户庭，厭常喜新之士翕然趨之，識者方懼末流之莫挽也。若復以著述之罕苛責前修，將無揚其瀾而助其波耶？故議孔庭之祀者，惟考其躬行實踐之功，不必稽其枝葉華藻之習，謂非移風易俗之一大機哉？

草茅初學，特因明問所及而肆陳之。若曰假衆言而私所好，愚雖污不爲也。謹對。

中州校師生策問五首

問：君臣之義，無所逃於天地之間者也。故孔子曰："事君以忠。"論文王者曰："止於敬。"而《易傳》坤爻曰："知光大也。"《書》載《賡歌》曰:"股肱良哉!"忠良智敬,其道若是殊途耶?後世有願爲良而不爲忠者,其得聖人之旨否歟?孔門曰:"致身曰成仁矣。"而或者又曰:"殺其身,無益於君,君子不爲。"又曰:"有重於太山。"至于明哲保身之語,聖賢又屢稱不置焉。後世又有三品之説,其可從歟?夫道必先明所往,斯可力行以求至,師心而冥會者鮮不失矣。諸士行將有事君之責者,盍斟酌前言,各陳爾志?

問:考功核賞而誅賞行焉,此百王通典也。《虞書》:"敷奏,明試,三考,黜陟幽明。"《周官》:"又六年,王乃時巡,明黜陟。"而《周禮》:"冢宰,歲終受會,聽王廢置,三歲則大計之。"視《虞書》胡繁簡若是耶?或謂歷七聖而課試之要未立,或謂帝王以功舉賢則萬化成。然則聖人鼓舞俊乂,將別有道耶?后世有歲竟丞相課殿最、奏賞罰者,有一考即賞罰大行者,有百司之長歲較其屬功過者,有令分三臧二否以聞者,其疏密得失何如也?或謂未經四考不許遷除,或謂臧否之外無疆名之,或謂厚貌深情得以蒙奸,果然歟?夫庶政非賢才莫舉,功罪非考課曷明?治理之要,誠無逾此矣。諸士試舉先王之法、后來之弊,折衷畫一之規,用爲當任者助,毋曰非誦習所及也。

問:睢陽大節,照耀古今,途之人能言之矣。讀其書,未嘗不思一至其地而詢訪其遺民也。二三子又遺民之秀者,二公顯微志節,學問討論,料敵設奇,殊迹雅度,諒能得其真矣,可得聞乎?然當時議論紛舛,後嗣又訟抑叩閽,何耶?在廷之議,孰明其冤?紀載之書,孰得其要耶?或惜其不拔衆而東矣,然則東可至耶?或罪賀蘭之不救矣,又謂賀蘭以房琯之忌,畏叔冀之圖也。然微是二者,賀蘭果能破賊成功耶?擁强兵、連封域者,豈盡無人耶?抑鞠躬盡瘁，死而後已，成敗利鈍，固非英賢所計耶？夫據紙奮詞，談何易矣！設身處地，能其萬一否乎？今大節昭明，六王并祠，協義否乎？二三子考求往論，擴悉真知，無忝二公之遺民可也。

問：設險以守國，足食以養兵，二者治之經也。許昌四野衍夷，無山溪之險，胡曹瞞挾漢徙都，左提右挈，卒成攘奪之邪？豈得地形耶？抑所乘者異也？棗祇創屯許之策，時議紛紜。及其成也，歲入百萬，軍國饒裕，魏實資之。今燕萊磽确，穫不償耕，地利豈異耶？毋亦人事非耶？二三子目矚身親，各求其故，毋徒曰古今不相及也。

問：汴，宋故都也。畫圻建國，肇自何時？藝祖開基，胡為不變，擇而取之耶？抑勢有所當因，時有所當俟耶？當時君臣志慮，謀畫經營，亦有可指言者否歟？景德之征，靖康之役，議者類咎失策於都也。然北失燕雲，西喪靈夏，其控制居重果別有所宜耶？藝祖身經百戰，歷覽遐圖，識顧出議者下哉？將政、宣之國是非都汴可無狄侵耶？都亳〔二〕、都耿、都殷者異汴幾何？將固國者別有圖也？我聖祖躬御六飛，經旬駐蹕，然建都之議終寢，宸謨睿斷，可仰窺萬一否耶？諸生生其地，熟其故，必識其微矣。為我抵掌明言，以破老生之常談，可乎？

家塾策問 三首

問：自古帝王敷求治理，莫不以修文講武為首務。粵稽方策，虞夏殷周，設教詰兵之制昭然可覩也。當時文事武備果何如耶？後世或臨雍講藝，或冠帶擁於橋門，或按響勞軍，或躬於殿庭訓射，亦代有可觀。不知當時文武之士乘時奮績、對揚王休者亦代有其人否耶？洪惟我國家，二祖開基，列聖纘緒，所以垂訓臣民、振飭戎士者後先一揆。至我世宗肅聖帝，則禮樂明備，于列聖有光矣。欽惟我皇上臨御初元，躬幸太學，進師生，講解經義，光頒聖訓，惓惓然以講求經術，惇敘彝倫，以成化于今上、齊唐虞三代之美爲勉焉。昨秋復行大閱禮於都郊，躬肆諸將校騎射之高下以差賞罰，復頒聖訓，孜孜然以詰戎講武、訓練有方，以安內攘外、茂建膚功爲期焉。天語昭回，星虹并曜，固萬國臣民之忻逢而快睹者爾。諸生伏讀繹思，亦嘗仰窺宸衷之萬一否乎？夫人才輩出，内治畢修，戎務張皇，邊關寧謐，聖心之所倚注於當事者至勤且切也。奮庸熙載以酬眷遇，以稱上心，若之何而後可？其肆言之，有司者將轉聞焉。

問：治天下以正風俗、得賢才爲本，昔賢言之矣。我國初俗尚淳朴，今日異于初，其弊何自？茲欲復于昔，其道何先？學校之設遍天下，求才之詔時下九天，而當事擇人，每有乏才之嘆，其失安在？茲欲得人舉職，其務何要？各肆陳之。

問：周、漢以降，語盛治者曰唐，而三宗之主，太宗稱首。今觀其致治之美，庶幾成康矣，漸不克終，竟有遼左之悔。不知其始之致治也何由，其後之不終也何自。各極言之，以觀治忽之原。

校勘記

〔一〕“后”，底本原文如此，通“後”。以下不再一一出校。

〔二〕“毫”，疑當作“亳”。

慎修堂集卷之十四

表

擬端午日賜輔臣紈扇并艾虎彩絲壽縷

謝表 嘉靖二十七年

天開令節,陰陽際交會之辰;帝賚多儀,恩禮茂對時之典。布仁風而潛袪氛祲,章物采而顯錫遐齡。眷茲大惠之便蕃,詎意微臣之并及?寵隨時盛,愧并感臻。臣某誠惶誠恐,稽首頓首。竊以四序成功,姤月實剛柔之遇;三辰順度,清時修節序之儀。故製輕箑以引涼飆,尚虞室五明之象;佩虎符以消灾沴,則周家逐疫之規。柔絲章彩色之施,壽縷致岡陵之祝。是皆樂嘉辰之有俶,亦以慶化日之舒長。詎若時物匪頒,炳矣上方之寶;皇仁特被,燦然蠶館之珍?斯不世之奇逢,誠百生之嘉會。榮逾晉錫,喜溢豫鳴。

茲蓋伏遇皇帝陛下,德合陰陽,功收位育。同天之道不言而四時行,如日之明有作而萬物睹。風行八極,蒸黎蒙清謐之休;文炳九圍,治理致淳龐之化。絢五采以彰施,皇猷黼黻;膺千齡而受祉,帝道光明。茲當一陰際遇之期,正品物咸章之候。乘時撫運而禮洽群工,托物施仁而恩先百辟。齊紈皎潔,同月色以懸輝;艾虎森嚴,儼霜威而凛冽。錯玄黃於瑞繭,焕矣文章;祝壽考於絲綯,介茲景福。惟是特隆之天寵,總非習見於人間。捧之而涼思盈襟,佩之而輝華遍體。盡消暑氣,虛聞辟暑之犀;潛引祥光,允若迎祥之籙。昌辰佩德,何日能忘?

竊念臣艾蕭弱質，襪綫微材。度逢風虎之遭，奚有山龍之補？謬承駿惠，曷報鴻慈？敢不解慍阜財，覃布薰風之化；效忠宣力，敷求熊虎之臣？竭耳目之能，俾文成於五色；殫股肱之義，期壽洽於群生。伏願推恩天下，加志日中。君子德風，永建臣民之極；大人虎變，懋成參贊之功。圉一世於文明，躋八荒於壽域。

擬東宮冠禮成賀皇帝表嘉靖二十八年

元服誕加，鶴禁啓成人之慶；隆儀遹舉，龍軒茂佑後之謨。欣主器之重明，仰聖皇之盡義。歡騰廟社，慶溢寰區。臣等誠歡誠忭，稽首頓首。竊以主鬯承祧，元子繫萬方之望；正容遜德，加冠實五禮之先。必成身之道既明，斯理物之功可建。邇稽往則，旁究彝章。元良正而萬國以貞，大禮興而兩儀奠位。故史雍致成王之祝，而范宣勤文子之規。慨叔世之無聞，遂隆儀之久曠。聿舉熙朝之縟典，實惟振古之芳猷。天意昭垂，人心悅豫。

茲蓋伏遇皇帝陛下，仁洽群生，德超邃古。頤神靜謐，式承滋至之休；履道淵微，丕顯篤恭之化。宣聰明而作元后，垂衣裳而靖四方。精誠孚格於高玄，豐年屢錫；子惠旁流於率土，萬國咸寧。致廣大而盡精微，觀會通而行典禮。謂主器莫若長子，元良之位蚤隆；而嘉禮貴於及時，首服之儀肇舉。令辰吉月，發祥當蒼震之期；秘殿法宮，介福茝蘭明之地。曰弁曰冕，禮重三加；卜相卜賓，儀隆再筮。元冠朱綏，亞五位之等威；周冕殷冔，兼三王之制度。前星增耀，少海揚輝。秩秩德音，允愜群生之仰；雍雍禮度，永綏九廟之靈。為人子為人臣，已遠冲孺之幼志；近乎仁近乎義，茂兼文武之全功。虎步龍行，異日之太平天子；神姿日表，他年之利見大人。親則父而尊則君，繼承允在；祖有功而宗有德，感應無誣。是誠億載之亨期、百生之巨慶也。

臣等虛叨宰職，快睹宏規。在位駿奔，慶王制聖倫之兼盡；趨朝虎拜，樂父慈子孝之教成。聖聖相成，有子遠超乎夏禹；明明在上，無憂允協乎周文。伏願德厚流光，禮明樂備。文謨武烈，遠承祖禰之休；聖子神孫，恒作臣民之主。宗社奠安於有永，本支綿衍於無疆。

擬裕王景王冠禮成賀皇帝表

元服同加，帝子啓成身之禮；崇儀兼舉，聖慈溥育德之仁。仰嘉典之咸修，見百祥之孔定。歡騰四海，慶自一人。恭惟皇上，德合重玄，心涵太始。體仁蹈智而極建中和，得一履貞而功收位育。配天配地，登萬彙於春臺；資始資生，躋八荒於壽域。垂衣裳而萬國理，勛華纘列聖之休；舉禮樂而二儀昭，制作冠百王之盛。仙源錫羨，振振咏麟趾之祥；茅土胙封，濟濟翼鴻圖之大。茲春秋之既富，允冠冕之已勝。詢廷簡三正之元辰，告廟舉千齡之吉典。鈞天廣殿，鑾輿渙綸綍之傳；玉瑞分行，鵠立儼衣冠之集。敬身成德而制重三加，受慶承休而祥鍾百福。禮儀有序，龍墀增鼎俎之輝；兄弟具成，駿業鞏苞桑之固。凝旒端冕，光昭伯仲之聯；搢笏垂紳，喜集神明之冑。睹棣華之有韡，欣桐葉之永綿。爲人子爲人臣，丕茂彝倫之盡；近於仁近於義，聿觀德業之新。

臣等幸際亨嘉，叨塵法從。巍巍蕩蕩，恭逢帝胤之蕃；穆穆皇皇，快睹本支之盛。伏願日新治化，實惟有道之長；天保聖躬，永享無疆之福。億萬載尊居宸極，爰祝堯封；百千傳茂衍皇宗，載歌《周雅》。

賀靈兩應祈表

聖念勤民，肅舉祈玄之典；甘霖應候，丕昭助順之祥。惟帝心乎格乎皇穹，誠而無息；乃靈澤滂霈於率土，天且弗違。遐邇騰歡，山川生色。恭惟皇帝陛下，大德好生，至仁育物。敷施玄化，參天地以成能；丕顯洪猷，曠古今而為烈。致中和而建極，玉振金聲；乘六龍以御天，雲行雨施。豐年有象，彌懷稼穡之艱；盛治無虞，恒切蒸民之立。顧茲東作，甘澍未零，雖匪損於農時，已上屋乎聖慮。未災而懼，祇嚴籲帝之忱；先事是圖，茂秩祈年之祀。誠無幽而不達，神有感而必通。綸音渙而雷雨旋興，洪應如響；法典修而靈滋普遍，大造允乎。不占石燕之飛，無俟商羊之舞。初隨風而霡霂，不疾不徐；爰竟日以霶濡，既優既渥。垂甘灑潤而玄液滿盈，布澤流膏而太和洋溢。老稚欣欣而相告，感帝力之玄通；草木油油以向榮，見恩光之默喻。公私沾足而豐穰已徵，寰宇塵清而妖氛永息。誠群生之巨慶、萬國之休祥也。

臣等叨塵法從，快睹蕃釐。沐浴湛恩，殊愧涓流之報；沾濡清化，曷勝頌祝之忱？伏願玄化昭升，景星慶雲之疊見；穹祇集祉，祥風和氣之與游。時雨時暘，保豐亨於有永；如川如日，綿壽考以無疆。

賀冬至表_{嘉靖三十二年}

一陽亨復，黃鍾協天地之和；萬國時雍，紫極錫平成之福。融風布序而君道方隆，化日舒長而天元允合。慶熙朝之盛會，修亞歲之嘉儀。茲蓋伏遇皇帝陛下，道貫神明，功兼覆載。日新一德，精誠昭格乎重玄；時敕萬幾，仁澤旁敷于率土。茂光前之駿業，功烈昭回；詒裕後之鴻猷，訏謨佑啟。風雷震動，肅清漠北之塵；日月宣精，遠暨朔南之化。乃倉乃積，尤祈百穀之維蕃；引養引恬，尚慮一夫之不獲。存心加志，發政施仁。蕩蕩神功，已奠二儀之位；淵淵德澤，盡回萬有之生。嘉此時昌，恭逢星昂。氣先緹室，陰陽驗律曆之諧；占應觀臺，雲物識禎祥之兆。八神樹表，欣晷度之攸宜；一綫增長，慶璇璣之順應。陽歸陰謝，于焉見生物之心；肆樂寢兵，允矣協太和之會。

臣等恩叨玉署，慶祝璇霄。抱獻履之微勤，未效涓埃之報；際垂裳之昌運，敬攄頌禱之誠。伏願育物對時，龍德普正中之化；踐長迎福，鴻釐緝純嘏之熙。璧合珠聯，象緯察玉衡而獨盛；日升川至，壽祺同寶景以方長。

賀瑞雪表 嘉靖三十三年

玉殿躬祈，聖主勤下民而對越；瓊霄響應，皇穹錫上端以交孚。精誠極而天鑒不違，玄澤垂而民生允殖。兆先豐歲，揚喜色於三農；慶協泰符，流歡聲於九有。恭惟皇上，緝熙至道，保合太和。運大化於淵微，陰陽率軌；躋群生於仁壽，動植交欣。體虛靜以儲神，極高明而盡下。《采薇》發咏，湛恩懷將士以來思；《黃竹》興歌，渥澤洽蒸黎而在念。玄威遒布而九塞塵清，聖德升聞而百神祉萃。顧茲寒沍，嘉歲事之將成；伊邇春融，尚雪祥之未集。懷深稼穡，叩金闕以虔祈；禮重明禋，遍瑤宮而蕭禱。天心昭格，俄看萬里之彤雲；靈貺顯敷，快睹六花之瑞彩。始飄颻而有象，倏浩蕩以無垠。皜皜凝華，宇宙廓氛埃之氣；皚皚普潤，山川呈珠玉之輝。色耀上林，璀璨忻連乎玉樹；光浮禁苑，氤氳喜溢乎瓊田。仰和氣之充盈，預慶來牟之盛；挹寒威之凜冽，已知螟螣之消。是皆我皇上德與天而同體，斯誠有感而必通也。

臣等迹厠紫霄，幸接操觚之列；詞慚《白雪》，愧虛受簡之能。沾濡屢沐乎鴻庥，頌祝祇勤乎雀躍。伏願景福誕膺，五氣協瑤圖而順布；嘉徵滋至，三靈擁玉曆以延長。川至日升，永建中和之極；雲行雨施，恒歌大有之年。

賀萬壽聖節表

天地鍾祥，誕聖啓中興之運；帝王受命，承禧欣載夙之期。介萬壽於九重，祝千齡於四表。歡騰寰宇，慶洽神人。茲蓋伏遇皇帝陛下，道光上聖，仁洽普天。幽贊神明，垂衣裳而致治；範圍天地，躬道德以帥人。精誠昭格于高玄，豐年屢錫；子惠聿先於億兆，大賚弘敷。體仁以長人，化理兼皇王之妙；主静以立極，中和收位育之能。運獨化於陶鈞，功成治定；躋群生於仁壽，德溥化光。實惟豐亨豫大之昌辰，恭值虹流電繞之嘉會。百生巨慶，千載休期。澄爽氣於重霄，清商應候；絢黃雲於禁籞，嘉穗盈疇。金飈噓顥氣以氤氳，珠斗拱壽躔而燦爛。至誠享帝，式瞻蜍喜之祥；一德動天，戀介鴻鰲之慶。百神擁祐，萬國朝宗。開閶闔于九天，來東方之紫氣；馨歡呼於百辟，仰北闕之紅雲。仙掌露華，擬注堯尊之獻；蓬山瑞色，願同聖算之延。

臣等叨塵密勿，倍萬鴻私；幸奉昌明，曷勝雀躍？荷乾坤之覆載，情實切於瞻依；仰日月之照臨，惟有勤於頌祝。伏願昊天申命，萬年畀壽域以弘開；上帝降康，億載麗福星而久照。壽考作人，甲子遠超乎四百；悠久成物，春秋奚啻於八千？

賀正旦表嘉靖二十七年

玉律祥開，四始協熙和之運；璇璣政順，三陽成交泰之功。景福介於一人，乾始資乎萬物。神民胥慶，海宇騰歡。恭惟皇上，極建中和，神疑清穆。恩覃九有，裁成收位育之功；德并三無，闔闢兼陰陽之妙。體元居正，四靈至而百禄攸同；養素含真，七政齊而三辰順度。設神道之教，精誠克對乎高玄；溥大賚之仁，曠蕩恒先乎煢獨。金甌鞏固，實惟有道之長；玉燭調和，方衍無疆之慶。欽崇天道，敬授人時。惟兹陽長之辰，快睹維新之眷。撫青陽而迎景祚，肇嚴端月之儀；協太簇以握丕圖，式考三微之運。和風沕穆，播元氣於鴻鈞；化日舒長，躋多方於壽域。雲開閶闔，簮裳儼鵠立乎千官；瑞繞蓬萊，玉帛肅駿奔乎萬國。

臣等叨鉉鼎耳，殊慚調燮之能；共慶泰階，竊被清寧之化。陽和盈宇宙，贊襄奚補於天工？聽履上星辰，遭際惟歌乎帝力。伏願對時育物，聿成熙皞之風；壽考作人，載錫康寧之福。膺千春之寶曆，遐齡同泰道以方隆；綿億葉之仙源，廣運并乾行於有永。

賀西苑瑞穀表嘉靖三十七年

上玄錫慶，太和發育于天田；聖壽延祥，靈貺顯敷于帝社。睹嘉禎之應候，忻眷命之方隆，遐邇歡騰，臣民喜溢。茲蓋伏遇皇帝陛下，德合乾坤，仁均雨露。奉三無以臨九有，大化裁成；本一德以格重玄，至神孚契。心先稼穡，育萬彙以蕃鮮；志切烝黎，囿群生於樂利。均調元氣而寒暑罔愆，默贊化機而雨暘不忒。惟明靈之效順，乃上瑞之昭宣。成萬寶於西疇，燦一星於南極。祥開靈稼，期協虹辰。豐衍同榮，挺叢芳於漢畝；綿延并茂，紛接穗於周原。沃根飽膏澤之滋，成實應盈虛之會。連莖擢秀，儼璧合以珠聯；共幹分芳，類金雕而玉琢。三歧雙穗，象參天兩地之神功；五十五莖，合陰偶陽奇之全數。矧地當內苑，實和氣之攸先；節屆誕辰，仰玄麻之茂集。眷茲嘉瑞，式協昌期。匪惟適用以稱珍，實曰應時而見寶。是宜潔粢盛而享上帝，昭明德之惟馨；陳簠簋而奉宗祧，示孝思之可則。昔唐叔紀周庭之瑞，僅爾一莖；曹植頌魏世之祥，未聞竟畝。詎如今日？實邁古前。致和孕氣化之祥，種德兆物生之盛。顯太平於有象，民力普存；卜壽考以無疆，天心克享。

臣等幸塵覆育，曲荷生成。久叼鼎養之恩，奚能報稱？快睹豐年之瑞，曷罄揄揚？伏願聖曆丕增，駿命天綏於孔固；帝圖有赫，鴻纘日至以方新。四靈萃而禮樂興，千古仰中和之極；五穀熟而人民育，萬方歌大有之年。

擬唐中書令張九齡進《千秋金鏡錄》表_{開元廿四年}

寶節天開，四海際光明之運；瑤編日就，萬年昭鑒戒之規。爰勤一得之研摩，少效千齡之頌祝。事存殷鑒，義比湯盤。臣誠惶誠恐，稽首頓首。竊惟英君邁德，咸稽往哲之遺；賢士效忠，必道古先之迹。鑒於有夏，《書》著明徵；程是先民，《詩》垂至戒。蓋學於古訓乃有獲，稽古者所以見今；而鑒於成憲則無愆，觀人者可以正己。遆稽往軌，對越昌辰。茲蓋伏遇□□□□，剛健性成，聰明神授。範圍天地，無爲而六府修；幽贊神明，有作而萬物睹。一戎衣而平內難，盡消金革之風；三無私以惠萬方，普錫清明之化。道通粹美，治極高明。金玉其相，德已純於百煉；容光必照，明允見乎萬方。慶茲四海之同春，復值千秋之令節。布金飆於天表，一氣潛敷；開玉鏡於雲端，八荒普照。歡騰朝野，慶洽神人。凡茲台鼎之司，率有金鏡之獻。

臣沐恩特異，效敬亦殊。竊謂玉府天家必不乏瑰奇之寶，而前言往行或可爲蓄德之珍。近遵文皇以古爲鑒之謨，遠則伏羲制器尚象之義。編摩載籍，搜輯典墳。探是非得失之源，究治亂興衰之故。躬親鉛槧，竭智力以披沙；勉效鑽研，馨心神於磨垢。篇章就緒，萬年之美惡具形；簡帙裁成，千古之妍媸洞見。對臨匪懈，或爲反觀內照之資；顧諟惟勤，庶有觸目警心之助。遂忘固陋，爰輸芹曝之懷；仰瀆宸聰，少效華封之祝。尚冀重瞳之表，俯垂乙夜之觀。竊念臣昏愚蠢質，頑鈍庸流。畚荷爐錘，愧未能於從革；茲承作礪，殊未克乎斷金。蠡測海而虹負山，戰兢已極；露增流而塵足岳，勉效方勤。伏願鑒觀有赫，旁燭無疆。能自得師，運四方於掌上；與治同道，照天下於日中。玉振金聲，永建中和之極；日臨月照，弘施覆冒之仁。

擬賀大閱表 隆慶三年

聖德御乾，文治誕敷於六合；皇威奮豫，武功肇訓於三秋。翠華嚴清蹕於長楊，五兵胥慶；黃鉞省軍容於細柳，眾技咸精。大業光前，偉觀啓後。臣某等誠歡誠忭，稽首頓首。竊以乾坤成化育之功，陽舒陰肅；天子建中和之極，武緯文經。惟二柄之兼操，交修匪懈；斯群心之砥勵，庶績其凝。粵稽往代之隆，恭溯熙朝之盛。儀文旷列，典則照懸。蓋世雖治而戰不可忘，故武必講而患斯有備。周宣致《車攻》之賦，漢高肇會陣之規。玄宗講武於驪山，戈鋋易色；藝祖訓戎于近郭，擊技爭雄。我聖祖之龍飛，躬擐乎介胄；逮文皇之虎變，口授乎韜鈐。宣宗較騎士于兔山，英廟肄材官於西苑。神謨雷動，無非飭內治以奠外寧；睿算風行，要曰奮武衛而揆文教。洪惟先帝，俯察邇言，旨下春曹，未遑遠略。道待人而斯舉，禮必世而後興。

快睹隆儀，忻逢嘉會。茲蓋伏遇皇帝陛下，英明內運，信順外符。學務緝熙，德成精粹。乾旋坤轉，闢政教以維新；雨施雲行，沛仁恩於有赫。遐觀往烈，近守洪謨。御講殿而接儒紳，心契帝王之要道；幸辟雍而育髦士，首頒道德之微言。念同文之化有成，而振武之功宜續。爰究京營之制，允爲宗社之依。豈惟强幹而弱枝，實以攘夷而尊夏。慨升平之既久，遂怠忽之相仍。團操徒襲乎虛聲，藝業曷臻乎實效？王言時敕，練習俾勤；法駕期臨，簡稽必審。仰重離之畢照，燭宿蠹以無遺。天聲震而士氣惟揚，廟略孚而輿情胥悅。距超欲奮，觸抵爭先。乃序屬乎秋深，卜辰和于日吉。六龍順動，雕輿暫發乎宸居；萬騎後先，羽衛森羅乎御幄。百神翊護而紺宇澄清，列曜貞明而蒼穹流彩。紅雲捧華蓋，煥然行地之中；佳氣繞蓬萊，怳若自天而下。元戎啓道，六事景從。水衡表壁壘之區，星羅棋布；金鎧列營屯之次，類聚群分。登壇重巽命之申，選隊試師貞之律。旌旂絢爛，倬雲錦以經天；戈戟光芒，燦珠璣而照乘。劍氣遙連乎斗極，甲光上麗乎星虹。鳥陣鷹揚，銳直圓方之迭出；龍韜豹略，正奇常變之莫窮。制勝決機，已見萬人之敵；穿楊貫革，奚稱六郡之良？無嘩而不俟於枚銜，有勇而奚須於鼓作？眷此兵威之盛，悉資神武之功。是惟精訓閱而振威靈，用以杜奸萌而消寇逆。允爲止暴，豈曰觀兵？嗣瞻綸綍之渙頒，耳提面命；繼見金錢之晉錫，第賞旌賢。將校歡騰，共壯平胡之氣；師徒踊躍，益堅報國之心。

臣等鵠立清班，勞未伸於汗馬；駿奔令典，才有愧於飛熊。陟迹戎兵，願繼周公之烈；憲邦文武，期同吉甫之猷。伏願不戰而屈人兵，無爲以守至正。心存天下，益隆保大之圖；治徹日中，愈切持盈之戒。斂時五福，億齡綿玉曆之祥；守在四夷，八極鞏金甌之固。

擬賜學士宋濂御製文集及紙幣文綺

謝表洪武十年辛酉陝西程文

聖訓萃編，海宇仰星虹之煥；皇仁晉錫，蓬茅荷雨露之施。剡寶楮之輝華，製從秘府；兼繡紋之燦爛，巧出天機。寵賚優渥，祗承愧懼。臣誠惶誠恐，稽首頓首上言。伏以典謨載道，垂萬世之章程；錫予示褒，表一時之會遇。微言大義，必待人傳；異數殊恩，惟其德稱。故帝歌有作，爰述意于良臣；而玄袞匪頒，乃申重于君子。慨道微而聖遠，遂賞濫而政乖。示宮體於世南，詞非雅正；頒集詩於中立，身阻登庸。齊臣銜耀乎銀光，競侈新恩之美；唐室特頒乎綾綺，徒仍舊貫之修。是惟窮靡麗於謏聞，奚裨大道？竊寵靈於末技，豈值明時？

詎意庸愚，兼逢盛美？茲蓋伏遇皇帝陛下，文武生知，聖神廣運。止戈戡亂，復中國之綱常；易俗移風，興先王之禮樂。天經地緯，闡繹文謨；日就月將，緝熙帝學。躬樸素以先天下，垂衣裳而靖四方。簡牘旁求，普文明之盛治；經綸顯設，開道統之真傳。聖已集乎大成，志不遺乎小善。遂令朽薄，得沐洪慈。

竊念臣訓詁鄙儒，詞章賤品。玩心筆札，豈舒卷之能知？遁迹布韋，詎彰施之可助？恭遇右文之主，幸爲委質之臣。起草明光，殊非彩筆；校書天祿，未值青藜。往行前言，忻預編摩之末；高文大冊，慚無黼黻之長。蒲質漸零，丘園自賁；葵心不易，禁闈重升。咫尺威嚴，瞻耿光於晝接；頻仍綸綍，翕顯氣於春和。覿禮告成，鴻恩愈厚；宸奎昭示，雀躍殊深。緬懷輯録之叨塵，茲慶寵頒之特及。皇猷帝範，照耀韋編；大烈豐功，昭回縑素。流輝炬灼，疑瞻旭日之重光；垂采氤氳，若睹卿雲之五色。瓊瑤方獲，珍幣蕃加。楮券精純，寒素獲懷資之富；纖絲艷麗，衰孱被畫錦之榮。百朋誇美利之充盈，五采侈服章之寵異。曲蒙大賚，駢集微軀。龜寶肅將，喜養身之不匱；鵷梁在念，恐濡翼以貽譏。臣敢不文命對揚，什襲奚稱乎琬琰？綸恩永戴，世傳期逾乎雲仍。伏願乾元不息，離照恒明。建皇極以敷錫庶民，觀人文以甄陶天下。裁成大化，九重垂拱於無疆；保合太和，萬國咸寧於有永。

内殿祭先聖先師遣輔臣代拜謝表 代作

神聖繼天，萬古啓傳心之學；君師建極，一人躬道統之傳。溯先後之淵源，舉精禋之典禮。欽承簡代，實切衷兢。恭惟皇上，文武聖神，齊莊中正。參天兩地，極裁成輔相之功；繼往開來，隆鼓舞作新之術。觀會通而興禮制，應圖協五百之期；建皇極以叙彝倫，聖人在天子之位。凝神清穆，窺邃古之淳龐；體道淵微，參見聞之脉絡。謂巍乎五帝，實開吾道之先；而美矣三王，爰繼斯文之緒。周公成文武之德，《三禮》昭垂；孔子盡删述之功，六經具備。是雖君臣之異位，實惟心法之相承。探本窮源，既周行之有自；報功崇德，宜殷薦以加隆。慶洽昌辰，屆兹吉月；爰修大典，過命微臣。俯竭孚誠，祗嚴對越。駿奔有赫，冠裳凛帝命之肅將；明德惟馨，庭户儼聖真之陟降。神洋洋其如在，民蕩蕩無能名。是蓋道造其極而見之真，故禮致其隆而報之盡者也。

臣蚤志聖師，愧羹墻而未見；兹逢君父，恍秘殿以親承。一介之遭於斯極矣，百生之幸何以報焉？伏願令終有俶，受福無疆。作之君作之師，永錫臣民之極；得其名得其壽，遠開道學之傳。

幛　詞

·賀郡侯張前溪薦留幛詞有引

三載奏功，循吏答勤民之寄；一封薦士，臺臣攄爲國之忠。留北上之旌旄，慰西方之繫戀。神人胥慶，遐邇奇逢。恭惟門下，德性昭融，道心淵静。賢其秀矣，文華擅班馬之場；明且哲兮，才美入周公之域。蜚聲弱冠，麟鳳呈上國之祥；奮迹清朝，騏驥騁康莊之野。廬江初試而化溥祥刑，民部再遷而操嚴苦節。分司薊北，四方仰出納之公；剖竹河東，萬姓沐清明之政。寬通省費而里閈咸蘇，弭盜防奸而疆場寧宇。慈祥敷政，野成乳雉之風；冰蘗飭躬，梁著懸魚之迹。片言可以折獄，一介不取諸人。執一實以御百虛，明無不燭；審五辭以聽兩造，民自不冤。理善烹鮮而匹夫被澤，政釐張急而庶績其凝。名上逮于九重，黎民怙恃；課奏成于三歲，旌斾戒途。一郡若狂，欲遂挽攸之願；衆心似渴，曷勝借寇之思？乃臺臣察衆庶之公情，爰表薦成扳留之至計。同舟共濟，效忠赤于虞廷；一札十行，下絲綸于晉鄙。古今盛典，上下交乎。鼓萬彙以同風，囿群生於冬日。欣欣相告，樂得小人之依；蕩蕩難名，永蒙君子之澤。

ㄙ恭逢嘉會，曷罄揄揚？留一路之福星，已見群心之愛戴；作千間之廣廈，尚回天下之歡顏。借綴俚言，少伸祝頌。詞曰：

明公敷績彤庭去，蒼生借寇愁無助。戀朱輪，攀隼輿。忽天使留行抗疏。　　恩詔來宸御，循吏仍禆黎庶。四境歡傳喜語，億載垂嘉譽。

右調《應天長》

賀少冢宰張臨溪應召還朝幛詞有引

紫泥特簡，撫綏功懋於中州；丹詔頻頒，掄選恩隆於北闕。竭賢勞而匪懈，時逾三秋；荷天眷之浹隆，寵承再命。文昌聽履班，先八座之崇；銓選持衡任，貳六卿之長。大人有造，善類交歡；聖主得賢，輿情胥暢。恭惟門下，道覺民先，智周物表。秉忠貞而報國，以文武而憲邦。瑣闥抗章，風采想聞於天下；省臺宣績，經綸素定於胸中。晉司憲紀於嚴廊，出布王章於河洛。精神鼓舞，遂易俗以移風；經濟昭宣，悉庇民而尊主。賞刑并設，罪功舉協乎勸懲；職業交修，名實莫眩乎綜核。誕敷國澤，民安畎畝之居；肅振臺綱，吏凜冰淵之畏。頑冥屏息，疆宇戢寧。令出而衆志悉孚，法行而人心允服。雖玄機默運如大造以難名，而嘉績外彰有成功之可見。勛華上徹，宜五位之深知；寵渥駢加，豈群工之易及？僉言久屬，渙號用頒。甫擢貳卿，理例成於南國；旋躋首部，鑒流品於中朝。蓋冢司表率乎六曹，而銓部綱維乎萬化。聿求碩輔，俾秉洪鈞。辨論材賢，用升沉乎百職；延招俊乂，爰左右乎九重。實惟一德格于皇天，是以重異申乎帝命。植表儀於海宇，多士改觀；懸冰鏡於朝端，百生交慶。明良志合，光簡册於古前；忠信道亨，樹風聲於來祀。

厶叨塵屬秩，獲奉章程。岩石維新，方交馳乎頌祝；斗山望久，實自幸乎依歸。願調商鼎之和，用普周行之慶。有懷雀躍，敬效蟲鳴。詞曰：

梁園時雨歇，正日轉棠陰，風生林樾。六合塵清，萑葦息，一望桑麻色浡。報道東君御祥飇，入扶日月。岳横雲，河流聲切，共願緩征車發。　　從前試數經綸，憶青瑣封章，江湖節鉞。狂瀾一葦，畏途九坂，臣勞祗竭。銓衡寄重，照汗簡丹心華髮。願于今圖上雲臺，功施天闕。

右調《玉燭新》

壽憲伯蹇文塘幛詞有引

鴻釐申錫，耆英啓壽節之祥；燕賀承歡，哲嗣展春和之慶。堅一心而報主，世篤忠貞；聚百順以娛親，家傳孝友。繼河汾之遺愛，群黎疊咏乎甘棠；育潁汴以庭規，品彙庇陰於喬木。夫箕疇福五，率由一德之孚；而君子樂三，首重二親之順。自昔罕覯之盛美，乃今兼得於仁賢。恭惟門下，道心鎮定，德性冲和。卓識與幾，展也萬夫之望；高標特立，偉然一代之英。登庸早典乎戎機，明試久深乎國體。孤忠自許，期弘安攘之訏謨；直道而行，未究恢隆之大業。迴翔外服，淹抑午衢。隨地殫勞，愈勵匪躬之節；安貞履順，弘敷濟物之仁。恢恢理解乎艱繁，傳無滯節；亹亹撫摩乎疲癃，民有頌聲。循良章焯於東方，譽命簡知于宸極。猗歟令子，并際明時。庭訓淵源，用經術潤飾吏事；嘉謀繼序，竭股肱服勞王家。龍節同持，風望冠一時之美；隼輿并駕，澄清凈萬頃之波。世方期大作以罄壯猷，公獨志卷懷而明嘉遁。寧久耽乎組綬，遂致役乎形神？身未老而得閑，翔羽儀于雲路；心無營而自樂，植楷則於寰區。

時屆仲陽，忻承初度。融風方動乎江蒲，瑞色先浮乎苑柳。舉觴燕喜，今擬綽約之仙真；射矢兆祥，夙孕中和之正氣。月殷既望，天作佳辰。九十日而爲春，淑景履舒長之半；億萬年而獻壽，對時綏褆福之全。宜伉儷以同榮，離離偕老；詒子孫以逢吉，濟濟呈奇。琥珀杯浮，同祝方增之算；彩斑衣試，胥承滋至之麻。繁花迎遲日以舒妍，瑞鳥協歡聲而送曲。允嘉祥之駢集，實作善之感通。昔魯國德明，爰賦耆艾熾昌之頌；而益州化洽，是興和平宣布之歌。蓋仁恩世及於旄倪，乃誦贊聲騰於士庶。

厶河潤夙沾，每切依歸於南斗；冬暄茲被，愈深愛戴於中天。莫陪真率之英游，心飛洛社；歆艷耆年之妙繪，目極睢圖。幸依德宇以胼蠓，恍若光儀而諦奉。敬摛俚語，馳賀遐齡。詞曰：

春中候，時和景轉方長。惠風輕，鶯穿芳樹，呢喃燕語雕梁。喜華堂玳簪珠履，慶仙翁嘉誕迎祥。花甲纔過，精神龍馬，更羨齊眉有孟光。同清宴，兒觥胥上，繞膝盡珪璋。堯封內四民遙祝，萬壽無疆。　羨盛年，仁聲憲績，卷懷都付仙郎。向鳳山旋栽修竹，傍渝溪小鑿方塘。時止幽人，頻來騷客，鷺聚鷗浮機共忘。樂一川佳景，歲寒盟結，永徜徉。還應見恩來北闕，鸞誥輝煌。

右調《南山壽》

啓

宴潘笠江中丞陟少司寇啓

帝簡光膺，綸綍燦麟符之錫；賓筵肅啓，弦歌騰燕賀之歡。頌聖主而得賢臣，人心和悅；釐百工而凝庶績，帝載咸熙。寵榮開泰運之亨，宴樂協需雲之會。恭惟門下，忠誠天植，明哲性成。碩德庇民，允矣萬夫之望；杰才命世，卓然三代之英。抗一德以格天，攄至誠而動物。誕敷國澤，民安畎畝之居；丕振臺風，吏凜冰淵之畏。德澤覃霈於率土，勛華上徹於宸旒。台揆惠疇，仰一人之有慶；祥刑化普，占四海之無冤。

厶獲奉章程，不盡依歸之幸；忻逢嘉會，曷勝頌祝之懷？僅擬月之某日，執饌於某，祇迎台駕。月吉辰良，敬效稱觥之矩；氣清天朗，允惟肆樂之期。伏冀榮軑榮臨，襜帷俯駐。布春風於廣座，躬瞻贊化調元；麗法曜於中天，快睹芒寒色正。康侯晝接，叶《羲經》蕃庶之榮；既醉太平，介《周雅》昭明之福。

貢院落成宴按臺啓

賢科茂啓岩廊，需俊乂以登庸；文苑聿新棟宇，應奎躔而奐麗。慶鴻圖之振起，式燕喜以告成。恭惟門下，至德難名，全才不器。高明光大，示我周行；憲紀綱維，惠茲中國。謂肅法在時巡，播皇風於八郡；以求賢爲急務，敷化雨於諸生。欲弘材館之延，經始文閨之作。師虞出入而既竭心思，高遠廉堂而彰施色采。風檐敞豁，上連斗極之輝；雲閣軒翔，俯壯河山之氣。惟大人舉禮樂，天地爲昭；實君子有徽猷，文明以止。

△欣逢盛典，慶秋月之高懸；樂預壯觀，希春風之廣被。薄言卜日，仰冀披雲。敬擬某日執饌於至公堂，奉迎台駕。伏願玉節榮臨，朱輀俯駐。布陽和於梁苑，桃李成蹊；炳麗日於昆岡，璠璵生色。亨衢廣闢，需雲當宴樂之時；嘉穀方登，既醉咏太和之雅。

宴刑部侍郎趙方厓啓

金鉉登崇，淑問聲高於八座；玉書簡在，祥刑勛溢於三河。政教攸沾，吏民胥慶。恭惟門下，厚德庇民，宏才緯世。文昌司禁，心涵萬物之春；寶鼎調元，道合四時之序。宸衷特眷，綸命光膺。履聲暫隔於雲霄，車轍周臨於河洛。俾成式敬，喜萬姓之無冤；欽恤誕敷，仰一人之有慶。

△瞻依有素，忭慰惟深。龜卜吉于庚寅，跂遥臨乎甲帳。伏冀謙光俯賁，晉畫生榮。仰法曜之麗天，快睹輝光之燦；慶春風之滿座，忻逢和煦之祥。

宴吳容堂侍御啓

綉斧時巡，方岳聳憲風之布；玉書特簡，河山忻帝命之新。快睹鴻休，曷勝雀躍？恭惟門下，令德宜人，高名華國。奮濟時之經術，望溢寰區；持震世之英標，風生臺閣。孤忠自許，一德交孚。欲資鼎鼐之功，先試鹽梅之用。阜財解慍，敷渥澤於東河；足國壽邊，奏膚功於北闕。

△叨分疆土，幸奉章程。候飛蓋之南來，方切瞻依之慶；望仙舟之西指，曷勝係戀之私？謹擬某日執饌郊亭，奉延台駕。伏願襜帷俯駐，棨戟榮臨。法曜麗中天，喜山川之生色；和風嘘大地，忻草木之回春。

宴左轄吕玉窗陟京兆啓

帝簡光膺，掄選重神州之寄；賓筵式啓，忭歡慶薇省之榮。聖主而得賢臣，人心和樂；哲人而乘景運，帝載咸熙。禮樂輝煌，旄倪鼓舞。恭惟門下，厚德鎮浮，直聲起懦。冠諸儒之妙選，石室抽書；振百代之高摽，瑣闈抗疏。一麾出守，百折不回。臬臺肅敕法之規，藩省敷保民之惠。中州再歲，渥澤尤深。光奉新恩，保釐舊國。化行江漢，培萬世之本根；勛勒旂常，樹千齡之事業。

厶幸奉光儀，忻逢盛典。珪璋清廟，遭逢慶泰道之開；廣樂洞庭，宴喜協需雲之會。穆卜庚辰之日，敢扳甲帳之臨。和氣充庭，願獲依仁之慶；春風滿座，用歌飽德之章。

宴吏部侍郎張臨溪啓

銓衡地切，清華冠玉笋之班；藻鑒聲高，名德應金甌之選。增輝光於政本，聳觀聽於儒流。快睹鴻休，庸伸燕賀。恭惟門下，至神廣運，盛德難名。奮經世之徽猷，群生咸若；肅匡時之軌度，庶績其凝。上帝眷而風雨時，五穀熟而人民育。功施王室，簡在天心。方資弼教於留曹，遂晉統官於選部。屬僚胥慶，朝野騰歡。

厶瞻依有素，慶幸無涯。忻兹大人征吉之辰，式舉既醉太平之典。謹卜月之某日，執饌於某堂。忘蒙瀆之爲嫌，冀謙尊之寵賁。伏願台垣下燭，咸依乾緯之光華；冰鏡昭垂，共荷洪鈞之鼓鑄。

宴謝高泉中丞致政西歸啓

龍節東巡，熙載丕揚乎茂烈；鴻逵西邁，辭榮樂遂乎玄襟。

凡仰渥澤之甄陶，咸切衷懷之係戀。謹擬某日，祇潔郊亭，薄陳祖席；仰祈法駕，俯駐征輪。瞻德曜於高穹，曷已依歸之願？被春風於咫尺，難名發育之仁。

雜　著

擬弭灾疏

臣聞之董仲舒曰："灾異之來，天心所以仁愛人君也。"夫天下之廣，兆民之衆，萬幾之繁，人君以一身臨之，其乖違而舛錯者恒未必其無，而人君亦未必其知也。惟天之聰明則日鑒之，人事失於下，則象變顯於上，蓋欲爲君者仰思而懼，勵行修身，則昭德塞違而天心孚格矣。故曰"天聰明，自我民聰明；天明畏，自我民明威"，言天之道恒在人也。又曰"勿憂，宜日中，宜照天下也"，言人之事恒勝天也。故桑穀生朝，德修而滅；灾星守次，言善而退。往迹昭然，是在陛下一加之意耳。且遇灾致儆，固自昔之所同；而變異沓來，則未有若今時之特甚者。山移於關陝，地震於畿旬，禁火星妖，風霾物怪，殆未易悉數。而上灾異者乃假臣道以逢迎，條時政者率拾彌文以塞責，甚者乘間抵隙、因公濟私者比比也。噫！以此格天，天心愈失；以此弭變，變奚可消？是豈特可太息流涕而已耶？蓋反躬則百廢具興，修德則天人交應。臣竊以今日干和致灾之大所當亟改而夙圖者，約其目爲八事以獻，陛下試垂聽焉。

一曰勤臨蒞以肅臣工。臣聞憂勤惕厲則綱紀不乖，朝對時臨則聰明罔蔽，此自古帝王治平之要道也。陛下躬修玄默，不視朝者二十年矣。臣工怠恣，法紀蕩然，皆以此也。臣願自今早朝晏罷，庶務必親，斯可矣。二曰正宸居以肅威嚴。夫天閽九重固崇法象，而深嚴邃密亦警非常，此聖哲防微之至意也。陛下駕駐西城，已逾一紀矣。工徒雜擾，市賈喧豗，非所以居重而慎微也。臣願自今還居大内，高拱穆清，斯可矣。三曰斥邪慝以崇大道。夫帝王之興自有天命，飛升遐舉自昔罕聞，況妖邪服食，求福未必，奇禍已踵，古昔金丹之謬種種也。臣願於凡挾左道以惑聰明者悉加斥戮，而一意於聖賢之道可乎？四曰止齋醮以嚴對越。夫法筵鄙褻，有道者不談；上帝高居，豈道流可狎？前代禱祠之無益比比也。臣願於凡導焚修以崇妄誕者痛從屏斥，而竭精誠於郊祀可乎？五曰進君子以正士風。夫君子進則天下治，而廉静無求者，君子之節也。今當途竊威福之權，監司喜承迎之習，善鑽求者爲巧宦，崇恬退者爲迂庸，操權者以傲狠爲剛，言事者以妄誕爲直。噫！此風不熄，升平未可期也。臣願陛下抑豪横而獎恬静，斯士風正矣。六曰核邊防以遏狂胡。夫内治乖則外夷横，而兵食、將帥者，内治之本也。今營門多孱弱之夫，倉廩無經時之積。庸才當專閫之寄，而文法之制縛復嚴；債帥肆掊剋之奸，而貧士之膏脂日削。噫！邊防日弛，狂胡之擾所以日熾也。臣願陛下簡將帥而足兵糧，斯邊鄙安矣。七曰寬賦役以蘇民困。夫國以民而立，民以不竭其力而生。今催科繁急，撫恤不聞，且常賦之外，無名而征者不知其幾也。臣願自今擇循良之吏，蠲不急之征，使吏治民安，閭閻無愁嘆之聲，則人心和於下而天心應於上矣。八曰節浮費以裕國儲。夫制節謹度則財不害而民不傷，縱欲肆情則不節之嗟至矣。今離宫别館照耀層霄，道宇琳宫内外并建，工徒不息，遠邇騒然，木妖之禍可畏也。臣願自今停土木之工，止不經之賞，使費省用舒，國儲無匱乏之慮，則怨怒潛消而天和昭格矣。雖然，今日可言之事豈惟是哉？譬若大病之人，四支、百骸無非受患之所，而其本原要領之地則此八者是也。

夫匹夫結憤，六月飛霜；一婦含冤，三年大旱。矧今政事之乖違者若此其衆，則灾變之來誠非適然之數矣！陛下誠能幡然省悟，奮然改圖，將見天鑒不遠，灾可爲祥，雖雍熙太和之治無難致者。不此之求，而徒羽流勤禳祈之術，九卿條修省之文，臣恐爲之愈繁，失之愈遠矣。

狂瞽之言，伏惟陛下赦其愚而采納焉。臣不勝惓惓祈仰之至。

論地震疏

臣聞灾異洊至，天心仁愛之徵也；修德正事，人主應天之實也。自昔聖主遇灾而懼，即義而思，側勵不遑，立綱陳紀，故人事盡而天意回矣。夫地震之變，自古雖云，今一月之間至三見焉，變可謂大也。即天變而求事應，雖京房、劉向之誣，然天意昭垂，蓋未有無事而至者。因其象而求其類，畏其變而盡其憂，此蓋今日之不可緩者矣。夫地位乎下，陰道也，其類爲臣，爲民，爲夷狄。然至静而順者，地之常也。陰變則静失其常，斯動矣。故臣道之不肅、下民之不安、夷狄之騷擾者，皆其變之類也。恭惟聖明在御，海宇咸康，然而臣道之不肅、下民之不安者，猶未敢謂其盡無。若夫顯而易見，其患之大者，則莫過於夷狄之驕橫焉。夫中國之尊，猶天然；外夷之卑，地類也。來王率俾、貢琛款塞者，斯適其分之常也。今恣肆憑陵，深入侵噬，太原再擾，環慶屢驚，上谷、漁陽漸不可支矣，震動驛騷之象，是孰有大於此者乎？噫！象事知器，占事知來，古人貴不見是圖也，矧今昭昭在耳目者哉？

夫氣機感召，灾變固有自來；修政弭灾，圖回豈曰無術？故壯天朝之威以遏狂胡之横，臣以爲今日應灾之道莫有先於是者矣。而遏夷之道，其要有四焉：一曰守要害以嚴天險之防，二曰擇將帥以重推轂之選，三曰簡精銳以壯熊羆之師，四曰利器械以精刺擊之用。四者備矣，而又謹烽燧以約鄰援，精間牒以審敵情，整部伍以肅軍容，禁掊尅以伸國典，時犒賜以結士心，明紀律以警規避，戮欺蔽以求用情，公賞罰以服功罪，審如是，則威嚴之道盡矣。而且朝廷之上本原既正，則振廉恥以肅群工，寬賦役以蘇民困，而凡所以順治罔不修焉，將見天威遠播，狂胡可平，而宗祀奠磐石之安，永永不搖矣。弭災之實，又奚有過於是者哉？

臣狂瞽僭言，不勝戰慄恐懼之至。臣謹疏。

防邊議

帝王之御夷狄也，必先立久大之規，而後可以制不齊之變。規之不立，則我之自治者已疏；久大弗圖，則亦因仍苟且而已矣。故必遠覽遐思，長慮卻顧，俾凡立之我者皆非旦夕之謀，則豺狼之性雖變詐莫窮，而吾自治之嚴凜乎莫犯，固將應之而必克，制之而必勝矣。故曰"明王有道，守在四夷"，言夷不可以不防也。又曰"訏謨定命，遠猶辰告"，言議不可以不審也。防邊之議，誠今日切時之務、經國之良矣。

夫裔夷桀驁，隆古已然，歷代因仍，罕聞上策。惟我高皇汛蕩驅逐，廓清寰宇；成祖犁庭掃穴，漠北底寧。于是畫疆築塞，立華夏之防焉。二百年來，累洽重熙，邊防漸弛；而彼則休養生息，醜類實繁。且逋逃之引誘，間牒之潛通，故內地虛實、金帛牛羊，彼知之已悉；而我軍則弱者望風奔潰，強者依險結營，又彼之所以深憑陵而無忌憚者。噫！諸邊之壞極矣。然則今日欲復中國之威，式遏狂胡之橫，可易易言哉？

一得之愚，嘗稽往牒、察時宜，竊以爲有八事之可言焉。一曰慎節帥。夫爲政在人，百王要務。邊方重地，尤與中土異宜。事變起於須臾，機宜出於意外，矧運籌制勝，羽檄紛馳，兩敵決機，矢石交下，使非負非常之略，未有不顛錯而眩迷也。今諸邊之將得人固多，而菲才叨任、債帥濫充者未可謂盡無也。故必嚴推轂之選，精求豪杰任事之臣，立久任之規，以杜退避因仍之計，斯可矣。二曰重事權。夫舉措弗專，兵機斯紊；文法掣縛，志士莫伸。此魏尚所以受上功之罪，岳飛所以遭逗撓之誣也。今邊臣奏索動見齟齬，悍將橫僚罕遵約束，欲功之成也難矣。故必本兵之地推以同心，臺諫之司勿苛小過，瑣細喪失悉赦弗誅，臨敵大權悉從自便，斯可矣。三曰恤軍士。蓋國依於將，將依於兵，故投醪挾纊者成一匡之功，吮疽椎牛者著克敵之烈。今芻糧之給不時，役使之勞不息，睊睊胥讒，豈干城腹心之寄耶？要必時給予以安其心，豐犒賞以作其氣，生也無俯仰之憂，死也有賑恤之典，如此，士心有不得者乎？四曰嚴欺蔽。蓋功罪審則賞罰明，欺蔽行則紀綱紊。今活套彌縫，以虛作實；巧文規避，以敗爲功。或戎虜在門而曰驅除出境，或全軍覆沒而曰臨陣損傷，肆莫詰之欺，駕不根之詐。如是，而欲賞罰之當得乎？要必窮喪失之由，核報功之實，敗衄可原，欺蔽必戮，則賞不遺於遠，罰不阿於近，法令有不一者乎？五曰禁掊剋。夫兵者國之衛，食者兵之資，有兵必制之食矣。今待哺之士比比皆然，而軍伍之耗尤甚。夫食耗則宜兵衆，兵耗則宜食餘矣，二者皆耗，弊何由耶？蓋曠蕩之典時下於天家，而貪婪之豪屯膏於私室，司國計者爲出納之艱，掌兵符者肆頭會之斂，禁而止之，兵困有不蘇乎？六曰復屯鹽。夫飛輓芻糧，外裕邊鄙，興屯足食，內省轉輸，本國家之良法也。今計較析於秋毫，預納多於正額，則利微而商不至矣；屯地侵於勢府，屯丁役於私門，則籍在而弊莫稽矣。修而復之，邊食有不足乎？七曰聯土著。窮邊之地，千里蕭條，與豺狼爲鄰伍，以戰鬥爲嬉游，晝則荷戈而耕，夜則倚烽而覘，自非生於其域，習於其風，罕能狎其敵而寧其居也。今誠因其堡寨聯以什伍，稍維之以約束，弗爲文法之繩、簿書之擾，使人自爲兵，家自爲戰，凡奪敵所有悉以與之，則室家、墳墓固其效死之區，而親戚、比閭又無攘奪之患矣。八曰齊應援。夫析圭擔爵均爲王臣，列宇提封一皆王土，居常則聲援相資，臨敵則移兵策應，自其宜也，何至幸災樂敗，駕禍求安，一鎮被兵而四鄰閉境，一營抗敵而列壁旁觀，有甚於秦越之懷哉？今誠齊其心力，振去頹風，提疆相及者而守援相資，幸禍樂觀者而必誅罔赦，則利己病人之心息，而同舟共濟之功成矣。

雖然，流風積弊蠱壞已深，起廢振衰施功豈易？此八者特其略耳。若夫究廢興利害之源，舉細大精粗之務，亦惟慎節帥足以盡之矣。蓋節帥得人，則人存政舉，爲力匪難；端本澄源，成功自易矣。不是之思，而徒曰今日修某邊，明日擺某邊，噫！是誠厝火積薪之下，愚不知邊事所終也。

不加賦而國用足議

夫賦者，則壤成等入之有限者也；用者，時異歲殊出之不齊者也。以有限而應不齊，其勢必至於病國；以不齊而資有限，其流必至於屬民。民屬則國無所依以立，國病則民無所賴以生。噫！二弊興，國非其國矣！

昔先王之制用也，入則有式，出則有經，故上下之間恒足焉。我國家制賦，遠監百王，其取於民也，有折糧之徵、戶口之役，與夫鹽課、料稅之輸，歲計其入蓋二百四十餘萬也。及措之於用，則有藩封、文武之祿，邊防、戍守之費，儀章、宴享之具，其出僅百餘萬也。居常酬應固已過半之餘，緩急徵求，亦奚不足之患哉？承平既久，糜費匪輕，邊警頻仍，供億日浩，軍國之需，咸恤恤然稱匱乏。夫先王之財藏於民，後世之財藏於官。今以爲在民歟？則流離困苦，十室九空；以爲在官歟？則府藏僅存，邊儲懸磬。夫不藏於官也，猶必取諸民以盈之。今也不藏於官，不藏於民矣，則又將何所取耶？故賦不可加，用不可已，司國計者亦奚必以他求哉？

陸贄曰：「生物之豐歉在天，用物之多寡在人。不節，雖盈必竭；能節，雖虛必盈。」曾鞏曰：「有約于今而浮于舊者，有約于舊而浮于今者。浮者必求浮之自而杜之，約者必求約之由而從之。」噫！去浮存約，酌盈濟虛，豈非今日足用之要務哉？故汰冗剩之員，裁叨濫之食；止無益之作，滅不經之費；停土木之營，戒靡麗之飾；止逾越之求，省泛濫之賞；罷彌文之耗，嚴冒破之科：凡所以爲財之蠹者去之悉矣。而其本原之地，則在朝堂之上敦儉朴以示先，佐理之司尚白賁以安節，則有位著《羔羊》之化，黎民皆《蟋蟀》之風，入有式而出有經，賦不待加而用無不足矣。蓋尾閭之泄既止，則頭會之斂可無；當位之節既明，則豐大之亨可致。不是之思，而徒曰不加賦而國用足焉，不爲弘羊之欺誕，則爲安石之理財，其不肇亂亡之禍者鮮矣。

明資德大夫南京兵部尚書贈太子太保
紫岩劉公謚文安議

自昔帝王之御臣也，存以位叙其德，歿以謚易其名，斯二者所以顯賢立政，重惟均矣。然易名取類，必考其德而求稱焉，是豈特爲歿者觀美哉？將使生者以勸以懲，不專刑賞而命討之典永垂焉。故曰「尊名壹惠」，恥名之浮於行也，意其微哉？帝王既遠，制存而得其意者鮮矣。我國家損益古前，於茲特慎，大臣雖穹階赫柄，獲謚者僅十二三，蓋不惟其官，惟其人，無濫及焉。其謚之也，稽德程功，因人比義，酌庶言，出宸斷，無溢稱焉。夫施匪濫則及斯榮，稱匪溢則傳斯信，故觀渥惠徽名之所加，則其德業猷爲可識矣。

乃者留都大司馬紫岩劉公卒于家，所司具以聞，上惻然若曰：“是講筵耆舊，朕夙克知矣。諸恤典其毋薄，仍賜謚曰‘文安’。”夫“文”爲館閣儒碩之美稱，“安”非含弘雅静者弗獲也。二百年來，得是者率宿德名儒，并公而五耳。蓋實大名盛則禮優謚隆，是豈易易哉？

公鎮定温文，根於性術，沉潛砥礪，深造粹然。髫年，即神穎著稱。十九，魁于鄉。弱冠，賜及第，入詞林，司紀載。未幾，直講經幄，詞義劂切，音吐鏘聳，帝心恒感悦，論者稱爲講官第一。發爲文章，根極理要，豐潤典則，燁爲國華。然自視欿然，由束髮至白首，未嘗一日廢書不觀也。考文典教，衡鑒端明，摳衣入彀之英司帝制而秉國鈞後先相望，其列臺省、藩服者不啻百人。及貳秩宗，議廟儀，斟酌會通，粲然明備，上嘉納之。考核南僚，察輿情，略細過，不爲赫赫聲，雖被斥者無他語。參管樞鑰，與勛璫并事，黜私邪，遏豪猾，不徐不疲，動中機宜，故强宗革故，戎伍鼎新，然日周旋於一堂，聲色未始異也。初爲官允、翰學，率逾再考，後進有躐致公右者，處之恬然。乃新貴人執政，欲公附己，抗詞力謝，甘就閑曹，不爲屈焉。應世酬物，恂恂然不自炫。及臨大事，決大疑，奮往力前，必協諸義而後已。至若閨壼如賓，白首無媵侍，族黨敦愛，周恤有典常，是皆燁燁在人者。

按《謚法》，“敏而好學曰文，好和不争曰安”，斯名稱情哉！嗚呼！公是定於治朝，懿行獲乎美謚，有位者可以勸矣，而國制之善、聖澤之隆謂不于古有光耶？謹議。

擬張良招四皓書

良惟智者不違時而失義，仁者不潔己而後君，勇者不知難而畏避。君子修此三者，故勛績見當時，聲華流後世也。强秦肆暴，天下弃之，有識之士尤義不帝之者。公等鳳舉鴻冥，高蹈遠引，誠肥遁而貞者矣。《語》曰："智者無道隱，而有道見。"今主上奮自布衣，執言正義，滅秦誅項，天下歸心，大度寬仁，用人惟己。岩穴之士感風雲之會、思垂竹帛之勛者形附而景從，誠千載一時也。公等守舊深藏，過自引避，重負主上傾注之懷，豈有道則見之義耶？

夫前事之不忘，後事之師也。今太子仁孝性成，恭敬愛士。主上移愛趙王，頻欲易之，雖大臣強諫，無能回主上意者。夫太子，天下本也，本一搖而天下因之矣。昔獻公廢申生，而晉之亂也累世；周天王欲易太子，齊桓糾合諸侯，爲首止之盟，而太子之位乃定焉：故于今鑒晉之亂而稱齊侯之力者不衰。今計可以回主上意者，惟公等耳。公昔避主上良已過矣，今於太子可再避耶？誠翩然而來，左提右挈，則太子之德業彰而位分定，呂后、群臣之所以感公者豈其微哉？夫資聞譽之隆以開主上之蔽，智也；即來歸之重以明太子之賢，仁也；舍硜硜之信以成不世之功，勇也。是一舉而名實附矣，公其能忍而不爲耶？

且吾聞之，執小節者不能成大烈，終遠遁者不能樹榮名。伊尹之耕于有莘也，成湯之聘幣不顧之再矣，及其三使也，乃幡然而改，堯舜君民之業出焉。使執不仕之高，則亦終莘野之夫耳。太公之釣于渭也，年已八十矣，感文王後車之載，故佐武王奮鷹揚之勇，卒之牧野功成，營丘之祚與周室相爲終始焉。向以釣渭終，固人莫之知矣。此二公者，非不能執小節、終遠遁也，以爲功名不立非智也，絕人自靖非仁也，退避求安非勇也，故審出處之辨以成終身之名，致君臣之義以立累世之功，故業與日月爭光，名與天壤相敝也。公等其圖之！

擬韓信諭燕書

信聞之，明天下之義者而後有所立，審強弱之辨者而後知所從，得臣事之宜者而後無所背，明乎此，故身安而國家可保也。信不佞，足下試垂聽焉。夫秦爲無道，天下苦之。漢王應運而興，不階尺土，仗大義以入關，除苛法，封府庫，貨財無所取，百姓無所犯，誠三代時雨之師矣。項氏負約，王之漢中。漢王含弘順受，甘處險惡，非其力之不足爭也，蓋曰樂與天下共休息耳。項氏復肆爲不道，放弒義帝。漢王傷之，親爲發喪，兵皆縞素，悉發關中兵，收三河士，諸侯之兵四面而至，蜀漢之粟方船而下，以討楚之弒義帝者。今已破彭城之都，據敖倉之食，塞成皋之險，守白馬之津，杜太行之厄，距蜚狐之口，天下之事可坐而策矣。而漢王過聽，舉信於賓客之中，立之於群臣之上。復命信出巴中，下南鄭，定三秦，移檄魏王。魏王不聽，於是涉西河之外，搗安邑之墟，王豹成禽，魏都不守。乃絕上黨，下井陘，大破趙兵二十萬，虜王歇，斬成安君於泜水上。噫！意者黃帝之兵不是過矣。此豈信之能哉？漢王之教，天之福也。今信率漢之兵，兼趙之衆，度滹沱，臨易水，輕車連軌，驍騎齊驅，不五日而距燕之都矣。兵出而相當，不十日，而戰勝存亡之機決矣。夫燕固天下之弱國也，無秦之强，無項之暴，無井陘之固，無龍門之險，而欲與全漢抗衡，計亦危矣。且趙者，燕之蔽也。趙亡則蔽撤，不待智者而知其後矣。故先介馳書，而欲白之於足下也。

語曰：“天之所與，人莫能逆。”《易》曰：“不寧方來，後夫凶。”漢王爲天之所與明矣，足下能甘爲後夫耶？足下誠臣服漢王，燕國社稷可得而保也；不臣服漢王，危亡可立而待也。夫所貴乎明智者，外料敵國之廢興，內察己勢之強弱，不俟兩軍相當而勝敗之機已決於胸中矣。夫豈暗於大義，掩於人言，而冥冥於從違臣事之宜哉？信願足下懲三秦之轍，監趙魏之亡，熟計而早圖之也。

與友人論文書

使至，承翰札。諭中稍及文事，愚也學而未能，竊有志焉，欲一披露久矣。茲因言及，願以就正。

夫言之無文，行之不遠，故曰"文章與時高下"，又曰"六經無文法，三代無文人"。夫黃唐虞夏，光岳氣完，毓秀鍾靈。聖人繼出，理道之懿夙根厥中，故其闡詞吐論，錫訓敷言，而由衷之德音爲心聲之宣布，雖不期於文也，而爲天下至文焉。今觀墳典所存、六籍所紀，何者非自然之文乎？猶之高明上覆，天樞運矣，故其發也，爲日月之照臨，爲風霆之鼓舞，爲星紀之昭垂，爲雲物之班布，何者非天之文乎？然天無意於文也。博厚下載，地維立矣，故其發也，爲山陵之聳伏，爲川原之紆衍，爲波濤之瀠迴，爲潮汐之消息，何者非地之文乎？然地亦無意於文也。噫！知天地之文，則知聖人之文矣。

去聖既遠，文教遂微，丘明、《國策》失之誣，莊、列、宋、屈失之誕。炎漢初興，風淳俗朴，故西京之作簡明質古，可望典謨。嗣後建安之體興，江左之風盛，纖華綺麗競巧爭奇，月露風雲隨聲逐韵，世教蕩然，文風靡矣。元和啓運，韓愈肇興，雖曰起八代之衰，振一王之法，然視西京已未及矣，矧足語於三代之隆乎？宋室開基，雖值文治之盛，極理學之純，然體裁弗振，音響日微，文氣索然，殆同國勢。雖東萊兩漢之求，西山正宗之選，思欲有以振之，然亦未能也。降及胡元，無足云者。

我昭代初興，重闢渾淪，廓清區宇，太和盛治，玄古同風，故當時之文簡朴渾成，與時并美，猶之太羹、玄酒，雖無釀郁之馨，而真意獨全。宣、成以來，文隨世盛。及嘉靖之初，至聖握圖，人文炳蔚，彬彬稱三代矣。然數歲以來，後生流輩競逐新奇，不論殷周，竟求《丘》《索》。然神解未超，殆同耳食；枝葉雖茂，本實已傾。率竊六代之緒餘，文以《莊》《騷》之艱澀，擬玄風之遐邈，返墜于末習之纖華。甚者聱牙窒舌以爲奇，學步模形以爲古，叫號怒噭以爲雄。噫！本之則無而趨日以敝，是豈所以爲文哉？

愚以爲，文者載道之器也。言文而不本諸道，亦爲輪轅飾而人弗庸矣，矧文且敝乎？要必本之於精神、心術之微，發而爲道德、性命之奧，則之謨訓以正其趨，參之秦漢以廣其趣，而又博觀於子長、韓、柳之間，則道具於心，文根乎道，而諸家之識，吾亦有以曲暢而旁通矣。是之謂心聲宣著，而爲有本之論、自然之文也，則夫累代之敝固勿問之，而邇來之習庶幾少正矣。聖主考文之治，詎無少補乎？

區區一得，未敢謂然，輒私布於左右。心見難同，毋惜往復。幸甚。

辭修郡志與別駕鄭三橋書

向蒙台諭，云理庵公祖欲取郡志修正，此嘉惠部氓，甚盛舉也。側聞猥以見屬，即具白不敢當矣。昨頤齋舍親復述雅意，厶感知荷德，鏤刻曷勝？及返而思之，仄悚匪寧，竟夕不寐。蓋一方文獻，繫豈細微？必得一時名筆，方可以垂不朽。厶齒髮衰殘，學殖荒廢，精力短弱，識鑒昏耗，自知萬萬不能勝此付托。乃蹇公祖愛念之過，遂不以其爲不能耳。且敝邦民物浩繁，賢豪森立，酸鹹異尚，憎愛異情，豈能悉當其心哉？且各親其親，各長其長，必篇什盡附於山川，親姻盡列於人物，是非取舍各徇其情，微顯抑揚不謬其旨，方可免忌謗之一二耳，此豈所能爲者哉？一或殊科，弱者必發於聲，强者必播其惡矣。

昔在癸丑，榆次又泉閣公承臺省公祖之命，修晉通志，士夫疏札請囑日盈几案，闐門索報者紛然莫已。後裁答不遑，稍從厭謝，即怨惡交騰，至生他議，遂起禍端，乃逡巡退避，竟不敢具草。至甲子歲，學使際岩周公乃集諸校師編列，躬爲裁正，始克成書。

夫前事之不忘，後事之師也。厶不及閻公，奚啻十倍？而敢爲閻公之所不敢爲者哉？天日昭垂，鄙衷真切，非敢飾詐要名。敬祈臺下於太公祖處委曲道達，倬得改屬鉅公顯者，則名德足以服群心，威望足以鎮多口，速成不刊之典，永爲晉鄙之光矣。若厶則萬萬不敢當也。草率冒干，罪狀無任，伏惟鑒原。諸容躬謝，不盡。

《瑶池西望圖》求文小啓

家母鄭姓，爲閩世族。先編修以輸邊旅閩久，前母賀孺人歿，母歸繼焉。育不肖，尚弱齡，先編修見背。家母撫視訓誨，不啻嚴師，辛苦備嘗，有人所不堪者。嘉靖壬子，厶以翰林考績，蒙恩封太孺人。今年六十有三，秋八月三日爲壽辰。厶屬張路氏作《瑶池西望圖》，爲期頤祝，敢祈大筆俯賜序言，不勝榮幸，榮幸！

《書院圖》求文小啓

姑射山在敝郡之西稍南，一舍而近，平水出焉，沸發奔流，匯爲巨池，分十二渠，溉田數百頃。泉甘而土肥，竹樹茂密，居民鮮少，絶無車馬喧囂之聲。山之陰有洞深窅，仙蜕儼然，然鳥道孤懸，好奇者間一至之。每思結廬其下，讀書譚道以自適，暇則探奇陟峻，臨水濯纓，以收山川之勝；然方縻簪紱，未能也。自入洛，念之愈切，乃屬平山張子繪爲圖，時一展省，恍若脱紅塵，依林樾，灑然於清泉白石之間也。又竊自思，安得大雅宗工駿發雄文，爲我泄山川之秘，寫胸臆之私乎？

恭惟明公斗望壁文龍雷天下，大篇秀句照耀古前。伏祈俯惠片言，俾琰琬光垂，子孫珍襲，不勝幸甚，幸甚！

義命説

天下有至微之理，有至著之道。至微者命也，至著者義也。義惟其著也，故不可須臾離焉。命惟其微也，則杳冥昏默，有不可以《易》窮者矣。故聖人之教，惟欲人致力於其所當爲，而不使馳心於其所難必。嘗觀仲尼之道，無行不與矣，而罕言命焉，而天道不可得聞焉。至於義之訓則亹亹不窮矣，故曰"無適也，無莫也，義之與比"，又曰"不義而富且貴，於我如浮雲"，仲尼豈後倦乎微言而先傅乎近《易》者哉？

今夫天下之名物若是其浩繁也，事變若是其紛錯也，而莫不有當然不易之宜焉，是之謂義也。義在是，而命亦在是矣。吾誠真知而固守之，則富貴不淫也，貧賤不移也，威武不屈也，義立而命隨之矣。苟或諉於命焉，則人事修爲皆可坐廢，縱欲自肆，靡知紀極矣。矧窮通得失搖於中，生死安危怵於外，而義先失矣，其亦如命何哉？故孔子寧衛卿之不得，而不主子瑕；孟子雖魯侯之不遇，而不尤臧氏。堯之天下可受，舜雖奮於側微不顧也；周之粟不可食，夷齊雖西山之餓不顧也。是數聖賢者，豈其性與人殊哉？蓋真見夫義之當盡，而於命無容心焉。惟以義而定命，故義盡而命立矣。是精義而至命者聖人之事也，循義以俟命者君子之學也，下此則諉於命而悖於義矣。噫！諉於命而悖於義者，奚爲而不謬哉？

稼説擬

夫力稼以冀有秋者，農夫之事也；懋學以俟有成者，君子之道也。是二者迹類而情殊，事若同而中則不容以不異者也。何也？稼者種之美而力之者，謀食計耳，故擇地而施之，乘時而播之，及熟而斂之，則含滋吐秀而遂其適口之求者宜也，利乎外者也。若夫君子之學則異於是矣，蓋學以謀道，豫乎內也；爲己是求，道斯致矣。使方其修功之始，而即乘之以適用之思，則爲人而學，內馳而外荒矣。故曰：“不耕穫，不菑畬，則利有攸往。”夫不耕不菑，非無爲也，爲其所當爲，無心於爲也；不穫不畬，非無獲也，安其所自至，無心於穫也。噫！斯之謂君子之學也。

　　是故道也者，君子之稼也。體仁以爲種，立禮以耕之，集義以耘之，履信以耨之，守真以終之，凡其所以乾乾而不息者，猶夫農也。然其心則曰爲之自我者當如是也，無所爲而爲以自成耳。至舉而措之於天下焉，則時之所遭於道無加損也。君子詎容憧憧於往來，而若農夫之閔閔於望稼也哉？噫！是亦毫釐千里之分、爲己爲人之辨，蘇氏蓋急於奬進乎人而未之及者也。

師說解

　　愚讀《韓子》，至《師說》，未嘗不廢書而喟然也，蓋傷其時，予其志，而病其言云。

　　伊尹曰：“天之生斯民也，使先知覺後知，使先覺覺後覺。”是師之作也，天以佑民也。故剛柔善惡之至于中也，知愚賢不肖之協于極也，莫不於師焉賴也。有志於道者，莫先於求師。能自得師，斯可以弗畔矣。何當時之不然也？咨驕封閉，而顧較相若於其年，語崇卑於其位，而卒恥事於師。師之不復，道奚由進耶？吾故曰傷其時。

　　夫時莫予宗，使少形人己之分者，則必曰：“我能是，是亦足矣，人之能否無預也；我知是，是亦足矣，人之知否無預也。”而愈之志不然也。蓋以善者天下之公理，我能是而人不能，我知是而人不知，吾病也。故奮不顧流俗，犯笑侮，收召後學，作

《師說》，因抗顏而爲師，殆庶幾乎己立立人，己達達人，以天下爲度者矣，吾故曰予其志。

孟子曰："人之患在好爲人師。"《易》曰："匪我求童蒙，童蒙求我。"孔子亦曰："自行束修以上，吾未嘗無誨焉。"又曰："不憤不啓，不悱不發。"夫聖人之心豈不欲天下同歸於善哉？而必待束修舉而後教施，憤悱至而後啓發者，何耶？蓋誠有見夫師道之不可以或輕，施教之不可以或枉故耳。而愈乃怒號騰說，惟恐人之不己師焉，至謂師不必賢於弟子，弟子不必不如師。噫！亦異於孔子矣。夫道積厥躬，人資於己，不得已而應之者，師之宜也。汲汲於爲人師，師道何由而立耶？且古昔之所以爲師者，吾聞之矣，本之以道德性命之微焉，修之爲格致誠正之學焉，措之爲齊治均平之用焉。其弟子之師之也，主之以純一未發之誠焉，先之以紹介通名之度焉，終之以服勤就養之勞焉。蓋其資之也遠，故其師之也隆；師之也隆，故其成之也大。其窮也則繼千聖之絕學，其達也則囿天下於文明矣。噫！此古昔聖賢作之師者之明徵也。愈不是之求，而乃急於自衒焉，師道已先廢矣。師道廢，其奚能淑耶？矧其所謂師者，不過詞章文藝之末耳，恐亦非所以爲師也。

善夫記曰："師道立，然後人知敬學。人知敬學，然後善人多。善人多，然後朝廷正而天下治。"噫！惜乎當時無以是說而規愈者。

義利辨

天下之道二，義與利而已矣。毫釐千里，其究甚相懸也。出此入彼，而其幾則甚可畏也。幾之弗辨，義利之途混而聖學荒矣。辨之維何？亦曰於其心耳。蓋天下之事，求於迹則紛見叠出，未易究其歸宿之途；求於心則原始要終，自有以燭其精微之蘊。故曰舜、跖之分，利、善之間也。夫舜大聖人，精義之盡也，跖則大盜，逐利之尤也，而其所以分，乃在利、善之間焉。噫！是可以見辨義之學之當求於心矣。蓋成心净盡，則天理流行；有我一萌，即私邪暗塞。是故其明乎善也，則曰“吾性分之所固有也”；其誠乎身也，則曰“吾職分之所當爲也”。凡其遜志而時敏，亹勉於厥修者，皆以爲之自我者當如是耳。必若此，斯可謂之義也。苟有一毫失得之恤、後獲之思焉，是即利矣，豈必有爲而爲而後爲利哉？故舜之盡事親之道也，共爲子職而已矣，故爲天下大孝焉。使容心於厎豫而允若，則即涉於私矣。伯夷之不食周粟也，求適於心而已矣，故爲百世之師焉。使曰“吾將以廉頑而立懦”，則即入於利矣。噫！義利之際其嚴矣哉。

今即途之人而叩焉，孰不曰“義者天理之公也，利者人欲之私也”，辨之若甚悉矣。然究其行焉，則未始不以利爲義也。豈惟夫人，雖賢者亦或昏焉，良由析理之未精、信道之不篤耳。夫不精者其見滯，不篤者其守移，滯與移而可與存義者幾希矣。噫！此精義入神，所以爲聖學之極功歟！

朱陸同異辨

孟子曰：“夫道一而已矣。”《易·大傳》曰：“天下同歸而殊途，一致而百慮。”蓋道之大原出於天，自昔聖人所以繼天而立極者，無不同也。道無不同，則學夫道者亦宜無不同矣。然智仁異禀，健順異能，則其所以爲學者自有不能同者矣。所入之途雖異，所造之域則同，其有得於道均也。少或泥焉，則非矣。故曰“君子以同而異”，明乎此，斯可以辨朱、陸之學矣。

朱、陸之學均之學聖人者也。學聖人亦既得之矣，則其始之異也，乃所以致其終之同也，孰而議之，夫奚可哉？昔七十子皆躬業於孔子者也，子夏篤信聖人，曾子反求諸己，二子之學亦異矣，然其歸則皆弗背於孔子之道者也。矧朱、陸二先生倡明道學於時君厲禁之年，遜志潛修，師心奮往，又焉能以必同哉？方其始會於鵝湖也，無極、太極之辨，支離、禪定之譏，誠冰炭之相反矣，然皆早年未定之見也。至其中，若白鹿義利之講，伯恭、子壽之文，其疑信者尚相半也。迨其終，則書問之交，修友朋之議論，蓋有不約而自同者矣。是其始也非立異也，所入之途異也；其終也非苟同也，所造之域同也。蓋象山之質高明，故以尊德性爲主；晦庵之資篤實，故以道學問爲先：然其兼體而不遺、交修而并進者固未始異也。此其所以均得道真而卓乎莫及也。支離、禪定之非，乃其門人之流弊耳，豈二先生之學然哉？

若其造詣淺深之異，則又有不可强而同者矣。晦庵義理玄微，旁通曲暢，且取善之公、宅心之廣，即其見於與陸學之始終，亦足以集諸儒之大成，純乎不可尚矣。而象山之蚤世，所養固以未醇，無極之疑則又其體認之偏所致也。是非優劣之分，誠有俟千聖而不惑者。而近世顧有師陸詆朱，自立門戶，掇拾煩冗，著爲簡篇，以售其陽是陰非之計者，其於晦庵固失矣，於象山亦奚有得哉？噫！二先生之學固自在也，何加損耶？是亦毫釐千里之分，不可不辨者。

原性復性定性同異

孔子之係《易》曰："一陰一陽之謂道，繼之者善也，成之者性也。"他日又曰："性相近也，習相遠也。惟上知與下愚不移。"噫！至矣哉，天下之言性者盡於此矣。夫道之大原出於天，性者，天之命也。無極之真、二五之精妙合而凝，蓋曰天之所以爲天也。人受天地之中以生者也，其健順也，即其陰陽也；其五常也，即其五緯也。理主乎氣，氣載乎理，氣充乎質而理具於心，是之謂性也。天至善，人之性亦至善，故曰天人一也。有不善者，豈其初哉？蓋陰陽迭運者，其原也；繼善成性者，其立也。"相遠"、"不移"，是豈其性之罪哉？故子思溯其原也，而曰"天命之謂性焉"，孟子舉其立也，而曰"性無不善焉"，旨同而文異，言殊而致一者也。

自孔子没而微言絶，陋儒作而大義乖，迷性命之真，攻佛老之教者比比矣。昌黎氏、李翱氏思以易之也，故《原性》曰："性之品有三，上焉者善而已矣，中焉者可導而上下者也，下焉者惡而已矣。"夫性者，萬物之一原，"天下之動，貞夫一"耳，而上下而惡焉，雜夫性者也，非其本體也。《復性》曰："人之所以爲聖者性也，所以惑性者情也。情不作，性斯充矣。"夫性立天下之有，情效天下之動，故曰"乃若其情，則可以爲善矣，乃所謂善也"，"發皆中節"，"天下之達道"也。情可去耶？二子之論皆非也。

天開有宋，真儒乃興，程伯子玩心高明，獨契道體，接孔門之正脉者也。故其告子厚之定性也，曰："所謂定者，動亦定，静亦定，無將迎，無内外。"又曰："天地之常，以其心普萬物而無心；聖人之常，以其情順萬事而無情。故君子之學，莫若廓然而大公、物來而順應。"噫！是真有以得性情之正而契孔氏之遺矣。夫將迎、内外之皆無，則虛明純一而寂然不動之體以立；順萬事而無情，則因物賦物而感而遂通之用以行。是其蘊諸内也，無所偏倚而中焉，性主乎情而弗雜於情，所謂"可導而上下"而惡焉無之也；發諸外也，一皆中節而和焉，情見乎性而非賊乎性，所謂"所以惑性者"無之也。二氏之非蓋不俟論説而較然矣。

夫昌黎因文見道，故有以識乎情之發，而於性之本則未也習之，刻意詞章，故僅聞乎性之名，而於情之實則昧也。措詞立論，雖稍有優劣之殊，而較諸明道有德之言自爾懸絕矣。夫天下之理無異道，天下之人無異性，性道明則己性盡，己性盡則開塞偏正，人物之性未有不能盡者也。己也，人也，物也，莫不盡其性，則天地之化成矣。

諸葛管樂優劣評

昔孔明高臥隆中，長吟《梁甫》，每以管、樂自比，時人莫之許也。噫！豈惟時人，後世寡聞之士、習見之臣執而議之者亦屢矣。莫不曰管仲相桓公，九合諸侯，一匡天下，孔子亟稱"如其仁"；樂毅受昭王之任，連趙魏，驅銳兵，復深讎，滅伯國，遂顯天下；二子之功偉矣，孔明祁山六出，而成功竟落落焉。噫！是曷知夫君子之論人也，原其心不滯其迹，正其義不計其功者哉？

夫孔明之恬淡以明志，寧靜以致遠，其所養固已純矣。躬耕南陽，以待天下之清，魏、吳不屈，必俟帝室之胄三顧既勤，幡然來應，仗大義而篡逆之罪明，撫巴蜀而炎爐之傳永。是其窮也有所養，達也有所施，處也有所擇，出也有所為，則雖奔走鬱抑而迹有或淹、志決身殲而功未克立者天也，非人也。二子之所養固未有聞。若其忘君事讎則大本已虧，挾周強齊則詐力是尚，管氏之烈卑矣。樂毅之君亡奔趙，托孤之節既非；居趙通燕，不二之誠又失。噫！二子之心之義，其視孔明何如哉？愚嘗為之言曰："孔明以王佐之心而明萬世君臣之義，管、樂以一時之烈而紊萬世君臣之防。"

讀《文章正宗》書事

語曰"六經無文法，三代無文人"，又曰"文章與時高下"，誠然哉！夫陶唐虞夏，宇宙氣完，毓秀鍾靈，三五大聖出焉，闡詞吐論，雖無意於文也，而古雅簡奧，天下至文焉，今稽六籍所載是已。周末文敝，莊列騁虛。魏晉以降，纖華競麗。宋稍黜浮，體裁弗振，文敝極矣。西山斯集思以正之也，故搜羅古昔，鑒別妍媸，審邪正之歸，昭廢興之故，標題序目，取則聖經，去取折衷，悉稽理致。今觀其詞令之文莊而典，議論之文闊而正，序事之文瞻而則，歌詩之文肆而中，咸根諸理道，不詭於聖人，上下數千百年間，西山之心亦勤矣。其操心也切，其效力也精，豈徒錄成籍、炫著述者所可同哉？學者讀其書而得其心焉，文其可興乎！

雖然，文者道之枝葉，道者文之本根。徒事於文而不知乎道，終亦買櫝、亡羊之見耳。故必因文而求乎道，得道而忘乎文，斯則善學文者也。朝家以之訓士，其意謂不在茲乎？

《周公吐握圖》贊

維昔周公，思成先德。輔相成王，克艱厥職。夙夜乾乾，求賢是亟。恒念訛訛，疇能我即？不有仁賢，其奚能國？人罔弃予，維予之則。奔走致迎，奈何不力？一飯三吐，敢曰安食？一沐三握，敢曰宴息？憲言致恭，威儀抑抑。道立政成，厥勛丕植。誰寫此圖，聖心遠得。再拜肅瞻，恍見顏色。噫嘻至人，恢廓莫測。元聖德優，人臣位極。矧於天王，骨肉羽翼。相業皇猷，高明允克。尚急親賢，恐違頃刻。聖不自聖，于斯超特。萬世元臣，宜圖是式。

榮河令雷天泉遺愛碑銘

榮河，古絺地，夏少康邑也。地瘠且隘，厥賦額三萬而餘，民終歲力稼穡，甫僅僅給。嘉靖中，年屢不登。乙卯，地大震，人民流徙，覆壓者莫可殫紀。負租稅至溢於額，歲積月增，邑因以憊。適關塞備胡，司計者以乏軍興虞，催科紛沓，簿責趣辦，期會峻迫。長吏懷綏來，謂未易爲理，輒束民若濕薪，甚則頭會遺民相株連，令代輸逃亡租。復懼其亡也，悉逮繫圜牆及諸非所，無休已時，庾死者相枕籍。由是細民潛伏山谷，視城邑若罟阱，莫敢闖。故租賦益不入，邑政愈不理，令長坐擊去者四三人。

　　隆慶戊辰夏，上蔡雷侯以司寇郎謫令於兹。至則咨詢耆耇，下逮蒭蕘，探索隱微，求民病利。閱旬日，喟然曰：“起弊自有要，錮民胡爲哉？”乃首黜不經之征，汰濫及之役，禁察非法，簡除煩苛，盡召諸繫頌者至於庭，令之曰：“毋匿賦，毋飛灑，毋詭名，各輸爾惟正之供，予弗連坐汝代輸也。”復令之曰：“人有逃亡，田豈盡蕪廢哉？今直治其地者輸其租，予不追議既往也。汝能若吾言乎？”衆稽首曰：“允若此，吾民幸甚！”遂與爲約期，盡釋之。復稽舊籍，均徭賦，酌徵輸，塞奸蠹，取無良一二置之法以示懲。百姓欣欣然曰：“吾今乃胥匡以生矣。”

　　邑之故習，令將至，佐史發斂，盛供張、帷帳、食飲。又責市區益備諸器用，百需咸具，既至，列置署中，爲令固有。侯顰蹙曰：“吾起家寒素，是非所寢處也。”盡却以畀其人。邑之故習，令出疆，里魁科重資，帥群役以從云，爲束脩之饋、厨傳之供也。侯曰：“吾素寡交際，甘蔬糲，惡用是爲哉？”竟裹糧單騎行。自民之畏入城邑也，望見吏卒持檄至，胥避匿恐不深。邑即以拒捕論，驅市人持挺刃環其居，若圍大敵然。侯有徵集，但手書片楮付鄉正，無不如期至者。自是邑居者樂其業，村居者安其耕，比徵賦，車牛負載，繩屬不絶，課更以最聞。又爲之正灘稅以省公輸，議退馬以備賑貸，揚節婦以厲女貞，時考校以作髦士，表先正之里，創養士之田，政舉紀綱，事從條貫，四民孚洽，百里改觀，轉徙來歸，欺誣屏息，咸熙熙愛戴如赤子之得慈親也。邑以大治稱於河東，部使者交以侯治行薦於朝。明年秋，天子擢侯知忻州。時秋防孔棘，特簡材賢往固邊圍云。榮士若民皇皇然聯牒乞留於憲臣，弗能得，乃謀琢貞珉以紀盛美，而庠士某、耆民某等不遠數百里來謁予文。

予昔視學中州，校侯文，大奇之，拔冠諸生。復得師帥録上行履端謹狀，心雅重焉。頃侯蒞榮，屢聞政善民宜，每竊爲慶。及聆士若民所云，愈慶予信之不失也，然以病未能即有言。今年秋，侯去邑已逾四年矣，士若民之踵予門者不啻十數往返也。夫勢分既移則情非求悅，歲月既久則輿論愈真，是可以見侯得民之深，可以見邑民思侯之切，又可以見邑士尚民風之厚且淳矣。彼疾視其民，使民畏若豺虎鬼神，不可嚮邇，而顧謂俗梗莫可理者，謬非甚歟？

侯名大壯，字欽履，舉嘉靖壬戌進士，今以司馬大夫制居，其德業方日進未可涯云。銘曰：

榮光河溢，地夙稱靈。朴魯質約，厥俗懷刑。灾沴薦被，坤厚拂經。流離殄瘁，民用匪寧。田卒污萊，其何能足？維彼褊心，督租荼毒。株及顛連，于岸于獄。玉石誰分，淪胥以鋪。民視我讎，惴惴恐即。帝命雷侯，與民休息。言念孑遺，痛心動色。鞠育撫摩，回生起仆。侯始來榮，民困蹙額。蠲滌煩苛，頌聲四達。侯始來榮，弦歌稀闊。興學講藝，譽髦卓越。民有恒賦，徵發惟時。民有逋滯，酌損與宜。獄市不撓，俾緣南畝。曰我師保，曰我父母。引養引恬，奠厥攸處。執熱以濯，若旱時雨。英聲嘉績，薦牘交揚。民親平易，紹漢循良。豈弟君子，邦家之光。天子需賢，擢守冀方。爲國長城，固我西鄙。榮民徬徨，如奪怙恃。云侯昔至，民始樂生。侯今於邁，疇恤瘝煢？維古愛賢，憩棠勿剪。襄漢懷羊，望碑在峴。侯心惠乎，先民并美。遺澤如新，追慕曷已？懿德攸好，民秉之彝。礱石刻詞，永世之思。

擬連珠

蓋聞鵬化圖南，必資健翮；神龍上下，尤俟蒸雲。是以在田化普，式當中正之時；一德格天，實藉阿衡之任。

蓋聞蹇駑下乘，不騁千里之塗；燕雀弱翎，不奮鯨波之翼。是以明堂梁棟，必大木斯隆；清廟珪璋，以美玉為寶。

蓋聞天運不窮，故鴻鈞順布；川流不息，乃直注滄溟。是以傅說啓心，欲終始典于學；成王懋敬，日緝熙于光明。

蓋聞良馬不調，千里之途莫騁；璞玉不琢，珪璋之用斯亡。是以罔念作狂，乃日流污下；有教無類，則聖賢同歸。

題《螺江西嘯卷》後

是卷為吾郡故翰撰王先生北上時諸文學贈言也。先生應洪武癸酉歲薦，入辟雍，遂舉京闈鄉試。歷校官、邑令，聲稱蔚然。徵修高廟實錄成，擢館職。坐忤直罷歸，閱若干年而歿，是卷遂流落他氏。先生五世孫水部君懋行力購復之，間以相示，且命識于後。

夫文獻之徵，古人所尚，矧先生海內聞儒。今觀卷中所稱述，可得其大都。然胥規胥飭，不徒頌焉，友朋相與之情令人想見，而先生所樹立無負初期。噫！是豈特為子若孫者所當寶哉？水部君再捷高第，文行名一時，象賢嗣守，此亦見其一矣。然考是年，我高帝開科甫三四，教法方詳，貢典特慎，乃博士諸生風流文采類彬彬可觀，時蓋未始以黌校為利達途也。頃科目勢偏，薄貢為常調，然求士如當時，殆未多見矣。憂世者可無亟反之耶？

葉母還金跋

　　余讀《還金傳》而重有所感也。語曰："能行之者未必能言，能言之者未必能行。"又曰："利令智昏。"夫葉母户庭不出，諒未有於言也。而見子遺金之得，若將浼己，必委曲以歸其人。彼其忠實心誠，故非義若浼也。世之人啓口尼興，高自標許者何限也，及其臨刀錐之利，則黷貨徇財，有甚於白晝之攫者，雖冒時議、干憲典，若罔聞知。噫！彼其平時儻以婦人擬之，其不艴然怒、勃然變乎色者鮮矣。夷考其行，則視還金者何如耶？嗚呼！觀是者可以興矣。

慎修堂集卷之十六

志　銘

明資善大夫禮部尚書兼翰林學士贈太子少保謚文莊南野歐陽公墓志銘代作

　　嘉靖壬子春，上虛禮卿位，特召泰和歐陽公于憂居，仍聽終制。公辭不獲，冬初至朝，詔兼翰林學士，入内直，同勛輔元寮贊密謀，皆殊典也。公耆德宿望，天下方喁喁期以治平。自慶遭逢，亦慨然任天下之重，乃甲寅三月二十三日卒于官。上震悼不能已，贈太子少保，謚文莊，命官護喪營域，録一弟爲國子生。聖皇眷德之隆，賢臣始終之遇，誠曠視千古矣。然天不憖[一]遺，典刑山斗，所繫豈其微哉？

　　公諱德，崇一字。南野先生，學者稱之也。曾祖溙，祖時勉，考庸，世有隱德。祖、考皆以公貴，贈吏部左侍郎兼翰林學士。母蕭氏，封太淑人。公初娠，父母各感異夢。幼神穎不群，讀書數行俱下。九歲，以奇童稱，邑尹延見，進退如成人。十三，爲弟子員，北地李公試，大奇之，名動三楚。二十一，舉于鄉。聞陽明先師講學虔臺，弃所業往從。再值春試，皆不赴，力踐精思，食貧自樂，有人甚不堪者。癸未，舉進士，與同年更僕共馬，講習舊聞，酒食徵逐不與也。授知六安州，至則興教化，省追呼，絶境外之交，導原泉之利。歲大饑疫，捐俸倡賑，設糜煮藥，全活數萬人。憲臣行部至，過境不入，曰：“有賢守在。”丁亥，擢刑部員外郎。會輔臣薦公文行茂異，特改翰林編修。閉門誦讀，不隨衆謁候。預重修《會典》，編摩獨核。郊祀議起，倡者引公爲助，堅不可，仍疏請憲章祖制，斟酌成周，庶費省民安，禮意不悖。壬辰，擢南京國子司業，日進諸生於館下，誨以心身、道德之要，聞風至者學舍不能容，復闢齋宇。周貧病，均勞逸，恩義藹然。時當事者不相悅，乃遷南尚寶卿。三載，遷太僕少卿，又改南鴻臚卿，值外艱歸。

　　服既除，太淑人逾八袠，依依不復出。暇則約予及東廓、念庵諸君子周旋青原梅陂之上，相與求未發之真知，究先師之遺旨，欣欣若將終身焉。丙午，以薦起，仍舊任。丁未，晉南太常卿。尋召入，掌國子祭酒事，遂擢禮部左侍郎。寅清夙夜，簡在上心。己酉，改吏部，兼翰學，掌詹事事，復命教庶吉士于翰林。公曰：“是國家大用需也，詎文藝已哉？”試課暇，輒聚一堂，考天人之際，探理亂之原，講經綸之略，發疑擊蔀，洋洋如也。庚戌，主會試，黜浮崇雅，得人爲多。是夏，太淑人卒，公陳情上請，特錫祭葬，并祭侍郎公。正位春曹，值二王簡婚、康妃薨逝，皆禮難沿襲，酌今稽古，曲盡情文，上嘉納焉。宗人既衍，逾僭日聞，廢處高墻，供輸浸困，監閹且所至橫擾，公深患之。會靖江中尉某當坐，公請即所在闢閑宇，略仿高墻制居焉。秦邸中尉女請封，公稽祖訓，本無封名，乃疏謂：“親盡則恩當殺，女歸則養有資。請定稱曰‘宗女’，差給婚資，婿聽自便。”制皆報可，公私善之。又寢崇陽之封，息弋陽之訟，酌庶人之糧，其大如是，細可略也。倭夷初擾，公即議一大創治。或請命朝鮮移責其酋者，公力止，曰：“損威招釁，是可爲耶？”嘗承遣監孝烈皇后喪禮于陵所，又代祀文廟者一，永明文華，代拜宮廟祈報蓋屢屢焉。溫綸下錫，至曰“大宗伯”，或稱“秩宗”而不名。臥病初聞，即命中官賜醫問。公力疾草謝，泣曰：“主上待臣以殊禮，奚能上報耶？”閱數日，遂不起，距生弘治丙辰五月二日，壽五十九耳。配康氏，累封淑人。子男二：餘慶，蔭太學生；紹慶，舉鄉試第二。女一，側室蕭出，未行。孫男三：宗符、宗翰、宗發。女三。

公天性孝愛，事父母以色養，撫弟姪得親之歡。兩扶柩歸，哀毀骨立。太淑人合葬，廬墓躬勞，寢食俱廢。平居，對妻子無狎容，訓臧獲各治恒業。居鄉，創義倉，立保伍，規制嚴整，一方賴之。與人交，傾肺腑相示，不爲斬絕崖岸，亦不翕翕熱遇。大政必與僚屬相可否，謙虛取善，即見諸行；法有不可，砭然不爲易。每倥傯填委，沛然應之，悉中條理。群疑紛集，片言立解，聽者躍然。嘗應制，有《敬天監疏》《靈雪詩》《昭格賦》《內訓解》，皆寓規諷。詩文諸作停蓄深博，不蹈襲前人，總若干卷，藏于家。

餘慶等將以某年月日葬公于某山之原，以銘請於予。予惟先師倡道東南，一時豪杰雲集景從，人人自以爲莫公若也。先師語來學，必曰"先與崇一論之"，而公自視欿然。予素遲鈍，定交四十年，辨論啓發，實公是資。頃得同朝，每慶可面相訂正，大發先師之蘊，奉若以終身也。而公遽至是，喪朋孤立，予奚能淑哉？且天之生賢不數，賢矣而際會每艱。公資稟兼人，躬逢聖主，方與元臣碩輔期翊聖明，而天亟奪之，其可問耶？然聲色不大，陰福蒼生者不少也，公其無憾矣。揮淚爲之銘曰：

聖遠言湮，大道斯晦。我師奮興，主盟命代。及門濟濟，入室則公。獨知妙契，覺後包蒙。有政大施，民用和樂。發爲文章，星虹炳若。孤忠一德，際我聖明。爰置左右，眷莫與京。夙夜在公，嘉謨入告。贊協皋夔，周行是好。有猷有爲，維國之楨。無讎無黨，實世之衡。篤生胡艱，而奪則速？自昔所嗟，生民無祿。潛膏隱澤，衣被既多。鴻名茂烈，永矣不磨。恤典賁終，皇恩有赫。昭揭儒真，考銘玄宅。

資政大夫南京吏部尚書贈太子少保諡
恭肅張公墓志銘代作

嘉靖壬子三月二十九日，尚書西磐張公卒于家。訃聞，天子詔贈公太子少保，賜諡恭肅，仍遣官營葬事。於是公子太學生元謨等以銘請於予，且曰實先人之遺也。予昔爲御史，雅辱公知，起守平陽，公適居制，道義交三十年矣，奚能辭？

公諱潤，字汝霖，河東臨汾人。幼則穎異端嚴，弱冠爲弟子員，文試輒首列。弘治戊午，舉鄉試第一人。壬戌，登進士，授令宜陽，清修有惠政，爲當時首稱。正德丁卯，擢刑科給事中，抗言大計，侃侃不阿。奉詔核甘肅邊儲，稽察精明，河外震懾。還遷禮科右、吏科左、戶科都給事中。時盜賊延蔓，屢用大師，水旱流移，征調繁急。公請嚴紀律、酌轉輸、廣招撫、時賑恤，章數十上，采納爲多。甲戌，擢順天府丞。戊寅，擢左僉都御史，巡撫順天。至則黜貪殘，拯彫弊，條上邊民疾苦及便宜十餘事，悉見施行。郊圻盜起，虜復寇邊，公指授方略，盜平虜遁，有白金、蟒服之錫。己卯，以外艱歸。

辛巳，起撫寧夏。夏弱鎮也，不百里即虜巢。公簡士馬，振紀綱，謹烽堠，修築亭障，聯絡聲援，境內晏然。講校屯田、鹽馬諸政，施罷不俟日。奏正豪藩，裁抑宦鎮，姝嬉間遺一切絕之。在鎮三年，鬚髮盡白。癸未，召還，理院事。乙酉，以九載績晉左副都御史。理院五年，署篆者半，振揚法紀，臺中肅然。每疏上，皆切中時務，誦者迄今不衰。丁亥，以大獄譴歸田。臺諫屢請錄用，己亥，詔復原任，遂轉兵部右侍郎，又轉戶部左，督太倉。公搜逋抉隱，刬洗奸蠹，兵民歡服。明年，晉工部尚書。時大工并興，漏卮、乾没百出。公躬勤省閱，宿弊盡祛，乃酌緩急爲先後，上忻納之。力專功遄，費省舊之半，屢錫金幣褒焉。辛丑，以内艱歸。服除，言官復請亟用，會考察内僚，起公爲南京吏部尚書。蒞任，即甄別去留，輿情胥服。再疏乞休，皆荷温諭不允。戊申，以考績赴闕畢，即過家，懇求致仕，時已改户部尚書，仍督太倉矣。上亮公誠，乃允焉。

家居，優游林壑，足迹不及城市。然每聞朝廷一善政，輒喜動顔色；見民疲役冗，每悒悒不自安。持守堅凝，動有恒則，雖事變猝至，處之裕如。初使甘歸，逆瑾索賄，無以應，欲中危法，公不爲動，然竟莫能害也。廷推巡撫，時逆寧使人曰"欲副乎？欲僉乎"，意以賄爲差也。公曰："惟辟作福，人臣敢有擇耶？"寧深憾，欲中傷，會敗乃已。毅皇西幸，寵閹請改榆河驛爲行宫。公力陳民貧財詘，仍舊爲宜，毅皇從焉。正位司空，權貴目工役爲奇貨，陽施陰奪，公悉以法裁之。勛戚某時主夫役，請發太倉銀助工，實欲私也。公力争曰："此朝家正脉，軍國仰資，急近利而廢遠圖，豈人臣謀國忠耶？"事乃寢。某積不能平，屢以危言怵，且草彈文示，公不顧也。臨事精詳，必求可久之計，宦迹所遺，雖名人繼往，率取則焉。天性孝愛，事親色養弗違，親終并獲祭葬，蓋異數也。兄滋、弟灌，皆爲納八品散官。處宗族恩禮兼盡，歲時祀先，必謹訓諸子孫，嚴而有則。自奉無異寒素，歷官南北，行李蕭然。好學問、文章，雖老不倦。所著有《奏議公移》《尋是録》《試筆稿》《經略兩鎮詩》，共若干卷，藏于家。

生于成化庚寅十月十一日，壽八十三。祖復祥、父鏽，父、祖皆累贈南京吏部尚書。祖妣鄭、繼史、妣韓皆累贈夫人。配喬氏，封夫人，自結髮至白首，相對如賓，旁無媵侍，尤人所難者。子男三：元哲，舉人，早卒；次即元謨；次元憲，郡庠生。女六，適陰玠、霍文貴，庠生；邢汾，參將；李忠、段衮，國子生；程式。孫男五：知基、志基、承基、崇基、顯基。女四，李如梅、李友松、周興東，婿也，一尚幼。曾孫男四：繼儒、繼經、繼學、繼科。女四，俱幼。葬以某年某月某日，于某之原。序而系以銘曰：

烈烈太宰，維國之禎。履方蹈古，中外薦更。正色危言，訏謨陳力。于藩于宣，功施社稷。器宏才美，用罔不宜。一德自樹，匪世可移。屢值邪回，猖狂揚簸。亦既我儷，莫我能禍。惟公純正，惟帝聖明。保全容受，惠此蒼生。簡注方崇，翩然解組。嘉遯丘園，謝迹城府。高風完節，福履是遒。考終大耋，孰克與儔？節惠易名，皇恩罔極。勒銘玄官，永示臣則。

亞中大夫南京光禄寺卿項公墓志銘代作

公諱錫，字秉仁，項姓。十一世祖秀，從宋南渡，居嘉興。入國朝，公祖太保襄毅公忠以文武才掌邦政，茂烈豐功在史氏記。高祖吳江丞邦、曾祖衡皆贈左都御史。父經，江西右參政。公幼即穎敏，讀書輒善記。時學憲祝虛齋先生罷居海上，以經術聞。襄毅携公造其廬，曰：“孫可教也，幸成之。”因委禽焉。虛齋精研理奧，公潛心師説，靜坐深思，爲文雋發奇特。虛齋每喜項甥善學，共業者亦自謂不及項生也。甲戌，入郡庠。丙子，游太學，遂舉順天鄉試。癸未，舉進士，授令建陽。建陽，閩劇邑，難治。公躬廉潔，崇風教，儉出薄入，人吏悦服。臺臣交薦公可居風憲任，乃擢刑部主事，益究心法律，聲著西曹。戊子，參政公病，請告歸侍醫藥。病且瘥，值回禄，驚竟終。躬親大事，曲盡無缺。服除，仍補刑部，推典諸司章奏。同年在考功，欲薦公自代，遜謝之。甲午，改尚寶司丞，久次，晉少卿，尋晉南京鴻臚卿。南臚閑局，時以逆旅視。公起頹廢，新堂廡，時時督屬習禮容。閲四年，升南京光禄卿。禄寺職涉貂璫，穴奸藪蠹，莫可稽省。公稍欲剪剔，逸口相巇，時宰適所不悦，坐免歸。

公初拜命，即鑒止足之戒，再欲乞骸，輒以交游沮。既得謝，築室郊墟，榜其堂曰“歸來”，言適願也。爲水丘林榭，植嘉樹名花，時駕輕車小艇，惟意往來。風清氣和，則與所過逢歡飲歌詠，連日夜不厭。與人恂恂抑畏，無貴賤必鈞禮。孤寒之士苟有一技，皆得衣食於公，故人人愛慕焉。

八歲，嫡母趙淑人卒，母王淑人又卒，號踊如成人。參政公方由南臺守姑孰，召公撫于田淑人。至則牽父衣，言母弃去狀，哀感左右。弱冠，歸田淑人柩于臨江，喪葬總總如禮。繼母王夫人卒，公年六十矣，衰麻哭泣，不異少時。夫人命遺資歸公，公悉推與妹，且爲婚其子。事諸父素謹，諸兄恭。處人倫之變，含容巽順，有人所不能言者。子弟有過，則諷諭使改，未嘗顯斥。歲時宴會，必述先世積德累行事及虛齋經義以爲訓。虛齋後稍不振，數數周之，仍置田以祀。宗子元淳有貞疾，公後以孫某，復撫其弱弟，周防曲護，不少懈。自奉素寒約，生平不議人短長，懷舊德而忘嫌怨，識者謂有先民長厚之風焉。

嘉靖癸丑閏三月六日以痰作卒，距生弘治庚戌十月二十八日，壽六十有四。配祝氏，封宜人。子男三：元深，國學生；元淙，舉人；元沐。女二，一適祝世系，一幼。孫男四：道亨、國亨、時亨、臣亨。孫女一。元深等以是年十二月十三日葬公思賢鄉先塋之次，匍匐至都，持廷尉鄭公狀請余銘。余與公同舉進士，同仕兩都，知公爲深，且鄭公言尤可信，乃銘曰：

項爲世族，從宋南遷。赫赫司馬，昭代稱賢。駿功鴻猷，翼子及孫。篤生光祿，玉潤春溫。質直好義，木訥近仁。政施百里，愛戴若神。明刑敕法，遜謝榮途。周游卿寺，慎恪罔渝。才未究用，賁于丘園。無怨無惡，古道是敦。惠我姻族，先烈敬承。玉樹蘭英，濟濟方興。衣冠世美，孰與爲儔？刻銘貞石，用贊宏休。

處士王公旌表貞節孺人嚴氏合葬墓志銘

昔李令伯陳情抗表，君子謂讀之而不涕零者，其人必非孝。有味哉！其言之也。蓋惸弱艱貞，母孫相倚，其愛篤，其辭哀，民秉天衷，觸之自惡可已矣？頃余讀殿中丞孝泉王公述大父處士公、大母表貞孺人事狀，乃潸然泪下，蓋中丞公周歲失恃，鞠于太孺人，以迄于成，其哀慕之篤未始異云。

處士諱寅，明仲字，河東之蒲州人。諱長一、太一者，曾祖、祖也。父健，母葛氏。公明爽有心計，多膂力。長業化居，南歷江淮，西逾秦隴，勤動無少怠，資用遂饒。居常酬應謙恭和巽，不異士人。然見人不善，必面斥無所諱。同儕有隱亡旅資者，薄之，終身不與語。兄厚不事家人生業，弟政爲諸生，公敬愛周備，始終無間言。兄費日侈，父以市肆一區托券於友某，欲以警之也，某遂誣爲己有。公竟如其所誣直，俾以復之，與兄弟共焉。嘗持十餘金適市，值追逋困迫者，悉舉以貸，不問其姓名。旅行遇盜，同事悉竄伏，公瞋目大呼，直前格鬥，群盜駭，逸去。其慷慨直前類如此。乃成化甲午五月初一日自關中病歸，抵家卒，距生正統丙寅五月十三日，年二十九耳。

孺人嚴氏者，州人伯霄女。時少公五歲，日夜號泣，絕而復蘇。乃屏簪珥，謝膏鉛，惡衣蔬食，終日不出閨閾。閱五月，遺腹子珪生，即中丞公父，贈兵部郎中公也。頃之，父母憐孺人少，陰遣所親以改志諷。孺人艴然曰：“夫有兒，兒成則夫死不死，可以不負王氏矣。吾忍爲此不正之行，而使子女無依哉？今日有死而已，斯言毋再吾聞也。”遂絕姻黨，竟不歸寧。舅氏春秋高，性且嚴急。孺人志承色養，竟得其歡。事姑頃刻不違側，姑日熙熙若其子之存也。晚喪明，扶掖便溺，污穢無所避。姑病亟，呼孺人曰："吾何以報汝？何忍舍汝耶？"密授以耀首、遺資，逾數十金，誡毋令諸婦知。姑卒，竟出與姒娌均焉。初處士沒，家事漸落，叔伯復侵匿。贈君稍長，屢欲有所質，輒止之曰："汝幸已成立，他何足計耶？"贈君授室張宜人，日示以婦訓，撫視之若所生。張宜人舉中丞公，甫逾歲而卒。孺人躬爲鞠育，食飲醫藥，劬勞備至。六歲，遣入鄉塾，擇里童之謹厚者，托與偕行。迨幼學，鷄鳴即呼之起，令誦讀達明，曰："毋怠荒自畫也。"嘉靖戊子，中丞公得舉，歸拜于庭。孺人泫然曰："汝識汝母面乎？"中丞公悲不自勝。孺人曰："汝父不識汝祖面，汝不能記汝母面，父子孤寒，不謂有今日矣，將何以慰先人於地下耶？"又曰："吾苦節五十年，藉天之靈，汝幸有成立，自此寄膺民社，尚存良心以奉天道耶！"中丞公歷官介慎，孺人之訓有力焉。

巡按侍御穆公廉孺人行實，乃疏于朝，若曰："嚴氏女德婦儀，修全卓越；保孤再世，始終一心：允宜寵綏以屬閨壼。"制曰："可。"於是所司躬禮于家，樹表于門。孺人顧蹙然曰："是豈吾心哉！"嘉靖壬辰二月二十四日卒，生以景泰庚午二月初五日，得年八十三云。子一，即贈公，配張氏，繼祁氏、李氏、高氏。女二，適李銘、閻仁。孫男三：長輪，即中丞公，娶何氏，張出；軫，娶洪氏，祁出；軻，早卒。女二，適景鎬、楊紳。曾孫男七。閣，早卒；閫，聘楊氏，總督尚書南澗公女；閭，聘保安州學正杜公女。女四，一适景賓，生員蔓子；一適楊俊民，兵部尚書虞坡公子；一適黎從政，署都指揮僉事黎公應襲舍人；一幼：俱輪出。門，聘郎中李公女；闠，聘知州雷公女；問，早卒；闇，尚幼。女四，一字封君張公子四象，未成禮而卒；一字國子生柴鳳池子柴嘉霖；二幼：俱軫出。

孺人沒，中丞公方爲舉子，時所司促停柩例嚴，乃癸巳十二月葬于新塋。越二十八年辛酉，中丞公解重薊門，頤真洛社，卜茲吉壤，涓十二月六日合葬處士、孺人于保全萬國麓之原，乃走使入關，徵銘于厶。時厶方持計上都亭，然締交中丞公二紀餘矣，義不得以脂車辭。竊念處士抱倜儻之懿，而報嗇于身；孺人抗艱危之貞，而胤綿于後。乃今發祥集慶，中丞公經綸石畫，爲世通儒，安攘戢寧，爲邦鎖鑰，樞衡大業，天下方喁喁望之，恩綸貤典，所以發德之幽光者未已也。乃銘曰：

維王之先，以爵爲氏。逮公嗣興，爰隱于市。孝弟質直，內含章美。若構若堂，方植而圮。變彼者嫣，柏舟自矢。遺腹煢煢，訓誨勤止。撫育元孫，以燕翼子。文武憲邦，厥宗振起。爾公爾侯，自今伊始。振振繩繩，式介繁祉。保泉之宮，逶邐峻峙。噫嘻世風，于焉是軌。

壽官待贈静庵張公墓志銘

邯鄲有篤行君子，曰静庵張公，以嘉靖丙寅十一月十三日卒。季子給諫君卜茲丁卯十一月初九日葬于城西南祖塋，預期緘所述狀，屬其門人趙生鷟、賈生河走書河汾，告厶曰："吾先世類有隱德及人，而無興者。至先君，不有於其躬，而以貽後昆小子，不佞遂得徵入瑣垣。方期沐寵靈以顯榮吾親，乃今未逮也，痛何如耶？葬有日，子爲我銘諸玄宮。"

按狀，公諱綉，字大錦。曾祖義。祖鸞，邑廩生，博學强計，有雋聲，未第蚤卒。父滕，母趙氏，生子二，公其長也。垂髫時喪父，始解事，即奮然曰："先人門户詎可以吾孤童隳耶？"乃折節治生，備履艱險，既而田廬市宅駸駸豐裕矣。布衣蔬食，不少逐紛華。每鷄鳴起，盥漱冠裳，汛掃庭宇。里門初闢，即率僮僕入田所，力作不少休。自結髮至皓首，未始一日晏起、科頭也。弟繪，幼多病，艱於言，就醫東明觀，因依以居。公繫念不置，病小愈即迎歸，築室樹圃，日以娛之。然疾竟不起，公哀痛幾不能勝。初，公祖之歿也，祖母楊氏二十有六。公父之歿，母趙氏二十有八。姑婦零丁，相依爲命，日勤績紡，競抗婺節，撫遺孤，底成立，人稱之，無間言。公稍長，共奉二母，視顏色，怡志意，俯焉孜孜，靡所不盡，恒得二母歡。母性尤嚴潔，稍不當心，即不言不食。公引咎長跽，百計求悦，解顏乃安。母寢疾，時八十餘矣，艱於起處。公偕配鄭孺人躬侍醫藥，晝夜衣不解帶，親調旨甘、進湯沐，假寐伺動止，逾年所。閭長、鄉大夫至於邑令，察公及二母三世節孝過人也，移檄嘉勞，勒姓氏旌善亭中。頃給諫疏聞于朝，恩褒行錫矣。

公賦性淳篤，樂易光明，生平未嘗有一誕詞、與一物忤。暇則斂膝危坐，惡聞喧豗，因號靜庵云。族指甚繁，其孤貧老病及婚喪不舉者，隨疏戚各有所資，甚至獨任其事，無少吝。鄰有橫罹不測者，夜求援於公，輒傾囊周之。又明年，鄰窘甚，乃持田券請曰：“公惠我厚矣，度終無能償，請以是報。”公固辭，不可止，乃倍以直酬。里有大俠，播惡邑中，亦數侵侮公。會邑令銜之，投牒發其隱者數百人。或邀公與同，公曰：“擠人于方危，吾不忍也。”顧慰藉訊候，無怠心。盜竊公資數十緡，邏人獲之，聞于邑，邑以歸。公愧謝曰：“非吾有也。”反曲爲求免焉。田宅基畔，鄰屢見侵，一切不與較。或以懦爲譏，乃曰：“滄海桑田，幾變更矣，詎能久據耶？”往士之薦于鄉者，有司沿舊額，以百金相贈，辭曰“作興”。給諫君之領鄉薦也，公年七十有五矣，獨毅然云：“取諸彼以與此，如女心何？”卒教之勿受，士欣欣慕焉，至今爲例。晚歲，與里中耆舊結會爲歡，從容宴聚，若香山洛社然者。邑大夫以公年及榮公爲壽官，預鄉宴，輒退讓不欲居。雖少孤失學，而識趣超卓，有經生、宿儒所不能及者。訓諸子，日以忠孝勤儉、退讓守拙爲規。見人有以智術自炫者，即曰："拙藏巧，巧藏拙。玉籠金索，寧繫老鴉乎？吾不願汝曹爲也。"諸子率循訓誨，取則聖賢，勵志心身之學，方繩繩然繼也。給諫君舉壬戌進士，筮令襄陵，迎父母就養宦舍，備極承歡，時時即舍中池亭奉觴爲壽。再歲，池中輒産嘉蓮，人以爲孝祥。給諫莅襄二年餘，廉潔敏惠，聲績冠一時，先皇擢爲兵科給事中，復迎養京邸。公素强健，寡疾病，居無何，忽心動欲亟歸。給諫君乃以情白于上，得扶侍抵舊廬，優游豫悦者閱數月而公終，蓋若神啓而相之焉。距生成化甲辰十一月三十日，得壽八十三。

先配李氏，彦誠女，無出。繼即鄭孺人，端女。生子四：國岩，娶李氏，瑭女；國臣，娶劉氏，浩女；國士，娶曹氏，教諭璜女；季即給諫君國彦，娶蔚氏，奉女。臣，儒士，少亡。岩，九品散官；士，邑庠生：俱先公卒。女二，長適周國政，次適邑廩生宋希文。孫男六。我承，邑諸生，娶謝選女，國士出。我繼，娶王主簿嘉相女；我繩，聘李按察堯德女；我紹，幼；繼、繩皆邑弟子員：俱給諫出。我述，娶栗茂女；我達，聘庠生閏鶴女：俱國岩出。女七：一適李廷茂，二許王進第、余師湯，一尚幼，亦岩出。一許李孔問，廩生志尹子；一許聶敬修，太學生尚勤子；一亦幼：俱給諫出。曾孫男五：汾涯、洗心，我承出；玉堂、金堂，我繼出；落成，我述出，聘庠生朱綸女。曾孫女一，未有行，亦承出。

惟公康寧偕老，遐算令終，子女孫曾，多賢玉立，人間福美備矣。而給諫君古心直道，望繫寰中，方爲時所需，其所以褒異顯揚乎公者日新而未已也，是不足以章爲善之效耶？銘曰：

力田孝友，漢用興賢。維公敦行，順德允全。奮庸宣力，若彼古前。并驅萬石，詎知後先？道未小試，澤已被鄉。身未受命，子也賓王。爲邦司直，如珪如璋。有膴孫子，顒顒卬卬[二]。

聿求世德，實大公門。作善必報，若本若源。積深植固，流遠枝繁。綿引弗替，永賁高原。

月岩徐公墓志銘

公諱息，字敏誠，徐姓。月岩，別號也。曾大父升，大父英，父雄，皆隱德不仕。母楊氏。公幼温醇沉默，長則倜儻有心計。時公父同兄弟五人操奇贏，逾秦隴，往來吳越，逐鹽策之利。公服勞承志，推移俯仰，獲息輒倍蓰，不數年，積資鉅萬。乃爲高堂曲館，諸父昆弟晨夕周旋，洋洋怡怡如也。子姓數十人，亦無間言者，閭黨難之。公豪爽自持，臨財不苟，市利所入悉與衆同，尺帛一錢不入私室。嘗行貨于蘇，價溢數百金，或諷之曰：“是不可爲妻孥地耶？”公大笑曰：“貪昧齷齪，豈丈夫事哉？”卒一無所私。中歲即次毘陵，郡多名流達士，慕公行誼，咸折行與交。被服儒素，不事富人侈靡之習。子節甫有知，即延訪名師，資遣就學，夜則令執經讀而聽之，率宵分乃休。晚好觀史，暇則退居一室，手卷吟哦，欣然若有得者。雖值橫侵貸負，亦恬不爲介。每指節曰：“吾家世以善聞，而未有顯者，天道可諶，其將在若耶？”歲戊申，遣節歸臨汾。己酉，節舉于鄉。庚戌，自南省渡江，則請公還舊居。公輒曰：“胡汲汲爲是哉？吾居常也久，土風心樂焉。俟爾第歸，寧晚耶？”仍督課節如少時。癸丑，節舉進士，公已屬疾，捷書至，大喜起坐，曰：“子能如是，吾目可瞑矣。”乃書屬節云：“子遭逢明聖，厠迹大科，尚努力委躬，克有樹立。吾雖不沾禄養，將含笑九京也。”節試政天曹，得書大惶惑，不自安，方圖歸侍，而公不起矣，嘉靖癸丑四月二十日也。將屬纊，召季子簡，勉以淬志力學，毋忝爾兄。戒家人勿事祈禱，處分家事，井井然適也。距生弘治癸丑八月二十八日，得年六十一。公天性孝愛，蚤事諸父，咸得其歡心。弟憗之歿，哀慟特甚。從兄懋卒，嗣復夭，業殖漸落，以次子後之，仍經紀其家。周恤貧乏，恒如不及，故卒也，遠近咸惜焉。

配安氏，早卒，生女一，適陽曲鎮國將軍某。繼周氏，生子男三，長即節，妻予仲兄子；次策，則爲兄後者；次即簡。女一，張三才婿也。

進士既聞訃，悲號困頓，持狀過予曰：“節受先君罔極之恩，每期自奮勵以酬萬一也。今甫成一第，而先君不待矣。先君實知外舅，忍靳一言以爲慰耶？”予自早歲則聞公名，締姻十五年，每以未一識面爲歉，而今已矣。然熟見進士之修文砥行，則得公者豈淺哉？葬以某年某月某日，銘曰：

承家服賈，卓行若儒。義方訓誨，凤志乃符。玉立長身，抗言正色。敦睦友于，之老不忒。作善未食，爾後孔昌。匪惟文藝，允珪允璋。懋績奮庸，以顯厥世。維千萬年，永永勿替。

邑庠生北麓翟公墓志銘

往歲，藩參西石王公行部河東，既試聞喜諸生歸，爲予言，有翟生者負雋才奇氣，少頃必顯名宇內，予心私識之。未幾，翟君以內艱不入鄉闈。既服闋，則預侍御容堂吳公試，仍亟稱翟君，遂錄置河東書院，躬指授之。時予弟思禮子孟禎并被吳公所鑒拔，獲同翟君游，歸輒誦翟君賢甚悉。歲辛酉，舉三晉《禮經》第二人，所司錄其文以式。明年，遂舉進士，授令雄縣，未數月，循良聲稱洋溢河朔，予心愈嚮往之。癸亥冬，予入蜀，過聞喜，乃翟君以父北麓公憂制歸，即往吊焉，則見翟君墨面戚容，哀動左右，言不能成聲，身不能勝服，予益愛重焉。比予自蜀歸，翟君縗絰造予，手廷評戒庵李公所爲狀徵予銘。按狀，乃知翟君之賢，北麓公成之也。

公諱華，字向實，世爲聞喜人。北麓先生，則學士稱之云。

曾大父從義，大父岩，父翀。母孟氏，生子四，長曰憲，次曰章，次即北麓公，季曰武。世以行誼聞，率隱於農畝。公資材警敏，幼而向學，雅負大志。稍長，則從内兄安定學博孟先生端受《毛氏詩》。尋補邑弟子員，邑侯無錫蔣公奇公文，延之同其子講習；然試于有司輒不利。既而兄弟各分異，父母復春秋高，公乃慨然曰："親老而甘旨不能充，徒窮年俯首事筆札，可謂本末舛矣。"乃以情白學憲文岡陳公，乞習農事以爲養。同舍生共留止公，謂稍須之，青紫可必得。公不謂然，躬耒耜，勤耕穫，歲時伏臘則稱觴爲父母壽，父母愉愉如也。暇即博極群書，務求得其旨趣。春秋釋奠，必齋沐趨拜學宮。與人居，醇雅可親；然天性剛方，臨是非直言無所假。人有與之謀者，必竭底裏相往復，故邑之人士無少長率愛慕公，非徒以年也。

初，公口授翟君以《毛詩》，既精熟，及宅憂，公舉《戴禮》一編授之，曰："兹非若今日之所當誦耶？然吾邑專是經者寡，予心實病之，子即執是以成名可也。"翟君奉公言，探討研窮，至廢寢食，不再年，遂舉高第，連捷南宮，今賷序譽髦愈駸駸爲奮焉。進士君暨苣雄，迎公就養官邸。公杜門靜處，不妄面一人。每謂進士君曰："吾生平最苦文業，而志竟莫伸。今有汝矣，豈必在我躬耶？然履正奉公，體民潔己，吾之願也，汝其毋予忘哉！"

進士君以臺檄從事邊關，忽思公而心悸，請給歸省覲，不數日，公疾作，遂不起，嘉靖癸亥八月十二日也，距生弘治辛亥二月二十三日，得壽七十有三。配馬氏，同邑耆民某女。貞靜淳一，夙禀自天；孝敬柔嘉，有聲婦順。生以弘治庚申十一月二十一日，卒以嘉靖丙辰六月二十九日，得年五十有七。子男一，繡裳，即進士君，娶李氏。女二，適王平、王思孝。孫男一，曰承祀，孫女一，俱幼。進士君卜公卒之次年十二月十六日葬于姚村之原，遷孺人攢合焉。惟公爲養輟業而親志以歡，庭訓義方而子名以立，今進士君温文端恪，若良玉精金，方爲世重寶，公于彝倫、俯仰誠可謂無遺憾矣。爲銘曰：

古人一養，三公不易。千載寥寥，興懷簡策。竭竭翟公，爲時矩矱。息志名場，躬耕農陌。甘旨孔嘉，親心豫懌。獨抱遺經，窮探邃索。有子敬承，偉然俊宅。射策楓宸，皇恩有赫。試令郊圻，劃煩治劇。敷政優游，循良比迹。溯厥由然，趨庭教澤。惟公克孝，親闈啞啞。惟公克慈，子聲籍籍。質彼古人，曷殊寸尺？壽考令名，猗與并獲。昭示萬年，勒兹玄石。

敕封太孺人王母梁氏墓志銘

太孺人梁氏者，襄陵人，前新城司訓、今封文林郎豫齋王公用中之配，監察御史王君應吉之母。父曰三山先生錠，經術精奧，以貢入太學，未仕卒。母張氏，太孺人其季女也。生有異質，少則服習内訓，端貞婉惠，尤精女紅。梁先生絶奇之，曰："此女非特能貴其夫，殆又能貴其子乎！"邑里聞其賢，競通媒妁，梁先生皆麾去弗許。是時豫齋公未冠，而雋爽特異，方治《三禮》，有令名，梁先生識而心儀焉。及媒氏至，亟允曰："是佳婿也。"太孺人既歸豫齋公，事舅姑饗膳必精，紉刺必慎，志承色養，咸當其心。待姒姊諧而以義，處内外姻族和而有恩，下逮粢梁醷醢瑣細之屬，悉有條而不紊，閨壼之内秩秩如也。

豫齋公抗志六籍，藝業造深，每學使試諸生，輒褒然首冠。嘉靖中，厶同公秋試會城，時全晉才藴卓然之士無慮數百人，皆推遜公弗敢先，以爲高第若持券取也。乃八試，竟不第，公嘆念弗能夷。太孺人曰："龍潛豹霧，修以俟時。田見文成，非力可強。君豈修之未至，毋亦俟之已耶！"侍御君幼即岐嶷穎悟，太孺人曰："兒當夙教而養，無若溺愛者後時之悔也。"甫成童，即俾受庭訓，督課勤嚴，道以義，節以禮，時其興居，慎其資友。侍御君志趣卓越，砥行修詞，弱冠即舉于鄉。豫齋公愈益發憤，誦習不少輟。孺人懼其鬱困久弗堪也，從容語公曰："失得相感，其機同；父子相成，其理一。兒之業非君之授乎？君失舉而兒得之，謂與君得異耶？"豫齋公笑曰："有是哉！"乃就貢，與計偕，廷授新城司訓。乙丑春，侍御舉進士，公謂孺人曰："吾將歸休，若何？"孺人曰："仕以行志，非干祿也。君淑士以身，志既行矣，且子克樹立，是將大發君志於不窮者，歸維其時哉！"遂上書乞身，會遷博野教諭，亦不赴，時論以爲高，乃孺人實相之也。侍御試南宮，孺人夢侍御升於新城校門之上而不下，既寤，謂公曰："此善祥也，行有徵矣。"未數日，捷書至，邑令幖錦題名樹表，適張所夢處焉。其明慧燭理類若此。

侍御授尹安丘。安丘，東藩疲邑，俗剛果難理，豪猾占膏腴地，潛移其賦於貧弱，貧弱坐是困而流離，逋賦積數十年，莫可稽，前令率緣不治罷去，侍御以爲虞。孺人曰："是奚足哉？毋黷貨，毋肆威，躬儉約而施惠和，人無不化者，矧齊魯邦耶？且賦可移，田不可匿，核田以稽賦，毋憚夫身先且勞也。"侍御至，則厲廉潔之操，秉羔羊之節，悉心化導，不事威刑，民以大和。乃躬履土田，糾正欺隱，百年宿蠹頓爾廓清，邑人忻忻，謂得賢侯暮焉。于時聲稱籍甚，乃孺人實啓之也。部使者疏揚異政，後先十餘上，三載績奏，詔封豫齋公如其官，太孺人得今號云。己巳冬，晉禮部主客司主事，乃迎父母就養宦邸。庚午夏，改陝西道監察御史。明年，銜命出按江北，便道奉二親歸于襄，聚樂庭闈，依依不忍發。孺人曰："國家命代狩之臣，固冀以昭宣紀度、澄清萬方也。汝不欲遠父母，獨不畏簡書耶？"侍御不獲已，乃攬轡登車。既行部，正己率下，風裁震一時。孺人聞之，融融樂曰："兒不負是官矣。"越明年，感痰嗽，初不以爲苦也。居無何，竟弗起，隆慶壬申五月二十四日，距生正德庚午九月七日，得年六十有三。子一，即侍御君，娶盧氏，先卒，贈孺人。繼楊氏，封孺人。孫女一，盧出，許鴻臚署丞喬君淮子可聘。

侍御聞訃，號慟西奔，哀毀幾不自存。既乃請於豫齋公，卜是歲十月十七日葬太孺人於鄧村之原。先期屬貳令劉君偉、計部高君溱，以鄉進士黃君景澤狀徵銘於予。予交侍御君父子間也久，習知太孺人賢，是宜銘。銘曰：

於惟孺人，令儀令德。作配君子，柔惠維則。外襲温恭，内含朗識。琴瑟静嘉，女士是式。王公倦游，衡門勇即。計決贊成，孺人有力。篤生哲嗣，邦之司直。熙載奮庸，爰補袞職。丕振風猷，正是四國。謂謂匪躬，義方有得。偕老榮封，而康而色。壽熾允臧，秉心翼翼。婦順母儀，兼舉罔忒。嘉譽休光，洋溢充塞。有峩玄堂，汾水在側。懿教用章，垂示千億。

誥封淑人高母袁氏墓志銘

淑人姓袁氏，故湖廣按察使蘇門高先生配也。父諱寶，以子陝西按察僉事永爵貴贈池州府同知，母楊氏，贈宜人。初，先生父大中公尹東光，有孚惠，夙善袁公。高與袁皆祥符鼎族。弘治辛酉七月七日，淑人生，庚與先生同。先生幼穎敏踔絶，淑人以明慧稱，乃締婚云。于歸之明年，爲正德己卯，先生舉于鄉。又四年嘉靖癸未，先生第進士，授營膳主事。未幾，改考功，迎太淑人就養京邸。淑人總持内政，躬調瀡瀡賓祀之奉，下至米鹽瑣細，罔有漏遺。每鷄鳴即興，夜分乃寢，以爲恒。會天子尊親禮成，推恩父母如子官，淑人初封安人焉。戊子，先生進司封郎中。時宰新貴，權張甚，先生不悦爲之屬。適議外戚伯封，堅持不署草，欲以官争之。淑人曰："直而不挺，曲而不詘，君子所以全身也。君夕惕揆事，砥節首公，乃用不訾之軀，觸莫測之釁，孰若守志臥疾，歸奉二人之爲安耶？"先生遂謝病歸。草舍數楹，僅庇風雨；薄田數十畝，僅供饘粥。淑人食淡攻苦，以佐中饋，若將終身然。時弟僉憲公甫就學，因命從先生授經，卒成令名。越三載，先生病滿期，有司敦勸行，起補稽勛郎中。明年，以白友人誣，復忤時宰，遂出參山西政。淑人皆從之官。先生行部冀南，會撫臣入浮言，喜興革，民實苦煩苛。群白於先生，故緩其議。撫臣怒，録治諸掾史。先生不爲動，遂三疏乞休爲養，皆不報。時先生仲兄太守公方爲南京儀制郎，乃遣淑人旋大梁養舅姑。舅姑安之，若忘二子之去膝下也。丙申，先生在晉滿三載，以績奏，天子嘉之，再封東光公大中大夫、山西左參政，母氏太淑人，淑人進今封焉。

明年，先生莅湖南，僅三月，感寒疾不起。淑人哀痛悲號，絕而復蘇者數四。時長子年甫十一，次僅八齡，每泣謂之曰："吾豈不能自引決以從汝父耶？顧舅姑垂白，汝孤幼無依耳。"言已輒大慟。既乃挈携二孤，遠道返葬。遂扃鑰珠翠，屏斥鉛華，姻黨禮筵一切謝絕，雖至親罕見也。初，先生篤嗜《丘》《索》，悉力購求，傾囊無所吝，卒之日俸餘不滿三十金，而遺書充棟。淑人日取以課二子，曰："汝父學爲儒宗，仕稱廉吏，所遺汝者惟此耳，汝可不研精諷誦，甘同庸衆耶？"在楚時，值寮寀母爲壽，左右曰："聞諸夫人服飾鮮華，夫人獨無意乎？"淑人曰："吾僚長配，期以儉朴先之，若言胡爲哉？"及至會，淑人自命服外裦衣練裳，若不知珍綺之爲華者，雖先生清節刑家，亦淑人儉素有相也。先生之喪，淑人哭踊不自知，遂感氣結疾，每作輒危，竟以不起，隆慶壬申九月二十八日也，享年七十有二耳。長子不危，詞翰古雅，克世家傳，每秋試，主司以不能録置門下自疑，而不危未嘗以自沮也。今尚列廩生，娶胡氏。次子不愚，亦邑生，早卒，娶郭氏。女二，一適王中立，亦卒；一適趙尚仁。孫男五：一麟，配李氏；一鳳，配王氏；一卿，配谷氏；一鵬，配□氏；一俊，配王氏。孫女六，一適秦周德，一適李鰈，一字李孺童，餘尚幼。二婿、諸孫及周德皆郡邑弟子員。曾孫男二，承文、承憲，俱幼。

淑人歿之三月，不危走千餘里，手所叙狀徵銘於厶。厶自蚤歲受罔極之知於先生，每執經門下，庭宇寂靜，僮稚無敢嘩，心固儀內位之正也。視學入梁，則聞淑人嘉美聲稱曜于邑里。登拜闕外，則見詞旨無浮，步履中度，穆穆若有遠思焉。竊嘆曰：“卓哉賢母，誠德合先生矣。”是宜銘。銘曰：

維高先生，雅潔特立。志陵青雲，榮禄寧入？實有淑人，隱約夙習。共賁丘樊，桑蠶勤執。倏蹈未亡，矢心貞一。昭儉躬勞，式穀罔逸。振振孫子，嗃嗃終吉。經學綿延，遺安廉直。婦德母儀，隆家維則。世典光垂，過者是式。

太學生五溪雷公墓志銘

嘉靖癸丑，余校藝南宫，得一卷，燁然有輝，甚奇之，拆號則建安雷金科公憲也。比來謁，朗然玉映，退然若愚。與之論古今治理、遐邇名物，靡不淹究，志騰踔，謂古聖賢可立企，余滋奇焉。間叩其所自，則曰：“是惟家大人五溪先生之教也，不肖何能爾？”公憲賜進士未十日，先生訃聞，即號慟南奔，匍匐過余，以銘請。余既雅重先生，公憲又在門，何能辭？

先生諱璠，字國徵，雷姓。其先蜀郡人，裔出唐忠臣萬春。唐季，諱鸞者避亂居建之璜溪，遂家焉。鸞之玄孫友敬封豫章郡公，友直大中大夫，子孫蕃衍，遂爲望族。先生曾大父浚，大父仕茱，父文照，世有隱德。先生秀爽敏惠，遜志積學，痛父及嫡母王氏皆早卒，奉母劉氏甚謹。弱冠，選爲弟子員，遂游太學，謁選銓曹。以母老歸養，依依不忍違，竟不仕。每朔望晨興，必焚香祝天，願母壽考，如是者三十餘年。訓迪諸子，延禮名師，督責化導，恩義兼至。暇則究心岐黃諸書，直探奧旨，尤精《脉訣》。病者趨之，隨藥而愈。生平好施予，宗族姻黨有貧不能婚、死不能葬者，必捐資爲之助。豫章大中公祠堂二，歲久且敝，先生率衆新之，仍修祀典，俾無墜。夙負奇氣，不爲婢阿，雖居田里，見民間利病，憤然若迫於身。郡山産巨木，販者輒乘漲縱筏順流而南，突廬舍，傾橋梁，民甚苦之。擅鐵冶之利者，供役多逋逃，爲里中梗，歲歉則遏糴自私。先生皆白于官，爲厲禁，民以不病。孝愛純篤，義問敷布，雖兒童、走卒亦欣欣敬慕。正德丁丑，盜剽鄉邑，獨識草先生門，相戒不忍犯。鄰人聞而效之，獲免者數十家。嘉靖丙申，鄉人不戒，比屋延燒，先生居巋然獨存。嗚呼！先生終身韋素，而高風義烈足以回天變、化强暴彰明若此，使食君之禄、立人之朝，則其所以感格而昭宣者，又不可想見耶？

壬子冬，劉孺人年八十有三，以疾卒。先生方卧病，感慕哀號，逾月亦卒，癸丑正月一日也，距生弘治戊申十一月七日，壽六十有六。配童氏，生子三，金聲、金章、金科。繼吳氏，生子四，金和、金相、金麟、金貞。側室，子一，金昆。聲、章、和、昆皆庠生。童出女二，適庠生魏應鵬、李薫。孫男七，女四，曾孫男一。葬以甲寅十二月十六日，于里中龍山之原。銘曰：

睢陽大節，維雷之先。閩南避地，爰自鸞遷。蟬聯奕葉，世德是營。先生早奮，履素含貞。孝不違養，哀慕終身。義方有覺，八士若荀。才未時用，克施于鄉。德未食報，族則日昌。化暴滅火，古哲所難。勒銘昭美，永以不刓。

校勘記

〔一〕“憼”，當作“憼”，以下徑改，不出校。

〔二〕“卬卬”，疑當作“卯卯”。

慎修堂集卷之十七

志　銘

中順大夫陝西臨洮府知府西野馬公墓志銘

嘉靖庚戌七月初十日，西野馬公卒，遺言"必史氏銘吾"。葬既逾年，公子太學生子秀來乞銘，乃按公弟之子婿舉子鄭汝進行狀曰：

馬公，太平人，諱聰，字舜達。西野先生者，門人稱之也。曾大父貴，有隱德，不仕。大父雄，判邳州，以子貴，封監察御史。父鸞，舉成化甲辰進士，自御史遷山東按察司僉事，風紀獨特，爲時倚重，迄今祠于鄉。母李氏，封孺人。公資廩超異，少承庭訓，即篤志屬行，綜考群經，文采蔚然。弘治甲子，舉于鄉，屢困春官而志不衰。嘉靖壬辰，始就選長垣令。時太宰王恭襄素知公，故特強之仕也。既莅任，則與諸父老約曰："某不類，不能紹先烈，揚休光，謁選而來，非某志也。其或黷貨以徇，淫刑以逞，所不先烈是承者，有如此日。"乃刻勵廉節，敦崇儉約，絕靡麗之好，出入戴星，凡可以爲民利者，莫不悉心爲之所。不期月而政成，民大悅。諸上官有事畿內，若清牘稽倉、檢災覆獄，類承委公，即事事當上官意，無不下禮幣勞獎者。既四年，擢知鄧州，垣民思之，爲立碑記德。在鄧州，適皇上大狩龍飛，駕出屬邑。公平道路，理橋梁，飾行宮，潔庖湢，上供軍衛，下至帷幕、器皿，靡不恪豫，事集而民不擾。時旁郡多獲罪，或解印綬去。而公出其素定之方，從容指授，故獨無事。庚子，擢宗人府經歷，纂修玉牒，公與焉，日給大官飲饌，時論榮之。既三載考績，進封公父爲奉政大夫，母宜人。甲辰春，出守臨洮。臨洮，邊郡也，民雜羌夷，頗稱梗。公勵躬率下，戢暴禁奸，張教興文，民安俗化。甫數月，以年老乞歸。家居五年，不冠帶，不出戶庭，非禮宴不入官府。官府事，子弟輩或論及，輒斥責之。

配楊氏，贈宜人，先公卒四十六年。繼李氏，封宜人，先公卒六年。再繼趙氏。子男一，即子秀，楊出。女三，適丁某，一尚幼，俱側室張出。孫男二，惟真，一幼。公生以成化丙申三月初四日，葬以壬子八月初十日，于古義郭先塋之次。

余自幼聞公名，乙未識公于京邸，即荷公知。公歸自洮，予往候之。公欣欣然曰：“吾今乃得歸也。”予舉進士，公走書賀予，甚歡。予以公優游順適，期頤可卜，孰意公遽至是哉？且公抱遠器，有大能，惜筮仕稍暮，而當道者復泥資途，材不究用，惜夫！乃爲之銘曰：

粵稽馬氏，夙著河東。有赫柱史，克世惟公。理煩應變，畁材實豐。三知歷試，并奏膚功。長才未究，名實亦隆。既昌嗣續，壽考復崇。嘉樂方始，奄即玄宮。刊銘幽石，昭示罔窮。

奉議大夫河南開封府同知靜齋張公墓志銘

靜齋張公謝開封而歸也，年甫及耆，精神悅澤，乃與里中諸耆德選勝結社，日熙熙然游。歲辛亥，予以史職使江藩，歸里中，公偕諸老過予，晤言移晷，衣冠古雅，言議雍和，疑睢陽、洛社未往云。越五年，予視學入梁，再過家，諸老彫謝者半，公巋然獨存。既與公仲子締姻好，乃時時侍公談，每及經世大務，率胸中有成計，惜未盡見諸行耳。別甫逾年，公子馳書以訃聞，蓋嘉靖丁巳五月十四日也。且函狀屬銘，諄諄然曰：“實維先人遺語，子毋辭焉。"

公諱懷邦，字潤國，號靜齋，世爲臨汾人。高祖禮，元季隱姑山。天朝平定，從郡北郭，以人才徵，不就。生子儀，爲邑學生。子儀生迪，以貢仕單縣簿。是爲曾祖、祖也。考守忠，任宋莊丞。妣，喬氏，成化庚子三月二十一日生公。公生之夕，喬孺人夢紫衣人以朱丹一粒令吞焉。幼嶷重不嬉戲，英敏通人。隨宦宋莊，獨負笈之慶陽，從崆峒李先生學。歸爲弟子員，每試輒高等，名動一時。正德庚午，舉省試。乃上春官，屢不合。嘉靖癸未，就選天長令。邑畿輔地，雜戎伍，獷甚，號難理。公清嚴平直，政畫一無二視，戎衛莫敢嘩。鹽徒入疆，躬率民兵捕之，號令明肅，衆爭先用命，生擒二十餘人，迄公遷不敢犯。甲申歲饑，籌畫賙恤，民獲以寧。又明年，秋成蝗集，民嗷嗷然計無出。公竭誠露禱，引咎自責。是夜四野如聞咤逐聲，厥明蝗盡去，禾損者僅十二三。督醝使者廉其賢，數以掣鹽屬。往掣者多啖重利，公皭然不污，而商亦不怨。三載奏績，以臺臣屢薦，誥贈宋莊公文林郎，母喬爲孺人。又三載，以臺諫徵。會忤當道意，授遼東太僕丞。邑人悲號，不忍舍，留履以寄思。之遼，詔修築諸塞垣亭障。公躬任其勞，甫三月工成，賜白金、彩幣。辛卯，以制歸。服除，補任甘肅。會虜大入，調兵日棘，饋餉不繼，撫臣以爲憂。公請隨商所有從宜給兵，優其直，時大便之。又理分巡督儲事，事罔不立濟，臺臣各薦公可大用。丙申，晉同守開封，理戎務。開封郡劇政繁，公時時攝郡，或理河防、兵糧諸廳，率優裕如暇時。己亥春，上狩承天，道境上，憲臣檄公往治鄭州。公構行幄，豫供需，口授心惟，至忘寢食，下逮百官、六軍之次舍、餼廩，率不匱不遺。又再監理文闈，綜畫嚴密，士心悅服。辛丑，入修觀典，遂致政歸。乃開園沼以陶情，創館塾以訓子，視一切紛華榮進若相忘然。社友既零，杜門謝客，凝神密室，習導養之術，顔童齒固。予意公壽未涯也，詎意止是哉？平生莊靜，寡言笑，喜愠不色見。與人交，無城府，稱人善若己有，聞人過絶口不言。得壽七十八云。

配蕭氏，封孺人，處士洪女。事公五十年，攻苦茹淡，相公名成，未嘗有反目態。既被封，日御荊布，如未貴時。母儀婦道，内外稱之。以戊申十一月八日卒，距生成化辛丑十月二十四日，年六十八。子二，昆、侖，皆國學生。昆娶亢氏，繼高氏。侖娶安氏，繼陳氏、高氏。女四，適李光濟、賈升、李光淳，俱太學生；一適劉世相。孫男一，汝廉，亢出，配劉，繼馬；女三，一適輔國中尉新坌，高出：皆昆子。一適生員馬邦教，安出；一許予子孟禩，陳出：皆侖子。曾孫男一，炳然，儀賓。外孫子女二十餘人，皆公所目見者。

往蕭孺人卒，擇地葬于郡東周莊之原，二國學以戊午六月八日奉公合葬焉。公天性儉素，終身無妾媵，蕭孺人既殁，乃娶馮氏奉巾櫛。馮，鄉貢士春女也，後公一月卒，生于弘治癸丑正月二十日，今得祔葬云。爲之銘曰：

淵然者度，粹然者德。位莫副之，爲我心惻。澤遍中原，功垂塞北。亦究厥施，維民之則。解組丘樊，其儀不忒。式是國人，邦有明德。身其康寧，子孫抑抑。偕老齊眉，玄宮同即。綿綿德馨，峨峨封域。昭示萬年，堅珉爰勒。

文林郎山東魚臺縣知縣西藍王公暨配 旌表貞節孔宜人墓志銘

公諱相，字君佐，晉之洪洞人。曾大父某，大父某。父俊，壽官。母宋氏。公生而資稟超特，稍長，精研《丘》《索》，綜貫百家言，爲文雋發，有奇氣。游邑庠，督學四明楊公、東郡敖公校公文，皆冠多士。弘治乙卯，分巡嘉定伍公大奇之，曰：

"吾夜夢巨棟騰空，覺而紀以詩，有'不凡才'之句，應在子耶？"是秋，舉《詩》亞魁，所司錄其文以式。嗣是執經問難者恒數十人，邑人若許侍御、喬户曹、郭涉縣皆朝夕授之業者。門人師尊之，稱曰西藍先生云。然數奇，六試春官無所遇。正德辛未，壽官公老，促之仕，乃就選。時石淙楊公爲太宰。太宰故視學三晉，雅知公，簡授魚臺令。公單車之任，甫及境，即捕大俠朱某置諸法，民心歡服。時流賊方去邑，城郭、廨舍悉遭焚破。公闢瓦礫，創官府，明政令，舉廢墜。謁孔廟，則進諸生，與之講經史，甫數日，即條教肅然。勞瘁既極，復念壽官公迎養莫遂，忽疽發于背卒。時八月初一日，距生成化己丑八月某日，年四十三耳。視事未十日，邑人哀悼之，迄今猶知有公也。

配張氏、陳氏，俱先卒。繼宜人，邑人完女也。性端懿貞靜，不苟言笑，精女紅。及笄，歸魚臺公，相敬如賓。聞魚臺公訃，年甫二十四，號慟殆絶。時二子在襁褓，家徒壁立，乃躬井臼，勤織紡，以奉舅姑。孤燈敝帷，矢死銜恤，以拊遺孤。稍解事，即擇師俾就學，課督嚴肅。困苦勞瘁，人聞之不堪也。嘉靖甲午，子三接果舉省魁歸，宜人泣謂曰："汝父以困于甲科賫志淪没，吾恨迄今未已也。汝幸舉矣，尚力勉之。"

歲丙午，宜人年六十，郡邑、臺臣各表其事。上嘉之，敕所司樹表旌門，仍復丁夫以養。命下，爲丁未春，乃子適舉進士，綸章宫錦，母子同榮；華扁金書，焜耀里閈。宜人獨愀然曰："從一而終，妻道也。仰干寵靈，豈吾志哉？"戊申，王子授尹博興，遂奉之官，則訓之曰："守官箴，重民命，節浮費，政之先也。弗克，由非吾志矣。"王子奉惟謹，期年，政洽化行，憲臣交薦，有"清慎自持，孝廉并著"之語。辛亥秋，王子以臺諫徵，宜人復歸洪洞，甫閲月而疾作，竟不起。夫抗婺節，歷艱屯，餘四十年，禄養方殷而遽至是，悲夫！悲夫！

生以成化丁未十一月二十四日，卒則壬子正月二十四日，壽僅六十六。子男二：三德娶許，繼燕；次即王子，娶李，封文林郎九卿女也。女二，適許級，張出；適石思忠，宜人出。孫男幾，某某。女幾，適某某。

王子之京，爲飛語中傷，出補寧國府同知。升除之晨，即宜人沒日也。戒行而訃至，擗踊悲痛，幾不能生。既乃號泣西奔，將以某月某日合魚臺公葬於某山之原，以同年坂泉孫給舍狀徵銘於余。余之舉于鄉也，與王子聯名，又同舉進士，相得甚歡。魚臺公之屬志修文，宜人之堅貞苦操，王子之克承母訓以成父志，皆知之深者。王子今仕雖稍淹，然知者固多，管華軸，樹茂烈，以顯揚其親於無窮者不遠也。銘曰：

維昔有儒，詞宏學博。教授河汾，俊穎雲集。志廣才豐，小試而折。厥未亡人，矢心靡忒。訓迪遺孤，皓首一德。溫綼載揚，鴻名高揭。星虹麗空，冰凝霜冽。孤童爰興，循吏時杰。父志母儀，丕顯無缺。維兹一門，萃美作則。奔卜堂封，玉埋同穴。鐫銘藏幽，萬祀罔斁。

文林郎陝西長安縣知縣前進士漫川閻公墓志銘

嘉靖丁未，吾晉以策士對大廷者二十有三人，漫川閻公其一也，予亦預焉。公形貌魁碩，直諒坦夷，望之知爲鉅人君子。予日從公游，心竊愛慕之。其年冬，授尹長安，甫數月，聲實欻起，部使者交薦公車，咸謂華秩可以庶契致。庚戌春，上計都亭，坐飛語中傷。時論愕錯不能平，公怡然曰：「仕以明志，志苟行矣，雖一邑吾已足；如不可行，三事九列胡爲哉？」匹馬歸舊山，不復致一辨。予每過祁，必躬先造訪。公食飲笑歌，至窮晝夜，一切升沉得失，絕口不談。竊視公，家徒四壁立，而意氣充然，若有所得者，豈非古所謂近於道者耶？甲子秋，公子談衰經走數百里，持司農北厓馬公狀，涕泣請予銘，乃知公以是年閏二月三日捐館舍矣。予驚悼不能已，既為位哭，乃嘆曰："公志厄於時而未伸，才過於位而未竟，尚意彼蒼以遐齡益公也，而今乃若此，是尚忍不公銘耶？"

公諱繩芳，字世武，漫川者，學士稱之也。曾祖威，仕上海稅課大使，敕封文林郎、永清知縣。祖睿，舉弘治己未進士，為御史，有直聲，終浙江按察副使，進階亞中大夫。父師賢，邑庠生。母陳氏，太谷人，憲副璧女也。公生有異資，遲重不戲，恒若有所思念計畫然者。亞中公出，必令隨杖屨，試以句，即應口成，輒有奇思。翁喜曰："此吾家千里駒也。吾居官無厚積，有孫若此，飲水誠甘焉。"成童，補邑庠增廣生，學使試，輒奇其文，累冠諸士，聲稱蔚然。癸卯，舉於鄉。既登進士，試政冬曹，兢兢自持，不失寸尺，大司空沃焦文公深器重之。長安尹久難其人，持衡者雅知公，乃簡以往云。邑為三秦都會，民力素瘠而供輸實繁，胥史因依作奸，閭井坐是困。公至，即講求利害廢置所宜，較量丁田盈縮之等，具為畫一科條，俾輸直於官而簿正之，謹其出納，遏其侵牟，民迄今便焉。稽定徭役，咨詢鉤核，視聽一無所假，高下稱平。富民某者贋緣重賂，欲從輕則。公嘆曰："此細民離散之由也，可弗治耶？"正其辜而重其役。巨閹之弟坐大辟，行當事者千金，檄公寬其獄，迄不為移。終南間沃壤，巨室攘為己有，賦役遺於民。公奪其田俾故主，巨室不敢違。簿書纖細躬自校讎，老吏宿奸摘發罔後，請求干澤者不敢窺長安之門。新棘闈，治廨舍，竹頭木屑，無所遺漏，一時清明嚴整之績洋溢關西。乃監司某不悅於臺臣，疑公發其私，百計詆誣。同事者忌公名，又從而醞釀之。當局之臣不加察，遂至昧昧焉。

歸則闢書塾於城隅，聚古今圖籍，探討玩弄。後生從之游者，啟發諄諄，無所倦，才彥爲盛。邑東南多佳山水，約里閈耆舊結社其中，佳辰令節，終日徜徉。時就故老田夫講耕鋤，卜晴雨，渾無軒裳之態。非其所友，雖貴勢不與接也。天性篤孝，事親定省有恒，甘旨必親調。侍父疾，衣帶不解者月餘，鬚髮爲改。居常急人之難，息人之爭，故欣欣愛慕者多焉。

配武氏，庠生廷璋女。端嚴溫惠，克相宜家。生男三：咨、談皆縣學生。咨娶張氏，典膳冲霄女，繼胡氏。談娶程氏，庠生天善女。誥，聘許氏，知州鴻程女。三子皆績學有雋才，造物將以是褲公耶？女二，長配生員呂鈜，次字范尚緒，俱畚卒。孫男二，嗣龍、嗣夒。孫女二，俱幼。公所著有《禮經通旨》《詩學體要》《盤谷謬稿》，藏于家。生以正德乙亥四月十八日，葬以卒之次年二月十七日。爲之銘曰：

器以方毀，亦以皦傷。袛繫於值，豈繫窳良？不緇其皦，不易其方。要終考實，其美彌章。朅朅閻公，邁往允臧。仕胡不達？年胡弗長？在我者立，曷塞曷亡？玄官鑽石，用發幽光。

文林郎山東益都縣知縣前進士新齋楊公墓志銘

隆慶丁卯五月十六日，益都知縣新齋楊公卒于官，從兄江適以視疾至，遂歸櫬自青。居無何，江亦卒。公配李孺人以八月二十五日葬公于七里村之原，而以銘屬厶。厶於公爲道義交，且締姻好，往送之青，執爵郊亭，胥以崇德流聲相砥礪，詎意餞別之岐遂爲迎櫬所？痛何如哉！銘其曷可辭？

公諱沐，字子新，新齋其別號也。曾祖林，祖永寧，父鍾，世爲予邑南里北之望族，三世皆輸粟助邊，得授義民爵。然醇篤朴茂，布素自如，官服不時御也。母淮氏。公幼即穎敏絕人，十六，補郡庠弟子員。十八，食廩。爲文崇理致，屏浮華。累試有司，無所遇。嘉靖辛酉，乃舉于鄉。乙丑，登進士。其夏，授令益都。邑麗郡治，憲臣駐焉，且藩封、戎伍錯列雜居。去邑數十里，即巖阻綿亘，椎埋不逞類糾聚其中，擅坑冶利，旁近村氓亦漸相染習。官司稍繩正，即呼嘯而起，數千人可立至，夙號難理。公殫精竭慮，事爲經久圖，凡稱梗者悉爬梳剔理之，任怨任勞，無所避。甫數月，庶政秩然有章，豪猾潛形，胥徒屏息，邑遂改觀。諸上官知其才，委托沓至。公悉心條畫，不假力下人，日坐庭中，理租賦，剖訟牒，決衆務，事無巨細，必精審致詳而後已，率夜漏下二十刻，始秉燭歸休。性素畏謹，遇事少留，即蹙然無寧宇，爲之廢寢與飧。僅期月，形漸羸瘠，性度或失常，猶隱忍力疾莅公事，未嘗少自暇。所親率以節勞規，輒曰："吾方快於是，不爲苦也。"易簀前五日稽戶，則持筆定差役高下，惴惴懼少乖其宜，夜分始竟事，俟黎明懸示於門，然疾遂不可爲矣。

生以嘉靖乙酉九月九日，年四十三耳。配李氏，平陽衛參將李忠女；側室譚氏、王氏：皆無子。女一，許予子孟襘。公前母張氏生太學生潤，亦無子。李孺人請於淮孺人及公友西岡劉公、方齋王公，立江子體乾嗣公後，協於禮矣。二公與楊公友，自束髮迄茲若金石云。惟公以少子爲父母所鍾愛，而周旋左右，恒恐失父母之歡，父母甚安之。平居沉默靜退，若不勝衣。擇地而蹈，擇言而發，視人之不善若將浼焉，人莫不以遐福爲期也。強年甫仕，乃勞瘁殞身，於國無負矣。而垂白之母養未能終，弱女寡妻育莫能及，可勝悲耶！然體乾已十齡，志趣異凡，諒能繼公後者，庶幾無恨乎！乃攬涕爲之銘曰：

琼璧輝華，薦清廟兮。登降方興，胡然而缺？杞梓輪囷，棟明堂兮。雕斫方施，胡然而折？畀之奚奇？戕之奚倏？真宰茫茫，孰窺機軸？榮悴往來，乘除倚伏。千古箝顏，疇永疇速？勤事委身，允矣良牧。不朽昭垂，永賁川谷。

文林郎山東高苑縣知縣金溪劉公墓志銘

劉公諱光啓，字叔孝，金溪則其耕讀地，學士、大夫即以稱之也。世爲臨汾安仁坊人。曾大父懋，隱德弗耀。大父璇，治《毛氏詩》，遠有端緒，邑中經指授者多爲聞人，若太宰西磬張公其一也。仕陝之保安知縣，後贈太常少卿。子二，伯和，成化丙午舉于鄉，歷倅松江、慶陽、湖州三郡，即公考也；仲穆，正德丁丑進士，由庶吉士、給事中，少卿終焉。湖州公配燕氏，有丈夫子三，長光裕，舉嘉靖戊子鄉科；次光貽，郡諸生，有雋聲，早卒。歲甲午，公繼舉，時與長兄稱二俊云。公之舉，與予同時，年甫逾冠，明達雅訓，習聞當世之務，強記不遺，陳說纏纏有本末。同游之士多質疑難，輒得所未聞。治經承先世心傳，藝術精熟。復從金豐東先生學爲古文詞，造益淵邃。豐東以文名，一時少許可，特器重公。衆謂公必副金先生所期願也，乃八上南宮無所遇。己未春，廷授東藩高苑令。邑瀕清河，時橫決泛溢，昏塾特甚，四民轉徙十六七，城垣陸沉，官寺隳圮。俗習游惰，宿胥弄文，公私玩偷誕慢，庶務廢久，糾紛莫可理。公至，悉其狀，蹙額若不能一朝居。既而乃憤然曰："天子挈一邑人民、土地以俾予矣，非予理之而誰耶？"乃慨然爲飭治振起圖，遂築堤以悍水侵，增城以備暴客，壇壝、祠宇易壞爲新，居無何，邑治焕然改視矣。上官以爲能，郡有艱鉅務及均賦諸議，輒屬公與諸令以賢稱者俱。衆或依違，希迎當道意所向。公每直前正詞，奮筆就草，挺然少所遜。同事者後先從臾，嘖嘖稱美，而中忌後言，讒口四布，公莫之疑也。會部使者行縣于其鄉，公以諸尊貴吏同時且臨吾邑，邑凤瘠，莫爲備，苟僦館舍，假供具，非禮也，吾恥之。即下令益治諸可爲臺廨所，厨傳、供張務具備。奸吏敝民乘而譸張，逾初令。監司某業入忌者言，遂誣收印綬，仍滯留歷下，再逾年，其視事僅七月耳。壬戌夏末，予承乏入東藩。次月，公乃歸里舍。

公敏識通才，與人交，誠心直道。有就謀者，慮事畫策，可否率當人心，衆咸稱能，曰他日必良於官也。而今若此，是非命耶？湖州公訓子有矩度，既歿，而燕安人率履不渝，乃三子胥底于成。然性嚴急，公左右就養，獨得其歡心。戊戌春，當赴南省期，值安人微病，即侍養，依依不忍違。事庶母馬氏禮敬有恒。與兄光延、弟光衍相友愛，白首不衰。初，保安、湖州二公不事家人生產，雅好圖史，茅茨數楹，藏書萬卷。公歸自東，日吟咏其中，興至則發爲篇什，率有古作者風。坦中和外，無城府機械。雅善談謔，高賢畢集，公至輒烘然解頤。性好賓客，座上常滿，而交際往來、吊賀餞會之儀，必盡力而不廢，亦每急人之難，坐是家益落。然公不以是繫于衷，欣欣如也，蕩蕩如也，蓋人所難者。乃萬曆己卯春瘅于拇，醫易之，竟延潰莫可療，至二月二十日卒，得年六十有九，以生正德辛未二月十三日。所著詩文若干卷，藏于家。

配王氏，邑人例授指揮睿女。端莊誠一，多助公焉。側室張氏，邑人壽官進臣女。子男一，奎，郡庠生，娶李氏，蜀藩左相芝山李公筠女也。女三，長適馬忠，亦庠生；次適張文林；季適陽曲鎮國中尉知魵之子。孫女一，幼。

奎以公卒之年八月二十九日葬公于周家莊先塋之次，持其內之兄鄉進士李君承顏狀徵銘于予。予自附公年誼，以道義相切劘，未始少逆于中，四十餘年如一日，是知公者莫予若也。而公遽至是，奚忍銘公？又奚能不銘公哉？銘曰：

維劉于邑，文獻相承。保安肇基，玉立淵澄。別駕太常，作求繩繩。迨公振藻，嗣兄迭興。溫夷膚敏，可翼可憑。雖曰于仕，邑敝灾仍。莫知我勩，莫謂我能。黽勉從事，讒忌交騰。唯命所適，臧否奚憑？賁于荒野，心泰德弘。位雖未顯，名則可稱。何以傳之？銘章是徵。

七品散官澗水寇公暨孺人任氏墓志銘

余少受學，則聞榆次寇氏衣冠之美甲吾晉。時司馬公方以茂烈鴻猷羽儀朝著；太守君弱冠發解，文式于四方；鄉貢君亦以宿學顯名；祠部君象賢早奮，飭躬莅政，世德是求。余習聞其盛，心嚮往之。既舉進士，蒙恩入中秘，得與邑人今給舍李君爲同館，時與之稽前修，則古今，因及鄉國之賢，又聞司馬公弟散官公者，含貞履素，高蹈丘樊。李君精鑒識，慎與可，言可信，余益嘆寇氏之多賢云。今年秋，李君以祠部君狀過余，曰："散官公歿已久，茲任孺人復亡，葬有期，願子銘之。"

按狀，公諱天衢，字汝亨，別號澗水。始祖信，元末自徐溝避亂遷榆次。信生文長，文長生彦清。彦清生琰，是爲公曾祖，率隱德不仕。祖玘，以子儉貴贈大理評事；考功，以明經判定州；後皆以司馬公貴贈封右副都御史。先妣趙氏、妣吳氏皆贈淑人。公性資穎敏，好讀書，日誦數千言。以父兄皆業儒，乃謝去，理家政。事父母孝敬純篤，終始弗渝。定州公嘗誣繫東廠，寺人虐焰薰灼，公周旋左右，卒以無事。既歸，奉就司馬公養，往來秦越，服勤承志，率得歡心。事司馬公甚謹，言動皆則之。太守、鄉貢、祠部三君游學、計偕，公悉督課供饋，故俱以成立。教子嚴甚，雖小過不姑息，必令之改。居常訓誨惓惓，以讀書明理、孝弟立身爲先。見人之善，欣慕若己有；其不善者，必面折忠告。人以其質實，亦不怨也。居鄉，好義崇信，同黨吉凶貧苦及落魄不振者，咸爲之周給。歲饑，散積粟貸于鄉。或沮之曰："饑而貸之，弗圖償乎？"公笑曰："能積者貴能散也，矧鄉人枵腹，償與否可計耶？"辛丑，北虜入掠，故家皆閉糴。公出粟於市，隨所有易焉，復以米給守城者。正德中，嘗輸粟助邊，受七品散官。乃嘉靖乙巳正月二十三日以疾卒，易簀精爽不亂，尤諄諄以辨義利、慎離間爲子婦戒。距生弘治戊申十月二日，得壽五十八云。

配任氏，同邑德之女也。十八而歸公，端淑仁厚，奉舅姑柔順不違，舅姑安之。事散官公肅然以敬，處娣姒雍然以和，理閨壼秩然以莊，故內外咸稱其賢。弘治己酉二月十七日其生，嘉靖己酉正月十六日其卒也，享年六十有一。子男二，賊，國學生；陵，邑庠生：娶皆郭氏。女二，長適張儀；次適李芳，南陽二守君應時子也。孫男二，一鶴，聘刑科給事中李君敏女；一鸞，聘國學生郭君廷健女。女四，俱幼。賊等以十二月初七日合葬于城西祖塋之次。銘曰：

剛直質樸，古稱近仁。孝友施政，《書》美《君陳》。於戲寇公，依稀與鄰。高門濟美，用式其人。

山東冠縣學訓導任公暨配樊張賈訾四孺人合葬墓志銘

余少時，則聞父老言故司訓任公之敦學飭躬也，心甚景慕之。既乃與公孫今比部主事君游，比部夙雋拔明爽，學裕行修，余益信公詒範之遠云。嘉靖壬子七月四日，公繼配訾孺人卒于家，比部抆淚謂予曰：“先大父握瑾懷瑜，小試即已，卒于正德辛巳十月二十七日，已祔葬趙村先塋，然域中玄石未備也。茲大母將合窆於祖之藏，子其與之銘。”

按狀，公諱紀，字廷振，世爲河東太平人。高祖某，元季避亂入郡城，天朝平定，遂籍臨汾。曾祖守中，祖方，父本，率世德力農。妣李氏。公資材超穎，丰儀修偉，蚤失怙，刻志屬學，《丘》《索》子集，强記博識。爲文不事沿襲，而奇邃清約，華實彬蔚。總丱入郡膠，逾年得廩，聲稱甚籍，杰士魁儒折行下之。會上省闈，郡守胡公睿祖于郊，特舉酌屬公曰："子學行茂彰，大魁決矣。"時衆望率然，而公數奇，屢試無所遇。成化壬寅，例副貢試，首貢陰祈公遜，忻然以疾辭。乙巳，貢上南宮，遂游成均。既而曰："丈夫不能樹績當時，得嘉惠後學足矣。"復出，就銓冠縣訓導。至則植矩範，嚴條則，先德器，端文體，而又警覺怠荒，陶鎔頗辟，諸生悉洋洋然化也。鄰封之士胥悅景從，公啓迪淬磨，率無少怠。弘治甲寅，偶微疾，喟然曰："夫仕所以求見諸行也，吾教其庶幾矣，不去奚爲？"遂投狀解任。諸士涕泣願留，而公不可止矣。

歸則祠先修祀，睦族訓子，日惟左右圖書，暇則歌古文詞，或陶然獨酌。雖親舊不苟從，其不善者輒引避之。有司鄉飲禮爲大賓，一與弗再往。或問之，曰："朝家鉅典，實以優老尚賢也。所司苟率峻惰，吾耻焉，奚往爲？"動靜安和，爲一邑大老者三十年，可謂罕見其儔矣。

生以正統辛酉六月九日，壽八十有一。配樊氏，天順辛巳四月十五日卒。繼張氏，天順乙酉十月五日卒。繼賈氏，生子一璁，早卒；女一，適照磨張紀。成化庚子二月十七日賈卒，乃繼訾孺人。孺人邑著姓□女，植性端莊，夙閑禮訓。及笄歸任公，躬親辟紝，閨壼肅雍。偕公之成均，復之冠。公厲廉潔以帥士，孺人甘苦節，相于中，故得無撓焉。公歿，孺人總家政，督子婦，以儉勤業遂漸殷。凡祀享燕賓，必身致誠潔，雖老弗怠，族里姻黨稱，罔間言。享年八十有五。生子五：政，壽官，娶郭氏；孜，娶張氏：皆卒。敏，比部父也，娶范氏；枚，娶陳氏；汶，娶武氏。女二，適處士劉宗寶、平陽衛指揮馮大臣。孫男九：民望，即比部，舉庚戌進士高等，授今官，娶安；民順，西河王府引禮，娶程，繼杜；民敬，娶金，同早卒；民欽、民悅，娶張；民信、民孚，娶荀；民範，民懷。敬、孚、悅俱郡學生。女二，楊尚忠、張九皋壻也。曾孫男二，女三，俱幼。孺人生以成化戊子十二月九日，樊生正統甲子八月三日，張生正統丁卯七月六日，賈則景泰甲戌三月十二日生，合葬在癸丑二月十九日。銘曰：

任以國氏，世著河東。郡城避地，克振自公。膠庠初試，桃李實繁。厥躬少嗇，慶衍後昆。有美元孫，虬騰鳳翔。維公德馨，奕奕煌煌。鬱彼堂封，四配同穴。勒銘幽宮，昭揭賢哲。

徵仕郎彭城衛經歷龍田周公墓志銘

龍田周公者，臨汾人也。名照，字德溥，系出漢絳侯勃。勃封河東，子孫遂散處近邑。國朝永樂初，諱麟者以《詩經》發解于鄉，是爲公從曾祖也。大父庸，父宗彝，號實庵，皆隱德不耀。配張氏，正德己巳八月一日生公。幼即敏慧謹畏，未嘗與里中兒嬉戲。時實庵翁春秋高，鍾愛特甚，遣從良師游。年十六，試于學使周公。周公大奇之，錄入邑庠，冠諸生。公愈自奮勵，誦習頮勤。實庵翁慮其勞或過，乃從例入太學。公以太學多奇士，朋來聚樂，麗澤資深，四方奇士輒推遜公，莫或先。然念實庵翁不置，竟謁告歸，左右就養，誠敬懇至，翁日融融然安其養也。與二兄分異，退讓若懦夫。親黨或以爲言，公曰："孳孳貨賄之盈虛，得無傷兄心乎？"每大比，所司廉公文藝，輒勸令就試。視學憲臣，若章公、劉公、廖公，率稱賞獎予，列置異等，咸以高第若持券取也。屢應鄉闈，無所遇，公怡然曰："吾豈可力與命競哉？"乃以所業授諸子，閉門巡迪，絕意榮名。諸子爭自濯磨，蔚爲時彦，始就試銓曹，授霑化邑丞。時邑逋租積鉅萬計，公顰蹙曰："吾不能奮學術以福蒸黎，又安能事鞭笞以毒貧病耶？"遂疏致其事而歸。

既得勝於樊河之上，結茅種樹，左右圖書，日與有隱德者三四公游歌觴飲，瀟然出塵之趣，非其人莫得而預也。丁卯秋，虜犯離石，烽火達於河汾。時東郭城卑陋不足爲守，公毅然率諸同志畫修築圖，首捐重資爲物先，日躬臨督視之。城成，屹然若金湯。中丞楊公上公高行于朝，詔進今秩以示褒。垂銀振鷺，人以爲華，然公罕御也。鄉飲大會，延爲上賓，一赴不再往。其恬素類如此。

公資穎志專，力勤學博，所治不直舉子文，凡他經子史及前代名人著作悉務記覽。發爲文詞，清逸典則，沛然不可禦。作字端謹遒勁，類其人。生平飭躬靜嘿，多能而不炫；與物坦夷，有犯而不校。溫恭樂易，而言動無少詭隨；藻鑒精明，而終身耻言人過。宅心誠而正，慮事遠而詳，容衆而親賢，厚人而約己，接之若春風之襲人也。治家有則，門庭之内肅然秩然。豐而不華，儉而不嗇，視日來里俗侈肆盛麗之觀若將浼然。至寒者與衣，饑者與粟，病者與藥，死者與棺，蓋不可勝計，率爲之若恐後，未始少滯留也。族姻以空乏聞，或無依以立，必隨親疏而時給助，雖久不廢。里閭稱貸，亦無峻拒。後其人莫能償，遂折券不復問。族人有寓異省者，歲時遣人走其家問遺之。而又修族譜以明昭穆，置祀產以時薦享，凡所以聯屬撫恤以承祖考者，心力罔不盡，然皆不欲人知也。

余辱公道義之雅四十年矣，投閑林樾，時得從公於山水之間，見公德淳而行謹，氣粹而神清，恒以公期頤可必也。公夙善星命，不謂予言爲然，乃萬曆癸酉二月二十五日竟以脾疾終，得年六十五耳。終之日，市童走卒，莫不賫咨哀悼，傷善士之云亡。

公配王氏，先卒。繼陳氏、侯氏。子男四：尹東，娶王氏；

為柬，娶亢氏：皆郡廩生。興柬，太學生，娶張氏；啓柬，郡庠生，娶寇氏，繼李氏。女一，適庠生亢思敬。孫男十二，繼元、繼謨、繼烈，皆郡庠生；繼史、繼獻、繼哲、繼采、繼常、繼旦、繼奭、繼芮、繼任，皆未冠，然治經飭行，類不忝公所貽。孫女四，其聘字皆名家。

尹柬等以其年七月七日葬公于九州堡之新阡，以葵溪張公狀徵銘于余。公行宜銘也，乃銘曰：

在昔賓賢，自鄉考德。入長出治，勩猷允塞。科目制崇，士修藝業。學博詞宏，高華煇煇。今古任人，途惟茲二。周公兼之，乃不一試。政施于家，曰惟孝友。化洽于鄉，寧事臧否？義問昭宣，顛連允殖。仁讓教成，里閈惟則。勿謂退勇，高風洋洋。勿謂身隱，德音孔揚。克開厥後，如珪如璋。行楨王國，爲龍爲光。皇恩有赫，賁于幽堂。山蒼蒼而原膴膴，是曰哲人之藏。

迪功郎山東長清縣二尹原溪亢公墓志銘

亢公諱得霖，字伯雨，原溪其別號也，世爲吾臨汾人。亢之裔環邑遠近而居者，其麗詎直數千指哉！散處吾郡及太原諸邑者未悉也。相傳自汾西徙，然斷碑遺碣，則石晉時姓已著於郡。顧土風椎魯，且兵革屢經，迄元末地大變，譜牒莫可稽云。天朝平定，版籍鼎新，則繫公先世於柬陽廂，予先世於橋柬里；然諸先公即契誼親密，不啻近屬然者，迄今未間也。公曾大父復威，大父貴，父玘，皆隱於農、賈。母許氏，以弘治壬戌八月十六日生公。性識朗茂，志趣高特，自其鬌齔時即自力於學。稍長，爲文輒奇崛出人，鄉先達柬汾康公雅器重之。嘉靖壬午，試於有司，學使莆陽周公奇其文，褒然置選首，録爲弟子員。乃公父以獨子不欲勞於學，遂以例入辟雍。公向往愈勵，日與海內英流考德講藝，上下其言論，胥麗澤焉。居無何，父以賈離卒於維揚。公浮河往奔，號痛幾殆。奉櫬歸葬，甫襄事，母即遘貞疾。公檢方延醫，進湯藥，時食飲，視顏色，承志意，周旋左右，奉養百方者十餘年，又獨持門戶，自是學少息。

歲乙卯，謁選入都亭。時予守官史局，別久而聚，甚歡也。公入試銓曹，文在高等，得齊之長清丞。邑當入齊午衢，且有勝區，登岱使軺必憩息焉。公佐令經畫，廚傳賓寮，各有恒度，大吏沓至，無滯節，無濫費，交口賢之。嘗解俵種馬，徵收常賦，又司香稅於岱頂，尤人易以動者。公兢兢自勵，悉一無所染，一時丞邑咸遜服焉。於是中丞劉公、傅公各移檄禮公，有“不索常例，克守官箴”之褒，皆錄實也。會令虛位者再年，監司熟公賢，篆久屬。公愈精心求平，有移訊牘者，必從容質究，期得其真，仍爲傅輕獄。贖金、訟穀，纖細必入於公帑。尊禮仁賢，敷求治理，咨軫民瘼，務在休息而安全之。逾三載，公忽嘆曰：“仕途之味，予既已知之矣。吾有子可教，有田可耕，胡不歸？胡不歸？”遂投牒以謝事請。諸監司惜而留之，莫能得。去邑餘二十年，邑人懷思未已焉。

歸則闢精舍於居南，群諸子及孫，躬禮明師，共督課之，伊吾之聲時徹昏旦。諸子及孫各震用濯磨，經業精雅，每師儒品士，一門群彥遞相甲乙，爲多士先。公督之愈益勤。暇則倡諸耆舊爲朋壽之會，探奇討勝，雅歌徜徉，樂陶陶忘倦，里黨望而慕焉。素強健，寡疾病，人咸以期頤可必也，乃萬曆庚辰二月十三日以疾卒，得年七十九云。

公長身玉立，樂易真誠，豁達無城府。鄉鄰爭辨，多就質平，斷詞正容，罕所回互，其否者亦素熟公衷，無忤也。郡延爲鄉飲賓，再赴，輒遜謝。篤厚人倫，待宗族、內外姻恩意周洽，諸婚嫁喪葬及夫里庸調，一切身任之。凡環公而有連者，視公若外藏。母有遺言，以姊妹爲托，公處之禮愛尤篤。推及諸甥，或給以貿遷，或成其名禄，屢費重資，不計也。

配張氏，先卒。繼衛氏、馬氏，馬氏亦先卒。子男六：時中，府庠生，娶寇氏，武陟縣尹鸞女；審中，娶范氏，貢生金女，先卒；宜中，府增生，娶王氏，鴻臚序班延桂女，繼王氏，儀賓志淳女，繼李氏，邑人梅女；用中，府廩生，娶王氏，臨潼二尹世臣女；致中，娶荀氏，廣元三尹景哲女；應中，府廩生，娶李氏，太學生光溥女，繼田氏，儀賓大亨女。女六，一適庠生張詢，一適庠生周爲東，一適張南正，一適庠生劉守恩，一適庠生宋潤，一適宋洛。孫男四：有溱，邑增生，娶張氏；有洧，娶張氏；有淑，娶張氏；有澄，聘張氏。孫女九，曾孫女二。諸子元孫，皆有聲場屋，巍科可刻期至者，而公不待矣，惜夫！

時中等卜以是年閏四月二十二日葬公于孟家莊之新阡，乃手所述事狀造予，以銘請曰：“兹先君治命也，願先生終惠焉。”公忘年友予，以道義胥砥礪四十餘年，未始少解于心也。公瘍于足，僅數日，以病篤聞。予亟趨往視，悲不能勝。公張拱禮予，語諄諄，多不能辨矣。哀感迄兹莫能已，是奚忍銘公？然生平交誼，又奚能不銘公哉？銘曰：

明慎以行其志於邑兮，上下稱賢。政成而乞其身於未老兮，明哲疇先？義方以式穀子若孫兮，探討遺編。芝蘭競茂於庭階兮，濟濟綿綿。裕而好行其德兮，義問昭宣。良朋結社以嬉游兮，樂我高年。箕範衍福惟五兮，公允矣其克全。勒銘賁於幽宮兮，千萬世以永傳。

散官西麓盧公墓志銘

嘉靖戊申三月二十八日，西麓盧公卒于家，冢子國學生應祥馳介如都亭以告，且徵銘。予走位哭，遂抱悲痛逾旬日，情弗忍銘公，然義不可以已也，乃序而銘之。

公諱登，字伯升，爲太平西侯之世族。曾祖仕升，祖恭義，父孜，率有隱德而不顯。母曹氏。公少即精敏，無不通達。長而愈騫奮，既游膠序，遂入太學，泛交海內名流，意氣招來，率依依不忍舍。以親老歸，奉色服勞，親心大悅。間課家政，躬稽事，不數年，田畜所入數十倍於前。闢書塾，延儒碩，以訓子弟及里之茂異，仍躬督勸之，弦誦之風洋洋如也，因而成材者甚衆。倜儻好義，鄉黨吉凶貧苦不能舉者、落魂不振者，公率爲之周給，仍經紀其始終，藉公而濟、感之終身者逾數十人。敦崇禮讓，慎重倫理，於忿爭者則抑之，健訟者則諭而止之，於不若於倫者則化而導之，俗因以勸。且有智度，識大體，衆有爭辨不能決，輒就公平，紛紜轇轕，以片辭折之，刃迎縷解，排難息爭，未易悉舉。嘗自言曰：“使我得時從政，必有可觀。”噫！惜哉。

三晉薦饑，公輒发粟以賑。鄉之貧乏，又貸以麥種，既熟，亦不責其償。素善予邑舉子楊世禎，屢周而貸之。禎豪士，貧甚，病且死，以二子托公。公焚其貸券，挈二孤以歸，軫其寒饑而衣食之，隆之師儒以訓迪之，不啻己子若也。二子學既成，其族人欲之，即以歸焉，無難色。遠邇義其事，白於郡，郡守王公溱表其閭曰“尚義”云。公從兄鑒，予婦翁也，生子輒不育，公以從子良可以成，屢薦于公，俾以爲嗣，仍勉之學。予之締姻，亦公意也。

公中誠外質，不事矯飾；性復伉直，不爲脂韋突梯之態。義有不可，輒形於外，遂忤當道者意。讎家乘之，巧誣以他事。當道曲鍛成獄，欲坐重典。父老數十人上書，爲公頌冤。當道雖愧悟，竟坐除名。然其事無幾微涉，本末具見，行路心惻。當道者既去，衆謂公可以自白。公嘵然曰：“已焉哉！命吾已知之矣，縱能雪吾冤，吾又能出而干時耶？”遂不辨。

復輸粟賑荒，得授散官。遂志丘樊，不求榮利。佳辰令節，則與客登臨吊古以發憤懣，陶陶然與世相忘。晚苦痰喘，應詳等求醫致禱，遂以愈。嘗使應詳仕，對曰：“祥不能違吾親也。”公感之，遂不強。今春疾復作，竟不起，距生弘治戊戌五月十日，壽七十一。配關氏，貞静端明，閨門雍穆，與公終始如賓。以祀事之繁也，爲公置側室翟氏以居。先公十六年卒，公竟不再娶。子男五：長即應祥；次應瑞，散官；應聘；應期；應選。聘、選皆早卒。女一，適鄉寧縣學生王喬齡。孫男六：向陽，向德，向明，向奎，向上，向極。女一，適生員郭九齡子。

應祥等將以十二月某日葬公于某之原。公天性至孝，平生事父母無惰容，居喪逾禮，歲時展墓，率泫然流涕。愛賢好士，老而彌篤。予初試于有司，邂逅公於逆旅，公即愛重。予既處甥館，公撫愛備至，恒以古人事業爲予期。予登第，公喜甚，走書爲賀。予方擬躬持杖屨以侍公歡，黽勉樹立以酬公知，而公遽已矣，痛何如哉！痛何如哉！哀而爲之銘曰：

行方以端，氣和而安，維質之良。濟人傾己，尚賢無弛，乃德之常。求全致毁，遘彼凶宄，直道之傷。順受不校，胤嗣維肖，千祀之光。

志　銘

壽官肖溪趙公墓志銘

趙翁諱批，字元明，號肖溪，絳之三林中里人，前尹富平嶧山公之父也。初嶧山甫逾冠，舉吾晉鄉試第二人，連舉進士，過予於都邸，朗然玉映，退讓君子也，心竊儀必世德是承者。比里居，每值姻黨自絳旋，則聞翁及厥考淳厚朴茂之詳暨翁父子慈孝雍和之狀，私心恒嚮往之。頃外侄盧君體治手嶧山書，以翁志銘屬，予爲驚悼不能已，蓋傷善士之萎云。

按憲使小溪孫公狀，趙之先本潞人，國初諱三者徙居絳。三生延世，延世生彬。彬子二，長曰昶。昶子四，仲曰二。二子五，長曰演。演子三，季曰紱，翁之父也，號溪翁，配馮氏。溪翁慷慨好義，賈茶馬于西寧，積穀數千石。值歲凶，減直以糶。拾遺金，訪其主還之。語載學使方山薛公表中。翁少有異資，讀《孝經》《論語》，日記千言，旁獵衆技，如《九章》之類，悉通其理。以父久旅邊，獨奉母居，勤動門戶，弗克竟其所之，乃力田爲養，節約自持，家用以饒。父素好施予，自河外垂橐歸。翁承順志意，務得其歡。時三林毛公謝涇邸長史還，重翁父，日與游。嶧山甫髫年，翁命從毛公受小學、四書。毛公奇嶧山韶秀，許妻以女孫。有王生魏者亦從毛公，俊拔有聲，翁以女妻之。嶧山復受《尚書》於王，講業州城，資給備至。嶧山巍科蚤奮，本翁訓誨力也。癸丑秋，嶧山授令富平，迎翁就養宦舍。翁每諭之曰："汝荷國寵靈，作民父母，曷以子視民乎？毋淫刑以戕其命，毋濫用以傷其心。"嶧山祇奉訓言，故清静寬仁，終始不易。乙卯冬，翁以入覲有典常，先期戒家人歸。乃朝議謂關陝邇胡，留守令勿往。歲暮，地大震，官舍傾頹，罹禍者莫可計，而翁獨先期行，若或相之云。

丁巳夏，嶧山以忤部使者意，被言歸。翁欣欣然曰："吾不欲汝以禄養久矣。爲下民而獲咎於上官，又何尤焉？"乃構精舍，俾嶧山群鄉士之彦者，日論文考德於中。躬率僮僕治田畝，供賦税，優游養和，終歲不入城郭。州守高其行，延爲鄉飲賓，一往，不復至。萬曆改元，翁壽八帙矣，署州太原二守王君奉詔榮翁爲壽官，扁于門曰"恩旌耆德"，州守李君復表其門曰"明時義士"。蓋翁失配十餘年矣，蕭然獨處，僮婢一不至其室，二題，君子謂稱情焉。居鄉間，以正直聞，人多諒其悃愊，凡有紛難率就之平。親鄰有婚喪不能舉者，必爲周給。負貸者至，不責其償，州里德之。年逾八帙，視明聽聰，健步善飯，尚能作細書，人望之若仙然。萬曆丁丑冬至日遘疾，乃命嶧山祀家廟，蓋歲時祭享必躬親，不他屬也。病革，呼嶧山曰："汝年已逾艾，吾無可虞，惟訓迪後人，毋蹈非義耳。"言畢而逝，十一月十二日也，生弘治癸丑七月十四日，得壽八十有五。

配馮氏，有淑德，先翁卒。子一，即嶧山，名桐，娶毛氏，即長史孫女；繼靳氏，處士玉女。女三，長適同里侯征；次即王魏，今交城王府教授；季適三林南里閆璠。孫男三。熠，州庠生，娶陶氏，少保恭介公曾孫庠生冶女；耀，聘張氏，獻縣主簿東康子太學生永泰女：俱靳出。焕，尚幼，側室張出。孫女一，適州廩生王莊王之屏，毛出。曾孫男二，坊、坪，俱熠出。

夫翁質直篤行，三世罔渝，是宜逎壽康寧，門閥光大，孫子逢吉而蕃衍若此也。嶧山卜戊寅二月十五日安葬于郭西先塋，與馮孺人合焉，乃爲之銘曰：

幽居恬泊兮嘉遁徜徉，貴不于躬兮令聞用章。佑啓後人兮如珪如璋，求我庶士兮倩孔良。逾耋望九兮而色而康，作德食報兮福履允臧。汾水東馳兮松柏蒼蒼，千萬斯年兮尚式隱君子之藏。

九品散官乾渠盧公暨配孺人衛氏楊氏遷葬墓志銘

乾渠盧公既葬十祀餘矣，其子向明今年秋得吉壤，卜期奉遷，乃叙狀而徵銘於予。予前室敕贈孺人爲公從女弟，習聞公懿行，銘奚可辭？

公諱應瑞，字慶甫，號乾渠，世爲太平西侯右族。勝國時，有諱仲寬者，行誼著邑中，生子二，次曰管卿。管卿子四，季仕升。仕升子二，長恭義，樂善循理，蔬素終身，鄉以善士稱。子四，季孜，淳朴無華，讓父産於諸兄，力穡居積，晚益饒裕，乃輸粟，授義民爵。子一，諱登，號西麓，公考也。畧游邑黌，入國學，講藝締交，多海内名雋。豪爽伉直，不能爲阿態軟言。尊禮賢士夫，問遺恒溢所願。待族姻尤有恩，振饑周困，好行其德，終無倦容。郡以義表于門，邑推賢列于傳，君子以爲當云。

公西麓翁仲子，幼即識鑒敏達。年十五，西麓翁委以家務，經理區畫，無不當父心者。西麓翁好招延名勝，至輒投轄爲歡。公周旋左右，肆筵授几，食飲豐甘，卜夜留歡，立侍彌恪，賓朋稱賞，忻忻如也。予早歲往來甥館，竊識公，宴息率丙夜，甫昧爽，則公履聲周歷庭除，飭汛掃，起傭賃，趨田作矣。西麓翁義問既高，遂爲忌者中以奇禍。公罄盍中資，經營司事者，誣竟以白。母關孺人遘危疾，厭湯藥。公長跪床下頓首請，必盡啜乃興。伯兄亦太學生，嘗爲炮火延爇，疾幾殆。公奔走求醫，至廢寢食。復躬禱太和山，得奇方，乃愈。嘉靖戊申，西麓公卒，公哀慟不欲生。明年，伯兄亦卒，喪葬諸勞，心計力殫，罔或不虔。撫幼姪，與己子無少殊，時時泣諭之曰："汝吾宗冢孫也，守先世之成，紹汝祖之烈，尚克念哉！"姪爲感奮，游邑庠，上辟雍，若公訓云。

公省約自居，厭綺靡之習。嘗受九品告身，冠服不一御。與鄉人居，恂恂溫謹，退然若不勝衣。自結髮至斑白，惡聲未或至。舉向明也晚，不以愛緩教，延名師，盛禮遇，復躬勤督課，篝燈共室，業不精不寐也。向明刻厲自樹，博雅有雋聲，高舉可俟，惜公未及見耳。

公生以正德丙寅十月九日，卒以嘉靖辛酉五月二日，得年五十有六。配衛氏，北柴處士表女，端凝誠恪，拮據佐公振其家。年甫逾壯，即力贊公納副室楊氏。是生向明，孺人撫之，忘爲楊出；子依依瞻戀，亦忘非孺人出也。楊爲故城處士敬宗女，精女紅，勤中饋，事長君婉娩順從，退讓自牧，終身無間言，里黨兩賢之。生子一，即向明，娶襄陵衛氏，繼臨汾張氏，再繼襄陵邢氏。女二，一蚤卒，一適襄陵邢一枝。孫男三。肇傳，聘故城醫官鄧應奎女，張出。次先傳、我傳，孫女一，俱幼，皆邢出。衛孺人生以正德戊辰四月十二日，卒于隆慶丁卯五月二十七日，得壽六十歲。楊孺人卒，則嘉靖甲子四月十五日，距生正德庚辰十一月二十日，年四十有五。

公初未病時，日行營壽藏，竟未有獲。既而及二孺人先後卒，則各以卒之年十二月葬于先塋之右。塋邇澗河，乃澗日南蝕。向明虞爲水所嚙，而堪輿家時亦爲言。萬曆丙子冬十月，向明夢公偕弟起甫并立若平生，呼而語之曰："棺蓋敝，爲吾易。"覺而心動，質明，起甫無疾而終，乃子向極購佳城葬焉。向明每念公有治命，及感茲夢境，愈皇皇求善地，得于太平莊之原，乃以己卯十一月十四日奉公及二孺人柩改葬焉。銘曰：

原之土厚而豐兮，有巍者丘，維公遷之宮兮。崇山西來，聳巃嵷兮。澗溪縈迴，氣鬱葱兮。同室好合，穴爾攸同兮。作求世德，食報于其躬兮。發祥流光，行貫星虹兮。式穀綿綿，允曰芝蘭之叢兮。

聽選官雲泉田公墓志銘

公諱萬伯，字汝林，姓田氏，雲泉其別號，厶外舅也，吾晉之臨汾人。曾大父濟，大父興，世有令德。父倉，嘗輸粟塞垣，授代藩典膳，以純篤著於鄉，鄉之人稱曰"河山公"。配張氏，公季子也。初，河山翁昆弟者五，胥奮志於賈，懷資各出，西逾秦隴，北歷燕雲，浮淮海而南，久乃同即次維揚以鹽賈，賈業日益昌。公獨居里中持門戶，奉慈親恒得歡心，事二兄無違禮。出而敦族交鄰，融融如也。河山翁既倦游歸，喜賓客。公延致共談笑，日羞酒食，時召歌舞爲娛。翁嘗病嗽，湯藥必躬調乃進。時值怒或詬詈，亦安然受之，依依不忍違。初，河山翁命公兄弟析產居，公悉心舉廢，不數年愈拓以饒。既乃慨然曰："財所以足用也，用足已矣，胡終歲馳驅，去井邑，遠父母耶？"遂悉以資界里中人，代化居於雁門，約均入其子息。其人恣費匿，不數年，所界蕩然。復冒侵官帑，稱貸私室，逾數千金，率假名於公。司事者以公主名責之償，唯唯不復辨。產既罄，數尚未盈，旁視率忿懑不能堪，令白諸官，輒曰："吾命也！吾命也！安之耳。"天植誠朴，絕無機械心，復不習機械事；與人交，敦信不欺，亦不虞人欺己；既中其欺，亦不計不悔也：皆人所難者。精《九章》之術，退然不自衒，叩之隨應，如指諸掌。少時補藩省從事，未幾，厭其勞，乃循例實邊，得需次天曹。及生計消落，銓期已逾，所親勸之仕，則曰："稗官散秩，奚能益於時？吾豈干升斗祿，僕僕爲人役耶？”家徒壁立，日油油然無慍容，杜門静處，若習養生家言者。予意期頤可卜也，乃隆慶初元七月十二日以寒疾卒，距生弘治壬戌三月十日，壽六十六云。

元配劉氏，生子一，洵，儀賓，配西河鎮國中尉知煒女雀山鄉君。女一，適厶，往奏史官績，蒙恩封孺人。繼宋氏，生子一，溶，習舉子業，配楊氏，世爵女。女三，一適鄭汝敷，一適庠生高汝質，一適賈從禎。再繼萬氏，生子一，瀾，聘盧氏，指揮岐鳳女。女二，一許張思誠，一幼。孫男二：可稼，聘張氏，洵出；可稔，溶出。女一，尚幼。

洵等卜是歲九月十六日葬公于辛莊之原，從河山翁兆也，乃涕泣以狀而屬銘於厶。厶奚忍銘公哉？然義不能已也，乃抆泪爲之銘曰：

悦於親，惟孝之純。宜於人，惟德之醇。蹶而弗争，惟心之仁。克褒其真，是曰懷葛之民。嘉遯弗耀，胡值之屯？厥祥爰發，祚胤之蕃。勒銘玄室，千萬世以永存。

迪功郎直隷平山縣二尹素軒狄公墓志銘

素軒狄公者，晉之臨汾人也，諱錦，字尚絅，卒以嘉靖乙丑四月二十日。公子用夏、用賓以是年十一月九日葬公于七里村，從先塋焉。前事之月，二子杖而乘門，持狀請予銘。予曰：“公行應銘法，予又夙知公，奚其辭？”

往予家食時，公命用賓來受《易》，復時時過予。竊識視公，進止有常度，無忿色，無誕詞。與之考究文義，上下古今，間及民生疾苦便利，率探索深淵，洞極底裏，而政疵民瘼，尤舉置灼然。每私念公才美，若肩巨任，其所樹立必能昭焯人耳目也。歲甲辰，公就選銓曹，僅授平山丞，司牧政。邑民力素瘠，圉户困尤甚。公掃苛細，絶苞苴，平政寬廉，與之休息，遂得士庶心。

時北虜猖獗，岩邑城久頹，習不爲備。公署篆，乃崇城浚隍、除戎簡卒以爲備，人或迂視之。無何，虜果深入，畿甸震驚，而平邑獨無擾。令某者以嚴明自炫，民日麗于法。公婉辭導諭，令輒爲霽顏，每曰：“吾不值于公，幾不免于戾矣。”用是邑民愈益愛戴公，同卿及丞皆署上考，部使者屢移檄旌之。然公以勞苦無少休，乃嘆曰：“夫仕以爲人，孰若退而自適？吾又安能規規於五斗圖耶？”即日解冠裳，跨馬歸。同事及士民固挽之，莫能得，邑人迄今有遺思焉。

公幼即穎慧絕人，年十四，入郡庠，爲弟子員。十八，試于督學石公，奇其文，得廩食。復從苑洛韓公游，文業日益邃。乃七試于鄉，無所遇。嘉靖辛卯，詔天下貢士各遴文行茂異者充之，惟其人，不惟其資，蓋復國初貢舉并用之制，特選之也。所司校諸生，無逾公者，遂首薦焉。需次十年餘，持衡者執泥資途，竟俾以丞終，生平所負持未能大措諸行也，謂之何哉！

曾大父順，大父榮，父進，皆隱德不仕，公獨以儒業起家。弱冠時，父旅卒維揚。公聞訃，悲慟幾絕，乃馳詣東南，水浮陸走，返櫬于家。事母氏姚，定省有恒，出入必告，侍甘旨，問湯藥，輒先意順，欲以得歡心，終其身未或怠也。春秋既高，每談及先人舊事，即涕下沾襟。嘗語二子曰：“汝大父僅育予，孑然自立，拮據俯仰多矣。吾幸有汝二人，伯宜持門户，理家政；仲宜嗣文學，振家聲。咸務底于成，毋廢半途可也。”復每戒之曰：“毋逆親，毋忽長，毋崇侈靡以殄天物，毋懷忮刻以毒齊民。天鑒非遙，吾居常警惕，恐類應不誣也。”二子祗承公訓，今各以善聞，謂非有父有子耶？

儉素自甘，恥爲華靡，謙恭沉嘿，退然若不勝衣。醇篤忠信之譽，親疏無間言。鄉鄰有疑者，多就之謀；有爭辨者，多就之決。公剖析啓發，不數語即犁然當於人心。自束髮至白首，所與從事者，雖賢不肖不同，卒莫與公有怨嫌也。嘗有以古陶器鬻者，留而議其直，數日不再至。公曰：“吾閱其情殊迫切，胡逾期耶？”乃使人號于市，值器主，曰：“頃以輸租困，俾某代吾鬻。某暴卒矣，方求吾器未獲也。”公厚其值界之。其他周人於急，濟人以資，間值負者，亦不屑屑計焉。歸自平山，即以家付子，優游閭里者二十年，得壽七十七，生以弘治己酉正月二日云。

配楊氏，先公八年卒。生子二：長即用夏，娶陶氏；次即用賓，舉壬子省闈高等，娶李氏，繼宋氏。女一，適宋國卿，戊午舉省科。孫男三：文光，娶楊氏，繼沈氏；文耀，娶劉氏；文采，聘王氏。女二，一許儒生周繼耒，皆用夏出；一適儒生張九德，用賓出。曾孫男一，歸明，文光出。夫身既康強而壽，子孫復衆盛而賢，公其奚憾哉？爲之銘曰：

古先詔爵，論秀命鄉。敦本考實，德進言揚。科名歸重，爰自隋唐。操觚競巧，本實未遑。狥歟昭代，損益百王。科貢薦舉，昭示周行。習沿時異，乃戾典常。聖皇御極，光復舊章。狄公蘊德，顒顒卬卬〔一〕。譽隆州黨，業擅膠庠。成均升進，天宇翶翔。論官銓氏，德意莫將。因仍常調，佐邑冀方。圉人不擾，允矣循良。詰兵捍患，偉績曷忘？委身遂志，奚必岩廊？潔己勇退，丘壑徜徉。逾七望八，而壽而康。有臚孫子，如珪如璋。考祥孔備，視履允臧。高丘突兀，良璞之藏。勒銘貞石，千祀之芳。

典膳孝庵荀公孺人寇氏合葬墓志銘

余少時則聞里中有荀公者，以字行，人稱爲長者，無間言。邂逅值之，退然篤厚君子也。居無何，以寒疾卒，鄉人莫不咨嗟痛惜，傷善士歿云。

公諱文質，字彬之，號孝庵。曾祖矩，祖俊，父逵，世爲臨汾著姓。母張氏。公少失父，即總家政，相時低昂，修業而息之。雅善擇人，其人不可與財通，遜避無所及；值誠謹而善賈者，輒畀以重資，聽其出入，不規規稽所爲。且薄嗜欲，節服食，與共事者同苦樂，故能得人之力，而舊業益充。在母側，愉色卑躬，承意不少忤。出而親禮賢士，如恐不及。遇宗黨鄉鄰，恂恂和順，惟恐傷其意。間有横逆侵，亦對之微笑而已，故人終不忍侮焉。卒以嘉靖甲午閏二月二十四日，生則弘治壬戌四月七日，得年三十三耳。

配寇氏，邑處士讓女也。方荀公歿時，孺人年甫逾三十，姑老在床蓐，諸孤滿前，長者方志學，餘尚孩幼也。孺人上奉病姑，曲爲順適；下撫諸子，俾長者力于學，次、季則孳孳爲門户計，不令習于嬉。至於肅閫閾，理經費，給更徭，種種中于度，人視之不知荀公亡也。心殫於慮、身職其勞者，數十年若一日。然晚歲二子頒白，日不離左右，諸孫競奮，一已舉于鄉，乃恬然曰：“吾庶幾可藉手以報夫君矣。”乃隆慶辛未十月十四日以疾卒，距生弘治甲子二月二十一日，得壽六十八。子男三：景哲，國學生，娶程氏，繼張氏，再繼張氏；景韶，配陽曲臨水鄉君，爲儀賓；景祐，先卒，娶宋氏。女三，長適陽曲奉國將軍表植，次適西河鎮國中尉知萩，次適生員劉守正。孫男八：建中，生員，娶張氏；用中，生員，娶趙氏；秉中，幼：哲出。執中，生員，娶李氏，繼李氏；時中，庚午舉人，娶高氏；允中，娶宋氏；協中，娶阮氏：韶出。應中，娶張氏，祐出。孫女六：一適陽曲鎮國中尉知恢，一許亢致中，哲出；一適生員段成文，一許于桂馥，一幼，韶出；一適國學生郝世偉，祐出。曾孫男六：一龍，聘姚氏，執中出；雲龍，乘龍，用中出；孟龍，聘張氏；從龍，兆龍：時中出。曾孫女三：一建中出，一許段彩，執中出；一用中出，皆幼。

景哲等卜以壬申正月四日合葬公、孺人於賈莊祖塋之次。葬有期，哲帥弟及子若姪，介鄉進士方齋王君徵銘於余。余交國學久，時中又年家之彥也，義不可辭，乃按王君狀而銘曰：

義詘資嬴，壽矣奚傳？富知禮節，夙昔所先。允美苟公，通國稱賢。年雖未售，澤則世延。婉娩淑媛，矢志未亡。式穀爾嗣，俾熾俾昌。濟濟孫子，玉樹金英。亦既觀厥成，亦既駿厥聲。需時藏器，可翼可憑。是惟作善者之食報，世篤其承。

將仕佐郎鴻臚寺序班質庵宋公墓志銘

嘉靖丙寅秋九月三日，鴻臚序班質庵宋公卒于家。既閱月，其從弟大學君國風督從子源等，將以是年冬十一月四日葬公于郭村祖塋之次，與李孺人合焉，乃手所次事狀過予以銘徵。予辱公知近三紀矣，仲子禧，公家館甥也，義何能辭銘哉？

公諱國文，朝用其字，質庵其號也。宋世爲予邑著姓，曾祖通，祖宜，父得仁，皆隱於農、賈，戮力治生，家日以昌。母張氏。公幼而穎敏，稍長，明達邁倫類。作字有楷法，可觀。既爲弟子員，游國學，考論古今禮樂典章，見聞日益進，每曰：「丈夫當有事四方，豈可齷齪守一丘耶？」於是南浮淮海，東涉齊魯，北歷趙魏之郊，所至必與賢士大夫游，遇佳山水，探討幽奇，徜徉終日，忘歸焉。退則修家人產業，令門客用卜河南之術以豐其財，資遂甲里中。然以素風自樂，淡于榮味，絕無豪汰習。至義所當爲，奮往不疑。族黨姻舊有困乏莫能自振者，即出巨資，俾之轉輸貿易以培植之。然乾没負公者比比，旁視至不能夷，而公不與校，亦不以是少自沮。親疏遠近以緩急告者，惟其所須，無不立應，未嘗以他爲辭。券契盈筥篋，未嘗以責償爲務，或者至謂爲迂，而公弗顧也。生平慈祥樂易，與群從弟侄數十人居，怡怡愉愉，終身無忿疾容色。出則禮長和衆，隨貴賤無一失歡者，雖橫逆或加，竟恬不爲意。

乙丑夏，謁選入都亭，既而幡然曰：“往吾少壯時欲沾一命以自見，今已迫遲暮，又安能僕僕爲人役耶？”以情白銓曹，銓曹上聞，詔授今職以歸，有其榮而無其勞，君子以爲高焉。歸與諸耆舊結社優游，甚樂也。乃以末疾遽不起，距生弘治壬戌十二月初二日，壽六十五耳。

元配李氏，處士惟德女，端肅明整，禆內實多，先公七年卒。貳室張氏、雒氏。子男三：漸，聘盧氏，偃師尹學韶女；混，聘亢氏，長清少尹得霖女；沃，聘李氏，儀賓光溢女。女一，適陽曲鎮國中尉知烟。孫女一，適西河鎮國中尉知烽。

惟公和厚而有容，大積而能散，憂人之憂，拯人之困，庶幾古義士所爲者。是宜享退齡而介景福也，乃壽未稱德，且子尚幼也，悲夫！爲之銘曰：

大道既遠，民習競私。一膜之外，秦越乖離。猗歟質庵，古誼自持。罔驕罔嗇，樂予好施。仁聲卓行，所思匪夷。金閨初試，勇退爲儀。壽雖少歉，名則昭垂。式求古道，尚考于斯。

伯考七品散官玉溪府君合葬墓志銘

府君諱逢需，字天福，姓亢氏，玉溪其別號也，河東臨汾人。曾祖諱貴，祖諱通，代有隱德。父諱升，以貢入國學，授靈壽主簿，董薪廠于易州，規畫綜核，卓出時儕。大司空以爲難，薦於銓曹，曰：“才堪大受，抑在下僚，宜艱重厥肩以章丕績。”乃稍遷兗州府知事，俾總一郡薪政焉。居無何，以內艱歸。服闋，不復出，宴息丘樊，逾二十年，以壽終。配魏氏，生子四，府君長，次則先編修公也。府君早端確，承庭訓，喜誦書，通諸史，業精熟，事父母以孝稱。弱冠值諸叔飛輓實邊，慨然請從，遂受鼃符，賈淮海。謹飭自樹，兢兢恐弗當諸叔心，終日戶閫無輕出，一錢尺帛，取予必與家衆同之，不侵爲己私。真率悃愊，略無游詞飾態，諸叔交予其賢，貽書爲先祖慶焉。然剛直少容，見有作僞者，則顰蹙曰："彼胡爲耶？"人有過，正色面言，無所諱，言已即不復記存。人知其無他，亦不之憾。中歲家指衆多，生事消落，乃稍近醇醪以釋胸中磈磊。酒酣，慷慨悲歌，輒舉前史興替乘除之迹以自廣，纚纚無少遺，聽者爲之灑然。撫育厶輩，恩義懇切，又時時面命之曰："吾先世以淳厚朴素承於家，絕無浮靡僞飾。予耳目所睹記，則曾祖壽近百年，予祖及父率逾七望八，是豈易易致哉？予日孜孜懼弗克紹前休，若等其毋逐時態而忘先烈也！"噫！有味哉，府君之言乎！

嘗輸粟邊庭，得授七品散官云。配孔氏，處士瓚女，宣聖裔也。抑畏溫恭，出自天植，勞瘁拮據，相肇厥基。嗣後見府君念家之瘠也，愈勵勤約，彌塞隙漏，俾無內顧憂，故如賓之敬終身不衰。乃嘉靖丁巳八月初九日先卒，距生成化丁未十二月十九日，得年七十一。子一，諱濯，嘉靖戊午夏卒，娶張氏，儀賓琮女，生女一，適今山東徐憲副節，蒙恩封宜人；繼亦張氏，廩生文玉女，生女四，一適聽選官吳宰，一適郡庠生高揚暉，一適宋時儒，一適王廷極；竟無子。

伯兄之歿也，府君悲悼殊甚，既而曰："命也夫！吾其安之耳。"時厶方視學中州，馳書言狀，厶哀痛不能讀。及厶歸自西川，府君歡迎於閒，曰："汝至矣，吾今復奚憂？"厶竊識視之，步履健捷，飲食如少壯時，日惟怡然靜處，不聞嗟嘆聲；且不以死爲諱，曩厶夙爲備終具，聞之欣欣然。私念明達靜適若斯，期頤必可逾也。乃隆慶己巳秋患目，昏然無他苦。辛未冬，忽脾泄不可藥，至壬申正月五日終，生成化辛丑十月初九日，壽九十二。先二日，呼侍者曰：“再越日，吾歸矣。”及期果然。惟府君誠篤質直，機械忮害，性所未有。天錫穿齒，壽考令終，福善不爽矣。而伯兄淳謹孝友，直諒坦夷，未三十即蔬素誦經，蘄親永命。乃生子不育，先府君而逝，年五十二耳，謂之何哉！往伯母卒，葬孟莊祖塋之次，卜茲二月十日啓竁，奉府君合焉，泣而爲之銘曰：

世降僞滋，靡靡致飾。孰爲障之？府君是力。纖妄不存，光明正直。善匪近名，行求我得。豐約屢遷，無陂無側。大耄康寧，天祐罔忒。偕老有家，刑于維則。鬱鬱幽宮，全歸同即。於惟府君，允矣潛德。勒銘考祥，後昆其式。

敕封太孺人先母合葬墓志銘

太孺人姓鄭氏，考諱世威，福之閩邑人，世隱農田。正德中，先考編修府君自臨汾游於閩，適前母賀孺人卒，乃配太孺人。賀孺人者，江西按察副使東園公女也。先君弃代，子厶甫十齡，家事漸凋落。太孺人艱貞自誓，拮據以力於衣食，擇良師，遣子從之游。每曰：“汝父未亡之數月，酒酣輒慷慨悲歌，憤不自勝，曰：‘吾以家累而罷學，未始一日釋於懷也。汝其督兒于成，俾以畢吾志乎！’始深訝其言，孰知其爲訣辭哉！汝其識之！”厶旦暮或少懈，即涕泣不食，曰：“小子而忘汝父之言耶？”日諭月省，冀承考意。閱十年，厶幸舉于鄉。又十年餘，始成制科，入史館，迎養都邸，得日食大官。時諭厶曰：“汝家故貧賤，吾處之素矣。毋慕紛華而忘勤約也。”壬子秋，厶奏三載績，蒙天子推恩，贈先君翰林院編修、文林郎，母得封如今號。厶奉制書歸，母涕泣盈襟，曰：“汝父積行累功，未食其報。皇恩有赫，汝父之貽也，其毋忘所自哉！”厶祗製翟冠錦服以爲壽，太孺人一再御，即函之，歲時慶會，服飾如故時。厶屢以命服言，則曰："翟錦輝煌，吾非不知華，頻服之，得毋近炫乎？
且汝父安在？吾忍獨享其榮耶？"丙辰夏，厶視學入梁，每出試
諸生，太孺人必誡曰："諸士黜陟，繫汝茲行。夫陟者榮一鄉，
黜則一鄉弃之矣。陟固宜慎，黜其可易耶？"甲子夏，厶以凤羼
構讒，歸自西川，方懼無辭以白也。太孺人言笑自若，曰："汝
疏慵迂執，不曲適人情，不求知當世，吾嘗虞汝賈禍深也。賴天
子聖明，得放歸田里，幸莫大矣，他又奚念哉？"厶竊識視太孺
人，神完氣定，耳目聰明，步履康強，食飲如壯者，方自慶得娛
侍於期頤也。乃丙寅正月十日漏下十刻矣，周行視孫曾，依依不
欲寢。既入卧內，命侍者治櫛沐。櫛畢，苦頭眩，頃即口眼閉，
喉中時忽忽作聲。諸醫環視，百方無所濟，蒼黃叫呼，遽罹大
罰。蒼天！蒼天！有如是耶？病之第六日也，嗚呼痛哉！

　太孺人敦樸純誠，解書，知大義，生平不能爲一誑辭，絕口
不談人得失。一畝之室，竟日不聞笑語聲。與姒娣居，厚讓無所
爭，油油然不隨不激，終身無或怨嫌。周睦姻黨，禮愛有恒，雖
人涉微弱，未嘗有怠容。撫賀孺人所遺子思中，備極恩義，命厶
爲輸粟，得七品散官云。年雖漸高，值歲時享祀，籩豆必躬修，
語諸婦曰："吾不逮事舅姑，惟此用誠耳。"賓至，必自理庖
饌。諸婦或踧踖不自安，則曰："此主母責也，豈以老而怠
耶？"御家衆尤軫念其寒饑，一或未食，箸不忍下。媵婢有所
適者，或以不足言，即簪珥、衣物無所吝。故卒之日，自族姻
以至臧獲，哭往往過哀，問之，皆曰"太孺人於我有德"，而
各有述焉。夫太孺人於吾宗躬勤履約，振世保孤，其德備矣。
顧養不少待，痛何如哉！痛何如哉！語曰："種木成林，未息
其陰。"天乎！神乎！其忍是乎？太孺人生弘治戊午八月三日，
壽止六十有九，悲夫！

　思中，娶劉氏，繼柴氏。厶娶盧氏，繼田氏，蒙恩獲贈封皆

孺人。孫男六：長孟禎，幼失母，太孺人育成之，爲諸生，有俊聲。癸亥秋以寒疾卒，太孺人悲慟，幾不能生。禎娶王氏，引禮志繩女。次孟禧，邑學生，娶宋氏，舉人國卿女。孟祺，娶郝氏，指揮尚賢女。孟祦，聘張氏，國學生侖女。孟襘，聘楊氏，進士沐女也。一尚幼，聘李氏。女八：一適胡從唐；一適刁桂；一適邑學生劉應春；一許聘李喬蕃，國學生光淳子；餘許聘崔巍、趙希儒、張一正；一幼。曾孫男一，以恒。女一，早夭。

葬以卒之年三月二十九日，啓先君之竁合焉，從卜期也。時日既迫，厶泣血而志之，顧悲痛無文，不能彷彿先德。若溢美以厚誣，則非所敢也。銘曰：

於惟我祖，始卜孟莊。川原臕臕，風氣允臧。先公兹從，歲月遂長。吁嗟太君，胡遽祔藏？太君天錫，柔嘉維則。苦節立孤，先公齊德。發祥肇祉，燕翼後昆。帝原所自，綸綍覃恩。愧子迂庸，未能建立。苟曰才賢，何慶不集？有鬱佳城，體魄寧止。揭石書銘，用告來祀。

長男邑學生亢懋符墓志銘

嗚呼！禎兒何以遽至是耶？往歲，其母盧孺人亡，予嘗銘之矣。嗚呼！痛心，今又何忍銘吾禎耶？初，嘉靖乙未秋，盧孺人來歸，閱三歲，再孕不育。己亥，生子章，未幾殂于痘，予母太孺人深念之。庚子秋，予晝寢齋中，感奇夢，頃之兒生，七月二十八日也，乃名曰孟禎。太孺人以得之艱也，朝夕拊視，惟恐其或痛疴，惟恐其或失墜。壬寅秋，盧孺人卒。癸卯，田孺人來繼，其所以撫愛禎者周悉備至。禎依依係戀，自幼迄終，若不知其非所出也。五歲，即喜作字，予口授以古歌詩。六歲，授以《論》《孟》，不數過輒成誦。丁未，予舉進士，取至都亭，躬督課之。壬子夏，爲舉業文，即時有奇語。癸丑春，延鄒生一麟授以《易》。鄒拜官，延何生炯、林生庭彬繼之。丙辰春，予出視梁學，過里舍，禎生十有七年矣，乃爲納婦王氏。明年，學憲紀山曹公錄爲邑庠弟子員。戊午，曹公再試，益奇之，置優等，食廩禄。秋試，下第，歸大梁，痛憤不自持。予時時慰止，乃愈奮于學，所造日益邃。庚申，試于學憲仲石宋公、侍御容堂吳公，二公特稱賞，皆以其文冠諸生。吳公仍拔置河東書院，躬親指授，至刻其文示式焉。辛酉秋試，再不第，痛憤甚，眠食爲損。予時長憲關中，貽書諭之，意乃解。壬戌春，女淑生。其夏，郡守九川江公課諸生，仍以禎文爲冠。夏末，從入東藩。予簡齊士之秀者與爲會，率五日一課文。禎復以其間取題之未課者自爲文，經書皆成帙，仍讀書執業，不廢蚤夜。癸亥仲夏，子以恒生。生之次日，予遷左使，莅西川。孟秋，携之抵里中，逾月，偶感寒，卧病五六日，溘然長逝，八月二十二日也，僅二十四歲耳，嗚呼痛哉！

禎生質甚穎，八歲時，得予同年字號録，玩閱不旬日，凡姓名、邑號漫叩之，無一謬者。通史業精，事必究其始末，不爲涉獵計。爲文會理措詞，纖悉備具，連累統貫，指趣沛然。事太孺人及予及田孺人，孝敬曲盡，下氣婉容，未嘗少忤。撫愛諸弟，怡怡愉愉，真如手足然。出而禮長和衆，察言觀色，油油然惟恐傷之。試雖屢優，務自韜晦，布衣徒步，慎口如愚。御臧獲亦寬裕有恩禮，終身無忿色，無飾詞。故殁之日，内外遠邇，莫不痛惜悲悼焉。往予守官史局，三載考績，天子推恩，先君贈編修，母封太孺人，二孺人并獲恩命。禎時年十三，津津色喜，迎賀予曰："吾祖、吾母今日不亡矣。"每時賢聚集，輒從後竊聽其言議而上下其人，時以告予，類無所爽。予師宮保雙江聶先生異其資，字之曰"興甫"，示所期也。後從應生詩游，避其字，乃更曰“懋符”云。

　　禎幼多疾，十四時病眩，藥之，吐痰升餘，自是體漸豐，家人以爲慶。然相者每曰“豐厚宜遲”，星者則曰“日干宜盛”。予聞，深惡之，以爲妄，且意禎孝友之行足以履祥，寧靜之質足以致遠，仁慈抑畏，誠恪寬和，皆永年器度也。詎意其短折若此，竟中小數之言哉！子生方四月，女方再歲，日呱呱而啼，予奚能爲懷耶！仲子孟禧等卜兹九月二十七日葬禎于孟莊祖塋之次，泣以銘請予。噫！予奚忍銘吾禎耶？痛楚薰心，言無倫次，蓋不啻一字一泪已矣。銘曰：

　　吁嗟昊天，成之胡艱？摧之胡亟？賦之質胡奇？畀之年胡嗇？豈遭值之偶然？抑至理之難測？嗟嗟爾禎，爾學淵邃。爾行溫淳，懿善克備。未食報于爾身，惟天福善，尚俾于爾後之人。

校勘記

　　〔一〕“卬卬”，疑當作“印印”。

慎修堂集卷之十九

傳

敕贈兵部郎中北原劉公傳

　　劉公諱朝用，字汝賢。北原者，學士、大夫即所居稱之也。世爲關內高陵人，姓著邑中。高祖義，曾祖能，皆有隱操。祖升，仕河南沔池遞運使。父鏗，以厚德聞。公甫成童，沔池公携之官，俾從里塾師授"四子"諸篇，不數過即成誦，識大意，一時學者未能或先也。稍長，博涉經史傳集，旁及稗虞伎術、百家之言，靡不綜述。乃父母春秋高，晨夕爲就養圖，遂弃去。服勞隴畝，樹藝甚時，不少遲逸，穫入恒有秋，父母欣欣如也。父疾，躬親藥膳，承侍致養，不出閭里。及終，痛擗悲號，目因以病。事母仍以孝稱，行役咸陽，聞母病，中夜馳歸，足重繭不覺也。母久未平，屢祈玄岳，延誦科儀，願以身代，母疾竟瘳。及壽終，哀毀如喪父時，目遂失明。

　　叔子世昌，垂髫即俊穎超恒，日能誦記數千言。公口授書傳，啓迪有方。及就外傅，每夜歸，靜對耳提，督課無倦。叔子讀《易》至"積善成名"，則曰："汝不積善，欲成名得乎？"讀史至《買臣傳》，則曰："買臣未達，欲不負薪得乎？"讀《孟子》至"舜發畎畝"章，則曰："古人皆自困而亨，況末學耶？"義方規飭，隨觸而見，類若此。叔子連舉丙辰進士，授巴郡司刑，便途省覲，以俸易幣獻于公。公峻拒之，曰："汝以是爲足華吾躬耶？汝能貽吾令名，即華逾文繡矣。矧一幣直數金，汝始階榮進，可遽違素履耶？"迎居宦邸，日惟杜門危坐，不妄接一人，恒孜孜語叔子曰："黎元之命懸于理官，與其深文敚法以賈聲華，毋寧晦明疏網以惠蒙昧耶！"叔子遵其訓，蜀人戴焉。公尋卒于巴，年六十二。

配安人李氏，有賢行。初佐公持內政，拮據惕屬，家用以充。公居父母喪，族姻欲公稍從俗尚，安人曰："孝宜循禮，舉必隨家。延緇黃，侈觀美，豈所以爲訓耶？"劉公曰："是固吾夙心也。"黜華崇質，據禮致情，里閈迄今以爲則。安人從叔子居太原，每聞刑人聲，輒愀然曰："而忘而父之語耶？"叔子祥刑績最，天子徵爲兵科給事中。懷誠奮往，條刺屢陳，衆咸爲之危。安人曰："茲而職宜然，毋庸他恤也。"及下詔獄，竄炎荒，叔子以侍養違遠，悲慕不敢言。安人怡然曰："而父期而以令名，茲殆庶幾乎！行矣，勉之！毋以我爲念，而父之期未止此也。"里有惡少，使酒恣橫于門，僮僕欲爲應，安人楗關不聽出。明日召至，從容詰其由。惡少愧悟，易行焉。嘗捐金恤宗人之困，推食周鄰婦之饑，蓋得於劉公之化者尚多也。叔子謫二年，再遷留都司馬郎，值天子覃恩，劉公得贈如子官，母封太安人。尋晉守青州，迎安人就祿，卒于青，年七十五。子五人，世榮，世華，次即叔子青州也，季世遠、世寧。孫四人。叔子甫免喪，銓卿特薦，起補平陽，廉潔光明，忠誠敏達，真古循良復見矣，君子以爲有所本云。

贊曰：成周以鄉三物賓賢能，而六行之孝先焉。漢策賢良文學士矣，而孝弟力田之科特崇其秩。故周、漢才俊之盛，萬世稱之者不衰。近代得人必歸科目，外無他岐。敦行務本之士椎魯少文，不自表見，率沉淪草野焉終，謂非求之未盡其方耶？若劉公者，竭力耕田，親心怡順，終身悲慕，遂以喪明，雖周、漢所舉奚以加焉？使得有所試，則其風猷鼓動，必有踔絕乎時者。顧隱處不仕，教僅行于家，化僅及于里，君子不能無惜焉。然公有子，登制舉，值盛時，司刑而明慎不冤，司諫而直聲震溢，剖符齊晉而政平訟理，民愛戴若神君焉，謂非公之教耶？行且秉樞管鑰，明德普施矣，公之教不由茲大顯哉？噫！公足以慰矣。

劉節婦傳

　　節婦姓王氏，汝南上蔡人。父某，歲貢，入國學，未仕卒。母周氏，某省憲副改庵先生汝勤女兄也。周夫人聰哲絕人，通經史大義，動靜有則。節婦少漸禮訓，閑於矩儀。年十九，適邑人處士劉君守志。二姓皆衣纓舊族。劉君敦朴力田，刻厲自樹。乃嬰疾甚，恐不起，時子汝觀生甫五齡，撫之謂節婦曰：“天數倏遭，不能視幼子成立矣。而育而訓，實惟汝勞；顧俯仰無資，汝其若之何？”節婦曰：“吾惟填溝壑以從君耳，他尚奚恤哉？”劉君曰：“是豈吾所期？忍令孤嗣無依耶？”節婦雨泣不能言。夫卒，鬒跣號痛，心不圖存，常爲身殉計。周夫人與同臥起，跬步不違，時時指幼子諭之曰：“劉氏如綫之緒惟在此兒，汝族鮮期功，家無姒姊，吾齒髮非壯，恩勤顧復將疇焉依？詎忍忘若夫垂盡之言，不爲宗祀計耶？”言至再三，節婦乃幡然悟曰：“誠然哉！微吾則兒將罔克資以生。與其從夫君之歿，毋寧植夫君之遺乎！”於是忍情飲泣，斷髮毀容，與母氏相依以居，樞關靜處，防遠嫌疑，雖至親不逾閾見也。日理絲絮爲布帛，間治女紅，易菽麥以資養生，艱貞孤苦，人視之不能堪，而節婦安之。子成童，即檢先世遺書，俾從名師學。暮歸，必稽晝所業，章程既即，燃膏令誦習，身績紝以臨之。

　　汝觀未弱冠，藝殖茂異，砥行履方。嘉靖戊午，余校士莅汝南，得一卷，燁然有輝，心甚奇之，遂錄冠諸生。比啟封，則汝觀也。時令長、博士交陳節婦孤貞善教狀，余嘉慕高行，嘆賞不能已。然以年未及制也，屬師帥禮異焉。歲丙寅，節婦逾五十矣，父老、諸生列其事於學憲達先生。先生乃顯異其門，檄郡邑爲表奏。節婦曰："未亡人宜然耳，何足以聞？"力辭不願。越明年，汝觀舉進士，試政銓曹，念母德不可終隱也，遂具疏上於朝。天子下禮官，禮官下郡國，按核無間言，詔錫褒表，樹闕衢途，皇恩蔚赫，一邑以爲榮。節婦曰："實非鄙人庶幾所望也。"己巳冬，進士授司理太原，躬迎節婦，就養宦邸。每語司理曰："元元之命繫於主刑，詞貴明徵，罪宜審慎，探情露訊，非所以禁邪暴而育衆生也。"司理議獄致刑，周歷并冀，忠愛哀敬，明啓簡孚，法平民服，聲實冠一時。部使者屢以祥刑嘉績薦上公車，與司理游者咸修詞以賀，謂節婦慈訓足徵也。節婦歉然曰："未亡人奚有哉？毋亦庶幾克對夫君及吾母之遺訓然耶！"君子愈賢之。處士歿時，節婦年二十九，今五十有九。司理名光國，汝觀其字云。

贊曰：昔趙客議立孤與死之難也，曰立孤哉。太史公曰："非死者難也，處死者難。"有味哉，其言之乎！夫計重綱常，則軀命非所惜，義烈憤激，視死如歸。噫！是豈易易言哉？然斯須勇決，即生平之大節卓然矣。若夫盛年守貞，矢心銜恤，乃資儲困乏，微弱寡親，枚杼孤燈，躬拮據捋荼以自存立，而能卒保遺孤，屹有樹建，俾宗祀綿於雲仍，休光延於邑里，非金石其心，圭璋其質，瀕九死而不渝者，能底是哉？視夫慷慨殺身，殆未可同日論矣。若劉節婦，誠其人哉！身被寵旌，子躋臟仕，非天之所以右善人耶？粵稽往昔，賢母隆慈誨之能，淑媛亮潔白之節，各舉其一耳，紀錄徽美，皆照耀簡書，良以人所未易能也。節婦實兼之，豈不尤難能哉？是宜昭布來祀，俾爲婦爲母者象而則焉。

墓　表

待贈君廩生對泉劉公墓表

公諱淮，字必東，姓劉氏，曲沃西許人。對泉先生者，學士因所居稱之也。五世祖敬禮，爲郡庠生，有俊聲。敬禮生亨，亨生福，福生鑒，世以隱德聞，是爲公高祖、曾祖、祖也。考璉，邑庠生，奮志墳典，習與時乖，授儒官終。妣薛氏，生子二，公其長也。幼即穎慧聰悟，志踔功勤，下帷誦讀，謝遠紛華。弱冠入膠序，爲弟子員。嘉靖丙申，岱麓王先生試公文，亟稱賞不容口，拔居選首，食廩餼。復携入河汾書院，躬指授之。嗣是詞藝日新，聲華籍甚，每典學使者校諸生，公必列高等。乃七試有司，竟無所遇，時人皆爲公數奇嘆。公曰："爲之自我者非也，數何尤？"修業弗少怠。同母弟漢亦爲邑庠生，公啓導懇切，蔚有令聞。繼母張育子三，公撫恤周至，俾各有所營，人不知其母之異也，用能得張之歡心。伯子樸甫解事，即躬授章句，日勤訓誨，總丱亦補弟子員。公謂之曰："自余先世迄於今，講詩書之澤，并英俊之游，蓋六七作矣，門庭承授，學藝研精，力非不專也，而未有能奮漸鴻之翼、章稽古之榮者，謂非命也？今汝復得預茲游，厚幸矣，可弗圖所以自振拔用光顯於前聞乎？夫器博者用斯大，往勇者造必深，蓋志士仁人所爲根心而俟後者也。小子毋忘哉！"伯子詞藻議論已卓然不群，而期承公志也，益探索往籍，至日之蚤暮或忘。歲辛酉，中式鄉闈，人咸爲公賀，公曰："未也，士所當爲止此耶？"戊辰，伯子舉進士，驛書至，公欣然曰："是乃克成吾未竟之志，闡先人世澤之遺矣。"進士授令壽光，便道欲奉公就養宦舍。公以繼母春秋高，弗忍違，遂不行，語進士曰："夫吏之近民莫如令，民之情謂視己異耶？察施己之願，廣及物之施，一夫得情，千室鳴弦矣。肆威以刻下，近利以肥家，吾深不欲聞有此也。"進士奉若訓詞，顧諟匪懈，羔羊、素絲之頌洋溢東藩，監司表薦異政于朝，凡幾上矣。辛未春，上計還自都，再遣力迎公。時繼母終，大事襄，公乃從子志，入壽光。敕屬門內，謹肅無與比，暇則溫習舊業，若子未第然者。進士君晨夕造寢，候安否，躬具旨甘，侍食飲。及暮，公必詢晝之立政宜民者若何。居無幾，命駕欲歸。進士跪伏固留，公曰："自吾之至也，汝日屢入而屢吾省，將無隳乃公事乎？且吾所爲悅者在是耶？一乃心，堅乃節，樹偉績，揚令名，吾雖隔千里，悅於面談矣。勉之哉！"進士君隨送再舍，揮涕而歸。公行歷懷、衛，逾太行，抵澤郡旅舍，忽以痰疾卒，距家僅三宿耳，隆慶辛未九月五日也，距生弘治乙丑八月五日，得壽六十有七。然明年即正貢而不待，悲夫！

配常氏，生子四：長即進士君，娶王氏，繼衛氏；次格，娶賈氏；柄，娶楊氏；枰，娶許氏。女四，楊得佑、李櫃、王三聘、王三重，婿也。孫男四，養心、養性俱先卒，繼業、繼善尚幼。孫女三，俱幼。

公純誠和易，篤厚人倫，著族譜以聯支屬，定鄉約以睦比鄰，尊禮師儒，慎擇交友，故凡與之游者薰其德而愛慕之。櫬歸自途，無問識否，率悲慟會迎，若其所親，是可以徵公之素矣。

哀訃東聞，進士君驚惻幾隕，旋即號泣西奔。卜以壬申十一月十一日葬公于村北之新原，先期謀伐石樹表，乃徒跣踵門，手狀徵詞於余。余弟思禮與進士君同舉于鄉，雅知公潛德之美，是用表其大者焉。嗚呼！公學求自得而科目竟違，貢已屆期而須斯弗俟，誠命之爲矣。然有子象賢，魏科蚤掇，廉平豎績，臚仕指期，食報于後昆，謂與身親異耶？矧天庥方至，貤贈非遥，綸綍褒嘉，又真及其身乎！皇恩有赫，作德用章，東西行過是者，尚式姤哉！

行　狀

處士李公孺人郭氏行狀

李公諱鳳良，字某，世爲太原榆次人。曾祖景賢，祖志遠，父文玘，率隱于農，以淳朴稱里中。文玘娶趙氏，生子四，季則公，父母以幼子特鍾愛。公孝誠性植，復得父母心。質直寡言笑，躬勤稼穡，日與老農量晴雨，課桑麻，經歲不一再入城市。見胥徒引避不交談，足迹不踐吏治所，繇賦率先輸，不俟期會。初，諸兄子姓既繁，父母令分異。公叩頭争，不得，乃治田益力，數年業大振。諸兄改服賈于遠，公獨與父母居，晨夕走堂下上食，父母忘其異也。非客至不肉食，一布裘服數年如新製。治父母喪，則整整具備然，悉自出己資。事諸兄恭遜周至，諸兄出則爲持門户，殁爲撫其孤，底成立。孤亦父事之。終身與人交無一妄語。鄉鄰有争，輒就之平，不數語率犂然當其心。

配郭氏，相對如賓，竟未嘗有反目態。子琦生甫解事，即訓誨省督，少有過必詬責，改乃已。居常無惰容，時獨立于庭，子侄無敢輕出入者。孫敏生閱月，聞啼聲，喜曰：“大吾門者若耶？必早令務學以成之。”又顧琦曰：“子孫必以學而成，然非先世累善以基之，未有能興者也。汝其識焉。”乃正德壬申十一月某日卒，距生成化某年月日，年僅四十□耳。

郭孺人者，邑處士曇女。五歲喪母，哀毀如成人。愛敬繼母，不異所生。十八歸李公，即能養舅姑。姑每曰："吾甚樂與新婦居也。"家鮮僕婢，身操井臼，暇則事機抒、刀尺，無停晷。姒娌族姻來省舅姑，必具精美饌，俾厭飫乃歸。李公歿，獨拮據家室，勞苦倍往時，每泣語琦曰："爾幸無忝先人也。"孫敏成童，即令就外傅。每鷄鳴必令起誦讀，夜燃燈，績紙以臨之。敏既長，力學忘寢食，復止之曰："毋勞過而疾生也。"日恒皇皇然若不自安。及敏薦于鄉，乃稍怡逸。敏登進士，捷聞，始大喜曰："夫君之言今果然矣，吾可以見夫君於地下矣。"敏簡讀中秘，歷踐諫垣，數使往迎，每曰："努力聖明，汝父能吾養也。"平生食取充口，罕茹葷，然少不潔，寧不食。衣無華靡，亦未見有點污痕。素強健，寡疾病，嘉靖甲寅八月二十四日，語家人曰："吾逝矣！吾逝矣！"明日，端坐而歿，生以成化己丑閏二月二十八日，壽八十六。

子一，琦，敕封刑科給事中，娶趙氏，封太孺人。女一，適郭堯學。孫男二：長即敏，今刑科都給事中，配王氏，封孺人；次聰，散官，配白氏。女二，溫思明、鄭忠，婿也。曾孫男四：之春，娶朱；之陽，娶孫，光祿丞允中女，繼姬，保定判輔女：皆邑學生。之夏，聘張。女五：一許寇一鶴，國學生賊子；一許朱光祖，吏科給事中繪子；一許順天寇通判陟子；一許董國學□子；一尚幼。

封君卜丙辰二月二十七日合葬于南岡新阡。厶與都諫舉進士爲同年，讀秘書爲同館，相得甚歡，獲聞世德詳且久也，爰次其大，立言君子庶采擇焉。

西河恭定王妃楊氏行狀

妃姓楊氏，西河恭定王配也。父節，母祁氏。楊爲襄陵世族，門舊植雙槐，弘治中，群鵲忽巢其上，晨夕鳴噪喧呼，識者異之。時邑人都運邢公方爲兵部郎，夢黄白雲擁女童自天而下于節家，乃弘治丙辰正月十九日妃誕生。邢公適以省謁歸里，謂節曰："君女貴出恒格，予夢兆之矣。"妃稍長，即以令德稱。恭定王初配馬妃卒，無子，乃具疏以選繼請于朝，制可之。時恭定母葉太夫人憂未育孫，方慎簡求以廣嗣續，然未有中選者。占諸神，得"利西南"語，乃于襄求焉。妃以名家子有譽聞，且貴徵種種，太夫人深奇之，選乃定，遂以封號疏聞。毅皇帝命重臣持節捧册，錫繼妃位，父節得封東城兵馬副指揮，妣封孺人，鵲巢之慶信天定矣。

其來歸也，葉太夫人性嚴重，恭定日問寢視膳，惕惕恐違親旨。妃躬調瀡瀹，俯首側侍，視姑顏色爲欣戚，乃事事當太夫人意，歡其心。恭定以妃能得太夫人之歡也，於是舉内政悉屬妃。妃又事事當恭定意，歡其心。嘉靖甲申，晉端王廉恭定純孝，録實舉奏。肅皇帝下璽書褒表，世以爲榮，實妃相之也。今王初生，恭定以育嗣艱鍾愛特甚，妃曰："是非所以成子也。"甫童年，即節以禮，導以義，端其師保，慎其交游，制其出入，興居舉有恒度。今王又率履而不越，悦禮而敦文。至于晨昏省候，左右躬勞，以承恭定及妃之歡者，猶恭定及妃之事葉太夫人也。嘉靖癸丑，今晉王以王世德作求，孝愛誠篤，復録上其事。肅皇帝再錫龍章，命儀曹禮異，寵嘉洊被，于昔有光，實妃訓之也。

妃少出温裕，長極貴富，然日兢兢懼或佟驕。歲時廟享必潔且虔，蠶桑織紝必躬且慎，待姻黨睦而有恩，御妾侍肅而不過，雖《詩》《傳》所載古昔賢妃，謂視今異耶？歲丙寅，妃壽七十，今王圖所以稱觴上壽之儀，心力畢致。縉紳、學士發爲聲詩頌述者，盈積几笥。至其日，妃坐殿上，王拜賀於前，諸孫曾羅拜於後，若金英玉樹者十餘人。退而王妃帥諸將軍夫人及諸女孫曾拜跽祝賀，其麗相若。族姻觀者、遠邇聞者，罔不嘖嘖稱賞，美妃福履之盛、王孝思之純焉。

越明年，妃患痿，王惶懼涕泣，延醫慎藥，走祈露禱，周於神祇。妃忽夢瑤珮仙姬來撫視，語諄諄然，翼日乃漸瘳。隆慶壬申，疾再作，十二月初九日薨，得壽七十六云。

生子一，即今王，名表相，別號玉峰。先娶王氏，封夫人，早卒。繼王氏，生員王騰女，封王妃。孫男五：知㷿，封王長子，聘張氏，廩生朝政女；知鑠，配劉氏，散官學詩女；知㷠，配周氏，典寶官女；知烀，聘高氏，生員尚漸女；知杰，幼。孫皆封鎮國將軍，配皆封夫人。孫女三，隆化縣主，渠江縣主，武陵縣主，儀賓侯炳、李薰、師鯉，婿也，皆封亞中大夫。曾孫男六：鑠出者，新壏、新鋈、新坏、新壋，皆封輔國將軍；㷠出者二，尚幼。曾孫女三：亮寨郡君，適儀賓張邦治；碭山郡君，許李承恩；一幼。

恭定之薨，敕葬于雙河之原。及是，如制遣官致祭，敕所司開恭定壙合焉，萬曆元年五月十一日也。妃初薨，今王哀擗悲號，見者心惻。再閱月，繉絰手行實踵門，屬厶狀之。厶自舉鄉試，即被知遇于先王，嗣辱今王道義之雅，習聞妃懿行非一朝夕矣。愧寡昧不文，無能少有發明，惟立言君子裁焉。

慎修堂集卷之二十

祭　文

祭岳武穆王文

昔宋祚式微，翠華北狩。惟王精忠，智勇天授。義旅奮揚，虜酋顛踣。恢復指期，權邪讒構。業廢垂成，民嗟遺子。志決身殲，賢愚悲咽。惟此郾城，膚公昔揭。勝算丹衷，于今爲烈。廟貌聿興，式懷報德。祇潔尊牢，英靈來即。

祭上蔡謝先生文

嗟孔孟之既没，慨斯道之久湮。幸二程之崛起，得千聖之統真。時惟先生，授受獨親。升堂睹奥，造詣温純。發伊洛之秘，溯洙泗之濱。力去矜而入德，闡聖學於維新。卓彼先覺，風我後人。厶謬司文教，課試時巡。途遵祠左，祇薦明禋。尚祈默相，俗化風醇。

祭忠烈許公文

嗚呼！君臣之義，等於天地。烈士仁人，舍生取義。公見既明，公操愈勵。罵賊奮身，致命遂志。萬古綱常，一身獨寄。生也不虛，死兮不貳。勁節精忠，後先鮮二。聖代育材，義盡仁至。報國如公，庶幾無愧。厶束髮知名，仰懷瘝瘵。課士天中，新祠祇企。遺像拜瞻，如臨往事。式薦生芻，毋我遐弃。

祭漢舞陽侯文

惟神奮身豐沛，翊戴高皇。純忠偉績，踔絕輝煌。自霍定代，功溢冀方。欽茲遺澤，廟祀莫忘。季春既望，享獻有常。佳辰每值，風雨時揚。今春少旱，苗麥就黃。民方致禱，神即降康。霖霖膏雨，四野溥將。甫田或或，錫福穰穰。旄倪士女，歡悅無疆。受神之惠，愈久愈長。敬修報禮，黍稷馨香。雲車風馬，駕自帝鄉。

祭少師虞坡楊襄毅公文

維公挺生，降神河岳。惇大端方，允矣先覺。弱冠制科，英聲昭踔。摩撫疲人，爲魯爲卓。公去愈久，民滋咏歌。其咏維何？遺愛孔多。廪廪禮讓，永世不磨。擢贊邦政，秉德匪他。十年郎署，丕奮訏謨。巡行萬里，期滅狂胡。封章上逮，天子曰都。惟昔文武，二柄同途。汝憲齊魯，以育髦髦。道術經義，惟堅惟高。有德有造，濟濟人豪。河湟弗靖，賢哲獨勞。臨戎仗鉞，我武惟揚。師虞經略，既有典常。棋布屬國，遠徙氐羌。外夷內夏，屹立鉅防。力摧逆帥，屢蹈傾危。奮然國計，奚恤家爲？帝心簡在，爰立台司。兵樞艱大，曰惟汝宜。腹心手足，百世一時。韜鈐禮樂，用對上知。玁狁匪茹，連結奸宄。竊伺城垣，虔劉赤子。詔奪公情，俾戢邊鄙。拜命不遑，宵征几几。公在師中，威名愈熾。壁壘改觀，旌旗易視。醜虜潛奔，五兵不試。惟帝念功，錫命三至。赫赫本兵，虛席以遲。塞塵既清，賜環正位。帝勤吏治，簡陟阿衡。甄別流品，允公允明。若彼哲匠，巨室是營。梗楠梓杞，梁棟幹楨。密勿入告，莫匪周行。實隆鴻業，遐結鷗盟。義方訓誨，哲嗣于成。謝蘭寶桂，競秀同榮。惟是伯仲，并擢魁名。叔兮試武，首舉蜚聲。勛庸門閥，海宇莫京。胥登華秩，奔走王程。舉還膝下，侍色終身。非公景福，疇克是臻？惟公樂易，靦若飲醇。惟公勁直，峙若嶙峋。公之顯融，贊揚聖真。公之來歸，佑啓後塵。衆期勿藥，鼎鉉再光。民生無祿，倏返帝鄉。貫古之識，命代之英。胡不少延？曷其能忘！

厶鑒知夙被，大國于宣。範模伊邇，期以周旋。在公夙夜，莫即几筵。絮醑馳奠，涕泣如漣。

祭太子太保紫岩劉文安公文

縶公挺生，孕靈河岳。神解性成，日嚴追琢。浚發洪源，并驅先覺。鵠舉鸞翔，瑜懷瑾握。賓興總丱，嗣美魁名。茂揚大對，鼎甲臚聲。抽書石室，載筆承明。舒華雅什，金石鏗鍧。逆竪簸張，出貳郎屬。夙夜在公，憂勤檢束。天宇廓清，賜環史局。晉秩青宮，爰資啓沃。四司明試，賢雋彙升。敷求吉士，師席特膺。勞來匡直，規矩準繩。譽髦咸造，有翼有憑。飛龍御天，簡在左右。講幄弘開，三接晉晝。忠赤自盟，雍容敷奏。嘉猷嘉謀，期格我后。孚尹上達，天聽昭垂。錫予蕃庶，寵擢匪夷。秩宗典禮，作朕夷夔。太宰經治，南國表儀。甄別品流，惟明惟允。詔管戎機，赫赫留尹。禮樂詩書，訓式戈盾。茂烈訏謨，于今爲準。帝求良弼，召我舊臣。遺榮鑒足，抗疏乞身。冥鴻高舉，晦迹恂恂。令名雅致，海宇完人。子奮孫蹇，遐齡景福。天不慭遺，中台倏伏。節惠賁終，皇儀郁郁。寵異儒英，論思在夙。

厶鑒坡厠迹，曰有後先。典刑匪遠，寤寐周旋。哲人殄瘁，悽惻同然。綴詞寄奠，寫此誠虔。

祭太宰西磐張恭肅公文

吁嗟我公，孕靈河岳。弘大溫恭，實惟先覺。豸冠譽髦，蜚聲峻倬。筮令山城，風還淳朴。十年瑣闈，讜議諄諄。薊門西夏，仗鉞經綸。勛猷震疊，邊鄙清塵。輝煌玄衮，錫自楓宸。丕績載揚，入司臺憲。夙夜在公，罔渝尺寸。直道興讒，潔身嘉遯。一紀明農，恬無外願。帝懷耆舊，起詰戎兵。國儲司計，爰正冬卿。緩急劑量，不震不驚。百工信度，宿蠹載清。留都考核，正是庶職。特界宰衡，往典黜陟。惟公惟明，允矣司直。閱歲南曹，迄今垂式。帝眷方殷，簡在左右。抗疏來歸，聿全去就。逸豫康寧，方期遐壽。胡不憗遺？百身奚購？惟公飭躬，性成清約。八座踐更，寒士如昨。惟公立朝，頻歷變故。一德自持，罔移其素。齊眉亢儷，白首與偕。有臙孫子，蘭桂盈階。望茲九秩，綽綽令終。兼膺景福，海宇疇同？

　　厶叨塵鄉誼，夙籍典刑。緬懷往昔，共被德馨。哲人倏萎，曷已涕零？陳詞寄奠，期格冥冥。

祭吏部文選郎中王湛泉文

　　嗚呼王公！胡乃若是止耶？夫其剛大之氣、直亮之節、孝友之行、康濟之才，宇內儔公者，指未易多屈也，胡厥施未竟而乃遽止是耶？惟公弱冠成名，司理南服；祥刑令聞，洋溢三吳。及簡屬天曹，主持銓選也，甄別才賢，升沉淑慝。獎静退而進孤寒，抑競躁而摧奧援，一時士習遂駸駸然向風矣。抗危言，觸權宰。天子為之動容，百寮因而生色。於斯時也，直氣震疊於八荒，風采想聞於萬國。邦治清，頹風息，而公之蘖孽亦孔棘矣。解組來歸，丘園自樂。遐覽静觀，聿求先覺，誠鴻奮雲逵、蟬蛻污濁矣。然蒿目時艱，怵心民瘼，未始不若痌瘝在躬，執熱顧濯，非果哉於遼邈也。泰運開新，茅茹斯拔。天下方喁喁然冀公身以時升，道隨時達也。而天不憗遺，本實先撥。噫！豈命數之適然，抑生民之無祿耶？河山靈秀，孕賢幾何？得一二如公，復苦於取數之不多。噫嘻！志雖賫抑而未畢，名固與天壤而不磨。

吾徒幸投閑於林壑，方期與公修先王之訓，以作乎鄉鄰，天胡此時奪我依仁。追惟聚樂，往迹遽湮。臨榻笑語，詎意茲辰？生平交誼，骨肉相親。討論夾輔，披豁天真。奈何永別，祇隔數晨？沉珠韞玉，欲見奚因？顧瞻繐帳，曷已悲辛？籩豆孔潔，牢醴式陳。臨風哀慟，庶幾有神。

祭贈君劉公文 節推省吾尊人

嘉遁丘樊，葆真林谷。謹恪居身，惇夷範俗。履坦守貞，徽猷卓犖。義問昭宣，流輝河朔。德厚慶長，惠迪逢吉。哲嗣發祥，蜚英茂實。射策彤墀，用賓王室。司理冀方，惟欽惟恤。明慎不留，有孚惠德。若鑒若衡，庶司是式。薦剡交揚，公車生色。徵詔即期，爲邦司直。撠本溯原，義方有力。擬睹豸封，公如子職。胡不少延，仙游乃亟？哀訃遠馳，輿情悽惻。惟公考終，亦既逾六。子奮天衢，即管華軸。紫誥龍章，行賁泉域。繁祉咸宜，四顧疇克？惟我邦君，時懷岵陟。擗踴涕洟，茲奔鄉國。

厶廁部人，眷知夙辱。敬致一觴，冀鑒情曲。

祭蹇夫人許氏文

名哲嗣興，天作佳配。承休華胄，詩書訓誨。婉娩聽從，作式壼内。齊美同芳，好逑俊乂。弱冠英聲，奉常高第。試宰中都，温恭愷悌。移劇大梁，艱貞愈勵。惠愛覃敷，内則允濟。廪廪德讓，上逹宸聰。帝旌循吏，簡直南宮。經綸王制，揚榷國風。寅清夙夜，敬代天工。禮明樂備，茂實昭宣。皇言敷錫，表我臣賢。褒及夫人，女德莫先。鸞回鳳誥，燦爛雲烟。春曹陟外，司憲東藩。昭我紀度，雕鶚高騫。夫人克相，澤物洗冤。楗關飭從，冰蘗饗殂。惟昔秉禮，抗議不回。含沙俟射，晉如而摧。典州倅郡，淹抑遭徊。居榮稱約，處困匪瀆。幻化伎倆，等視浮埃。氛霾消釋，天宇弘開。股肱名郡，帝命求才。玉符載剖，朱綬方來。熊車入境，竹馬歡迎。思見太翁，棠樹敷榮。布德施惠，克類克明。農疇盈野，弦誦膠黌。凡厥庶民，胥匡以生。禮讓有永，遺愛愈光。中饋無遂，允矣贊襄。四駱自皖，趨命徬徨。王事靡盬，就養不遑。有懷二人，道阻且長。魚軒言邁，旨甘是將。風雪凌厲，迢遰川梁。庭闈聚順，樂也洋洋。盥饋佐餕，婦順明章。天誠難諶，未秋忽霜。得正而斃，胡悼胡傷？夫人之生，冠裳鼎族。夫人之歸，世冑華戩。夫人之伉，行司樞軸。夫人之封，流珠象服。夫人之德，孝謹端淑。夫人之胤，鳳毛郁郁。備美作程，總是百福。不朽萬年，奚永奚速？

厶等奉土冀方，郡公下屬。徹菲發蒙，恩深義篤。祇奉化條，胥奮胥勖。窺公悼衷，群情如熰。遠莫致哀，竊擬芻束。千里馳忱，尚祈來矚。

祭知縣封檢討王公文座師稚川先生尊人

惟公瑞世，大造降精。清通中啓，和豫外宏。淵源雋永，家學是承。遐稽《丘》《索》，直究聖貞。幽深賾隱，旁燭惟明。德完器邃，邦國維楨。露穎膠庠，前修避路。卓彼空同，特隆眷遇。盧皋螢聲，雲衢振步。筮仕山城，凶區盜聚。義肅仁綏，力敷王度。教典弘施，頓開沉痼。革心向化，荒壤欣欣。政成道洽，共仰神君。江湖迹遠，廊廟憂殷。攄忠馳疏，擬徹天聞。立孤言激，衆怒紛紜。怡然解組，隱矣焉文？嘯傲丘樊，返于初服。遭際難諶，安貞自淑。真樂融融，黨宗惇睦。庭訓孔嚴，義方式穀。龍蟄存神，慶貽秀毓。天定錫祥，純嘏景福。卓哉哲嗣，實我宗師。魏科鳳掇，詞苑薦居。文章煥發，奎壁昭垂。經綸弘負，光大匪夷。敷宣帝制，謹恪沉思。簡嚴典重，綸綍攸宜。畢力殫勞，帝嘉乃績。推本覃恩，龍章顯錫。愛國懷親，師心交惕。方慶承韜，歡承色覲。詎意凶聞，哲人寂寥？謬列門墻，同此悲感。吁嗟我公，道積于身。仕雖偃蹇，素履則伸。發祥食報，天眷方新。綿祉垂裕，廣博奚垠？

厶遐鄙葑菲，鯉庭桃李。過荷栽培，因知仰止。嗣復同迎，興懷曷已？千里一觴，道遥心邇。

祭先師蘇門高公文

嘉靖丁酉某月某日，先師蘇門高老先生以荆南觀察使卒于官。嗚呼哀哉！神聽伊遠，天弗憖遺。國傾宅俊，士失羽儀。百身莫贖，多士同悲。實惟道計，豈曰私哀？門人亢厶時跧伏蓬茅，側聞驚絶。位哭禮陳，攀號莫及；心喪義切，執紼未由。辛亥歲孟秋廿六日，始得衹詣中州，展謁墓下。緬懷知遇之恩，竊痛幽明之隔。瞻拱木而凄其，履宿草而哀慕。式陳絮酒，爰發蕪詞。其文曰：

於維我師，天民先覺。毓秀孕靈，降神河岳。睿哲匪夷，神解超卓。束髮蜚聲，清時鶯鷟。龍飛射策，弱冠登朝。志存匡濟，迹擬夔繇。揄揚盛烈，《周雅》《虞韶》。金聲玉振，駿發宣昭。藝圃持衡，詞場擢彩。學士宿儒，傾心莫逮。神宇冰凝，玄襟川匯。宇内名流，想聞風采。歷歲銓曹，門無私謁。精白一心，權邪罔汩。時宰黨同，遂投簪笏。嘉遁丘樊，若終林樾。勸駕既屢，幡然乃起。恒德自持，詎爲時靡？群陰交擠，出參晉鄙。慈惠保釐，西方多祉。救荒賑貸，以植以生。潛除巨盜，不震不驚。幽冤夢辨，政曰神明。燭奸止水，渠號“嘉平”。敷惠撫摩，修文訓誘。士仰嚴師，民戴慈母。歷考前聞，莫之與偶。尸祝是宜，與晉悠久。帝嘉乃績，擢憲荆湖。肅肅王度，明慎敬敷。祥刑以格，世有真儒。方期大作，胡遽長徂？天禍善人，中道夭折。良驥康莊，方馳而蹶。珪璧明堂，甫薦而缺。膏沃徒屯，人惻井渫。吁嗟我師，飭躬峻潔。寒素始終，萬鍾不屑。文柄再司，知人惟哲。桃李陰濃，并稱俊杰。宣父傷麟，賈生賦鵩。繫望徒殷，蒼生無祿。人亦有言，不朽惟三。我師實兼，俯仰奚慚？祚胤孔淑，克濟厥美。玉樹金英，凌霄可俟。光同日燦，聲與世存。淵促跖永，亦奚足論？

予眇小子，狂鄙頇蒙。屢年初試，冰鑒躬逢。力障群議，昭晰大公。時監臨公《禮經》也，藩臬欲以《禮經》爲解首。公曰："當論文，不可論經。"群議遂定。菲菲采拔，叼冠河東。龍門幸際，訓我周行。離堂面命，椽筆瑤章。識非粲類，名以邑彰。才慚機比，譽自華揚。感恩知己，夙昔稱難。緬念深恩，曷其可諼？愧予蹭蹬，屢困春官。局促無地，玷我師門。久躓而亨，僅售一第。制試對揚，復遭排泥。期望云何，顧茲所詣。隆想天人，敢忘奮勵？茲踵鄭鄉，敬吊陳墓。鬱鬱堂封，零零朝露。孺子生芻，橋公夙遇。千載心期，無由仰籲。國士感知，哲人懷德。泪徹重泉，神憒衷盡。鍾期既遥，小子何即？炙鷄千里，敷此胸臆。

祭歐陽太夫人蕭氏文

嗟惟太君，慈明天啓。克相夫君，含貞秉禮。閨壼雍穆，賓祭允修。孝敬勤約，懿德咸周。慶綿善積，篤生我師。遠承聖道，卓矣先知。誠身格物，妙契玄機。主盟斯世，髦士依歸。帝眷真儒，兩師國學。因材曲成，棟梁榱桷。輔德青宮，總裁史局。中秘範模，南宮甄録。休命對揚，克艱厥職。推極由然，慈訓之力。有赫龍章，自天三錫。鶴髮龐眉，聯翩珠翟。輝煌綸綍，發揚德幽。我觀今昔，實罕其疇。學繼真傳，才猷佐聖。有子若斯，令終得正。刿在夫人，獨全五福。大耋長齡，養承廩禄。善行性成，坤道無忒。強駛安康，順化不惑。有臙孫子，新沐國恩。濟濟群彦，如璵如璠。心勞肇始，躬睹其成。天錫繁祉，人仰令名。

厶顥蒙弱質，叨厠師門。竊聞懿範，景慕恒存。丹旐南指，潞水源源。潔觴一奠，曷盡心煩？

祭門人太史溫以庸文

嗟嗟！以庸胡乃遽至是耶？夫其純粹之質，古朴之行，寧静之器，經濟之學，與夫沖雅之文，予固以君遠無不屆、受無不宜也，而竟若是已耶！自昔有言，曰"天必祐善人"。君衷無巧僞之萌，身絶非僻之累。人過不談，己勝不忌。與之居，誾誾然而可親；與之言，汪汪然而莫可涘。仁人善士，世君若者幾哉？是宜君之履昌也。掄魁甫擢，奇禍倏逢。骨肉之慘，今古罕同。悠悠蒼天，果何謂哉？激者曰"天之害，恒在善人"，予昔每病其爲言之隘也。自今觀子，無乃信然耶？人之君子，誠天之小人耶？不然，胡有恒久之德而中道殂亡，無鬼責之行而荼酷匪常耶？或狡或貪，或險或肆，乃貴乃亨，而康而壽，惠逆無徵，善惡匪常，若是者誠莫致而至、一命之爲耶？嗚呼！懷瑜握瑾，世莫我庸，命之塞者誠然矣。君讜言登對，渥澤即承，玉堂華貫，鼎甲鴻名，司命者不可謂無意於君矣。培植幾何，摧折繼至，生之胡艱？喪之胡易？卿雲輪囷，方焕而曀。祥麟瑞時，甫出而斃。天其有意耶？無意耶？或者奪若躬而後有所畀耶？或者屈於此而別有所伸耶？或者榮名壽考人不可以兼得耶？或者生死修短天固不規規爲人庸心耶？

嗚呼！弱嗣幼女，孤苦徬徨。萬里凶問，垂白在堂。累累旅櫬，道阻且長。興言至此，中心若戕。吾自君得，道義心期。努力千載，兹甫及期。既致其愛，祇極其悲。長號一奠，知乎不知？

祭中丞王艮齋公文代作

粤稽海岱，自夙鍾賢。扶輿靈萃，川岳氣全。克生夫子，卓矣無前。神穎駿發，學殖靜專。遯志儒林，周流《丘》《索》。兼總百家，直探奧賾。發藻舒華，暉光有赫。譬彼驊騮，天衢振策。遂魁多士，河朔蜚聲。荆璞三黜，晦養心亨。遭時邁迹，大對承明。玄端秉禮，四牧于征。令聞昭宣，中臺掄陟。正色危言，邦之司直。歷按諸曹，摘奸糾慝。攬轡冀方，群工敬式。蠢兹醜虜，入于太原。薄張殺伐，褫魄宵奔。匪惟功懋，實曰道尊。簡司邦教，範我薊門。行樹表儀，政先化導。藻鑒中懸，準繩外蹈。擊蔀發蒙，忠誠懇到。愷悌弗渝，小大咸造。晉佐廷尉，天下司平。簡孚明慎，寧曰冤氓？雲蔚吏士，饑告于京。僉謀食足，屯牧是營。帝曰中丞，汝其往理。剪棘披萊，疆分畝履。豪并革心，耕耘喜起。方輯成功，入報天子。眷懷故國，歸俟綸言。歲月曾幾，遘兹凶屯。宏猷未究，遺烈具存。帝酬茂績，覃錫鴻恩。嗚呼先生，令終奠作？雅識高標，寸尺謹恪。大節隆名，星虹昭卓。緬仰範模，九京願作。

予儕小子，夙荷陶甄。周行惠我，面命諄諄。德音在耳，夙夜惟寅。尚期矩矱，黽勉終身。哲人云亡，曷資軌則？義切心喪，情逾葡萄。目泫衷摧，莫酬罔極。千里緘詞，寫此哀盡。

祭僉憲楊舜原公文

繄公挺生，孕靈河岳。剛大瑰奇，展也先覺。遐覽丘墳，詞華昭卓。試宰邠西，弦歌禮樂。帝眷循良，中臺峻陟。獨抱風裁，危言正色。淮海澄清，群僚矜式。分臬兩川，宣猷益力。衆望方殷，一丘自足。孝友刑家，惇夷範俗。族黨改觀，風行河

曲。卓矣義方，日嚴嗣續。積厚慶鍾，發祥元哲。定命訏謨，孤忠茂烈。惟帝念功，殊恩森列。紫誥推封，崇階昭揭。子奮孫騫，如金如玉。景福家聲，咸欽芳躅。河岳匪夷，公罹荼酷。天實難諶，人奚能贖？

厶昔獲同朝，胥規胥飭。仕或後時，聞風慕德。凶問來聞，曷勝悲惻？千里茲觴，公其來即。

祭大名兵憲劉柏山文

剛毅質直，自昔稱仁。儇巧便給，殊態競臻。公稟矯矯，獨契道真。超然物外，寧雜埃塵？奮迹西河，中臺司直。勁節獨持，純誠內植。擊奸替否，危言正色。歷竹大寮，徽纏慨即。嗟古直道，疇曰能容？左遷秦隴，復適吳淞。恬然就道，肯或憧憧？量移遼左，旋入眉邛。淹歷遐荒，德深施普。帝念直臣，擢憲中土。爰陟戎行，鎖鑰畿輔。盡瘁鞠躬，王事靡鹽。一疾云何，遽隔今古。

厶叨聯官守，遙景德輝。誰謂河廣，願言竟違。賵賻肇備，馳達郊畿。臨風長慟，神慘心飛。

祭紹興節推羅容齋文

嗚呼！容齋胡遽至是耶？追惟丙辰歲暮，秣馬南征。梁園執手，劇論深更。予視君神完氣盛，音吐鏗鍧，意君榮名之始奮，邁勛烈於周楨也。曷來幾許，君遽至是耶？自君入越，上下歸賢。聲稱方布，哀訃來傳。予獨疑出於嫌忌者之口，揆諸理豈曰其然？蓋君含弘之度克勝乎大受，淳龐之德宜躋乎高年。而今竟已也，謂之何哉！謂之何哉！賢科初試，數月不延。老親弱子，旅櫬遙旋。知君之目未瞑矣。嗚呼！禍福修短，誰執其機？茫茫天道，孰叩其微？春華倏萎，晨露何晞？撫棺悲慟，魂兮來歸！

祭先師艾峰姜公文

倬矣我師，降神海岳。學爲儒宗，道實先覺。紬緒丘墳，沉潛禮樂。弱冠巍科，蜚聲遼邈。南宮通籍，始試山陽。南北孔道，將迎未遑。我師苪止，庶軌畢張。民嬉政成，弦誦洋洋。嘉績流聞，蘭臺召陟。正色昌言，邦之司直。繡斧玉書，省巡代北。獨振風裁，式是庶職。維時悍卒，憑竊堅城。振揚天威，反側以平。維時鼠竊，潢池弄兵。乃殲渠魁，脅從更生。饑饉流移，開倉誕賑。宗子喧豗，正靜以鎮。考俗省風，周歷三晉。糾正官邪，貪夫解印。再按畿服，臺府風生。惟帝念功，遂貳神京。翱翔龍陛，瘝寐鷗盟。明哲在躬，竟返茅衡。謝傅東山，溫公洛下。望繫蒼生，聲揚華夏。獨步詞場，寧知代謝？曾幾何時，奄然乘化。

追惟甲午，典盛賓興。簡司明試，我師是承。寶鑒空懸，若水若冰。棟梁榱桷，明堂并登。小子顓蒙，自惟擯弃。曲荷甄收，謬叨上第。示以先民，栽培激勵。錫以瑤篇，星虹昭揭。訓誨周至，恩私郅隆。惟兹罔極，實并玄穹。驚傳師訃，方伏蒿蓬。漣如洟涕，五內悲恫。往出詞垣，兹藩東國。伊邇門墻，聿懷明德。驅車裹糧，展謁塋域。炙雞絮酹，爰寫哀盡。古云知己，奚翅感恩？生平遭值，我師兼焉。迂庸踦蹬，良愧師門。如一之儀，瘝寐存存。吁嗟我師，宏猷未究。自今小子，取正奚就？期克有樹，以對高厚。英爽常存，啓其固陋。

祭門人知縣李西灘文

吁嗟！西灘胡止於兹？宏猷卓識，百未一施。盛年射策，公輔方期。山城小試，上下咸宜。罷疚來歸，群黎戴戀。尚冀飛鳧，再臨畿甸。德教大行，陽和普遍。夫何閔凶，洊臻灾變？骨肉險釁，自夙罕聞。作德賈禍，乃見於君。都亭聞訃，悽惻心薰。茲緣奉土，特吊荒墳。皎皎風神，依稀在目。咨嗟涕洟，詎云匍匐？子矣遺孤，孰爲撫育？紛若橫侵，孰爲黜伏？惟君與我，道義交深。緬懷今昔，千載此心。甘馨在几，旨酒盈斝。靈其降止，鑒此悃忱。

祭封君郭清泉公文

惟公挺生，孕靈河岳。弘大溫恭，允矣先覺。內朗黃中，外尚渾樸。探討典墳，從容禮樂。含貞履素，賁于丘園。淵冲玄嘿，謝絕囂喧。永言作德，垂裕後昆。發祥介祉，子奮孫騫。倬矣阿衡，詞垣矩矱。作帝股肱，贊襄帷幄。謀猷入陳，孤忠謇諤。品流出甄，棟梁丹腹[一]。百官董正，邦家之光。鴻勛嘉績，照耀旂常。溯本探原，實自義方。王命三錫，玄衮五章。紫誥鸞回，金緋鶴賁。玉署天曹，華階并貤。承命益恭，不求不忮。自視欿然，始終一致。杜門掃軌，寧静無營。仁周族黨，義洽鄉盟。優游物表，洛社耆英。兒童走卒，莫不知名。眉壽萬年，假樂百福。天不憗遺，大命奄倐。哀訃上聞，皇恩輝煜。鬱鬱佳城，清漳之澳。維公壽考，矍鑠康寧。逾七望八，爲世儀刑。維公福履，頭黑紆青。蟬聯金紫，偕享遐齡。維公胤祚，濟濟後先。阿衡一德，格于皇天。五福具備，衆美兼全。考終歸命，奚憾登仙？

予眇小子，往奉顏色。訓誨殷勤，示以懿則。哲人云亡，曷勝驚惻！千里緘詞，用告哀盡。

祭進士楊新齋文

惟公以沉潛慎密之資，勵剛毅堅貞之志。方其爲諸生也，討探墳索，奮然欲得古賢聖之心。及舉進士、令青齊也，拮据撫摩，慨然欲并古循良之烈。焦思殫慮，任怨任勞，日孜孜然以一政未敷、一民失所爲己罪。中昃不食而又繼之以夜，身雖臥疾而惟欲物得其平。誠所謂鞠躬盡瘁以死勤事者矣，可不謂賢乎！夫賢越乎時則宜大行于世，澤及於物則宜受禄於天，此理之恒也。夫何秩不過中士，仕未及再期，年甫逾强仕，而遽賫志而終耶？長途方騁，大數倏窮，豈天固難諶而理不可必耶？蕭蕭丹旐，千里來歸。慈親垂白，晨露晞微。寡妻弱息，煢子疇依？公之歿謂非君子之深悲耶！

厶既聯世講，復締姻盟。心期既久，共示周行。昔送公往，笑語橫生。今臨公殯，入門失聲。歲月曾幾，永隔幽明。式陳薄奠，詎盡哀誠！

祭外舅雲泉田公文

惟公性植真純，行持抑畏。外示渾涵，中區涇渭。敦族睦鄉，居仁履義。束髮華顛，無載爾僞。經營四方，以大門祚。振起方隆，云胡罟攫？匪謀弗臧，匪人疏附。損益盈虛，亦時與數。豈弟得禄，仕籍揚名。衡門卒歲，泉石佳盟。烟景自賁，退讓無争。機械净盡，心迹光明。壽考强健，宜介遐齡。云胡一疾，倏即杳冥？里傾善士，族失儀刑。追懷太息，興念匪寧。

厶情聯骨肉，痛切肺腸。沱若涕隕，戚若心傷。顧瞻筵几，祗薦罍觴。靈爽如在，鑒此徬徨。

祭彰德二守同年阮相山文

追惟早歲，明試于鄉。司我衡鑒，時稱大方。胥以文售，連茹賓王。并游英俊，其樂洋洋。公獨惠我，示我周行。共期祗植，丕績奮揚。公仕郡邑，于雍于梁。予乃嗣莅，再謬皐章。道義交勗，永矢弗忘。公撫疲瘵，允矣循良。天水之野，蔽芾甘棠。閱歷時歲，令聞彌彰。投閑林樾，斂德潛光。良朋選勝，竟日徜徉。方綏福履，與時行藏。神不可度，倏爾云亡。惟公位秩，象服輝煌。惟公壽考，逾七而康。濟濟胤祚，如珪如璋。奮翼豈遠，雲際高翔。聯榮競秀，文業彌昌。實惟訓誨，永世與長。

厶同袍契誼，曷任悲傷？公其聞乎？薦此豆觴。

祭參軍劉中軒文

惟公植性溫恭，和平易直。外著中含，渾無矯飾。弱冠明經，日勤學殖。掞翰摛文，蔚然有則。卒業辟雍，馳聲京國。慕切親闈，承歡奉色。萊彩蹁躚，舞前戲側。并奏塤篪，愉愉抑抑。和氣充庭，親心大得。銓試天曹，雄文炳焯。異等優居，贊襄帥幕。雅志蒓鱸，不縻好爵。神武挂冠，飄然有作。高蹈林丘，優游綽綽。玉季金昆，蒼顏共樂。或勸或酬，聯翩纍鑠。蘭桂盈階，芬芳灼爍。競秀駢奇，率循矩矱。百順方殷，介茲景福。壽考康寧，期頤可卜。末疾云胡，遽罹不淑。玉樹霜凋，虞淵日伏。詎意幽人，云亡奄速？善類心摧，輿情淒蹙。

厶道義心期，定交自夙。形迹兩忘，情逾骨肉。昔及公門，歡迎鼓腹。今陟公堂，悲傷滿目。皎皎風神，猶懷往昔。藏棺蔽帷，幽明遂隔。撫膺長號，五內哀迫。奠斝陳詞，庶幾昭格。

又代作

嗚呼！惟公與予，締交丱角。接席連床，師門共學。公器溫純，若玉在璞。黽勉自强，若加追琢。與物坦夷，宅心端確。蟬蛻溛阿，光明卓犖。有善我同，有疑我覺。麗澤相觀，胥期岳岳。迨乎弱冠，同入成均。并游英俊，友誼愈惇。中年筮仕，結綬楓宸。銓曹異等，首幕戎賓。眾爲公悅，臐仕可因。飄然遐罤，志在鱸蒓。清時嘉遯，丘壑仙真。予羈東土，違遠三春。懷公非逈，伊鬱疇伸？遂投章甫，故國相親。風晨月夕，野服綸巾。婆娑林樾，漁釣河濱。爰敦世講，復結良姻。徜徉投老，擬共終身。無妄遘疾，勿藥已臻。步武輕便，談笑紛輪。云胡永別，袛隔昏晨？童稚相依，于焉四紀。倏異幽明，悲辛曷已？莫挹儀刑，莫隨杖履。泪灑繐帷，哀興蒿里。薄奠式陳，澗蘋沅芷。悽愴曷窮？靈其鑒止。

祭經歷周龍田文

惟公之心，光明正直。惟公之貌，溫恭謹敕。克孝且弟，懿德性成。惟靜惟嘿，寧有譏評？抗志先民，覃思《丘》《索》。駿發文詞，鏗鉤繩尺。秀拔儒林，業成國學。英俊并游，咸推先覺。棘圍屢上，壯志彌銳。人擬掄魁，詎止一第？命不我符，竟乖知遇。晚試銓衡，名邑司賦。謂志莫行，脫屣奚顧？嘉遯丘樊，鴻漸雲路。冠冕羽儀，鄉邦矩度。余來自西，仍偕樂聚。考德論心，罔間晨暮。有疑必質，有速必赴。水澁山巔，時親杖履。繼締姻盟，實緣衷素。三紀情深，道義旨趣。公不少留，天胡可籲？昔人所嘆，朝露易晞。後昆克振，不朽斯歸。惟公諸郎，學勤熙緝。競秀象賢，揚休山立。有臚孫曾，如圭如錫。寶桂謝蘭，濟濟惠迪。世美若斯，宇內疇匹？門祚閎崇，帝眷可必。

如厶疏慵，夙資三益。不覯幾何，生死永隔。昔踵公門，歡迎笑語。今望公筵，心摧色沮。醹醴駢羅，清尊頻注。追念舊游，出涕如雨。

祭徐母袁淑人文 河南僉憲蓮峰、臨汾令蓮渠母

於惟淑人，克全懿德。名閥承休，世臣作匹。內政虔共，肅

雍壺閫。蘩藻靜嘉，士女維則。克相元戎，翼嚴宣力。爰整六師，以楨王國。載育二龍，義方訓切。璧合珠聯，頤印純潔。策射巍科，鴻名昭揭。德望文聲，如軾如轍。澄清中土，有美長君。天錫仲氏，福我河汾。士遵啓迪，民樂耕耘。廉平偉績，卓矣不群。薦剡廷揚，宣昭義問。揆厥由然，亦云慈訓。循陔思養，人吏交迎。兩署迭就，今昔莫京。方殷燕喜，倏奠兩楹。令名壽考，實備哀榮。順化而往，亦復奚恨？仁侯于征，曷適我願？旆旐有翩，首丘故里。祖祭尊牢，庶格筵几。

祭陽曲輔國將軍無逸文

惟公天支之胄也，福豐而澤遠，秩峻而地清，古所謂盈滿不期而至者。世方窮心志之所欲爲以明得意也，公獨悅禮樂而敦詩書，取元聖格君之要訓作所以自規，而動靜食息未始或違焉。且呐然言若不出口，退然身若不勝衣，儒碩未能或之先。何哉？蓋公孚誠之質、易直之心、溫恭之度共植諸內者深以厚也，故能蟬蛻囂尚之中，挺立高明之表，宇內可二三見耶？上溯丘墳，旁搜圖史。韋編綺籍，充棟盈庭。俯首下帷，日親賢聖。湛然世慮，恬不嬰情。閒則闢芳園，開曲徑，喬松修竹，異卉奇葩，芬芳馥郁，於清池白石之間，日延賢士大夫，探討古今，上下其議論，若饑渴於食飲然者。名流墨客，陟降徜徉，竟日忘歸，豈直以地幽境勝然哉？覿德飲醇，如縻好爵，自依依不欲違耳。夫以公之冲懷雅度，樂善好施，雖躋上壽、介繁祉宜也，胡一疾而遽至斯？謂之何哉！然令名卓行，百世不磨，玉樹瓊枝，克紹懿矩，公又奚憾耶？

厶生平契篤，道義交深。別公幾何，胡乃永隔？每過公居，未始不軫雍門之涕，興西州之悲。惟堂一慟，公其知乎？

祭高苑知縣同年劉金溪文

　　聿懷甲午，明試於鄉。鑒衡司柄，側陋明揚。胥以業進，連茹賓王。英游先後，其樂洋洋。公實惠我，日示周行。共期奮績，於主用光。公尹海岱，民敝政荒。蒿目觸念，矢志恢張。心勞力殫，期底民康。上不見信，謂循爲狂。齟齬裁抑，萋菲若簧。良驥方迅，反玄爲黃。長劍甫試，摧鍔折鋋。尤豈自致，人之無良。臧否變幻，夷跖亡羊。冲懷超脱，得喪兩忘。石田荒野，耕鑿徜徉。游情詞藝，短什巨章。詩書繼業，世澤允長。訓誨嗣續，式穀義方。惟公雅度，處約若常。惟公睿質，練習典章。惟公高識，不計筐箱。位未稱德，志願莫償。尚期遐壽，俾熾俾昌。曖隔曾幾，遽哭棺旁。四紀契誼，情若刃傷。風儀莫挹，痛寄兹觴。

祭長男邑學生孟禎文

　　嗚呼痛心！汝年幾何而遽舍汝祖母、父母及妻子、弟妹而何之也？吾生之困頓苦辛、坎壈摧挫抑至此極也！吾十歲而孤，零丁孑立，世味備嘗矣。二十乃幸舉於鄉，二十六而汝生。汝祖母以予早孤且得汝之艱也，拊汝育汝，豈啻若子已哉！汝生七年而知勵學，十三而能屬文，十五而場屋之文習熟。予每督課汝，必竊自慶曰：“生子若是，足慰人心！”私懷所希冀汝者何如，而今乃如此耶！汝祖母所祝願汝者何如，而今乃如此耶！我之游梁也，校文問俗，遍歷封疆，在外者恒十九。汝率先諸弟，肅門禁，密防閑，一水一菜不輕入，俾吾得馳驅畢力而無内虞者以汝也，自今奚賴哉？

　　世之短折者，類於器識行履占之矣。汝生而凝静端重，人之敬羨出自其素心。稍長，即條理分明，幾微洞識。間嘗以疑事試汝,不數語輒犂然當予衷。與人居,沉嘿淵涵,訥然言若不能出口,退然若不勝衣。吾每察識,汝自幼及今,未始有一念之乖違、一言之誕謾。至於非僻凌蕩之事,日惴惴然惟恐或浼乎其身,純一之心確然其未失也。故宗族稱汝敬,朋友信汝忠,鄉黨悅汝遜,師帥與汝賢。予每意汝器足以致遠,學足以潤身,才足以利用,行足以流光,而今不然也,謂之何哉!豈修短有定,人事莫能預耶?抑吾愆深戾積,神明降罰,乃奪我佳兒之速耶?

垂絕之辰,尤力視祖母及予,疾首蹙額,屢欲悲號而不能成聲,執弟之手而不能成言。汝心之痛楚憤抑,誠不能舍汝祖母、父母及妻子、弟妹而他之也。汝之心,予知之矣;汝之痛,予何日能忘耶?

吾平生勤苦,僅能立門户。今年近始衰,所賴以督率諸弟、紹續箕裘者以汝也,而汝乃溘然長逝矣!自今已往,予尚何意於人間事哉!惟當杜門掃軌,率汝諸弟,上奉老母,以樂天年;次撫汝妻,俾完弦節;下育汝子女,幸其長成,以慰汝於冥冥而已。嗚呼!言未出而泪已零,言有窮而意無盡,汝其知之耶?其不知也耶?嗚呼痛哉!

祭長男婦王氏文

嗚呼長婦!汝年幾何而遽弃汝子而長逝耶?汝子之孤厄險艱一何至此極耶!汝子生甫三月而汝夫見背,時汝年十九耳,即堅貞勵節,矢志匪他;保育遺孤,心勞力殫。今幸而成立,匕鬯可承,汝之有功於吾門豈其微哉!今夏,汝子獲列膠庠,頃迎子婦來歸,而汝竟未及享一日之養也。任其勞而莫食其報,謂之何哉!謂之何哉!

春初,邑大夫嘉汝之行,欲達于憲使,揚美表閭。予以汝年與制格,且懼干名,力爲沮止,令待後期,孰意汝遽至此耶!然

汝苦節貞心，可貫金石；令名卓行，永世昭垂；生順死安，亦復
奚憾？但我及汝姑衰年值此，情奚以堪？繼自今，惟訓育汝子及
婦，俾克有樹立以成汝志，以慰汝於無窮。

　　兹當首七，特設奠筵，親族咸在，汝其格焉！

校勘記

　　〔一〕"腹"，疑當作"膜"。

《慎修堂集》後序

余竊不少揆，遙意黃金臺高而揖之，自方弱冠，不斬遠游履也，著而受經術其下，事在嘉靖庚戌、辛亥間。吾郡水陽亢公者，懷老成純茂之才，際俊乂清升之祀，新授國史編修，抶華仙袚，都人有盛觀，三晉有羽儀也。望風思涉其門，舊矣。癸丑，余旋釋褐爲郎，侍公出入承明三四年所。公與余座主閩中林先生實同臭味，緣以獲拜下風，周旋燕誨，所資皆文章詞賦，非但謂一經也。於是分宜當機，憎疏端士。公顧趣不共登，舍遠絢絲，呂張補外，鑾坡無再入之榮。而余亦飄寄塞遠，陵隔相望，虛盡年齒，即欲發幭厭義，漸公之教，如向承明時也，奚繇哉？然溯自既往，亦既耳而目之矣，不須更陳然後乃見。

公故攻古文詞，而尤精意經史，居恒自謂曰：“其實可提身，而用則師天下。”故其爲文宗經制紀，艾截浮疑，適民生日用之常，非若世之幽昧瑋奇，使人讀之，邈爲弦匏鳥迹之難詰。有時體物寫志，鋪采摘文，詩賦準清廟升歌、靈光景福之篇，班諸結言，短韵小制，區畛奚異喻畎澮於滄海。所遺《慎修堂集》若干卷，家服父訓，簡蠹帛裂鬱湮，不欲視人，積歷三紀。三衢浚源詹公建節河東，暇乃尋諸盟府，始表而出之，付剞劂氏。其嗣孝廉孟禧等徵言於余。

余惟東觀、儒林之府，飛翰馭藻，立言自其能事，不有先立乎德，不朽之上術乎？蓋公他日深念自爲史官，閱貢千百，曠然恕之，不忍置一下列。督學中原，尤重詆訶，曰：“清熙之世，昆蟲草木咸遂長養，奈何錮人於寸晷尺幅之下？”夫校藝程才，具嚴功令，一切矜其不能，視若昆蟲草木，惟恐傷之。此其言篤矣乎！仁人君子之情哉！苟尚敦龐，道術斯遠，吐納眉睫之前，暐燁易世之下，乘文施代，言與金石相傾厚故也。時否俗薄，有文無質，即讀淹袁豹，才通班馬，歿世而秀義零落無傳，於草木埒耳，果且獨立於世乎？蓋余之於公，鄉也生同其世，道範親炙；今也後死於年，遺言雋永。昔召伯所憩，愛流甘棠，宣子所游，封殖其樹，思其人尚及其物，況忠厚之言在耳，則其人在目，誦其言也，有不愛之芳如椒蘭者乎？則詹公之斯鍥也，金石草木不可并日而談矣。公負經史名學，馳騁半塗，未躋三事九司，效彌綸參贊之用，而寬鄙敦薄，其風可師天下與來世，是故立德、立言而於功兼之，曰三不朽。噫！人懷桑梓，非斯人，吾誰與歸？降今而後，誄德銘功，乘景鑠於無窮，則斯言之傳，其亦有功於公哉！

公出入本末，具詹公前序中。

賜進士出身、累階資政大夫、都察院右副都御史郇陽七十四叟何東序崇教甫頓首拜書